한국 여성문학 연구의 현황과 전망

The Present and Perspective on the Feminist Studies of Korean Literature

김복순 명지대학교 기초교육대학 교수
이경하 서울대학교 인문학연구원 HK문명연구사업단 HK연구원
최기숙 연세대학교 학부대학 교수
이혜순 이화여대 국문과 명예교수
김양선 한림대 기초교육대학 교수
소영현 성공회대 동아시아연구소 연구교수
이승희 성균관대 대동문화연구원 연구교수
이혜령 고려대 민족문화연구원 연구교수
박혜숙 인하대 인문학부 교수
박무영 연세대 국문과 교수
김승희 서강대 국문과 교수
심진경 서강대 강사
이상경 카이스트 인문사회과학부 교수
신경숙 한성대 한국어문학부 교수
서지영 고려대 민족문화연구원 연구교수
송인화 한세대 교양학부 교수
김미현 이화여대 국문과 교수

한국 여성문학 연구의 현황과 전망

2008년 10월 5일 1판 1쇄 인쇄
2008년 10월 10일 1판 1쇄 발행

엮은이 _ 한국여성문학학회
펴낸이 _ 박성모
펴낸곳 _ 소명출판
등록 _ 제13-522호
주소 _ 137-878 서울시 서초구 서초동 1621-18 (란빌딩 1층)
대표전화 _ (02) 585-7840
팩시밀리 _ (02) 585-7848

somyong@korea.com | www.somyong.co.kr

값 27,000원
ISBN 978-89-5626-333-5 93810

The Present and Perspective on the Feminist Studies of Korean Literature

한국 여성문학 연구의 현황과 전망

한국여성문학학회 편

소명출판

책머리에

1990년대 이후 국문학 연구 분야에서 여성문학 연구는 기존의 국문학 연구 및 국문학사 연구가 지닌 한계를 보완해 줄 대안으로 여겨져 왔다. 여성문학 연구는 초기에는 텍스트에 드러난 남성상, 여성상 연구나 여성의식을 분석하는 데서 출발해서 여성적 글쓰기, 근대성과 여성성, 민족과 여성 간의 역학관계 등을 포착하는 등 그 연구영역을 한편으로는 확장하고 또 한편으로는 심화시켜 왔다. 이제 국문학 연구 분야에서 여성문학은 기존의 남성중심적 문학 연구 관행을 수정하는 정도에 그치지 않고 독자적인 연구방법론으로 자리잡았다고 보아도 무방할 것이다. 이렇게 된 데에는 사회전반적으로 여성주의적 관점이 확산되고, 여성주의적 관점을 삶이나 연구에서 일관되게 견지하려는 연구자들이 늘어난 것이 큰 요인이라고 본다. 그 와중에 〈한국여성문학학회〉라든가 〈한국고전여성문학회〉와 같은 여성주의적 관점 및 방법론을 내세운 독자적인 학회의 결성도 큰 역할을 했다. 주변적인 것, 사소한 것으로 치부되어 왔던 여성문학을 연구하는 연구자들이 자기 목소리를 내고 서로 연구성과를 공유하면서 상생/생산의 장을 펼칠 수 있었기 때문이다.

이 단행본은 이와 같은 지난 10여 년 간의 한국 여성문학 연구의 소중한 성과들을 모으고, 현 단계 한국 여성문학의 쟁점들을 점검하고 앞으로의 연구 전망을 모색해보려는 취지에서 기획되었다. 〈한국여성문학학회〉 창립 10주년을 기념하는 조촐한 결산물이기도 하다. 〈한국여성문학학회〉는 1998년 한국문학을 여성주의적 관점에서 연구하고 그 성과를 보급하려는 취지에서 성립되어 올해로 창립 10주년을 맞게 되었다. 여성문학이라는 '협소한(?)' 방법론으로 학회가 제대로 운영될까라는 우려 섞인 시선도 많았지만 지난 10년간 여성문학 연구의 장을 결집하는 역할을 나름대로 충실히 수행해 왔다고 자부한다.

이 단행본은 크게 3부로 구성되어 있다. 1부는 총론격에 해당하는 여성문학비평론을 묶었다. 페미니즘 미학에서부터 여성문학사 서술의 문제, 문학(사)연구에서 젠더비평의 의의, 여성지성사 및 담론 연구 등을 포괄하고 있다. 필자들이 공통적으로 강조하는 것은 여성문학 방법론이 기존의 국문학 연구방법론이나 문학사 서술 패러다임을 근본적으로 재조정하는 중요한 의미를 지닌다는 것이다. 2부는 근대성·민족·여성 간의 역학관계를 입론화한 논문들을 수록했다. 근대성·민족주의·식민주의, 파시즘을 젠더정치학과 관련짓는 연구들은 2000년대 들어 국문학 연구 분야에서 뚜렷한 흐름으로 자리 잡았고 여성(성)이 민족주의 담론이나 근대 담론에 포섭/배제되는 역학 관계, 경합과 저항의 가능성 여부에 따라 다기한 입장 차이가 노정되었다. 가능하면 다양한 입장의 글들, 논쟁적 메타비평에서부터 텍스트 분석에 이르기까지 여러 분야를 수용하려고 했다. 제3부 여성적 글쓰기와 여성작가의 탄생은 여성적 말하기나 글쓰기의 전략을 다룬 논문들, 근대 이후 여성작가와 여성문학 장이 형성되는 과정을 규명한 논문들을 실었다. 사실상 여성문학 제도 연구와 여성적 글쓰기를 텍스트 분석에 적용할 수 있는 가능성을 타진하는 소중한 기회가 될 것이다. 제4부 젠더, 섹슈얼리티, 문화에서는 최근 단순히 문학연구의 범주를 뛰어넘어 문화(사), 일상사 연구로 확대되고 있는 연구경향들을 포괄하려 했다. 또한 낭만적 사랑이라든가 여성의 몸 등 여성문학에서 핵심이 되는 주제들을 꼼꼼하게 분석한 글들을 통해 여성주의적 독법의 가능성을 타진해 보려 했다.

지난 10여 년 간 생산된 여성문학 연구의 소중한 성과들과 쟁점들을 이 정도로 갈래짓고 대표 연구성과들을 추려내는 작업이 만만치는 않았다. 그만큼 여성문학 연구가 성장했다는 것을 확인하는 기회도 되었다. 다만 기획하면서 세운 몇 가지 원칙은 첫째, 고전문학과 현대문학을 불문하고 이후 연구들에 지침이 되었던 뚜렷한 문제의식을 견지한 글들을 고른다. 둘째, 가능하면 다양한 연구세대들을 포괄한다. 셋째, 여성문학 연구의 전체 지형도를 파악하기 위해 〈한국여성문학학회〉에서 발간하는 학술지 『여성문학연구』에 한정하지 않고 국내에서 발간된 모든 학술지를 대상으로 한다는 것이었다. 이와 같은 원칙이 이 책을 읽는 독자나 여성문학을 연구하는 연구자들에게도 잘 전달되기 바란다. 아울러 이 책이 앞으로 여성문학 강의 현장에서 소중한 자료로 활용되고, 여성문학 연구에 뜻을 둔 이들에게 여성문학 연구의 현황과 쟁점을 한 눈에 파악할 수 있는 지침서가 되었으면 하는 게 기획자의 바람이다.

무엇보다도 책 발간의 취지를 이해하고 선뜻 소중한 논문을 수록하는 것을 허락해 주신 필자 선생님들께 고개 숙여 감사드린다. 어려운 시기에 책 발간을 맡아주신 소명출판 박성모 사장님과 여러 필자들의 논문을 교정하는 복잡한 작업을 진행해 준 김세영 님께도 감사드린다.

2008년 9월 말

차례

/제1부/

총론—여성문학비평론

페미니즘 미학의 기본 개념과 방법

김복순

1. 인식론적 근본 학문으로서의 페미니즘 미학

학문의 가장 강력한 상징은 '방법'이다. 방법은 '개념'에 토대해 자신을 구성하며, 학문적 정당성의 이름으로 '방법에 의한 지배'를 관철한다. 무엇이 세계에 대한 합리적 설명으로 간주될 수 있는가 하는 물음은 학문적 방법, 보는 방법에 대한 투쟁 관계를 형성한다.

헤겔의 미학이론은 다음과 같이 언급한다. "모든 예술의 목적은 물질적 외양과 형태 안에 정신에 의해 산출된 정체성을 부여하는 것이다. 그것은 우리의 지각과 마음과 상상에 노출된 진리와 영원함과 신성함이다." 여기서 드러나는 정신 · 정체성 · 지각 · 진리 · 재현 등의 개념은 미적 합리성, 보편적 판단 등의 남성 중심적 인간 본질에 대한 개념을 전제로[1] 하고 있다. 이렇듯 여성이 미적 합리성을 행사할 수 없으며, 미적 판단의 주체로 결여되어 있다는 것이 서양미학사의 기본 전제였다.

젠더 중립적인 것처럼 보이는 방법 · 이론 · 실천에는 '여성'뿐 아니라 '우리'도 소거되어 있다. 기존 페미니즘 이론가들은 여성만 제거되어 있다고 보았는데, '우리'의 소거는 인간 및 인간의 행위를 연구하는 모든 이론의 정합성을 거부하게 만든다는 점에서 더 위험하다. 특정 젠더의 경험이 일반화를 낳고, 그것에 반례를 듦으로써 취약해지는 이론(방법)들에 정합성이 있다고 보기는 어렵다. '우리'의 소거는 서양미학사의 지평을 제대로 제시하지 못하도록 방해하였다. 본고는 이러한 서양미학사의 기본 전제에 이의를 제기하면서, 인식론적 근본 학문으로서의 페미니즘에서 새로운 학문적 질문이 제기되어야 하는 정당성의 문제를 묻는데서 출발한다.

문학과 미학이 페미니즘과 결합되어 만들어내는 관점과 목표는 과연 어떠한 것일까? 또 페미니즘 미학은 어떻게 정의내릴 수 있으며, 학문에서의 가치의 문제와 어떻게 직결되는가? 남성 중심적 학문의 기획에 가담하고 있는 미학이 해방에 과연 어떻게 기여할 수 있는가? 여성의 문학적 표현형식(a woman's form of literary expression)에 초점을 맞춘 소설이 과학적 합리성에 의해 통치된다는 근대세계에 나타나는 것은 우연인가[2] 하는 점들로부터, 더 나아가 페미니즘이 소수자와 약자의 관점을 대변하고 있다 하더라도 그것이 항상 타당한가, 또 페미니즘도 자유나 평등, 진리와 정의라는 다른 기본 가치들에 의해 검증되어야 하지 않는가 하는 질문들도 담고 있다.

예술, 재현의 주체, 미적 판단의 주체 개념에서 여성이 배제되어 왔다는 사실은 '미'가 '이데올로기'임을 천명한다. 페미니즘 인식론은 학문의

---

1) Kimberly Hutchings, *Hegel and Feminist Philosophy*, Polity Press, 2003, pp.17~22. 페미니즘 시각에서 본 헤겔 비판으로는 Patricia Jagentowicz Mills(ed.), *Feminist Interpretation of G. W. Hegel*, The Pennsyylvania State University Press, 1996, pp.119~176.

2) Sandra Harding, *The Science Question in Feminism*, Cornell University Press, 1986, p.232.

인식내용과 해석이 결코 객관적 세계를 재현하는 것이 아니고, 오히려 남/녀 연구자의 사회적 맥락을 반영하고 있다는 맥락주의(contextualism)를 천명한다. 문학(소설)의 개념 뿐만 아니라 방법론 역시 젠더 · 계급 · 문화와 결부되어 있는 발생조건들의 맥락 속에 존재한다는 사실을 강조한다.

플라톤 이래 해체미학 이전까지 미학은 남성적 담론형식이었으며, 모든 '개념'은 '여성 젠더'로부터 분리되어 정의되어 왔다. 모든 보편화, 객관화 작업에서 '여성적'인 것(경험, 사고 등)은 자체로 의미를 가지기보다 항상 남성적인 것과 관련해서만 의미를 가질 수 있었으며, 미학은 남성성과 결합하여 여성적인 것을 배제하고 남성적인 것을 이론화하고 재생산하는 작업이었다. 기존 미학은 '언어'를 통해, '방법'을 통해 하나의 성(세계)이 어떻게 다른 성(세계)을 지배하여 왔는지, 즉 '방법의 젠더'를 보여준다.

페미니즘 인식론에 기초하여 새로운 미학을 정립하고자 하는 페미니즘 미학은 전통미학의 남성 중심성을 거부한다. 근대미학에서 말하는 객관성 · 보편성 · 합리성 · 리얼리티의 개념 등은 여성 젠더가 배제된 젠더 불균형의 개념이었다.[3] 근대의 출발로 운위되는 데카르트의 이성 개념이 중립적인 객관성으로 설정되는 사유의 남성화를 포함하고 있듯이,[4] 객관성 · 보편성 · 합리성 개념은 특정한 위치에서 보는 부분적 시각[5]일 뿐이다. 따라서 인식론적 특권을 지닌, 여성의 '관점'을 하나의 '입장'으로 수용(transform the perspective of women into a standpoint)할 때 인식론적으로 새로운 '방법'이 가능하다.[6]

---

3) 김복순, 『페미니즘 미학과 보편성의 문제』, 소명출판, 2005, 15~25면 참조.

4) Susan Bordo(ed.), *Feminist Interpretations of Rene Descartes*, The Pennsylvania State University Press, 1999, pp.1~348.

5) Dona Harraway, *Simians, Cyborgs, and Women*, Routledge, 1991, pp.188~196.

6) 페미니즘 미학의 인식론이, 배제된 관점으로부터 그들의 비판을 시작한다는 점에서 프롤레타리아의 관점에서 부르주아 과학을 비판한 마르크스와 닮았다는 지적이 있다. Mary Hesse, "How to Be Postmodern without Being a Feminist", *Monist* 77(4), 1994, pp.445~461, 데이비드 헤스, 김환석 역, 『과학학의 이해』, 당대, 2004, 95면에서 재인용. 하지만

인식론과 연관된 정당화 전략의 정합적인 정식화와 관련하여 롱기노는 하딩과 해러웨이의 연구 등에서 추출하여 다음의 여섯 가지 기준을 제시한다. 경험적 적합성(adequacy)·참신성(novelty)·존재론적 이질성·관계의 복잡성·현재의 인간요구에 대한 적용가능성·권력의 확산[7] 등이다. 이 기준들은 문화 및 권력의 배제가 나타나는 다른 차원들, 즉 계급·인종·국적·성 지향성 등에도 확장될 수 있다.

페미니즘 미학이 여성 중심주의의 미학에 국한되지 않고 그것을 넘어서는 기획을 갖고 있다면 위의 여섯 가지 기준을 충족시켜야 한다. 역사적으로 배제되어 온 범주 집단의 입장 안에 위치지어지는 지식을 포괄하면서도 차이를 하위규준으로 보는 것을 거부하며, 단일요인에 의한 인과모델을 기각하고 동적 상호작용을 통합하는 모델을 지향해야 한다. 그럼으로써 남성/여성의 이분법을 극복하는 인간 모두의 해방에 기여하는 것이어야 한다.

페미니즘 미학은 미학의 기본 개념들에서 배제되어 있는 '여성적'인 것을 복귀시키는 것에 국한되지 않는다. 여성적 경험, 여성적 사고를 복귀시켜 모든 사람에게 필수적인, 그와 동시에 작용하는 개념을 구성하는 동시에, 기존의 남성/여성 대립구도에 은유되어 있던 합리성/비합리성, 이성/감정, 주체/객체 등의 상징적 이분법이라는 위계적 이항대립 구도를 해체하고 확장한다. '일반화된 타자'였던 여성에서 벗어나 일반적 타자이면서도 계급·민족·인종 등이 중층적으로 개입된 '구체적 타자(the concrete other)'[8]의 구체적 경험을 복원시키고자 한다.

필자가 말하는 페미니즘 미학은, 이후 전개되겠지만, 여성 중심주의의 인식론이 아니라 남성 중심주의 및 여성 중심주의를 둘 다 극복하는 인식론이다.

7) Helen Longino, "In Search of Feminist Epistemology", *Monist* 77, pp.472~485, op. cit., pp.92~103.

8) '일반화된 타자'와 '구체적 타자'는 세일라 벤하비브의 개념이다. 벤하비브는 '중립적 주체'에 대한 대안으로 구체적 남/녀 타자의 개념을 발전시켰다. 우줄라 I. 마이어, 송안정 역, 『여성주의철학입문』, 철학과현실사, 2006, 271~273면에서 재인용.

따라서 페미니즘 인식론의 과제는 학문에서의 남성 중심성 및 배제의 형식을 연구하고 담론형식을 비판적으로 검토함으로써 새로운 대안적 모델을 발전시키는 것이다. 페미니즘 미학은 전통 미학의 전 영역과의 대결이지만, 소위 '보편'미학으로 불리는 근대 미학의 단순한 이항대립은 아니다. 일자(the One)와 타자(the Other)라는 이분법을 그대로 재생산하는 여성적 미학의 통속적 분리주의 관점에서 벗어나, 보편성 · 객관성 · 리얼리티 등의 개념을 새롭게 정초하여 근대미학의 남성 중심성을 극복하고 새로운 미학을 정립하는 것이다.[9)]

새로운 미학은 여성적 경험에 바탕한 차이를 온당하게 반영해야 한다고 천명하는 점에서는 여성 중심주의 미학과 일치하지만, 차이를 특권화 하는 오류를 범하지 않고 새로운 보편성의 범주로 포괄함으로써 미학적 범주의 재구성에 입각한 새로운 '보편'미학의 가능성[10)]을 추구한다는 점에서는 크게 다르다. 따라서 새로운 페미니즘 미학은 여성 중심적 미학이 아니라 여성 중심주의를 벗어나는 미학이다. 페미니즘 미학과 페미니즘 문학연구방법론의 과제는 차이를 규명하는 것에서 더 나아가 미학의 젠더, 방법의 젠더를 규명하는 것이며, 미학과 문학이 어떤 개념과 방법론을 통해 남성적 지배권력을 이론적으로 뒷받침하면서

---

9) 헤르타 나글 도체칼은 유럽의 여성주의 철학의 발달을 세 단계로 구분한다. 첫 단계는 동등성(평등)의 원칙에 방향을 맞추는 단계, 둘째는 여성적인 것의 '다름'을 긍정적 의미로 지각하는 단계, 셋째는 양성평등에 입각해서 사회변화를 목표로 하는 단계이다(Herta Nagl-Docekal : *Was ist feministische philosophie, Feministische Philosophie*, p.31, 우줄라 I. 마이어, op. cit., 서론, p.17에서 재인용).

도체칼의 단계를 페미니즘 문학연구에 적용하면 첫번째 단계는 '여성'서사에 주목하면서 문학연구의 대상으로 편입하는 단계로, 두 번째 단계는 '여성'서사의 차이를 드러내면서 정태주의 시학에 머문 경우로 볼 수 있다. 세 번째 단계는 미학의 기본개념과 방법을 새롭게 정립하여 기존의 소위 '보편'미학과 페미니즘 미학의 이항대립을 지양하려는 필자의 새로운 페미니즘 미학이론 구성 단계로 분류할 수 있다.

10) 이는 기존의 페미니즘 서사학과 '새로운 페미니즘 서사학'의 차이에서도 드러난다. 자세한 것은 김복순, 「『무정』과 소설 형식의 젠더화」, 『대중서사연구』 제14호, 대중서사학회, 2005.12, 194~198면 참조.

구성되고 담론화되었는지를 고찰한다.

최근 한계에 부딪쳐 답보 상태에 놓인 페미니즘 문학 연구는 미학이론 및 문학연구방법론의 새로운 틀의 정립을 통해서만 그 돌파가 가능하다. 현재 페미니즘 연구는 남성 중심주의 비판 및 해방이라는 애초의 문제의식을 상실하고 미시적 연구에 머물거나 사료적 해석에 그쳐 제 몫을 제대로 수행하지 못하고 있다. '차이' 개념은 보편성 · 객관성 · 특수성 등의 개념과 어떻게 연관되는지, 반영과 젠더와의 관계는 어떠한지, 리얼리티의 확보 여부와 전형, 전망의 문제, 좋은 문학과 나쁜 문학의 기준 및 지배 정전(dominant canon)의 문제, 문학의 가치 등을 제대로 논의하려면 그간의 남성 중심주의적 이론틀을 극복하는 새로운 미학이론을 정립함으로써 가능하다.

2. 미학의 범주로서의 특수성과 방법

1) '차이'와 특수성 · 객관성 · 보편성과의 연관

모든 페미니즘 연구에서 가장 중요한 개념 중 하나인 '차이'는 보편성 · 객관성 · 특수성의 개념이 온당하게 규명될 때 비로소 이론적으로 올바르게 자리매김 될 수 있다. 차이는 특수자인가 개별자인가, 아니면 보편자인가? 차이는 주관성 또는 객관성 중 어느 것과 연관되는가? 또 보편성 · 객관성과 연관된다면 그것은 누구의 판단이며, 그 판단은 과연 정당한 것인가?

소설에서 어떤 인물이나 상황이 리얼리티를 확보하고 있는지의 여부는 차이의 개념 규정과 중차대한 연관을 갖는다. 또 차이의 문제는 (사이비)구체성 여부 뿐만 아니라 반영과 재현의 문제, 대안적 정전(counter canon)의 문제와도 연관되어 있다. 그럼에도 아직 이 문제는 페미니즘 문학 연구뿐 아니라 철학·미학 영역에서도 제대로 규명되지 못하였다.

헤겔변증법에 기초하여 마르크스주의 미학이론을 발전시킨 루카치의 「미적 범주로서의 특수성」에 의하면, 특수성이 개별성과 보편성을 변증법적으로 지양하며, 양극단의 대립을 매개하고, 보편성과 개별성의 통일을 구현하여 자신을 제3의 것으로 정립시킨다. 예술은 이 특수성 범주의 지배를 통해서만 비로소 전형적이고 총체적인 세계를 환기시킬 수 있다고 하였다. 특수성은 미학의 중심범주로서, 전형은 이 특수성의 구체적인 예술적 체현이다. 이러한 전형은 역사적 인식과 예술적 인식의 합일점을 이루는 미학의 범주로 자리한다.[11)]

루카치의 이론에 의하면 전형을 통해 객관적인 것과 일반적인 것이 통일되고 구체적인 것과 합법칙적인 것이 통일된다. 전형 속에서 보편성이 개별성을 파괴하지 않으면서 개별자 속으로 용해된다. 즉 전형성이란 개별성에 매개된 보편성, 보편성에 매개된 개별성으로 나타난다. 개별성이 보편성에 올바로 매개될 때, 그것은 구체성을 획득한다. 개별성에 올바로 매개된 보편성은 구체적 보편성이다. 반면 보편성이 개별성에 올바로 매개되지 못하고 추상적 보편성을 드러낼 때 그것은 주관주의, 상대주의 또는 자연주의적 오류에 빠진다.

그런데 루카치 미학에서 미적 범주로서의 특수성이 기대고 있는 보편성, 객관성의 개념은 앞에서 말한 바와 같이 남성 중심적 보편성, 남성 중심적 객관성이라는 점을 상기할 필요가 있다. 소위 '보편'미학이라 운위되었던 해체미학 이전의 근대미학에서 보편성과 객관성 개념은 여성적 경험과 현실을 배제한, 모든 개개인을 일반화시키는 남성 중심적

11) 김현돈, 「미학적 범주로서의 전형성과 총체성」, 『시대와 철학』 7호, 한국철학사상연구회, 1995, 160면 참조.

개념이기 때문이다. 그렇기 때문에 일부 페미니즘 철학은 보편성과 객관성 개념을 거부하고, 합리적 지식을 주장하기 위한 경청조건이 보편성이 아닌 부분성(partiality)이라고 주장[12]하기도 한다. 해러웨이는 객관성이, 특별하고 특수한 체현(particular and specific embodiment)에 관한 것[13]이라고 말한다. 또 일부 이론은 여성들이 합리적 세계에서 배제되어 있기 때문에 합리성의 개념도 배제한다.[14]

엘리자베스 그로츠에 의하면 역사적 사회적 문화적 조건과 무관한 유일한 보편성이란 없으며, 페미니즘 관점에서는 자신의 고유한 시각이 중심에 놓인다고 본다. 중요한 것은 진리, 객관성 혹은 중립성이 아니라는 것이다.[15]

하지만 그로츠의 지적 중 '역사적 사회적 문화적 조건과 무관한 유일한 보편성이란 없'다는 함의는 옳지만, '페미니즘 관점에서는 자신의 고유한 시각이 중심에 놓인다고 보면서 중요한 것은 진리, 객관성 혹은 중립성이 아니'라고 판단하는 부분은 문제가 있다. 그로츠의 객관성·보편성 개념에는 '우리'가 소거되어 있고, 여성 개개인의 고유한 시각만 중시되어서는 기존의 남성 중심주의가 범했던 이분법을 그대로 추수하는 여성 중심주의를 벗어나기 어렵기 때문이다.

페미니즘 미학은 이 개념들을 어떻게 정의하고 있는가.

페미니즘 경험론[16]이 여성의 경험과 시각을 중시했으면서도 비판받

---

12) Harraway, op. cit., p.195. Harraway의 '부분성' 개념은, 아래에 언급되지만, 개별성(individuality), 보편성 및 그것의 상호 매개를 상정하지 않고 있어, '상황적 보편성'을 전제로 하는 필자의 개념과 다르다. 따라서 해러웨이의 부분성 개념에서는 '특수성'이 도출될 여지가 적다. 해러웨이는 총체화(totalization)도 거부한다. 따라서 총체화에 대해, '상대주의'와 마찬가지로, 사방에서 그리고 무소(nowhere)에서 동등하게 완전하게 볼 것을 약속하는 '신을 흉내내는 속임수'라고 볼 수밖에 없으며, 주인이론(master theory)을 거부하지만, 그물망같은(webbed) 방식일 수밖에 없다고 본다. Ibid, p.191.

13) Ibid, p.191.

14) 리오타르, 데리다, 푸코 등 포스트 구조주의자들도 로고스 중심주의적 형이상학이 주장하는 합리성을 '상상적 편견'에 지나지 않는다고 본다.

15) Helen Crowley · Susan Himmelweit(ed.), *Knowing Women*, Polity Press, 1995, p.365.

을 수밖에 없었던 이유는 여성이라는 '단일화'되고 '추상적'인 인식주체에 기초하고 있었기 때문이다. 남성의 경험과 시각에 비견되는 여성적인 것이 배제되었다고 하면서도 페미니즘 경험론은 로크의 백지장에 대한 비유에서 보이는, 구체적이고 주관적인 상황을 갖는 인식주체의 특수성을 고려하지 않는다. 이들의 인식주체의 개념 즉, 냉철하고 중립적인 정보처리자로서의 단일화되고 추상적인 인식주체 · 재현주체 개념은 허구이다.

인식주체의 개별성(개별적 경험)을 온당하게 고려해야[17] 한다고 페미니즘 입장론은 주장한다. 입장론은 주관성에 대해 관심을 가지면서, 주관성이 객관성을 위협하지 않으며, 오히려 현실적이고 책임감 있는 객관성이란 주관성을 고려할 것을 요구한다는 결론에 도달한다.[18] 주관성이 '차이'를 담지하는 부분이라 보면서, 젠더 · 계급 · 인종 · 민족 범주들의 차이에 대해 고려하는 것은 그들이 처한 상황에 대해 고려하는 것으로서, 이는 주관성에 대해 고려하는 것이며, 하딩의 표현을 빌리면, 객관성을 향상시켜 강한 객관성(strong objectivity)[19]을 만드는 기초가 된다.

이 지점에서 개별성과 보편성, 특수성의 개념들이 재정의될 수 있다. 남성 중심적 미학에서의 보편성이란 절대적이며 위계적이고, 언제나 선

---

16) 하딩은 사회현상에 대한 새로운 해석 및 설명의 기초를 형성하는 여성의 '입장'을 강조하면서 후속 과학을 위한 세 가지 관점 즉, 페미니즘 경험론, 페미니즘 입장론, 페미니즘 포스트모더니즘론을 각각 페미니즘 인식론으로 인정하였다. 이 세 관점은 페미니즘이라는 공통분모를 지닐 뿐 상당히 상이한 이론체계로서 학문의 세계에서 공존하는 이론이 될 수 없다. 이 세 가지 중 어느 이론이 더 '강한 객관성'을 확보한 '덜 나쁜 과학'인지 밝혀야 한다.

17) '종 개념으로서의 경험'과 각 개별자의 '각자성으로서의 경험'의 차이에 대해서는 김복순, 「감각적 인식과 리얼리티의 문제」, 『현대문학의 연구』 제23집, 한국문학연구학회, 2004.7 참조. 이 논문은 김복순, 앞의 책, 138~162면에 재수록 되어 있다.

18) Lorraine Code, "Taking Subjectivity into Account", *Feminist Epistemologies*, Routledge, 1993, pp.15~48.

19) 이는 하딩의 용어로서, 남성 중심적 개념보다 '더 완전하고 덜 왜곡된 이해의 가능성을 제공'한다는 의미이다(Sandra Harding, op. cit., p.26).

험적이다. 페미니즘 미학에서 보편성은 절대적이거나 선험적이지 않으며, '맥락적'으로 구성되는 '상황적 보편성'이다.

흔히 보편은 구체적 현실을 떠난 추상적인 것(pseudo-universality)으로 생각하기 쉽지만, '상황적 보편(situated universality)'은 재구성이 가능하고 또 재구성되어야 한다. 보편은 구체적 상황 속에서, 또 그것과의 연관 하에서 고려되어야 한다. 구체적 상황은 '항상' '직접적으로' 보편과 닿아 있기 때문이다. 보편은 상대적인 것에서 절대적인 것으로 이행[20]하는 것이 아니다. 구체적 상황은 여러 단계를 거쳐 보편에 도달하는 것이 아니라 직접적으로 보편에 닿아 있기 때문이다.[21]

구체적 상황에 '직접' '맥락적'으로 닿아 있는 보편이 상황적 보편이다. 상황적 보편은, '허구적으로 정의된 개인의 이상적 합의가 아니라, 정치와 도덕에서 자율성을 얻기 위한 구체적인 신체의 구체적인 노력'[22]이다. 따라서 상황적 보편에는 계급·민족·국가·젠더 등 각종 범주가 내포되어 있으며, 이들의 상호 운동 관계도 개재되어 있다. 또 시·공간성도 확보되어 있다. 상황적 보편은 유일하고 추상적인 절대 보편을 부정한다. 항상 '지금-여기'에서 나-너의 상호매개를 통한 '우리(공동체)'의 구성이 상황적 보편이다. 이때 '우리'의 구성은 '나' 중심으로 이루어진다. 즉 '우리'를 전제로 한 '나' 중심의 상호주관적 보편성이 상황적 보편성이다.[23] 루카치의 이론[24]이나 코지크의 구체성 개념[25]에는 여성 젠

20) 아담 샤프, 김택현 역, 『역사와 진실』, 청사, 1982, 215~338면 참조.
21) 김복순, 「『무정』과 소설 형식의 젠더화」, 앞의 책, 195면 참조.
22) 우줄라 I. 마이어, 앞의 책, 268면에서 재인용.
23) 남성 중심적 보편성 개념을 파기하고 상황적 보편성 개념을 받아들이면 '문학적 근대성' '미적 근대성'과 관련하여서도 보편성의 재설정이 가능해지며, 소위 전 세계적인 '보편' 장르로서의 (근대)소설에 대한 재검토도 가능해진다. 임화는 '근대소설(임화의 용어로서는 현대소설)이 역사적 체험의 특수성보다 보편성을 지향한다'(1946년 6월 「조선문학가동맹」 연설)고 보았는데 이때의 보편성이란 남성 중심적 보편성, 부르주아적 보편성이다. 임화의 문학사 서술은 근대의 진보적 직선적 역사관 및 그에 따른 장르개념에 입각해 있다. 임화 뿐 아니라 백철, 조연현의 문학사도 마찬가지이다. 뿐만 아니라 이들의 방법론에는 젠더도 소거되어 있다. 문학사 방법론 및 '근대'문학의 형

더가 소거되어 있다. 헤겔의 '지양' 개념[26]에는 '우리'가 있지만 절대보편을 상정하고 있고, 하버마스의 간주관성[27]에는 '우리'가 빠져 있어 진정한 보편이 될 수 없다.[28]

2) 방법으로서의 해체와 '구성과 발견의 변증법'

상황적 보편성 하에서 모든 인간은 각각 개인사·정체성·감성적 구조를 갖는다.[29] 각각의 남녀는 자신의 고유한 욕구·재능·능력을 가진 구체적 개별자이며, 각 개인들 간의 관계는 보완적 호혜성의 지배를 받는다. 각 개별자는 '구체적 타자'로서 상호존중의 승인이라는 기초 위에서 개별성은 보편성에 매개되는 것이다.

성과 젠더화 이데올로기와 관련하여서는 후속 논문에서 자세하게 고찰할 것이다.

한편 페미니즘 시각에 입각할 경우 한국문학사의 시대구분이 달라질 수 있음에 대해서는 이경하, 「여성문학사 서술의 문제점과 해결방향」, 서울대 박사논문, 2004.8, 1~161면에서 지적한 바 있다.

24) 게오르크 루카치, 이주영 외역, 『미학』 1~4, 미술문화, 2000~2005, 1~327면, 1~312면, 1~224면, 1~287면 참조.

25) 카렐 코지크, 『구체성의 변증법』, 거름, 1984, 1~207면 참조.

26) 게오르크 헤겔, 임석진 역, 『대논리학』 2, 지학사, 1992, 1~335면 참조.

27) 위르겐 하버마스, 장춘익 역, 『의사소통행위이론』 1, 나남출판, 2006, 제1장, 1~227면 참조.

28) 이와 달리 정대현은 중용의 성기성물(成己成物) 개념을 다원주의 시대의 대안적 가치로 제시한다(정대현, 『다원주의 시대와 대안적 가치』, 이화여대 출판부, 2006, 147면). 만약 성기와 성물을 순차적인 것이 아니라 상호매개적으로 이해하고, 존재론적·윤리적 태도의 차원에서가 아닌 인식론적 차원에서 받아들인다면 차이를 '우리'와 연관된 '아우름'으로 이끌어낼 수 있는 지평이 열린다고 본다. 2006년 4월 『교수신문』에서는 성기성물이 다원주의 시대의 진정한 대안적 가치가 될 수 있는지 등의 문제와 관련하여 윤평중·허라금·김혜숙 등 여러 철학자들 간의 열띤 토론이 진행되었다.

29) 새로운 미학은 그간 전통미학의 타자로서 배제되었던 '감각'이 복권되어야 한다는 점과, 젠더·계급·인종·연령 등 '차이'에 따라 다른 감성적 구조가 인정되고 리얼리티가 새롭게 재구성되어야 한다고 주장한다. 이 점에 대해서는 김복순, 「감각적 인식과 리얼리티의 문제」, 앞의 책, 138~162면 참조.

재정의된 주관성·객관성·보편성·개별성 개념은 상호작용적이고 소통적이다. 타인을 안다는 것, 대상을 파악한다는 것, 미를 이해한다는 것은 지식 생산과 실천이 일어나는 공동체의 표본적 지위를 획득하는 것이다. 이들이 획득하는 주관성은 상호매개 되는 것이고, 사회문화적으로 밑바닥에 깔려 있는 것이다.[30] 모든 인식적 과제들은 존재론적으로 공동체 질서와 무관할 수 없으며, 공동체를 계상할 때 다원주의는 상대주의 오류로부터 벗어난다. '우리'의 설정은 현상학적 환원을 제거해 주기 때문이다. 상황적 인식론은 실천과 주관성의 상호구성적 결과이며, 이는 인식론을 역사적 사회적 문화적 물리적 실천으로 이동시키는 것이다.

따라서 페미니즘 미학의 범주로서의 특수성은 여성 젠더라는 차이[31]를 고려하는 개별성과 '우리'를 전제로 구성되는 상황적 보편성을 맥락적으로 구성하며, 이들의 통일을 구현하여 제3의 것으로 정립시키는 것이다. 각 개별자는 자신의 정체성과 가치론적 입장, 사회·역사·예술적 맥락을 상황적 보편성 범주로 함께 받아들인다.[32]

---

30) 앨리슨 재거, 앞의 책, 260면 참조.

31) 김상환은 '차이'의 개념을 증여적 차이, 자기관계적 차이, 수직적 차이, 비유기적 차이, 내재적 차이로 나누면서, 헤겔 이후의 차이의 철학은 절대적 차이를 상대화 하는, 즉 헤겔이 수직적 차이에 부여했던 목적론적이고 유기체론적인 성격이 폐지되는 과정과 일치한다고 보았다. 김상환, 「현대적 차이 개념」, 『문학판』 제16호, 열림원, 2005년 가을호, 35~56면 참조.

한편 트린 민하는 '차이'를 나타내도록 요구하는 제1세계 페미니스트들의 '분리주의 책략'도 알아차려야 한다고 강조한다. 이때 차이를 지닌 제3세계의 '객체'는 '우리'라는 제1세계 주체의 '대상'으로 요구될 뿐이다. 이는 주변의 주변성을 인정하지만 동시에 주변의 중심은 공고히 하려는 전략으로서 '차이'를 다시 '재타자화'하는 행위이다. Trin T. Minh-ha, *Woman, Native, Other : Writing Postcolonity and Feminism*, Indiana UP, 1989, pp.1~168.

32) 따라서 페미니즘 미학에서는 미의 개념과 범주도 재구성될 수 있다. 예를 들어 미학의 핵심 범주라고 할 수 있는 '아름다움과 숭고함'에서 전자는 항상 여성다움과 밀접하게 연결되며, 숭고함은 20세기를 경험하면서 명백하게 남성적 함축을 갖게 된다. 아름다움에 대한 여성적 함축과 숭고함에 대한 남성적 함축은 '공정한 성차(fair sex)'를 '미적 성차'로 만든다(앨리슨 재거 외, 한국여성철학회 역, 『여성주의철학』 2, 서광사,

이러한 상황적 보편성 개념은 각 개별자의 차이, 즉 주관성을 수용하는 관계주의적 객관성(relationalist objectivity)[33] 범주를 가능하게 한다. 객관성은 실재에 대한 '대응' 개념이기보다 공동체에서의 '합의'[34] 개념으로 이해할 필요가 있다. 실재에 대한 대응 개념이라면 여성(여성성)은 수천년 동안 실재하지 않았다. 따라서 대응 개념이라 할 수 없다. 합의는 이상적, 평화적으로 도달하는 것이라기보다 정치적 경제적 문화적 권력관계의 장에서 헤게모니적 쟁투를 통해 획득된다. 따라서 합의로서의 객관성 개념에는 계급 · 젠더 · 민족 · 인종 및 각 범주 내에서의 차이들이 고스란히 개입될 수밖에 없다.[35] 따라서 '합의'로서의 객관성 개념에는 당대의 지표 뿐 아니라 미래에 대한 전망도 포함되어 있다.

2005, 33~36면).

따라서 여성의 특수한 역사적 문화적 사회적 경험으로부터 긍정적이고 대항적인 '미적 범주의 산출'이 요구된다. 이러한 점에서 1980년대 노동소설의 숭고미(김복순, 「노동자의식의 낭만성과 비장미의 '저항의 시학'」, 『1970년대 문학연구』(민족문학사연구소 현대문학분과), 소명출판, 2000, 117~150면)도 재검토 할 수 있으며, 『무정』에서도 이형식의 계몽을 통해 제시되는 (여성을 설득의 대상으로 한정하는) 숭고미는 친일적 신지식층 남성의 현실욕망원리와 필자가 앞서 검토한 소설 형식의 젠더화(김복순, 「『무정』과 소설 형식의 젠더화」, 앞의 글 참조)와 긴밀한 연관이 있다. 『무정』의 숭고미에 대해서는 후속논문에서 상세히 고찰할 것이다.

33) 해러웨이는 '체현적 객관성(embodied objectivity)'이라는 개념을 사용한다. 해러웨이는 오직 '부분성'만이 객관성을 약속한다(Harraway, 앞의 책, 제9장, 183~202면)고 본다는 점에서 필자와 견해가 다르다. 상대주의(relativism)와 위치(location)를 구분하고 시각(vision)을 강조하지만(위의 책, 194면), 해러웨이에게는 기본적으로 '우리' 개념이 소거되어 있다. 주13 참조.

34) 김동식, 『로티, 철학과 자연의 거울』, 울산대 출판부, 2002, 195~199면 참조. 로티는 '대응으로서의 객관성'과 '합의로서의 객관성'으로 나눈다.

35) 상황적 보편성의 한 사례로는 강신재의 「젊은 느티나무」의 숙희를 들 수 있다. 결말부분에서 느티나무를 껴안는 것으로 끝나는 숙희의 사랑 해결법에 대해 최혜실은 '감각적이기 때문에 현저히 미숙한 것' 또 '육체적 접촉이 배제된다는 점에서 현실적 사랑이 아니다(최혜실, 「생활과 대립구도로서의 미」, 『젊은 느티나무 · 수난이대』, 동아출판사, 1995, 608~609면)'라고 평가한 바 있다. 하지만 숙희의 개별성, 즉 중산층 · 여자 · 고등학생이라는 '위치성' 및 현규가 의붓오빠라는 상황과 관련된 당대의 '합의'에 비추어 보면 숙희의 결론은 지극히 현실적인 것으로서 리얼리티를 확보하고 있다. 이와 같은 요지는 김복순, 「감각적 인식과 리얼리티의 문제」, 앞의 책, 153면에서 언급한 바 있다.

다시 말하자면 상황적 보편성은 젠더・계급・인종 등의 '위치성'에서 나오며, 상황적 보편성에 대한 '합의'가 관계주의적 객관성을 구성한다. 상황적 보편성은 위치성에서, 관계주의적 객관성은 합의에서 나오는 것이다.

이러한 인식에 기초하면, 객관적 현실은 하나이면서 동시에 하나가 아니다. 따라서 리얼리티도 하나이면서 동시에 하나가 아니다. 리얼리티, 즉 무엇이 사실인가를 결정하는 싸움은 '우리'와 관련된 정치적 싸움이며, 무엇이 '우리' 안에 포함되어 있는지를 밝혀내는 과정이다. 리얼리티 역시 남성 중심적으로 관철되어 왔다. 리얼리티가 실재의 대응 개념이 아님에도 불구하고 대응 개념으로 파악한 것은 사실/가치의 얽힘이라는 사태를 잘 파악하지 못했기 때문[36]이다. 사실/가치의 이분법에서 벗어나, 리얼리티는 '위치성'과 '합의'라는 두 측면에서 검토되어야 한다. 상황적 보편성은 '위치성'에서, 관계주의적 객관성은 '합의'에서 나오며,[37] 위치성만 드러나면 주관적 리얼리티(subjective reality), 합의의 형태가 제시되면 객관적 리얼리티(objective reality)를 확보한 것이다.

기존 이론에서는 남성 중심적 리얼리티만을 리얼리티 또는 객관성이 있는 것으로 언급해 왔지만, 리얼리티에는 주관적 리얼리티와 객관적 리얼리티[38]가 있다. 이 둘은 이분법적, 배타적인 것이 아니다. 새로운 페미니즘 미학은 기존의 주객 이분법에 기초한 리얼리티 개념을 극복하고자 한다. 이분법은 두 짝의 범주로 그치지 않고 대상 및 관점, 시각 등을 유형화 시키거나 사고로 규정하여 거의 이데올로기화 하는 오류

36) 퍼트남은 사실/가치 이분법을 붕괴해야 한다고 주장하면서, 사실판단에도 인식적 가치가 들어 있다고 역설한다. '어떤 것을 기술(서술)한다'는 것은 가치라는 안경을 쓰고 바라 본 어떤 것임을 깨달아야 한다고 지적한다. 힐러리 퍼트남, 앞의 책, 201~202면 참조.

37) 김복순, 「페미니즘 미학의 기본 개념과 방법」, 앞의 책, 181면 참조.

38) 이에 대해서는 P. Berger & T. Luckmann, *The Social Construction of Reality*, Anchor Books, 1967, pp.47~184 참조.

를 범한다. 새로운 페미니즘 미학을 구성하고자 하는 본고에서는 객관적 요소와 주관적 요소를 통합하는 리얼리티 개념에 입각해 있으며, 위치성 및 합리적 수용가능성(rational acceptability) 여부가 리얼리티 여부를 분간하는 척도가 된다. 물론 이 때의 합리성이란, 뒤에서도 언급되겠지만, 남성 중심적 합리성 외에 여성적 사고로 파악한 합리성, 그리고 이성적 합리성 외에 감성적, 직관적 합리성[39]도 포함된 개념이다. 다시 말하자면 리얼리티는 일종의 이상적 정합성(ideal coherence)에 기초하며, 이상적 정합성에는 여성적 사고, 여성적 진리가 '차이' 범주를 넘어 보편성의 범주로 포함되어야 함을 의미한다.

리얼리티 개념 역시 선험적 · 고정적 개념이 아니다. '발견적으로 구성되는' 개념으로 보아야 한다. 각 개별자가 다른 개별자와 매개과정을 갖지 못하면 그것은 단독성, 즉 파편적 개별성에 머물고 만다. 개별성이 다른 개별성과 상호주관성 속에서 매개될 때 객관적 리얼리티는 '합의적'으로 구성된다. 강한 객관성, 약한 객관성의 차이는 '합의'의 '범주의 크기'로 결정된다. 따라서 리얼리티는 하나이면서 동시에 하나가 아니다. 위치성에서 나오는 주관적 리얼리티도 현실성을 갖는 것이기 때문에 이를 실재가 아니라고 말할 수는 없다.

리얼리티는 '세계'가 사회를 통해 증명해 보이는 '진리'의 양상이다. 자연과학적 법칙에서 진리는 '실용성'을 통해 검증되지만, 인간 세계에서 진리는 '사회'를 통해 검증될 수밖에 없다. 사회 및 사회구성원의 '합의'가 진리 또는 리얼리티, 객관성을 구성하는 기원이다.

'지금-여기'성을 회복하고자 하는 페미니즘 미학은 '상황적 보편성'과 '관계주의적 객관성' '새로운 리얼리티' 개념에 기초한 새로운 미학을 구성하기에, '구성과 발견의 변증법'이라 부를 수 있다. 흔히 '우리'를 상정하면 하나의 진리에 수렴할 것을 목표하는, 해체와는 대립되는

39) 직관적 합리성도 합리성의 범주로 포괄하여야 한다는 주장은 이남인, 「비판적 합리성의 구조」, 『철학사상』 19호, 서울대 철학사상연구소, 2004, 83~129면 참조.

개념으로 이해한다. 새로운 페미니즘 인식론은 상대주의는 거부하지만 다원주의는 긍정하며, 해체를 긍정하지만 '구성'을 거부하지는 않는다. 해체는 '방법'으로서의 해체를 말하는 것이며, 방법으로서의 해체를 기초로 한 '구성'은 상대주의에 빠지지 않는다. 해체를 상대주의라 보는 것은 인식론적 명제와 존재론적 명제를 혼동하기 때문에 발생한다. 인식론적 명제로서의 해체는 '방법'의 개념이다.

따라서 새로운 페미니즘 미학에서의 주체는 해러웨이의 '사이보그'와 조금 다르다. 해러웨이는 「사이보그를 위한 선언문」(1985)에서 백인/남성 중심적 지배체제의 이성/감정, 인간/동물, 정신/몸 등의 이분법을 무효화하는 이론을 제시하면서, 해체와 재배치에 의해 구성되는 탈근대적 자아의 코드로 설계된, 탈 젠더적 페미니스트 주체를 '사이보그'로 형상화 한다. 사이보그는 인종 · 젠더 · 자본 · 문화의 경계들을 위반하고 넘나드는, 유기체와 기계로 구성된(hybrid of machine and organism) '경계적 피조물'[40]로서, '차이의 다중성을 긍정하고 이질적인 것들의 연결망을 구축하는데 유효하다'고 말한다. 그런데 다중적 주체성은 인정되지만, '사이보그(사이보그 이미지)'를 전복의 도구로 삼는 것은 재고되어야 한다.

새로운 페미니즘 인식론은 '탈 젠더'를 주장하지 않는다. 젠더는 제거될 수도 없으며, 제거되어서도 안 된다. 젠더는 제거되어야 하는 것이 아니라 오히려 젠더의 특성을 유지 보존하고 그 차이를 인정하면서 차별하지 않는 개별성을 자기의식으로 맥락적으로 구성하는 것이다. 각 개별자는 신체적이고 가시적이다. 각 개별자에게는 일정한 사회적 지위가 할당되어 있기 때문에, 존재론적 의미에서 탈 젠더란 개별성이 인정되지 않는 것이다.

---

40) 해러웨이는 경계적 피조물의 예로 유인원 · 사이보그 · 여자를 든다. 이들은 위대한 서양의 진화적 기술적 생물학적 서사에서 불안정한 자리를 차지해 온 '괴물'들이라고 본다 (Harraway, Ibid, p.2).

해러웨이는 인식론적 명제와 존재론적 명제를 혼동하고 있다. 사이보그는 상징과 은유로서 인식론적으로 탈 젠더적 이미지일 뿐이다. 사이보그는 어떤 역사적 변형의 가능성을 구성하는, 두 개의 결합된 중심인 상상력과 물질적 실재의 응축된 이미지이다.[41] 따라서 경계적이며, 해체와 재배치의 상징이 될 수는 있다.

하지만 역사, 문화로부터 추상화된 인간이란 불가능하다. 따라서 여성들 간의 유사성 원리 및 차이의 원리에 기초하여 상호작용하는 아피다멘토(affidamento) 개념을 수용하여 젠더 재편성에 기여해야 한다.[42] 한 젠더에서 다른 젠더로 바꾸는 것이 아니라, 젠더의 제거를 통해서 젠더의 변화를 수행한다[43]고 보지만, 이러한 방법론에 의하면 젠더만 제거되는 것이 아니라 계급, 민족 등 다른 범주도 아울러 제거된다. 젠더·계급·민족·인종 등이 모두 해체된 존재자가 현실세계에서는 실재하지 않는다.

젠더는 해체를 통해 '탈 젠더' 주체로 거듭나는 것이 아니라 젠더의 특성이 유지·보존된 채 차이를 그대로 가지고 각 개별성으로 존재하는 것이어야 한다. 각각의 개별성들이 나-너의 관계 속에서 '우리'로 만나며, 구성하는 상황적 보편성과 매개되어 특수성으로 지양될 때 각 특수성들은 이미 젠더의 특성을 모두 포괄하고, 객관성과 주관성이 매개된 양태로 드러난다. 롱기노의 말처럼, 차이는 하위규준이거나 '일탈 또는 실패'가 아니다. 따라서 탈 젠더, 탈 계급, 탈 민족의 유목적 주체는 인식론적으로 가능할 뿐 존재론적으로는 가능하지 않다. 이러한 주체는 세계자본 또는 제국주의에 포섭될 뿐이어서 대항담론으로서의 기능을 상실한다. 억압논리가 미시화되어 있어 잘 드러나지 않는다고 하여 억압이 없는 것은 아니다.

41) Harraway, op. cit., pp.149~150.
42) 우줄라 I. 마이어, 앞의 책, 191면 참조.
43) Harraway, op. cit., p.193.

상황적 보편성 속에는 당대의 이념적 지향성이 내포되어 있으며, 당대의 지배적인 이념적 지향성에 매개되어 구성되기 때문에 상대주의에 함몰되지 않고, 또 끊임없는 해체의 연속과정에 빠지지도 않는다. 현실과의 연관관계를 맥락적으로 갖고, 총체성을 지향하는 듯 보이지만 계속 구성되는 것일 뿐, 선험적인 총체성도 가시적인 총체성도 현실 속에 존재하지 않는다.

3. 미적 반영 및 재현의 젠더와 미적 가치의 문제

1) 인식주체－대상의 상호매개성

루카치의 반영이론은 예술을 삶이 의식화된 형식이라고 여기면서, 객관적인 현실은 하나이므로, 모든 반영이 이러한 현실을 모사한다는 것은 예술이 유물론적인 토대 위에서 보편적인 가치를 지니기 위한 전제조건이라고 본다.

이때 반영의 대상은 미학적 주체를 통해 해석된 현실이다. 반영이론에 나타나는 현실은 동질적이거나 정적인 것이 아니라 모순적으로 구성되어 있는 현실이다.[44] 현실이란 복합적인 역사적 · 사회적 · 문화적 과정에 의해 생성된, 또는 생성되고 있는 결과물이다. 실제 학문이 매개하는 '현실'의 모습은 기존 학문에서 주장되었던 것처럼 포괄적이지도 객관적이지도 않으며, 오히려 이러한 자료들로부터 '현실'의 모습이 구성되어 왔다고 할 수 있다.

---

44) 피종호, 『해체미학』, 뿌리와 이파리, 2005, 144~145면 참조.

현실이 만들어지는 것이라고 언급한 비코(Vico) 이래, 현실 생산의 수단이 직관형식들, 기본적 이미지들, 은유적 행위라고 본 니체의 견해에도 인식 형식인 '미학' '소설 형식'이 현실을 만드는 것이라는 지적은 없었다. 니체는 현실이 생산되는 것이지만 그러한 사실을 은폐하거나 곧 망각하는데서 '객관성'이란 외관이 생성된다고 보았다.[45] 따라서 미학적인 파악능력과 인식능력은 동일하다는 사실, 미학 없이는 어떤 인식도 없다는 사실이 중요해진다. 인식이 심미적인 것에 의존하고 있음을 간파하지 못한 것이 전통 형이상학이 행한 근본적인 실수이다.[46]

현실이 만들어진다는 말은 현실이 곧 '어떤 서술 아래의 현실'이라는 말이다. 서술되는 모든 것은 서술되는 방식으로 제한[47]되기 때문에 현실 구성은 서술자 및 서술방식과 긴밀하게 연결될 수밖에 없다. 즉 서술형식에 의해 현실이 구성되는 것이며, '보는 형식'은 예술적 생산이 된다. 인간은 원칙적으로 인식형식의 전제들 안에서만 현실에 관하여 말할 수 있으며, 항상 하나의 현실 해석으로 다른 현실 해석에 관해 말할 수 있을 뿐이기 때문이다.

주지하다시피 소설은 서술자에 의해 전개되는 예술형식이다. 소설은 서술자의 세계관과 이데올로기에 의해 세계를 재배치하는 예술형식이다. 소설에서 상황, 인물, 행동 등은 개별자와 보편자를 매개해 주는 요소들인데, 그것은 언제나 서술자를 통해 재배치된다. 그런데 근대미학의 남성 중심성은 이 서술자의 항목에 그다지 착목하지 못하였다. 서술자, 즉 인식주체는 이상화된 관점[48]으로, 즉 당연히 '남성'으로 규정되었고, 이러한 남성 중심적 시각은 시선의 이데올로기적 효과를 '자연스러운 것'으로 인식하게 하였다. 대표적인 것이 '전지적 시점'의 남성 중심성이

45) 볼프강 벨슈, 심혜련 역, 『미학의 경계를 넘어』, 향연, 2005, 93면 참조.
46) 위의 책, 87면 참조.
47) 위의 책, 96면 참조.
48) 해러웨이의 용어로는 '신의 책략'이다.

다.[49] 마치 신처럼 모든 등장인물을 조망하는 전지적 화자는 남성 젠더의 시선을 취하고 있다. 전통적인 모사 표상(Abbild-Vorstellung)과 객관주의 표상이 인식 능력의 생산적이고 심미적인 특성을 은폐하고 있다[50]는 로티의 말은 이러한 점에서 설득력이 있다.

보는 방식(시선)은 거리감 · 정밀성 · 보편성이라는 특징과, 인식에 대한 규정력과 접근성이 개입되어 있기 때문에 무엇보다도 중요하다. 각 개별자의 개인적 실행인 시선은 개별적이면서도 상황적 보편성을 매개한다. 개별자의 시선은 현상들을 실재대로 반영하지 않는다. 개별자의 시선은 실재를 변형하는 이데올로기적 속성을 갖고 있다. 소설은 서술자를 통해 이야기가 제시되는 장르로서 '누가 보는가'와 '누가 말하는가'의 매개장치를 갖고 있다. 보는 자, 말하는 자라는 시점과 서술 문제는 판단주체 및 인식주체와 관련된 일종의 인식틀로서, 세계와 개인을 구성하고 이론화 하는 담론화 작업의 일종이다.[51]

그런데 모든 지각 작용이 특수하다는 말은 어떤 것을 지각 가능하게 하는 반면, 다른 것을 구성적으로 배제한다는 뜻이다. 따라서 무언가를 본다는 것은 그와 동시에 무언가를 간과한다는 의미이다. 즉 보고 간과하는 행위에 인식주체, 보는 주체의 이데올로기적 특성이 개입된다. 소설의 형식은 이처럼 시선과 서술에 따라 젠더화 되고 이데올로기화 되는 과정을 형식 속에 자체적으로 내포하고 있다.

따라서 새로운 페미니즘 미학은 '인식주체'도 다시 규명되어야 할 것을 주장한다. 기존의 '보편'미학에서는 주체와 대상의 이분법적 분리 하에 인식주체에는 그다지 주목하지 못하였다. 앞서 검토하였듯이 인식주체는 고정되어 있지 않으며, 또 민족, 계급, 젠더 범주에 따라 다른 이데올로기적 효과를 드러낸다. 인식주체는 대상들에 '상황적' '맥락적' 능

49) 이에 대해서는 김복순, 「『무정』과 소설 형식의 젠더화」, 앞의 책, 198~212면 참조.
50) 볼프강 벨슈, 앞의 책, 96면 참조.
51) 김복순, 앞의 글, 196면 참조.

동적으로 참여한다.

대상 역시 인식주체에 의해 매개되어 현실을 구성하는 인자로서 수동적인 것은 아니다. 대상에게도 행위자로서의 지위가 부여되어야 한다.[52] 미적 반영에서 대상의 객관성 속에는 인간의 삶에 대한 모든 관계가 함축되는데, 미적 대상은 사회적 발전에 있어 현재적 상태에 일치하는 방식으로 나타난다. 그런데 모든 미적 형상은 그 자체 속에 이미 어떤 '객관성'을 필연적 형태로 함축하고 있는 것이 아니라 이데롤로기로서의 시각에 의해 '지금-여기'성(now-hereness)을 획득하고 대상의 객관성을 구성받는다. 그 어떤 대상도 바라보는 자의 '의식과 독립한 채' 존재하지 않으며, 바라보는 자의 시선으로부터 독립되어 규정되지 않는다.

대상은 본질을 갖는 고정된 실체가 아니라 '해석적 실행'을 거쳐 맥락적으로 그 의미가 발견되고 구성되는 일종의 '합의'의 결과이다. 대상에 관한 해석적 실행은 다른 해석적 실행들을 포함하여 중첩적으로 나타날 수 있으나 하나의 발견적 과정을 구성하는 수많은 인자들의 맥락에 입각하여 하나의 단위로 완결될 만큼 설득력있게 구성될 수 있는 범위로 한정된다.[53] [54] 이때 대상과 주체는 분리된 것이 아니라 쌍방향적인 맥락을 구성하며, 대상도 행위자로 자리매김 될 수 있다.

이 과정은 차이를 담지한 개별성과 상황적 보편성의 변증법적 지양 하에서 객관성이 구성되는 것으로 파악할 수 있다. '과학적 반영'이라 일컬어지는 자연과학의 영역에서도 인식주체라는 연구자의 시각이 개재된다는 사실을 상기하자.[55] 해러웨이의 위치(location), 자리매김(positioning), 위치

52) 해러웨이는 자연이나 성은 더 이상 문화나 젠더를 위한 자원이 아니기 때문에 여성도 몸도 대상이나 자원이 아니라 행위자라고 하면서 대상에게 행위자로서의 지위를 부여해야 한다고 주장한다. Harraway, op. cit., pp.183~202.

53) 김주현, 「여성주의 미학과 예술작품의 존재론」, 이화여대 박사논문, 2004, 263면 참조

54) 이 범위에서 벗어나는 것은 '단독(singular)'이다. '개별'이나 '특수'가 '보편'에 포섭되는 '보편'의 한 사례라면, '단독'은 '개별적'이지만 '보편'에 포섭되지 않는 예외적인 것이다.

55) 이블린 폭스 켈러, 민경숙 외역, 『과학과 젠더』, 동문선, 1996, 1~231면; 오조영란·

짓기(situating)의 정치와 인식론[56]도 이와 상통한다고 할 수 있다.

마르크스주의 미학에서도 대상의 객관성을 말할 때 인식주체의 주관성이 전혀 고려되지 않은 것은 아니었다. 마르크스주의 미학도 주관성의 능동적 요인을 언급한다. 프롤레타리아의 계급성을 취하면 그 주관성이 객관성을 획득한다고 보았지만, 프롤레타리아의 객관성 자체도 모호할 뿐더러 프롤레타리아의 계급성만으로 객관성에 도달할 수 있는 것도 아니다. 여성을 포함한 여러 사회적 타자들을 포괄하는 의미에서의 주관성이 고려될 때 객관성·보편성은 획득된다. 그리고 주관성의 능동성은 일방적으로 또는 선험적으로 주어지는 것이 아니라 여러 사회적 타자들과의 상호 투쟁 및 연대 과정에서 구성되고 형성되는 것이다.

전통 미학의 미적 반영을 극복하는, 맥락과 관점의 해석적 실행이라는 페미니즘 미학의 방법론은 실행에 참여하는 주체들에게 특권을 부여하지 않을 뿐 아니라 전통 미학과 예술사가 배제했던 젠더적 관점을 적극적으로 고려하게 된다. 그리하여 젠더가 만들어내는 차이들에 주목하고 그것이 작동하는 심미적 경험의 국면들을 배제하거나 폄하하지 않고 신중하게 수용한다. 따라서 페미니즘 미학의 방법론은 작품의 미적 정체성에 참여하며, 미적 가치를 평가하는 '내적 관점'이기도 하다.[57]

2) '보편적' 플롯의 남성 중심성

재현의 문제와 관련하여서도 페미니즘 미학은 기존의 미학 연구방법론을 재고 할 것을 경고한다. 모든 사람들이 언제 어디서나 정확하게 똑같은 방식

홍성욱 편, 『남성의 과학을 넘어서』, 창작과비평사, 1999, 1～304면; Sandra Harding, op. cit., pp.1～349.

56) Harraway, op. cit., pp.183～202.

57) 김주현, 앞의 글, 262면 참조.

으로 보는 것은 아니다. 본다는 것, 말하는 것은 그 행위가 발생하는 곳에서 특별히 요구되는 개별성을 인지하는 행위이다. 그렇기 때문에 상황적, 맥락적이다. 문학에 있어서도 재현의 젠더에 따라 소설의 형식 및 미적 가치가 달라질 수 있다. 서술자 및 초점화자의 젠더에 따라 텍스트 속에서 그것이 개입하는 양상이 달라질 수 있으며,[58] 텍스트의 의미형성에 다르게 구조화되면서 다른 미적 가치를 생산해 낸다.[59]

뿐만 아니라 미적 가치를 형성해 내고, 독자에게 쾌락을 주는 소설의 외적 형식, 플롯도 젠더와 상관관계가 있음을 주목할 필요가 있다. 페미니즘 서사학은 이에 관한 의미있는 연구를 보여준다. 흔히 플롯의 '보편적' 패턴이라 일컬어졌던 '발단－전개－클라이맥스－파국'의 플롯은 오이디푸스 콤플렉스에 기반한 남성 중심적 모델로서, 플롯의 젠더화를 보여준다.[60]

로버트 스콜즈는 프로이트의 매스터플롯 개념을 발전시키면서, 모든 소설의 원형은 성적 행위이며, 소설의 플롯은 팽창과 수축, 긴장과 이완, 그리고 강화를 통해 클라이맥스와 완성을 향한 근본적인 남성 오르가즘의 리듬에 기초해 있다고 말한다.[61]

프로이트와 스콜즈의 플롯 개념에는 '남성'의 욕망과 쾌락원칙이 담

58) 화자의 젠더에 따라 '보는 방식'이 다르게 담론화되는 양상에 대해서는 김복순, 「군사주의의 젠더 전유 양상과 여성만보객－「야행」 소설과 영화」, 앞의 책, 447～472면을 참조. 남성 젠더의 시선의 헤게모니 속에서 소설 형식이 젠더화 되는 양상에 대해서는 김복순, 「남성/여성 만보의 담론화 과정과 감각적 인식」, 앞의 책, 473～503면 및 「『무정』과 소설 형식의 젠더화」에서 검토하였다.

59) 전자의 예로는 김승옥의 「야행」과 「무진기행」을, 후자의 예로는 1910년대 단편소설 작가인 양건식과 이광수를 들 수 있다. 김복순, 「군사주의의 젠더 전유 양상과 여성 만보객」, 앞의 책, 447～472면 및 「식민지 근대 초기의 만보와 소설 형식의 젠더화」, 『현대소설연구』 제28집, 한국현대소설학회, 2005.12, 29～53면 참조.

60) 플롯의 젠더화와 관련하여서는 김복순, 「『무정』과 소설 형식의 젠더화」 및 「식민지 근대 초기의 만보와 소설 형식의 젠더화」 참조.

61) Susan Winnett, "Coming Unstrung : Women, Men, Narrative, and Principles of Pleasure," ed., Mieke Bal, *Narrative Theory* III, Routledge, 2004, pp.277～278에서 재인용. 프로이트의 매스터플롯에 대한 논의는 Peter Brooks, "Freud's Masterplot," Ibid., pp.261～275 참조.

겨져 있을 뿐 여성의 경험과 쾌락원칙은 소거되어 있다. 이러한 플롯 개념에는 가부장적 쾌락을 생산해 내는 플롯을 미적 가치를 지닌 것이라 판단하는 인식틀이 개재되어 있으며, 여성들이 남성들과 다른 플롯을 가질 수 있다는 가정을 수용하지 않는다.

플롯과 심리분석 패러다임의 연관성을 부정하지 않는다고 하더라도, 여성의 오르가즘 작동 방식은 남성과 다르다고 보고되었다. 여성은 '지진성(seismic) 오르가즘'[62]으로서, 남성들의 성 행위 코스와 달리 흥미있다고 생각되는 성 행위의 어느 부분에서나 성적으로 고조될 수 있으며, 자신의 성적 흥분과 파트너의 만족을 동시에 얻어낼 수도 있고, 관습적인 이성애적 성 행위의 기능 및 대표성과는 무관한 성적 흥분과 쾌락의 법칙을 따라 자신의 쾌락을 시작하고 끝낼 수 있다.[63]

따라서 프로이트와 스콜즈의 위와 같은 남성 중심적 플롯개념은 정당성을 확보했다고 보기 어려운[64] 논리일 뿐 아니라, 플롯의 다양성을 지극히 제한하고 플롯의 미적 가치도 제한한다. 오이디푸스 모델에서 벗어나는 소설은 미적 가치가 없는 플롯이라는 미적 판단을 과감히 수행한다. 이러한 미학적 판단 아래 최명희의 '조각이불 형식'[65]의 플롯이나 오정희의 '퍼즐맞추기 형식'[66]의 플롯은 보편적인 패턴에서 일탈하는 '미적 가치의 결여' 플롯으로 평가되었다.

이는 여성 중심적 플롯으로의 대체를 주장하는 것이 아니다. 정신분석학적 패러다임 밖에 위치한 강제적이고 욕망생산적인 서사학적 동기를 포함하여, 그것이 담론화 되는 과정이 어떻게 미학 형식 및 미적 가

---

62) Rachel Blau Dulpessis, "Seismic Orgasm : Sexual Intercourse and Narrative Meaning in Mina Loy, Kathy Mezei(ed.)", *Ambiguous Discourse*, Chapel Hill, 1996, pp.187~214.

63) Susan Winnett, op. cit., pp.276~296.

64) 미적 쾌락과 젠더와의 관계에서 남/녀는 서로 다른 쾌락원칙에 지배받는다고 분석되었다. Carolyn Korsmeyer, *Gender and Aesthetics*, Routledge, 2004, pp.130~154.

65) 김복순, 「대모신의 정체성 찾기와 여성적 글쓰기」, 앞의 책, 285~311면 참조.

66) 김복순, 「여성의 내면화 방식과 퍼즐맞추기 형식」, 앞의 책, 251~284면 참조.

치 생산에 참여하는 젠더의 미학적 구축 과정 및 방식과 관련되는지를 검토해야 한다는 말이다. 이는 미적 반영 및 재현의 젠더 관계에서 여성의 미학적 재현 방식 및 원리들을, '차이'에서 '보편성'의 범주로 재설정해야 함을 강조하는 것이다.

4. 맺는말

본고는 모든 페미니즘 연구에서 가장 중요한 개념 중 하나인 '차이'를 미학적·철학적·문학적으로 온당하게 규명하여 새로운 페미니즘 미학이론을 정립하고자 하는 문제의식에서 출발하였다.

인식론적 근본학문으로서의 페미니즘 미학은 서양미학사의 기본 전제였던 개념과 방법, 즉 보편성, 객관성을 다시 검토하면서, 미적 반영의 문제, 재현의 젠더, 미적 가치의 문제 등에 대해 학문적 정당성을 문제 삼는다.

남성 중심적 미학에서의 보편성이란 절대적이며 위계적이고, 언제나 선험적이지만, 페미니즘 미학에서 보편성은 절대적이거나 선험적이지 않으며, '맥락적'으로 구성되는 '상황적 보편성'이다. 구체적 상황에 직접 맥락적으로 닿아 있는 보편이 상황적 보편이다. 상황적 보편은 '허구적으로 정의된 개인의 이상적 합의가 아니라, 정치와 도덕에서 자율성을 얻기 위한 구체적인 신체의 구체적인 노력'이다. 따라서 상황적 보편에는 계급·민족·국가·젠더 등 각종 범주가 내포되어 있으며, 이들의 상호 운동 관계도 개재되어 있다.

상황적 보편성 하에서 모든 인간은 각각 개인사·정체성·감성적 구조를 갖는다. 각각의 남녀는 자신의 고유한 욕구·재능·능력을 가진 구체적 개별자이며, 각 개인들 간의 관계는 보완적 호혜성의 지배를 받는다. 각 개별자는 구체적 타자로서 상호존중의 승인이라는 기초 위에서 개별성은 보편성에 매개되는 것이다.

따라서 페미니즘 미학의 범주로서의 특수성은 여성 젠더라는 차이를 고려하는 개별성과 우리를 전제로 구성되는 상황적 보편성을 맥락적으로 구성하며, 이들의 통일을 구현하여 제3의 것으로 정립시키는 것이다. 각 개별자는 자신의 정체성과 가치론적 입장, 사회·역사·예술적 맥락을 상황적 보편성 범주로 함께 받아들인다.

객관성이란 실재에 대한 '대응' 개념이기보다 공동체에서의 '합의' 개념이며, 리얼리티 개념도 '위치성'과 '합의'라는 두 측면에서 검토되어야 한다. 상황적 보편성은 '위치성'에서, 관계주의적 객관성은 '합의'에서 나오며, 위치성만 드러나면 주관적 리얼리티(subjective reality), 합의의 형태가 제시되면 객관적 리얼리티(objective reality)를 확보한 것이다.

'지금-여기'성을 회복하고자 하는 페미니즘 미학은 젠더, 민족, 계급 범주를 중층적으로 인식하고 '상황적 보편성'과 관계주의적 객관성에 기초하여 새로운 미학을 구성한다. 이를 '구성과 발견의 변증법'이라 부를 수 있다.

미적 반영의 문제에 있어서도, 현실이 만들어진다는 말은 현실이 곧 '어떤 서술 아래의 현실'이라는 말이다. 서술되는 모든 것은 서술되는 방식으로 제한되기 때문에 현실 구성은 서술자 및 서술방식과 긴밀하게 연결될 수밖에 없다. 즉 서술형식에 의해 현실이 구성되는 것이며, '보는 형식'은 예술적 생산이 된다.

주지하다시피 소설은 서술자에 의해 전개되는 예술형식이다. 소설은 서술자의 세계관과 이데올로기에 의해 세계를 재배치하는 예술형식이다. 소설에서 상황·인물·행동 등은 개별자와 보편자를 매개해 주는 요소들인데, 그것은 언제나 서술자를 통해 재배치된다. 그런데 근대미학의 남성 중심성은 이 서술자의 항목에 그다지 착목하지 못하였다. 서술자 즉, 인식주체는 당연히 '남성'으로 규정되었고, 이러한 남성 중심적 시각은 시선의 이데올로기적 효과를 거의 고려할 수 없게 하였다. 대표적인 것이 '전지적 시점'의 남성 중심성으로서, 마치 신처럼 모든 등장인물을 조망하는 전지적 화자는 남성 젠더의 시선을 취하고 있다.

각 개별자의 개인적 실행인 시선은 개별적이면서도 상황적 보편성을 매개한다. 개별자의 시선은 현상들을 실재대로 반영하지 않는다. 개별자의 시선은 실재를 변형하는 이데올로기적 속성을 갖고 있다. 소위 '보편' 미학에 대한 페미니즘 미학의 비판적 지점 중 하나인 '인식주체'도 다시 규명되었다. 기존의 '보편' 미학에서는 주체와 대상의 이분법적 분리 하에 인식주체에는 그다지 주목하지 못하였다. 그런데 인식주체는 고정되어 있지 않으며, 또 민족, 계급, 젠더 범주에 따라 다른 이데올로기적 효과를 드러낸다. 대상 역시 인식주체에 의해 분석되는 수동적인 것으로 볼 것은 아니다. 대상에게 행위자로서의 지위를 부여하여야 한다.

'보편적' 플롯 패턴이라 일컬어졌던 '발단–전개–클라이맥스–파국'의 플롯은 오이디푸스 콤플렉스에 기반한 남성 중심적 모델로서 플롯의 젠더화를 보여 주며, 남성의 욕망과 쾌락원칙이 담겨져 있을 뿐 여성의 경험과 쾌락원칙은 소거되어 있어 미적 가치를 제한하는 것으로서 비판되었다.

전통 미학의 미적 반영을 극복하는, 맥락과 관점의 해석적 실행이라는 페미니즘 미학의 방법론은 실행에 참여하는 주체들에게 특권을 부여하지 않을 뿐 아니라 전통 미학과 예술사가 배제했던 젠더적 관점을 적극적으로 고려하게 된다. 그리하여 젠더가 만들어내는 차이들에 주목하고 그것이 작동하는 심미적 경험의 국면들을 배제하거나 폄하하지 않고 신중하게 수용한다. 따라서 페미니즘 미학의 방법론은 작품의 미적 정체성에 참여하며, 미적 가치를 평가하는 '내적 관점'으로서 여성중심주의 미학을 넘어서는 새로운 미학의 길을 열어준다.

남은 문제가 있다면 페미니즘 진리 · 윤리 · 정의 등과 주체—객체의 연관성도 함께 고찰되어야 한다는 점이다. 안타깝지만 이는 후속 연구로 넘길 수밖에 없다.

1990년 전후 강한 문제의식을 띠고 대두되었던 탈근대론이 아주 쉽게 대항적, 대안적 의미를 상실한 이유를 페미니즘 연구는 늘 성찰할 필요가 있다. 페미니즘 연구가 정합성이 부족한 방법에서 더 나아가지 못하고 자료적 해석이나 미시적 분석에 치중하여 대안적 기능을 상실할 때, 그것은 담론적 효과만을 억압적으로 생산할 뿐이다. 다원주의 시대에도 실천적 대안은 끊임없이 요구된다. 새로운 페미니즘 미학의 '방법'은 답보상태에 놓인 현 단계의 문학연구를 돌파해 줄 실천적 대안이다.

여성문학사 서술의 필요성에 관하여

이경하

1. 머리말

유럽에서 문학사 서술은 19세기에 대단한 인기와 호황을 누리다가 20세기 전반에 이르러 러시아 형식주의와 미국의 신비평이 유행하면서 점차 인기를 잃고 퇴조하기 시작했다고 한다.[1)] 20세기 후반에는 탈구조주의와 포스트모더니즘의 유행 속에 이른바 거대담론의 종말이 이야기되고, 이는 곧 문학사의 종말로 보였다. 문학사라는 학문영역 혹은 글쓰기 형태는 진화론적 발전사관에 입각하여 근대적 시간의식을 구현하는 '가공된 허구'였다는 비판 아래, 문학사 서술의 의의가 부정되었던 것이다. 태생적으로 '근대적 산물'인 문학사는[2)] 20세기 말 근대학문에 대한 근본

1) David Perkins, "The Present State of the Discussion", *Is Literary History Possible?*, Baltimore and London : The Johns Hopkins University Press, 1992, pp.1~8.

적인 비판의 흐름 속에서 그 위상이 대단히 축소될 수밖에 없었다. '새로운' 한국문학사 서술을 기획하며 그 방향에 대해 논의하는 자리에서 중요하게 지적된 과제도 "문학사와 근대주의의 결속을 어느 정도 해체할 수 있을 것인가"[3] 하는 문제였다.

그런데 다른 한편에서는 20세기 후반에 '문학사의 부흥'이 이야기된다. 소수민족, 흑인, 여성, 동성애자 등 주변부집단의 문학사 서술이 흥기하고 있는 것이다.[4] 전 세계적으로 볼 때 여성문학사 서술이 반드시 20세기 후반의 새로운 현상이라고 말할 수는 없겠지만, 1970년대 이후 페미니즘의 유행과 함께 여성문학사적 관심이 그 어느 때보다 확장된 것만은 틀림없어 보인다. 1990년대 이후 영미에서는 여성문학사 서술이 다른 어느 곳보다 활발히 이루어지고 있으며[5] 유럽 각국의 '여성 글쓰기 역사'도 꾸준히 간행되고 있다.[6] 일본에서도 최근 여성문학사 서술이 새롭게 이루어졌다.[7] 한국에서는 고전문학의 경우 여성작가문학에

---

2) 임형택, 「한국문학사의 서술방향과 체계」, 『한국문학사 어떻게 쓸 것인가』(토지문화재단 편), 한길사, 2001, 29면 참조.

3) 고미숙, 「고전문학사 시대구분에 관한 몇 가지 제언」, 위의 책, 138면 참조.

4) David Perkins, op. cit., p.9.

5) Marion Shaw ed., *An Introduction to Women's Writing : from the Middle Ages to the Present Day*, London; New York : Prentice Hall, 1998; Shari Benstock, Suzanne Ferriss and Susanne Woods eds., *A Handbook of Literary Feminisms*, New York : Oxford University Press, 2002. 이밖에 캠브리지 대학출판부에서 수년에 걸쳐 간행되고 있는 '영국의 여성과 문학' 시리즈가 있다. Carol M. Meale ed., *Women and Literature in Britain, 1150~1500*, Cambridge; New York, NY, USA : Cambridge University Press, 1993; Helen Wilcox ed., *Women and Literature in Britain, 1500~1700*, New York : Cambridge University Press, 1996; Vivien Jones ed., *Women and Literature in Britain, 1700~1800*, Cambridge, U.K; New York : Cambridge University Press, 2000; Joanne Shattock ed., *Women and Literature in Britain, 1800~1900*, Cambridge, UK; New York : Cambridge University Press, 2001.

6) 역시 캠브리지 대학출판부에서 간행된 사례를 든다. Sonya Stephens, *A History of Women's Writing in France,* Cambridge : Cambridge University Press, 2000; Jo Catling ed., *A History of Women's Writing in Germany, Austria and Switzerland,* Cambridge : Cambridge University Press, 2000; Letizia Panizza and Sharon Wood ed., *A History of Women's Writing in Italy,* Cambridge : Cambridge University Press, 2000; Adele Marie Barker and Jehanne M. Gheith eds., *A History of Women's Writing in Russia,* Cambridge : Cambridge University Press, 2002.

대한 총괄적인 검토가 한 차례 이루어졌고,[8] 근대문학 분야에서도 여성문학사 서술을 위한 준비작업이 여러 각도에서 진행되고 있음을 감지할 수 있다.[9]

이처럼 문학사 서술의 근간이 되는 근대주의에 대한 비판, 민족이나 국가와 같은 추상적 공동체에 기반한 자국문학사에 대한 비판이 계속되는 가운데, 다른 한편에서는 여성이라는 또 다른 추상적 집단을 상정한 문학사 서술이 활발하게 진행되고 있는 것이다. 모순된 듯 보이는 이러한 현상을 어떻게 이해할 것인가? 문학사를 비롯한 역사서술의 허구성이 어느 때보다 강조되는 현대의 지적 풍토 속에서 여성문학사를 서술하는 작업은 어떤 의의를 가질 것인가? 여성문학사 서술은 과연 필요하고 의미 있는 작업인가? 이는 혹 '여성문학'이란 카테고리가 여성 스스로를 게토화한다는 혐의를 더욱 부추기는 것은 아닌가?

한국은 여성문학 연구의 역사가 그다지 길지 않고 '일반적' 의미에서 여성문학사 서술은 아직 이루어지지 않은 상태이다. 그러나 약 10여 년 전부터 여성문학 연구가 본격화됨에 따라 여성문학의 과거를 문학사라는 형태로써 조직화하려는 움직임이 조금씩 가시화되고 있다. 여성문학사 서술의 필요성은 별도의 논의가 필요 없는 하나의 '당위'라고 볼 수도 있지만, 관점에 따라서 그것은 매우 '위험한' 일로 비춰지기도 한다. 문학사 서술의 의의에 대한 회의적인 분위기 속에서 여성문학사 서술이 어떤 의의와 기능을 수행할 수 있을 것인가 하는 문제가 본고에서 논의할 사항이다. 원론적인 사항을 다루는 만큼, 논의의 범위를 국내에

7) 後藤祥子 編, 『日本女性文學史－古典編』, 京都 : ミネルヴァ書房, 2003.

8) 이혜순 외, 『한국고전여성작가연구』, 태학사, 1999, 525～582면 참조.

9) 기존의 근대문학사 서술에서 여성작가들이 배제되어 왔음을 비판하고 여성주의 시각에 의한 여성문학사 서술의 필요성을 제기하거나 갈래별로 여성문학사 서술을 준비하는 작업들이 주목된다(정영자, 『한국 페미니즘문학 연구』, 좋은날, 1999, 222～224면; 임금복, 『현대여성소설의 페미니즘 정신사』, 새미, 2000, 36～37면; 이상경, 『한국근대여성문학사론』, 소명출판, 2002, 3～4면; 이은정・김현자, 「한국현대여성문학사－시」, 『한국시학연구』 5, 한국시학회, 2001).

한정하지 않고 여성문학사 서술의 선례가 있는 외국의 상황을 널리 참고하기로 한다.

2. 여성문학사와 성별 정체성의 관계

여성문학사 서술은 여성의 '과거'를 역사서술이라는 일정한 글쓰기 형태로 재현해내는 방식이다. 세계 각국에서 여성문학사 서술이 언제 어떻게 시작되었는가 그 기원을 탐색하기란 용이하지 않지만, 적어도 20세기에 이루어진 여성문학사 서술은 여성인식의 사회적 변화와 긴밀한 관계가 있다고 추정해 볼 수 있다. 여성에 대한 사회의 인식, 여성 자신의 스스로에 대한 인식에 크고 작은 변화가 일어나면서 그 변화가 여성해방운동이란 형태로 가시화되는 긴 여정 속에 여성문학사 서술이 자리하고 있다.

영미의 여성문학사 서술은 아마도 페미니즘 문학 연구가 이미지비평에서 전통비평으로 옮겨가면서[10] 본격화되었다고 볼 수 있다. 모어즈의 『여성문학인들』을 비롯하여 1970년대에 이루어진 여성문학전통에 대한 일련의 탐색은[11] 19세기 소설 갈래에 치중했다는 한계가 뚜렷하기는

10) Ruth Robbins, *Literary Feminisms*, New York : St. Martin's Press, 2000, pp.70～71.

11) Ellen Moers, *Literary Women : The Great Writers*, New York : Oxford University Press, 1985(reprint). 이 책이 처음 출판된 해는 1976년이다; Elaine Showalter, *A Literature of Their Own : British Women Novelists from Bronte to Lessing*, Princeton, New Jersey : Princeton University Press, 1977; Nina Baym, *Woman's Fiction : A Guide to Novels by and about Women in America, 1820～70*, Urbana, Chicago : University of Illinois Press, 1993(the 2nd). 초판은 1978년에 나왔다; Sandra M. Gilbert and Susan Gubar, *The Madwoman in the Attic : The Woman Writer and the Nineteenth-Century Literary Imagination*, New Haven : Yale University Press, 1979.

했으나[12] 20세기 여성영문학사 서술의 힘찬 출발점이었다. 그럴 수 있었던 배경에는 '제2의 물결'로 불리는 유럽의 여성해방운동과 그동안 쌓아온 페미니즘 문학비평의 성과가 놓여 있었다.

사무량의 『중국부녀문학사』를 비롯하여 20세기 초에 이루어진 중국 여성문학사 서술의 서문에서도 남녀의 불평등한 관계에 대한 인식이 드러나 있다. 사무량에 따르면, 상세(上世)에는 남녀가 동등했고, 중세(中世)에는 남자를 귀하게 여기고 여자를 천하게 여기다가, 근세(近世)에 이르러 다시 남녀평등이 제창되는 것이 남녀지위의 역사적 변화과정이다. 그리고는 이제 세월이 좀더 흐르면 남녀가 모든 분야에서 동등해지는 때가 오리라는 낙관적인 전망을 제시했다.[13] 구체적인 여성해방운동이나 학문제도로서의 여성학과의 직접적인 영향관계는 좀더 살펴볼 일이나, 일찍이 동아시아에서도 여성의 '과거'에 대한 관심이 여성문학사의 형태로 구체화되었던[14] 배경에는 여성문제에 대한 인식 전환의 큰 움직임이 있었다고 보는 것이 온당할 것 같다.

여성문학사와 '여성' 및 '역사서술'이라는 두 개의 키워드를 공유하는 여성사 서술도 같은 맥락에서 이해된다. 유럽 및 북부아메리카 여성사 연구의 현 단계를 점검하기 위해 모인 여성사 연구자들은 유럽의 각 국에서 여성사 연구의 첫 단계가 제도권 바깥에서 여성운동이라는 형태로 시작되었음을 증언하고 있다. 예컨대 프랑스에서 여성사 연구는 1960~

---

12) Margaret J.M. Ezell, *Writing Women's Literary History*, Baltimore, MD : Johns Hopkins University Press, 1993, pp.20~21.

13) 謝無量, 『中國婦女文學史』 民國叢書 第二編 60, 上海 : 上海書店, 1990, 1~2면 참조. 이 책은 1933년판의 영인본이다.

14) 20세기 초에 출간된 중국여성문학사로 謝無量, 앞의 책, 1932년에 출판된 梁乙眞의 『中國婦女文學史綱』(民國叢書 第二編 60, 上海 : 上海書店, 1990), 1930년에 출판된 譚正璧의 『中國女性的文學生活』 등을 꼽을 수 있다. 譚正璧은 이 책의 증보작업을 계속하여 제4판인 『中國女性文學史話』(天津 : 百花文藝出版社, 1984)를 냈다. 초기의 일본여성문학사로는 久松潛一 編, 『日本女流文學史－古代・中世篇』, 東京 : 同文書院, 1969; 吉田精一 編, 『日本女流文學史－近世・近代篇』, 東京 : 同文書院, 1969 등이 있다.

1970년대 여성해방운동이라는 사회적 배경, 여성학의 성립과 발전, 그에 대한 사회적 · 대중적 요구, 시대적 격변기 등의 영향 아래에서 진행되었다고 하는데,[15] 이러한 경향은 영미를 비롯한 서구유럽의 경우에도 대체로 동일하다.[16] 한국에서도 본격적인 여성사 연구의 개화는 1970~1980년대에 유행하기 시작한 여성해방론과 밀접한 관계를 갖는다.[17]

여성문학사 또는 여성사 서술이 여성운동의 일환으로 기능하는 것은 역사서술과 집단 정체성의 일반적인 관계 속에서 이해할 필요가 있다. 정체성(identity)이란 사회학적으로 정의하자면, "자기 자신이 무엇이며, 무엇을 해야 하고, 어떻게 해야 하는지에 대한 판단의 집합" 혹은 "사회적 주체가 자신을 하나의 동일한 주체로 인지하게 되는 일종의 '공통감각'"[18]이다. 개인 또는 집단의 정체성 형성은 주체 내적으로 과거와 현재 사이의 동일성, 주체 외적으로 타자와의 이질성을 인식하는 과정인 것이다.

개인 또는 집단의 정체성 형성에 있어서 사회적 주체의 '과거'와 '현재' 사이의 동일성(identity)에 대한 인식은 필수적이라고 할 수 있다. '홍길동'이라 불리는 사람이 30년 전의 자신과 현재의 자신을 동일한 주체로 인지할 수 있는 것은 "상이한 모습과 상이한 태도들 사이에 동일성의 등가선을 설치하고 고정"[19]하는 정체성에 말미암는다. 개인 또는 집단의 '과거'와 '현재' 사이에 존재하는 변화와 차이의 지점은 억제되고 동일성과 연속성이 강조되는 것이 정체성의 본질이라고 할 수 있다.

---

15) Arlette Farge, "Method and Effects of Women's History", *Writing Women's History* (Michelle Perrot and Alain Paire eds.), Oxford, Uk; Cambridge, Mass., USA : Blackwell, 1992, pp.10~11.
16) Karen Offen, Ruth Roach Pierson, and Jane Rendall eds., *Writing Women's History : International Perspectives*, Houndmills, Basingstoke, Hampshire : Macmillan, 1991, p.xi.
17) 최숙경, 「한국 여성사연구의 성립과 과제」, 『한국사시민강좌』 15, 일조각, 1994; 한국여성연구소 여성사연구실, 「총론－한국여성사의 이해」, 『우리 여성의 역사』, 청년사, 1999 참조.
18) 이진경, 「근대적 주체와 정체성」, 『경제와 사회』 35호, 한울, 1997년 가을, 8~9면 참조.
19) 위의 글, 15면 참조.

한 개인이 자서전을 쓰는 행위는 곧 자신의 과거와 현재를 동일한 주체로 간주하는 정체성에 기반한다. 민족이나 국가·인종·젠더 등 각 집단의 역사서술도 마찬가지다. 사람들은 어떤 의미에서 현재 자신의 존재에 의미를 부여하고 자신의 현재와 미래를 정당화하기 위해 '조상'을 필요로 한다.[20] 모든 개인과 집단은 자신의 '뿌리'를 과거 속에서 찾으려 하고 그러한 경향이 구체적으로 표출되는 방식 중에 하나가 개인 또는 집단의 역사서술인 것이다. 요컨대 역사서술이란 개인과 집단이 자신의 정체성을 창조해 내는 방식의 하나다.

여성운동의 차원에서 비롯된 여성문학사 및 여성사 서술의 초기단계에서는 '여성에 대한 기억 회복'이라는 목적이 특별히 가시화되는 것을 볼 수 있다. 여성사 담론에는 기억상실증, 망각, 침묵 등의 비유가 흔히 눈에 띄는데, 이는 종래 역사서술의 전반적 경향인 '여성의 부재'를 뜻한다. 파르쥬의 회고에 따르면, 프랑스에서 여성사 연구의 첫 단계, 즉 1970년대 여성사 연구에서 무엇보다 중요했던 것은 '망각된 역사' '잃어버린 기억'을 찾고자 하는 열망이었다고 한다.[21] 1970년대 여성해방운동의 열기 속에서, '여성에게도 역사가 있다'는 것을 주장하고 선대 여성들의 존재를 희미한 과거의 편린들 속에서 찾아내기 위해, 여성사 연구에 대한 요구가 증대했다는 것이다. 여기서 여성사 연구는 역사가 지워버린 어머니와 자매들에 대한 기억을 어떻게 복원할 것인가 하는 물음에 답하는 과정으로 이해되었다.

정체성은 이처럼 주체 내부의 동일성을 강조하는 한편, 타자와의 '구별짓기'와 '차별화'를 통해서 형성된다. 집단 정체성은 한 집단이 다른 집단과 갈등·대립관계에 있을 때 보다 부각되고 강화되는 것이다.[22]

---

20) 케이스 젠킨스, 최용찬 역, 『누구를 위한 역사인가』, 혜안, 2002, 71면 참조.

21) Farge, op. cit., p.12.

22) 신광영, 「계급과 정체성의 정치」, 『경제와 사회』 35호, 한울, 1997년 가을, 36~38면 참조.

민족 정체성은 이민족들이 지배와 피지배 관계로 갈등하던 19세기에 두드러졌고, 제국주의 국가들이 자국의 문학사 서술에 가장 열을 올린 시기도 19세기였다. 20세기 중반 이후, 피식민의 경험을 갖고 있는 국가들이 '국학'의 이름으로 역사서술에 골몰했던 것 역시 집단 정체성과 역사서술의 친연성을 대변한다.

20세기 중반 이후에 본격화된 여성운동은 대표적인 정체성의 정치이다. '여성'이란 추상적 공동체가 성별 정체성에 기반하여 '남성'이란 집단과의 차이에 주목하고 여기서 파생된 억압을 문제삼는 사회운동이 그것인데,[23] 여기서 '여성' 집단 내부의 시간적 · 공간적 차이는 축소되고 동일성이 강조되기 마련이다. 그 시간적 동일성을 입증하는 대표적인 방식이 곧 여성사 · 여성문학사 서술인 것이다.

그런데 퍼킨스에 따르면, 일반적으로 문학사 서술이 담당하는 실질적 기능 가운데 하나는 집단공동체의 정체성 형성 및 강화를 지원하는 것이다.[24] 19세기 근대민족국가의 자국문학사 서술이 그러했듯이, 20세기 후반에 이루어지는 소수민족 · 여성 · 노동자 등의 문학사 서술도 동일한 기능을 수행하고 있다고 말할 수 있는데, 여기서 문제가 되는 것은 문학사를 비롯한 역사 서술이 담당하는 역기능이다.

역사 서술에서 흔히 제기되는 '전통'을 화두로 삼아 보자. 전통의 수립은 그 집단의 문화적 중요성을 부각시키기는 중요한 작업으로, 사회 내에서 현실적으로 그 집단의 정치적 힘을 고양하는 문제와도 긴밀하게 연결되어 있다.[25] 대내외적으로 집단의 문화적 자주성과 가치를 고양하는 것은 문학사 서술의 순기능이라고 할 수 있다. 예컨대 스코틀랜드와 웨

23) 장미경은 '정체성의 정치'를 "특정 정체성을 가진 개인이나 집단이 다른 사람들과 구별되는 정체성을 중심으로 그것에서 파생되는 여러 가지 문제점과 사회구조의 모순을 드러내고 해결하려는 사회운동"이라고 정의했다(장미경, 『페미니즘의 이론과 정치』, 문화과학사, 1999, 85면).

24) Perkins, op. cit., p.180.

25) Ibid., pp.180~181.

일스의 문학사 서술은 영국에 맞서 주체성을 고양하는 중요한 방편이 된다.[26] 광복 이후에 국문학사 서술에 대한 지대한 관심과 열의도 한민족의 문화적 자주성을 드높이는 작업의 일환이었다.

문제는 문학사를 비롯한 역사 서술에서 수립된 전통이 '창출된 전통'이라는 데 있다. 여기서 창출이란 '창조'와 '날조'의 의미를 포함한다. 전통에 관한 모든 담론은 그럴 듯한 과거와 현재 사이의 연속성을 세우는 과정에서 전통을 창조할 뿐 아니라 날조한다는 것이다. 정체성 형성에 있어서 과거와 현재의 동일성이 강조된다고 했는데, 전통 수립의 과정에서 형성되는 '역사적인 과거와의 연속성'은 대개 인위적인 것이다.[27] 이런 맥락에서 볼 때, 문학사는 '과거에 대한 유용한 허구'일 뿐이며,[28] "역사는 이제 민족적 신화, 민족적 의식(儀式), 민족 정치와 분리되어야"[29] 하는 것이다.

영미의 초기 여성문학사 서술들에서 유독 '전통'의 문제가 자주 거론되었던 것은[30] 우연이 아닌 듯하다. '우리에게도 역사적 전통이 있다'는 주장에 이어 '그 전통은 유의미한 것이다'라는 논리는 집단 정체성에 기반한 역사서술의 보편적인 언술 방식으로 보인다.[31] 역사와 전통의 가치에 대한 과부하는 집단 정체성이 특별히 강조되고 그들의 일체감이 요구되는 시기에 더욱 강화되어 나타날 가능성이 높다. 근대민족국가 형성기나 정체성의 정치가 사회운동의 형태로 두드러지는 시기에는 그 집단 공동체의 현실적 요구와 목적의식이 뚜렷한 만큼, 역사 및 문학사 서술의 '허구적' 측면이 의식적으로 혹은 무의식적으로 강화될 수 있는 것이다.

---

26) 조동일, 『지방문학사—연구의 방향과 과제』, 서울대 출판부, 2003, 203면 참조.
27) 에릭 홉스봄, 최석영 역, 『전통의 날조와 창조』, 서경문화사, 1995, 37~38면 참조.
28) Perkins, op. cit., p.182.
29) 에릭 홉스봄, 강성호 역, 『역사론』, 민음사, 2002, 28면 참조.
30) Ezell, op. cit., p.19.
31) Perkins, op. cit., p.181.

특정 집단의 '과거'를 의미 있는 것으로 만들기 위해 문학사가 종종 그들 문학의 과거를 왜곡하고 전통을 날조한다는 혐의에서 여성문학사 서술도 그리 자유로와 보이지 않는다.[32] 그렇다면 여성문학사 서술을 비롯하여 20세기 후반에 활발해진 소수집단의 문학사는 단순히 19세기 자국문학사의 전철을 다시 밟고 있는 것일까? 여성문학사를 별도로 서술한다는 것은 불필요할 뿐 아니라 오히려 유해한 작업에 지나지 않는 것인가?

여성이 아주 오랜 시간 동안 소수집단에 속해 왔으며 현재에도 여전히 그러하다는 상황판단에 동의한다면, 성별 정체성에 기반한 여성문학사 서술의 현실적 의의를 완전히 부정할 수는 없을 듯하다. 역사서술은 여전히 "권리를 박탈당한 사람들에게 의미 있는" 범주로서 "미래에 대한 열정적인 희망의 표현"[33]이다. 종속집단의 내러티브 역사가 지배집단의 그것을 모방하는 측면이 없지 않았으나, 그 두 가지가 완전히 동일한 것은 아님을 기억할 필요가 있다. 여성과 같은 소수집단은 오랫동안 주변화되었던 바로 그 속성 때문에 스스로를 비판·수정하기에 보다 용이한 위치에 있기 때문이다.[34] 여성문학전통론은 물론 페미니즘의 제반 이론이 자체 비판과 수정의 과정을 거쳐 초기의 경직성에서 탈피하고 있음이 이를 입증한다.

여성문학사 서술이 여성 정체성의 '소수성'에서 출발함은 약점인 동시에 강점일 수 있다. "다수자의 지배에서 벗어나 새로운 가치와 활동을 생성하는" "권력과 대결하는 변이의 힘"이야말로 '소수성'의 본질인 것이다.[35] 여성문학사가 기존의 자국문학사 서술이 노정한 근대주의를

32) 기존의 자국문학사 서술이 노정했던 '내러티브적' 한계를 1970년대 영미의 여성문학전통론이 되밟았던 양상에 대해서는 이경하, 「'여성/문학/사'에 관한 이론적 고찰」, 『한국고전여성문학연구』 5, 한국고전여성문학회, 2002, 247~249면 참조.

33) 리타 펠스키, 김영찬·심진경 역, 『근대성과 페미니즘』, 거름, 1998, 266~267면 참조.

34) Linda Hutcheon and Mario J. Valdes eds., *Rethinking Literary History : A Dialogue on Theory*, Oxford; New York : Oxford University Press, 2002, p.13.

비판하고 그 대안을 모색하는 효과적인 장으로 기능할 수 있음은 그 때문이다. 3장에서는 문학연구 내부로 눈을 돌려 이에 대해 논의해 보자.

3. 자국문학사의 보완과 극복

여성문학사 서술이 단지 여성운동이라는 현실적 차원에서만이 아니라 '순수하게' 학문적인 차원에서도 충분한 의의를 갖는다는 것은 그동안 여성문학사 연구가 이룩한 성과를 통해서도 입증된다. 첫째, 종래의 자국문학사에서 '부재하던' 여성작가들과 그들의 작품이 여성문학사 서술을 통해 역사 속에 자리 매김 되었다. 둘째, 다양한 여성문학전통에 대한 '기억'을 복원함으로써 종래 자국문학사 서술의 오류를 바로잡고 자국문학사에 대한 새로운 인식의 가능성을 고민하게 되었다. 잊혀졌던 여성작가와 작품을 복원하는 것은 비단 자국문학사의 한 귀퉁이를 채우는데 그치지 않고, 문학사에 대한 이해를 새롭게 하여 종래 자국문학사 서술의 한계를 극복하게 하는 단초를 마련하는 의의를 갖는 것이다.

1) 자료의 발굴 · 재평가의 성과

여성작가들 가운데 오늘날 아무도 그들의 문학사적 위상을 의심하지 않는 '대가'들조차 그 존재가 과거의 자국문학사 서술에서 제외되고 평가절하 되었던 사례는 매우 흔하다. 예컨대 제인 오스틴이나 해리엇 비

35) 이진경, 앞의 글, 17면 참조.

처 스토우의 소설은 1970년대 중엽까지 일반적인 영문학선집에 포함되지 않았다고 한다. 모어즈는 문학작품에 대한 평가에 있어서 작가의 성별에 따른 성차별이 무의식적으로 이루어지는 혐의가 짙다고 하면서, 오스틴조차 누락된 문학선집을 통해서 영문학에 접근하는 학생들은 영문학사에 대한 심각한 오해와 편견을 갖게 될 수 있다고 경고했다.[36)] 문학선집이 문학의 '과거'에 관한 표준적인 입문서 구실을 넘어서 일반인들에게 '상식'과 '교양'의 형성에 얼마나 막강한 힘을 행사하는지는 두말할 필요가 없다. 불과 30여 년 전 영미에서도 잘 알려지지 않았던 오스틴은 이제 비영어권 국가에서도 과거의 대표적인 여성소설가로 기억되고 있다.

활동 당시에는 대단한 인기를 누렸어도 후대 자국문학사 서술에서는 누락되었다가 20세기 중반 이후 여성문학사 서술을 통해 새롭게 되살아나고 있는 사례도 적지 않다. 영국에서 그 예를 찾는다면, 아프라 벤, 엘리자 헤이우드 등 17세기 후반~18세기 초에 활동했던 일군의 여성작가들을 꼽을 수 있을 것이다. 이들의 소설은 당시에 대단한 인기를 끌었음에도 불구하고 18세기후반에 광범위하게 진행된 소설의 정전 형성 과정에서 철저하게 배제되었던 대표적인 예이다. 당시 소설선집을 펴내고 영향력이 컸던 대표적인 비평가들은 벤 등의 작품을 선집에 포함시키지 않았다고 한다.[37)] 이들 여성작가들의 초기 연애소설은 영국 소설사의 계보에서 전반적으로 배제되었고, 남성 중심의 문단에서 벤의 이름은 외설과 동의어로 간주되었다.[38)] 그러나 20세기 후반의 여성문학사 서술은 벤을 최초의 직업적 여성작가로서, 18세기 서간체 소설을 비롯한 영국소설의 창시에 기여한 작가로서 그 문학사적 위상을 평가하는 데 주저하지 않는다.[39)]

36) Moers, op. cit., p.xii.

37) Ros Ballaster, *Seductive Forms : Women's Amatory Fiction from 1684 to 1740*, New York : Oxford University Press, 1992, pp.198~199.

38) Ibid., pp.204~205.

39) Benstock, op. cit., p.29.

19세기 미국의 '여성픽션(Woman's Fiction)'도 남성 중심의 자국문학사에서 누락되었다가 여성문학사 서술을 통해 발굴된 대표적인 예라고 할 수 있다. '여성픽션'은 1820년에서 1870년 사이에 출판된 일정한 패턴을 가진 여성작가소설을 일컫는데, 모든 역경을 딛고 안정된 가정을 얻는 자립적인 여주인공의 성공담이 핵심 테마이다.[40] '여성픽션'은 특히 1850~1860년대에 대단한 성공을 거두었는데, 미 당대 최고의 흥행물이었던 수잔 워너의 소설 『넓고 넓은 세계』는 바로 '베스트셀러'라는 개념을 유발한 작품이라고 한다.[41] 이처럼 '여성픽션'은 당대에 엄청난 인기를 누렸지만 20세기 비평가들에게 비문학으로 간주되어 오랫동안 영문학사에서 배제되었다.[42] 그렇게 역사에서 지워졌던 여성문학전통이 여성문학사 서술을 통해 복원되어 왔다.

멀리 갈 것 없이, 한국의 경우를 보자. 한국 여성문학의 '과거'가 아직 충분히 밝혀지지 않았다는 현 상황에 대한 진단은 고전문학과 현대문학 연구자들의 공통된 견해이다. 여성작가 및 작품에 대한 기초적인 사실조차 아직 충분히 밝혀지지 않았으며, 그나마 부분적으로 소개된 경우에는 남성 중심적 시각으로 왜곡되어 제대로 된 평가를 받지 못한 경우가 많다는 것이다.[43] 한국에서는 아직 본격적인 여성문학사 서술이 이루어지지 못한 상태이지만, 최근 10여 년간 고전과 현대 양편에서 모두 여성문학 연구가 활발해짐에 따라, 종래 자국문학사에서 지워졌던 여성문학의 과거가 서서히 되살아나고 있다.

예컨대 나혜석에 대한 문학사적 평가의 시대적 변화는 한국 근대여성문학사 연구가 그간 이룩한 성과의 일면을 대변한다. 이른바 '여류문

40) Baym, op. cit., p.ix. '여성픽션'의 개념은 Baym이 당시 여성작가 48명의 작품 130권을 대상으로 도출해 낸 것이다.

41) Ibid., pp.ix~xi

42) Ibid., p.xiii.

43) 이러한 경향은 근대문학사 서술에서 더욱 뚜렷한 현상으로 보인다. 정영자, 앞의 책, 222~224면; 임금복, 앞의 책, 36~37면 참조.

학 제1세대'에 관한 1970년대의 평가와 그 중 대표적 인물인 나혜석에 대한 약 30년 후의 재평가 사이에 존재하는 간극은 결코 작지 않다.

○ 두 번째로, 우리가 비판해 볼 수 있는 것은 이들이 많은 풍문을 남기고 있다는 것이다. 이것은 남성작가 혹은 기자들의 호기심의 작용이라 할 수 있을지 모른다. 그러나, 이들에겐 별로 논의될 작품이 없는 것이다. 그들은 작품보다 활자화되는 이름이 문제였고, 여류라는 희소가치였다. 어떤 가치 있는 작품을 썼느냐가 문제되는 것이 아니라, 무엇이거나, 작품으로 썼다는 사실이 문제였던 것이다. 이름을 내고 이름을 내어 준다는 것이 문제였던 것이다. 여기에서 문학의 가치를 운운하기까지는 불가능한 까닭이 잠겨있는 것이다.[44)]

○ 자전적 소설 「경희」(1918)가 발굴되어 한국 근대문학사에서 자기 위치를 정립하기 이전까지 문인으로서 나혜석은 「이혼고백장」으로 대표되었다. (…중략…) 그렇지만 「이혼고백장」 이전에도 나혜석은 이미 「모(母) 된 감상기(感想記)」, 「부처간(夫妻間)의 문답」 같이 결혼한 여성으로서 자기경험을 솔직하게 드러내는 글들을 발표했으며, 사회적 비난을 받은 「이혼고백장」 이후에도 계속 의연하게 「신생활에 들면서」, 「이성간의 우정」처럼 이혼한 여성의 입장을 드러내는 글들을 발표했다. (…중략…) 나혜석이 지속적으로 자기를 드러내는 글쓰기를 하게 된 추동력은 그러한 현실적인 필요 이상의 것이었다. 그것은 여성의 고유한 체험을 공적인 논의의 장으로 끌어내야 한다는 책무감이었다.[45)]

이른바 '여류문학 제1세대'의 문학사적 위상이 '여류라는 희소가치' 정도로 평가될 수밖에 없었던 것은 1970년대까지 한국문학사 연구의 한계였다고 할 것이다. '작품 없는 작가'로 알려졌던 나혜석 등을 말 그대로 '작가'로서 대접하고 문학사적 위상을 새롭게 평가할 수 있게 된 것은 새로운 자료의 발굴뿐만 아니라 기존 자료에 대한 재해석 · 재평가에 기인한다. 예전에는 나혜석의 특이한 삶의 여정과 그녀에 대한 풍

44) 김윤식, 『한국문학사논고』, 법문사, 1973, 239면 참조.
45) 이상경, 앞의 책, 14~15면 참조.

문을 강화하는 근거에 불과했던 「이혼고백장」이나 「母된 감상기」와 같은 글이 이제 "여성의 글쓰기는 여성의 체험을 공유하고 공론화하는 것"이라는 나혜석 여성문학론[46]의 실천 사례로 평가되고 있다. 종래 남성 중심의 한국 근대문학사에서 언급할 가치를 인정받지 못하던 '잡다한 글'이 20세기 초 여성문학이 이룩한 한 정점으로 역사 속에 복원되기에 이른 것이다.

기존 자료에 대한 해석의 새로움은 말할 것도 없지만, 새로운 자료의 발굴도 어떤 의미에서는 연구 관점의 문제라고 할 수 있다. 근대문학사에서 최초의 여성작가소설이라 할 수 있는 나혜석의 처녀작 「부부」,[47] 최초의 근대 여성비평가 임순득[48]과 같은 새로운 작품과 작가의 발굴은 여성문학사를 양적으로 풍요하게 할 뿐 아니라, 여성작가들을 문학사 내에 확실히 자리 매김 하는 데 주요한 기반이 된다.[49] 최근에 소개된바 15세기에 소혜왕후가 언서(諺書)로써 불교옹호의 뜻을 펴고 16세기 중반에 인성왕후가 인종의 행장수찬(行狀修撰)을 위해 언문행록(諺文行錄)을 지었던 사실들은 조선전기 여성의 국문 글쓰기 역사를 풍부하게 하는 전거이다.[50] 자료의 발굴이나 재평가는 문학사를 다시 쓰게 하는 가장 기본적인 이유이다. 여성문학에 대한 연구자들의 관심이 망각된 여성문학사의 면면을 새롭게 발굴하고 결국 문학사를 다시 쓰게 하는 추동력이 된다.

46) 위의 책, 14면 참조.
47) 서정자, 「나혜석의 처녀작 「夫婦」에 대하여」, 『여성문학연구』 창간호, 한국여성문학학회, 1999.
48) 서정자, 「최초의 여성문학 평론가 임순득론—특히 그의 페미니즘 문학비평을 중심으로」, 『청파문학』 16, 숙대 국문과, 1990; 이상경, 「임순득, 혹은 여성문학사의 재구성」, 앞의 책 참조.
49) 『여성문학연구』(한국여성문학학회 간행)는 창간호에서부터 '자료'편을 별도로 마련하여, 새로 발굴하였거나 학계에 널리 알려지지 않았던 여성문학 작품들을 소개하고 있다.
50) 이경하, 「15~16세기 왕후의 국문글쓰기에 관한 문헌적 고찰」, 『한국고전여성문학연구』 7, 한국고전여성문학회, 2003.

2) 자국문학사 재인식을 위한 문제 제기

여성문학사에 대한 학문적 관심은 많은 여성작가의 존재를 새롭게 발굴하고 재평가하는 성과를 거두었을 뿐만 아니라, 문학사 인식의 정당성에 의문을 제기하는 데까지 나아가게 된다. 그것은 종래 문학작품의 가치를 평가하는 기준이 온당했는가 하는 보다 근본적인 문제 제기라는 점에서, 이른바 '여성문제'에는 관심이 없는 연구자들도 더 이상 내 관심사가 아니라는 말로써 이를 완전히 외면할 수 없는 단계에 들어섰음을 의미한다. 여성문학사 서술의 의의는 단지 여성해방운동에 힘을 실어주기 위한 전통의 창출에 그치지 않는 것이다.

19세기 미국에서 크게 유행했던 '여성픽션'을 본격적으로 연구하여 이를 영문학사에 자리 매김 하는 데 크게 공헌한 바 있는 베임이 이 연구를 통해 제기한 문제는 바로 '위대한 고전'의 근거였다.

> ○ 솔직히 고백하자면, 이들 책에서 흥미로운 점을 발견하긴 했지만 제인 오스틴이나 조지 엘리엇 같은 숨은 작가를 발견하거나 『주홍글자』와 나란히 놓을 만한 책은 단 하나도 발견하지 못했다. 그러나 나는 훌륭한 미국 문학 작품을 선정하는 데 적용되는 "순수한" 문학적 기준이 필연적으로 남성적인 것을 좋아하는 (…중략…) 편향을 가지고 있었다는 믿음을 버릴 수 없다. (…중략…) 이 소설들 가운데 어떤 것도 위대한 것이라고 주장하지 않지만, 나는 적어도 그것들의 내용을 심각하게 다룸으로써 그러한 편향을 수정하는 일을 하고 싶다. 그리고 지금은 바로 (…중략…) 영예를 얻고 있는 특정한 미국의 고전들이 위대하다고 불려온 근거를 재검토해야 할 시기이다.[51)]

베임은 이 연구를 통해 '여성픽션'의 문학적 우수성을 강변하는 것이 아니라, 오히려 일반적으로 위대하다고 간주되는 문학 고전의 선정 기준에 대해 의문을 제기한다. 이 문제는 최근 몇 년간 활발하게 진행되

---

51) Baym, op. cit., pp.14～15.

어 온 '정전' 비판의 핵심이다. 여성픽션과 같은 여성영문학전통에 대한 탐색은 단지 여성문학의 역사를 복원하는 데 그치지 않고 영문학사 전체에 대한 인식을 새롭게 하는 단초가 된다.

주지하듯, 문학적 가치 또는 문학성이란 개념은 명확하게 규명되지 않았음에도 불구하고 문학사에서 정전 또는 고전을 선정하는 확실한 기준처럼 오랫동안 행세해 왔다. 그러나 최근 일련의 정전비판에 따르면, 어떤 작품이 문학사에서 고전의 반열에 오르는 것은 그 작품 자체의 내적 가치에 의해서라기보다 특정한 환경에 의해 '구성된' 것이다. 문학작품의 가치를 평가하는 기준이 작품의 내적인 자질에만 의거하지 않고 지배층의 이념과 긴밀하게 연결되어 있다는 것이다. 영문학사에서 정전으로 간주되었던 작품들이 백인우월주의, 엘리트중심주의, 남성 중심주의의 가치를 대변하는 경향이 크다는 비판은 대체로 동의할 수 있다.[52] 여기서 여성문학의 전통을 탐색하는 일은 어떤 의미에서 '대항정전'의 수립을 모색하는 과정인 것이다.[53] 서구 유럽에서 오랫동안 통용되었던 협의의 문학 개념이 구술문화를 포괄하는 방향으로 확대되고 있는 변화에 여성문학사 연구가 기여한 바 적지 않다.[54]

여성문학사에 대한 연구가 집적되면서 종래 자국문학사 서술의 오류로 지적한 또 하나의 중요한 문제는 문학사 시대구분에 관한 것이다. 여성문학사의 관점에서 미국문학사 시대구분에 대한 비판을 주제로 한 단행본이 출간된 바 있는데,[55] 여기에 실린 논문들의 궁극적인 목표는 여성작가 개인 혹은 집단이 오랫동안 '자연스러운' 것으로 받아들여졌던 문학사 시대구분의 틀에 도전해서 이를 흔들어 놓고 나아가 다른 것으로 대체할 가능성을 시사하는 데 있었다. 종전의 미국문학사 서술에

52) 송무, 『영문학에 대한 반성—영문학의 정당성과 정전문제에 대하여』, 민음사, 1997.

53) 위의 책, 179~188면 참조.

54) Hutcheon, op. cit., p.8.

55) Joyce W. Warren and Margaret Dickie eds., *Challenging Boundaries : Gender and Periodization*, Athens : University of Georigia Press, 2000.

서 오랫동안 관습적으로 통용되었던 시대구분법은 근본적으로 백인남성문학의 전통이 지배해 온 문학비평의 성립에서 창조된 허구에 불과하다는 것이 이들의 비판 요지다.[56)]

일반적으로 영미를 비롯한 유럽에서는 문학사의 시대구분을 어떻게 할 것인가 하는 문제가 그다지 중요하게 다루어지지 않았다고 알려져 있고, 때문에 한국문학사의 시대구분을 둘러싼 그간의 논쟁은 상대적으로 과도한 '집착'으로 비치기도 했다.[57)] 그러나 지난 10여 년 동안 탈구조주의와 포스트모더니즘, 신사학 등의 유행 속에서 역사의 시대구분이란 것은 하나의 '날조된 픽션'이란 인식이 널리 퍼지면서, 영미에서도 자국문학사 시대구분에 대한 비판적 검토가 활발히 이루어졌음을 목도할 수 있다.[58)] 역사에 대한 새로운 철학적 인식을 토대로 하여, 여성문학사에 대한 연구성과들이 종전의 자국문학사 시대구분에 대해 구체적인 비판의 논거로 작용하고 있다.

초기의 여성문학사 서술이 종래 자국문학사가 누락시킨 여성작가와 작품의 존재를 복원하는 데 치중했던 것은 사실이다. 여성문학의 과거를 복원하는 작업은 일차적으로 자국문학사 서술을 보완하는 역할을 한다. 그러나 여성문학의 역사와 전통을 복원하는 과정에서 자국문학사 전체에 대한 종전의 이해가 보다 근본적인 면에서 오류가 적지 않았음을 발견하게 되었다. 물론 '근대적' 자국문학사 서술에 대한 비판은 20세기 후반의 지적 운동 속에서 여러 방향의 연구를 통해 이루어졌는데, 여기서 여성문학사 연구가 담당한 역할을 과소평가할 수 없을 것이다.

---

56) Warren and Dickie, op. cit., pp.ix~xxiv.

57) 고미숙, 앞의 글, 126~127면 참조.

58) Lawrence Besserman ed., *The Challenge of Periodization : Old Paradigms and New Perspectives*, New York : Garland Pub., 1996; 문학사 및 역사 일반에서 시대구분의 문제가 여러 학회지에서 기획주제로 다루어지기도 했다. *CLIO : A Journal of Literature, History, and the Philosophy of History* 26, No. 2(1997 Winter); *Modern Language Quarterly : A Journal of Literary History* 62, No. 4(2001 December).

요컨대, 여성문학사 서술의 의의는 여성해방운동이라는 정체성 정치의 실천적 힘을 제공하는 것뿐만 아니라, 자국문학사 서술을 보완하고 나아가 이를 극복하는 데 있다고 말할 수 있겠다. 여성문학전통을 탐색하고 여성문학의 역사를 서술하는 문제는 곧 자국문학사를 인식하는 새로운 시각을 마련하는 문제이며, 궁극적으로 자국문학사를 다시 쓰는 일이다. 단지 알려지지 않았던 여성작가와 작품의 존재를 자국문학사의 빈 틈새에 끼워 넣는 데 그치는 것이 아니라, 자국문학사를 이해하는 기본적인 틀을 새롭게 짜는 것이 여성문학사 서술의 궁극적인 목적이 되어야 한다.

4. 맺음말

집단 정체성에 기반한 역사서술이 그 집단의 과거를 과대포장 한다는 혐의를 완전히 벗기는 어려울 것이다. 그러나 역사서술의 허구성만을 확대하여 비관하고 지레 포기하는 것이 대안일 수 없다. 역사가가 과거를 있는 그대로 말할 수 있다는 이상은 깨졌다 하더라도, 역사는 항상 '누군가를 위해' 존재한다는 사실을 인정하고,[59] 끊임없이 이전과는 다른 시각으로 역사를 새롭게 서술하려는 노력이 필요하다. 문학사 서술이 하나의 '가공된 허구'에 빠질 수 있는 위험을 인정하지만, 동시에 역사서술은 "과거에 대한 기억을 조직화하려는 진지한 시도"[60]이기 때문이다.

59) 젠킨스, 앞의 책, 68~69면 참조.
60) 박성수, 『역사학개론』, 삼영사, 1977, 30면 참조.

어떤 의미에서 문학사 서술에도 이른바 '분리주의'가 필요한 연구사적 단계가 있다고 생각한다. 정체성의 정치가 단계적으로 '동화/차이/연대'의 전략을 필요로 한다는 것은 여성운동과 흑인운동의 역사에서 증명된 바다.[61] 차원이 다르기는 하지만, 문학사 서술의 문제도 전략적으로 이해할 필요가 있을 것 같다. 여성문학이란 범주의 독립과 별도의 여성문학사 서술이 현재 문학연구의 판도 내에서 여성을 다시 주변화시킬 위험이 없지는 않다. 그러나 연구자들이 이 문제를 뚜렷이 자각하고 있는 한, 현실적으로 잃을 것보다는 얻을 것이 많다고 본다.

종래 자국문학사의 대개는 애초에 남성문학사 서술을 목표로 한 것은 아니었으되, 결과적으로 남성 중심의 문학사를 낳았다. 그 대안이 여성작가들만의 문학사 서술은 아닐 것이다. 그러나 자국문학사의 남성중심성을 극복하기 위해서는 그 중간 단계로서, 말 그대로 여성중심의 문학사 서술이 필요하다고 생각된다. 중간 단계로서의 '여성문학사'는 기존의 자국문학사에서 누락되고 평가절하 되었던 여성작가와 작품들을 가능한 많이 역사 속에 복원하는 것을 주된 목표로 삼는다. 여성에 관한 망각된 기억, 이로 인한 역사의 부재가 영원히 고착화되지 않도록 하는 것이 이 단계의 중요한 임무이다. 그 다음 단계의 문학사, 궁극적인 도달점을 여성문학사 단계와 굳이 구분한다면 '젠더문학사'로 명명할 수 있을까.

61) 장미경, 앞의 책, 93~95면 참조.

젠더 비평 – 메타 비평으로서의 고전 독해

고전 서사의 젠더 비평적 독해를 위한 방법론적 고찰

최기숙

1. 월경(越境)하는 여성 / 문학, 움직이는 '고전'의 경계

젠더적 관점에서의 문학 연구는 문학과 그 수용사를 바라보는 '새로운 관점'이 문학과 그 역사를 신생시키는 유효한 해석적 힘이 된다는 것을 설득함으로써, 문학적 권력 장에 대한 사회학적 이해를 넘어서, 미학적 도구로서의 유용성을 입증해 왔다. 젠더적 관점으로 문학(사)를 독해해온 일련의 작업들은 이제 기존의 문학사 이해에 저항 / 도전하는 작업으로서 이해되거나, 기존의 문학사를 보완하는 보조적 방법론으로서가 아니라, 문학 개념 자체를 재정의하고, 그에 따라 문학사를 재구성해야 한다는 적극적인 문학 연구의 필요성을 제기하는 역할을 하기에 이른 것으로 보인다.

젠더적 관점으로 '고전' 텍스트를 다루는 작업은 여성의 문화적 지위에 대한 역사적 이해가 선행되어야 하고, '문학'에 대한 당대적 개념이나 인식이 현재와는 현저히 달랐던 과거의 관점에 대한 '시선'과 '입장'을 전제로 성립한다는 점에서 문학 연구자로 하여금 문학과 문학사에 대한 근본적 문제 제기를 하도록 요청한다. 기존의 문학사에서 다루어진 '문학' 개념에 포괄되지 않는 문학 텍스트의 경우, 예컨대 일정한 장르로 환원될 수 없는 개별성을 지닌 텍스트에 대해 어떻게 접근해야 할 것인가 하는 문제에서부터,[1)] 당대적 관념에서는 물론 현대적 관점에서까지 제도로서의 문학 개념 바깥의 장에서 이루어지고 있는 글쓰기/읽기, 듣기/말하기의 영역에 대해 어떻게 접근할 것인가 하는 고민이 젠더 비평의 연구 과정을 통해 극복될 것을 요청받았기 때문이다.[2)] 이와 아울러 특정한 문예 장르에서 여성이 주체로서 '소외'되어 '타자화' 된 경우, 이러한 문예 장르를 통해 문학 사회적으로 정립되고 유통된 여성의 정체성을 어떻게 이해할 것인가의 문제는, 젠더 비평적 관점이 문학사 이해에 동원되어야 하는 이유를 역설하도록 요청한다. 이러한 일련의 연구 과정은 젠더 비평이 '소수문화'와 '하위 주체' 문학과 연계되는 지점이라든가, '타자성'과 정체성 형성 과정 연구를 통한 문화 연구와의 연계 지점에 대한 유효한 가능성을 시사해 주는 단초로 작용하기도 했다.

이러한 점에서 젠더 비평의 방법으로서 고전문학을 독해하는 방식은 기존의 문학 연구 방식과의 연계 지점을 확보하게 하는 동시에, 문학 개념 자체가 재정의 되어야 할 필요성을 환기시킨다. 여성문학을 작가,

1) 이러한 질문은 기존의 문학사 구도나 장르 이해의 틀로 편입시킬 수 '없는' 문학 작품에 대한 처리의 문제라는 측면에서 접근해야 할 것이 아니라, 근본적으로 '문학'과 '그 행위'에 대한 전면적 재검토를 요청한다는 점에서 본원적인 차원을 점유한다.

2) 이와 관련하여 여성문학전통의 다양성 재현을 위해 '문학사'에서 '어문생활사'로의 전환을 주장한 이경하의 논의를 들 수 있다(이경하, 「여성문학사 서술의 문제점과 해결방향」, 서울대 박사논문, 2004). 여기서 논자는 여성의 문학 활동과 그에 대한 사회적 인식이 역사적으로 변화하고 지속되어 온 과정을 해명하는 방향으로 여성문학사의 독자적인 시대구분을 시도할 필요성을 제기하였다.

장르, 작품에 따라 연구하는 과정은 그동안 문학사에서 소외되거나 평가절하 되어 온 여성문학의 향유 방식을 복원한다거나 새로운 자료를 발굴하여 기존의 장르 체계에 배치시킴으로써 자료사적으로 기존의 문학사를 '보완'하는 차원을 넘어서, '문학'이라는 관념을 재정의하고 이를 둘러싼 연구 방법의 도구들을 새롭게 갱신하는 작업을 병행할 것을 요청하기에 이른 것이다.[3] 그리고 이러한 요구는 연구자로 하여금 '여성문학'을 '문학의 하위 분야'로서 인정하느냐, 또는 여성문학 연구를 주변적 연구 영역으로 간주하느냐의 여부에 대한 근본적인 질문에서부터 '고전'이 '과거'의 영역을 넘어서 '전통' 또는 '정전'의 의미로 규정될 때에 수반되는 '중심'과의 연계 지점과 그 관계의 재규정에 이르는 다기한 영역에 대해 응답하도록 추동해 왔던 것이다.

2. 젠더 비평-문학과 고전을 재정의하는 비평적 방법

젠더 비평적 관점에서 고전 서사문학을 독해하는 방식은 '주체', 또는 '주인공' 중심의 분석이나 서술 비중에 대한 양적 계측에 의존하지 않는다는 점에서 일변 낯설게 여겨지거나 주변적 작업으로 보인다. 그러나 젠더 비평의 방법론이 분석적 도구로서 갖는 유용성은 주변화된

3) 박무영은 조동일의 『한국문학통사』 최종판을 '여성문학적' 관점에서 비판적으로 검토하면서 여성문학에 대한 본격적 연구가 충분히 축적되지 않은 가운데 여성문학사 서술 모형을 제시하는 것의 한계점을 지적한 바 있다. 또한 『한국문학통사』에서 '여성' 항목을 부가시키려고 시도한 작업이 나머지 서술 부분을 무성화시키는 독해를 가능하게 했고, 여성문학의 범위를 오히려 축소시키는 결과를 초래했다고 평가했다(박무영, 「『한국문학통사』와 '한국여성문학사'」, 『고전문학연구』 28집, 한국고전문학회, 2005, 80~89면).

형태로 서술되거나 중심인물의 서사를 전개시키기 위해 부수적으로 동원된 인물들이 텍스트 내에 배치되는 방식에 미친 사회·역사적 동인들을 적극적으로 규명하는 작업을 요청한다는 점에서 오히려 텍스트 분석의 영역을 확대한다는 의미를 포괄한다. 이러한 작업은 필연적으로 문학의 개념에 대한 재정의와 문학사 기술의 문제에 관한 근본적인 문제 제기에서 비롯된다는 점에서 비평 행위와 그것의 실천적 장에 관한 재정의를 수반하게 된다.

예컨대 젠더 비평적 관점에서 서사 텍스트를 분석하는 작업은 과거부터 동일하게 '독해'되었으리라고 가상되는 고정적 관점으로 텍스트를 이해하거나, 그러한 목소리를 재현해 내려는 관점으로 제한되는 것이 아니라 텍스트가 창작–수용되었던 당대의 문화에 대한 사회학적인 접근을 전제로 이러한 과정을 수행할 것을 요청한다. 이러한 점에서 젠더 비평적 연구 방법론에는 텍스트를 내용적으로 이해하기 위해 '설명'의 차원에서 동원되는 배경 연구와는 다른 차원의 문화 분석이 수반되어야 하는 것이다.

고전 텍스트를 대상으로 한 젠더 비평의 과정은 텍스트를 작가나 편저자, 그리고 향유층의 '의도'와 '반응'대로 읽지 않는다는 점에서, 즉 그들과는 다른 감수성과 판단으로 독해하고, 이를 통해 문학이 당대 문화에서 갖는 '위치'를 분별해 내고, 문학 자체의 역사적 변천 과정에 관해 성찰한다는 점에서 '메타 비평'의 영역을 점유한다. 그 과정에서 문학사에서 배제된 '여성문학'의 자료를 발굴하거나 그 안에 담긴 '여성성'의 의미를 해석하는 것은 '고전'의 영역을 재편하는 문학사적 기술의 문제로 제한되지 않으며, 궁극적으로는 '여성성'의 가치 생산을 통해 삶의 조건과 역사에 대한 새로운 가치 규정을 모색하게 하는 것이다.

예컨대, 젠더 비평적 관점에서 고전 텍스트를 독해할 때 발생하는 문제점 중의 하나로 기술로서의 문학사가 아닌 실제의 문학사에서 문학 주체로서의 여성의 위치나 역할에 대해 해석할 때 당대의 지배적인 관점을 취할 것인가, 아니면 현재의 비평적 관점에서 다룰 것인가에 관한 문제를 들 수 있다. 당대에는 정당한 문학 창작의 주체나 독자층으로서 편입되지 않았던 '여성'을 현대적 관점에서 창작의 주체로서 이해하고 평가하려 할 때, 텍스트에서 형성되는 '여성적 자의식'에 대한 당대적 이해를 재구하는 작업과 이를 현재적 관점에서 평가하는 작업 간에 간극이 발생하기 때문이다. 또한 여성의 글쓰기가 제도화되지 않았던 시대에 여성이 개별화된 양식으로 주체적인 '자의식'을 표출하는 것[4]은 '특수한' 경우에 속했으므로, 이에 대한 연구는 출발에서부터 난점을 지닌다. 특히 한문으로 창작할 수 있는 문화적 특혜를 받았던 사대부가 여성의 경우, 텍스트에 구성된, 혹은 노출된 여성적 자의식이 사대부 남성의 것과 유사하다거나 그러한 사고 구조를 재현하는 것으로 자기 구성을 한 경우에 이러한 간극은 현저하게 나타난다.

이에 대해 여성의 자기 인식이 '자기 소외'를 전제로 하고 있다고 평가하거나 주체적 자기 인식이 불가능하다고 판단하기에 앞서 필요한 것은 문학의 창작과 향유의 실제와 제도화 과정에 대한 이해, 여성 주체가 자기 인식에 도달하는 과정에 지배 이데올로기가 개입되는 방식에 대한 이해, '글쓰기'의 '수단'이나 '매체'의 접근 가능성에 수반되는 '문학 향유'의 조건에 대한 이해, 선택된 글쓰기 '양식'에 따른 글쓰기

4) 여성의 '자기 서사' 및 '정체성'에 관한 연구로는 다음의 글들을 들 수 있다. 조광국, 「19세기 향락상에 대한 평·천민 여성의 자의식 구현의 한 양상–「이춘풍전」「무숙이타령」「삼선기」를 중심으로」, 『한국고전여성문학연구』 1집, 한국고전여성문학회, 2000; 박혜숙, 「여성적 정체성과 자기 서사」, 『고전문학연구』 20집, 한국고전문학회, 2001; 「여성 자기서사체의 인식」, 『여성문학연구』 8호, 한국여성문학학회, 2002; 이인경, 「구비설화에 나타난 '출가외인(出嫁外人)' 담론과 여성의 정체성」, 『한국고전여성문학연구』 5집, 한국고전여성문학회, 2002; 박혜숙·최경희·박희병, 「한국여성의 자기서사 (1)」, 『여성문학연구』 7호~9호, 한국여성문학학회, 2002~2003; 박애경, 「장편가사 「이경양가록」에 나타난 사족 여성의 삶과 내면의식」, 『한국고전여성문학연구』 6집, 2003. 여성적 글쓰기에 관한 연구로는 김수경, 「신변탄식규 규방가사 「청송가」」를 통해 본 여성적 글쓰기의 의미」, 『한국고전여성문학연구』 9집, 한국고전여성문학회, 2004 등이 있다.

의 문법이나 전통의 문제에 대한 젠더 비평적 관점과 이에 관한 역사적 이해인 것이다.

이러한 것은 젠더 비평이 감당해야 할 영역으로서 창작의 주체로서의 여성이 글쓰기를 통해 자기의식을 노출시키는 경우, '여성적 자의식'의 '형성 경로'에 대한 탐색이 동시적으로 수반되어야 함을 역설하는 작업이기도 하다.[5] 그 과정에서 문학사적으로 '부재'하는 영역을 단지 텅 빈 공백의 영역으로 호명하는 것이 아니라 '이데올로기'와 '제도'가 구조적으로 배제시킨 의미 생성의 공간으로 재해석해야 하는 작업을 수행해야 하는 것이다. 이러한 연구의 과정은 텍스트 내의 서술 구조나 서사화 과정에 대한 구조적 분석조차 구체적으로 텍스트의 형성을 조건 짓는 '역사 문화적 이해'로부터 자유로울 수 없음을 보여주는 동시에, 이에 관한 메타 비평적 연구가 이후의 문학사 연구에 하나의 준거점을 제공한다는 가능성을 시사해 준다.

이와 아울러 '서술 시점'에 대한 이해에 있어서도 메타적 관점이 동원되는 경우의 유용성에 관해 지적할 수 있다. 예컨대 사대부 남성 인물이 주인공으로 부각되고, 그들을 중심으로 향유되었던 '야담'을 젠더적 관점으로 독해하는 과정은 고전 독해/분석이 당대적 독서 방식을 '재현'하는 것이 아니라, 고전이라는 텍스트를 통해 당대의 문학 행위를 반성하는 하나의 해석적 지점을 생성해 낸다는 점, 그리고 그러한 형식으로 고전과 대화함으로써 문학 개념과 그 행위를 역사적 지평 위에서 사유하게 한다는 점에서 유용성을 지닌다.

야담 텍스트에서 남성 인물들과 여성 인물들을 양적으로 비교하면 단연 남성 인물의 비중이 압도적이다. 여기에 이야기가 주목하여 주인

---

5) 이에 관한 연구는 주로 남성에 의해 기술된 여성의 삶과 정체성 인식이라는 측면에서 진행되어 왔다(김미란, 「『女性傳記』의 서술의도 연구」, 『한국고전여성문학연구』 3집, 한국고전여성문학회, 2001; 강혜선, 「묘지명과 제문의 미학-조선 후기 여성 묘주 묘지명의 문학성에 대한 연구」, 『한국한문학연구』 30집, 한국한문학회, 2002 등의 연구를 참조).

공으로 설정한 비중까지 계측한다면 여성 인물의 서사적 위치는 미미하다고 볼 수 있다. 따라서 '주인공' 중심으로 독해하여 작품의 주제를 읽어내려 한다면, 이는 일차적으로 당대적 텍스트 독법을 '재현'하는 방식의 고전 독법으로 간주할 수 있을 것이다. 그런데 그러한 과정은 당대에 야담이라는 문학 장르가 근거해 있던 문화적 전제를 그대로 재현함으로써 텍스트가 근간으로 삼고 있는 '투명한 이데올로기'를 또다시 '자연화'[6]하는 현상을 반복하게 된다.

젠더 비평적 관점에서 야담 텍스트를 독해할 경우, 이야기에서 목소리를 '숨긴 채 / 숨겨진 채' 존재하는 여성 인물들, 또는 '주인공'의 무의식적 욕망이나 기대에 따라 '움직이는' 여성 인물들의 태도 등에 전제되어 있는 당대의 중심적 이데올로기를 독해할 수 있다는 비평적 유용성을 갖는다. '젠더 비평'은 여성주의적 관점에서 텍스트가 갖는 문제점을 비판적으로 독해하는 작업에서 분석의 궁극적 지점을 마련하는 것이 아니라, 당대적 독서 행위나 그 문화에 전면화되어 있는 '투명한 이데올로기'를 판독함으로써 그 투명성에 의미를 부여할 수 있는 하나의 해석적 시선을 제공한다는 점에서 '문학'을 '이론화'하는 데 필요한 기본 요건들에 대한 근본적 차원을 요청하는 연구 방법론으로 이해할 수 있다.

이러한 문제에 구체적으로 접근하기 위해 조선 후기 '야담'의 서술 시점에 관한 젠더 비평적 연구가 문학(사)를 독해하는 데 갖는 방법론적 유용성에 관해 논의해 보기로 한다.

6) '투명한 이데올로기' '자연화'의 개념은 롤랑 바르뜨, 정현 역, 『신화론』, 현대미학사, 1995에 따른다.

3. '시선'의 판독-텍스트를 구성하는 투명한 힘을 독해하기

한자로 기록되어 유통된 야담집의 존재 현황이나 지금까지 알려진 야담 편저자의 신분 계층으로 보아,[7] 야담의 일차적 향유층은 한문 해득권 위주의 사대부 남성인 것으로 파악된다. 야담의 내용상 범주를 통해 보건대, 야담은 역사적으로 실존했던 인물들의 일화나 거기서 출발하여 상상적으로 재구된 허구적 단편 산문, 실존 인물을 매개하지 않은 허구적 이야기 등으로 대별되는데, 각 이야기의 비중은 작품집에 따라 다소 편차가 있다. 특히 18·19세기에 유통된 야담집에서는 몰락한 사대부 남성의 신분상승 욕망이나 경제력 확보에 대한 의지를 다룬 이야기들이 다수 수록되고, 공간적으로는 출세와 성공의 문화 기호로서 '서울'에 대한 선망을 드러내는 것들과 상경 이후 욕망이 좌절되고, 환상이 허물어지는 과정을 통해 환멸을 경험하는 이야기들이 유통되기 시작한다.[8] 야담은 당대 사회 변동을 민감하게 포착해 내면서 그러한 문화적 지형 속에서 생성되고 반향 했던 향유층의 욕망을 투영하는 문학적 특성을 가진 장르로서 기능했던 것이다.

이러한 야담의 주제적 지평을 젠더 비평의 관점으로 재조명할 때 주목할 것은 야담을 장르적으로 성립시키는 서술의 기제들이다. 특히 야담이 서술의 관점으로서 채택하고 있는 '3인칭 객관적 시점'은 기술 대상 자체를 자명한 세계, 자연화된 대상으로 전경화 하는 문학적 힘을 발휘하는데, 젠더 비평적 관점은 자연화 하는 힘으로서의 서술 시점을

7) 김영진, 「조선 후기 사대부의 야담 창작과 향유의 일양상」, 『야담문학 연구의 현단계』(정명기 편) 1권, 보고사, 2001, 313면 참조.

8) 이에 관해서는 최기숙, 「'돈'의 표상성-18·19세기 경제 관념의 문학적 형상화 양상-18·19세기 야담집 소재 '돈' 관련 일화를 중심으로」, 『국제어문학』 29집, 국제어문학회, 2003; 최기숙, 「도시, 욕망, 환멸-18·19세기 '서울'의 발견-18·19세기 야담집 소재 '상경담'을 중심으로」, 『고전문학연구』 26집, 한국고전문학회, 2003를 참조.

양각화시키는 역할을 함으로써, 시점의 서사적 권력을 판독하게 하는 반성적 도구로 활용될 수 있다.

대부분의 야담집이 표방하고 있는 '3인칭 객관적 시점'에서는 기술하는 실체가 인격화되지 않기 때문에 기술 대상이 판단과 관점을 가진 인격적 주체라는 인식을 쉽사리 허용하지 않는다. 이러한 조건은 독자로 하여금 이야기를 하나의 '자명한 사실' '객관적 실경'으로 전달하는 서사적 힘을 생산해 낸다. 독자들은 이야기하는 주체에 대해 주관적인 감정과 판단의 소유자, 한정된 경험 세계를 가진 개체로 상상하지 못한 채 이야기가 전달하는 세계 속으로 직접 안내된다. 이러한 서술 형식은 서술자의 '입장'과 '시선'을 객관적이고 자명한 사실로 호소하는 효과를 발휘한다. 이는 실질적으로 '3인칭'이라는 시선의 형식으로 작동하는 향유층의 관점을 '매개 없이' 설득시키는 서사의 권력 창출 효과를 발생시킨다. '객관적 시점'이라는 서사물의 기술 형태는 결코 중성적인 것이 아니라 성적으로 특화되어 있으며, 가치중립적인 것이 아니라 가치 평가적이고 이데올로기적이다. 이러한 야담의 서술적 특성은 야담을 읽고 향유하는 독자들의 감성과 판단을 '조율'하고 '통제'하는 실질적 역할을 수행하게 된다.

이러한 관점에서 젠더 비평적 관점은 야담에 내재하는 서사 논리와 기술 방식의 실제적 매개들을 도드라지게 만드는 분석적 도구로 활용될 수 있다. 이를 통해 향유층이 자연스럽고 자명한 것으로 인지한 것들, 반성적 사유의 대상으로 삼기보다는 당위론적 전제로 간주한 것들이 무엇인지를 드러나게 할 수 있는 비평적 과정을 확보할 수 있다. 즉 젠더 비평적 관점은 실체를 드러내지 않은 채 '투명한 힘'으로 작동하는 서사 논리에 색채를 부여하는 힘으로 작용함으로써, 은폐된 시선의 내역을 드러나게 하는 비평적 힘을 생산해 내는 것이다.

고전 텍스트를 독해하는 과정은 자연스럽게 연구자와 텍스트 간의 역사적 거리를 수반한다. 따라서 고전 텍스트를 읽는 궁극 지점에는 문학과 그 행위에 관한 근본적 성찰을 유도하는 독법의 수행을 요청받는다. 젠더적 관점은 그 구체적인 방법적 도구인 동시에, 지배 이데올로기가 무의식적 전제로 삼은 윤리적·정체적 함의들, 당대를 지배하는 비가시적 기제들을 선명히 판독하는 방법론이 될 수 있다. 이러한 독법의 유효성은 고전 텍스트로 한정되지 않으며, 오늘날의 문화적 '자연'으로 수용되고 있는 현대 문화의 매커니즘에 대한 성찰적 관점과 도구들을 제공한다는 점에서 유의미한 가치를 지닌다.

물론 독자로서 비평적 시각을 갖는 일은 텍스트의 생성과 유통이 이데올로기적이고 정치적 과정을 함의하는 것과 마찬가지로 역사적·정치적·경제적·성적 결정항을, 수반하는 일이고, 그러한 영향력들로부터 자유로울 수 없는 일인 것은 분명하다.[9] 그런데 이는 고전과 현대가 대화할 때 수반되는 당면 지점일뿐더러, 고전 연구자로서 텍스트를 다룰 때에는 적극적으로 그러한 관계를 의식적으로 생성해 나가야 할 의무가 주어진다는 점에서 연구자 자신이 능동적으로 설정하고 해결해야 할 본원적 지점이기도 하다. 고전 연구자가 다루는 텍스트는 역사적 산물이며, 현재적 독서는 바로 그러한 역사적 대화의 지점에 참여하는 일이라는 것을 연구자 스스로 의식하면서 그 문제에 응답해야 하는 것이다.

이러한 비평적 관점은 '고전'에 대해 시간적 거리를 두고 역사화 될 때만이 가능한 것이 아니라, 현재에 유통되는 문학 작품들, 문화 상품들, 나아가 사회를 통제하고 조율하는 정치적 시각을 성찰의 대상으로 조명하는 방법을 제안한다는 점에서 보편적 유효성을 지닌다. 젠더 비

9) 가야트리 스피박이 지적한 바대로 젠더 비평적 텍스트 읽기는 '젠더적 관점'이라는 '구조'를 텍스트를 읽는 방편적 '제재'로서 활용하는 작업이며, 이는 연구자-독자들이 회피할 수 없는 불가피한 것이다(Spivak, Gayatri Chakravorty, 태혜숙 역, 『다른 세상에서』, 여이연, 2003). 이런 점에서 페미니스트 비평이 현대문학 연구에서 '해체론'으로 수렴되는 현상은 역설적으로 젠더적 관점이 주변적이고 소외된 것들을 '복원'하는 작업으로서가 아니라 분석 자체의 권력적 힘에 대한 승인 과정으로 인정되는 것을 보여준다.

평이 문학(사)의 이해에 갖는 유효성이 타자화된 '여성성'을 복원시키는 것으로 한정되지 않는 것은 이러한 이유에서이다.

4. 숨은 주체의 복원과 하위 주체의 타자화 과정에 대한 판독

문학적/문화적 텍스트 내에서 주변적인 것, 부수적인 것, 소수자들은 타자적 지형을 형성한다. 그들은 텍스트 내에서 자신의 위치를 자각하지 못하는 것으로 상정될뿐더러, 대부분의 중심적, 다수자들에게조차 그들의 '위치'는 의문시 되지 않는다. 오히려 그들은 낯설고 이질적인 것으로 차별화됨으로써 그들의 존재 의의나 방식에 관한 '의문'의 지점 자체가 소거되는 것을 발견하게 된다. 그들을 낯설고 이질적으로 간주하거나 그러한 존재로 언급하는 현상은 이들이 주류 문화, 다수자들과의 직접적 '관계' 속에서 중층적이고 다선적인 의미망을 형성하는 존재로 이해되기보다는 일방적으로 배체되거나 그러한 의식적 행위 자체로부터 차단되어 있음을 입증한다.

젠더 비평적 방법은 고전 텍스트가 전제로 삼고 있거나 자연화하는 지점을 선명히 할 수 있는 해석적 관점을 제공한다. 고전 서사문학을 예로 들면, 문학 텍스트에서 소외된 자들의 극단화된 자기 현현 방식은 '환상'의 형식으로 나타난다. 작중 인물들이 현실 속에서 자신의 목소리를 내거나 원하는 방식으로 살 수 없을 때, 인물들은 환상적 문학 공간으로 출몰한다. 개인이 단독적으로 체험하는 환상적 경험은 타인과 공유될 수 없는 것이기에, 내적으로 고립되어 있을 뿐 결코 사회화될 수 없는 영역의 것이다. 또한 귀신과 같은 환영물들은 존재 자체만으로도 삶과 죽음이 서로 넘나들 수 없다는 삶의 기본 전제를 부정하는 것이므로 불온하고 위험한 것으로서 간주될뿐더러, 텍스트 내에서 그들을 목도하는 인물을 사회에서 '소외'된 인물로 설정함으로써 그들의 존재 자체에 대한 사회적 거부와 배제의 기제를 마련하기도 한다.

특히 18・19세기 야담에서는 '한'을 품고 현실로 출몰하는 환영물의 성별은 여성으로 제한된다. 이들은 권력을 지닌 남성 주인공 앞에 나타나 자신들의 억울한 사연을 털어놓고, 신원을 소망한다. 환영물들이 등장하는 텍스트가 이들의 목소리에 귀 기울이는 이유는 그들을 신원시키는 남성 주인공, 특히 의롭고 용기 있는 남성 인물의 능력과 윤리성을 기리기 위해서이다. 그 과정에서 현실에서 소외되고 억압된 여성 인물의 음성에 주목할 수 있는 것은 그것에 시선을 부여할 수 있는 역사적 거리를 확보한 비평가이다. 텍스트에서 억울하게 죽은 여성이 신원을 요청한 사항이 당대적 이데올로기가 요구한 정조와 순결과 관련된다는 사실, 남성 인물들이 귀신이 되어 현실에서 사라진 여인에게 주목한 정당한 이유가 바로 정절 훼손에 대한 오명을 벗겨주는 일이라는 사실은 '환상'의 발생 지점이 문제적 현실을 '쟁점화'하기 위해서가 아니라 지배 이데올로기를 충실히 완수하는 지점이라는 것을 보여준다. 현실의 이면에서 현실을 반성하는 문학적 기제로 상상되는 '환상'의 지점은 지배 이데올로기를 반성하는 지점으로서가 아니라 그것을 온전하게 완성하기 위해 형성되었던 것이다. 이것은 문학적 상상력이 당대 사회의 깊은 무의식까지를 지배하는 전면적 힘으로 행사되었음을 보여준다. 그리고 이러한 지점은 18・19세기 야담이 갖는 문학의 문화적 지점과 무관하지 않다.[10)]

10) 예컨대 야담이 제기하는 환상의 지점은 15세기 김시습의 『금오신화』가 갖는 환상의 의미와는 전혀 다른 문학적 효과를 생산한다. 『금오신화』의 환상성이 세계의 폭력적 인식에 대한 문제 제기로서 형성되고(이에 관해서는 최기숙, 「귀신의 처소, 소멸의 존재론—『금오신화』의 환상성을 중심으로」, 『돈암어문학』 16집, 돈암어문학회, 2003을 참조), 이것을 인식한 인물이 환상과 지속적이고 배타적으로 교신하는 형태로 그

18·19세기 야담집에서는 반문화적 존재로 간주되는 상상적 형상물들, 지배 문화를 반성하는 존재로 간주되는 소외된 존재들과 소수문화의 주체들이 오히려 지배 문화를 보완하고, 완성시키기 위한 도구적 존재로 동원되는 과정을 보여준다. 예컨대, 현실의 부당한 폭력성 때문에 삶의 영역에서 배제되어 '귀신'으로서의 정체성을 부여받은 여성 인물들이 의롭고 용기 있는 남성 인물에 의해 '훼절'의 오명을 씻고 죽음의 세계로 귀환하는 경우를 살펴보자.[11] 이 여성 인물들은 현실의 지배 이념을 저버리지 않았다는 명예로운 신원을 이루기 전까지는 죽음의 세계로조차 완전하게 갈 수 없는 미완의 존재로서 조명된다. '귀신'의 출몰은 현실의 폭력성이 여인에게 삶의 자리를 허용하지 않았다는 근본적 반성력을 누락한 채, 정조가 훼손된 여인은 죽음의 세계로조차 완전히 퇴행할 수 없다는 것을 환기시키는 이야기 구조를 통해 현실의 지배 이데올로기를 강화하는 데 기여하는 것이다.

탁월성의 자질을 소유했기 때문에 오히려 낯선 이인으로 간주되는 능력 있는 여성들의 이야기들에서도 소수문화가 지배 문화와 관계 맺는 방식은 지배 문화에게 반성적 성찰의 계기를 주는 것이 아니라 그들에게 전략적으로 '동화'하고 '의지'함으로써 지배 문화에 '편입'하는 형식이 대부분이다. 18·19세기 야담 중에는 능력 있는 탁월한 여성들은 몰락한 남성을 경제적·정치적 재기에 기여하거나, 그들의 불완전한 가

러한 문제의식에 동의하는 형태를 보여준다면, 18·19세기 야담의 환상성은 지배 이데올로기가 강조하는 정절의 요소를 신원하는 형태로 제시되고, 환상적 인물이 현실의 이데올로기로부터 존재 의의를 승인받으려 한다는 점에서, 현실과 환상은 모두 지배 이데올로기에 의해 통제되고 있음을 보여준다. 『금오신화』의 남자 주인공은 환상적 인물과 소통하고 합일하는 의존적 관계를 형성하는 데 비해, 18·19세기 야담에서 귀신과 만나는 남성 인물은 귀신의 문제 해결자로 등장하며, 관계의 측면에서도 여성 인물보다 우월한 지위를 차지하고 있다는 점에서 대비를 이룬다.

11) 해당 이야기의 사례 및 분석은 최기숙, 「불멸의 존재론, '한'의 생명력과 '귀신'의 음성학」, 『열상고전연구』 16집, 열상고전연구회, 2002; 강진옥, 「원혼설화의 담론적 성격 연구」, 『고전문학연구』 22집, 한국고전문학회, 2002; 조현설, 「원귀의 해원 형식과 구조의 안팎」, 『한국고전여성문학연구』 7집, 한국고전여성문학회, 2003 등을 참조.

정을 완전하게 하는 유용한 도구적 존재로 조명된 것들이 있다. 가난한 남성이 경제 능력을 갖춘 여성을 만나 부자가 되고 출세하는 과정, 천거해줄 사람을 만나지 못해 과거에 급제하고도 관직에 나갈 수 없었던 남성 인물이 수완 좋은 여성 인물의 도움으로 천거되는 과정, 부인을 사별하고 홀로 아이들을 키우던 남성이 경제력과 부덕을 갖춘 여인을 만나 가정을 온전하게 꾸려나가는 모습들[12]은 여성의 탁월한 자질이 '혼인'을 매개로 남성의 가정 안으로 흡수되는 과정을 보여준다.

이러한 활동을 보이는 여성 인물로 한정되지 않는다. 가령 유교 중심의 지배 문화에 동화되지 않고 자신들의 고유한 학문 세계를 추구하거나, 현실의 제도 밖에서 고유한 문화를 지키며 살아가는 소수문화를 '이인'으로 조명한 야담의 경우, 그들을 낯설고 경이롭게 기술하는 서술자의 시각은 이들에 대한 '몰이해'의 관점을 노출시킨다. '이인'으로 조명된 인물들 역시 '말하는 주체'가 아니라 '말해진 주체'[13]라는 점에서 하위 주체의 문화적 위치를 언술적 차원에서 드러낸다. 야담에 형상화된 '이인'은 남녀를 불문하고 탁월성의 자질을 갖춘 인물로 조명된다. 그 자질은 '지인지감'이나 '경제 능력' '정치적 안목' 등 다양한데, 젠더적 차이에 따라 약간의 차이가 발견된다. 여성 인물이 보여주는 탁월성의 내역은 지인지감, 통찰력, 예견력과 선견지명, 지혜와 판단력 등인데, 남성 인물의 경우에는 예견력, 지인지감, 천문지리와 음양학 등의 학문적 자질, 치유력, 순수하고 초탈한 성품이나 기이한 행동에 이르기까지 다양하다. 이들의 능력의 직접적 수혜자도 여성 이인의 경우, 성적 관계

12) 해당 이야기의 사례 및 분석은 최기숙, 「여성성의 재발견-이성·지혜·성공의 탈영토화」, 『한국고전여성문학연구』 6집, 한국고전여성문학회, 2003을 참조.

13) 이는 가야트리 스피박이 '하위주체는 말할 수 있는가(Can the subaltern speak?)'에서 지적한 언술적 상황이 역사적, 지역적 경계를 넘어서 젠더만으로 국한되지 않는다는 것을 보여준다(Spivak, Gayatri Chakravorty, 'Can the Subaltern Speak?', *Marxism and Interpretation of Culture,* ed. by. Cary Nelson Lawrence Grossberg, University of Illinois Press, 1988).

를 맺는 남성이나 혼인으로 연결된 남성과 그 가정으로 제한되는데 비해, 남성 이인의 경우는 가족과 가까운 지인들, 국가라는 공적 영역까지 확대된다. 여성 인물의 능력이나 자질이 '가족'으로 제한됨으로써 여성이 자신을 사회화할 수 있는 '공동체적 저변'을 가족 내로 한정하는 관점을 보여준 것은 야담의 문학적 상상력이 지배 이념에서 자유로울 수 없었음을 보여준다. 남성 이인의 경우에도 이인적 자질이 가족주의적으로 환원되거나, 개인적 인간관계와 인연으로 축소되어 표현되는 것이 대부분이지만, 자기 예언의 오류를 보여주거나 국가와 사회를 위해 활용하는 내용도 나타난다. 이는 이야기를 통해 남성 인물이 자기반성을 도모하거나, 공적 영역에 대한 사회적 의무감을 인식하는 지점이 확보되었음을 의미한다.

특히 남성 이인이 국가와 사회를 위해 자질을 활용하는 18·19세기 이인담에서는 이인의 신분이 정치적으로 소외된 인물과 학자들로 제한되지 않고, 현실적 영향력을 행사할 수 있었던 고위 관리층까지 확대된다. 이 이야기들에서는 이인적 자질이란 현실에서 뛰어난 능력을 발휘할 수 있는 사회적 여건을 부여받은 자가 소지해야 할 필수적 자질인 것처럼 호소되기도 한다. 이는 이인적 자질의 세속화된 형태로서, 권력자들의 유능함과 탁월성의 표지로 자리바꿈 한 결과이다. 따라서 이들이 탁월성의 자질을 국가를 위해 활용하는 과정은 이인에 대한 사회적 소외나 차별성, 배타성이 현실과 타협점을 찾는 방식으로 변용되었음을 보여준다.[14] 그 과정에서 소수문화의 문화적 가치를 설득하는 탁월성의 자질에 대한 기술은 지배 문화의 권력적 정당성을 설득하는 방향으로 매개되었던 것이다.

이러한 것은 '하위 주체'의 역량을 '지배 문화'가 흡수하는 과정을 보

14) 이에 관해서는 최기숙, 「소수문화, 그 차별화 전략과 동화의 처세술—18·19세기 야담집 소재 남성 이인담을 중심으로」, 『한국문화연구』 3호, 이화여대 한국문화연구원, 2002를 참조.

여준다. 하위 주체는 그들의 역량을 간헐적으로 극소수의 대상들에게 발휘할 뿐, 현실과 지속적인 관계를 맺는 연계 지점을 발견하지 못한다. 오히려 그들의 역량을 흡수하여 지배층의 권력적 정당성을 강화하는 매개로 활용하는 현상은 하위 주체의 문화적 위치가 자신들의 역량을 사회적으로 설득하는 기회마저 상실할 수 있음을 보여준다.

이러한 지점에서 고전 텍스트를 젠더 비평적으로 독해하는 작업은 숨은 주체를 복원해 내고, 그들이 타자화 된 시선으로 기술되는 지점의 문화적 맥락을 읽어내는 작업과 아울러, 그러한 과정에 대한 상상을 가능하게 한 인식의 지평을 판독해 내는 작업이 병행되어야 함을 시사해 준다. 이는 젠더 비평이 여성적 관점으로 제한되지 않고 하위 주체와 소수 문화에 대한 관점과 연계되어야 할 필요성을 제기한다. 이를 통해 그러한 '문학–문화' '상상–이데올로기'의 관계가 단지 과거에 발생한 역사적 사건이나 진행이 아니라 본질적 차원에서는 현대적으로 재생산될 수 있는 현상임을 인식하고, 양자간의 본원적 관계가 현대적으로 재현될 수 있는 문화적 맥락을 동시에 판독해 낼 수 있도록 학문적 대화의 장을 만들어 나갈 필요가 있다. 그 과정은 더 이상 '해체'라는 이차적 작업으로서가 아니라 문학을 가능하게 하고 형성하게 하며, 그 의미를 생산하게 하는 근본 문제에 대한 성찰과 모색을 이끌어 내는 본원적 작업으로 이해할 필요가 있다. 젠더 비평적 방법으로 고전을 읽음으로써 수행해 나가야 할 메타 비평의 영역은 '문학'의 개념과 '문학적 경험'을 둘러싼 근본적인 대화의 장을 마련한다는 의미를 포괄하는 것이다.

5. 소수문화, 하위 주체의 문화적 생산성과 연대 가능성

하위 주체로서의 여성, 소수문화의 문화적 위치는 억압과 배제의 자리로서 협소하게, 때로는 경계를 넘나드는 불안한 '흔적'으로 주어지지만, 그들이 지닌 내적 자질은 낯설지만 탁월한 것, 경이롭고 신비한 것으로 조명되어 찬탄의 대상으로 기술되었다. 그러나 그들이 현실의 안쪽에서 자신의 자리를 찾아가는 과정이 나타나지 않거나 타락한 현실에 영합하는 타협의 길을 걸었던 것은 소수문화와 하위 주체가 차지하는 현실적 지점을 역설해 준다.

문학 텍스트 내에서 소수문화와 하위 주체에 주목하게 되는 과정은 지배 문화의 역량에 대한 한계 의식과 그에 대한 '대안'이 모색되는 지점에서 포착된다. 야담의 경우, 몰락한 남성 인물은 신분이 낮거나 남편이 없는 하위 주체 여성과의 관계를 통해 사회적 신분 상승의 계기를 확보한다. 이 경우, 여성은 지인지감 능력으로 남성 인물의 가능성을 판독하고 그와 관계를 맺지만, 자신의 능력과 자질을 남편을 출세시키는데 전용하거나 시댁의 안위와 치산을 위해 활용한다. 이 여성 인물들은 자신의 탁월한 자질을 가부장제의 질서와 유교적 규범 내에서 이해하고 사회화하는 길을 선택한 것이다. 이는 여성에게 허용된 사회화의 출구가 '남편'이라는 사회적 매개로 제한되어 있었던 당대적 조건에 기인한다.

그런데 그러한 여성 인물의 이야기를 기술하고 있는 서술자의 시선은 남성 중심적 관점에 의해 조율되고 있다. 탁월성을 지닌 여성 인물들은 '말하지 않고 행동'하며, 그 행동의 결과에 대해 '경이'와 '찬탄'의 반응을 보내는 인물들과 서술자는 여성의 내적 동기나 의도에 관심을 두지 않으며 결과적 혜택의 수혜자로서의 만족감과 찬탄을 표현할 뿐이다.

여기서 여성을 이인으로 바라보는 서술자의 시선이 그 여성을 가족으로 수용하는 구성원들의 몰이해의 시선과 일치하는 것은 서술자 역시 여성 인물에 대한 '이해'의 시선보다는 여성 인물의 탁월성을 찬탄하는 '반응적 주체'로 한정되었음을 반증한다. 이야기 속의 여성 이인들은 자신의 정체성을 '이해받지 못한' 채 가정 안으로 편입되며 그들의 가능성과 역량은 그들보다 권력적으로 우위에 있는 집단/개인에게 흡수되고 포섭된다. 이러한 현상들은 여성 이인들의 '능력'과 '자질'을 포섭함으로써 지배 문화가 그 역량을 강화하거나, 일시적인 패배에서 탈피할 수 있는 방편으로 삼으려 했음을 보여주지만, 결과적으로 그러한 (숨겨진) 욕망을 실현하는 매개로서 여성 인물들과의 관계를 지속했음을 보여준다.

그럼에도 불구하고, 이 이야기들이 여성의 잠재적 능력을 포착하고, 이를 발전적 미래를 위한 동인으로 상정한 것은 주목할 만하다. 능력 있는 여성의 신분이 미천하게 설정된 이야기들에서는 여성과 하층민이라는 하위문화의 이중적 코드에 대한 재해석의 관점을 보여준다. 신분이 낮지만 능력이 있고 이를 사회화할 수 있는 현실적 역량을 갖춘 여성 인물들의 이야기를 통해 신분제 사회에서의 '인간' 해석이 갖는 한계에 대해 문제 제기하고 그에 대한 문학적 응답을 다룸으로써 하위 주체가 갖는 문화적 생산성을 역설하는 것이다. 물론 그 과정에서 하위 주체가 당대 문화를 구성하는 근본전제들에 대해 전면적인 전복의 지점을 생산해 내는 것은 아니다.

그러나 이러한 현상은 하위 주체들을 포섭하는 지배적 관점의 태도와 시선에 기인한 것이기 때문에, 이러한 텍스트를 시간적 거리를 두고 분석할 때에는 그러한 '관계' 속에 놓인 하위 주체의 문화적 위치를 가늠해 낼 수 있는 지점을 판독해내야 한다. 텍스트 내에서 지배 문화의 조율과 통제를 실행시키는 '시선'의 판독이야말로 하위 주체가 억압되고 은폐되는 지점을 분별해 내는 실제적 작업이 될 수 있다.

실제로 당대적 하위 주체들의 음성이나 입장은 텍스트 내에서 소외된 채 '타자화 된 시선'으로 기술되기 때문에 그들을 둘러싼 문학적 상상력은 그들의 심리적 동기를 표현할 수 없고, 오직 행동하는 대상으로서만 관찰하는 데에 집중된다. 다른 한편으로, 여성 인물이 몰락한 남성 인물을 '돕는' 형식으로 신분 상승을 이룬 경우, 그 인물을 동일한 처지의 다른 여성 인물들과 차별적으로 기술함으로써 다른 하위 주체들과는 '구별'되는 문화적 우위를 차지한 성공한 인물로 조명하기도 한다. 이때에 여성 인물의 문화적 위치는 '성공'한 것으로 인지되지만, 이는 다른 하위 주체들과 '구별'되는 것에 불과할 뿐, 실제로 상층 신분으로 편입하거나 지배 문화의 특권적 지위를 전유할 수 있는 것은 아니다. 그 과정에서 여성 인물들은 지배 문화의 모순을 반성할 수 있는 건강한 주체로 상상되기보다는, '모순'을 은폐한 지배 문화로의 성공적 진입을 지향하는 인물로 상정되고, 거기서 배제된 남성 인물들과의 연대를 통해 그들의 재편입을 '돕는' 보조자로서의 역할만을 담당하고 있다.

이러한 이야기 구조에서 여성 인물들의 '모순적 태도'야말로 하위 주체에 대한 '상상력'이 투영된 결과로 해석할 수 있다. 예컨대, 여성 인물이 몰락한 사대부 남성과 연대적 관계를 맺는 경우, 그들은 지배 문화의 모순에 저항하는 방식으로 당대 문화에 대한 반성을 매개하는 역할을 하는 것이 아니라, 정치적 출세와 경제적 부를 획득함으로써 지배 문화로 편입하려는 욕망의 주체로 등장한다. 그들은 부의 획득과 출세로 표상되는 '성공'의 문화 기호에 대한 반성력을 상실한 채, 마땅히 추구해야 할 것으로서 간주하고 그에 도달하기 위해 질주한다. 이는 하위 주체의 욕망을 '상상'하고 '반영'하는 형식으로, 이들의 힘을 차용함으로써 문화적 역량을 제고하려 하는 지배 이데올로기의 방향성을 시사해 주는 것이다.

이러한 현상은 소수문화와 하위 주체의 문화적 배치 자체가 그들의 '욕망'에 창작—향유층의 '상상력'에 의해 조율된 데에 기인한다. 해당

시기의 문학은 바로 이러한 '욕망'에 대한 상상을 표현하는 문화적 매개였음을 입증해 준다.

따라서, 이러한 현상을 젠더 비평적 방식으로 독해할 때에는 텍스트의 시선과 욕망을 '재현'하는 것을 넘어서, 그러한 현상이 발생하는 문화적 지점을 독해하고, 그 안에서 이루어지는 젠더적 관점과 이해가 작동하는 방식을 규명함으로써, '문학 텍스트'가 주제를 구성하고 설득하는 방식을 원리적으로 판독하는 태도가 수반되어야 할 것이다. 이러한 과정에서 연구자는 텍스트가 지닌 '고전'적 지위에 설득되거나 그것을 '전제'로 분석하기보다는 그 텍스트가 '어떠한 방식'으로 '문학' 텍스트를 구성하고 있는지, 또 그것이 시간과 경험의 간극을 넘어서 '고전적 가치'를 생산해 내는 문화적 힘은 무엇인지에 대한 질문과 응답을 제시해야 하는 것이다.[15]

6. 고전 독법으로서의 젠더 비평이 감당해야 할 몇 가지 과제들

1) 여성적 표상 체계의 지형도 재구

젠더적 관점에서 문학사를 독해하는 작업은 이 시대에 필요한 문학적 힘을 탐색하는 작업의 일환으로서 행해질 때 문학적 해석의 다양성

15) 레이 초우가 지적한 바와 같이 '중요한 문제는 지식인이 어떻게 헤게모니를 획득하는가가 아니라' '그가 어떻게 "'지식' '진실' '의식' '담론'의 영역에서 [자신을] 권력의 대상이자 도구로 전환하는 권력형태"에 저항할 수 있는가'(레이 초우, 장수현·김우영 역, 『디아스포라의 지식인』, 이산, 2005, 34면)라고 할 때, 이 질문은 젠더적 관점에서 고전문학을 독해하는 연구자가 정면으로 감당해야 할 연구자로서의 태도에 관해 시사하는 바가 있다.

과 역동성을 훼손시키지 않고 창조적으로 그 의미를 창출해 낼 수 있다. 특히 젠더 비평적 고전 독해가 '고전'을 '젠더적 관점'에서 독해하는 '분석적' 차원으로 제한되지 않고, '문학'의 의미 자체에 대한 사색을 요청하고 문학을 가능하게 하는 제반 조건에 관한 성찰을 아우르는 '메타 비평'의 작업으로 포괄되기 위해서는 '근대'와 '현대'문학을 소통시킬 수 있는 대화 지점을 제공하고 그 가능한 대화적 요건들을 제시할 필요가 있다. 국내에서의 젠더 비평에 관한 이론적 작업이 주로 '근현대'라는 제한된 시기만을 대상으로 이루어지거나, 서구에서 활발하게 이루어진 이론적 틀을 수용하고, 탈식민적 관점에서 제3 세계가 제국주의와 관계 맺는 방식을 중심으로 다룬 것을 수용하는 방향에서 이루어졌기 때문에, 역사적 관점에서 협동 연구를 수행하는 작업이 원활하게 전개되지 않은 아쉬움이 있다. '고전'과 '근대'를 별도의 학문 영역으로 분할하는 '제도'로서의 '학문'의 존재 방식도 이러한 상황과 무관하지 않다.

서구의 이론에 따르면 '여성성'과 '남성성'의 개념에는 '품성'과 '성격'이 혼융되어 있다고 간주되었으며, 인격적, 도덕적 특성과 심리적 성향이 혼융되어 있다고 이해해 왔다. 이에 따르면 '남성성'에는 강한 의지·야심·용기·독립성·합리성 등의 심리학적 자질과 정직함, 정의로움 등의 도덕적 자질이 포함된다. '여성성'에는 상냥함·겸손·감정이입·부드러움·양육성·직관·이타성 등의 심리적 자질과 자비심, 보살핌 등의 도덕적 자질이 포함된다.[16] 대체로 '여성적(feminine)'이라는 어휘가 표상하는 의미 체계는 '진지하지 못하고, 좀 더 양순하고, 힘이 없고, 더욱 쉽게 길들여지고, 좀 더 쉽게 다룰 수 있'는 것으로 정의하는 아리스토텔레스의 전통으로 거슬러 올라가며,[17] 이후 이러한 의미

16) 고미라, 「여성학 용어사전－여성성과 양성성」, 『여성과 사회』 7호, 창작과비평사, 1996, 128면 참조.

17) 설혜심, 『서양의 관상학, 그 긴 그림자』, 한길사, 2002, 58면; 존 시노다 볼린, 유승희 역,

체계에 '저항'하는 형식으로 변모된 것을 제외한다면[18] 전통적 정의에 대한 인정이 여성에 관한 정의의 항수로 작용해 온 것이 사실이다. 그러나 '여성성'이라는 기의의 '보편성'은 그것을 '추상화 하는 주체'가 누구이고 어떤 맥락에서인가에 대한 해명을 전제로 할 때만이 그 문화적 의미나 가치에 대한 판독을 받아들일 수 있을 것이다.

그런데, 한국문학사에서 '여성적'인 의미를 추출해 내는 작업은 실제 텍스트에 '기술된' 내용을 비판적 거리를 두고 분석한 것이라기보다는, 비록 '저항'과 '부정'의 의미를 함축한다고 하더라도 이미 자국의 문학사를 통해 '선별적으로' 추출된 내용을 '보편적'인 것으로 수용하거나, 연구자가 분석 대상으로 삼은 '텍스트 내적' 상황을 재현하여 서술하는 경향이 있다. 그러한 관점에서 한국문학사에서 여성적인 것이라고 호명되는 것들의 표상 체계를 중심으로 문학 지도를 구상하고, 그 의미의 형성 과정과 수용 과정을 규명해야 할 필요성이 야기된다. 구체적인 텍스트를 중심으로 여성의 문학적 영역과 여성적 감성 체계, 여성적 감각 등으로 구별되어 온 표상물에 대한 소통 체계를 형성할 필요가 있고, 이를 중심으로 '여성성'이 문화적 표상 가치를 획득하게 되는 계기를 설명해 내려는 '문화적 분석' 작업이 수행되어야 한다. 이를 토대로 '여성성'이 호명되고 '의미를 부여받아' '문화 기호'로서 통용되는 지점에 대한 협동 연구가 수행되어야 할 것이다.

이를 위해, 예컨대 여성적 감정이나 감성의 영역으로 상정된 것들은 무엇인지, 여성인 것으로 '상상'되어 배제의 대상으로 삼은 '악'의 형상물들은 어떤 특징을 갖고 있는지를 살핌으로써 문학 안에서 '여성성'의 내용이 구체화되는 지점들의 유형을 살펴볼 필요가 있다. 서사문학으로 한정해 논의한다면, 영웅소설에서 의롭지 못한 권력을 행사하는 남성은

『우리 속에 있는 여신들』, 또하나의문화, 1992 등.

18) 이후의 과정에 관해서는 장영란 외, 『성과 사랑 그리고 욕망에 관한 철학적 성찰』, 서광사, 1999; 피에르 부르디외, 김용숙 · 주경미 역, 『남성 지배』, 동문선, 2000을 참조.

'악'으로 표상되는 반면, 여성의 경우 '의'의 차원을 벗어나 질투하는 여성, 주어진 것 '이상을' 욕망하는 여성을 '악'으로 상정하는 경향이 있는데, 이러한 것이 표출되고 설득되는 '문화적' 계기에 대한 비교적 고찰과 총체적인 해명도 필요하다. 정치적 영역의 몫은 남성의 것이고 여성적인 것은 심리적이고 개인적인 차원으로 전이되는 서사적 맥락의 사회역사적 구조는 어떤 것인지 규명할 필요가 있다. 엄밀한 의미에서 여성 인물을 통해 행사되는 '악'의 내역은 어떤 것인지, 그것을 '악'으로 경험하는 주체와 그 파장은 어디까지인지 등에 관한 연구는 문학 연구가 '역사학'과 '사회학' '심리학' 및 제반 문화 연구와 연계해야 할 지점을 지시해 준다.

문학의 경우, 18·19세기 야담에서는 감성적이고 감정적 성향을 지닌 인물은 '남성'이며, 이성적 판단과 전략적 계산에 능숙한 인물은 '여성' 인물로 표현된다. 수동적인 태도를 보이는 것이 남성이라면 적극적이고 능동적 성향을 보이는 인물은 여성으로 나타난다.[19] 이러한 것은 서구의 이론과는 상이한 현상이다. 이러한 현상을 실제의 남성성과 여성성에 대한 '재현'의 서사로 분석하거나, 각각의 젠더적 특질에 대한 향유층의 '기대'와 '욕망'의 투영으로 해석하는 것은 차후의 분석 과제이지만, 그에 앞서 텍스트 내에서 형성되고 있는 남녀에 대한 관념과 정의가 명백히 '차별적 차원'을 갖는다는 점은 한국문학사에서 '여성적 표상 체계'를 재구해야 할 필요성을 환기시킨다.[20]

---

19) 이에 관해서는 최기숙, 「여성성의 재발견-이성·지혜·성공의 탈영토화」, 앞의 책, 208~209면을 참조.

20) 이 논문이 발표된 후에 한국여성고전문학회에서 '이미지와 표상으로서 여성성의 형성과 재구'라는 주제로 제7차 하계 워크숍(2006.7.11)이 개최되었다. 이때에 홍인숙, 「여성과 근대성의 몇 가지 표상들-1900~1910년을 중심으로」; 조승미, 「꿈 속의 불꼬기와 반야경의 여성들」; 김주현, 「심미적 범주로서의 성차와 여성 주체」; 이태호, 「조선 후기 풍속화에 표현된 여성」; 홍나영, 「조선시대 복식에 나타난 여성성」 등의 연구 발표가 있었다. 문학과 미술·종교·철학·복식사 등의 분야에서 학제간 토론이 전개되었다.

2) '여성작가'의 발굴과 '여성적 목소리'의 의미화

그간 젠더적 관점에서 문학사를 (재)독해하는 작업은 앞선 연구에서 주목하지 않았던 '숨겨진' 여성작가들을 발굴하고 그 작품을 소개하는 활동에 의미를 부여하거나 남성의 시각으로 '기술'된 여성의 정체성과 삶, 그들을 바라보는 시각 자체에 대해 메타 비평적 접근을 실천하는 방향으로 진행되었다. 특히 전자의 측면에서 근대적 장르 개념으로 환원되지 않는 고전문학의 하위 장르들에 대한 연구들을 통해 여성의 글쓰기나 독서 활동, 일상적 문화 활동으로 수렴될 수 있는 문예 활동(예컨대, 노래 부르기 / 듣기 / 전하기, 일상적 대화, 독백(적 글쓰기)) 등의 세목들을 '문학적 활동'의 영역 안으로 끌어들여 논의해 나간 것은 기존의 문학사가 주목하지 않았던 문예 영역을 새롭게 개방했다는 점에서 연구사적 의미를 지닌다. 후자의 차원에서는 독자들을 투명한 시선으로 조율하고 통제하는 서술 시점, 또는 화자에 대한 분석을 통해, 시선의 권력성이나 은폐된 음성의 복원을 요청해 온 것은 젠더 비평이 문학 텍스트를 형성하는 비가시적 도구들에 주목해야 하는 이유를 설득하기도 했다.

여성의 문예 활동이 당대에 공식적 · 제도적으로 이루어진 사례가 없고, 사후에 후손들에 의해 문집으로 제작됨으로써 기릴 만한 업적으로 공인된 사례가 드물다는 역사적 조건 속에서 여성이 '남긴' 글을 추적하여 정리하고, 이것을 '문학'으로서 해석하고자 한 것은 분명 문학 개념의 저변을 확대하는 일인 동시에 고착된 문학의 개념을 재고하게 만드는 활동으로 평가할 수 있다.[21] 이러한 연구 활동들은 새로 발굴된 자료를 기존의 연구와 연계시켜 해석하려 하거나 여성이 창작한 작품에 관한 새롭게 주목하여 문학적 의미를 부여하려는 개별적 분석 작업에 집중되었다. 이러한 일련의 과정들에서 연구자들은 여성문학의 생성

---

21) 이런 의미에서 이혜순의 『조선조 후기 여성지성사』, 이화여대 출판부, 2007는 중요한 의미를 지닌다.

과 유통의 사회적 맥락에 대한 이해를 전제로 문학에 대한 개념이 재규정되어야 한다는 인식을 공유했지만, 본격적으로 그러한 행위와 작업들을 어떻게 이론적으로 설명해 낼 수 있을 것인가에 대해 논의하는 작업은 대체로 유보되었다. 제문이나 행장 · 묘지(명) 등의 생성과 유통 방식에 대한 논의, 가사의 창작과 향유를 둘러싼 사회학적 문제에서부터, 소설의 향유층으로서 '여성-작가/독자'가 갖는 문학 사회학적 역할에 이르기까지 포괄적으로 아우를 수 있는 총체적인 문학 사회학적 접근이 요청되는 이유가 여기에 있다.

젠더 비평적 관점에서 고전 텍스트를 '작가론'의 입장에서 다룰 경우, 일차적으로 연구가 가능한 텍스트는 제한적이다. 이를 대상으로 한 일련의 연구에서는 창작가로서 '여성'에 주목하여 그들의 창작 경위나 글쓰기 방식, 작품의 문학적 해석에 적극적인 관심을 기울여 왔다.[22] 그 과정에서 여성작가들이 당대의 주류적 이데올로기나 경향성으로부터 자유로울 수 없었다는 것을 확인하거나, 여성-작가들이 그러한 시각을 내면화함으로써 문학적 주체로서의 자기 정체성을 각인시키려 했음을 지적한 것은 여성작가의 자기 인식과 사회적 위상에 대한 이해에 접근하도록 했다는 점에서 의의를 지닌다.

그럼에도 불구하고 이러한 일련의 연구가 여성문학 작품의 창작자로서 여성을 '작가'로서 조명하는 데에는 소극적이었다는 점은 앞으로 고전 여성문학에 대한 개별 작품 연구가 나아가야 할 하나의 지점을 지시해 준다. 작성된 '글'의 창작 주체로서의 여성이 아니라, 그러한 작품을 '문학'으로 성립시키는 '작가적 역량'과 가치들에 관한 성찰이 수반될

22) 박무영은 문학사 서술에 필요한 작품이나 작가 선정의 문제에 있어서 여성문학의 관점이 갖는 중요성을 전제로, 단순히 여성작가를 편입시키거나 언간이나 제문 등을 편입하여 문학의 범위를 확대하는 것만으로는 문학사 서술에서 배제된 여성적 관점과 문학사적 위상에 대한 의미 부여의 문제가 완전히 해결되지 않으며, 작품을 독해하는 시각과 미학적 판단에 여성이 중심이 되어야 한다는 것을 지적한 바 있다(박무영, 앞의 논문, 93~97면).

때, 고전여성문학은 기존 문학사를 '보완'하거나 그것이 확정해온 경계를 '확장'하는 데서 나아가 기존의 문학사가 전제로 삼은 문학의 이념을 재규정할 수 있는 단초를 제공할 수 있을 것으로 기대되기 때문이다.

그런 점에서 젠더적 관점에서 고전문학을 독해하는 작업은 새로운 '고전' 형성의 문제에 관해 응답해야 할 의무를 갖는다. '고전'을 '창조'하는 일정한 몫은 분명 '독자'에게 달려 있기 때문이고 연구자야말로 가장 창조적일 것을 요청받는 기대 독자이기 때문이다.

이와 아울러, 문자화되지 않았으나 문학으로서 향유되어 온 여성문학 텍스트와 그것의 실제적 수용 방식을 현대적으로 경험할 수 있는 방안이 마련되어야 한다. 이는 알려지지 않은 문자 텍스트의 발굴과는 다른 차원에서 그들의 문학적 경험에 대한 '흔적'을 추적하고 깊이 해석하는 작업과 연계되어야 할 것이다.

강정일당(姜靜一堂)의 禮 담론

조선 후기 여성지성사 서술의 일환으로

이혜순

1. 서론

본 연구는 조선 후기 여성지성사 서술의 일환으로 강정일당(姜靜一堂, 1772~1832)의 예론을 정립해서 그 특성과 의의를 추출하기 위해서 수행된 것이다. 전통 사회에서 가장 엄격하게 예의 수행을 요구받은 이들은 여성으로, 이것이 우암(尤庵) 송시열(宋時烈), 남당(南塘) 한원진(韓元震) 등 예학자들에 의해 계녀서와 같은 형태의 여성 대상 교훈서가 빈번하게 저술된 이유이기도 한다.[1] 그들이 여성을 예라는 질서 속으로 구속시키

1) 우리나라에서 예학에 대한 관심이 고조된 것은 17세기 이후인데, 이 시기 예학의 발전 배경에는 특히 전쟁이 야기시킨 가족과 사회질서의 붕괴를 회복하기 위한 의도가 가장 컸던 것으로 고찰되었다. "양란으로 파괴된 가족제의 재건을 도모하여, 친친의 원리에 의한 친족질서로서 국가사회를 재건하고자 한 것이다." 김문준, 「기호예학의 특성과 방향」, 『동양철학연구』 제39, 동양철학연구회, 2004.9, 74면 참조.

려 한 데에는 남성 중심의 가부장 사회를 공고히 하려는 의도가 그 기반에 자리잡고 있었겠지만, 역설적으로 여성의 사회적 영향력에 대한 인식이 좀 더 확장되었다는 의미도 함축되어 있을 것이다.

예론을 다룬 여성문사로는 「예악설(禮樂說)」, 「극기복례위인설(克己復禮爲仁說)」을 저술한 임윤지당(任允摯堂, 1721~1793)이 유일한데 그 내용이 원론적인데 비해, 본고의 고찰 대상인 강정일당은 비록 단편적인 것이기는 하나 대부분 구체적인 삶이나 생활에 연관된 예를 언급하고 있어 주목할 만하다. 부훈서 가운데 김호연재(金浩然齋, 1681~1722)의 「자경편(自警編)」 역시 여성 예 담론으로 간주될 수 있다. 특히 이것은 부훈서이면서 아내에게와 마찬가지로 남편에게도 동등한 도덕적 책임을 요구하면서 여성만을 예의 무조건적인 수행자로 보지 않고 있어, 여성 예론의 고찰에 매우 중요한 의의를 지닌다. 그럼에도 이 글을 자기 자신에게 경계하는 글로 한정하여 '자경'이라 제목을 붙인 것은, 그 이유가 작가의 어떤 숨겨진 의도에서 나온 것이라 할지라도 이를 예의 일반적 담론으로 간주하는 것을 유예하게 한다. 이러한 점에서 여성의 예 담론은 일상생활에서 남편의 비례(非禮)를 경계하거나 몇 가지 의례(儀禮) 문제를 제기했던 정일당이 유일하다고 볼 수 있다. 특히 강정일당의 경우 그간 여성이 고독하고 고통스러운 예의 수행자였었던 데서 이제 오히려 예의 옳고 그름을 가리는 판단자가 되었다는 점은 주목할 만하다.

강정일당은 외가가 수암(遂菴) 권상하(權尙夏) 가문으로 충북 제천에서 태어났다. 정일당의 어머니 권씨는 수암의 아우로 이조참판을 추증받은 권상명(權尙明)의 현손이고 옥소(玉所) 권섭(權燮)의 증손녀이다. 남편 탄재(坦齋) 윤광연(尹光演)은 강재(剛齋) 송치규(宋穉圭)를 스승으로 모셨는데, 강재는 우암의 후손이다. 정일당은 도암(陶菴) 이재(李縡)의 시를 인용하면서 남편을 경계한 바 있고, 의례(疑禮)에 관한 자문 대상으로 매산(梅山) 홍직필(洪直弼)을 거론한 바 있다. 도암과 매산은 인물성동이론(人物性同異論)에서 모두 낙론 계열에 귀속되거니와, 도암은 『사례편람(四禮便覽)』을,

매산은 『매산선생예설(梅山先生禮說)』이란 책을 남겼고, 윤광연은 이 두 사람 모두와 예에 관한 문답을 담은 서신을 주고받은 바 있다. 배경에서 뿐만 아니라 정일당의 품성과 범절 역시 예도에 엄격한 인물이었다. 그는 예에 관한 체계적인 이론을 전개하지는 않았으나 그가 남편에게 자주 건네 준 척독(尺牘)에 의하면 일상의 삶 자체가 예법의 수행이었음이 드러난다. 의례에 대한 관심은 크지 않았으나 상례와 제례에 관련된 복식이나 의식에 관한 몇 문제점들을 제기한 바 있다.

본고는 바로 강정일당의 이러한 단편적인 언급들을 모아 그의 예론을 구성해 보기 위해 시도된 것이다. 예학은 주로 관・혼・상・제의 일상사와 연관된 것이어서 그 이론이나 특성은 여성을 중심으로 하는 생활 문화의 배경과 전개, 더 나아가 여성지성사의 일면을 확인하게 해주는 귀중한 자료가 될 것이다.

2. 강정일당의 예에 대한 관점

1) 예에 관한 기본 입장

예에 대한 관점은 두 가지 측면에서 접근할 수 있다. 하나는 개인의 일상적인 삶 자체에서 드러나는 의식이나 행동과 관련해서이고, 다른 하나는 이를 규범화된 양식으로 표출시키는 의례적인 측면이다. 강정일당의 예에 관한 기본 입장은 전자에 보다 경도되어 있는 것으로 보인다. 이 점은 그의 예관을 『주자가례(朱子家禮)』의 서문[2]과 비교해 볼 때 그

2) 『주자가례』가 주자가 편찬한 것이 아니라는 주자위작설이 있어, 이 서의 서술자에도

특성이 잘 드러난다.

> 예에는 근본과 문식(文飾)이 있다. 집에서 행하는 것부터 말하자면 명분을 지키는 것과 사랑하고 공경하는 진실이 그 근본이다. 관혼상제와 의장도수(儀章度數)는 그 문식이다. 근본이라는 것은 집에서 날마다 실행하는 상체이니 진실로 하루라도 닦지 않을 수 없다. 문식 또한 모두 사람된 도리의 처음과 끝을 바로 세우는 것이다. 비록 그것을 행함에 때가 있고 그것을 베풂에 장소가 있더라도 강구함이 분명하고 익힘이 익숙하지 않으면 일에 부닥쳤을 때 이치에 맞고 절문(節文)에 상응하지 못할 것이니 이 또한 하루라도 강습하지 않을 수 없다.[3)]

여기에는 예에 관한 주자의 관점이 집약되었다. 하나는 예에 근본과 문식이 있으나 이 두 가지가 똑같이 중요하다는 주장으로, 이 점은 『주자어류(朱子語類)』의 "예란 천리에 꼭 맞는 것이고(節文), 의례 절차의 법도(儀則)이다"[4)]라고 한 구절과 동일한 것이다. 이처럼 주자는 비록 예를 근본과 문식으로 나누었지만 문식을 말단으로 본 것은 아니었다는 점을 주목해야 할 것이다. 그가 근본은 하루라도 닦지 않을 수 없는 것이라 하면서도 문식 역시 하루라도 강습하지 않을 수 없다고 했고, 근본에만 치우치거나 문식에만 치우치는 것 모두 걱정스럽다고 한 것은 두 가지가 동일하게 중시되어야 함을 말한 것이다. 이것은 주자가 관혼상제를 중심으로 하는 가례 저술의 필요성을 강조하려는 입장에서 당연한 논의이기도 하다.

문제가 있을 수 있으나, 본고는 『주자가례』를 주자의 편찬으로, 따라서 이 서문도 주자의 글로 받아들이는 전제에서 출발한다.

3) 朱熹, 『주자가례』, "凡禮有本有文. 自其施於家者言之, 則名分之守, 愛敬之實, 其本也. 冠婚喪祭, 儀章度數, 其文也. 其本者, 有家日用之常體, 固不可以一日而不修. 其文又皆所以紀綱人道之始終, 雖其行之有時, 施之有所, 然非講之素明, 習之素熟, 則其臨事之際, 亦無以合宜而應節, 是亦不可以一日而不講且習焉者也." 본고에서 인용된 『주자가례』는 임민혁 번역의 『주자가례』, 예문서원, 1999, 26면 수록 원문임.

4) 『주자어류』 권11, "禮者天理之節文, 人事之儀則"

이와 달리 강정일당의 예에 대한 정의에는 '의칙'보다는 '천리'가 강조된다. 다음은 강정일당이 세상을 떠나기 2년 전인 1830년 그의 나이 59세 시 쓴 편지이다. 이 해 겨울 그의 남편 윤광연이 스승 강재로부터 공자의 '예가 아니면 보지 말고, 말하지 말고, 행동하지 말라"는 글자를 받아 온 것을 보고 기뻐하면서 그의 소회를 적고 있다.

> 대저 일신의 사욕이라는 것은 내 마음이 좋아하는 것이나 천리에는 맞지 않은 것을 일컫는 것입니다. 예라는 것은 천리에 꼭 맞는 것이니, 반드시 그 무엇이 예이며 무엇이 예가 아닌가를 먼저 분명히 한 후 그러한 후에 용감하게 개인적인 사사로움을 끊고 한결같이 천리를 좇은즉 가히 도에 이를 수 있습니다.[5]

이것은 주자의 『맹자집주』에서 "맹자 한 책은 인욕을 끊고 천리를 있게 함을 위주로 한다"[6]라는 구절에 기반한 것으로, 도통으로서 맹자와 주자의 연관성을 확인해 주는 내용이기는 하지만, 『가례』에서 '의칙' 또는 '문식'의 중요성을 동등하게 제시한 주자의 예관과는 차이를 보여준다. 강정일당은 인욕을 '기(己)'로 대치했으나, 이를 "내가 좋은 대로 하는 것, 천리에 맞지 않는 것" "개인적인 사사로움"임을 설명하여 이것이 바로 인욕임을 명시함으로서 맹자의 주장을 따르고 있다. 따라서 주자가 예를 천리라는 기준뿐만 아니라 '인사의 의칙'에까지 그 범위의 확장을 시도한 것과는 달리 강정일당은 시종일관 예를 천리와의 관계에서 논한 점은 그가 예를 수양의 측면에서 보고 있음을 의미한다. 이것은 정일당이 예의 시의성보다 초시대적 보편성에 더 경도되어 있음을 보여주는 것이다.

5) 강정일당, 『정일당유고』 척독 1, "夫己者吾心所好, 不合天理之謂. 禮者天理之節文, 必先明其何者禮, 何者非禮. 然後勇斷其私, 一從天理則可至於道矣." 본 연구에서 대상으로 하는 강정일당의 글은 『정일당유고』, 『조선조여류시문전집』 3(허미자 편), 태학사, 1997, 37~38면에 수록됨.

6) 『孟子』 梁惠王章句上小注 "新安陳氏曰 : 孟子一書以遏人慾存天理爲主."

예에 관한 정의는 논자에 따라 다양한 관점에서 제기되었다. 공자는 "나를 이기고 예를 행함이 인(仁)이다"라는 언급을 통해 예가 인간의 본능과 궁극적 지향점인 인의 매개체임을 분명히 했으나, 맹자는 이에서 더 나아가 예를 인・의・지와 함께 본연지성으로 파악했다. 예에 천리가 들어간 것은 아마도 송대 이학의 흥기에서 출발되었을 것으로 보이고, 따라서 맹자가 제시한 본성으로서의 예에 그 단서가 보이는 것은 당연한 것이다. 이러한 점에서 보면 인간의 욕망이나 사사로움과 대척되는 천리라는 시각에서 바라보는 강정일당의 예론은 크게 송대 이학적인 관점에 기반을 둔 것으로 파악될 수 있으나, 주자가 예의 규정에서 중시했던 '의칙'을 특별히 부각시키지 않고 예를 인성 수양론적인 의미를 지니는 관점에서 보는 것에서 차이가 드러난다.

그러나 중요한 것은 예를 자기 개인의 문제에 국한시키지 않고 나와 너와의 관계에서 수행되어야 할 사회적 의의를 갖고 있음을 강조한 사실로, 이 점은 주자와 조선의 추종자들이 가례를 중시하여 형식상의 통일을 '유교 공동체'의 기반으로 삼으려 했던 것과 다르다.[7)]

> 군자는 예가 아니면 말하지 않으니, 괴이한 것, 폭력적인 것, 어지러운 것, 신이한 것은 공자께서 말씀하시지 않으셨습니다. 근래에 들으니 문하의 어린 무리들이 이욕과 괴이한 이야기를 말하여 부질없이 날을 보낸다 합니다. 어찌 엄하게 꾸짖으셔서 그들로 하여금 얼굴을 바로 하고 글을 읽도록 하지 않습니까.[8)]

말하자면 강정일당이 "비례불언(非禮不言)"을 강조한 것은 남편에게 예가 아니면 말하지 말라고 조언하는 것이 아니라, 예에 맞지 않는 말들을 하는 아동들을 남편이 가르치지 못하고 있음을 경계하고 책망하고 있는 것이다. 이것은 남편이 스승 강재에게서 받아온 사물(四勿)을 판각하여

7) 『주자가례』를 번역한 임민혁은 "유교공동체를 향한 주희의 설계"라는 부제를 붙였다.
8) 강정일당, 『정일당유고』, 척독2 "君子非禮不言, 怪力亂神, 子所不語. 近聞門下少輩說利談怪, 漫浪度日. 何不嚴責使之正容讀書." 앞의 책, 107면 참조.

걸어두고 이를 자신의 수양을 위해서만 사용하고, 아동을 가르치는 실제 삶에서는 구현되지 못하고 있는데 대한 불만의 토로이기도 하다. 예란 나 홀로 지키면 되는 것이 아니라는 시각이 드러난다.

2) 의례 해석의 근거

위에서 논한 대로 강정일당이 보여준 예의 정의는 인욕의 단절 또는 극복에 치중해 있고 의례에 대한 관심은 크지 않은 것으로 볼 수 있다. 이러한 점에서는 그 역시 가문이나 학통에서 노론에 속하기는 하지만 주자의 가례나 이를 신봉하던 당대 노론의 사상과는 어느 정도 거리가 있어 보인다.

> 단지 당신께서는 병이 많으시고 나이 드셔서, 경례(經禮)의 학문이 아직 융통하여 뚫지 못했으나 어느 여가에 이것을 공부하시겠습니까. 오직 바라기는 진실한 마음으로 스스로 힘써 육경의 심오함을 탐구하고, 성현의 울타리를 좇아 걸어서 밤낮으로 열심히 하여 처음에 뜻을 두고 바라던 것을 저버리지 마십시오.[9]

『주례』·『의례』·『예기』의 삼례 중에서 한나라 정현(鄭玄)은 『주례』를 경례로, 『의례』를 곡례(曲禮)로 인정했으나, 금문학파(今文學派)는 '주례'가 관직의 이름이기 때문에 경례가 될 수 없다고 주장하고 『의례』를 경례로, 『예기』는 의례를 해석하는 곡례로 보았다. 송대에 와 주자는 『주례』를 주공의 작으로 보았으나 역시 경례로 인정하지 않았다.[10] 조선에서는 15세기

9) 강정일당, 『정일당유고』 척독1, "但夫子多病年晩, 經禮之學, 尙未融貫, 何暇學此耶. 惟望實心自勉, 探賾六籍之蘊奧, 追步聖賢之閫域. 夙夜孜孜, 無負當年志願." 앞의 책, 51면 참조.

10) 고영신, 『조선 중기 예학사상사』, 한길사, 1995, 29면 주7 참조.

『주례』와 『예기』가 중시되고, 사림이 전면적으로 등장하는 16세기에는 『예기』에 대한 인식이 변하면서 『주자가례』가 부각되고 『의례』를 경(經)으로 『예기』를 전(傳)으로 간주했으나,[11] 17세기 초반에는 『의례』와 『주자가례』 외에 또 다시 『예기』가 강조되었다. 그러나 18·19세기에는 『가례』 중심의 예학을 반성하고 예의 본질을 찾으려는 실학자들에 의해 『주례』가 주목을 받았는데, 이것은 예의 개념을 국가적인 대사로 끌어올린 것이라는 점에서 큰 의미를 갖는다.[12]

이로 보면 위에서 강정일당이 남편에게 '경례의 학문'에는 융통하지 못했으므로 육경을 열심히 탐구하라고 말한 구절에서 경례가 정확히 어느 것을 지칭하는지는 알 수 없으나 적어도 『의례』와 『예기』는 포함되었을 것으로 보이고, 그중 육경에 포함되는 것은 『예기』이므로 강정일당이 주목하는 예서는 『예기』임이 드러난다. 그러나 그가 『예기』를 별도로 거론하지 않고 육경이라 한 것은 예만을 독립적으로 고찰하기보다 총체적인 유가 사상 안에서 이에 접근한다는 뜻이다.

이와 연관해서 그가 복건에 관한 쪽지편지에 "비록 옛 제도는 아니지만 『주자가례』에 나와 있으니" 사용할 수 있다고 한 것을 보면 의례의 제일 중요한 근거는 옛 제도이고, 『주자가례』는 고제에 없을 경우 다음으로 참고가 된다는 입장이다. 여기서 고제는 앞의 논의에 근거하건대 아마도 『예기』를 지칭할 것이다. 의례의 자문대상으로는 송시열과 홍직필이 거론되고 있는데, 두 사람 모두 『주자가례』에 바탕을 두면서 시대와 풍속에 따른 차이를 인정하고 있다.

11) 위의 책, 109면 참조.
12) 최영성, 『한국유학사상사』 III, 아세아문화사, 1995, 227~229면 참조.

3. 강정일당의 구체적인 예론

1) 일상생활에서 보여주는 예론

강정일당의 예 담론은 일상생활에서 언제나 점검되고 실천되고 있다는 점이 중요하다. 척독을 통해서 드러난 것이지만, 실제 생활에서 '예'는 그의 행동 기준이 되었다. 그가 소소한 예물에서부터 그것이 받을 수 있는 것인지 아닌지를 지나칠 정도로 따지는 것도 이러한 이유에서였다. 아래에서 다시 거론하겠지만 특히 예물들이 대부분 먹는 것과 관련된 것이어서 늘 끼니가 현안문제였던 강정일당이 보내 온 음식 앞에서 가졌을 갈등을 생각할 수 있다. 친정 식구를 접대하는 문제에서 지나치게 엄격함을 보이는 것도 그들에게 기울어지는 자신의 마음을 사사로운 욕망으로 간주하고 이를 미리 차단하려는 노력으로 간주된다.

그가 예의 실천에서 가장 중시한 점은 무엇보다 은혜를 팔았다는 혐의가 없어야 한다는 것이다. 이것은 사례로 가져온 예물을 받느냐 거절하느냐의 기준이 된다. 그 선물이 도와준 데 대한 사례라면 이것은 마음에서 우러나온 도움이 아니라 그 도움은 매매일 뿐이라는 것이다. 강정일당은 이를 "은혜를 팔았다는 혐의(沽惠之嫌)"라고 표현했다. 구체적인 예로, 교외에서 무뢰한에게 어려움을 당하고 있는 한 노파를 강정일당의 남편이 도와주었고, 노파가 그 은혜에 감사하는 성의를 표하기 위해 몇 말 쌀과 몇 근 고기를 가지고 왔다. 정일당은 이것이 비록 성의로 가져온 것이기는 하지만 그러나 만약 자신이 그것을 받는다면 은혜를 팔았다는 혐의가 있게 될 것이라는 점에서 되돌려 준다.

동시에 정일당에게 예는 근본적으로 혐의가 없도록 미연에 방비하는 것이다. 고향의 후배 유생들이 과거를 보러 가면서 가져온 선물을 남편이 모두 사양했는데, 이에 대해 강정일당은 내가 다른 사람에게 덕을 미친 것이 없는데 큰 선물을 받는 것이 옳지 않고, 또한 성의를 베푼 뜻이 어디에 있는지 알지 못해 선물을 받을 수 없다는 점에서 남편을 칭찬했다. 노파의 선물을 거절한 것도 이러한 물질적 보상의 수용이 자기 집안의 어려운 경제적 상황에 기인되는 것으로 간주될 수 있다는 우려가 있었던 것으로 보인다. 그가 훈도하는 아동의 선물에까지도 지나칠 정도로 엄격했던 것은 자신들의 빈곤이 야기시킬 오해를 미리 차단하여 근본적으로 혐의가 없게 해야 한다는 의도가 매우 강했음을 알 수 있다.

그러나 이러한 엄격함에도 불구하고 강정일당이 생각하는 '예'는 고정된 틀 속에 경직된 것은 아니고 상황에 따라 수행하는 방식이 다를 수 있다고 본 점은 주목을 요한다. 다시 말해서 예란 정황과 의리에 대한 균형적 시각에 기반한다는 것이다. 남편의 학생 중에 네 끼나 불을 피우지 못한 가난한 집 아동이 무엇인가 선물을 가지고 왔던 것으로 보이는데, 이를 받을 수 없다는 것이 강정일당의 주장이다. 당시 그의 집안 역시 세 끼나 불을 지피지 못한 지경에서도 이를 받을 수 없는 것은, 그 아이가 자신들보다 더 어려운 처지라는 것과 그 선물이 학동 부친의 뜻이 아니고 아이 스스로 가져온 것이라는 이유 때문이다. 정일당이 "비록 한 되의 쌀, 한푼의 동전이라도 의리상 편안하지 않습니다"라 한 것을 보면 그것은 그렇게 큰 부담이 되지는 않는 선물이었던 것 같다. 이것은 그 이전에 김 동자라는 아이가 가져온 쌀 한 섬을 받았던 것과 극명하게 대비된다. 그것이 큰 선물이기는 하나 정의에 맞고 또 아버지가 명령한 것이어서 사양하는 것이 오히려 마땅하지 않다는 것이다.

정일당의 아우가 추위를 무릅쓰고 왔을 때 남편이 밥을 지으라고 지시하자 이를 거부한 강정일당의 행동에서도 그의 예관이 얼마나 단단하게 의리와 정황에 근거하고 있는지를 말해준다. 그 동안 숙부가 여기 오신지 이미 열흘 가까이 되었지만 죽으로 때우기도 하고 또 거르기도 했는데, 자기 아우를 위해 밥을 지으니 "남편의 입장에서는 아내의 형제가 자신의 일가보다 가깝게 되고, 자신의 입장에서는 사가의 형제가 남편의 일가보다 소중한 것이 되어", 비록 작은 일이라 하더라도 '의리상' 편안하지 못하다고 말한다. 이것은 당시 숙부가 계시지 않았다면 동생의 접대를 용납할 수 있었음을 암시하는 것이어서 옳고 그름의 문제는 아닌 것이다.

그러나 이러한 상황 의리의 중시는 역으로 상대방의 성의보다 자신의 입장을 더 고려한다는 인식을 보여준다는 점도 사실이다. 위기에서 구해 준 사람에게 진실로 감사의 마음을 전하려는 노파의 성의를 "은혜를 파는" 행위로 인식될 것을 두려워 거부하고, 네 끼나 굶주렸음에도 스승에게 무엇인가 드리고 싶어했던 아동의 간절한 마음을 세 끼를 굶은 자기들보다 더 가난하다는 점에서 전혀 고려하지 않고 있다. 그럼에도 그에게 예는 어떤 이미 고정된 규범의 기계적 수행과는 거리가 먼, 상황에 따라 달라질 수 있는 유연성을 지니고 있다는 점은 확실해 보인다. 그가 추위에 먼길을 온 아내의 동생을 배려하는 남편의 따뜻한 마음을 받아들이지 않은 데에는 출가외인이란 의리에 대한 그의 엄격한 인식이 그 배경에 놓여져 있음을 무시할 수 없다. 그럼에도 이것은 단순히 시가 사람들을 친정식구보다 우위에 두어야 하는 부도를 경직되게 준수하기 위한 것은 아니었다.

이 점은 남편이 선친의 유고를 간행하려고 할 때 유고 간행보다 더 중요한 것은 그분의 언행을 이어받아 밝히는 것이라고 말하면서 문자의 판각은 집이 가난하여 억지로 할 수가 없으니 아직 여러 질을 정밀히 필사하여 형편이 조금 넉넉한 때를 기다렸다 해도 효도에 어긋남이 없을 듯 하다는 견해를 밝힌 데서 드러난다. 이러한 주장은 시가와 다른 사람들의 오해를 살 수도 있는 것이나 정일당은 이를 의식하지 않고 의리와 정황에 따른 판단이어서 언제나 당당했던 것으로 보인다.

2) 강정일당의 의례 관련 예론

강정일당이 때때로 제기한 예론은 주로 상례와 제례에 관련된 것이고, 그밖에 실제 생활에서 제기되었던 매우 단편적인 것들이어서 이에 대한 깊이 있는 논의를 펼친 것은 아니다. 예는 실제 수행에서 다양한 견해가 나오므로 당대 예학자들에게 '의례(疑禮)'에 대해 직접 질문하거나 서신을 보내는 일들이 빈번했고, 강정일당은 남편을 통해 강재와 매산에게 자문을 구했던 것으로 보이지만 때로 그 부부 역시 자문의 대상이 되기도 했다. 강정일당이 스스로 의문을 표한 문제들을 중심으로 살펴보면 상례 때의 심의(深衣)와 제례 때의 복건(幅巾), 단의(褖衣) 착용, 망자 처의 축문 읽기, 출계(出系)한 이들이 자신의 생부 화상에 참배하는 문제에 관한 것들이 있어, 그의 관심이 관·혼·상·제례 사례 중 제례, 의식주 생활문화 가운데 복식문제에 관심을 갖고 있음을 보여준다. 이들은 모두 일상에서 가장 자주 부닥치는 문제들이어서 정일당의 예론이 생활에 뿌리박고 있음을 보여주는 증거이기도 하다.

상례 관련 논의에서 가장 주목할만한 것이 심의(深衣)를 조문복으로 입을 수 있는지에 관한 것이다. 강정일당의 심의에 관한 논의는 아주 짧아서 그의 심의관을 보기는 어렵다. 그가 남편에게 쓴 짧은 편지에 기록되어 있는 심의 부분은 다음과 같다.

> 심의가 비록 길한 일과 흉한 일에 모두 입던 옷이었으나, 그러나 조문할 때 옛날에는 조문복이 있었고 요사이는 소복이 있으므로 반드시 검은 색으로 연(緣)을 하고 채색 띠를 매고 조문하실 필요는 없습니다. 그러므로 강재 선생께서 이 심의를 입고 조문하여 곡하게 하심은 아마도 온당치 않은 가르치심 같습니다.[13]

13) 강정일당, 『정일당유고』, 척독1, "深衣雖是通吉凶之服, 而弔時古有弔服, 今有素服, 則不必着黑緣采帶而弔之, 故剛齋先生有此深衣弔哭, 恐似未穩之教耶." 앞의 책, 47~48면 참조.

비록 짧은 구절이기는 하지만 여기서 몇 가지 그의 문제 제기를 살펴볼 수 있다. 첫째는 심의를 길복(吉服)과 흉복(凶服) 모두에 입던 옷이라는 전통적인 관점을 일단 받아드리고 있다는 것, 둘째는 심의는 축하나 잔치 자리, 또는 상례에 모두 통용되는 옷이기는 하지만 전통적으로 조문 시에 입던 옷이 있었다는 점에서 그가 상례에 심의 착복을 좋지 않게 생각했다는 것이다. 셋째 그가 상례에 심의 착복을 마땅하지 않게 간주한 이유는 아마도 '흑연채대(黑緣采帶)'에 있는 것으로 보인다는 것, 넷째 그가 남편의 스승인 강재의 의견에 이의를 제기했다는 것이다.

『예기』에 의하면 심의는 문무복(文武服)으로 모두 통용될 수 있고, 부모와 대부모의 생존 여부에 따라 단의 색에 차이가 있다는 것과 그 재단법을 제시하고 있으며, 완전하고 허비하지 않는다고 하여 규모가 있으면서도 실용성이 크다는 점을 강조했다. 그러나 조제(朝祭)에 입는 예복의 다음가는 옷이라는 구절에서 심의가 조례복과 제복(祭服)의 역할은 하지 않는다는 점을 보여주고, 부모 또는 아버지가 계시지 않은 자식은 심의의 옷단을 흰색으로 한다는 것이다.[14)]

심의가 특히 조선 중기 이후 예학자의 관심을 받게 된 것은 주자가 이를 그의 『가례』에 포함시키면서부터이다. 주자는 옛 제도가 대체로 없어진 가운데 심의제도만은 근거가 있다고 하면서 이를 통론 부분에 집어넣었으며, 심의를 평일에 항상 입는 옷(常服)이라 했다. 이것은 심의가 사례 중 어느 한 예에 국한되지 않고 두루 사용하는 옷이라는 점을 의미한다. 『사례편람』에는 혼례 외 관례 상례 제례에 모두 심의가 착용된다고 하여 주자의 논의를 그대로 수용했다. 관례의 경우 주인이나 관례하는 자 모두 심의를 입고, 상례에는 관직이 있는 사람은 공복(公服)이나 심의를 입고 서인은 심의를 입으며, 제례에는 주인이 심의를 입는다.

14) 『예기』 深衣편, "故可以爲文, 可以爲無, 可以擯相, 可以治軍旅, 完且弗費, 善衣之次也. 具父母大父母衣純以繢, 具父母衣純以靑, 如孤子, 衣純以素, 純袂緣, 純邊, 廣各寸半." 여기서 善衣는 朝祭服을 의미한다.

그래서 『사례편람』에는 심의를 남녀 모두의 습의(襲衣)에 포함시켰다.[15)]

예서에서뿐만 아니라 당대 사대부 중에는 심의를 생활화하려는 사람도 보인다. 우암은 평소 심의를 입었을 뿐 아니라 고례에 근거해서 여성에게도 심의 사용을 권장하고 있다. 그는 고례에는 여자도 심의를 써야 하고 띠도 심의의 띠를 써야 한다고 되어 있으나, 지금 풍속에서는 심의를 여자들의 옷이 아니라고 하여 이 옷을 쓰는 사람이 전혀 없는데 이것은 고례가 폐기되고 지금의 세속 관행이 이겼기 때문이라고 보았다. 그는 "심의는 옛날 귀천・문무관・남녀・길흉에 통용되는 옷이었는데, 세속의 제도는 상고할 수가 없고 고례에는 근거가 있으니 세속의 제도를 버리고 고례를 취하는 것에 대해 의심할 것이 무엇이 있겠는가."라고 하면서 처음에 고제를 사용하면 세상에서 놀라겠지만 만약에 한 두 집에서부터 시작한다면 세상의 풍속을 바꿀 수도 있을 것이라고 했다.[16)]

반면 실학자들은 심의를 입지 않은 것으로 보이는데, 『예기』에 기록된 심의제를 비판적으로 분석하고 있는 것이 특징이다.[17)]박지원은 우리나라 유가들이 심의를 중난히 여겨 그림을 그린다, 말로 설명을 한다 하여 서로 부산하게 다투기도 하고, 소매와 깃 따위를 두고 시비를 벌이면서 한 치 한 푼을 서로 고집하고 있으나, 면포와 마포 중에서 무엇이 심의의 옷감인지도 모르니, 어찌 우스운 일이 아니겠느냐고 비판했다.[18)] 실제로 곧은 깃(直領)이냐 네모 깃(方領)이냐는 심의의 유형 기준이

---

15) 李縡, 『四禮便覽』, 291면 참조. 본고에서는 우봉이씨대종회에서 간행한 『국역사례편람』, 명문당, 3판 2003에 수록된 원문을 텍스트로 했음.

16) 『사례편람』, 292면 참조.

17) 정혜경, 「실학사상가의 복식문화 (II)－18세기 후반 북학사상을 중심으로」, 『한국의류학회지』 Vol. 18, No. 1, 한국의류학회, 1994, 101~112면 참조. "이들은 심의를 착용한 경우가 드물었던 것으로 보이는데 이는 합리성, 실용성을 주장하는 그들이 이념과 결코 무관하지 않았다고 생각된다."

18) 박지원, 『熱河日記』 「口外異聞」 深衣 "我東儒家尤重深衣, 而圖之說之, 爭辨紛紜, 袪袷之間膠守分寸, 麻綿之間不識何布, 豈非可笑之甚者乎." 『국역 열하일기』 II, 민족문화추진회, 1976, 624면 참조.

될 정도로 중시되었고, 그밖에 치수 마름질에도 예서에 따라 차이가 있다. 옷감은 주자는 백세포로 한다고 했고 그의 설을 따라 조선에서도 이를 사용했으나 이 경우 연경시장에서 베를 사와야 한다는 폐단이 있으므로, 박지원은 『예기』의 완전하고 허비가 없다는 구절이 검소를 나타내는 의미로 파악하여 무명배로 해야한다고 주장했다.

강정일당은 특히 심의의 흑연채대(黑緣采帶)를 문제시한 듯하다. 주자에 의하면 심의는 전후 좌우 4폭의 위옷(衣)과 12폭 아래치마(裳)를 한데 이은 것이고, 둥근 소매(袂)와 깃(領)과 소매부리 치마 가장자리 등에 단을 대는 연(緣)과 옷을 안정되게 자리잡게 하는 띠(帶)가 그 중요 요소였다. 연은 가선을 두르는 것을 말하는데, 이를 흑증(黑繒)으로 한다고 해서 흑연(黑緣)이라고도 부른다. 띠의 경우는 차이가 드러난다. 『주자가례』에서는 신(紳)의 색을 검은 색으로 꾸민다고 했으나 『사례편람』에는 연을 둘렀다. 신은 허리에 매고 남은 부분을 늘어뜨려 장식으로 삼은 것이다. 신만 아니라 양 귀(耳)도 검은 색으로 연을 두른 것이 보인다. 채대는 『주자가례』에 근거하건대 띠가 허리를 두 번 두르고 양 귀를 만들어 묶고 나머지를 아래로 떨어뜨리는 것에서 묶은 부분을 채색 실로 덮고 나머지를 아래로 떨어뜨려 신(紳)과 나란히 한 끈(條)을 말한다.19)

조선조 후기에는 심의 자체에 대한 논의가 상당히 축적되어 있는데, 강정일당은 심의를 조문 시 입을 필요가 없다는 점에 초점을 두었다. 강정일당이 문제삼은 것은 아마도 백색 옷에 검은 연, 그리고 채색 끈으로, 이러한 다채로운 색이 상례의 경건함을 해친다고 보았기 때문이었을 가능성이 크다. 그가 '소복'을 내세운 데에서도 이 점이 엿보이거니와, 상례에 일반적으로 흰색을 입는 통념에 검은 단, 채색 끈 같은 것이 거부감을 일으켰을 것으로 보인다. 아래에서 다시 기술되겠지만 강

19) 『주자가례』 권1 通禮 深衣制度 「大帶」 "帶用白繒, 廣四寸, 夾縫之. 其長圍腰, 而結於前, 再繞之爲兩耳. 乃垂其餘爲紳, 下與裳齊, 以黑繒飾其紳, 復以五采條, 廣三分, 約其相結之處, 長與紳齊. 91면 참조.

정일당은 검은색 옷을 상례 뿐 아니라 기제사에 착용하는 것에도 반대의 뜻을 표한 바 있다.

강재는 우암의 육대손인데 현재 『강재집』에는 정일당의 남편 윤광연에게 준 서신이 두 편이 있으나 심의와는 무관한 내용이다. 심의에 관한 것이 언급된 것으로는 다른 사람에게 준 답서에 나온다. 상복은 우리나라 제도로 직령을 지칭하는 것인데, 상중에 바깥출입을 해야할 때에 만약 가난해서 직령을 갖출 수 없을 경우 심의를 착용하는 것은 예를 아는 가문에서도 그르다고 하지는 않는다고 한다는 것이다.[20] 조문복으로도 심의 사용을 말했는지는 기록이 없어 분명하지 않으나 이 구절에서 주목되는 것은 강정일당이 남편의 스승 강재의 설에 이의를 제기했다는 점이다. 강재 송치규는 순조와 헌종에게서 모두 '산림의 숙덕(宿德)'으로 찬예를 받았고 양조에 걸쳐 누차 대사헌에 제수되었으나 끝내 나아가지 않은 사람으로, 정일당은 자신의 병 때문에 길 떠나기를 망설이는 남편을 독려하여 그를 찾아가 뵈도록 한 바 있다. 이로 보면 강정일당의 의식이나 사상이 경직되지 않고 어느 누구에게나 문제 제기를 할 수 있는 인물이었음이 드러날 뿐 아니라,[21] 그가 학문에 관한 상당히 열려진 시각과 유연한 자세를 갖고 있음이 드러난다.

강정일당이 조문에 심의착용을 반대한 것은 옛날에는 조문복이 있었고 당대에는 소복을 입는 전통이 있었기 때문이다. 심의는 길흉에 남녀 모두 입을 수 있으나 한 가지 예외가 조문복으로는 사용되지 않았다는 것이다. 『사례편람』에는 "조문은 모두 소복을 입고 한다. 복두(幞頭), 삼

---

20) 『강재집』 권4 答崔璨夫瀅 "喪中出入之俗制喪服, 卽指直領而言. 貧富不能具直領者, 承衰多以深衣, 而以深衣之爲禮服, 用以出入行薦, 而知禮家, 亦不非之耳." 『한국문집총간』 271, 86면 참조.

21) 송치규는 정일당 사후 그의 문집을 간행하던 윤광연의 부탁을 받고 「靜一堂集跋」을 쓰면서 특히 정일당의 尺牘에 관해 언급했다. "所謂尺牘, 皆所以勸勉戒勗於其夫子者, 而溫柔之中, 又甚正直, 使讀之者, 自不覺其肅然, 明直之明師畏友, 豈待他求." 그러나 강재가 조문복으로 심의를 말한 자신의 견해에 정일당이 이의를 제기한 부분을 보았는지는 확실하지 않다. 『강재집』 권6, 『한국문집총간』 271, 138면 참조.

(衫), 띠를 모두 흰 (누이지 않은) 생견으로 만든다. 흰 관을 사용해서는 안 되나 흰옷과 흰 띠는 매우 적당하다"고 한 퇴계의 말을 인용하기도 했다.[22] 이처럼 조문 시 소복을 하는 것은 일반적으로 통용되는 상례였다. 강정일당이 "요사이는 소복이 있다"고 한 것은 우리나라의 습속을 말한 것이겠으나, 『주자가례』(권4 상례)에도 "조상할 때는 모두 흰옷을 입는다(凡弔皆素服)"로 되어 있다. 따라서 조문에 심의를 입고 곡하도록 한 강재의 논의의 부당성을 지적한 것은 우리나라 현실에 기반한 의례를 수용하는 태도와 함께 가례가 제시한 전통성에도 부합된다는 점에서 점차 의례가 강화되는 당대 사대부들의 경향에 이의를 제기했던 것으로 이해된다.

제례 관련 논의에서도 또한 복식의 문제가 제기되었다. 강정일당은 단의(褖衣)를 부모님의 기제사에 착복할 수 없다는 견해를 피력했다.

> 단의는 선비의 아내가 입는 옷으로 그 색깔은 순전한 검은 색입니다. 부모님 돌아가신 날의 제사에 이것을 입는 것은 온당하지 않은 것 같습니다. 또 노암(魯庵)의 설을 따라 집에서 단의를 입는 제도를 찾으시나, 그러나 단지 고찰할 곳이 아직 없으니 어떻게 합니까.[23]

단의(褖衣)의 단은 혹 세(税)로도 쓴다. 세는 수의(壽衣)의 뜻이다. 여기서 강정일당이 단의를 선비의 아내가 입는 옷으로 본 것은 『예기』 옥조(玉藻)편에 근거한 것이다.[24] 『의례』 사상례(士喪禮)편에는 "단의치대(褖衣緇帶)"를 착용한다고 했는데, 단의의 주에는 검은 색 옷에 붉은 선을 두른 것이라 했다. 우암은 심의가 망자의 습의로 사용되었다는 점을 언급할

22) 『사례편람』, 318면 참조.
23) 강정일당, 『정일당유고』, 尺牘 1 "褖衣士妻之服, 而其色純黑. 忌祀時着此, 似未穩. 姑從魯庵其齋號, 家索褖衣之制, 而但未有所考處, 如何." 48면 참조.
24) 『예기』, 玉藻 편, "王后褘衣, 夫人揄狄, 君命屈狄, 再命褘衣, 一命襢衣, 士褖衣, 唯世婦命於奠繭;, 其他皆從男子."

때『예기』옥조에 의거해서 단의로 해도 된다고 했다. 그러나 습의로서 단의와 심의가 같이 사용되었다고 해도 단의가 심의의 대체복은 아니다. 단의는 길흉 남녀 존비와 상관없이 두루 입을 수 있었던 심의와는 달리 제사에는 입을 수 없다고 강정일당은 간주한 것으로 보인다.

이로 보면 강정일당의 단의에 대한 관점은 분명히『예기』에 근거한 것으로, 강정일당이 문제삼고 있는 것은 단의의 검은 색이다. 기제사에 입는 예복은『주자가례』와『사례편람』이 동일하게 아버지의 제사이면 주인과 형제는 검푸른 깁으로 만든 복두, 검은 깁으로 만든 적삼을 입고, 주부는 머리 꾸미개를 제거하고 흰색 큰 저고리와 엷은 노란 치마[25]를 입는다. 따라서 부모님 기제사에는 주인은 검은 색, 주부는 흰색과 담황색이다. 강정일당이 이의를 제기한 것은 바로 선비의 아내가 기제사에 검은 단의를 입는 것이다. 그는 무엇보다 '색'에 가장 민감한 반응을 보여준다.

정일당은 제사 때 사립보다는 복건 착용이 낫다는 주장도 제기했다.

> 복건은 비록 고제는 아니지만 주자가례에 나왔으니 제사를 지낼 때 쓰는 것은 사립을 쓰는 것보다 나을 듯 합니다.[26]

복건(幅巾)은 책에 따라 폭건이라고도 하고 또는 복건으로 부르기도 한다. "비록 고제는 아니지만"이라는 구절은 고제를 중시한다는 것이고, 그러나『주자가례』에도 있으니 근거는 있다는 말로 이해된다.『주자가례』의 심의제도에 복건이 포함되어 있는 것은 심의를 입을 때 복건 역시 사용된다는 의미로 볼 수 있다. 그러나『주자가례』와 달리『사례편람』에는 부모 기제사 때 변복할 때의 준비물로 '참포립(黲布笠), 포심의

25) 淡黃帔를 엷은 노란 배자로 해석하는 사람도 있다. 帔는 大衣와 상대되는 긴치마(長裙)이다. 주희, 임민혁 역,『주자가례』, 예문서원, 1999, 482면 참조.

26) 강정일당,『정일당유고』척독1, " 幅巾雖非古制, 而朱子著十家禮, 則臨祭之着, 似愈於笠子耶." 48면 참조.

(布深衣)'가 나와 있고, 할아버지 이상과 방친의 기제사 때에는 흑립(黑笠)을 착용하는 것으로 되어 있어 우리나라에는 심의에 사립을 쓰는 예가 있었던 것으로 보인다.

따라서 강정일당의 문제 제기는 이러한 변형된 예법에 관한 것으로 볼 수 있다. 그에게 의례복인 심의와 조선에서 일상화된 사립은 서로 맞지 않는다는 것으로 심의는 복건과 함께 해야 한다는 시각이다. 강정일당과 유사한 시각이 『매산선생예설』에 보인다. 심의는 존비에 상관없이 입을 수 있으므로 서인(庶人) 역시 입을 수 있으나, 서인에게 복건은 허락되지 않고 사립을 써야 하므로 심의를 입고 사립을 쓸 경우 이것은 예복이 될 수 없다는 것이다. 심의와 사립은 아(雅)와 속(俗)으로 서로 어긋나서(雅俗相錯) 짝이 될 수 없다는 주장이다.[27)]

먼저 세상을 떠난 남편의 제사에 그 처가 축문을 읽는 것은 옳지 않다는 강정일당의 견해 역시 주목할 만하다.

> 보여주신 영양 이 대감 어른(건주)께서 가르치신 것은 조목조목 모두 옳습니다. 깊이 흠복하고 탄복하는 바입니다. 단 지아비의 제사에 처자가 축문을 읽는다는 일단은 선현이 말씀하신 것과 다른 점이 있습니다. 어찌 홍사문(직필)에게 나아가 묻지 않으십니까.[28)]

자세한 내용은 알 수 없으나 아내가 남편 제사에 축문을 읽을 수 있는 것으로 말한 사람은 이건주(李建冑)이고 강정일당은 이에 대해 의문을 제기하면서 매산 홍직필에게 문의하도록 남편에게 권고하고 있다. 매산의 문집에는 강정일당의 남편 윤광연에게 쓴 서신이 세 편이 수록

27) 洪直弼,『梅山先生禮說』권2, 장서각 소장 원문 이미지 II, 29b "深衣者, 通男女尊卑之服, 於庶人何拘焉. 深衣幅巾, 許深衣而不許幅巾, 恐不成禮服也. 人有服深衣而箸笠子者, 雅俗相錯, 惡乎可哉."

28) 강정일당,『정일당유고』척독 2, "下示李英陽丈建胄, 所敎條條皆是, 深用欽歎. 但夫祭妻子祝讀一段, 與先賢所說有異同, 盍於洪斯文直弼就質焉." 106면 참조.

되어 있으나 처자의 축문에 관한 것은 없고, 그의 『매산선생예설』에도 단지 신주 쓰기(題主)에 주관할 남자가 없어서 부인이 제사를 받들고 신주를 쓰는 것은 만부득이한 권도로 본다는 설명이 있을 뿐이다. 아들이 없더라도 상을 당했을 때 대공(大功)의 상복을 입을 친척이 있으면 부인이 주장할 수 없으나, 그러한 친척도 없고 또 남편에게 후사를 이을 희망이 없으면 신주 고쳐 쓰기 외에는 다른 길이 없으므로 망자의 아내는 먼저 고사문(告辭文)을 읽고 일을 시행한다는 것이다. 아들이 있었으나 후에 잃고, 또 그 후사를 세울 수 없을 경우에도 아들에게 사유를 고하고 신주를 고쳐 써야(改題) 한다고 했다.[29]

강정일당은 의식 있는 여성이었고, 비록 스스로 "남편에게 부딪히고 겸손하지 않아 부도를 잃었다"고 고백하기는 했지만 그는 이것이 '직언'하라고 자신이 받은 교육에 근거한 것임을 분명히 해서 이를 잘못으로 인정하지 않았던 인물이었다. 위 편지의 문맥으로 보건대 남편의 제사에 처자가 축문을 읽을 수 있다고 가르쳐 준 사람은 영양 이건주라는 사람이었지만, 아마도 이것은 주관자가 없을 경우 처가 망부의 제사에서 직접 축문을 읽는 풍습이 일부에서 있었음을 보여준다. 그럼에도 강정일당이 "선현이 말씀하신 것"과 다르다는 점에서 이의를 제기한 진의를 확실히 파악하기는 어렵지만, 한가지 분명한 사실은 그가 남녀를 차별했다기보다는 남녀를 불문하고 예에서 '근거'를 찾으려 했다는 점이다.

다른 집에 양자가 출계한 사람이 자신을 낳아준 아버지의 화상을 안

---

29) 홍직필, 『매산선생예설』 권4 장서각 이미지 29a 〈題主〉 "無男主者, 婦人之奉祀題主, 出於萬不獲已, 權宜之道也. 無後, 喪有大功之親, 則婦人不得爲主. 如令庶從家, 旣絶大功之服, 又無繼世之望以顯辟亡子, 改題之外, 恐無他道也. 其子有妻, 似亦以顯辟改題而有母則當統於尊故也. 夫位改題告辭曰 : 年月日云云主婦某氏, 書於顯辟某官府君嗣子某旣死, 無從立後, 又絶大功之親可以主題, 謹遵禮經之文, 將以顯辟改題, 不勝哀痛, 以酒果用伸虔告謹告. 告子曰 : 年月日云云某告于亡子某官, 當初題主時, 宗子某官以亡從弟書之矣. 今宗子喪期已盡, 主祭無人, 立後繼世, 亦斷其望, 用權宜之道, 將以亡子改題, 不勝悲愴, 玆以酒果用考事由 玆告. 答金判書基厚."

치하고 참배할 수 있다는 정일당의 논리는 예서에 근거한 것이 아니라 인간적 '정리'에 초점을 둔 것이다.

> 대개 화상과 신주는 같지 않아 반드시 종가의 맏이 그들을 주관해야 하는 것은 아니고, 자손된 자는 모두 그들을 모실 수 있습니다. 만일 덕이 있어 다른 사람들의 우러름을 받는 사람이 있다면 문생과 후학이 또한 마땅히 받들어 안치하여 때때로 바라보고 참배할 수 있는 것이니, 하물며 그 자손이야 말할 나위가 있겠습니까. 김부평은 평소 순전하고 효성스러운 자태로서 종가에 출계하여 자신을 낳으신 아버지의 제사를 주관할 수 없은 즉 아버지를 영결하는 애통함을 가히 부칠 곳이 없습니다. 고로 문충공 화상을 별재(別齋)에 받들어 매번 문충공의 생신에 다례를 베풀고 참배하여 어린아이의 어버이를 사모하는 정성을 부치니 이는 실로 소위 정리에 편안하고 의리에 손상됨이 없는 것입니다.[30]

출계하여 다른 사람의 후사가 된 사람들은 본생 부모의 상을 친상으로 자처할 수 없고 백부 숙부의 예로 해야하는 것이 근본은 하나라는 유가의 이념에 맞는 것이고, 따라서 다른 사람의 후사가 되었으면서 본생 부모를 여전히 부모로 인정하는 것은 그 이념에 근거한 인륜을 어기는 것이라고 간주되었다.[31] 출계는 혼인보다 더 중대한 일이어서 국법으로 반드시 관에 알리게 규정했다.[32] 그만큼 법적 후사가 친생의 정리

---

30) 강정일당, 『정일당유고』 척독1, "下示或說云云, 謹悉. 盖畵像與神主不同, 不必宗子主之. 爲子孫者, 皆當守之. 苟有德而人所瞻仰者, 則門生後學, 亦當奉安, 而以時瞻謁. 況其子孫乎. 金富平素以純孝之姿, 出後於宗家, 而不得主祀於本生父, 則終天之痛, 無地可寓. 故奉文忠公畵像於別齋, 每於文忠晬辰, 設茶禮省謁, 以寓孺慕之誠. 此實所謂於情安, 於義無損者也." 45면 참조.

31) 송시열, 『송자대전』 권35 答鄭晏叔, "今世人倫不明, 於出繼人, 例以親喪作書, 出繼者, 亦以親喪自處, 此大昧一本之義者也. 程朱極言當稱以伯叔父, 後學何敢違戾耶." 『한국문집총간』 109, 188면 참조.

32) 송시열, 『송자대전』 권43, 答李靜叔, "出繼之事, 其大於婚姻, 不翅相懸, 則萬無不告之理, 而適其文不傳矣. 雖古無其文, 國法必使告官入啓, 然後始成爲他人之子矣." 『한국문집총간』 109, 364면 참조.

보다 무겁고 중요하게 보는 것이 예학의 특성이나, 예학자들의 답서에는 출계자의 본생부모에 대한 논의가 상당히 많아 이것이 그대로 실천되기 어려웠던 상황을 보여준다.[33] 위 글에 의거하건대 종가에 출계하여 생부의 제사를 주관하지 못한 사람의 아픔은 유가 이념에 충실한 사람들에게는 소홀히 되고 있는 것이나 강정일당은 이를 이해했던 것으로 보인다. 그는 출계한 사람이지만 생부의 생신에 별재에 화상을 걸고 참배하는 것을 "소위 정리에 편안하고 의리에 손상됨이 없다[於情安, 於義無損]"고 하였다. 의리 역시 내세웠지만 핵심은 예가 인간의 정리를 위배하면서 존재하는 것이 아니라는 시각에 있는 것이다.

4. 강정일당 예론의 특성과 의의

강정일당은 예를 인욕의 극복이라 보았으므로 그의 예관은 일상의 삶과 모두 밀착된 것으로, 이 점은 그가 당대 허례허식에 대한 비판적 시각을 갖게 된 기반이 되었을 것으로 보인다. 그는 예에서 전통적으로 내려온 일반적이고 보편적인 습속을 중시했거니와, 이러한 보편성 지향은 예를 억압이나 금지 또는 구속으로 간주하기보다는 정리에 바탕을 둔 것으로 보려는 시각에서도 드러난다. 이러한 점에서 강정일당이 의례에 대한 관심을 별로 보여주지 않은 것은 당연한 것이지만, 그가 제기한 몇 가지 의례에 근거하건대 변례보다는 고례를, 고례에서 찾기 어려운 경우 『주자가례』 또는 조선의 권위 있는 예학자의 설에 근거함으

33) 이혜순, 「16세기 주자가례 담론의 전개와 특성-가례의 문화적 수용 연구를 위한 예비적 고찰」, 『정신문화연구』 29권2호, 한국학중앙연구원, 2006, 22면 참조.

로써 그가 전통적인 예의 본질에 더 관심이 있었던 것으로 판단된다. 이것은 강정일당이 고례의 내용을 엄수해야 한다는 입장이었다기보다 그의 예관이 아직 형식화되기 이전인 고례에 좀 더 근접하고 있음을 의미하는 것이다.

이 점은 주자가 말한 바 근본과 문식이라는 예의 양면성에서 그가 전자에 치우쳐 있는 점, 그리고 심의나 단의의 경우에서 보여지는 것처럼 지나친 의례화에 대한 부정적 시각에서 드러난다. 이러한 점에서 볼 때 그가 예에 관한 의문점들에 대해 우암, 매산의 설을 찾아보고 경례와 『주자가례』 등을 언급하고 있기는 하지만 이들이 우선적인 고려 대상은 아닌 것으로 보인다. 오히려 정일당은 자신의 주장을 뒷받침하기 위해 이들 이론들을 찾아보고 있는 것으로 보는 편이 온당하다.

강정일당의 이러한 예관은 임윤지당과의 차이를 드러낸다. 윤지당은 「예악설」에서 "예란 천리에 꼭 맞는 것이고(節文), 의례 절차의 법도(儀則)"[34]라 하여 주자의 개념규정을 그대로 따랐다. 따라서 강정일당과 달리 의례를 중시하고 있음을 알 수 있는데, 실제로 윤지당은 전자보다 후자에 더 관심을 경도하고 있다. 정일당은 윤지당의 여성도 성인이 될 수 있다는 점과 여자로서 태임·태사가 되겠다고 스스로 기약하지 못하는 자는 스스로를 포기하는 자라고 한 말을 척독에 써서 남편에게 주기도 했던 사람이다. 이로 보면 그는 윤지당에 대한 지극한 존경심을 가지고 있는 사람이었지만, 윤지당이 '예절의 제도화'에 관심을 두고 이러한 제도에 대한 소홀이 풍속을 붕괴시키고 심지어 세상을 금수의 경지에 들어가게 하는 원인으로[35] 본 것과 달리 강정일당은 예를 인간의

34) 임윤지당, 『윤지당유고』 「예악설」, 『조선조여류시문전집』 2(허미자), 태학사, 1997, 193면 참조. "夫禮者, 天理之節文, 人事之儀則, 所以立人道者也."

35) 임윤지당, 위의 책, 194~195면 참조. 〈禮樂說〉 夫人之所以異於禽獸者, 以其有禮節也. 先王知其然也, 審天理察人事, 而制爲禮節, 以垂教於天下後世, 自冠婚喪祭, 以至鄕飮鄕射, 及客燕會, 無不有禮節焉. 夫三百三千, 莫非禮也, 而冠婚喪祭, 又其禮之本也. 至于後世士大夫家, 多不識禮儀之重如此, 而曰 : 生乎今之世, 從俗可也. 何必曰

욕심을 단절시키려는 수양의 측면에서 보고 있는 것이다.

그러나 정일당이 예를 '여성' 또는 신분에 따른 특정 부류에게 한정시켜 접근하고 있지 않다는 것도 주목해야 한다. 물론 그의 예에 관한 논의가 남편에게 보낸 척독에 수록된 내용을 대상으로 하고 있어서 주로 자신과 남편의 일상에서 드러나는 문제들이 중심이 될 수 밖에 없었던 것이지만, 여기서 그가 보여준 예의 기준은 특정인에게 한정된 것이 아닌, 일반 사람 누구에게나 적용하고 중시해야 할 보편적 성질의 것이라는 점이다. 보상을 기대하는 행위나 혐의가 있는 것 모두 예가 아니지만, 그러나 예는 의리만큼 정황에 대한 고려도 필요한 것으로 본다는 점에서 그의 예론은 지나치게 이념적이지도 온정적이지도 않다.

임윤지당이 생존했던 18세기 후반 일부 실학자들의 비판이 있었지만 가례의 중시는 강정일당이 생존했던 19세기에도 마찬가지였다. 심의의 용도가 확대된 것이 그 한 예이거니와, 그 성격은 변질된 것으로 보이지만 대부분의 유학자들이 그 착용을 생활화하고 있음은 현재 남아있는 초상화에 나타나 있다.[36] 강정일당이 예의 자문 대상으로 거론한 매산은 주자와 마찬가지로 『의례』를 경으로, 『예기』를 전으로 간주하여 『의례』를 『예기』보다 우선해야 하고, 다음에 『가례』를 중시해야한다고 했다. 그는 『주자가례』와, 이를 기본으로 저술된 김장생(金長生)의 『상례비요(喪禮備要)』를 먼저 공부할 것을 권했다.[37]

禮 而樂簡便惡檢制者, 滔滔皆是宜乎, 駸駸入禽獸之域, 而莫之覺也. 吁可歎也已.

36) 정혜경이 수합한 초상화에는 특히 19세기 후반 이후 유학자들의 것이 많다. 그는 특히 이 시기에 심의 착용이 두드러지게 나타난 것은 유학의 정통 이념을 통해 사회질서를 회복하고 禮俗을 유지하려는 의도 때문인 것으로 해석했다. 정혜경, 『심의』, 경남대 출판부, 1998, 146~151면 참조.

37) 홍직필, 『매산집』 권17, 『한국문집총간』 295. 答尹明直 "頻詢講禮之法, 愚何知而敢揚扢乎哉. 然嘗讀周公著儀禮孔門諸子述禮記, 儀禮爲經禮, 禮記爲傳, 故儀禮有冠禮婚禮, 而禮記有冠儀昏儀. 讀禮之士當先儀禮而後禮記, 周禮亦周公所著, 而有周一王之制, 如皇明之大明會典, 本朝之大典通編, 雖列於三禮, 而治之當在後也. 三禮旣了, 當繼以經傳通解, 暨勉齋續解信齋圖說, 而當以家禮爲重. 開元時禮及杜氏通典溫公書儀瓊山儀節, 可以參看, 家禮本書儀, 儀節出家禮, 喪禮備要又宗家禮, 兼採

강정일당 역시 경례가 최우선임을 인정한 것은 사실이나, 전술한 대로 그는 이것이 힘들 경우 육경을 택하라고 남편에게 제안한 바 있다. 이것은 삼례에서 특히 『예기』를 중시하는 그의 시각을 보여주는 것이어서, 그가 거론한 몇 가지 의례의 기준이 대부분 『예기』에 근거한 것이라는 점도 이를 확인해 주는 것이다. 이러한 점은 『의례』와 『가례』를 강조한 같은 노론계 학자의 주장과는 상당한 차이를 보여주는 것으로, 학통과 사승을 뛰어넘어 그의 예 담론이 갖는 독자성이 드러난다. 강정일당은 생활 속에 정착시킬 수 있는 예에 관심이 있는 것이고, 결과적으로 이것은 지나친 의례화가 가져온 당대의 허례에 대한 문제 제기가 될 수 있었던 것이다.

5. 결론

본고는 여성작가 중 예에 대한 문제 제기나 의식을 비교적 강력하게 보여준 강정일당을 중심으로 그가 단편적으로 언급했던 예에 관한 인식을 예론으로 수렴하고 그 특성과 의의를 고찰하기 위해 시도된 것이다. 일반적으로 여성들은 예의 엄격한 수행을 가장 많이 강요받았으면서도 오히려 예교의 구속을 강화시키는 규범서에 열의를 보여준 것으로 인식되었지만, 예 자체에 대한 담론 역시 부재한 것은 아니었다.

특히 강정일당의 예론이 중요한 의미를 갖는 것은 그가 예를 자신이 극복해야 할 가장 힘든 지점에 설정해 놓고 있다는 사실이다. 일상에서

諸家說卽吾東禮家之三尺也. 從源而下固可矣, 而旣不可得則從流而上, 亦一道也. 先將家禮備要講明服行, 而儀節兼治, 亦何妨耶."

개인적인 사사로움을 끊고 한결같이 천리를 좇는다는 것은 쉬운 일이 아니지만, 그는 소소한 예물에서부터 그것이 받을 수 있는 것인지 아닌지를 지나칠 정도로 따지면서 자신의 욕구를 철저히 억제했다. 특히 예물들이 대부분 먹는 것과 관련된 것이어서 늘 끼니가 현안문제였던 강정일당이 선물로 보내 온 음식 앞에서 가졌을 이면 갈등이 얼마나 치열했을까를 상상할 수 있다. 친정 식구를 접대하는 문제에 대해 지나치게 엄격함을 보인 것도 그들에게 기울어지는 자신의 마음을 사사로운 욕망으로 간주하고 이를 미리 차단하기 위해서였을 것이다. 지위가 있거나 재물이 있는 자, 경대부, 또는 높은 수레를 탄 사람들이 찾아와도 차등을 주지 않았던 것은 관직 없는 몰락한 집안의 재야 선비의 아내로서 쉽게 도달할 수 있는 경지는 아닌 것이다.

이와 같이 그가 예를 지키기 위해 극복해야 할 대상들은 바로 궁핍한 선비의 아내로서 가질 수 있는 가장 기본적이고 인간적이며 자연스러운 욕구와 감정이었다. 이것을 해결할 수 있는 가장 빠른 길은 남편이 벼슬에 나가는 것이나, 그럼에도 그는 남편에게 벼슬이나 과거를 언급한 적이 없고, 오히려 학문을 궁구하고 이것을 일상생활에 그대로 실천하는 것에만 관심을 보였다. 이 점이 그가 김삼의당과의 큰 차이를 보여주는 점이기도 하거니와, 강정일당이 예가 인욕을 끊는다고 본 것은 하나의 수사적인 표현이 아니라 실제의 삶에 기반한, 진정한 극기복례의 한 예증으로, 그는 미리 자신이 빠질 수도 있는 유혹에 대한 냉정한 절연을 시도한 것이다.

여성지성사 서술을 시도하면서 드러나는 한 가지 특성은 여성문사들의 시대 사상에 대한 비판적 안목과, 단지 여성으로서가 아닌 인간으로서의 자각이 놀랄만하게 크다는 점이다. 큰 틀에서 그들은 가문과 가족의 영향을 받은 것으로 보이지만 세밀하게 살펴보면 당대 현실, 사상, 윤리에 대한 그들의 독자적 목소리가 감지된다. 김호연재, 임윤지당이 그러하고, 강정일당이 또한 그러한 바, 이것은 조선 후기 지성사 서술을 위해서는 당대 여성문사들의 다양한 인식과 담론에 귀를 기울여야 함을 의미하는 것이기도 하다. 강정일당의 예론 역시 그가 속한 가문과 스승의 입장과 달리 예가 지나치게 형식화되거나 경직되는 시대를 비판하고 있거니와, 이러한 비판은 여성이 단지 예의 수행자가 아니라 집행자 판단자가 될 수도 있다는 인간으로서의 자각 위에 이루어진 것이다. 19세기 강정일당에 의해 정립된 예 담론의 의의는 여기에 있다.

/제2부/

근대성, 민족, 여성

탈근대, 탈민족 담론과 여성(문학) 연구

경합과 교섭에 대한 비판적 읽기

김양선

1. 문제 제기

여성문학론이 본격적으로 우리 사회에 소개된 1980년대 이후 문학 연구 방법론이자 실천적인 담론으로서의 여성문학론은 항상 당대의 지배적인 담론과 건강한 긴장관계를 유지해 왔다. 국문학 분야에서 여성문학 연구는 1980년대 중반 무렵부터 몇몇 연구자들에 의해 산발적으로 진행되다가 1990년대 중반 이후 기존의 국문학 연구 방법론을 혁신하고, 문학사적 시각을 교정하고 넓힐 수 있는 대안으로 여겨지게 되었다.

2000년대 들어 근대성 연구가 전방위적으로 확대되고, 식민성에 대한 고찰이 탈식민주의 이론과 만나면서 여성문학론 역시 1990년대와는 또 다른 차원에서 전개되고 있다. 범박하게 말해 1990년대 여성문학 연구가 여성성, 여성적 글쓰기, 여성작가들의 작품 발굴과 재해석을 중심으로 이루어졌다면 2000년대 여성문학 연구는 기왕의 연구성과를 수렴하면서 제도사와 일상사 · 문화사 등 학제 간 연구로 그 범위를 넓히고 있다. 또한 근대성 · 민족주의 · 식민주의 · 파시즘 등을 젠더 정치학이나 젠더 위계질서와 관련하여 조망하는 작업이 활발하게 진행되고 있다.[1)]

민족 담론이 근대의 산물이라면, 탈민족 담론은 선험적으로 주어진 '민족'으로 단일화되지 않은 다양한 정체성의 구성에 주목한다. 즉 민족주의를 "미리 결정되어 있거나 단일한 역사 경로 위에 고정된 것이 아닌, 유동적이고 가변적이며 구성된 범주로 이해"[2)]하는 것이다. 민족주의를 단일한 것으로 보지 않게 되면, 식민주의와 근대성이 결합할 경우 다양한 정체성의 구성이 용이해진다. 이 과정에서 여성은 한편으로는 민족의 자기 구성에 동원되었고, 다른 한편으로는 민족이 설정한 배타적인 경계를 벗어나고자 했다. 탈민족 담론이라든가 탈근대 담론은 민족과 근대, 여성 사이에 차별과 억압, 강제만이 아닌 경합과 협상, 동조의 다양한 스펙트럼이 존재한다는 것을 역동적이고 세밀하게 드러냈다는 점에서 의미가 있다. 또한 '국민국가'와 '여성'을 탈자연화, 탈본질화하는, 즉 국민 국가를 젠더화[3)]한 다음 그것을 탈구축[4)]하려는 다양한 시도들을 보여준다.

---

1) 이와 같은 최근의 연구 경향은 여성문학 연구가 남성 중심의 문학 제도와 이른바 정전(正典)으로 불리우는 남성작가 위주의 작품으로 기술되어 있는 문학사 서술에 대한 저항에서 시작되었다는 본래 정신에서 크게 벗어나지 않는다. 보편적이거나 객관적인 연구방식이 남성 중심의 젠더 정치학에 기반해 있다는 사실을 비판하면서 여성의 관점에서 이론들을 재입론화하는 것을 이론을 젠더화하기(gendering)라고 부른다. 마찬가지로 국문학 연구 역시 기존의 젠더에 무관심한(gender indifferent) 연구태도에서 벗어나 젠더에 민감한(gender sensitive) 연구가 자리 잡기 시작한 것이다.

2) 마이클 로빈슨 · 신기욱 편, 도면회 역, 『한국의 식민지 근대성』, 삼인, 2006, 39면 참조.

3) 탈근대주의, 탈민족주의 입장을 취하고 있는 우에노 치즈코는 국민국가에는 젠더가 있다고 본다. 그는 '여성의 국민화'는 근대 국민 국가가 여성에게 떠맡긴 배리를 체현한 것이고, 따라서 역으로 근대 국민 국가의 틀 안에서는 여성 해방이 불가능하다는 점을 근거로 여성이 국가를 초월해야 한다고 주장한다.
우에노 치즈코, 이선이 역, 『내셔널리즘과 젠더』, 박종철출판사, 1999, 92~96면 참조.

4) 위의 책, 207면 참조.

본고는 젠더의 관점에서 탈근대·탈민족 이론을 펼치는 이론가들의 작업이 거둔 성과는 성과대로 수용하되, 이들의 작업이 '차이'와 '다양성'을 이론과 실천, 담론의 수준에서 수행하고 있는지 비판적으로 접근할 것이다.

2. 탈민족 담론과 젠더

근대 민족 개념에 함의된 자기동일성의 모순을 성별화된 시각으로 분석하고, 해체하고 새로운 입지점을 세우려는 시도들은 대체로 둘로 나눠진다.[5] 먼저 탈식민 페미니즘론이나 민족주의적 국가파시즘에 대한 분석의 측면에서 여성의 '이중 식민화' 현상을 분석하고 남성 중심적 민족주의를 비판하는 입장이다. 가령 최정무는 "본질주의적, 폐쇄적 민족주의의 경계를 허무는 탈영토화의 시도"라는 문제의식 아래 "한국의 반식민적 민족주의가 제국주의와 합의를 할 뿐만 아니라, 역설적이게도 제국주의가 제도화한 인종·계급·젠더에 관한 편견을 제국주의적 입장에서 내면화하고 있다"[6]고 주장한다. 특히 그는 식민 종주국인 자아와 식민지 타자 사이의 관계가 젠더의 관계로 표현되어 왔을 뿐만 아니라, 피식민국의 반식민지 민족주의 역시 자기 안의 타자(여성)을 타자화함으로써 자신들의 불안한 정체성을 보장받는 모순적 측면이 있다

---

5) 민족과 젠더 사이의 관계에 대한 상반되는 두 입장은 필자의 아래 논문 내용을 참고, 수정한 것임을 밝혀둔다.
김양선, 「식민 시대 민족의 자기구성 방식과 여성」, 『한국근대문학연구』 8호, 한국근대문학회, 2003.

6) 최정무, 「한국의 민족주의와 성(차)별 구조」, 『위험한 여성－젠더와 한국의 민족주의』(일레인 김·최정무, 박은미 역), 삼인, 2001, 8면 참조.

고 지적한다. '성애화된 민족' '성별화된 민족주의'라는 개념이 그것이다. 『위험한 여성』에 실린 대부분의 글들은 남성 주체가 자신의 '식민성'을 여성에게 투사하는 이른바 '이중의 식민성'을 여러 텍스트를 통해 분석함으로써 피식민자 남성의 식민지 무의식을 밝히는 데 유효한 단서를 제공한다.

하지만 "식민지 남성과 식민 지배자는 식민지 여성을 억압하는 동지적 관계를 이룬다(30면)"거나 "민족주의는 남성주의적 담론의 정수(45면)"라는 식의 분석은 지나친 일반화이자 해당 시기 다양한 계층, 다양한 지역 여성 내부에서 진행되고 있었던 탈식민의 다양한 시도들을 간과한 지적이다. 식민지 남성과 식민 지배자를 '남성적'인 자질로 함께 묶을 수 있을까? 식민지의 민족주의 담론과 제국주의 담론의 구조적 동일성은 인정한다 하더라도 그것은 담론 생산방식과 구조상의 동일성을 확대해석한 것이다. 따라서 양 자를 '동지적 관계'라는 모종의 형제애로 묶는 것은 민족(주의)의 발생 배경과 효과를 고려하지 않은 것이라 할 수 있다. 이와 같은 지나친 일반화는 제국주의와 식민지간의 차이를 설명하지 못할 뿐만 아니라 제국의 여성과 식민지 여성 간의 차이, 식민지 여성 내부에서도 계층이나 지역, 교육의 정도, 내면화든 의식적으로든 받아들인 이데올로기의 입지점 등에 따라 빚어지는 다양한 차이들을 간과한 것이라는 점에서 문제가 있다.

반면 이상경과 이선옥은 민족주의에 내재된 젠더 정치의 문제점은 충분히 의식하되 페미니즘과 민족주의, 페미니즘과 반식민주의를 서로 배타적인 것으로 인식하는 것은 문제라는 입장을 견지하고 있다. 그런 점에서 이들의 관점은 앞서 최정무의 입장과는 차이가 있다. 가령 이상경은 식민 상태로부터의 해방과 가부장제의 억압으로부터의 해방이라는 두 가지 목표를 함께 추구했던 식민지 여성의 경험에서 페미니즘과 내셔널리즘은 일방적이지도, 이분화된 것도 아닌, 서로의 요구를 수용하면서 타협해 가는 다면적인 과정을 거쳤다고 주장한다.7) 일본과 조선에서 여성과 민족, 내셔널리즘의 관련성이 차이가 있었으며, 식민지 조선에서 여성적 자의식은 민족적 자의식과 배치되거나 모순되는 것이 아니라 밀접하게 관련되어 있다는 것이다.[8] 이선옥 역시 "민족 간의 차이에 따라 젠더 정치는 전혀 다른 상황과 효과를 지니게 된다"[9]고 강조한다. 그런 관점에서 '여성범주'의 구성방식이 '민족주의의 성격과 민족의 동질성을 형성하기 위한 균열과 선택과 배제의 원리'를 읽어낼 수 있는 잣대가 된다고 본다. 가령 그는 민족 간 위계 만들기에 남녀관계가 작동하는 과정을 분석한 글[10]에서 친일과 비협력 두 계열의 작품들이 공통적으로 여성을 추상화하고 차이를 드러내지 못했지만 작품의 내적 논리를 따져 보면 제국주의 서사에 균열과 틈새를 내느냐 여부에 따라 차이가 있다고 주장한다.

요컨대 이들은 초남성적 관제민족주의와 진보적, 저항적 민족주의간의 본질적 차이에 주목해야지 민족(주의)담론의 구성방식이라든가 배제의 매카니즘에서 드러나는 유사성에만 함몰되어서는 안 된다는 입장을 취한다.

여성은 한편으로는 민족의 자기 구성에 동원되었고, 다른 한편으로는 민족이 설정한 배타적인 경계를 벗어나고자 했다. 따라서 민족과 근대, 여성 사이에 차별과 억압, 강제만이 아닌 경합과 협상, 동조, 침묵의 다양한 스펙트럼이 존재한다는 것을 역동적이고 세밀하게 드러낼 필요가 있다. 가령 근대문학사뿐만 아니라 여성문학사에서도 문제적 시기라 할 수 있는 일제 말기를 보자. 강경애 · 백신애 · 박화성 · 최정희 · 모윤숙 · 노

---

7) 이상경, 「식민지에서의 여성과 민족의 문제－일제 파시즘하의 최정희와 임순득」, 『실천문학』 69호, 실천문학사, 2003년 봄, 55면 참조.
8) 이상경, 「일제 말기의 여성 동원과 '군국의 어머니'」, 『페미니즘연구』 2호, 동녘, 2002
9) 이선옥, 「우생학에 나타난 민족주의와 젠더 정치」, 『실천문학』 69호, 실천문학사, 2003년 봄, 88면 참조.
10) 이선옥, 「민족간 위계 만들기와 젠더 정치」, 『여성문학연구』 15호, 한국여성문학학회, 2006.

천명 등 이 시기를 대표하는 여성작가들이 민족/국가와 여성(성)을 그리는 방식은 각각 다르다. 모윤숙이 '여성도 전사'로서 남성의 자리를 대신할 수 있다는 입장에서 일본 제국의 국가주의에 적극 동조했다면, 최정희는 여성(성), 모성성을 강조하며 국가주의에 귀속되었다. 자발적으로 제국의 신민이 되는 길을 택했던 이들 사이에서도 여성(성)을 배제하느냐 포섭하느냐에 따라 차이가 있다.[11] 그런가 하면 강경애나 백신애는 여성이 체험하는 가난을 주로 그림으로써 국가주의와 식민주의를 우회적으로 비판하는 방식을 택했다. 이들보다 조금 늦게 등단한 지하련은 지식인 여성의 내밀한 심리와 욕망을 일관되게 그렸다. 민족/국가의 문제에 대해서 말하지 않으면서도 여성의 관점에서 경험한 근대를 서사화했다고 볼 수 있다. 다시 말해 민족 문제와 젠더 문제는 상호 배리되는 것도, 젠더 문제가 민족 문제의 보충물로 존재하는 것도 아니다. 따라서 민족문제와 젠더 정치가 결합/경합하는 양상을 복합적으로 사고하는 것이 무엇보다 중요하다.[12]

그럼에도 불구하고 민족주의 담론을 (초)남성적인 담론의 정치학으로 규정하고, 그것이 여성을 배제시키는 동학에 한국 근·현대문학 연구가 정향되어 있는 까닭은 무엇인가. 첫째 이런 관점이 근대문학사의 결절점이라 할 수 있는 '식민지' 근대의 무의식을 해석하는 유효한 단서를 제공하고 있기 때문이고, 둘째 식민 시기와 식민 이후 시기를 연속적인 관점에서 파악할 수 있는 있는 틀이 되기 때문이다. 민족이 강제적으로 지워진 시기이든, 민족을 강제적으로 재기입하는 시기이든, 이와 같은 삭제와 재기입의 방식에 여성이 식민화—탈식민화—재식민화의 과정을 거치면서 남성(성)의 형성에 전유되었다는 것은 부정적으로나마 문학사

11) 이에 대해서는 다음의 논문에서 다루어진 바 있다.
이상경, 「식민지에서의 여성과 민족의 문제—일제 파시즘하의 최정희와 임순득」, 앞의 책; 이선옥, 「여성해방의 기대와 전쟁동원의 논리」, 『친일문학의 내적 논리』(김재용 외), 역락, 2003.

12) 이선옥, 「우생학에 나타난 민족주의와 젠더 정치」, 앞의 책, 95면 참조.

를 연속적인 관점에서 파악하려는 시도에서 흥미로운 관점이 아닐 수 없다. 하지만 이와 같은 관점은 현재 우리 문학사 서술이나 연구에서 제대로 성취되지는 않고 있다는 것이 필자의 판단이다. 전체 문학사를 초남성적 민족주의 담론이라는 틀로 바라볼 경우 매 시기 이런 담론의 틀에 포함되지 않는 텍스트들은 배제되고, 틀에 맞는 텍스트만 선규정되어 선택되는 일종의 환원주의의 오류에 빠질 수 있기 때문이다. 그런 점에서 최정무의 탈민족 이론은 탈식민주의나 탈근대론에서 모방과 조롱, 균열과 틈을 통해서나마 탈식민적 저항의 여지를 남겨놓는 것과도 거리가 있다.

3. 탈식민주의 페미니즘의 또 다른 얼굴-텍스트주의

최정무가 '초남성적 민족주의 담론'의 질서를 '식민 시대' '개발 독재 시대' 등 대표적인 시기 별로 규명하면서, 견고한 구조적 동일성에 주목하는 것과는 달리 최경희는 식민 시기에 생산되거나 식민 시기를 배경으로 한 특정 텍스트를 세심하게 분석하는 방식을 취한다. 본고가 대상으로 삼는 글은 「친일문학의 또 다른 층위-젠더와 「야국초」」,[13] 「식민지적이지도 민족적이지도 않은-박완서의 「엄마의 말뚝 1」에서 '신여성'의 형성」[14]이다.

후자의 글에서 최경희는 남성과 여성의 식민지 근대 경험이 다르며

13) 이 글은 김일영 · 김철 · 박지향 · 이영훈, 『해방 전후사의 재인식』 1, 책세상, 2006에 수록되어 있다. 앞으로 인용은 이 책의 면수를 따를 것이다.

14) 이 글은 앞서 『한국의 식민지적 근대성』에 수록되어 있다. 앞으로 인용은 이 책의 면수를 따를 것이다.

'식민지적이지도' '민족적이지도 않은', 즉 그 양쪽에 포섭되지 않은 틈새가 있다는 관점을 취한다. 가령 사회적 맥락에서 근대화와 식민주의가 진행되고 있었지만, 엄마/여성 개인의 입장에서는 근대성에 대한 열망이 중요할 뿐 "사적 영역에 식민주의가 영향을 끼치지는 않았다(341면)"는 것이다. 오히려 "국가의 식민지적 위기 — 한국의 남성, 특히 남성 엘리트들의 지배를 위협한 — 가 몇몇 한국 여성들에게는 다른 영향을 끼쳤고 심지어 식민 통치의 어느 단계에서는 그들에게 혜택을 주었을지도 모른다(336면)"는 관점을 취한다. 식민지적 근대의 맥락에서는 여성이 민족에 의해 배제되거나 타자화된 채 전유되었지만 근대성의 실현에서는 전복적인 측면이 있다는 것이다. 물론 그는 엄마의 신여성 기획, 즉 근대 기획이 그 안에 내포된 식민지적 함의를 보지 못했지만 일제 말기에 이르러서는 엄마의 의지와는 무관하게 식민지 질서에 포섭될 수밖에 없었다는 점을 적실하게 지적하고 있다.

하지만 필자의 기본적인 입장에서 문제가 되는 것은 "문안에 대한 엄마의 집착은 일본 식민주의자들이 제국의 중심부와 주변부를 내지(일본)와 외지(일본의 식민지들)로 구분한 사실과 기묘하게 공명한다(343면)"든가 "딸의 여성상을 근대화시키는 데 있어 엄마의 중개는 대체로 한국을 근대화시키는 데 있어 일본의 위치와 겹치는 면이 있다(350면)"는 식의 기계적인 구조적 상동성에 기댄 과잉해석이다. 이와 같은 필자의 논점은 일면 최근에 제기되고 있는 식민지 근대화론을 떠올리게 한다. 식민성과 민족을 괄호 친 근대 기획이 여성에게 평등과 해방을 향한 물꼬를 텄다는 점은 동의하는 바이다. 하지만 일제 말기에 신여성을 부정적으로 묘사한 담론들의 폭발을 고려한다면, 그리고 여성의 근대성이 식민지와 제국에서 다른 양상으로 전개되었던 점을 고려한다면 '식민지적'이지도 '민족적'이지도 않은 '근대적' 기획의 허구성은 좀더 비판적으로 논의될 필요가 있다.15)

최경희는 여성의 입장에서 근대성의 이율배반적 측면, 식민성과 탈식민성의 계기들을 텍스트 분석에 입각해서 세심하게 규명하고 있다. 하지만 텍스트가 말하는 바를 지나치게 과잉 해석하거나 남성과는 다른 여성의 근대성 추구를 '민족'과 '식민성'의 요인에 비해 더 결정적인 것으로 규정하는 오류를 범하고 있다. 가령 그는 「친일문학의 또 다른 층위－젠더와 「야국초」」에서 조선의 엘리트 남성들은 근대성의 기획을 끝까지 추구하지 못했고, 성적 책임이 부재했다는 점을 전제로 해서 신여성들이 이들에 대한 비판의 맥락에서 친일에 이르게 되었다고 분석한다. 최정희의 「야국초」는 근대 여성의 평등을 향한 고투, 근대 여성작가의 고투를 그리고 있다. 따라서 '친일문학'이기는 하지만 문학적으로 가치가 있다는 것이 필자의 기본 입장이다.

필자는 작품에서 '나'와 '당신'의 관계를 조선의 남성 지도자들과 조선 여성들과의 관계로 병렬배치한다. 옛 애인인 당신에 대한 나의 환멸을 "엘리트 남성들에 대한 조선민중의, 특히 여성들의 깊은 배신감이 은유적으로 드러난 것(416면)"으로 파악[16]하는 필자의 태도는 여성작가의 친일행위가 지닌 자발적인 측면을 간과하고 나아가 당시 실재했던 엘리트 여성들의 친일행위를 역으로 정당화할 위험성마저 있다. 당시 조선의 젊은 남성, 여성을 일본 제국의 신민으로 호명하는 담론을 유포하고, 이들을 전쟁에 동원하는데 적극 협력한 층에는 남성지식인뿐만 아니라 여성지식인들도 다수 포함되어 있었다. 이런 점을 간과한 필자의 과잉 해석과 오독은 텍스트를 결정짓는 여러 요소 중 성을 최종심급으로 파악하고 있기 때문에 빚어진 것이다.

15) 필자가 이와 같은 점을 지적하지 않는 것은 아니다. 다만 엄마의 '미완의 근대성 기획'이 지닌 성취와 한계가 궁극적으로는 식민지적 맥락과 관계가 있다는 점을 좀더 선명하게 드러낼 필요가 있다.

16) 필자는 제국의 어머니상 획득이 자발성에 기초한 것이 아니라 자식의 예견된 죽음을 전제로 한 것이기에 모성을 부정하는 모순적인 개념이고, 이처럼 모성 부정의 근본적인 원인이 "자식을 가진 어머니들에게 아들들을 죽음의 전장으로 내보내라고 촉구한, 무능한 조선 남성 엘리트"에게 있다고 해석한다. 하지만 이와 같은 해석 역시 여성들의 친일행위에 대한 엄격한 비판이나 성찰을 불가능하게 하는 것이다.

필자는 자신의 작품 읽기가 "친일협력을 정당화하거나 민족문제를 희생시켜 여성의 자기 결정권을 옹호하려는 의도로 쓴 것이 아니"며, 다만 심층 텍스트에 내재된 불확정적인 의미들, 균열을 읽어낼 경우 이 작품을 개인적, 예술적 강직성을 향한 근대 식민지 조선 여성작가들의 고투라는 맥락에서 새롭게 볼 수 있다고 말한다.17) 하지만 '나'와 '당신'의 유비적 관계를 (민중)여성 일반과 남성 지도자로 보는 것과 지식인 여성과 남성으로 보는 것은 차이가 있다. 식민주의에 자발적으로 복속한 것은 일부 지식인 여성들이었고, 이들은 (민중)여성들에게 총후부인으로서의 역할을 다하거나 국책에 협력할 것을 당부하는 담론을 지속적으로 유포했다. 그런 점에서 보자면 비판의 대상에 지식인 남성뿐만 아니라 지식인 여성도 포함되어야 할 것이다. 따라서 최경희의 젠더적 독법은 '위장' 혹은 '문학적 가장무도회'라는 이론적 수사로 지식인 여성들의 친일 혐의에 면죄부를 주는 것이다.18) 이처럼 민족・계급 등 당시

17) 이선옥 역시 이 작품에서 복수의 대상은 '나'를 미혼모로 만든 무책임한 남성이고, 이 남성 때문에 그녀가 "모자를 당당한 국가의 일원으로 받아주는 일본 제국"을 선택한다고 해석한다. 즉 젠더의 측면에서 보이는 기대감으로 민족문제를 뛰어넘기에 이 작품은 아이러니하게도 "친일문학 중 드물게 형상화가 잘된 작품"이라는 것이다. 좌절된 신여성들의 욕망이 친일 논리와 부합될 가능성을 이선옥 역시 지적하고 있다. 하지만 이선옥은 이 작품이 중상층 여성(교육받은 여성, 신여성)을 대상으로 삼으면서 계급적・민족적 차이를 보지 못했다고 비판한다.
이선옥, 「여성 해방의 기대와 전쟁동원의 논리」, 앞의 책 참조.

18) 또다른 문제점은 최정희의 친일행적에 대한 기본적인 역사적 사실에 대한 정보가 갖춰져 있지 않은 상태에서 논지를 전개하고 있는 것이다. 필자는 최정희가 「야국초」(1942)를 발표한 이후 해방 때까지 절필했으며, 때문에 그의 친일행위가 외적 압력, 특히 관계를 맺었던 지식인 남성의 친일 행위에 따른 것이라는 논지를 편다. 그런데 역자 주에서 밝히고 있고, 『실천문학』이 발굴한 자료에서도 드러났듯이 최정희의 친일행위는 이후에도 계속되었으며, 나름의 내적 논리 및 일관성을 지니고 있다. 또한 그는 작품활동뿐만 아니라 강연회, 방송활동 등을 통해 다양하게 친일부역행위를 했다. 이와 같은 기본적인 사실이 중요한 이유는 「야국초」를 표층적인 친일 텍스트 이면에 또다른 의도가 감춰져 있다고 보면서 결과적으로는 작가의 '친일행위'에 면죄부를 주기 때문이다. 즉 자신에게 친일 행위를 강제한 외부의 세력(남성)에 대한 비판과 친일 행위를 할 수밖에 없는 자신에 대한 가학적 성찰이 복합적으로 작용한 결과가 「야국초」이고, 그래서 이 작품은 진정성이 있다는 결론은 이후 작가의 행적에 비추어 봤을

식민지적 정황을 둘러싼 다양한 맥락을 고려하지 않고 성 요소만 특화시켜 볼 경우 역설적으로 식민 지배가 성별뿐만 아니라 계층이나 교육 정도 여부에 따라 달리 관철되는 복합적 지배구조를 보지 못할 수도 있다.

그렇다면 탈식민주의와 페미니즘의 독법으로 이 작품을 새롭게 읽을 여지는 없는 것일까? 이 작품의 심층 텍스트는 두 가지 점에서 친일 논리를 감성적으로 전달하는 효과를 자아낸다. 첫째, 표층/중심 텍스트가 일본의 제국주의 담론이 유포했던 군국의 어머니 담론을 최경희의 표현대로라면 프로파간다식으로 직설적으로 충실하게 모방하고 있다면 심층 텍스트는 이와 같은 공적 담론을 사적 담론의 장으로 끌고 들어와 자연화하는 효과가 있다. 둘째, 이 작품의 표층 텍스트가 식민지의 여성과 아동을 국민화하는 논리를 설파하고 있다면, 심층 텍스트는 이를 지식인 여성의 자기 갱생의 서사와 맞물리도록 한다. 자기 갱생의 서사에는 지식인 남성에 대한 원한과 복수만 있는 것이 아니다. 과거 자유연애를 추구했던 신여성이 맹목적인 모성을 반성하고 군국의 어머니로 거듭나는 과정은 회고조의 언술에 기대 감상적으로 전개된다. 일종의 여성화된 전략이라 할 수 있는 감성에 기댄 서술방식이 '여성의 국민화'를 효과적으로 드러내는 데 기여한다면 여성작가의 고투는 이미 식민 체제에 순응하고 자발적으로 협조하는 한계를 노정하고 있는 것이다. 감성에 기댄 서사전략, 일종의 연성화 전략은 모성성과 여성성을 특화하면서 전개된다는 점에서 다른 여성작가들의 친일담론과도 차별화된다. '국가주의'에 맞게 재규정된 '여성성'과 '모성성'은 지배 담론이 여성에게 할당한 영역을 그대로 추인하고 있다는 점에서, 그 외 계급, 민족과 같은 요소들을 암묵적으로 배제한다는 점에서 문제가 있다. 따라서 이와 같이 심층 텍스트의 차원에서 개진된 여성화된 서사 전략은

때 온당하지 못한 평가라 할 수 있다.

남성작가들과는 다른 차원에서 전개된 여성작가들의 친일 담론의 양상을 보여주는 것으로 파악하는 것이 더 온당하다.

지금까지 탈민족·탈근대·탈식민의 관점에서 한국의 근대문학과 담론의 지형도를 살펴보는 연구들이 지닌 문제점을 살펴보았다. 최정무의 경우 반식민주의 민족주의 담론과 관제 민족주의 담론, 제국주의 담론의 '초남성적' 성격에 주력한 나머지 동일성과 환원주의의 오류에 빠진 것이 문제이다. 반면 최경희의 경우 식민성과 민족주의에 포섭되지 않는 여성의 근대성이 지닌 자발적 측면을 밝히는 데 주력하여 텍스트의 심층적 의미를 과잉해석하는 일종의 텍스트주의의 오류에 빠졌다고 생각한다.

문제는 최근 몇 년 동안 한국문학 연구자들이 탈식민주의 페미니즘이나 민족주의와 젠더 간의 관련성을 연구하면서 이론적 전거로 삼는 것이 이들의 논의라는 것이다. 민족(주의) 담론과 여성 담론간의 불편한 관계, 즉 민족(주의) 담론이 여성(성)을 전유하면서 자기 담론의 정당성을 입증해 온 한국문학사의 과정은 이미 여성문학적 관점에서 문학사와 문학을 해석해 온 연구자들에 의해 누차 지적된 바 있다. 하지만 최정무와 최경희 등은 탈식민주의 페미니즘이나 정신분석학 등 서구의 체계적인 이론을 통해 좀더 '세련된' 방식으로 이와 같은 문제를 입론화하는 데 기여했다. 이들은 한국의 식민/탈식민 현실을 대상으로 식민 시대의 무의식이나 국가주의뿐만 아니라 식민 이후 시기 진보적 민족주의 진영에서 여성(성)을 전유하는 양상을 탁월하게 분석해 낸다. 그리고 이들의 이론은 국내의 페미니스트 이론가들에게 수입되어 한국문학을 해석하는 유효한 전거로 활용되고 있다.

그런데 이들의 이론은 대개 민족·계급·젠더의 역학 관계 중 젠더에 우선 순위를 부여하고, 저항적 민족주의와 관제 민족주의를 구별하지 않은 채 민족(담론)이 여성을 전유하는 양상을 비판하고 있다. 식민

상황과 강요된 국가주의를 경험하고, 아직까지도 분단 상황에 처해 있는 한국의 특수한 현실을 충분히 고려하지 않은 것이다. 더욱이 '젠더'에 우선 순위를 둘 경우 국가주의나 민족주의 담론의 그늘에 놓인 여성은 '식민화-탈식민화-재식민화'의 과정을 밟는 식으로 동일화되어 버리고 만다. 성 · 계급 · 인종(민족) · 세대 등 주체를 둘러싼 복잡한 정황은 고려되지 않는다. 성 범주를 주체형성의 주요 범주로 부각시키는 탓에 작품과 작가에 대한 총체적인 이해 및 평가가 이루어지지 못한 채 특정 작품이나 텍스트의 일부분만 과잉 해석하는 경우도 있다. 또 다른 문제는 젠더 혹은 성 범주를 고려하면서 여성의 근대성과 자발적 욕망에 지나치게 의미를 부여한 나머지 그것들이 식민주의와 민족주의에 포섭되어 버린 점을 놓치고 있다는 것이다.

식민주의와 민족주의에 포섭되는 동시에 배제되면서 야기되는 양가성은 남성뿐만 아니라 여성에게서도 발견되는 현상이다. 저항의 계기라는 것도 반드시 남성의 근대성에 대한 여성의 근대성에만 있는 것이 아니라, 식민주의에 대한 저항, 민족주의에 대한 저항 등 다양하게 나타날 수 있다. 그런 점에서 이들이 강조하는 틈새와 균열은 실증적인 면과 거대 담론과의 교섭이라는 맥락에서 좀더 복합적으로 고려될 필요가 있다.

4. 담론 투쟁과 정체성 투쟁으로서의 파시즘 연구

한국문학 연구의 장에서 파시즘의 젠더 정치를 꾸준히 연구해 온 권명아의 기본 입장 역시 넓게는 탈민족주의 자장 안에 있다. 「수난사 이야기로 다시 만들어진 민족 이야기」와 「여성 수난사 이야기와 파시즘의 젠더 정치학」이 주로 문학텍스트에 드러난 파시즘의 젠더 정치를 규명했다면, 『역사적 파시즘』에 실린 최근 연구성과들은 의도적으로 문학연구의 협소한 틀을 깨고자 한다. 이 장에서는 여성 수난사 이야기를 파시즘의 젠더 정치학 관점에서 규명한 두 글[19]이 최정무의 입장과 어떻게 공명하면서도 차이가 있는지를 살펴본 연후에, 최근의 작업들이 지닌 의미를 규명하는 순으로 논의를 전개하겠다.

필자는 "한국근대사를 수난사의 구조로 서사화하는 과정에서 가장 빈번히 드러나는 이야기 구조가 강간당하고 짓밟히는 여성들의 이야기(236면)"이며, 이와 같은 '여성 수난사 이야기'는 공격적인 민족주의 정치학뿐만 아니라 대항적 민족주의 서사형식에서도 동일한 표상과 정체성을 빚어낸다는 점에 주목(241면)한다. 「여성 수난사 이야기와 파시즘의 젠더 정치학」은 순수문학이나 진보적인 민중서사에서도 여성의 섹슈얼리티를 관리하고, 여성의 수난을 민족/민중의 수난사로 환원시키고 있다는 점을 여러 텍스트를 들어 증명한다. 공격적인 민족주의, 관제 민족주의와 대항적 민족주의, 진보적인 민중서사가 파시즘의 젠더 정치라는 측면에서 유사하다는 지적은 앞서 최정무의 기본적인 논지와도 이어지는 면이 있다. "근대가 젠더 중립적인 체제가 아니라 이미 젠더화된 정치학에 기반하여 구성된 체제(243면)"라는 지적 역시 최정무의 입장과 유사하다. 다만 파시즘 이데올로기의 핵심을 이루는 남성적 환상의 구조가 파시즘뿐만 아니라 반파시즘적 정치학에 이르기까지 재생산된다는 점을 지적했다는 점에서 최정무보다 내부의 동학을 좀더 치밀하게 파고드는 면이 있다.

필자는 파시즘이 여성에게도 매혹적인 이유가 억압뿐만 아니라 해방적 측면이 있기 때문이라는 점을 세심하게 밝히고 있다. 하지만 필자의

19) 앞으로 두 글은 김철 · 신형기 외, 『문학 속의 파시즘』, 삼인, 2001의 면수를 따르기로 한다.

기본 논지는 민족수난사를 여성수난사로 구성하는 서사구성 방식에서 민중이나 여성 표상은 "스스로는 아무것도 해명할 수 없고 말할 수 없는 존재(302면)"가 되어버린다는 것이다. 과연 탈식민주의 이론에서 하위주체에 해당하는 민중이나 여성 표상은 말할 수 없는가? 말할 수 없는 하위주체는 그야말로 전유와 배제의 대상이기만 한 것일까? 이와 같은 정체성, 혹은 주체의 구성방식 연구가 빠지기 쉬운 함정은 하위주체가 행하는 다양한 협상과 경합의 양상들을 상대적으로 소홀하게 다룰 수 있다는 점이다. 이같은 난점은 범위가 확장된 최근의 연구들에서도 확인된다.

권명아는 문학 연구자들이 젠더 연구나 포스트콜로니얼리즘을 문학작품에 대한 해석의 준거로만 도입하는 것[20]이 문제라고 지적한다. 이 이론들은 역사에 대한 접근 방법, 해석자의 위치, 역사 자료에 대한 새로운 시각, 발굴, 재배치와 이에 따른 상이한 자료에 대한 해석의 복합성을 요구(142면)하기에 문학 텍스트에만 협소하게 쓰여서는 안 된다는 것이다. 기존 연구들이 여성작가의 파시즘 체제 인식이나 문학 텍스트에서의 여성성의 표상 등에 대한 제한적 연구를 벗어나지 못하고 있다[21]는 지적 역시 현재 한국문학 연구에서 탈식민주의 페미니즘이나 근대/탈근대론들이 텍스트만 달리 할 뿐 동어반복적인 연구 관행을 되풀이하고 있다는 점을 비판하는 것이라 공감할 수 있다.

필자는 대안으로 파시즘 연구를 제안하면서 "파시즘 이론은 다양한 정체성을 지닌 집단의 문제를 다루면서 한편으로는 포스트모더니즘의 근대 비판에 대한 안티테제를 제시[22])하고 있다고 주장한다. 특히 젠더적 관점의 파시즘 연구는 기존의 계급이론과 주체에 대한 근대적 개념

20) 권명아, 『역사적 파시즘-제국의 판타지와 젠더 정치』, 책세상, 2005, 142면 참조.
21) 권명아, 「식민지 경험과 여성의 정체성-파시즘 체제하의 문학, 여성, 국가」, 『한국근대문학연구』 11호, 한국근대문학회, 2005, 77면 참조.
22) 권명아, 앞의 책, 56면 참조.

을 비판하면서 새로운 방식의 주체성 이론을 모색하는 것(56면)이라고 말한다. 주체구성의 방식에 주목하므로 주체 개념을 삭제하는 포스트모더니즘과는 거리가 있다는 입장이다.

「식민지 경험과 여성의 정체성－파시즘 체제하의 여성·문학·국가」는 일제 말기 여성정체성과 관련하여 "복합적이고 이질적인 여성정체성들의 갈등과 헤게모니 투쟁의 국면을 고찰"한다는 점에서 주체 구성의 방식을 실증적으로 제시하고 있다. 가령 마르크스주의적 사상과 실천을 보여준 여성들에 대한 현실적, 담론적 삭제와 서구화와 퇴폐의 상징으로 급진적인 신여성적 정체성을 부정하는 과정(83면),[23] 총후부인, 군국의 어머니를 기치로 한 동양적 여성 정체성이 살아남는 과정을 당시 자료들을 전거로 들어 분석하고 있다. 다양한 계층과 지역에 산포된 주체들의 헤게모니 투쟁과 담론 투쟁을 실증적으로 규명하는 권명아의 작업은 주체는 구성된다는 식의 소박한 구성주의적 관점을 넘어선다. 여성을 비롯한 피식민자들이 피식민자들 간의 정체성 투쟁을 내면화함으로써 '자발적 동조'에 이르게 되는 과정을 규명하고 있기 때문이다.

그런데 그의 논의는 헤게모니 투쟁에 승리한 "총후부인으로서 여성정체성은 일부 엘리트 여성의 정체성 자질로 전유되었다(92면)"는 데로 귀결된다. 그렇다면 이 일부 엘리트 여성 중심의 자발성에 기초한 담론은 파시즘 체제의 가공할 위력을 다시금 확인해 주는 격이 되어 버린다. 그리고 이와 같은 관점은 파시즘 체제 안에서의 다양한 '반식민적' 저항의 계기들, 파시즘 체제 바깥에 대한 사유를 가로막는다는 점에서 문제가 있다.

담론 투쟁의 주체, 헤게모니 투쟁의 주체를 과연 주체라고 할 수 있

---

23) 필자에 따르면 일제 말기 파시즘 체제 하 담론 공간에서 여성 정체성의 문제는 총후부인이라는 긍정적 준거와 '서구화되고 퇴폐적이고 방탕한' 신여성이라는 부정적 준거를 중심으로 유동한다. 특히 신여성적 정체성은 사회체의 부정적 오염을 투영하는 퇴폐와 몰락의 상징으로 표상되면서, 풍속문제·스파이 문제·교통 문제에 이르기까지 광범위한 담론 공간에 등장한다고 본다.

을지도 의문이다. 필자는 각종 매체에 드러난 담론 분석을 통해 의견을 개진하고 있으며, 그렇다면 이 매체를 운용하는 식민지배세력이나 지식인 남성, 여성이 담론의 주체일 수밖에 없다. 다시 말해 각 주체들 간의 헤게모니 투쟁이 아닌 일방적인 담론의 설파일 가능성이 높으며, 하위주체 여성들은 담론에 의해 구성되거나 전유된 존재에 불과하지 않은가라는 의문이 제기될 수 있다.

물론 권명아 역시 주체의 대응양상을 억압과 자발적 동의, 저항과 수탈로 나누는 것의 문제점을 이야기하면서 이질적 욕망과 상이한 이해관계가 빚어내는 틈새(97면)에 관심을 보인다. 호미 바바의 탈식민적 저항을 떠올리게 하는 개인적 거부감, 비껴 서기, 움츠러들기, 조롱하기, 일탈적 태도, 무해한 유머 등 '틈새 공간'은 파시즘 체제에 대한 부정적 반응으로서 "기존의 '정치적이고 조직화된' 투쟁과 저항의 담론과는 구별(110면)"된다는 것이다. 하지만 "반사상이나 동의의 만연이라는 구도로도 설명되지 않는(113면)", 주체들의 대응과 협상이 지닌 복합성이 정치와 일상의 영역, 공적 영역과 사적 영역을 가르는 또 다른 준거점이 되지 않기 위해서는 틈새 공간의 전략이 지닌 실천성을 좀더 부각시킬 방안이 필요할 듯싶다.

5. 탈근대와 탈민족 담론의 구조적 동일성을 넘어서기

본고는 지금까지 젠더 연구의 관점에서 현재 진행되고 있는 탈근대론, 탈민족주의의 의의와 문제점을 짚어보았다. 먼저 국외 거주 한국문학 연구자들의 탈식민주의 이론과 탈민족주의 이론은 젠더 정치학의 내적 논리를 밝히는데 주력한 나머지 계급·민족·인종·지역 등 다른 복합적 국면들을 사고하지 못했다. 치밀한 텍스트 독해가 전체 사회역사적·문학사적 지형 속에서 조망되지 않고 있는 것도 문제다. 가령 최정무의 이론은 탈식민 이론에서 말하는 균열과 저항의 지점들을 세밀하게 포착하지 못하고 있다. 최경희의 세밀한 텍스트 분석은 또한 여성이 민족(주의)의 강고한 틀에 균열을 낼 수 있는 가능성에는 주목했으나 그 과정에서 여성이 취한 자발적 동조의 측면에는 눈을 감는 한계를 드러내고 있다. 즉 탈민족 담론은 민족주의가 여성을 전유하면서 자기를 구성하는 방식에 대해서는 잘 드러내고 있으나 제국주의와 식민지 간의 차이, 다양한 민족 간의 차이, 민족 내부 구성원들의 차이, 엘리트 여성과 하층 계급 여성간의 차이와 같은 다양한 차이들을 제대로 설명하지 못하고 있다는 점에서 한계가 있다.

파시즘 이론에 근거한 담론 연구와 주체성 연구의 경우 문학 텍스트 중심의 연구 관행을 비판하고 탈신화화하는 것은 좋으나 이 경우 연구의 입지점이 문제가 될 수 있다. 즉 학제간 연구가 지닌 실천성은 인정하되, 문학연구와의 접점을 어떻게 찾을지는 여전히 과제로 남는다. 더욱이 파시즘 이론에 기댄 담론 연구가 과연 당시의 다양한 실천과 목소리들을 포괄하고 있는지도 의문이다. 방대한 자료에 근거한 치밀한 실증주의적 분석에도 불구하고 그 결과가 성별이나 세대, 지역에 따라 위계적으로 구성된 황민–순응적 주체를 재확인하고, 파시즘 체제의 공고함을 확인하는 데 그친다면 이 역시 일면적인 논의일 수밖에 없다. 파시즘 체제 안에서 그것을 내파하는 다양한 목소리들, 파시즘 체제 바깥을 사유하는 목소리들을 포착할 필요가 있다는 것이다. 혹은 침묵을 통해 저항한 존재들은 없었는지에도 눈을 돌려야 할 것이다.

탈근대, 탈민족의 관점에 선 젠더 연구들은 식민 시기와 식민 이후 시기를 단절이 아닌 연속성의 관점에서 파악하고 있다. 이와 같은 관점은 온당하나 문제는 '초남성적 민족주의' 혹은 '파시즘'의 시각에서 파악한 연속성이 다양한 주체들의 가능성, 저항의 가능성을 봉쇄하거나 축소할 우려가 있다는 것이다. 성애화되고(sexualized) 젠더화된 관점에서 민족주의나 파시즘을 바라볼 경우 일차적 대상이 되는 것은 체제 및 제도의 강고함이나 동일성의 논리일 수밖에 없다. 행위자로서의 여성의 대응방식, 여성이 내는 목소리들 역시 균열이나 틈새의 전략과 같은 영역만 할당받게 될 수 있다. 다시 말해 최근 국문학계에서 진행되고 있는 탈근대, 탈민족주의 관점에 선 젠더 정치학은 또 다른 의미에서의 동일성의 정치학을 구사하고 있다는 생각이 든다. 마치 "해체론적 탈식민론이 한국 근대문학 전체를 식민주의의 반복이나 재생산"(하정일)으로 보듯이 젠더화된 탈민족 · 탈근대 담론은 한국문학사 전체를 "여성의 이중식민화"로 볼 위험성이 있다. 또한 해체론적 탈식민론에서 "식민주의의 그물망에서 자유로운 영역이나 주체가 없"듯이 성별화된 민족주의 역시 한국문학사를 지탱해 온 강고한 이데올로기적 틀로 여겨질 위험이 있다.

그렇다면 이와 같은 탈근대 · 탈민족 담론을 여성의 입장에서 전유한 연구들이 지닌 구조적 동일성에서 벗어나서 민족과 여성, 근대와 여성 사이의 다양한 경합과 협상, 배제, 차이의 동학을 사유할 방안은 어떤 것이 있을까. 무엇보다도 역사적 맥락을 고려하면서 매 시기 민족과 근대에 대한 여성의 대응양상이 지닌 복합성과 다양성을 세심하게 규명하는 노력이 필요하다. 복합성과 다양성이 그야말로 공허한 담론의 유희에 빠지지 않기 위해서는 같은 사안에 대해 여성작가들이 취하는 다양한 담론의 양태들을 살피는 자세가 필요하다.

가령 일제 말기 총동원 체제 하에서 최정희 · 모윤숙과 강경애 · 임순득이 취했던 입장은 확연히 다르다. 1950년대 이후 개발 독재기에 여성을 국민의 일원으로 호명하는 데에 적극적으로 앞장 선 여성 엘리트들이 있는가 하면, 이와 같은 호명에 침묵이나 무관심, 자유주의적 일탈과 같은 방식으로 대응한 여성 엘리트들도 있었다.[24] 요컨대 이들은 엘리트 여성이라는 계층적, 성적 정체성을 지녔다는 점에서는 같지만 정치적 입장,

문학과 현실을 바라보는 관점 등에 따라 각기 다른 행보를 걷는다.

따라서 식민 이후, 즉 해방기와 한국전쟁기, 개발독재기 여성담론의 양상과 여성작가들의 활동을 한편으로는 실증적인 면에서 좀더 구체적으로 살펴보아야 하며, 또 한편으로는 전후 민족−국가 담론과 경합하는 여성 담론의 다양한 양상들을 체계화(mapping)할 필요가 있다. 담론투쟁의 와중에서 헤게모니를 장악했던 여성들과 그 헤게모니의 바깥에 있으면서 '다른' 목소리를 낸 여성들의 차이가 무엇인지, 이들은 어떤 근대, 어떤 민족의 상을 구축 혹은 해체하고자 했는지를 세심하게 규명해야 할 것이다. 민족과 근대라는 범주는 탈자연화하고 탈역사화할 대상이 아니라 역사적 실체이며, 여성은 전유의 대상이 아니라 주체라는 자명한 명제를 되새겨 보아야 한다.

---

24) 1950년대 이후 여성담론을 주도적으로 생산해 낸 장이라 할 수 있는 『여원』·『여상』·『여성계』 등 여성잡지들의 필진과 이들의 주요 논조를 보면 당시 국가 주도의 반공이데올로기나 미국식 자유주의에 대해 담론의 주체가 남성이냐, 여성이냐, 진보적이냐 보수적이냐, 주요 독자층을 여성 지식인으로 설정하느냐, 아니면 일반 민중여성으로 설정하느냐에 따라 다기한 차이가 노정된다. 또한 권두언이나 논설이 주로 여성 지식인층에, 수기나 르뽀 등이 주로 일반 민중 여성들에게 담론의 영역이 할당되면서 차이를 빚어내기도 한다. 해방 전부터 해방 이후까지 지속적으로 여성문단을 주도적으로 이끈 최정희·모윤숙 등과 강신재·박경리·한말숙·한무숙 등 해방 이후 등단한 여성작가들이 전후 민족 국가와 당대 문화를 전유하는 방식에서 차이가 나는 것도 앞으로 규명해야 할 과제이다. 이에 대해서는 차후에 다른 논문을 통해 상론할 것이다.

젠더 정체성의 정치학과 '근대/여성' 담론의 기원

『여자계』를 중심으로

소영현

1. 호명되는 여성'들'

'여성'을 주요 독자층으로 한 근대적 인쇄 매체의 발간은 국권수호를 위한 계몽운동이 격렬했던 1900년대 후반에야 비로소 시작되었다. 『가뎡잡지(家庭雜誌)』·『여자지남(女子指南)』·『자선부인회잡지』는 '여성' 독자층을 대상으로 한 대표적 인쇄 매체였다. 이들 잡지는 월보와 회보의 성격을 띠고 있었지만 계몽 대상을 젠더적 관점에서 세분화한다는 취지를 담고 있었다. 1900년대 이전부터 '남성' 독자층을 대상으로 한 인쇄 매체에서 활발하게 이루어졌던 계몽 대상에 대한 규정을 폭넓게 확장한다는 의미를 가졌던 것이다.

계몽 대상을 세분화하는 작업이 단일한 층위에서 이루어졌던 것은 아니다. 남성뿐 아니라 여성도 교육 대상에 포함시켜야 한다는 식의 인식 전환을 요청하는 입장이 강조되었다면, 일상생활 전반을 개량해야 한다는 식의 신지식 소개를 강조하는 입장이 그 못지않게 중요하게 다루어졌다. 남녀가 평등하다거나 동등하다고 주장한 논자들이 여성교육의 필요성을 강조했으며, '현모'와 '양처'의 가치를 고평했고 위생적인 생활 지침이나 출산과 육아에 관한 근대적 지식을 소개했다. '여자교육'과 '여자해방'의 목적에 대한 입장, '여성'의 명칭과 역할에 대한 규정이 서로 달랐기 때문이다.

물론 '여성'에 대한 '근대적' 규정을 마련하고자 했던 이 논의들은 서로 상충된 측면들을 내장하고 있으면서도, 국가-만들기의 기획 아래에서 '여성'의 위치와 역할을 지정하고 규정하고자 했던 일방향적인 작업의 스펙트럼 안에 놓여 있었다. 여기서 호명된 복수의 '여성'은 실질적 명칭이나 역할의 차이에도 불구하고 국가의 문명화와 부강을 가능하게 할 계몽과 교육의 대상이라는 점에서 차별화되지 않았다.

당시에는 층위를 달리하는 여성 관련 논의들이 주목할 만한 충돌을 보여주지 않았는데, 그것은 당시의 '차별화'가 철저하게 '서구'와의 대비 속에서 이루어지고 있었기 때문이다. 가령 여성이 남성과 동등하게 교육받아야 한다는 주장은 '조선 여성'을 판단할 수 있는 참조점으로 '서구 여성'을 상정할 때 등장할 수 있었고, 남녀의 권리가 불균등하다는 주장은 국가-만들기 기획에 입각해서 서구와의 낙차를 의식할 때 문제적인 상황으로 대두할 수 있었다. 달리 말해 남녀가 동등하게 교육받을 권리를 가져야 한다는 주장은 '여성'을 국가-만들기 기획을 위한 '교육 대상'으로 규정할 때에만 참일 수 있는 논리였다. '여성해방'과 '여성교육'론이 정치·사회적 권리를 둘러싼 남녀동등론으로 구체화되지는 않았던 것이다.

1900년대 이후 공적 영역에 여성의 자리를 마련하려는 논의가 무성해지기 시작했지만, 여성이 공적 이름으로 호명될 수 있었던 추동력은 추상적 계몽성의 논리에서 나왔다. 역설적인 것은 이 시기에는 추상적 계몽성에 의해 국가(민족) 단위의 차별화가 강조되었기 때문에, 남녀의 불균등성을 해소해야 한다는 식의 논리가 적극적인 여성 해방론과 여성 교육론으로 곧바로 이어질 수 있었다는 점이다. 남녀의 '불균등성'에 관한 논의는 실상 남녀의 '차이'에 대한 검토 없이 성립되기 어려운 문제인데, 이 시기에는 추상적 계몽성의 광풍에 의해 그 과정이 생략되거나 무시될 수 있었다. 『여자계』가 보여주는 난맥상의 여성 담론은 생략되었던 그 과정이 다층적 갈등의 국면으로 표면화하면서 재부상한 것이라고 할 수 있다.

2. 여성 담론의 기원 혹은 회귀하는 딜레마

> 대져건곤은독셩ᄒᆞᄂᆞᆫ리치가업고음양은상비ᄒᆞᄂᆞᆫ의무가잇슨즉남녀가비록다를지언정교육이야엇지다르다ᄒᆞ리오[1)]

> 남ᄌᆞ도사ᄅᆞᆷ이오녀ᄌᆞ도사ᄅᆞᆷ이어ᄂᆞᆯ남녀가동등치못ᄒᆞ야남ᄌᆞᄂᆞᆫ녀ᄌᆞᄅᆞᆯ압제ᄒᆞ고녀ᄌᆞᄂᆞᆫ남ᄌᆞᄅᆞᆯᄉᆞᆫ슌ᄒᆞᆷ은무삼연고인지[2)]

『여자지남(女子指南)』(1908.5) 창간호에 실린 「남녀동등의 희망」, 「남녀의 동등론」, 「남녀동등의무」 등의 글에서 여러 차례 강조되었던 것은 남녀에게 교육받을 권리가 동등하게 주어져야 한다는 점이었다.[3)] 그러

---

1) 김운곡, 「남녀동등의무」, 『여자지남』, 1908.5, 25면 참조.

2) 리룡ᄌᆞ, 「남녀동등의희망」, 위의 책, 37면 참조.

3) 구체적인 예를 들면 다음과 같다. "그러ᄒᆞᆫ즉녀ᄌᆞ도남ᄌᆞ와동등으로교육을힘스게ᄒᆞ며실업을발달케ᄒᆞᄂᆞᆫ것이셰계샹상국가되ᄂᆞᆫ일ᄃᆡ법이오며"(청희빅응, 「남녀의동등론」, 위의 책, 20면), "우리대한편쇼ᄒᆞᆫ지방과슈쇼ᄒᆞᆫ인민으로남ᄌᆞ만활동ᄒᆞ고엇지나라이부강ᄒᆞ기를바라

나 이 주장들은 '여자교육의 필요성'이라는 동일한 결론으로 수렴되고 있으면서도 그 근거들이 서로 달랐다. 여기에는 남녀가 동등한 인간이라는 인식과 차별적인 존재라는 인식 그리고 남녀는 서로 조화를 이루어야 한다는 인식이 병존했다. 서로 다른 근거에 입각한 남녀동등론이 특별한 구분 없이 하나의 결론을 위해 동일한 층위로 호출되고 있었던 것이다.

층차를 달리했지만 계몽의식 본연의 추상성으로 봉합되었던 이 인식의 층위는(『가뎡잡지』·『여자지남』 등), 이후 여성의 정체(定體)에 대한 질문이 시작된 순간(『여자계』) 문제적인 지점으로 부각되었다. 그곳이 바로 여성의 정체 구성 작업이 내장한 딜레마의 발원지였기 때문이다. 여기에 특별히 주목해야 하는 것은, 젠더 정체성의 정치학을 논의하기 위한 핵심점이라고 할 수 있는 이 딜레마가 '신여성'이 등장했던 근대 초기뿐 아니라 현재에도 여전히 해결될 수 없는 난제로 남겨져 있기 때문이다. 『여자계』를 통해 분명하게 확인할 수 있으며 앞으로의 검토를 통해 재확인할 수 있을 터, 이 딜레마는 때로 추상적 계몽성의 논리나 국민국가 만들기 기획으로 해소될 수 있는 것처럼 보이기도 하지만 매번 일시적으로 무시되면서 봉합되었을 뿐이다. 외부의 이데올로기적 요청에 자발적으로 의탁하는 방식으로 딜레마가 은폐되면서(/하면서) 여성 정체의 안정성이 확보된 측면도 없지 않았다. 따라서 본고에서는 이 딜레마가 처리되었던 방식에 특별히 주목해 보고자 한다.

그간 여성의 정체성에 관한 논의들, 그 가운데서도 '신여성' 담론(/현상) 연구는 문학 분과뿐 아니라 사회학과 역사학 분과에서도 활발하게 이루어졌던 게 사실이다. '신여성'을 둘러싼 연구들은 인쇄 매체의 성격

며녀ᄌᆞ를교육안이ᄒᆞ고엇지문명ᄒᆞ기를바라리오오직바라건ᄃᆡ우리녀ᄌᆞ동포여힘쓰고힘쓸지어다틔셔문명국녀ᄌᆞ의ᄒᆡᆼ동을모범ᄒᆞ고ᄉᆞ업을효측ᄒᆞ여우리후ᄉᆡᆼ녀자에션진되는도리를극진히ᄒᆞ야우리대한졔국으로문명ᄒᆞᆫ지경과부강ᄒᆞᆫᄶᅡᆼ에달ᄒᆞᄋᆸ기를천만ᄒᆡᆼ심"(김운곡, 「남녀동등의무」, 『여자지남』, 25~26면) 등.

규정에서 '신여성'의 함의 규정 작업에 이르기까지 폭넓게 이루어졌으며,[4] 신여성의 대표격 인물들에 대한 (그들의 실제 삶에서 사회적 영향에 이르는) 연구도 다각도로 이루어졌다. 여성을 독자층으로 하는 인쇄 매체의 특성과 신여성 등장의 배경·성격 등에 대한 실증적인 작업들도 꽤 진척되었다. 일본이나 서구 논의와 비교하는 작업을 통해 '신여성' 담론이 근대성을 해명하는 중요한 코드 가운데 하나라는 점이 밝혀졌고, 이를 토대로 '신여성' 담론을 근대 변전기에 등장하는 보편세계사적 현상으로 바라볼 수 있는 거시적인 시각도 열렸다(김경일·김수진 등).

그간의 연구들은 '신여성' 담론 연구에 대한 새로운 전망을 제시해주고 있다. 그럼에도 간과해서는 안 될 문제는 그간의 연구 경향이 놓치고 있는 '신여성' 담론의 은폐된 기원에 관한 것이다. 이는 사실 여성 담론을 근대성에 대한 축적된 논의 안에서 고찰할 때 발생하는 문제이다. '신여성' 담론을 여성 담론의 대표격으로 간주하고 신여성의 등장을 근대 보편적이고 식민지 특수적인 현상으로 규정할 때 신여성 담론이 부상하게 된 계기를 굳이 질문할 필요가 없어지는 과정에서 발생하는 문제인 것이다.

한편 그간의 연구들은 대개 주요 관심의 대상으로 실제의 신여성을 다루었으며, 특히 나혜석·김명순·김일엽 등 특정 개인에 대한 개별 연구에 집중하는 경향을 보여주었다. 물론 이러한 경향은 1910년대 말 일본에 있었던 여자유학생이 30여 명에 불과했으며, 그 가운데에서도

---

4) 이상경, 「여성의 근대적 자기표현의 역사와 의의」, 『민족문학사연구』 제9호, 민족문학사연구소, 1996; 홍양희, 「일제시기 조선의 '현모양처' 여성관의 연구」, 한양대 대학원(석사), 1997; 권희영, 「1920~1930년대 '신여성'과 모더니티의 문제-『新女性』을 중심으로」, 『사회와역사』 54집, 한국사회사학회, 1998; 박정애, 「1910~1920년대 초반 여자일본유학생 연구」, 숙명여대 대학원(석사), 1999; 이상경, 『나혜석전집』, 태학사, 2000; 최혜실, 『신여성들은 무엇을 꿈꾸었는가』, 생각의나무, 2000; 문옥표 외, 『신여성』, 청년사, 2003; 김경일, 『여성의 근대, 근대의 여성』, 푸른역사, 2004; 김수진, 「1920~1930년대 신여성담론과 상징의 구성」, 서울대 대학원(박사), 2005; 유진월, 『김일엽의 『신여자』 연구』, 푸른사상사, 2006 등.

현재적 관점에서 볼 때 진보적인 여성 인식을 갖추고 있거나 그것을 일관되게 표현해내었던 인물들이 극히 적었다는 당대적 상황에 대한 고려와 무관하지 않을 것이다. 그럼에도 그간의 축적된 연구는 '근대' 여성의 정체 형성 과정에 대한 고찰 작업을 곧 '신여성'에 대한 연구로, 몇몇 인물에 대한 연구로 축소시키고 환원시키는 경향을 불러왔다.

문제의 핵심은 신여성 등장의 '기원'이 은폐되면서 신여성의 등장 자체가 당연한 역사 전개 과정으로 이해되는 경향이 생겨났다는 데 있다. 말하자면 신여성에 대한 논의가 근대성의 논의 일반으로 확대되고 개별 인물들에 대한 논의로 환원되는 과정에서 '신여성'의 호명 주체와 목적 즉 '신여성' 담론을 구성하고 떠받쳤던 정치·사회적이고 문화적인 갈등의 제 국면이 휘발되어버린다는 데 있는 것이다.

재일(在日) 동경여자유학생 친목회의 기관지 성격을 띠고 1917년 12월에 창간되었던 『여자계』에는 여성의 정체를 구성하기 위한 다양한 용어들이 공존했다. 『여자계』의 논자들이 한 목소리로 '여자해방'과 '여자교육'의 필요성에 동의했지만, '여성'을 호명하는 주체의 입장이 달랐으며 남녀의 관계에 대한 인식에도 화해할 수 없는 차이가 있었다. 『여자계』가 '여성'을 둘러싼 용어의 각축장이 된 까닭이 여기에 있었다. 『여자계』에 '여성'을 호명하는 다양한 용어들이 동원되었다는 것은 결국 주체와 대상, 목적에 따라 합당한 여성 정체를 구성하기 위한 다양한 인식틀의 경합이 있었으며, 이 잡지를 거점으로 여성의 정체 구성이 시작되었음을 말해주는 것이다. 이 지점은 보다 근본적인 차원에서 여성의 정체에 대한 논의가 내장한 딜레마가 최초로 표면화된 기원의 지점이라고 해야 할 것이다.

이러한 관점에서 보자면 그간의 여성 정체성에 대한 연구는 여성 정체성에 대한 합의된 개념, 여성들에게 공통 관심사와 목표를 제공하는 본질적 특성에 대한 개념을 요구함으로써, 여성 담론이 내장한 딜레마를 간과하는 결과를 낳았다고 할 수 있다. 어쩌면 딜레마의 해결보다 중요한 것은 딜레마가 존재한다는 사실 자체에 대한 확인일지도 모른다. 때문에 우리는 근대적 여성에 대한 논의를 시작하는 자리에서 "'신여성'의 함의가 무엇인가'가 아니라 '부녀'와 '여자청년'이 아니라 '신여성'이 채택된 과정, 그 은폐된 공백에 대해 물어야 할 것이며, 이를 통해 근대적 여성의 정체 구성 과정이 의미하는 바에 대한 본질적인 비판의 시선을 견지해야 할 것이다. '신여성'의 등장을 가능하게 한 갈등의 제 국면에 대한 선행적 고찰이 충분하게 이루어지지 않는 한 우리는 근대적 여성의 정체 구성 작업이 내장한 딜레마로 반복적으로 회귀하게 될 것이다.

여성의 정체 구성과 매체의 상관성에 관한 본격화된 연구의 필요성이 제기되는 것은 이 때문이다. 매체를 통해 여성의 정체 구성을 둘러싼 장의 성격을 확인할 수 있으며 그 가운데 벌어지는 갈등과 착종의 국면들을 들여다 볼 수 있을 것이다. 물론 본고에서 밝히고자 하는 여성의 정체 구성과 매체의 상관성의 문제는 매체 별 여성의 정체 구성 과정의 공통점과 차이점을 선별하는 작업을 통해 해명되지 않는다. 본고의 연구 목적은 오히려 시대와 매체의 변화에도 불구하고 여성의 정체 구성 과정에서 반복적으로 등장하는 갈등 국면을 표면화하는 데 있다. 갈등의 제 국면이 비교적 분명하게 드러나 있다고 판단되는 『여자계』에 주목하고자 하는 까닭도 이와 무관하지 않다. 따라서 본고에서는 '신여성' 담론에 관한 그간의 축적된 연구에 기반해서, 1910년대 후반에서 1920년대 초에 발간된 인쇄 매체를 중심으로 젠더 정체성의 구성 과정을 고찰해 보고자 한다. 이 작업은 여성의 정체 구성과 내셔널리즘, 매체의 상관성에 대한 고찰을 목적으로 하는 바, 근대여성 담론의 등장의 의미 즉 담론의 기원에 대한 고찰이 될 것이다.

3. 『여자계』와 여성의 정체 구성 메커니즘

1) '여성'을 둘러싼 '용어의 각축장', 『여자계』

근대적 주체의 형성 과정이라는 관점에서 바라보자면, 근대 초기의 학회 월보 등의 인쇄 매체와 『소년』·『청춘』·『학지광』지 등에서는 근대 주체 형성을 둘러싼 호명의 주체나 목적이 비교적 선명하게 파악된다. 그러나 여성 독자층을 대상으로 하는 매체에서 '여성'을 호명하는 주체와 목적을 파악하기는 쉽지 않다. 근대적이든 전근대적이든 긍정적이든 부정적이든 여성에 대한 일관된 인식을 보여주는 논의도 발견하기 쉽지 않은데, 여성을 호명하는 용어의 스펙트럼을 통해서도 그 일면을 확인할 수 있다. 예컨대, 『여자계』나 『여자시론』 등에서 여성을 지칭하는 용어로는 '여성' '여자' '신녀자(新女子)' '청년여자(青年女子)' '신여성' '구여자' '처녀' '어머니' '부인' '부녀(婦女)' 등이 등장한다.

> 우리는 女子를女子답게 가라쳐야된다는 그根本的思想부터 打破하고 女子의게도 自由를解放하고 平等한待遇를하여야 될줄압니다.[5]

> 「삶」이라함은 움직임을 닐음이오, 자라남을 닐음이외다. 그럼으로 生命이 잇는거슨 자다가도 반다시 씨며 靜止하엿다가도 반다시 活動하고 休息하엿다가도 반다시 자라며 나아가는 거시외다. (…중략…) 朝鮮天地의 女子들은 生命이 잇습닛가.[6]

> 어머니를 教育하는 거슨 全民族을 教育함이라ᄒᆞ겟소 왜 女子教育의 必要를 씨닷지못ᄒᆞ게 幼稚한가요, 우리민족은.[7]

---

5) 김환, 「復活하는女子界의게」, 『여자계』 4호, 1920.3, 4면 참조.
6) 秋湖, 「覺醒하라 新春이로다!」, 『여자계』 2호, 1918.3, 3면 참조.

주부가 시간을 잘직히여셔 모든일를 잘 쳐리ᄒᆞ면 가쟝의 의ᄉᆞ를 졀반도읍는 것이 될것시오며 ᄯᅩ 집안에셔 학교에가는 학싱이 잇쓰면 어머니가 시간을 잘 직히여 쥬션히 주면 그 아히에 공부 시간에 ᄃᆡᄒᆞ여서도 방히가 안이될 것이올시다 ᄯᅩ는 그아히에게 시간 직히는 법을 ᄌᆞ연히 비화쥬게 됩니다.8)

여러분이 이졔精神을 차려서 스사로살피고 스사로 곳치고, 힘써 그러한思想과風紀를곳치도록하면 腐敗ᄒᆞᆫ社會는 一新할거시오 그리하야 能히 新社會를 지을수잇고 ᄯᅡ라서 우리압헤 榮光스러운 將來가 도라올거시외다. 新女子界－새조선을 지으시랴는 青年女子들의게 懇切한마음으로 변변치못한말멧 마대를 드리는바리외다.9)

제군아 제군아 우리죠선녀학싱제군아 우리반도녀자계야10)

새문명에나아가는 우리신녀자야! 이모든녀자의 비애를 듯고엇지동심치안을수잇슴닛가 아－이러한동포로 밝은길로나아가게할이도 우리신녀자요 ᄯᅩ이녀자로하야금 암흑에 ᄯᅥ러지게 하지못할책임도 우리신녀자들이로다.

장래신녀자사회건셜의 척임을지신이야! 이구녀자사회의 비관할장래운명을 개척하여나아갑시다.

나는 일반사회에대하야 녀자구속쥬의를 타파함을 뎨창함과 동시에 신녀자 제씨에게 구녀자사회구졔를 희망홉니다.11)

이것이果然 現今朝鮮의큰社會問題다. 離婚問題－버림을當한婦人의慘狀－이것을엇더케解決하랴나뇨? 諸者諸位여! 覺醒한女子여 엇지하려나뇨?12)

여성을 호명하는 다양한 용어들은 단지 용어 사용법상의 불일치를

7) 金德成, 「싀로어머니가되신兄님의」, 『여자계』 2호, 1918.3, 20면 참조.
8) 松青, 「시간과노력의경제」, 『여자계』 4호, 1920.3, 55면 참조.
9) 無名隱士, 「女子의주ᄂᆞᆫ力」, 『여자계』 2호, 1918.3, 24면 참조.
10) 金燁, 「신구충돌의비극」, 『여자계』 2호, 1918.3, 35면 참조.
11) 방순경, 「女子解放問題」, 『여자시론』 창간호, 1920.1, 17면 참조.
12) 秋湖, 「東京에서釜山까지」, 『여자계』 2호, 1918.3, 57면 참조.

의미하지 않는다. 호명의 주체와 목적에 따라 조선여성 일반이 계몽의 대상으로 지칭되기도 하고, '주부' '부인' '어머니'라는 이름의 사회적 지위를 할당받은 여성으로 한정되기도 하며, 근대 교육을 통해 "하등동물적생활"13)에서 벗어난 여성 일반이 '신여성' '신녀자'로 지칭되기도 한다. 동시에 '여자계'를 문명세계로 인도하고 '반도여자'를 각성에 이르게 할 계몽주체로서의 '여자청년'에 대한 호명이 이루어지고 있기도 하다.

앞선 시기의 매체에서 이미 확인한 바 있듯이, 근대 초기에 '여성'을 둘러싼 문제의 중심 화두는 '여자해방'과 '여자교육'이었고, 이는 개별 필자의 성별이나 출신, 사회적 지위 등과 무관하게 『여자계』 전체에도 관철된 공통의 주요 관심사였다. 다양한 용어의 동원도 '여자해방'과 '여자교육' 문제를 해결하기 위한 모색의 일환이었다고 할 수 있다. 그럼에도 『여자계』에서는 '여성'의 정체성에 대한 일관되거나 통일된 논의가 구축되기보다는 오히려 각기 다른 용어들이 경합하고 있는 형국이었다고 할 수 있다. 논의의 편의를 위해 이 용어들을 여성의 사회적 지위에 기초한 경우와 근대 / 전근대 이분법에 의한 용법 혹은 논자의 성별과 사회적 지위 등에 의거한 경우로 분류할 수 있을 것이다. 그러나 여기서 분명한 것은 이 용어 사용에 어떤 합의가 깃들어 있는 것은 아니었다는 점이다. 예컨대, 『학지광』에 실린 글인 「이상적 부인(理想的婦人)」(나혜석, 『학지광』 3호, 1914.12)이나 「女子界에도自由왓네－나의사랑ᄒᆞᄂᆞᆫ半島新婦人」(강여사姜女史, 『학지광』 4호, 1915.2)에서 '부인'이 호명되거나 김일엽이 주축이 되어 창간된 『신여자』에서 『신여자』가 '부녀잡지'로 호명될 때(김일엽, 「婦女雜誌 『新女子』 創刊辭」, 『신여자』 창간호, 1920.3), 이때 '부인'이나 '부녀'는 여성 일반을 지칭하는 용어로 사용되고 있었기 때문이다.

따라서 여성을 지칭하는 다양한 용어의 각축장이 되고 있는 『여자

13) 朴淳愛, 「大門을나선兄弟들의게」, 『여자계』 2호, 1918.3, 25면 참조.

계』에 대한 접근은, 여성을 둘러싼 다양한 용어와 난맥상의 논의들이 역설적으로 말해주는 바, 그 심층 구조에 대한 천착으로부터 시작되어야 할 것이다. 이 착종의 국면을 이해하기 위해서는 이런 질문도 가능할 것이다. 1920년대 전후로 근대 주체의 대표적 표상인 '청년'을 둘러싼 논의는 급증하면서 활기를 띠었던 반면 왜 '여자청년'에 대한 논의는 시작과 함께 사라지게 되는가. 이는 '청년' 담론의 젠더적 성격화와 연관되어 있는 것은 아닌가. 그보다 앞서 단일하지도 균질적이지도 않은 여성에 대한 논의들은 어떤 경합의 과정을 거쳐 합의된 의미 영역에 이르게 되는가. 심지어 한 편의 글에서도 일관되지 않을 뿐만 아니라 상충하기까지 하는 논의들이 공존하게 되는 원인은 무엇인가.

2) '내적 차이'를 만드는 여성 담론—각성된 '나 / 우리'와 계몽 대상인 '뎌들'

> 우리됴션은 아라비아에 모릐와 갓고, 몽고들에 씌끌과 갓흔 ᄉᆞ회를 차지ᄒᆞ고 잇셔 일본인민이 문명을 비에다 실어오고 륙디로 쪄올지라도 우리가 듯고 보지못ᄒᆞ면 그됴흔 문명이 우리의게무슴샹관잇쓰리오, 그런고로 일본 가나로써 쓴 잡지ᄂᆞᆫ 아모리 됴코 우월ᄒᆞᆫ 문학가 사람의 뇌수을 놀늘닐지라도, 우리의게ᄂᆞᆫ뵈이지도 안코 들니지도 아니ᄒᆞ니 눈먼ᄌᆞ의게 오식을 보라ᄒᆞᄂᆞᆫ데셔 다를 것이무엇이리오. (…중략…) 심리가 부픿ᄒᆞ면 죵교로 곳치나 오직우리됴션녀ᄌᆞᄉᆞ회가 부픿ᄒᆞᆫ 거슨 뉘가구원 ᄒᆞ며 무엇이약 이되리오 여긔급션무는 학교교육과 잡지의 견식이 뎨일되ᄂᆞᆫ 명약인줄을 셰상이 인증ᄒᆞᆫ바라.14)

> 조선녀학싱제군이여, 삼ᄉᆞ충양옥과 자동차, 보셕반지가 아모리조와도 자긔를 알아주고 ᄉᆞ랑ᄒᆞᄂᆞᆫ 일긔인이 ᄌᆞ긔의게ᄂᆞᆫ 더힝복이되겟스며 황금의식이 아모리풍부ᄒᆞ며도 리상뎍 Love를 엇으니만치 만족지못ᄒᆞᆯ것이외다. (…중략…) 이시ᄃᆡᄂᆞᆫ 교만방자를부릴 ᄯᅢ가아니요, 현ᄃᆡ우리조션은 양옥을차즐시긔가아니외다 져불상ᄒᆞᆫ

---

14) 「촉불이써지려는녀ᄌᆞ계의고통」, 『여자계』 4호, 1920.3, 48~49면 참조.

동족을 구제ᄒᆞ기도 제군이요 쳔신만고의 고통비관을맛보아 자긔몸을 밋기로쓰고 희싱이될 자도 졔군이 아닌가? 제군아 제군아 우리조션녀학싱제군아 우리반도녀자계야.[15)]

조선의 문명이 개화하고 교육제도의 개혁이 이루어졌음에도 불구하고, 고등교육과 전문교육을 받은 '여자청년'의 수가 많지 않음을 통탄하는 '李일나'의 「女子教育의思想」(『여자계』 2호)이나 여자교육 보급의 필요성을 강조하는 'H生'의 「女子界에게바람」(『여자계』 5호, 1920.6)에서 확인할 수 있듯이, 여성에 관한 논의는 '여성해방'과 '여자교육'의 필요성을 언급하는 것에서 시작된다. 『여자계』의 매체로서의 위상은 여기에서 정립되었다고 할 수 있는데, 『여자계』는 '유교육자와 무교육자의 매개역할'[16)]을 한다는 의미에서 여자교육의 보급을 가능하게 할 유형(有形)의 장소로서의 역할을 떠맡고 있었다.[17)] 『여자계』에서는 '여성' 독자층을 결집시키고자 했으며, '호명해야 할 주체이자 대상으로서의' 여성의 함의를 명료화하는 작업에 충실하고자 했다.

근대 주체 형성 과정에 대한 논의에서 보여주었던 바와 마찬가지로, 여자교육의 필요성을 강조하고자 하는 구체적인 논의는 여자교육을 불가능하게 하는 조건에 대한 비판으로부터 시작되었다. "文明ᄒᆞᆫ 眼目으로 보면 野蠻이라고 눈살을 집프리고 同情ᄒᆞ는 마음으로 보면 눈물을 흘니게 되는"[18)] '조선가정'에 대한 비판은,[19)] (드물기는 하지만) 인용문이

15) 金燁, 「신구충돌의비극」, 『여자계』 2호, 1918.3, 35~36면 참조.

16) 安明淑, 「女子界를歡迎함」, 『여자계』 5호, 1920.6.

17) 여자교육 보급처의 역할을 자처했던 것은 「가정개조」를 목적으로 한다고 밝혔던 『여자시론』의 경우에도 마찬가지였다. 예컨대, 『여자시론』은 순한글에 가까운 표기에 한자어에 루비식 표기를 덧붙이는 방식으로 여성 독자층을 대상으로 한 잡지임을 표방하고 있으며, 창간호에는 『여자시론』지를 널리 읽게 할 것을 당부하는 알림글 형식의 글이 실려 있기도 하다. "녀자계를 본위로홈은 무론이지만은 가뎡기조 다시말ᄒᆞ면 쏙 쟝쾌ᄒᆞᆫ혁명이 잇자홈에 잇습니다. / 그리고 당신들만 닑지마셔요 당신들이 닑은뒤에는 반다시 이를 가뎡에 드려보니사 그가뎡에셔 닑고 씨다듬이잇스며 경말 뉘우침이 잇게ᄒᆞ시면 이것이 우리의 사업이요 우리의 셩공이외다(「션언홈니다」, 『여자시론』 창간호, 1920.1, 26면)."

보여주는 바처럼 여성에 대한 인식 변화를 자신의 삶의 변화로 받아들이지 못하는 남성들('거짓신사')의 이중성에 대한 폭로로까지 이어졌다.[20] 여성이 처한 환경과 조건에 대한 이러한 비판은 '혼인제도'를 개혁해야 한다거나 가정제도가 개조되어야 한다는 논의로 구체화되었으며, 대체로 이견 없이 여성의 각성을 촉구하는 논의로 이어졌다. 여성이 처한 조건과 환경 못지않게 날카로운 비판의 칼날이 겨누어진 곳은 "今日ᄭᆞ지 奴隷의 길"을 걸어온 여성의 삶 자체이기도 했다. 그간의 여성의 삶은 "內로ᄂᆞᆫ物的慾望의奴隷와금수적要求가되며, 外로ᄂᆞᆫ 社會的習慣的權威의屈辱者가되여活氣가缺乏하니 四方이寂寞하고暗暗"[21]한 그야말로 '노예적 생활'과 '기생충 생활'로 정리될 수 있었기 때문이다. 그에 따라 여성은 "單純한 兒孩낫난機具가아니요 男子의玩弄物이아니요 곳 男子와對等의 人格者로 男子와갓치 力을合하야 社會를開拓하고 人類의幸福을增進케하난 것"[22]임을 스스로 깨닫는 '각성해야 하는 존재'로 규정되었다.[23]

---

18) 秋湖, 「家庭制度를改革하라」, 『여자계』 2호, 1918.3, 8면 참조.

19) 極熊, 「女子解放問題」, 『여자계』 4호, 1920.3; 탄파生, 「苛酷ᄒᆞᆫ禮節을打破ᄒᆞ라」, 『여자시론』 창간호, 1920.1; 샹아탑, 「留學生의見地로부터보는朝鮮家庭」, 『여자시론』 창간호, 1920.1 등.

20) "慣習으로因하야現今 外國文明을밧고新科學도맛보앗다는者卽 女子敎育이必要하며有益한거슬說明하고女子敎育을勉勵하라고逆說하ᄂᆞᆫ, 表面으로보면 多聞多識하고文明의先導者갓치보이ᄂᆞᆫ紳士들의家庭을보아도맛당히敎育을밧을만한靑年女子가헛도히집안에이서男子의奴隷노릇을하며歲月을보내ᄂᆞᆫ이가 不如其數로다. (…중략…) 아-슬프다 우리 靑年女子同胞들은覺醒하야女子敎育에獻身努力할지어다." 李일나, 「女子敎育의思想」, 『여자계』 2호, 55~56면; 金爗, 「신구충돌의비극」, 『여자계』 2호 등.

21) 玄德信, 「싀세게가다시왓네」, 『여자계」 5호, 1920.6.

22) 玉露, 「우리의온길갈길」, 위의 책.

23) 여성의 각성을 촉구하는 글은 『여자계』 전반에서 발견할 수 있다. 秋湖, 「覺醒의新春」, 『여자계』 2호; 霽月, 「婦人의覺醒이男子보다緊急한所以」, 위의 책; 金安植, 「自己를知하라」, 『여자계』 4호; 春江, 「新女子의自覺」, 위의 책; 劉英俊, 「半島靑年女子에게」, 『여자계』 5호; 玉露, 「우리의온길갈길」, 위의 책; 崔元淳, 「兩性의地位와貞操의道德的價値」, 『여자계』 6호, 1921.1; 秋菊, 「女子의自覺」, 위의 책; 範, 「朝鮮靑年女子의希望」, 위의 책; MC生, 「女子의自覺과男子의反省을 따함」, 위의 책 등.

그러나 여성의 (정신적) 각성이 요청된다는 논의에 동의한다고 해도, 『여자계』의 논자들이 각성된 여성상에 대한 입장에서 어떤 합의점을 제시해주었던 것은 아니다. 오히려 『여자계』의 논자들은 여자교육의 지향점 즉 여성의 각성의 목적이 무엇인가에 따라 각기 다른 여성상을 주창하고 있었으며, 그 논의는 다양한 입장의 병존이라기보다 서로 다른 논자들의 각기 다른 남녀관이었고 무엇보다 갈등과 충돌의 형태를 취하고 있었다. 여성의 정체 구성과 관련해서 이 장면들을 주의 깊게 고찰할 필요가 있는데, 여기서 확인할 수 있는 바, 계몽/각성의 대상과 교육의 목적에 대한 입장 차이가 '근대/여성'에 대한 각기 다른 상을 제시하면서 여성의 정체 구성을 불가능하게 하는 난국의 지점에 이르게 하기 때문이다. 아울러 여성의 정체 구성 과정이 보다 복잡한 양상을 띠게 되는 것은 '근대/여성'의 상을 구성하고자 하는 작업이 매체로서의 『여자계』의 독자층 상정의 문제와 긴밀하게 연관되어 있기 때문이다. 『여자계』에 의해 구성되는 여성론은 '누구를 대상으로 무엇을 전달할 것인가'라는 차원 즉 보다 실제적인 글쓰기 대상 차원의 문제였던 것이다.

여성의 각성의 문제와 관련해서 『여자계』에서 확인할 수 있는 것은 여성이 각성의 주체이자 대상으로 규정되면서 여성 내부에 다층적인 차이의 국면이 생성되었다는 점이다.

> ①이제 제가 한말삼 들이려하는거슨, 형님들이 眞實노 可憐한 뎌들을 건지실마음이잇고 果然 이러훈 義務와責任을 다하실뜻이 잇거든 (죠곰이라도, 뎌들의게 有益을 주시랴거든) 좀 어렵지마는, 不安하지마는 형님들이 「나」라는거슨 니저버리서야합니다. 「나」보다 몬져 「뎌들」을생각하시고 「나」보다 더욱 「뎌들」을 위하십쇼.24)

24) 「卒業生諸兄의게들이는말솜」, 『여자계』 3호, 1918.10, 4~5면 참조.

② 自助는곳信用이니小事로부터眞實ᄒᆞ야大事ᄭᆞ지誠實히ᄒᆞ면萬人이信用ᄒᆞ며世上이歡迎ᄒᆞ야頭上에月桂冠을쓰고堂堂히宇宙間에쏨을닉일지라. (…중략…) 虛榮心에醉ᄒᆞ야自己身分을守치안코벌셔參政權을圖謀ᄒᆞ는西洋女子를學ᄒᆞ야家庭과村里와市町에對ᄒᆞᆫ事는度外에置ᄒᆞ고, 父母와男便을雇工으로看做ᄒᆞ는이도或有ᄒᆞ다ᄒᆞ니, 如此ᄒᆞᆫ事가實노잇는가無ᄒᆞᆫ줄信ᄒᆞ노라[25]

인용문은 여성론의 내적 차이를 만들어내는 대표적 담론들이다. 졸업생에 대한 당부의 글인 「卒業生諸兄의게들이는말솜」(①)에서 필자는 여성을 서로 다른 두 부류로 나눈다. 분류에 따르면 여성 전체는 내부에서 각성의 '주체'로서의 여성과 계몽의 '대상'으로서의 여성인 '나와 저들'로 차별화된다. 『여자계』 전체를 통해 여성의 각성이 촉구되면서도, 한편으로 각성의 주체를 '우리'의 이름으로 규정하려는 논의와 문명의 세례를 받지 못한 '뎌들'을 계몽할 근대적 지식에 대한 소개 차원의 논의가 병렬적으로 공존하게 되는 것은 이 여성에 대한 정의 자체의 차별화 경향과 무관하지 않다.

'청년여자'의 자조(自助)의 방안을 완전한 성(誠)과 진실한 애(愛)로 노력하는 것, 자기의 신분을 지키는 것, 인내하는 것으로 정리하는 글 「青年女子의 自助」(②)에서는 이상적 여성상이 '사치하고 허영한' 집단과 대비되는 자리에서 규정된다. '사치하고 허영한' 집단은 '부패한 사회를 일신하고 영광스러운 미래를 선취할' "신여자계－새조선을 지으시랴는 청년여자들",[26] '금욕적이고 계몽적이며 직분 논리에 충실한 청년여자'[27]를 물질에 연연하지 않고 '자조'하는 존재로 규정하기 위해서는 반드시 배제해야 할 대상이며, 이에 따라 이상적 여성상은 '사치하고 허영한' 여성이 '아닌' 여성이라는 네거티브한 방식으로 규정된다.

주목해야 할 것은 이 논의들이 근대 주체로서의 청년 담론이 구성되

25) 抒峰, 「青年女子의 自助」, 『여자계』 4호, 1920.3, 27면 참조.
26) 無名隱士, 「女子의주는力」, 『여자계』 2호, 1918.3, 24면 참조.
27) 範, 「朝鮮青年女子의希望」, 『여자계』 6호, 1921.1, 27면 참조.

는 메커니즘을 차용하면서 반복하고 있다는 점이다. 전자의 경우는 각성된 여성을 사회와 민족의 일원으로 자리매김하는, '자신'을 잊고 사회와 민족을 위해 최선을 다하라는 직분론과 연관되어 있으며, '사치심과 허영심'에 관한 후자의 논의는 1910년대 이후 근대 주체가 구성되는 메커니즘과 연관된 청년-부랑청년 담론을 반복한다. '사치심과 허영심'은 근대 주체가 구성되는 장면에서 부정되어야 할 대타항의 특질을 지칭했던 대표적 수사로, 근대 주체로서의 청년 담론은 이 수사를 활용하면서 엘리트 청년을 문명의 주자이자 민족의 중추로서의 자리에 위치시키고자 했다.[28)]

각성과 개조의 '주체'로서의 여성과 계몽과 교육의 '대상'으로서의 여성을 동시적으로 호명하고자 하는 이 과정에서 여성의 정체는 내부의 차이와 균열이 확산되는 양상으로 드러났다고 할 수 있다. 이 논의는 신여자계와 '새조선'을 건설하기 위한 주체로서의 '청년여자'의 직분에 대한 보다 구체적인 논의가 시작될 때 허구적인 면모를 구체적으로 드러내게 된다. '청년여자'의 직분에 대한 논의는 네이션(nation)과 성별 차이의 범주의 상관성에 대한 논의가 이루어지기 전에는 시작될 수 없는 것이기 때문이다. 예컨대, 각성한 여자의 직분에 대한 논의인 「新女子의자각(自覺)」에서 "내自身을爲하야 安樂을 그만두고 내몸을社會에밧쳐서 일하고져"[29)]하는 '독신주의자'들은 '신여자계 악마 혹은 빽테리아菌'으로 냉혹하게 비판된다. 얼핏 이 논의는 '사회'의 일원으로서 직분을 다하고자 하는 각성된 여성에 대한 부적절한 비판으로 보이기도 하지만, 사실 이런 비판은 '직분'과 '사회'의 범주가 성별 차이의 관점과 만날 때 가능한 당연한 귀결이다. 성별 차이에 입각할 때 여성의 직분은 '여성으로서의' 직분과 '여성의' 사회에 대한 직분이라는 논의로 한정되어 버린다. 이런 관점에 서면 '독신주의'는 '여성의 직분'을 저버

28) 소영현, 「미적 청년의 탄생」, 연세대 박사논문, 2005, 100~117면 참조.
29) 春江, 「新女子의自覺」, 『여자계』 4호, 1920.3, 31면 참조.

리는 선택이 되는 것이다.[30]

이렇듯 '청년여자'를 중심으로 한 여성의 정체 구성에 대한 논의는 '청년여자'에 대한 논의의 시작과 함께 곧바로 '청년'과 '여자'에 대한 논의로 분리되고 결국 보편적 의미의 '여자'에 대한 논의로 환원되는 과정과 맞물려 버린다. 여성을 각성의 주체로 호명하든 계몽의 대상으로 호명하든 사회적 직분에 대한 논의로 들어가면 여성에 대한 논의는 성별 차이에 입각한 여성론으로 통합되며, 그에 따라 각성의 '주체'로서의 여성과 계몽의 '대상'으로서의 여성에 대한 논의는 분화되지도 통합되지도 못한 채 어정쩡하게 공존하는 장면을 보여주게 되는 것이다.

3) '외적 차이'를 만드는 여성 담론—남녀평등론과 남녀동등론

여성 내부의 차이 문제를 포함해서 여성의 정체 구성과 관련한 각 논자들의 입장 차이가 대립하는 근저에는 '여자해방'의 의미에 대한 입장 차이 즉 남녀 불평등 문제를 해결하기 위한 입장 차이가 깔려 있다. 한편에서는 남녀가 평등하다는 입장이 강조되고 한 인간으로서의 여성의 인격과 개성 회복이 주장된다면, 다른 한편에서는 남녀의 동등성이 강조되고 여성의 직분론과 현모양처론이 주장된다.

『여자계』 3호에 실린 「여자교육론(女子教育論)」에서 논자가 주장하는 여자교육의 이상은 '완전한 인간'을 만드는 데 있다. 필자는 현모양처 양성이라는 이름으로 행해지는 기예와 어학 교육이 결국 교사와 전도사의 양성에 그치게 된다는 점을 지적하고 개인의 가치를 중시하는 '덕성교육과 인격양성'을 지향하는 교육이 이루어져야 한다는 점을 강조한다.[31] "안히와 어머니보다 몬저 一個의人間이되지안이하면 안"[32]된다

30) 정지영, 「조선시대 혼인장려책과 독신여성」, 『한국여성학』 20권3호, 한국여성학회, 2004, 11~15면 참조.

는 주장으로 요약되는 이러한 입장에는 남녀에게 교육받을 동등한 권리가 있다는 입장뿐 아니라 교육의 내용에서도 차별화되어서는 안된다는 입장이 전제되어 있다. 이러한 입장에 서게 되면 여성을 가정 내의 존재로만 한정하는 논의 즉 현모양처를 육성하고자 하는 교육방침은 철저한 비판의 대상이 된다.

반면, "男子ᄂᆞᆫ 男子ᄶᆞ실ᄒᆞ고 女子ᄂᆞᆫ 女子ᄶᆞ실ᄒᆞ야 異性이 各各ᄒᆞᄂᆞᆫ 일과 責任은 다를지언뎡 尊卑의 區別이 잇ᄂᆞᆫ 것은 안니"[33]라는 입장에 서면, 남녀의 '동등성' 획득을 위한 전제로서 남녀의 차이를 상정하게 된다. 남녀의 동등성 회복을 중시하는 이러한 입장이 남녀의 차이에 근거해서 남녀의 상보적 역할을 강조하는 논의로,[34] 사회에서의 여성의 직분을 강조하는 논의로 이어지게 되는 것이다. 이때 여성은 대체로 아내와 어머니의 이름으로 호명되는데, 육아 문제와 가정 개조에 관한 논의가 강조되는 것은 이러한 논의 맥락 속에서이다.[35][36]

일면적으로 보자면 평등론과 동등론에 입각한 이 논의들은 여성해방과 여성교육의 필요성을 주장하면서도 전혀 상반된 결론에 이르는 것으로 보인다. 그러나 양자의 논의는 동등한 교육을 받고 사회의 일원이 되기 위해

---

31) 「女子教育論」, 『여자계』 3호, 1918.9, 10~11면 참조.
32) 春城, 「婦人問題」, 『여자계』 5호, 1920.6.
33) 靜波, 「女子界社의 姉妹諸位의게」, 위의 책.
34) 徐椿, 「男女相互補短에就하야」, 『여자계』 6호, 1921.1, 13면 참조.
35) 갈물, 「泰西婦人小傳」, 『여자계』, 2호; 洪基瑗, 「家庭과學校」, 위의 책; 韓與教, 「育兒의二大注意」, 위의 책; 「天才를만드는早教育」, 『여자계』 3호; 「小兒를엇지대접할가」, 위의 책; 「兒童의口中衛生」, 위의 책; 春光, 「婦人金句」, 『여자계』 5호; 玄德信, 「婦人金句」, 『여자계』 6호 등.
36) 사실 1910년대 여성에 관한 논의의 대부분은 가정 개조와 육아에 관한 계몽담론으로 채워져 있었다고 해도 과언이 아니다. 『신문계』(1913.4~1917.1)에서도 1914년 『婦人雜誌 우리의가뎡』이 창간되기 전까지 「가뎡학강화」 난을 통해 가정 위생을 포함한 육아 관련 지식들이 소개되었으며, 『그리스도회보』(1911.1.31~1915.2.28) 등의 기독교 계통 잡지에서도 「가정학」, 「가뎡과 소년」, 「가뎡과 소ᄋᆞ」란을 통해 아이를 낳고 기르는 법에서 육아교육의 주체로서의 어머니의 역할에 대한 강조까지 가정 개조 전반에 관한 지식들이 소개되었다.

혹은 남녀가 불평등한 현실을 비판하기 위해 성별 차이에 기댈 뿐만 아니라 그 차이를 강화할 수밖에 없게 하는, 페미니즘이 직면한 역설의 양면이다. 페미니즘의 역사를 역설의 역사로 재사유한 조앤 스콧(Joan W. Scott)의 작업이 시사하는 바, 이 역설은 남녀평등을 주장하기 위해 불가피하게 육체적 차이에서 비롯된 불평등한 대우를 문제 삼아야 하며, 남성과 '똑같은' 개인이 되기 위해 '차이'를 승인해야 한다는 의미에서의 그 피할 수 없는 역설이다.[37] 섹스와 젠더를 구분하려는 시도가 불러오는 페미니즘의 이 역설은 우리의 근대 여성 정체 구성 과정과도 무관하지 않은데, '올랭프 드 구즈(Olympe de Gouge)'의 논의에 대한 소개가 『여자계』를 통해서 이루어진 것에서[38] 알 수 있듯이 남녀의 차이를 둘러싼 문제는 우리에게도 여자해방과 관련해서 피할 수 없는 난제였다. 때문에 남녀관의 차이에 입각한 논의들은 서로 대립각을 세울 수밖에 없음에도 불구하고 종종 한 편의 글에서 병존하는 양상을 보여주었던 것이다.

『여자계』 6호에 실린 최원순의 글 「兩性의地位와貞操의道德的價値」에서 가장 강조되는 것은 자유와 이에 입각한 개성과 인격의 실현이다. 그런데 각기 능력이나 본성에 따라 사는 것이 '인격적 가치'와 '개성'을 발휘할 수 있는 생활이며, 그것이 가치 있는 생활임을 강조하는 필자의 입장은 남녀 문제로 이동하면 성별 차이에 따른 제한적 의미로 한정되고 만다. 즉 "서로 그 個性과人格을尊重함으로 男女는서로自由며平等이 다 各各사람이라는 立脚地에서 그 技能과本性을따라 人生의目的에奉使하며 그恩澤에浴함이"(5면) 바람직하다고 할 때, 여기서 개인의 기능과 본성은 생물학적 성별의 차이 내에서 실현되어야 할 것을 의미하게 된다.

여기에 개성과 인격의 실현은 감정과 본능에 입각한 생활이 아니라 이성적 질서에 의해 이루어져야 한다는 주장이 덧붙으면 논의는 더욱 복잡한 양상을 띠게 되는데, 남녀 공히 감정과 본능을 통어하는 이성적

37) Joan W. Scott, 공임순 · 이화진 · 최영석 역, 『페미니즘 위대한 역설』, 앨피, 2006 참조.
38) 春城, 「婦人問題」, 『여자계』 5호, 1920.6.

존재가 되어야 한다고 할 때, 남녀의 서로 다른 기능과 본성의 실질적 함의는 추상적인 표어 이상의 의미를 갖지 못하게 되기 때문이다. 「朝鮮青年女子의希望」에서 문명으로 나아갈 혁신의 희망으로서 '금욕적이고 계몽적이며 직분 논리에 충실한 청년여자'가 요청된다는 필자의 주장이, 교육을 통해 계몽의 주체가 된 여성은 부모에 순종하고 가정을 화목하게 만들고 사회에 유익한 인물이 되고 검약하는 여자계의 모범이 되어야 한다는 결론에 이르게 되는 경우,[39] 남녀의 자유로운 교제를 금지하는 것은 일부일처제를 유지하기 위한 인습에 불과하며 사회의 제반 도덕 기준도 시대와 사회에 따라 변화해야 한다는 입장에 서 있는 '인생의 욕구와 자연의 욕구'를 인습에 희생시켜서는 안된다는 과감한 주장이 성 개념과는 전혀 무관한 교제를 바람직한 것으로 제시하게 되는 경우도[40] 마찬가지 맥락에서 이해할 수 있다.

물론 이러한 착종된 논의들은 엘렌 케이(Ellen Key)[41] 등의 서구 이론이 당대 현실의 문제를 해명하는 자리에서 변용된 때문이기도 하며, 또한 이들 인쇄 매체를 주관했던 여자일본유학생들이 일본에서 받았던 교육 내용과도 무관하지 않을 것이다. 여자 일본유학생들은 직업교육과 '양처현모주의' 여성교육 그리고 서구형 교양교육이 혼재되어 있는 일본의 여자고등교육의 영향으로 가정 내 여성의 역할을 중시하는 경향을 보여주었기 때문에,[42] 그들에게 인격자로서 여성의 개성 실현에 관한 논의와 가정(사회) 내 여성의 역할을 강조하는 논의는 명료하게 구별될 수 없었다. 이는 근본적으로 여자일본유학생들의 여성의식이 불철저하다

39) 範, 「朝鮮青年女子의希望」, 『여자계』 6호, 1921.1, 27~30면 참조.

40) 星, 「男女交際에對하야」, 위의 책, 17~22면 참조.

41) 예컨대, 연애지상주의를 주장했던 엘렌 케이는 연애 없는 결혼은 무의미하고 비도덕적인 것이라는 입장을 취하고 있지만, 동시에 어머니로서의 소임을 여성 직무의 최상의 자리에 위치시켰다. 盧子泳, 「女子運動의 第一人者－Ellen Key(엘렌 케이)」, 『개벽』 8호(1921.2)~9호(1921.3) 참조.

42) 박정애, 앞의 논문, 26~30면 참조.

는 점과 연관되어 있었다. 하지만 착종된 논의의 지점들을 시대적 한계의 결과로만 규정할 수는 없는데, 이 착종의 국면이 『여자계』뿐 아니라 여성이 주도했던 매체인 『신여자』의 경우에도 고스란히 반복되면서 나타나고 있었기 때문이다.

이와 관련해서 주의 깊게 고찰할 문제는 이 착종된 논의들이 궁극적으로 남녀의 섹스(sex) / 젠더(gender)의 차이를 강화하는 논리로 귀결되었다는 점이다.

> 또 ᄒᆞᆫ가지 青年女을말솜ᄒᆞ리이다, 非實際的 곳 架空的 青年이외다 自稱 藝術家니, 文士니ᄒᆞ야現代를 理解ᄒᆞ지안코 消極的으로 社會를 攻擊ᄒᆞ며 組織을 非難ᄒᆞᄂᆞᆫ 이들이외다, 何等의 修養이 업시 다만 直感的으로 본文學書類와 美術이나 音樂으로써 머리부터 다른 사ᄅᆞᆷ을 蔑視ᄒᆞᄂᆞᆫ 青年이 잇습니다, 그들의 짓ᄂᆞᆫ 글은 거진 戀愛에關ᄒᆞᆫ것이외다, 그리ᄒᆞ야 文字고ᄃᆡ로 ᄒᆞ려ᄒᆞ나 持久性에 니르서는 ᄌᆞ긔가 쓴 文字를 放棄홉니다.
>
> 우리 單純ᄒᆞ고 셰상 모르ᄂᆞᆫ 處女의게 로민틱愛를 너혀줌보다 險ᄒᆞᆫ 셰상길을 좀 平坦ᄒᆞ게 가도록 ᄒᆞ여주세요.[43]

> 이셰상에셔 Man다운 Man으로 사라가자면 그럿케 ᄒᆞ야가지고ᄂᆞᆫ 아무餘望이 업슬것이올시다. (…중략…) 男子中에셔는 明確한定見도옵시 함부루 女子는 奢侈를한다 教育밧은 女子ᄂᆞᆫ 虛榮心이만타 教育밧은 女子는 傲慢하다하야 攻擊과 誹謗이 물퍼붓듯하옵니다.[44]

인습에서 벗어나려는 조선의 사상계를 프랑스 혁명기 특히 공포정치시대 상황과 유사한 것으로 본 「女子가본現代男子」의 필자가 비판한 것은 혼인문제를 둘러싼 현대 남자들의 방종한 태도였다. 필자에 따르면, 신문물을 받아들인 현대남자들이 연애를 일종의 오락물로 여기고 여자를 '완롱물'로 여기는 경우가 있는데 이는 사랑과 방종한 연애를

43) 계뫼, 「女子가본現代男子」, 『신여자』 3호, 1920.5, 13면 참조.
44) 李愛恩, 「青年男女의게」, 위의 책, 49면 참조.

혼동했기 때문으로 정리된다. 이에 따라 필자는 여자를 피해자로 만드는 현대남자의 신연애관을 비판받아 마땅한 태도로 맹렬히 비난했다. 그런데 비판의 논거로서 필자가 '현대남자'를 '청년녀(靑年女)'로 규정하는 과정에서 이 글의 논점은 보다 복잡한 양상을 띠게 된다. 필자의 관점에 따르면, 사랑과 방종한 연애를 혼동하는 '현대남자'는 일반 현대남자가 아니며, 사치와 허영을 일삼는 '부랑청년'이나 '거짓신사'도 아니었다. 필자가 비판하고자 했던 '청년녀'는 남녀 이분법에 따라 분류할 수 없는 존재이자 기성의 틀로 논의되기 어려운 부적합한 존재였으며, 따라서 필자의 비판의 초점은 성별 젠더 구분을 혼란스럽게 하는 존재로 향하고 있었던 것이다. 마찬가지 맥락에서 교육받은 근대여성에 대한 근거 없는 비방에 반박하면서 '시기(猜忌)청년'을 비판하는 「靑年男女의게」의 필자가 "Man다운 Man"에 대한 열망을 드러낼 때 여기서도 동일한 패러독스를 발견하게 된다. 이 논의들은 '여성해방'과 '남녀의 동등성'을 강조하는 논의에서 출발했음에도 결국 젠더화된 남성성과 여성성의 구별을 옹호하는 논리로 귀결되고 있는 것이다. 여자해방과 여자교육의 필요성을 강조하고 남녀의 불평등성을 문제 삼기 위한 논의들은 이렇게 해서 남녀의 이분법 자체를 문제 삼을 수 없는 지점에 놓이게 된다.[45]

따라서 '근대/여성'에 대한 논의의 시작은 아이러니하게도 '근대'와 '여성'에 대한 논의가 남녀의 차이라는 생물학적이고 사회적인 이분법 논리 속으로 해소된다는 것을 의미하며, 이런 의미에서 여성교육 보급의 장이었던 인쇄 매체는 남녀 이분법 논리를 승인하고 유포하는 장이 되었다고 해야 한다. 이런 점에서 여성을 둘러싼 『여자계』의 상충된 논의들은 서로 매끄럽게 맞물리지 않는 두 작업 즉 '근대' 여성을 규정하는 작업과 근대 '여성'을 규정하는 작업이 겹치면서 생겨나는 딜레마를

45) Jonathan Culler, 이은경 · 임옥희 역, 『문학이론』 1장, 동문선, 1999 참조.

잘 드러내고 있다. 이는 '근대'의 '여성'에 대한 논의가 내장하고 있는 본질적인 규정불가능성을 '문턱'의 형식으로 보여주는 것이라고 할 수 있다. 결과적으로 '근대/여성'을 둘러싼 논의는 언제나 논의의 출발점에서 그 전제로서 보편적 '여성'에 관한 선(先)규정을 요청하며, 이에 따라 새로운 여성의 정체 구성을 위해 배제하거나 타파해야 할 남녀의 생물학적 이분법이라는 논리를 근대 여성 담론의 출발점에 놓이게 했다. 이는 근대적 여성의 정체 구성이 보여주는 비극적 역설이 아닐 수 없다.

4. 내셔널리즘과 젠더화, 우정론—결론을 대신해서

『여자계』는 여성의 정체 구성이 시작되는 초기의 장면을 보여준다. 여성의 정체 구성 과정은 결국 남녀의 관계에 대한 모순적 논의들 즉 남녀평등론과 남녀동등론 그리고 이것이 불러올 역설적 상황을 노출시켰으며, 『여자계』의 여성에 관한 착종된 논의들은 이 역설적 상황을 단적으로 보여주었다. 그러나 근대 초기(부터 현재까지) 여성의 정체 구성 과정에서 이 역설 자체가 문제시되지는 않았는데, 여성 내부의 차이의 지점들이 남녀의 차이를 내면화하는 방식으로 해소되는 한편, 여성의 해방과 각성의 목적이 1920년대 전후로 조선사회에 불어 닥친 개조의 열풍과 결합되면서 차이의 지점들이 은폐된 측면이 있기 때문이다. 남성과 동등해지지 않는 한 남녀평등을 논의할 수 없으며 반대로 남성과 동등해지기 위해서 스스로의 여성성을 부정해야 하는 이 역설, 여성의 정체 구성 과정에 내장된 딜레마는 '신국가 건설'을 위한 사회개조 열풍 속에서 다시 한번 은폐되고 봉합되었던 것이다.

若女子가自立ᄒᆞ야男子에累가되지아니ᄒᆞᆯ뿐外라家庭에對ᄒᆞ야分利ᄂᆞᆫ少ᄒᆞ고生利ᄂᆞᆫ多ᄒᆞ면國民의實力이日進月盛城ᄒᆞ야元氣가充溢ᄒᆞ리니엇지富强치못ᄒᆞᆷ을患ᄒᆞ리오[46)]

完全한家庭이 잇셔야 完全한社會를 支配하고, 完全한社會가 잇셔야 完全한國家가 잇슬것은 제가말하지안어도 아조明確한 理致이외다. 그리하랴면 몬져 覺醒하신여러분이 그眞僞에 드러가지아니하면 아니되겟습니다.[47)]

그러면 무엇부터 改造ᄒᆞ여야겟슴닛가.

무엇—ᄒᆞᆯ 것 업시 통트러 社會를 改造ᄒᆞ여야겟슴니다 社會를 改造ᄒᆞ랴면 먼져 社會의 原素인 家庭을 改造ᄒᆞ여야 하고 家庭을 改造ᄒᆞ랴면 家庭의 主人될 女子를 解放ᄒᆞ여야 ᄒᆞᆯ 것은 物論입니다. (…중략…) 우리ᄂᆞᆫ 同等이란 헛文書만 차즈려 ᄒᆞᆷ도 아니고 女尊이란 헛 글자만 쓰랴ᄂᆞᆫ 것도 아닙니다 다만 社會를 爲ᄒᆞ야 일ᄒᆞ기 爲ᄒᆞ야 解放을 엇기 爲ᄒᆞ야 남보다 나흔 社會를 만들기 爲ᄒᆞ야 일하ᄂᆞᆫ듸 죠곰이라도 貢獻ᄒᆞᄂᆞᆫ 비잇슬가 ᄒᆞ야 나온 것이 우리 新女子입니다.[48)]

『신여자』 창간호에서 김일엽이 주장하고 있듯이, 민족이라는 대타자의 개입으로, 해방된 여성은 가정의 주인이 되어 가정을 개조함으로써 사회 개조의 일익을 담당할 수 있으며 민족(국가)의 일원이 될 수 있었고, 여성의 자기수양과 교육도 후일 '국민의 모(母)'가 될 것을 예정할 때 유의미한 것이 될 수 있었다. 이 과정에서 근대여성에 대한 논의는 재생산 노동이라는 기능을 떠맡는 방식으로 민족의 젠더화 작업에 동참하게 되었다.

흥미로운 점은 바로 여기서 남성과 여성의 근대적 관계맺음 방식이

46) 兪珏卿, 「少女의責任論」, 『신여자』 3호, 1920.5, 7면 참조.
47) 春江, 「新女子의自覺」, 『여자계』 4호, 1920.3, 33면 참조.
48) 김일엽, 「婦女雜誌 新女子 創刊辭」, 『신여자』 창간호, 1920.3; 김일엽, 『未來世가 다하고 남도록』(일엽 선사 간행위원회 편) 2권, 인문연구소, 1974, 163면; 유진월, 『김일엽의 『신여자』 연구』, 푸른사상사, 2006, 473면 참조.

결정되었다는 점이다. 남성과 대개의 여성 논자들에게서 남녀의 관계맺음 방식에 관한 논의는 '연애와 결혼'[49] 문제를 중심으로 이루어졌다. 그러나 잘 알려져 있지는 않지만 정념의 해방에 기초한 자유연애론 못지않게 강조되었던 것이 성별 차이를 초월한 지점에 존재하는 '우정론'이었다. 정확하게 말하자면 이 시기의 여성 논자들에게 자유연애론은 정면으로 '우정'이라는 이름을 내걸지 않더라도 성적 욕망과 같은 정념에서 벗어난 인격적인 만남, 정신적 교감에 기초한 영적 소통을 바람직한 연애관으로 상정하고 있었다.

예컨대, '인생의 요구와 자연의 욕구'를 인습에 희생시켜서는 안 되며, 이에 따라 남녀교제 금지의 도덕을 개량할 필요가 있고, 적어도 '사람다온交際'가 허여되어야 한다는 주장을 담고 있는 「男女交際에대하야」(『여자계』 6호)에서 '사람다온교제'로 거론되는 것은 자유연애[50]가 아니라 '우정(friendship)'에 기반한 교제였다. 그 교제는 "同性間과갓흔友情으로一貫하야 性的觀念의存在가 조곰도업고 다만 社會의必要와幸福의增進을目的하는交際"였기 때문에 교재방식에서 "그實質이同性交際와조곰도差異가업"는 순수하게 정신적인 것이었다. 당연하게도 여기서 배제되는 것은 육체적 관계였다. 그러나 엄밀하게 말하자면 이 글에서 본질적으로 비판된 것은 성욕에 의해 맺어지는 전근대적 결혼관이었다. 정신적 교감이 근대적 교재방식이라는 판단이 전제되어 있었기 때문에, 논자는 남녀교제에 있어 누구를 막론하고 제한할 이유가 없으며 "여자도인격자라하면 사회의 일분자(一分子)다하면"[51] 반드시 이런 교제가 필

49) George Mosse, 서강여성문학 연구회 역, 『내셔널리즘과 섹슈얼리티』, 소명출판, 2004, 23~40면 참조.

50) 上野千鶴子, 이승희 역, 『가부장제와 자본주의』, 녹두, 1994, 66면 참조. 우에노 치즈코가 『가부장제와 자본주의』에서 테리 이글턴(Terry Eagleton)의 논의를 원용하면서 지적한 바 있듯이, '자유연애'는 '연애-결혼'이라는 전근대적 대가족에서 근대적 핵가족으로 이행해가는 역사적인 전환기에 가부장제의 근대적 형태를 여성 스스로 기꺼이 선택하도록 한 이데올로기 장치로서 작용했다.

51) 星, 「男女交際에對하야」, 『여자계』 6호, 1921.1, 22면 참조.

요하다고 주장하게 되었던 것이다. 이런 논의 전개에 따라 우정에 입각한 교제를 하면서 여성은 남성과 동등한 '같은 신체와 같은 이지, 같은 사상과 같은 감정의 소유자'(21면)이자 성욕에 기반한 욕애(慾愛)에서 벗어난 '인격적 존재'[52]가 될 수 있었던 것이다.

주목할 문제는 남녀의 교제를 '우정'의 관점으로 이해하고자 할 때, 사적인 영역에 속한 자유로운 것으로 이해되었던 섹슈얼리티가 공적 통제 영역과의 교차 지점에 놓이게 된다는 점이다. 자유연애의 지향점에 대한 질문이 시작되고 그것이 '이상적 가정'으로 규정될 때 즉 "理想的家庭"이 "人格의파라다이쓰"이자 "愛의인큐뻬타Incubator"로 규정될 때,[53] 민족(국가)의 대리자이자 체현자인 가정은 사적 정념을 통제할 수 있는 공적 공간이 되었던 것이다. 정념 통제 방식을 내면화하고 남녀간의 사랑을 우정으로 변화시킬 때, 가정의 주체자인 여성들은 이와 같은 방식으로 남성들의 세계 혹은 민족(국가)의 일원으로 통합될 수 있었다. 요컨대, 여성의 정체 구성 과정이 직면했던 딜레마는 민족의 젠더화 과정에서 해소되지 않았을 뿐 아니라 오히려 내셔널리즘을 구성하는 핵심 기제로 작동하고 있었다. 그렇게 여성의 정체 구성을 둘러싼 문제적 기원이 은폐되고 있었다.

---

52) 玉露, 「結婚과戀愛」, 위의 책, 35면 참조.

53) 연애와 결혼의 관계에 대한 입장은 다음의 글에서 단적으로 확인할 수 있다. 玉露, 「結婚과戀愛」, 위의 책, 31면 참조. "理想的家庭! 愛와滿足의結晶인家庭! / 熱烈한사람으로 生命을삼고 自由와平等으로 血液을 삼아 모든家族으로하여곰 相互扶助의團欒을 즐기게하며 各自의個性을 것침업시發揮케하는 理想的家庭! 不平苦痛이업고 權力服從의그림자가업난 人格의파라다이쓰이요 깃븜과만족 차고넘치난 愛의인큐뻬타 Incubator인 理想的家庭! 今日의靑年치고 누구나 이를 말하지안는이업스며 꿈보지 안는이 업는듯하외다."

입센의 번역과 성 정치학

이승희

1. 왜 입센인가

헨릭 입센은 주지하는 바와 같이 낭만주의적 전통과 결별하면서 사실주의극이라는 새로운 양식으로 이행하고 있던 당대의 기운을 정점에 올려놓은 근대극의 시조로 일컬어진다. 이후 그의 희곡이 상징주의적 전통으로 기울어졌어도 그의 연극사적 지위는 〈인형의 집〉을 필두로 하는 사실주의극이 지니는 역사적 중요성에 무게를 두고 평가되어 왔다. 한국에서도, 1900년대 말 입센이 처음 언급되기 시작한 이후로 그는 '신극'을 건설해야 했던 당대 연극인들에게 있어서 하나의 전범이 되었다. 입센은 그러나 연극계가 그를 절실히 요청했던 맥락과 일정한 연관 속에 있으면서도 그보다는 좀더 포괄적이고 사상사적인 반경으로까지 확장된 그 어떤 문제성을 지니고 있었다.

첫째, 입센의 번역이 조선문예의 내셔널리티 창출과 연관되어 있었다는 점이다. 확장된 의미에서의 번역적 현상이란 인간의 역사 전체를 관통하면서 줄곧 있어온 것이지만, 부르주아의 자기모순으로부터 시작된 제국들의 정복이 전지구적 차원에서 진행되기 시작한 근대의 번역은 좀 특별한 편에 속한다. 번역은 제국들에게는 식민화의 채널로, 식민국들에게는 탈식민화의 채널로 요청되었다고 볼 수 있는데, 식민화된 조선은 '근대'를 시급히 번역함으로써 '미개'로부터 '문명'으로 나아갈 뿐만 아니라 식민상태를 벗어나는 길을 모색해야 했다. 이때 '조선'은—비록 일본이라는 '국가'에 귀속된 변방으로 강등·배치되었지만—국가가 부재한 상태에서 네이션을 상상하는 경로가 되었다.

1920년대부터 외국문학에 대한 관심이 급증한 것도 동일한 맥락에서 이루어졌다. 외국문학은 조선문예의 내셔널리티 구축을 위한 참조 대상이 되었으며, 신문·잡지에는 조선문예가 도달해야 할 전범으로서의 '세계적인 대문호'에 대한 소개가 활발하게 이뤄지기 시작했다. 입센은 바로 이러한 역사적 정황 가운데 호명되었다. 입센은 '노르웨이'의 대문호였지만, 동시에 그는 일국(一國)을 벗어난 세계가 공유할 만한 가치가 있는 작가이기도 했다. 현철이 "금일의 입센은 낙위(諾威)의 입센이 아니요, 실로 세계의 입센이며, 시(詩)의 국(國)의 입센이요, 극(劇)의 국(國)의 입센이며, 문학국의 입센이요, 예술국의 입센이올시다"[1]라고 천명했던 것처럼, 번역주체들은 입센을 대문호로 호출하고 그와 그의 희곡을 전범으로 삼기 위해서 그로부터 '노르웨이'라는 네이션을 괄호 치는 것이 필요했다. 즉 입센을 탈내셔널리티화(de-nationalization)함으로써 조선문예의 내셔널리티를 기획하는 역설적인 상황에 놓여 있었던 것이다.

둘째, 입센이 식민기의 '여성' 담론과 매우 밀접한 관계를 맺고 있었다는 점이다. 입센이 대문호로 호명되고 근대극의 시조로서 위치될 수

1) 현철, 「근대문예와 입센」, 『개벽』, 1921.1, 130면 참조.

있었던 것은 바로 입센의 사상사적인 문제성이 당대 번역주체들에게 강한 인상을 던져주었기 때문인데, '여성'은 그것을 가장 명징하게 드러내는 핵심주제였다. 소개된 입센의 희곡 중 〈인형의 집〉이 특히 가장 많은 관심을 모았고, 번역주체들은 노라로부터 개인주의의 위대함을 이끌어냈으며 자아 각성과 개성 실현이 얼마나 긴요한 근대적 기획인가를 역설했다. 입센은 또한 여성해방운동이 점차로 고조되고 있던 1920년대의 사회적 분위기와 맞물리면서 여성 담론을 활성화한 하나의 거점이기도 했다.

그러나 입센 희곡이 다룬 주제의 사회적 반향, 즉 노라이즘(Noraism)은 동시에 성 정치의 대상이었다. 1930년대 중반에 이르기까지 대문호로서의 입센의 지위는 변함이 없고 그의 희곡은 근대문예의 준거로 변함없이 대우를 받았지만, 이미 1920년대부터 한켠에서는 '노라'를 제어하는 동시에 '조선의 노라'를 억압하는 성 정치가 수행되기 시작했고 점차 그 세를 공고히 해갔다. 입센을 둘러싼 이러한 역사적 현상은 조선문예의 내셔널리티를 객관화하는 데 매우 중요한 근거로 이해될 만하다.

바로 이 두 측면이 식민기의 번역적 상황에서 입센을 중요하게 다루어야 할 이유이다. 다시 말해 입센의 번역이 어떤 방향성을 띠고 조선문예의 내셔널리티 창출에 관여하고 있었는가라는 점이며, 이는 그 과정에서 수행된 성 정치의 계기들을 규명함으로써 얻어질 수 있다.2)

2) 이 글에서는 기왕의 연구들이 이 글의 주제와는 일정한 거리가 있기 때문에 별도의 연구사 검토를 진행하지 않았으며, 대표적인 선행연구를 소개하는 것으로 대신하고자 한다. 먼저, 신정옥은 「신극 초기에 있어서의 리얼리즘극의 이식 (I)」(『명대논문집』 12, 1979~80 합본호)에서 1920년대와 1930년대 입센 수용 양상을 중심으로 검토했고, 이 논의를 좀더 심화하여 『한국신극과 서양연극』(새문사, 1994)에 수록했다. 고승길은 「한국 신연극에 끼친 헨릭 입센의 영향」(『중앙대논문집』 27, 1983)에서 입센과 관련된 문헌들의 목록을 제시하고 한국연극에 끼친 영향을 초점을 두어 중요 문헌들을 소개했다. 초기의 이와 같은 실증적 연구들은 입센 연구에 있어 매우 중요한 업적으로서 이 글 역시 그에 빚진 바 많다. 그런데 그 이후로는 단편적인 언급 외에 뚜렷한 성과는 없는 편이다. 최지영의 「헨릭 입센의 「인형의 집」이 근대 한국의 여성해방운동과 연극에 끼친 영향」(중앙대 석사논문, 1992)이 있긴 하지만, 이 논문은 고승길의 연구를 반복하고 있으며 사실상 여성해방운동

2. 근대극의 전범, 번역의 실제

지금까지 밝혀진 바에 의하면, 입센은 최남선 '번역'[3]으로 실린 우찌무라 간조의 「지리학 연구의 목적」[4]에서 처음으로 언급되었다.[5] 이후 1910년대에도 입센이 언급되곤 했으나,[6] 입센이 본격적으로 소개되기 시작한 것은 1920년대 들어와서이다. 현철의 본격적인 입센론[7]을 비롯하여 1930년대 중반까지 입센의 생애[8]와 작품 연보를 비롯해 작가론과 작품론 및 문학사상이 다루어졌으며 특히 여성문제와 관련한 논의들이 나왔다. 이렇게 입센이 지속적으로 담론화될 수 있었던 데에는 입센 탄생 100주년 기념, 사후 20주기 및 30주기 기념과 같은 저널적인 관심사에서 기획된 특집들의 역할이 작지 않았다. 그런데 담론 차원에서 왕성함을 보여준 것과는 달리, 정작 입센 희곡이 조선어로 '번역'되고 공연된 사례는 다음과 같이 매우 제한적이고 극소했다.

과 연극에 끼친 영향도 밝혀진 바 없다. 이밖에 소설 연구와 관련되어 검토된 한지현, 「'여성'의 시각에서 본 한국문학－채만식의 「인형의 집을 나와서」에 나타난 여성문제의식」, 『민족문학사연구』 9, 민족문학사학회, 1996; 서경석, 「채만식의 「인형의 집을 나와서」론」, 『문예미학』 5, 문예미학회, 1999; 안미영, 「한국 근대소설에서 헨릭 입센의 「인형의 집」 수용」, 『비교문학』 30, 한국비교문학회, 2003 등이 있다.

3) 개념상의 혼란을 피하기 위해 좁은 의미의 번역, 즉 하나의 언어에서 다른 언어로의 대칭적 변화를 일컫는 것으로서의 번역을 지칭할 때는 작은 따옴표를 사용하고 있음을 밝혀둔다.

4) 內村鑑三, 최남선 역, 「지리학 연구의 목적」, 『소년』 12, 1909.11, 91면 참조.

5) 고승길, 「한국 신연극에 끼친 헨릭 입센의 영향」, 『중앙대논문집』 27, 1983, 310~311면 참조.

6) 나혜석, 「이상적 부인」, 『학지광』 3, 1914.12.
백대진, 「이십세기 초두 구주 제대문학가를 추억홈」, 『신문계』 4권5호, 1916.5.
봉생(鳳生), 「쬐루히 쭈란데쓰」, 『학지광』 10, 1916.9.

7) 「근대문예와 입센」, 『개벽』, 1921.1. 이 글 이전에 이미 현철은 「연극과 오인의 관계」, 『매일신보』, 1920.7.1에서 입센이 근대극에서 차지하는 위상을 언급한 바 있다.

8) 입센 생애와 관련된 오류는 신정옥, 『한국신극과 서양연극』, 새문사, 1994 참조.

◎ '번역' 사항

작품 제목	'번역'
인형의 집	梁白華 · 朴桂岡 공역, 「人形의 家」, 『매일신보』, 1921.1.15~4.3.
	양백화 역, 『노라』, 영창서관, 1922.6.
	李相壽 역, 「人形의 家」, 한성도서주식회사, 1922.11.
	朴龍喆, 「인형의 집」, 『박용철전집』 2, 동광당서점, 1940.
바다에서 온 여인	이상수 역, 『海婦人』, 한성도서주식회사, 1923.6.

◎ 공연 사항[9)]

작품 제목	공연주관	공연일시 / 장소	비고
인형의 집	갈돕회	1920.12.13~14. 종로중앙기독교청년회관	
	조선배우학교	1925.9. / 천도교 회관	연출 : 현철 / 출연 : 복혜숙
	월간잡지사 중성사 (예술문화협회 경성지회 후원)	1929.5.11~12. / 천도교 기념관	출연 : 복혜숙
	극예술연구회 (동아일보 학예부 후원)	1934.4.18~19. 장곡천정 경성공회당	번역 : 박용철 / 연출 : 홍해성 장치 : 유형목 / 조명 : 강성범 의상 : 백조상회 / 안무 : 조택원 / 출연 : 김복진, 이웅
바다에서 온 여인	연전 문우회 (동아일보 학예부 후원)	1932.6.25. *야외극	
유령	경성여자기독 청년회	1934.6.23. 경성 공회당	번역 : 서항석 / 연출 : 홍해성 장치 : 유형목 / 출연 : 김숙현, 강유현, 노천명, 모윤숙
헬게랜드의 해적	중앙무대	1938.8.1~3. 부민관	번역 : 김승구 / 연출 : 이광래
작은 이욜프	연전 연극부	1939.12.11.	

입센 희곡 중 '번역'된 것은 〈인형의 집〉과 〈바다에서 온 여인〉 단 두 편이다. 〈인형의 집〉은 양백화와 박계강의 합역으로 '인형의 가'라는 제

9) 2004년 이 논문을 발표한 이후로, 공연사항과 관련해 약간의 오류가 발견되었다. 근화여학교 후원회가 〈인형의 집〉을 1926년 11월 23~24일 양일간 종로중앙기독교회관에서 공연한 것으로 기록하였으나, 사전검열에 의해 불허되었음을 나중에 확인하였다(「근화후원연극」, 『동아일보』, 1926.12.1). 한편, 조선배우학교에 앞서 갈돕회가 1920년 12월 13~14일 〈인형의 가〉를 공연한다는 예고기사를 확인하였다. 이 시점은 단체 내부 사정이 아닌 이상 불허되었을 가능성이 거의 없기 때문에 공연되었다고 간주해도 무방하다. 이 두 가지 사실을 이번 논문에 반영했음을 밝혀둔다.

하에 『매일신보』에 연재된 것이 최초이다. 양백화는 3인의 역본을 상호 참조하여 '번역'했으며 후일 교정하여 단행본으로 출간할 예정임을 밝힌 바 있고,[10] 다음해 6월에 영창서관에서 '노라'로 개제하여 단행본으로 출간했다.[11] 한편, 〈노라〉 출간 이후 불과 5개월만에 이상수는 〈인형의 가〉를 출간했고 이 희곡집은 1929년에 재판이 나왔다. 이상수는 그 다음 해에도 입센의 또 다른 희곡 〈해부인〉을 내놓았다. 이 두 번역본 역시 일역본의 중역이라 추정되나[12] 확실치는 않고, 역자에 대해서도 알려진 바 없다.[13] 1930년대에 '인형의 집'이라는 제목의 박용철 번역본도 있는데, 이것은 극예술연구회의 공연대본으로 '번역'되었다가 이후 『박용철 전집』에 수록되었다. 박용철 번역본은 다른 두 번역본과 용어 선택 등에서 많은 차이가 있는 것으로 보아 독역본이나 영역본의 중역으로 짐작된다. 공연의 경우, 5편이 공연되었는데 〈인형의 집〉을 제외하고는 모두 1회씩 공연되었고 〈인형의 집〉과 〈헬게랜드의 해적〉 정도가 연극인들에 의해 공연되었을 뿐이다.

이처럼, '연극'과 '희곡'이라는 장르를 번역해야 하는 절실함과 근대극의 전범을 입센 희곡으로부터 찾으려 했던 것에 비하자면, 그 '번역'의 실제는 미미했다. 이는 비단 입센 희곡뿐만이 아니다. '번역'이 활발해질 무렵 번역희곡집도 1922년부터 1924년까지 무려 9종이나 발간되었으나, 그 이후로는 재판 2종을 제외하고는 더 이상 발간되지 않았다.

---

10) 백화생, 「〈인형의 가〉에 대ᄒᆞ여」, 『매일신보』, 1921.4.9.
지금까지 양백화의 번역본의 원본에 대해 이견이 있었는데, 김병철은 『노라』가 島村抱月이 번역한 「人形の家」, 早稻田大學出版部, 1913의 중역본이라고 하였고(『한국근대번역문학사연구』, 을유문화사, 1975, 569~571면), 김영복은 김병철의 주장을 반박하면서 胡適의 번역본을 중역한 것이라 주장한 바 있다(「백화의 문학과 그의 일생」, 『양백화문집』(박재연 · 김영복 편) I, 지양사, 1988, 287면).

11) 박계강이 누구인지, 그와의 합역이 어떻게 해서 단행본 출간시 양백화 단독의 이름으로 나왔는지는 아직까지 밝혀진 바 없다.

12) 김병철, 『한국근대번역문학사연구』, 을유문화사, 1975, 577~578면, 595~596면 참조

13) 이상수는 그밖에 세익스피어 희곡 「빼니스 상인」, 조선도서주식회사, 1924을 '번역' 출간하였고 소설도 두 편 정도를 번역했다.

물론 신문과 잡지에 희곡이 '번역'되기도 했지만 타장르에 비하면 수적으로도 적은 편이다. 이런 데에는 우선 희곡이 인쇄매체와 출판시장에서 시나 소설과 동일한 지위를 얻을 수 없다는 점을 언급하지 않을 수 없다. 희곡은 공연 대본으로서 그 일차적 기능을 지니기 때문에 지면발표나 출판시장에서의 유통은 그만큼 부차적일 수밖에 없다.

물론 일본에 비해 조선에서 입센 희곡의 '번역' · 공연이 활성화되지 못한 데에는 정치적인 이유도 얼마간은 있다. 일본에서는 1890년대부터 대정 시기까지 입센 수용의 전성기를 구가하면서 많은 수의 희곡이 '번역' · 공연되었으며 입센 연구 또한 매우 활발히 진행되었다.[14] 이는 '번역'이 근대화의 키워드임을 간파한 국가의 정책적 지원 속에서[15] 새로운 문물을 수용하고 실험할 수 있었던 충분한 시간이 마련되었기에 가능했던 것이다. 그러나 일본의 식민통치 하에 있던 조선은, '국가'의 정책적 지원을 받을 수 없었을 뿐만 아니라 통제의 대상이 되어야 했다. 일본은 조선을 완전히 식민화하기 위해 '번역'을 필요로 했겠지만, 조선을 위해 결코 명치기의 번역시대와 같은 환경을 허용하지는 않았다. 1910년 이후 일본은 더 이상 독립된 국가를 상상하도록 하는 '번역'을 용납하지 않았으며, '번역'은 늘 정치적 논리에 의해 제한되어 있었다.

그런 점에서 역설적으로 입센 희곡 중 불과 〈인형의 집〉과 〈바다에서 온 여인〉 두 편만 '번역'되었다는 것, 특히 〈인형의 집〉이 3종이나 되며 이상수의 것은 재판까지 나왔다는 점은 주목할 만하다. 입센 희곡에 대한 이 같은 편식은, 〈인형의 집〉이 지니는 문제성이 그만큼 강렬했다는 것을 반증하기 때문이다. 〈바다에서 온 여인〉의 '번역'에 대해, 고승길은 입센 희곡에 대한 일관된 안목이 결여되어 있음을 보여주는

14) 일본의 입센 수용사는 고승길, 「한국 신연극에 끼친 헨릭 입센의 영향」, 『중앙대 논문집』 27, 1983, 303~307면 참조.

15) 일본은 군사제도나 부국강병에 관한 실용적인 번역서 외에 시장적 가치가 없는 것들도 太政官, 元老院, 左院 등에서 주도적으로 '번역'했다. 마루야마 마사오 · 가토 슈이치, 임성모 역, 『번역과 일본의 근대』, 이산, 2000, 166~169면 참조.

것이라 했지만,16) 이 희곡은 시기를 두고 해석의 차이를 보여주는 텍스트라는 점에서 역시 〈인형의 집〉의 문제성 연장선상에 놓여 있는 중요한 자료로 볼 수 있다.

공연 사항에서도 가장 중요한 것은 〈인형의 집〉이다. 나머지는 단 1회의 공연으로 끝났다. 〈유령〉은 〈인형의 집〉과 같이 이른바 '사회극' '문제극'이라 이해되었던 중기작에 속하는 희곡이지만, 〈인형의 집〉보다는 훨씬 심리적 복잡성을 특징으로 하는바 홍해성의 연출로도 감당할 수 없는 아마추어 공연이었다.17) 입센의 후기작 〈바다에서 온 여인〉은 연전 문우회가 야외극을 기획하면서 '자연'이 중요한 배경이 된다는 이유로 선택되었고18) 1만 명에 가까운 관객이 모여드는 대성황을 이루었으나,19) 아마추어로서는 표현이 어려울 수밖에 없는 텍스트의 성격상 공연은 그리 성공적이지는 못했다고 평가되었다.20) 연전 연극부가 올린 입센의 후기작 〈작은 이욜프〉 역시 마찬가지였으리라 짐작된다. 입센의 초기작 〈헬게랜드의 해적〉은 작품성과 흥행성을 동시에 구현하겠다는 의지로 창단된 중앙무대에 의해 올려졌지만, 역시 "흥미본위로 대중에게 영합하려는" 공연의 성격이 짙다는 비판을 받았다.21)

그러나 당시 〈인형의 집〉에 대한 지대한 관심에 비하자면 공연기록 4회는 적은 편이다.22) 〈노라〉에 실린 김일엽의 「跋」을 보면 양백화와 함께 이 작품을 2~3년 전에 무대에 올리려 한 적이 있으나 여러 가지 사

16) 고승길, 앞의 글, 321면 참조.
17) 이헌구, 「여자기청공연의 〈유령〉에 대한 평감」, 『동아일보』, 1934.6.26~7.1.
장현직, 「〈유령〉의 관극소감-여자들만의 극」, 『조선중앙일보』, 1934.7.1~3.
18) 장현직, 「연전 제2회 공개극 야외극 공연을 압두고」, 『동아일보』, 1932.6.21~23.
19) 「야외극과 음악극 兩處가 다 대성황」, 『동아일보』, 1932.6.27.
20) 주영하, 「연전 야외극 〈바다의 부인〉」, 『조선일보』, 1932.6.27.
21) 박서문, 「연극월보」, 『비판』 49, 1938.9.25, 74면 참조.
22) 백조회에서 공연한다는 기록(「백조회 신극운동의 첫걸음」, 『조선일보』, 1926.3.31)은 있으나, 신정옥은 실제로는 공연이 이뤄지지 않았다고 한다(신정옥, 앞의 책, 40면). 이는 아직 확인을 하지 못했다.

정으로 중단되었다고 말한 바 있듯이, 이 희곡의 공연화는 꽤 일찍부터 시도되었다. 그러나 1920년 고학생 단체 갈돕회 공연을 포함하여 4번에 그쳤다. 이를 확실히 단언키는 어려우나 몇 가지의 요인을 짐작해볼 수는 있다. 처음에는 아직은 내부적 역량이 뒷받침되지 않았기 때문일 수도 있다. 사실주의 연출과 연기가 충족되지 못한 사정, 특히 여배우의 부재 등이 공연의 걸림돌이 되었을 수 있다. 그러나 이런 기술적인 문제 이외에 더 중요해 보이는 두 가지의 문제가 있었다.

하나는 〈인형의 집〉의 유효성과 관련된 상황인식의 변화이다. 1920년대 후반 무렵 좌파적인 기운이 상승하고 있던 즈음에 이 희곡을 시대에 뒤떨어지는 것으로 간주하는 논의들이 나오기 시작했다.[23] 심훈과 김기진은 노라와 〈인형의 집〉이 이미 시대에 뒤떨어진 것이라는 세간의 흐름에 대해 아쉬움을 피력했지만,[24] 김영팔은 '노라의 시대'는 지나갔으며 이제는 〈사회의 기둥〉이나 〈민중의 적〉을 상연하기에 적합한 시기라고 진단하였다.[25] 그러다가 1930년대 초반을 넘어서면, 〈인형의 집〉의 문제성은 이제는 좌파와의 경합도 아닌 명실공히 골동품이 되어가고 있었다. 1934년, 〈인형의 집〉은 실로 오랜만에 극연에 의해 무대화되었고, 얼마 지나지 않아 경성여자기독청년회에 의해 〈유령〉이 차례로 공연되었다. 그러나 이상춘이 〈인형의 집〉 공연에 대해 "과거 옛날에 있었던 골동품"으로 해석한 것에서 유감을 표했듯이,[26] 이 작품은 대문호의 걸작에 대한 예우 차원으로 유지되고 있었다. 2년 후, 전일검은—

---

23) 이런 사정은 일본에서도 비슷하였다. 전일검은 자신이 축지소극장과 관계하던 시절의 경험을 바탕으로 하면서, 1930~1933년 동안 축지소극장은 일본프로극의 전성시대였으므로 입센의 작품은 거들떠보지도 않았고, 1933년 하반기 일본신극단체 사이에서 근대극에 대한 관심이 다시 일어나면서 그 다음해 2월 〈노라〉가 공연되었으나 참패했다고 전한다. 전일검, 「노라 인상기－벌서 박물관적 존재인가?」, 『조선일보』, 1936.5.23.

24) 심훈, 「입센의 문제극」, 『조선일보』, 1928.3.20; 김기진 씨 담, 「입센과 조선의 극작가」, 『매일신보』, 1928.3.20.

25) 김영팔 씨 담, 「노라와 조선여성」, 『매일신보』, 1928.3.20.

26) 이상춘, 「극연의 제6회 공연 〈노라〉를 보고 (2)」, 『조선중앙일보』, 1934.4.24.

1920년대의 김영팔이 그랬듯이—입센의 사회극보다는 초기의 시극이나 만년의 상징극에 기대를 표하였다.[27] 이후 입센의 초기작 〈헬게랜드의 해적〉과 후기작 〈작은 이욜프〉가 공연된 것이 우연만은 아니었던 것이다.

다른 하나는 〈인형의 집〉에 대한 일본의 견제이다. 이미 두 번의 공연이 있은 다음이었지만 심훈의 다음과 같은 발언은 이 작품이 검열의 상황에서 그렇게 자유롭지 않았음을 암시한다—"우리 일반 민중에게는 거의 소개가 되지 못하였으니 〈인형의 집〉이 여학생들의 손으로 상연되었던 것을 구경한 기억이 남아 있을 뿐이요 그나마 여성에게 반역의 정신을 고취한다는 구실로 당국의 금지를 당하고 있습니다."[28] 세 번째 공연에서도 이를 암시 받을 수 있는데, 월간잡지 중성사가 원래는 창간호 발행 즉시 상연하려 했는데 "여러 가지 수속관계"로 연기되었다가 검열 허가가 나와 이제야 공연케 되었다고 언급한 대목이다.[29] 네 번째의 극연 공연에서도 마찬가지이다. 원래 이 공연은 4월 12~13일에 상연될 것이라는 광고가 나간 바 있지만,[30] 이후 아무런 해명도 없이 18~19일에 공연되었고 『매일신보』에는 "특히 이 극본은 문제의 희곡이니만치 검열당국의 조건부 허가에 의하여 조선 상연은 금회로써 최후로 하게 되었"[31]다고 공지되었다. 물론 그 이후로 〈인형의 집〉은 해방이 될 때까지 공연되지 않았다. 총독부 영향 하에 있던 『매일신보』에 〈인형의 집〉이 '번역' 연재된 바 있고 경성방송국은 입센 탄생 100주년 기념으로 입센 생애에 대한 강연과 〈인형의 집〉, 〈유령〉을 편성한 적도 있었지만,[32] 일본은 공연에 대해서는 일정한 제약을 가했으며 1930년대

27) 전일검, 「노라 인상기－벌서 박물관적 존재인가?」, 『조선일보』, 1936.5.23.
28) 심훈, 「입센의 문제극」, 『조선일보』, 1928.3.20.
29) 「〈인형의 가〉 상여, 중성사 독자 위안」, 『동아일보』, 1929.5.3.
30) 『동아일보』, 1934년 3월 23일자에 실린 박스 광고.
31) 「극연 제6회 공연 입센 작 〈인형의 가〉」, 『매일신보』, 1934.4.18.
32) 「금일은 북구 문호 입센 백년제」, 『매일신보』, 1927.5.23. 이 기사 바로 옆에 방송프

초반을 경과하면서 그런 태도를 좀더 분명히 했다. 가부장적인 파시즘을 공고히 해가고 있던 일본의 식민정책적 입장에서 보면, 〈인형의 집〉과 같이 개인주의적이거나 자유주의적인 작품은 사회주의적인 것과 함께 엄격히 통제되어야 했기 때문이다.

이처럼 대문호로 호명된 입센, 그리고 근대극의 전범으로 세워진 그의 희곡이 정작 '번역'되거나 공연된 사례는 의외로 적은 편이다. 입센 사후 30주년을 기념하여 1936년 5월 23일에 열린 극단·문단·화단의 '추모회합'을 끝으로 입센에 대한 논의는 사실상 종결되었다.33) 이는 입센이 극작가로서보다는 사상가로서 수용된 측면이 컸기 때문일 수도 있다. 그러나 어차피 입센 희곡이 '번역'·공연될 수 있는 경제적·정치적인 환경과 연극계의 물적 조건이란 하루아침에 해결될 수 있는 문제는 아니었기에, 담론상의 활발함이 상대적으로 두드러져 보인 것일 수도 있다. 그럼에도 불구하고 입센 희곡의 '번역'·공연의 실제는 입센 사상의 번역과 불가분의 관계에 있었으며, 그것은 입센의 번역적 현상에 놓인 심층이라 할 수 있다.

3. 노라이즘의 '열기'

입센의 번역을 살펴보는 데 있어서 가장 중요한 키워드는 〈인형의 집〉

로그램 편성표가 실려 있다. 그런데 사실 탄생 100주년은 1928년이었고 그 다음해에도 매체들은 100주년 기념 특집을 실었다.

33) 추모회합은 김광섭, 홍해성 외 26인이 발기하여 5월 23일 7시 종로 韓靑 빌딩 2층에서 열렸다. 「문단·극단인 발기로 입센 기념회합」, 『동아일보』, 1936.5.23; 「입센추모회합」, 『조선일보』, 1936.5.24 참조.

이다. 사실상 모든 논의들은 이 희곡으로부터 시작해서 끝난다고 해도 과언이 아니다. 1920년대 초반 이 희곡에 대한 지식인 사회의 관심이 어느 정도였는지는, 양백화 역의 〈노라〉에 나혜석 작사와 백우용 곡이 붙여진 악보, 김정진의 「序」, 이광수의 「노라야」, 김일엽의 「跋」 등이 수록된 것만 보아도 짐작되고도 남는다. 희곡집에, 그것도 번역극집에 당대 명망가들의 글들을 수록한 이와 같은 편집은 전무후무할 것이며, 그만큼 〈인형의 집〉이 사회적 반향이 매우 컸음을 말해준다.

〈노라〉의 발간에 대한 당대 지식인들의 태도는 대체로 환영하는 분위기였다. 김정진은, "나는 무엇보다도 자각이 없는 우리 사회에서 이 각본으로 큰 교훈을 얻을 줄 믿으며, 더욱 여자사회에서는 '인(人)의 처가 되기 전에 사람이 되어야겠다'는 노라의 대화를 참으로 이해할 여자가 많이 출현되기를 바라는 바"[34]라 했고, 김일엽은 "만일에 누가 그네들의 잠을 깨워주지 않는다 하면 그네들 중의 남자는 영구히 반성이 없는 헬머대로 있을 것이요 여자는 어느 때까지든지 각성치 않는 노라 그대로 있을 것이니 그 얼마나 우리 인문발달상에 방해가 되겠습니까?"[35]라면서 「인형의 집」이 양성 모두에게 요청되는 혁명적인 전환임을 강조했다. 1910년대부터 연극활동을 해온 윤백남도 『노라』의 발간을 축하했다.[36]

〈인형의 집〉이 문제적이었던 것은 '자각'이라는 주제도 만만치 않으려니와 그 주체가 여성이었다는 점에 있었다. 이때의 '자각'이란 나혜석의 표현을 빌자면 "眞의 연애"요, 참된 연애란 '개인'과 '인간'으로서의 자각 속에서 이루어짐을 의미한다.[37] 그런데 바로 그 주체가 여성이기에 필연적으로 그 자각은 양성 관계에 혁명적인 변화를 수반할 수밖에 없

34) 雲汀生, 「序」, 『노라』, 영창서관, 1922.6, 3면 참조.
35) 김일엽, 「跋」, 위의 책, 177~178면 참조.
36) 윤백남, 「'노라의 출현'을 축하야」, 『시사평론』 3, 1922.7.
37) 나혜석, 「이상적 부인」, 『학지광』 3, 1914.12.

다. 번역주체들이 한결같이 노라가 이른바 '성적 도덕의 혁명'을 구가했다는 점을 높이 평가한 것도 그 때문이다. 가령, "노라가 처(妻)된 업무와 모(母)된 직책 외에 '사람노릇 하겠다'는 직무가 또 있다 하여 남자와 같이 여자도 일개 인간으로 동등의 권리를 보지하여야 하겠다고 주장한 것은 확실히 재래 남녀관계에 대한 일종의 혁명"[38]이었다. 김윤경은 "부인의 '개인'으로서의 각성과 '인간'으로서의 각성에 따라 생긴 남녀평등감(男女平等感)을 만족히 하려는 운동"이 전개되는 가운데 〈인형의 집〉을 비롯한 입센 희곡이 "남녀의 성적 도덕의 혁명을 가장 힘있게 표현"했다고 지적했다.[39] 그리고 "자각적인 태도로 진정한 연애를 얻어야만 이 사회라는 것이 참으로 향상의 길을 얻"[40]을 수 있으며 만약 성(性) 문제가 해결되지 못하면 "그 개인의 파동이 일어남을 따라 그것이 가정에 미치고 사회에 미치고 심지어 한 민족 전체에까지"[41] 미칠 것이기 때문에, '성적 도덕의 혁명'이 사회적으로도 매우 중요하다고 주장했다.

여기에 남성 중심사회에 대한 비판도 따랐다.[42] 유우상[43]은 그 중 매우 강도 높은 비판을 가했다. 입센 희곡의 사회관이 "절대평등으로 기초한 양성의 사상혁명"에 있고 "현존한 사회조직의 일체 권위 신념 의무……에 반항하여 도전하는 이 모든 강렬한 진리의 파지자(把持者)의 개성적 사상혁명은 여성주의 속에 배태"되었다고 보았다. 이어서 "현대의 혼인이 부도덕한 매매적(賣買的)이며 법률이 규정한 매음제도"라는 시각 속에서 "여성은 사회의 특권을 상실한 노예일 뿐 아니라 가정에

38) 김한규, 「성적 도덕의 혁명 (1)」, 『신천지』, 1921.10, 32면(신정옥, 앞의 책, 26면에서 재인용).
39) 김윤경, 「부인문제의 의의와 부인운동의 유래」, 『신여성』, 1924.8, 9면, 11면 참조.
40) 현철, 「근대문예와 입센」, 『개벽』, 1921.1, 136면 참조.
41) 적구, 「조선의 안해여! 먼저 노라가 되라! (하)」, 『조선일보』, 1927.11.17.
42) 예를 들어 윤백남은 여성이 남성의 노예와 같은 대접을 받으면서 사람의 자격을 주지 아니하고 '계집'이라는 대명사로 불려졌음을 지적한다. 윤백남, 「'노라의 출현'을 축하야」, 『시사평론』 3, 1922.7, 166면 참조.
43) 유우상, 「여성의 혁신생활-입센의 여성주의」, 『신여성』, 1926.1.

있어 폭군의 노예이며 부모의 노예"라는 것이다. 노라의 자각이 위대함은 바로 이러한 불평등한 제도가 '자연율과 사람성(性)'과 부조화한다는 사실을 깨달았기 때문이다. 입센의 〈인형의 집〉 비망록이 여러 차례 인용된 것도 그런 맥락에 있다.

> 한 개의 여성은 현재의 사회에서는 그 여자의 자신의 것이 되지 못한다. 그것은 남성의 사회이다. 법률은 남성의 손에 맨들였다. 여성의 행위가 남성의 시점에서만 판단되는 재판제도를 가졌다. 그 여자는 문서위조를 했다. 그러나 그 여자는 그것을 잘한 일인 줄 알았다. 왜 그러냐면 그 안해는 그것을 남편의 대한 애정에서 남편의 목숨을 구원하려는 진심으로 감히 행한 일이었던 까닭이다. 그렇지마는 세간의 명예를 무엇보다도 소중히 여기는 그 안해의 남편은 법률을 제일로 알고 이 문제를 끝까지 남성의 눈으로만 본 것이다.[44]

따라서 노라의 가출은 도덕적 비난을 받지 않았으며 정당한 것으로 지지되었다. 양백화는 "노라가 집을 나아감을 비난을 마십시오. 사회의 적폐(積幣)는 참 애정을 부패케 하여 인형의 집이 되게 하고 자유의 정신은 무학의 소녀로 하여금 노라라는 여성을 맨든 것이"[45]라 했고, 염상섭도 "혹간 그 취하는 바 수단의 적부(適否)는 있다할지라도 우리 신인(新人)의 견지로서는 찬동"[46]했다. 또한 노라이즘을 긍정하고 지지하기 위해 번역주체들은 종종 〈유령〉과 〈바다에서 온 여인〉을 인용하곤 했다. 만약 노라가 그대로 주저앉았다면 〈유령〉의 알빙 부인이 되었을 것이며, 〈바다에서 온 여인〉의 엘리다는 '기적 중의 기적'과 함께 자각의 과정을 거치면서 '돌아온 노라'가 되었다는 것이다.[47] 특히 이상수

44) 홍해성, 「〈인형의 가〉의 해설」, 『조광』, 1936.5, 353면 참조. 이 비망록이 처음 소개된 것은 양백화의 「〈인형의 가〉에 대ᄒᆞ여」(『매일신보』, 1921.4.8)에서이며, 1926년 5월 23일자 『시대일보』에 「근대의 비극—입센 사후 20주기를 당하야」에도 실린 바 있다.

45) 백화, 「역자언」, 『노라』, 영창서관, 1922.6, 13~14면 참조.

46) 염상섭, 「지상선을 위하야」, 『신생활』, 1922.7, 69면 참조.

47) S.P.생, 「문제극 〈인형의 가〉와 〈해부인〉」, 『신여성』, 1924.5.

가 〈해부인〉을 '번역' 출간할 때 이 희곡을 "〈인형의 가〉의 자매편이라 할지? 속편이라 할지? 계통적 사상으로 저작한 것"[48]으로 소개했을 만큼, 엘리다의 자각에 무게를 두고 해석되었다.

신문의 논단에서는 때로는 강도 높게, "사랑하는—이해 있는 여성이 있거든" 혹은 "오직 남편이라는 자리를 빙자하고 폭군으로서 임하여 모든 것에 전횡적으로 지배하려 하거든" 과감히 가정을 버리고 나가라고 권장하면서, "많은 노라가 생겨날 때 조선의 성의 혁명은 비로소 시작"될 것이라 주장했다.[49] 여성들이 노라와 닮기를 권장하는 것이 일종의 사회적 분위기처럼 형성되어 있는 듯했다. 가령, 함북 웅기에서 발족한 기독여자청년회를 축하하는 한 기자는 다음과 같이 노라를 인용해온다.

> 남의 안해나 어머니가 되기 전에 먼저 사람이 되어 달라는 것이다. 이때까지의 여성들은 모다 나는 무엇보다도 위선 '사람'이라는 철저한 의식이 없이 먼저 남의 안해나 어머니가 되어 왔으므로 안해로서의 남편에게 완롱물이 되고 어머니로서의 자식에게 어떠한 기계가 되어왔을 뿐이다. (…중략…) 여러분! 먼저 사람으로서의 권리를 찾고 사람으로서의 의무를 다하라. 그러면 여성운동의 모든 문제는 다 해결될 줄 안다. 그리하여 여러분 가운데서 세계의 여성운동에 일대 혁명을 일으키던 입센의 걸작 〈인형의 가〉에 '노라' 같은 여성이 많이 나와주며 또한 일국의 여왕으로 대정치가로 그의 威德이 능히 남자 제왕을 능가하던 신라의 진덕 성덕과 같은 여장부며 또한 세계여성운동의 선구자 에렌이 여사 같은 女偉人이 많이 나와주기를 간절히 바라고 아울러 이 회의 장래 발전과 회원 제씨의 건투를 빌며 이만 그친다.[50]

기자, 「근대의 비극—입센 사후 20주기를 당하야」, 『시대일보』, 1926.5.23.
서항석, 「근대극과 여성」 제5회, 제8회.
홍해성, 「여기청 공연을 앞두고 극본 「유령」에 대하야 연출자로서의 소감과 해설(상)」, 『동아일보』, 1934.6.20.

48) 이상수, 「머리말」, 『해부인』(헨릭 이브센, 이상수 역), 한성도서주식회사, 1923, 1면 참조
49) 적구, 「조선의 안해여! 먼저 노라가 되라! (하)」, 『조선일보』, 1927.11.17.
50) 웅기 일기자, 「기독여청발회식에 대하야」, 『조선일보』, 1926.11.21.

노라는 사회에 일대 변혁을 가져올 수 있을 것 같은 흥분을 몰고 온 듯했다. 노라는 그때까지 진행되어오던 여성의 권익과 지위를 향상시키고자 하는 운동을 총화하는 상징적 중심으로 떠올랐다. 입센 희곡이 근대극의 전범이 되고 있던 경로와는 별도로, 노라이즘은 사회적인 반향을 크게 일으키면서 적극적으로 수용해야 할 시대정신으로까지 고양되었다. 그러나 노라이즘의 '열기'가 바꾸어 놓은 것은 아무것도 없는 것처럼 보였다. 다음은 바로 거품처럼 피어올랐다가 이내 꺼져버린 그 '열기'가 어떤 경로에서 이룩될 수 있었는지를 살피고 있다.

4. 근대적 기획으로 호명된 노라, 그 불온한 전용

〈인형의 집〉과 〈유령〉은 유럽에서 공연되었을 당시 상당한 논쟁을 불러일으켰으며 지역에 따라 한동안 공연되지 못하거나 원작을 수정해야만 하는 불운을 겪기도 했다. 사회적 논쟁을 촉발시키는 이런 성격을 조선의 번역주체들도 충분히 알고 있었고 이를 '문제극'이라 특징화했다. 그럼에도 불구하고 조선에서는 〈인형의 집〉을 비롯한 입센 희곡은 격렬한 논쟁의 대상이 아니었다. 대체로 입센은 대문호로서, 그의 희곡들은 근대문예의 전범으로서, 노라는 근대적인 여성상으로서, 당연히 추앙되는 대상이었다. 입센의 가치는 자명했다. 그렇다면 노라의 가출과 같이 상당히 도발적인 주장을 포함하는, 이른바 노라이즘이 어떻게 해서 완고한 조선사회에서 별다른 거부감 없이 지지될 수 있었던 것일까.

먼저, 당시 자료들에서 입센이 종종 '개인주의자'로 묘사되고 있음을 주목할 필요가 있다. 현철은 입센의 사상이 개인주의임을 지적하지만 그것이 사회와의 관계를 몰각한 '절대개인주의'가 아님을 강조했다.[51] 또한 김석송은 입센을 "부인해방의 주창자인 동시에 철저 개인주의자"[52]로, 박영희는 입센이즘이 바로 개인주의라 해설했으며,[53] 김광섭은 입센을 개인주의자인 동시에 이상주의자로 보았다.[54] 입센을 개인주의자로 묘사하는 맥락은 특히 노라의 자각과 결부되어 있다. 번역주체들은 노라의 자각으로부터 개인주의의 위대함을 이끌어냈으며, 근대적 자아의 획득과 개성의 발현을 발견했다. 이를 가장 세밀하게 보여주는 글이 염상섭의 「지상선을 위하야」[55]이다. 염상섭은 우선 노라의 '선전포고'가 "기억만의 여성을 위하여 만장(萬丈)의 기도(氣焰)일 뿐 아니라 실로 영적으로 거세된 전인류에게 대한 일대 경고요 교훈"이었음을 선언적으로 제시한다. 염상섭은 이런 그녀를 "해방의 전야에 맥진하는 정의로운 반역자"라 불렀으며, 노라가 성취한 '지상선'을 다음과 같이 설명한다.

> 자기혁명이라는 것은 陳舊한 자기에게 대하여 반역하고 새로운 자아를 확충하며 완성함을 이름이니 이러한 의미의 반역은 곧 지상선이다. 따라서 노라가 기억만의 여성의 선두에 立하여 모든 권위에 대한 반역자로서 묵은 도덕, 그릇된 관념, 폭군적 남성, 묘지와 같은 가정……에 향하여 모반의 一矢를 放하고 무엇보다도 爲先 자기에게 대한 충성을 다함으로써 자기혁명의 대사업을 완성하려는 거기에 노라의 생명이 勇躍하였으며 위대한 영혼이 체험한 바 지상선이 성취하였음을 시인치 않을 수 없다.(71~72면).

이런 판단의 근거는 현재의 가족제도가 "관념의 사생아, 전제주의의

---

51) 현철, 「근대문예와 입센」, 『개벽』, 1921.1, 134면 참조.
52) 김석송, 「성적 관계의 일고찰 (상)」, 『계명』, 1921.5, 35면(신정옥, 앞의 책, 26면에서 재인용).
53) 박영희 편, 「중요술어사전」, 『개벽』 49, 1924.7(신정옥, 앞의 책, 27면에서 재인용).
54) 김광섭, 「입센의 예술과 사상」, 『극예술』 창간호, 1934.4.
55) 염상섭, 「지상선을 위하야」, 『신생활』, 1922.7.

잔해"라는 사실, 즉 "기계화한 도덕의 청수(青銹)로 장식한 전통 위에 형성"된 질곡이라는 데 있다. "주종의 관계요, 강자가 약자에게 군림한 一형식에 불과"한 금일의 가족관계로부터는 개성의 자유, 자아의 확립, 인격의 존숭과 같은 지상선을 성취할 수 없는데, 노라는 바로 그에 대한 반역적 행위를 통해 지상선을 성취할 수 있었다는 것이다. 즉 염상섭이 노라로부터 발견했던 것은 근대적 개인이었으며, 이는 새로운 도덕으로서 의미화하고 있던 개인주의의 옹호였다. 다시 말해 「인형의 집」이 성도덕의 혁명을 포함하기도 하지만 그것의 궁극적인 가치가 근대적 자아의 획득, 개성 실현에 있음에 날인한 것이다.

더 나아가 근대적 기획의 일환으로 선택된 개인주의는 조선의 내셔널리티를 상상하는 경로이기도 했다. 여기서 입센의 개인주의를 좀더 특징적으로 묘사한 것이 '무정부주의'였음을 참조할 필요가 있다. 입센은, "과도(過度)의 개인주의, 지적(智的)으로 일개의 무정부론자",[56] "무정부주의적 개인주의자로서 국경을 넘어서 타계를 방랑한 一人의 '코스모포리탄'",[57] "무정부주의의 색채가 농후한 개인주의자"[58]로 표현되었다. 정인섭 역시 "개인주의에서 출발한 그는 개성의 존엄을 몰각하는 사회와 국가는 모두 허위라 생각하였고 참다운 이상과 정의는 항상 소수자에 있으며 개인에게 있다고 보았다"[59]고 말한 것은 입센의 무정부주의적인 성격을 지시한 것이었다. 이처럼 번역주체들이 입센에게서 개인주의와 무정부주의를 연계한 것은 그의 이력이나 작품—특히 「민중의 적」—으로부터 온 것이었겠지만, 어떠한 권위와 권력과도 맞설 수 있는 힘을 보유한 개인주의가 식민지의 번역주체들에게는 '국가' 일본에 대한 부정을 포함하는 무정부주의와 내적인 연관을 맺었으리라는

56) 뿌탄다 마슈스, 윤백남 역, 「위대한 극작가 '입센'론」, 『시사평론』 4, 1922.8.
57) 유엽, 「입센의 생활과 사상-그의 출생 후 백년에 際하야 (10)」, 『동아일보』, 1928.3.29.
58) 김영팔 씨 담, 「노라와 조선여성」, 『매일신보』, 1928.3.20.
59) 정인섭, 「입센 永生」, 『신생』 18, 1930.3.

것은 어렵지 않게 상상할 수 있다.

그리하여 노라이즘은 순간순간 개인주의의 실현, 조선의 내셔널리티 기획으로 대체된다. 계속해서 「지상선을 위하야」를 예시하자면, 다음과 같은 내용들은 논리적으로 비약적 진술임에도 불구하고 '지상선'이 네이션 차원에까지 잇닿는 기획임을 암시하는 대목들이다—"나라를 팔고 민족을 판 자는 위선(爲先) 자기의 전존재를 들어 타협이라는 사탄에게 봉상한 자이다" "이미 인격의 존엄을 무시하고 이해가 상호충돌하는 이상 소위 일가의 평화이니 화합단란이니 함은 혹시 불평분자를 억압하는 구실은 될지 모르나, 그것은 결국 현대조선의 위정가가 표방하는 모든 감언미사와 다를 것이 없다" "이민족이 너의 국토를 빼앗고 너를 다스리겠다고 할 제, 너는 어찌하였느냐? 또한 어찌하려느냐?" 그리고 다음과 같은 결론을 내린다—"이러한 의미의 자아주의를 기초로 한 신도덕이 확립하는 때에 비로소 사(私)로는 인격의 대(大)를 완성할 수 있고 공(公)으로는 자각 있고 근기(根氣) 있으며 용감하고 철저한 봉사와 희생의 정신을 발휘할 수 있게 될지요, 따라서 일민족의 번영, 전인류의 행복을 가히 기할 것이다."

노라이즘이 이처럼 조선의 내셔널리티 기획과 연계될 수 있던 것은 사실상 노라가 상상된 네이션과 동일시될 수 있었기 때문이다. 노라는 분명 억압/피억압, 지배/피지배의 모델 속에서 배치되어 있고, 이는 입센이 자신의 희곡에서 분명히 의식적으로 구도화한 것이기도 하다. 입센은 여성을 노동계급과 마찬가지로 중요한 피지배 계급으로 이해하고 그 지위변화를 통해서 사회의 개조를 꾀하였다—"지금 현재 피방(彼方) 구라파에서 성행되는 사회상태의 개조는 노동자와 부인에게 여(與)하는 장래의 지위에 큰 관계가 있는 것이라. 그래 나는 장래 내 힘이 살아있는 데까지는 생명을 도(賭)하여서라도 일하려 하며 또한 일하지 아니하면 안 될 일이 이것이라."[60] 그런데 번역주체들에게 있어서 노라는 곧 일본의 식민지로 전락한 조선으로 연상되었고, 노라의 자각은 번역주체들을 억압하는 두 가지의 차원, 즉 전근대적인 조선사회의 속성과 '국가'로 군림하고 있는 일본을 극복하고자 하는 일종의 근대적 · 탈식민적 기획으로까지 독해되었다.

이럴 경우 노라로부터 젠더적 표지는 가급적 지워지고 인간 보편 문제의 강조로 대체되는 것은 정해진 수순이다. 입센 희곡이 '주의의 선전'을 목적으로 하지 않았다는 주장은 1930년대 중반에 이르러 더욱 강화된다. 그리하여 〈인형의 집〉이 근대의 여권확장에 적지 않은 기여를 했지만 '부인문제' 중의 전형적인 것으로만 취급된 오해가 있었다고 재해석한다.[61] 〈바다에서 온 여인〉의 경우, 〈인형의 집〉에서는 만날 수 없었던 '기적 중의 기적'이 강조되면서 엘리다의 자각보다는 '돌아온 노라'에 좀더 무게가 실리는 것도 변화의 하나이다.[62] 그리고 번역주체들은 종종 입센의 발언을 그 논거로 삼기도 했다. 아래의 인용문은 양백화가 처음 소개한 것으로, 1898년 크리스치아나의 노르웨이 여권동맹의 축하회에서 입센이 연설한 것인데 양백화 자신은 이를 인용하면서도 그럼에도 불구하고 입센이 여성문제에 대한 의식적인 접근이 처음부터 있었음을 또 다른 논거를 인용하면서 해석했지만, 이후 이를 부분적으로 인용하는 논자들은 입센의 문제성에서 '여성'을 지우는 논거로 활용했다.

> 余는 여권동맹의 회원이 아니올시다. 나의 지은 것은 하나도 주장을 넓히려고 의식하고 적은 것은 없습니다. 나는 세상 사람이 보통으로 아느니보다 보담 더 시인이요 보담 적은 사회철학자올시다. 여러분의 축배에 대하여는 감사하나 여권운동을 위하여 일하였다 하는 명예는 사퇴할밖에 없습니다. 나는 대체

60) 백화생, 「〈인형의 가〉에 대ᄒᆞ여」, 『매일신보』, 1921.4.8.

61) 서항석, 「입센과 여성문제」, 『신가정』 4 / 5, 1936.5.1.
서항석, 「(입센 사후 30년특집)헨릭 입센과 현대－제가의 『입센관』을 엮으면서」, 『동아일보』, 1936.5.23; 이헌구, 「입센의 사조적 이단－특히 〈인형의 가〉를 논하면서」, 『조광』 2 / 5, 1936.5.

62) 서항석, 「근대문학에 나타난 부인문제」, 『신동아』 43, 1935.5, 141면 참조.

> 여권운동이라는 것은 어떠한 것인지도 실상은 충분히 모릅니다. 나는 이를 넓히 사람의 문제로 보았습니다. 주의하여 나의 저술을 읽어보시면 이 의미는 알 줄로 압니다. 원래 여권문제도 다른 여러 문제와 같이 이 해결은 바라는 바이나 그러나 그것이 목적의 전부는 아니올시다. 나의 하는 일을 '사람의 묘사'라는 것이올시다.[63]

이렇게 번역주체들이 노라이즘을 개인주의 실현과 조선의 내셔널리티 창출을 위해 전용했음에도 불구하고, 그러나 노라는 기본적으로 그 젠더적 표지를 분명하게 드러낼 수밖에 없다. 노라를 네이션과 동일시하는 번역과는 다르게, 노라는 문자 그대로 노라이즘을 생산하는 활력으로 조선의 여성들에게 영향력을 미치고 있었다. 서항석은 그런 현상을 두고 오스카 와일드의 말을 빌어 '인생은 예술을 모방한다'고 말하기도 했다.[64] 그래서일까. 노라는 입센이 본격적으로 소개되기 시작한 1920년대 초반부터 통제의 대상이 되고 있었다.

5. 성 정치의 이원적 전략

이즈음에서 입센을 번역했던 주체들이 대부분 남성이었음을 환기해 두고자 한다. 입센과 관련된 당대 자료 100여 편 중에서 필자가 확실히 여성으로 알려진 경우는 나혜석과 김일엽 정도이고, 이들의 글은 입센 수용 초기의 단문들밖에 없다. 입센 희곡의 '번역'도 남성들에 의해서 수행되었는데, 그에 따른 언어의 젠더화 문제도 생각해볼 만하다.[65] 가

63) 백화생, 「〈인형의 가〉에 대ᄒᆞ여」, 『매일신보』, 1921.4.7.
64) 서항석, 「근대극과 여성 (8)」, 『동아일보』, 1933.12.5.

령, 〈인형의 집〉의 세 번역본이나 〈해부인〉 모두에서 아내만이 경어를 사용한다. '번역' 원본의 영향일까, 아니면 현실의 반영일까, 그도 아니면 좋게 해석해서 여성이 종속적인 지위에 있음을 강조한 번역일까. 아마도 그 '번역'은 거의 무의식적인 상태에서 수행되었을 가능성, 그리고 그 계기들이 젠더화를 강화하는 방향으로 작용했을 가능성이 높다. 이런 식의 젠더 표지는 입센이 제기하는 문제와는 역방향으로 언어의 규범화를 낳을 수도 있다.[66] 양백화의 번역본에서 노라가 헬머를—수직관계에서나 사용할 수 있는—'나으리'라고 부르는 것도 그런 예다. 또한 오랫동안 노라를 연모해온 랑크 박사가 그녀에게 건네는 대사 중 '사람' 정도로 '번역'되는 대목이 양백화본(100면)과 이상수본(86면)에서는 '사나이'로 선택되어 있다. 적어도 이 대목에서는 일역본을 참조했을 것으로 짐작되는 양백화와 이상수의 '번역'은 일본어에서 진행되고 있던 언어의 젠더화가 그대로 이입되고 있음을 보여준다는 점에서, '번역'에 끼친 일본의 영향을 가늠케 한다.

입센 번역에서 이러한 남성성을 기억해두면서, 먼저 다음의 인용문을 보도록 하자.

> 참으로 노라가 "인의 처가 되기 전에 사람이 되어야 하겠다"는 비장한 부르짖음을 남기고 남편의 집을 떠남이야말로 인생본연의 외침이었다. 혁명의 봉화이었다. 모든 萎縮하고 얼빠진 여자에게 경이의 종소리이었다. 자각의 기쁨과 쓰림에 느끼는 여자에게 다시 얻지 못할 옥조가 되었다. 문호 입센의 靈筆

65) 역자들이 '번역' 원본을 밝히지 않아 분명한 것은 없지만, 원본이 무엇이든 역자들의 자율적인 선택의 폭은 있는 법이다. 예를 들어, 지금 현재 '중국'으로 번역되는 이 어휘는 세 가지 번역본이 모두 다르다. 양백화는 '지나'(139면)로, 이상수는 '청국'(118면)으로, 박용철은 '중국'(489면)으로 번역하였다.

66) "'여성어'의 여러 특징과 '남성어'의 여러 특징을 확실하게 구별하여 사용하고 있다는 것을 일부러 강조하여 기술하고 또 신문연재소설이라는 대중 미디어를 통하여 광범위하게 유포함으로써 언어의 젠더화가 규범화된 것이지 그 역은 성립하지 않는다." 코모리 요이치, 정선태 역, 『일본어의 근대』, 소명출판, 2003, 248면 참조.

은 〈인형의 가〉 노라로써 因循姑息의 여자계에 그 얼마나 辛辣한 자극을 주었던가.[67]

노라가 준 충격은 온전히 '여성들'에게만 해당되는 셈이다. 사실상, 번역주체들은 독자를 대체로 여성들로 한정했고 그녀들에게 '노라가 되라'고 명령했지만, 그들은 남성들을 독자로 삼거나 자신을 성찰하지 않았다. "노라와 같은 남성"[68]을 기대하는 목소리는 그야말로 극소하며, 때로는 노라의 자각을 사적(私的)으로 전용하고자 하는 욕망을 드러내기도 한다. 단지, 그들은 조선의 여성들에게 '무수한 노라'가 많이 나왔으면 좋겠다는 관용의 포즈를 취하거나, '노라를 닮아라!'라는 명령을 할 뿐이다. 입센 사상의 근대적 지위를 강조하는 글에서부터 작품론에 이르기까지, 대부분의 글들이 이를 전면화하지 않을 따름이다.

그러나 관용의 포즈가 흔들리는 국면이 있다. 그것은 노라에 대한 칭송이 관념의 세계에서 일상의 세계로 이동하는 국면이다. 이는 곧 입센을 탈내셔널리티화하면서 전범화하는 다른 한편으로 '조선'이라는 구체적인 현실을 호출하는 순간이다. 입센 관련 자료에서 '입센'과 '조선'이 교차함으로써 그 번역의 방향성이 뚜렷이 나타나는 경우가 그리 흔하지는 않지만, 다음의 두 자료는 입센 번역에 있어서 성 정치의 핵심이 매우 선명하게 드러나는 사례이다.

하나는 이광수의 「노라야」이다.[69] 화자 이광수는 독자를 청자로 삼아 경어체를 사용하여 "마침내 세계의 모든 딸들을 후려내고 말려나 봅니다"라는 우려를 표한다. 그리고 나서 곧 화자는 노라를 청자로 삼아 다음과 같이 훈계하기 시작한다.

불러내어라, 노라야! 세계의 딸들을 넓은 마당으로 모두 불러내기는 내어라.

67) 윤백남, 「'노라의 출현'을 축하야」, 『시사평론』 3, 1922.7, 166면 참조.
68) 심훈, 「입센의 문제극」, 『조선일보』, 1928.3.20.
69) 춘원, 「노라야」, 『노라』, 영창서관, 1922.

마는 노라야! 너는 그네에게 장차 무엇을 주려 하느냐. 너는 그네의 손에서 바늘과 인함박과 어린아기를 빼앗았거니와 그 대신에 무엇을 주려 하느냐. 그네에게 참정권을 주고, 분필을 주고 전차, 자동차의 운전기를 주고 심지어 총과 칼까지도 주었다. 노라야 너는 이리하여 남자와 꼭 같이 되는 것으로 네 목적을 삼느냐. 이제 머리를 깎고 남복을 입고 권련을 피어물고 술이 취해 비틀거리며 大道上으로 다니게 될 때에 너는 비로소 네 개성의 해방을 완성하였다고 개가를 부르려느냐.

(…중략…) 네가 머리를 깎고 남복을 입고 권련을 피어 물고 대도상으로 다니며 남자의 하는 직업은 다 내가 할 것이다 하는 동안 너는 아직 남자의 노예니 네가 사람이란 자각 담에 계집이란 안해란 어미란 자각을 얻어 계집으로 안해로 어미로의 직분을 다하는 때에 비로소 네가 완전한 독립의 개성을 향유하는 사람이 되는 것이다!

(…중략…) 그런즉 노라야, 다시 네 남편에게로 돌아오너라. 그래서 새로운 의미에서 얌전하고 귀여운 안해가 되고 어미가 되어라. 그러면 네 남편이 은행에 지배인이 될 때에 너는 귀여운 안해가 되고 어미가 되어라. 그러면 네 남편이 은행에 지배인이 될 때에 너는 가정의 지배인이 되고, 만일 네 남편이 마치를 들어 힘있게 바위를 따려부시거든 너는 가는 바늘에 고은 비단 실을 꿰어 남편과 자녀의 옷에 수를 놓으려므나. 이것과 저것에 무슨 尊卑, 귀천의 차가 있으랴, 모다 평등이 남녀 피차의 천직이 아니냐(5~6면).

생생한 이미지로 묘사된 노라는, 그러나 개성의 해방을 오인한 탕녀이다. 분명 청자는 〈인형의 집〉의 노라이건만, 이는 명백히 '조선의 노라'를 향한 발화이다. 이광수가 노라의 '가출'이 지니는 상징적 가치에는 동의하는 것처럼 시작했으나 노라를 청자로 삼아 시작한 이 대목에서는, 그 가출은 단지 남성화되는 것을 개성의 해방으로 착각한 어리석은 여성의 행위로 해석되고, 이는 분명 조선의 신여성을 향해 있다. 집을 나간 노라에 대한 이러한 비판은 물론 공적 영역과 사적 영역을 명확히 구분하고 여성의 천직을 사적 영역에 제한하는 기존의 도덕률의 반복이다. 이 훈계가 사실은 조선의 여성에게 향하고 있음은 다시 경어체로 바뀌는 다음 문맥에서 분명해진다. "노라의 소리에 불려나온 우리 누이들"은 "걸핏하면 남녀의 차별을 잊고 남자와 동화함으로만 개성의 해방을 완성하는 것 같이 오해"하는 "그릇된 사상에 침염(浸染)하는 듯함을 볼 때에 심히 초민(焦悶)"하다고 걱정한다. 그리하여 그는 다시 명령문으로 바꾸어 노라로 하여금 조선의 노라들을 다시 '규문(閨門)' 안으로 들어가게 하라는 사역형의 문장을 진술함으로써 글을 마감한다.

이광수는 노라와 조선여성을 교묘하게 겹쳐 놓으면서 치기나 부리는 어린애로 노라를 번역하고, 노라의 아버지나 헬머보다 더 막강한 '아버지의 이름'으로 훈육하면서 노라를 '규문' 안으로 재배치하는 성 정치를 시도한다. 이는 노라가 번역되는 핵심부를 보여주는 상징적인 장면이다. 이 시기 다른 논자들이 너도나도 노라를 경배하고 있을 때, 이광수의 이 글이 다소 돌출적인 발언임에는 틀림없다. 그러나 바로 이런 관념은 당대 남성적 번역주체들의 저점이었을 것이며, 이는 1930년대 중반을 경과하면서 수면에 떠오를 미래였다. 서항석이 '돌아온 노라' 엘리다에서 입센의 의도를 이끌어내고, 남성과 여성의 직능 차를 전제하며 엘렌 케이의 모성론을 인용한 것은,[70] 정확히 「노라야」의 부활이다.

다른 하나는 유우상의 「여성의 혁신생활—입센의 여성주의」이다.[71] 그는 "현대의 혼인이 부도덕한 매매적(賣買的)이며 법률이 규정한 매음제도"라고 규정하고 입센의 여성 인물들, 노라·헤다·레베카 등을 차례로 칭송하고 그의 전 작품에 묘사된 여성들에 대해 논한다. 다음은 그 첫 번째로 언급된 노라의 위대함을 웅변하는 대목이다.

70) "엘렌 케이 여사는 말하되, '만일 새 사회가 베토벤이나 바그너 될 사람을 기관수로 만들어 놓았다면 그것은 실로 섭섭한 일이다. 그와 마찬가지로 새 사회가 여자로써 영혼의 교육자인 모성이 되게 하지 아니하고 남자와 한가지로 옥외의 노동에 종사케 한다면 이는 막대한 정력의 오용이다' 하였다." 서항석, 「근대문학에 나타난 부인문제」, 『신동아』 43, 1935.5, 143면 참조.

71) 유우상, 「여성의 혁신생활—입센의 여성주의」, 『신여성』, 1926.1.

노라의 위대한 성격은 어느 점인가. 노라는 인위적 법률이 자연률과 사람性으로 부조화되는 절대성을 마침내 자각하였습니다. 해방을 부르짖으며 임질의 富窟로 기어들며 자유연애를 高唱하며 애첩의 옥좌를 다투는 조선에 흔한 신여성과는 개안의 본질이 다릅니다. 한줄기 희망을 품은 이 고민의 조선사회의 선구라 할 만한 신여성은 오히려 망원경 꼭지를 거꾸로 들고 戰地에서 있지 않습니까? 노라는 분연히 자기 몸에 불을 놓아 敗滅하여 가는 여성전선에 봉화를 세웠습니다. (…중략…) 노라는 새 힘의 이상이며 혁명의 씸볼이었습니다. (밑줄-인용자, 62면)

노라를 한껏 이상화하는 대목에 느닷없이 삽입된 조선의 신여성은 노라와 극명하게 대비를 이루는 창녀의 이미지이다. 조선의 신여성에 대한 이 지독한 혐오는, 그러나 조선을 떠나 입센의 여주인공들에게로 옮겨가면 다시 '위대한 여성의 힘'을 찬미하는 태도로 돌변한다—"아! 위대한 힘이 여성의 힘이여. 인류역사의 첫날부터 영웅과 천재의 배심(背心)에는 태양다운 미인이 있었습니다. 그러하외다. 미인의 애정이 영웅과 천재를 운전하였습니다. 옛말의 '경국미인(傾國美人)'은 거듭 씹을 금언이 아닙니까." 이런 태도는 성녀와 창녀를 저울질했던 수많은 가부장적 담론들의 반복이기도 하지만, 입센의 번역과 관련하여 의미있는 시사점을 제공한다. 즉 텍스트의 노라는 이상화·전범화되어 찬미의 대상으로 재현되지만, 현실의 노라, 조선의 노라는 그런 노라에 다다르지 못한 불량품으로 재현된다는 점이다.

이광수나 유우상이나 여성에 대한 정치적 입장은 크게 다르지 않다. 두 번역주체에게 있어서 여성은 똑같이 성 정치의 대상으로 존재한다. 한편으로는 노라를 근대적 개인의 전범으로 삼음으로써 근대적 기획의 명분을 획득해야 했으며, 다른 한편으로는 노라가 조선여성들을 장악하는 것을 경계해야 했다. 그 효과적인 방안은, 노라를 어떤 실천적 계기와도 절연시킨 채 정전 안에 유폐시키고 전범화하는 것이며, 그 명분으로 당대 조선의 신여성을 비판·훈육하는 것이다. 그렇기에 '조선에는 노라다운 노라가 없다'는 진술이 성립될 수 있었다. 당시 신문 매체도 그에 일조했다. '노라'는 대중적으로 널리 알려진 인물이었기에 사건 기사 제목에 인용되곤 했지만 이 과정에서도 이원적인 성 정치가 수행되고 있음을 확인할 수 있다. 한편으로는 조선에는 노라와 같은 이가 없다고 탄식하면서 강제로 조혼한 여성의 연애에 대해서는 남녀평등 여성해방 자유결혼을 부르짖기 전에 '노라'가 먼저 되어야 한다고 훈계하고, 다른 한편으로는 맹목적 연애로 거룩한 모성애를 짓밟은 여성을 '조선의 노라'로 의미화했던 것이다.72)

6. 맺음말

입센을 비롯한 세계 여러 작가들이 대문호로 호출된 저간의 사정에는 일본에서의 사례가 놓여있음이 분명하다. 일본은 메이지 시기의 '번역시대'를 거쳐 이미 세계문학에 대한 상을 그리고 있었고, 1920년대 중반이 되면 외국문학의 정전화 작업이 거의 완성된다. 신조사(新潮社)가 1927년『세계문학전집』을 발간하기 시작한 것이 바로 그때이다. 조선에서 외국문학의 정전화 과정은 사실상 일본의 사례가 별도의 검증절차를 거치지 않고 수입된 측면이 크다. '번역'이나 그와 관련된 상당수의 글들이 일역의 중역이거나 일본 평론의 윤색일 가능성도 대단히 높다. 이 점은 비교문학적인 견지에서 매우 정밀한 연구를 요하는 대목이라 할 것이다.

72)「노라가 되기를 바란다」,『시대일보』, 1924.10.11.
「조선의 노라여! 왜 집을 나갓는가?」,『매일신보』, 1935.2.13.

그러나 이를 염두에 둔다고 할지라도 실제로 번역하는 과정에서 일본과 조선이 동질적이라고 말하기는 어려울 것이다. '조선'은 대한제국이 근대국가로의 전환에 실패하고 식민지로 전락한 상황에서 상상된 네이션으로 존재하면서, 번역을 '조선'의 내셔널리티 창출에 필요한 근대화・탈식민화의 채널로 삼았기 때문이다. 입센과 〈인형의 집〉이 몰고 온 노라이즘의 '열기'가, 사실은 근대적 기획으로 제출된 개인주의의 실현을 위해서 호명된 것이었음을 지적한 것도 바로 그 같은 맥락이었다. 노라의 자각에 대한 약간의 흥분은 곧 노라를 '조선'과 동일시하는 논리적 연상의 결과이기도 했다. 그러나 노라이즘의 이런 전용은 필연적으로 번역주체의 남성성에 의해 성 정치를 수반할 수밖에 없었다. 일본에 종속적인 '조선'은 노라와 동일시될 수 있지만, 미래의 네이션 혹은 내셔널리티의 실현은 남성성의 회복을 의미했기 때문이다. 따라서 노라는 정전 안에서만 유폐된 채 조선의 노라를 훈육하는 위치에 머물러야 했던 것이다. 아마도 이러한 번역의 성 정치학은 근대문학사의 실제를 참조할 때 좀더 객관화될 수 있으리라 기대한다.

식민주의의 내면화와 내부 식민지

1920~1930년대 소설의 섹슈얼리티 · 젠더 · 계급

이혜령

1. 문제 제기–식민지 문명화

한국 근대문학에서 추구된 근대적 자아는 예술 또한 문학의 자율성 추구의 과정과 긴밀한 연관을 갖고 있다. 문학의 자율성 범주를 문학의 내면화 충동으로 바라본 강상희에 따르면, "이광수의 계몽주의문학이 개인과 민족의 연속성에 근거를 둔 근대적 자아의 발견에 힘을 쏟은 것이라면, 계몽주의문학에 반발한 김동인 · 염상섭 등의 시도는 개성의 자각을 통해 자율적 개인의 자기 동일성을 확보하고자 한 노력이라고 할 수 있다. 자율적 개인이란 근대 자본주의의 산물로서, 사회 체계의 부분적 요소라는 지위에서 벗어나 자기의식과 타자의식 속에서 공히 독립적 단자로 존재할 때, 즉 자기동일성의 원천이 오직 자기 자신에게 있을 때 성립한다."[1] 그러나 이러한 근대적 자아의 개념, 즉 "자신의 '자

아'와 '진정한 정체성'이 '바깥'에 있는 다른 모든 사람들과 사물들에서 격리되어 '내면'에 가두어져 있는 것"이라는 관념은 서구의 근대에 들어 생겨난 인간관일 뿐이다.[2] 자아나 내면을 사회와 대립적인 것으로 두는 근대적 자아의 개념은 '사회화'의 메커니즘을 간과하기 마련이다.

식민지 사회화의 메커니즘은 무엇이었던가. 그것은 제국주의에 의한 문명화, 즉 식민화였다. 최근 한국의 근대사를 바라보는 '식민지 수탈론'과 '식민지 근대화론'이라는 쟁점적인 두 가지 관점은 같은 오류를 범하고 있다. 두 관점은 제국주의의 식민지배에 의해 타율적으로 강제된 근대화가 민족경제에 끼친 결과가 부정적인가 긍정적인가를 두고 상반된 입장을 취하고 있다. 이렇듯 근대화와 민족주의라는 공통된 인식 기반을 공유한다는 점에서, 윤해동은 두 입장 모두 제국주의가 부과한 인식론을 식민지민이 어떻게 수용하고 있었는가를 해명할 수 없다고 비판한다.[3]

> 식민화의 정치 경제는 중요한 것이다. 그러나 식민주의의 조잡함이나 어리석음은 주로 심리학에 해당하며 식민주의 시대의 정신상태를 설명하기 위해 사용된 여러 변수는 근대 식민주의가 세계에 등장한 이래 점점 정치화하였다는 점에서 정치심리학의 영역에 속한다. …… 식민주의를 언제나 한 사회에 이방의 국가가 서는 것으로 시작되고 그 이방의 지배자들이 식민지에서 철수하는 것으로 종결된다고 여기지 않고 하나의 공유된 문화라고 파악하였다.[4]

'제국주의가 식민지민에게 부과한 인식론'은 인용문에서 아시스 낸디가 말한 바, '하나의 공유된 문화'로 현상하는 식민주의의 정치심리학에 해당한다. '문명화의 사명'이란 단지 식민지배자의 우월적이고 일방적인 자기 역할부여에만 국한되지 않는다. 개항 후 제국주의 침탈경쟁

---

1) 강상희, 『한국 모더니즘 소설론』, 문예출판사, 1999, 33~34면 참조.
2) 노베르트 엘리아스, 박미애 역, 『문명화 과정』 I, 한길사, 1996, 96면 참조.
3) 윤해동, 「식민지 인식의 '회색 지대'—일제하 '공공성'과 규율 권력」, 『당대비평』 13, 삼인, 2000년 겨울, 137~139면 참조.
4) 아시스 낸디, 이옥순 역, 『친밀한 적』, 신구문화사, 1993, 30면 참조.

이 이루어진 시기 이후 한국 민족주의 이데올로그의 사명 또한 바로 '문명화'로 포괄될 수 있기 때문이다. 흔히 3·1운동 이후 일본의 문화 정치로의 전환은 민족적 저항을 분열시키고 개량화시키기 위한 기만적인 유화 정책[5]으로 평가되고 있지만, 그것 또한 '문명화'라는 근본적이고 연속적인 틀 속에서 이해해야 한다. 즉 문명화의 사명을 뺀 식민주의는 결코 존재할 수 없었다. 이 지점에서 식민지 규율권력의 문제가 제기된다.

식민지 권력의 주도 하에 정착한 학교·공장·병원, 그리고 각종 근대적 사회제도는 다만 가시적인 물질적 제도가 아니라 새로운 사회적 규범과 인식의 범주를 내면화시키기 위함이었다. "식민지체제는 기본적으로 군사적 강점에 의해, 그리고 경제적 착취를 위하여 성립한 민족적 지배의 역사적 체제이다. 그러나 식민지 권력은 지배체제의 유지와 재생산을 위하여 지적 헤게모니 창출 노력과 함께, 미시적 수준에서의 인간 정치를 발전시켰다. 그런 의미에서 식민지체제는 '근대의 실험장'으로, '진리의 강제'가 이루어진 체제이다. 이 과정은 식민지적 지배의 기본적 전제를 부정하지 않으면서, 스스로를 타자로부터 구별하고, 자기 자신을 자율적으로 규제하는 인간형을 창출하려는 노력으로 특징지워진다."[6]

이 즈음에서 한국의 근대문학은 이러한 문명화 과정에서 예외였는가 또는 1920년대 동인지 문학과 함께 본격적으로 추구되었던 근대적 자아는 과연 식민지 규율권력이 창조하고자 했던 인간형과 무관한 것이었을까, 하는 물음을 던져보자. 이 둘은 적어도 완전히 대립적이거나 배타적인 것이라고 할 수 없으며, 겹쳐진 부분이 있다고 보아야 할 것이

5) 망원한국사연구실, 『한국근대민중운동사』, 돌베개, 1989, 276면 참조.

6) 김진균·정근식·강이수, 「일제하 보통학교와 규율」, 『근대주체와 식민지 규율권력』(김진균·정근식 편), 문화과학사, 1997, 77면 참조. 이 저서의 필자들은 식민지 권력의 주도하에 보급 및 정착된 근대적 사회제도들을 통해, 식민지 권력이 새롭게 창출하려고 했던 인간형과 그 인간형에 부여된 규범과 규율의 내면화 방식을 밝히고 있다.

다. 이는 식민지 시대의 문학의 근본적인 조건을 이해하는 데 있어서도 불가피하다. 김우창은 다음과 같이 말한다.

> 식민 지배의 탄압과 착취는 외부적인 면에서는 비교적 쉽게 알아 볼 수 있는 것이지만, 식민지인의 삶의 모든 면에 작용하는 보다 미묘한 영향력으로서는 쉽게 보이지 않을 수 있는 것이다. (…중략…) 문화와 같은 보다 무형적인 분야에서, 식민주의는 지배문화의 점진적인 침투와 피지배문화의 내적인 붕괴와 부패라는 형태를 띤다. 그것은 외부적인 강압보다는 내적인 괴멸을 통하여 작용한다. 극단적인 경우, 피지배인이 스스로 그러한 점을 의식하기도 전에 식민주의는 그의 마음에 깊이 자리잡고, 정복된 문화에 대한 은밀한 경멸과 지배자들의 승리한 문화에 대한 은근한 부러움과 찬양의 심리를 조성해 놓는다.[7)]

이렇듯 근대문학에서 근대적 자아란 식민지 지배자에 의해 규정된 식민지민이 자기 요구와 욕망을 표현함으로써 탄생한 것이라고 할 때, "욕구의 표현과 공식화가 늘 변증법적인 일이라는 것, 욕구와 욕망이란 늘 어떤 의미에서는 '타자'로부터 돌려 받은 것이라는 것"[8)]이다. 이는 테리 이글턴이 민족주의의 아이러니를 말하는 대목에서 이야기한 것이다. 민족주의는 엄밀한 의미에서는 계급해방이나 여성해방 논리처럼, 특수자가 자신들의 억압당한 보편자의 권리와 요구를 실현할 것을 주장하는 것이다. 즉 민족이나 여성 등 특수자의 욕망과 요구는 그 자체 순수한 자신의 정체성에서 구성되는 것이라기보다는, 자신을 억압하는 타자에 의해서 매개된 것인데, 이를 망각하고 주체를 직관적으로 주체자체로 존재한다고 가정할 때, 자신을 보편자로 격상시킬 때 자신을 억압해온 상황과 인식 자체를 재생산하게 된다. 1920~1930년대 한국 근대소설에 나타난 섹슈얼리티의 양상은 이러한 문제를 논의하는 단서를 제공해 준다.

---

7) 김우창, 「일제하의 작가의 상황」, 『궁핍한 시대의 시인』, 민음사, 1977, 14면 참조.
8) Terry Eagleton, "Nationalism : Irony and Commitment", Terry Eagleton · Fredric Jameson · Edward W. Said, *Nationalism, Colonialism, Literature*, University of Minnesota Press, 1990, p.29.

2. 성적 위계 질서와 내부 식민지

「마음이 여튼 자여」에서 성적 욕망에 탐닉했던 K를 반성하게끔 한 김동인에게 「감자」와 같은 작품이 존재하고, 「타락자」에서 물신화된 성을 비판했던 현진건에게 「정조와 약가」와 같은 작품이 존재한다. 「분녀」와 「들」에서 동물적 본성의 성을 그렸던 이효석은 「화분」을 통해서는 처녀성과 예술을 같은 열반에 두었으며, 「솔거」 3부작에서 금욕적 세계로서의 예술의 절대경지를 그렸던 김동리는 야수적 남성성에 대한 찬탄을 내비친 「황토기」의 작가이기도 하다. 이 대칭적 세계가 1920~1930년대에 걸쳐 공존했을 뿐만 아니라, 많은 작가들의 문학세계에 공존하고 있다는 것을 해명해야 할 필요가 있다. 물론 한 작가의 문학세계에 어떤 연속성의 발전양상으로 체계화할 수 있는 길도 있을 수 있다. 그러나 이 대칭을 가능하게 한 좀더 근원적인 인식론이 무엇이었는지를 밝혀내야 할 필요가 있다.

구체적 양상에서는 차이가 있지만, 1920~1930년대 한국 근대소설에 나타난 섹슈얼리티의 양상에는 어떤 일관성이 있다. 그것은 첫째, 여성에 대한 남성의 성적 지배의 승인이며, 둘째, 섹슈얼리티의 분할이 계급 내지 계층의 분할에 근거하고 있다는 점이다. 이를 차례대로 살펴보겠다.

1920~1930년대 한국 근대소설에서, 서구 지향적이고 개인주의적인 신여성은 서구적 근대화의 부정성을 드러내는 화신으로 재현되었다. 가장 이상화된 여성상조차도 가부장적 질서와 남성의 도덕적 우월성을 보증하는 한에서의 정체성, 즉 처녀성과 모성성에 결박되었다. 여성은 남성 우월적인 시선에 의해서만 재현되었고, 오로지 자신의 성적 욕망에 대해 어떻게 처신하느냐에 따라 가정과 사회, 나아가 민족의 유용한 일원이 되느냐 마느냐가 결정되었다. 한국 근대문학사에서 예외적 존재로

평가받는 이상(李箱)을 보아도 사정은 마찬가지이다. 「날개」에서 '박제가 되어버린 천재'란 여왕봉, 미망인, 즉 남성을 부재를 기도하는 여성에 의해 자율성을 박탈당한 자신의 초상이었듯이, 이상의 작품에서 규범적인 성 역할의 전도, 성적 욕망에 대한 도덕적 우월성의 상실이 근대적 자아의 위기를 보여주는 핵심적 징후였다. 하층민 여성들은 그녀가 매춘을 하든 말든 그녀의 욕망이 어떤 것이든 간에 전통적인 가부장적 질서에 속박된 존재였다.

즉 여성에 대한 남성의 성적 지배의 공공연한 또는 은폐된 승인은 한국 근대문학사에서 리얼리즘이냐 모더니즘이냐, 또는 문학의 도구성에 강조를 두느냐 아니면 자율성에 강조를 두느냐를 떠나서 공통된 것이었다. 물론 이러한 양상을 야기한 사정은 복잡한 것이었다. 이광수의 『무정』에서도 영채의 수난이 이민족에 의한 민족의 수난과 억압을 상징적으로 보여주는 기제가 되었고, 채만식의 「탁류」에서는 모성의 보호를 위한 부권의 확립이 천명되고 있듯이, 식민지 지배는 무엇보다도 '아비부재'라는 말로 민족의 현실을 상징할 수 있는 사정이었다. 이는 집단화된 민족의 현실을 성적인 것으로 재현하는 민족주의 담론의 한 양상을 말해주는 것이기도 하며, 남성의 개인적·사회적 정체성의 위기 상황에 대한 반응이기도 했다. 최정무는 민족주의 담론은 유아화되고 무기력해진 또는 탈남성화된(emasculated) 민족을 재건하는 것을 핵심 임무로 삼는다고 말한다. 즉 민족의 위기와 무기력과 동일시되었음을 의미하며, 따라서 남성적 권위를 위협하는 어떤 세력도 민족투쟁을 방해하는 것으로 의심을 샀다.[9] 염상섭의 「사랑과 죄」·「삼대」, 현진건의 「지새는 안개」·「적도」·「무영탑」 등에서 드러난 민족주의의 비전은 성적 욕망에 대한 금욕적 억압과 승화를 통해 제시된다. 이들 작품에서 '저급한' 성적 욕망으로부터 벗어나 보다 고귀한 목적, 즉 민

---

9) Choungmoo Choi, "Nationalism and Construction of Gender of Korea", *Dangerous Women : Gender and Korean Nationalism*, Edited by Elaine H. Kim and Chungmoo Choi, Routledge, 1998, pp.24~25 참조.

족적 이상에 자신의 열정을 바치는 인물들이 남성과 여성의 이상적 전형으로 제시된다. 즉, 민족주의는 섹슈얼리티를 관리하는 데 도움을 주며, 게다가 변모하는 성적 태도를 기존 규범에 흡수시키고 길들이는 데 있어서 수단들을 제공하기도 했던 것이다.[10] 자본주의적 성 상품화와 공적 영역에서의 여성의 대두 등 새로운 현상에 의해 야기된 성적 규범의 혼란을 수습하고 규범을 재정립했던 것은 바로 민족주의였다.

특히 서구적 근대화에 대한 열망과 거부감이 공존하는 식민지의 이중적인 상황은 '우리'와 '타자'를 구분하고, 민족적 정체성을 지키는 보루로서 전통이 등장하는 조건이 되었다.[11] 이를 가장 극명히 보여준 것은 신여성을 둘러싼 담론이었다. 신여성을 성적 욕망과 물질적 욕망에 달뜬 이기주의자·향락주의자라고 비난하면서 종국에는 구식여성에게서 배워라, 조선의 현실을 인식하라는 결론을 내리는 담론은 1920~1930년대에 줄기차게 제기되었다.[12] 예컨대, 염상섭의 「모란꽃 필 때」에서 일본인 화가 추수는 사치와 성적 욕망의 화신인 신여성 문자를 그린 그림의 주제를 아메리카니즘으로, 조선의 소박성과 순결성을 간직한 신성의 초상화의 주제를 오리엔탈리즘으로 요약한다. 이렇듯 신여성 담론은 어떻게 민족주의가 전통을 재발견했는가를 보여주는 대표적인 사례이다. 1930년대 이광수나 이태준의 장편소설에서 신여성과 대조적인 이상화된 여성상이 처녀성과 모성성에 기초하여 구축되었으며, 이는 민족주의가 순결한 여성을 민족의 도덕적 순결성과 가치의 구현체로 이상화했음을 보여준다. 이러한 여성상은 남성 지식인의 강력한 도덕성에 기초한 가부장적 질서 내에 국한된 성 역할을 부여받는다는 점에서 부차적 도구적 존재였다.

10) George L. Mosse, *Nationalism and Sexuality : Middle-Class Morality and Sexual Norms in Modern Europe*, The University of Wisconsin Press, 1985, p.10 참조.

11) 임지현, 「한반도 민족주의와 권력 담론—비교사적 문제 제기」, 『당대비평』 10, 2000년 봄, 삼인, 189면 참조.

12) 전은정, 「일제하 '신여성' 담론에 관한 분석」, 서강대 석사논문, 1999, 25~58면 참조.

여성의 섹슈얼리티를 처녀성과 모성성으로 국한시키는 사고는 여성이 남성보다 열등한 존재라는 인식에 기초한다. 이는 문학적 형상화의 주된 대상이 되었던 신여성에 관한 담론은 종국에는 여성이 원래 성적 욕망에 남성보다 민감하고, 그것을 규제할 만한 지각과 이성이 부족하다는 생물학적 기질론으로 낙착하기도 했다는 사실을 통해서 드러난다. 『흙』이나 『사랑』 같은 작품의 서사가 가장 극명하게 보여주듯이, 개인적인 성적 욕망에 대한 철저한 금욕과 계몽운동을 동시선상에 둘 수 있었던 것, 달리 말해 억압적인 성의 이상화된 표상이 곧바로 계몽운동이 될 수 있었던 이유는, 무엇보다 여성의 성적 욕망이 자연적이고 본능적인 것으로 인식되었기 때문이다. 「감자」와 「뽕」·「물레방아」에서 「황토기」·「분녀」 등에 이르기까지 하층민 여성의 형상화 또한 여성에 대한 이러한 인식론에 기초하고 있었다.

이러한 공통성이 시사하는 바는 중요하다. 왜냐하면, 여성에 대한 남성의 성적 지배와 식민지에 대한 정치적 지배는 유비 관계에 있기 때문이다. "식민지 또는 신식민지의 사회·역사적인 현실 속에서 여성 주체의 위치는 대개 성애화(sexualized)된 것으로 구성되어 왔다. 서구는 자신을 남성적인 문명의 주축으로 규정하기 위해 동양과 비서구를 여성적 혹은 원시적인 타자로서 구성하였다. 수많은 여성주의 문헌들이 보여주듯이 식민지 종주국인 '자아'와 식민지 '타자' 사이의 차별적 관계는 빈번히 성(the gender)에 의해 표현되었다. 이렇게 젠더화된 관계는 이어서 성적인 은유(sexual metaphor)로 재현된다."13)

이는 서구가 동양을 타자화한 방식인 오리엔탈리즘의 핵심적인 내용에 해당한다. 또한 동양의 서양으로 자임하면서 동양의 문명화 사명을 역설했던 일본 제국주의가 식민지를 바라보는 시선 또한 이와 다르지 않았다. 강상중은 후쿠다 토쿠조오(福田德三), 니토베 이나조오(新渡戶稻

13) Choungmoo Choi, op. cit., p.14.

造) 등 일본의 식민정책학의 시조인 이들의 담론을 분석하면서, 식민지 지배를 정당화할 때 근저에 깔린 이들의 도식은 '보는 쪽'='대표하는 쪽'='보호하는 쪽'과 '보이는 쪽'='대표되는 쪽'='보호받는 쪽'의 이항대립 관계이며, 이는 성차별에 사로잡힌 '남성'과 '여성'의 이미지를 떠올리게 한다고 지적하며, 실제로 성차별을 환기시키는 은유의 사용이 많았다고 지적한다.14)

이러한 인식론은 실제로 호적제도의 재정비와 창씨개명 등 식민정책의 근간을 이루었다. 이 두 가지 식민정책은 조선의 토착적인 가부장제를 식민지배자의 의도에 맞게 더욱 강화·고착화시키는 방향으로 착수·실시되었다.15) 이렇게 볼 때, 식민지 규율권력이 가장 심층적으로, 또 광범위하게 작용하는 지점은, 바로 식민지배정책의 방식과 의도가 식민지가 종래에 가지고 있는 사회적 의식의 양식과 결합될 수 있는 곳이라고 할 수 있다. 그것은 바로 가부장제였던 것이다.

가야트리 스피박에 따르면, "가부장제와 제국주의 사이, 주체-구성과 객체-형성 사이에서 여성의 형상은 사라진다. 자연 그대로의 무(無)로 사라지는 것이 아니라, 전통과 근대화 사이에 사로잡힌 '제3세계 여성'에 대한 탈공간적인 형상화인 폭력적인 왕복 운동으로 사라진다."16)

---

14) 강상중, 이경덕·임성모 역, 『오리엔탈리즘을 넘어서』, 이산, 1997, 89~90면 참조. 이 밖에도 일본의 지정학적 위치가 동양이며 또한 인종적으로 서양의 백인과는 다름에도 불구하고 어떻게 일본이 어떻게 서구 제국주의의 인식론을 내면화하여 자신을 서구적 주체로 내세웠으며, 동시에 자신 이외의 아시아 각 나라와 민족을 타자화하여 제국주의 침략과 식민지배를 정당화하였는지에 대해서는, Leo Ching, "Yellow Skin, White Masks : Race, Class, and Identification in Japanese Colonial Discourse", *Trajectories : Inter-Asia Cultural Studies,* Edited by Kuan-Hsing Chen, Routledge, 1998를, 이러한 심상지리가 일본의 패전 후에도 어떻게 일본과 미국의 공모 하에 유지 존속되었는지에 대해서는, 사카이 나오키, 임성모 역, 「염치없는 내셔널리즘-서양과 아시아라는 이항대립의 역사적 역할에 대하여」, 『당대비평』, 삼인, 2000년 겨울호 참조.

15) 일제의 호적제도 재정비 문제에 대해서는, 양현아, 「한국적 정체성의 어두운 기반-가부장제와 식민성」, 『창작과 비평』 106, 창작과비평사, 1999년 겨울, 창씨개명에 대해서는, 홍일표, 「일본의 식민지 '동화정책'에 관한 연구-'창씨개명' 정책을 중심으로」, 서울대 석사논문, 1999 참조.

이는 우리에게도 충분히 설득력 있는 이야기이다. 식민주의적 제국주의(자아)가 식민지(타자)를 구성한 방식과 식민지 지식인 남성(자아)이 여성(타자)을 구성한 방식은 그 메커니즘과 내용의 면에서 유사하다. 이러할 때, 1920~1930년대 한국 근대소설에서의 여성은 제국주의의 피식민 억압에 의해, 그리고 식민지 남성에 의해서 이중으로 주변화된 타자였다. 즉 내부의 식민지였던 것이다.

한편 성적 욕망의 성격과 실현양상을 계급·계층별로 다르게 형상화했다는 것도 1920~1930년대 소설의 일관된 특성 중에 하나이다. 1920년대 김동인·나도향·현진건 등이 그린 하층민의 요부형 여성은 성적 욕망이 더욱 직접적인 것으로 그려졌으며, 그렇지 않다고 하더라도 도덕적 판단력이 현저히 떨어진 존재로 제시되었다. 1930년대 중·후반 토속적 인간형의 세계에서 또한 이와 비슷한 양상이 나타났다. 또한 하층민 남성 또한 폭력적이거나 비굴한 존재로 재현되었다.

물론 김동인·나도향·현진건·김유정 등의 작품 속 배경이 된 가난은 무시할 수 없다. 1920~1930년대 본격화된 근대화는 곧 경제적 수탈과 가난을 의미했기 때문이다. 여타의 소설 곳곳에서도 확인되듯이, 농촌경제의 피폐화와 해체 등이 가족해체와 여성의 윤락업으로의 진출을 부추겼으리라는 것은 분명하다.[17] 이러한 상황을 감안할 때, 식민지 현실의 폐부에 관한 고발이라는 차원에서 해당 작품들을 읽을 수도 있을 것이고 또 그러한 독법이 어느 정도는 설득력 있다.

하지만 가난이라는 물리적 현실과 거기에서 파생된 인과관계만으로 해당 작품의 서사는 해명되지 않는다. 가난은 오히려 욕망의 원칙을 적나라하게 펼쳐 보일 수 있는 조건에 불과하다. 서사가 궁극적으로 드러

---

16) Gayatri Chakravorty Spivak. "Can the subaltern speak?", *Postcolonialism : Critical conception* IV, edited by Diana Drydon, Routledge, 2000, p.146.

17) 자세한 상황에 대해서는, 박종성, 『한국의 매춘－매춘의 정치사회학』, 인간사랑, 1994, 71~78면 참조.

내고자 했던 것은 성적 욕망의 극한이며, 도덕률이 적용되지 않는 천진난만한 인간 본능의 세계였다. 이들 작품들에서는 해당 작가의 다른 작품에서는 주도적 인물로 등장했던 지식인 남성이 등장하지 않으며, 화자가 한결같이 초연한 제3자적 시선을 견지하고 있다는 사실에 견주어 본다면, 이 의도는 명백해진다. 즉 근대적 자아의 표상이었던 지식인 남성의 자의식이 철회된 곳에서만 성적 욕망은 적나라한 자기 법칙을 드러냈던 것이다. 어떻게 보자면, 이는 근대적 자아에게 내재한 성적 욕망의 억압을 보상하기 위한 투사였는지도 모른다. 지식인 남성을 상정한다면 그의 의식이 알고 있는 사회적 규범과 그 규범을 내면화한 자의식이 성적 욕망의 자유로운 실현과 전개를 가로막았기 때문이다. 그렇다면 왜 그 투사의 대상이 하층민 또는 하층민 여성이어야 했던가는 자명하다. 그들에게는 애초에 욕망을 규제하고 관리할 만한 도덕과 이성이 빈약하다는 인식이 전제되었다고 할 수밖에 없다. 도덕과 이성의 거세 정도에 비례하여 성적 욕망은 과도한 것으로 그려졌다.

하층민과 하층민 여성의 성적 욕망을 도덕적 규범이 없는 것으로 형상화한 것은 자아와 타자의 관계를 도덕적으로 위계질서화 혹은 계층화하는 논리를 바탕에 둔 문명과 문화라는 개념과 관련 있다는 데 주목하고 싶다. 인식론적으로 식민주의란 문명화의 사명을 앞세운 식민 지배자가 일방적으로 식민지민을 자신보다 열등한 존재로 규정하는 것을 의미한다. 애초에 문명이란 개념에 자아와 타자의 차이를 서열화하는 경향이 내포해 있었다. 노베르트 엘리아스는 문명이란 개념은 근대 서구의 자아의식을 표현하고 있다고 지적하면서, 프랑스에서의 문명 개념과 독일에서의 문화 개념은 시민계급의 운명과 역사를 같이하고 있음을 논증한다. 궁정사회에 보다 쉽게 진출하고 적응할 수 있었던 프랑스의 시민계급은 궁정 상류지배계층의 사회적 예의범절을 자신의 것으로 내화하면서 문명을 여타의 하층계급과 구별된 자신의 우월성을 입증하고 자신의 지배를 정당화하는 개념으로 사용했다. 반면에 상대적으로 상류지배계층으로의 진입이 어려웠던 독일 시민계급의 대변자인 중산층 지식인은 궁정 사회의 기만적이고 외면적인 '공손함'에 자신들의 진정한 '미덕'을 대립시키면서 '문화'라는 개념을 발전시킨다. 이러한 문명과 문화의 대립적 성격에도 불구하고, 둘 다 계급적 위계질서가 내포해 있음을 알 수 있다. 한편 각 나라의 혁명—즉 내부의 계급투쟁이 온건해지면서 18세기 말 문명이란 개념은 민족적 확장기도와 식민지 정책을 정당화하는 의미를 획득하게 된다. 엘리아스는 이러한 귀결을 다음과 같이 요약한다. "문명 개념의 정신인 '정중함'이나 '예절'이 궁정 귀족 상류층의 지배를 정당화했듯이, 자신의 우월성에 대한 의식, 이 '문명'의식은 그때부터 식민지의 정복자로서 비유럽국가들에게 일종의 상류층이 된 여러 유럽국가들의 지배를 정당화해주는 구실을 한다."[19]

마이클 로빈슨에 따르면, 3·1운동 이후 문화적 민족주의 이데올로그 역할을 했던 근대 엘리트들은 민족 주체성과 관련하여 한국 근대 시민의 전범으로 자신들의 역할을 강조했다.[20] 바꿔 말하자면, 민족 주체성은 근대 엘리트들의 자기정의(self-definition)에 기초하고 있었다. 예컨대, 염상섭은 「소설과 민중」이라는 글에서 유산계급과 무산계급은 공히 물질적 동물적 생애의 충족을 생활 목표로 삼는데 반하여, 지식계층은 인생비판욕과 인생비판력을 존재의의로 삼는다고 주장한 바 있다.[21] 요컨대, 여타 계급에 대한 지식계층의 우월성은 정신적·도덕적 자질과 능력, 즉 문명화의 수준에 있다는 것이다. 이것이 비단 염상섭만의 인식이 아님은 한국 근대문학사에 걸쳐 하층민의 성을 도덕과 규범에서 벗어난 비정상적이고 본능적인 것으로 재현했다는 것이 증명해준다.

이처럼 문명화의 사명이 사회적·도덕적 위계질서의 전제 속에서 가

19) 노베르트 엘리아스, 앞의 책, 168면, 이상의 요약정리는 105~168면 참조.
20) 마이클 로빈슨, 김민환 역, 『일제하 문화적 민족주의』, 나남, 1988, 123면 참조.
21) 염상섭, 「소설과 민중」, 『동아일보』, 1925.5.27~6.3; 『염상섭전집』 12, 민음사, 1987, 135~136면 참조.

동된다는 사실은 보다 복잡한 국면을 만들어내었던 것이다. 이 국면 속에서 하층민 특히 하층민 중의 여성들은 아예 이 문명화의 단계를 거치지 않은 예외적인 존재로 부각되었다. 이러한 맹목적인 욕망의 투사 대상은 하층민 중에서도 공장 노동자나 도시 빈민이 아니라 주로 농촌이나 산골과 같은 자연과 가까운 공간에 살고 있는 사람들이라는 사실과 관련시켜 보자면, 또다시 오리엔탈리즘 담론과 만나게 된다. 서양/동양 또는 식민지 종주국/식민지가 문명/야만이라는 대립쌍에 대응했듯이, 식민지 내부의 도시/시골, 도시 인텔리/하층민 또한 이 대립쌍에 대응했던 것이다. 이러한 대립쌍에 문화적·도덕적 위계질서가 전제되었다는 것은 새삼 다시 설명할 필요는 없다. 다만 대립쌍이 식민지 내부에서 작동되고 있다는 것에 주의해야 한다. 여성이 이중의 주변화와 타자화를 겪은 것과 마찬가지로, 하층민 또한 이중의 주변화와 타자화를 겪었던 것이다.

이미 문명 대 야만, 사회진화론에 의한 조선 민중에 대한 인식은 이광수의 『무정』이나 염상섭의 『만세전』에 개재되어 있었다. 단지 조선 전체가 문화적 문명적으로 낙후할 뿐만 아니라, 조선인은 비굴하고 게으르다는 인격적 표지까지 얻어 부정과 극복의 대상으로 설정되었던 것이다. 여기에 비할 때, 특히 김유정·김동리·이효석 등 1930년대 토속적 인간형을 그린 작품들에서는 이와 같은 비판적 시선은 철회되지 않았느냐는 물음이 제기될 수 있다. 하지만 서양의 동양에 대한 시선이 이중적인 것이었음을 상기해야 한다. 토속적 인간형의 세계는 탄생시킨 작가들이 표현의 면에서는 감각적 직접성을, 심층의 내용에서는 직접적 삶을 지향하고 있다. 즉 본능의 원시성과 성격의 천진난만함, 이는 한편으로는 제도와 규범 등 문명에 의해 잃어버렸다고 상상되는 인간의 본성이었다. 이러한 문명 이전의, 죄의식 없는 동물성에 가까운 인간본성이란 개념 자체는 유럽의 식민지 경영과 동시에 생겨난 민속학과 인류학에 의해 '구성'된 것이다. 그 과정은 동시에 아프리카나 아시아 등 비서구와 그곳의 원주민들이 유구한 역사 동안 쌓아온 나름의 문화와 역사에 대한 삭제의 과정이었다. 그럼으로써 원주민은 강한 성적 본능과 건강한 생명력의 화신이 된다. 1930년대 중·후반 토속적 인간형의 세계를 주조하고 있는 배경이 농촌이라기보다는 자연에 가까운 것도 같은 맥락에서 이해해야 한다. 다만 서양/동양이라는 지정학적이고 인종적 경계가 식민지 내부에서 작동될 때는 계층 내지 계급의 경계로 전이되었을 뿐이다. 김유정의 작품을 돌이켜보자면, 게으름과 비굴함, 부도덕함과 천진난만함, 생명력 등이 착종되어 있는 인물 성격은 이러한 양가적 시선의 교차에 의해 탄생한 것이다. 더욱 중요한 국면은, 이렇게 탄생한 세계에서 하층민 여성은 가부장적 질서에 더욱 속박된 존재로 그려졌다는 점이다. 이들 작품에서 가부장적 질서는 도덕과 규범이 제거된 상태인 만큼 더욱 야만적이고 폭력적이었다.

식민주의란 문명화의 개념을 매개로 하며, 지정학적이고 인종적인 차이와 경계를 서열화하는 것을 의미한다. 한편, "식민 조건은 식민 지배자와 식민지인을 불가피한 상호 의존 관계로 엮으며, 각각의 성격을 주형하고 그들의 행동을 지정한다."[22] 즉 식민주의는 식민 지배자의 인식론을 내면화한 식민지민의 정신에서도 작동한다. 1920~1930년대 근대소설에 나타난 섹슈얼리티의 문제만큼 이를 잘 보여주는 것은 없다. 문학 텍스트에서 근대적 자아는 단지 자신과 타자(여성과 하층민)와의 차이를 단지 인식하는 것이 아니라 그것을 서열화함으로써 탄생하였던 것이다. 식민지배자의 경우 지정학적 인종적 경계가 차이의 서열화를 구축하는 기준이었다면, 식민지민인 남성 지식인에게 그 경계는 젠더와 계급이 그 기능을 하였다.

이는 한국 근대소설에서 "여성의 성과 하층계급을 등치시키는 태도"[23]로 드러났다. 근대적 자아로 표상된 남성 지식인에게 있어서 성적

---

22) A. Memmi, *Dominated Man : Notes Toward a Portrait,* Orion Press, 1968, 45면(릴라 간디, 이영욱 역, 『포스트식민주의란 무엇인가』, 현실문화연구, 2000, 25면에서 재인용).

욕망의 문제는 언제나 자율적 이성과 도덕률이 개입된 문제였다. 그러나 여성과 하층민의 성은 그렇게 재현되지 않았다. 물질적 욕망과 성적 욕망 때문에 비난의 대상이 되었던 신여성의 경우도 그녀들은 지식인이라기보다는, 오히려 성적 욕망이 본능적으로 큰 자연적 존재로서의 여성이라는 차원에서 조명되었으며, 하층민의 경우는 아예 도덕이나 규범 등 제도적 차원을 벗어난 상태로 재현되었다. 이러한 대칭적 인식의 근저에는 문명 / 야만으로 자아와 타자를 서열화하는 식민주의가 도사리고 있다는 것을 부인할 수 없다.

3. 성의 권력구조와 서사구조의 상동성

소설은 사생활 혹은 사적 경험을 주제로 한다. 섹슈얼리티를 소설의 주요한 분석 방법으로 삼을 수 있었던 데에는 섹슈얼리티의 문제가 근대소설의 주요한 모티프일 뿐만 아니라, 섹슈얼리티가 개인의 삶을 서사화 하는 데 적절한 성격을 갖고 있기 때문이기도 하다. 성장과 연애, 결혼, 가족의 형성 등이 섹슈얼리티와 밀접하게 관련되어 있다는 것만 상기해도 충분할 터이지만, 앞에서 살펴보았듯이 섹슈얼리티는 사회의 도덕적 규범은 물론, 성별 · 계급 등 사회적인 영역과 긴밀한 관계에 놓여 있다는 사실도 중요하다. 여기서는 1920~1930년대 소설의 섹슈얼리티와 서사구조의 관계를 대략적이나마 개괄하고자 한다.

---

23) 피터 부룩스는 에밀 졸라에게서 여성의 성과 하층계급을 등치시키는 태도가 특징적으로 나타난다고 지적한다. 그에 따르면, 졸라는 육체를 계급 혼란과 혁명의 근원으로 간주하여 공포의 대상으로 생각하였던 것이다. 피터 부룩스, 이봉지 · 한애경 역, 『육체와 예술』, 문학과지성사, 2000, 271면 참조.

1920년대 동인지 문학이 완성도에서 현격한 미숙함을 보이는 것은 애초에 폐쇄적이고 자족적인 실체로서 근대적 자아를 상정했기 때문이다. 낭만적 사랑의 서사는 대개가 관념적이고 추상적인 수사의 차원에서 머무르다가 소설의 대단원은 결국에는 연인의 배신 등 자아와는 관계가 없었던 외부적 사건이나 자아가 외면했던 현실적 제관계의 급작스러운 개입에 의해 종결되었다. 동시에 자아의 우월적 지위를 고수하기 위한 도덕적 주체의 확립이 이루어졌다. 이는 근대적 자아의 관념성과 추상성을 말해주기도 하지만, 형식의 계기는 무매개적이고 관조적인 자아의식에 의해서는 주어질 수 없다는 사실을 말해 주기도 한다. 문학 또한 다른 예술과 마찬가지로 완결적 형식의 요구와 충동을 갖고 있다. 동인지 문학의 많은 글들이 죽음을 말하고 있는 이유는 형식의 요구와 무관치 않았다. 즉 죽음이라는 물질적 현상에 각인된 형식의 계기에 주목했던 것이다.[24)]

물질적 현상 자체에 내재한 인과관계를 소설의 서사구조 내로 인입시키는 것, 김동인이 「배따라기」와 「감자」의 세계로 전환하면서 얻은 것은 형식의 완결성이었다. 나도향의 「뽕」과 「물레방아」나 현진건의 「정조와 약가」 등 매춘 모티프의 도입 또한 같은 맥락에서 이해할 수 있다. 작품 내에서의 하층민의 사회 · 경제적 지위는 매춘 행위에 이르게 된 동기와 결과를 현실논리 자체로써 제시하기에 수월하게 해주었다. 뿐만 아니라 도덕적 · 이성적 판단의 부재로 드러나는 하층민의 무지는 그 자체로 결핍과 갈구를 오가는 욕망의 적나라한 원칙을 보여주기 위한 조건이 되었던 것이다. 요컨대, 현실논리와 욕망의 원칙, 이것이 고스란히 소설의 형식이 되었으며, 동시에 소설 형식의 완성을 위협했던 자의식의 분비나 감상의 노출이 제거될 수 있었다. 그런데 「감자」 · 「물레방아」 · 「뽕」에서 가부장제는 무엇보다 가장 강박적인 질서로 작용한다는 것을 기억해야 한다.

24) 이혜령, 「1920년대 동인지 문학의 성격과 여성인식의 관련성」, 『상허학보』 6호(상허학회 편), 깊은샘, 2000 참조.

「뽕」의 안협집은 남편 삼보에게 구타당하면서도 부부관계는 유지되며, 왕서방에 의해 죽임을 당한 복녀는 시체 값 30원이 되어 최후까지 남편의 소유도 귀속된다. 두 여인 모두 남편의 묵인 하에 매춘을 했다. 「물레방아」의 계집은 이방원에게 난자를 당한다. 부정한 여인이라고 내침을 당하지도 않는 그녀들은 가부장제도의 폭력에 희생된다. 이때의 가부장제도란 도덕적 규범이 거세된 채 틀만이 완고하게 남아 있기 때문에 더욱 폭력적일 수밖에 없다. 이러한 야만의 질서는 하층민 요부형 여성들의 성적 욕망에 의해 은폐되는 경향이 있지만 간과할 수 없는 내적 질서였으며 오히려, 이 은폐된 내적 질서 때문에 하층민 요부형 여성들의 성적 욕망은 더욱 격렬하고 폭력적인 것처럼 보였던 것이다.

한편, 1920년대 염상섭은 『이심』·『사랑과 죄』 등을 통해서 사랑과 성을 금전으로 매매하려는 자들과 여기에 저항하는 자들의 각축으로 소설의 얼개를 짠 적이 있다. 이러한 서사구조는 『삼대』·『탁류』·『적도』·『흙』·『상록수』·『제이의 운명』 등 1930년대 대부분의 장편소설의 서사구조라고 해도 과언이 아니다. 대체로 정신적·도덕적 가치와 물질적·육체적 욕망 사이에서 무엇을 택할 것인가, 그리고 사회와 민족을 위한 삶의 도정으로 나아갈 것인가 아니면 개인의 향락적이고 이기적 삶의 차원에 머무를 것인가 하는 것이 이들 소설이 제시하는 윤리적 의도이다. 이러한 윤리적 의도에 이르는 과정이, 폭력과 금권이 동원된 가장 타락한 양태의 성적 욕망이 어떻게 하여 숭고하고 희생적인 이타적 사랑, 달리 말하자면 탈관능화된 사랑으로 승화되는가 하는 여로와 같다. 1930년대 장편소설은 그야말로 칼부림과 폭력을 동원한 살인치사, 투신자살, 강간 등을 통해 드러나는 물신주의와 사회운동·계몽운동 등의 탈관능화된 사랑의 비전에 내재해 있는 금욕주의가 병존하고 있다. 이는 스캔들 형식의 차용이라고 볼 수 있다. 스캔들이란 특정 개인들의 사적인 욕망의 영역과 각 개인이 놓인 사회·경제적 지위와 역할이 요구하는 규범과 사회 전체의 구성원에게 부과되는 도덕률, 이데올로기, 법 질서 등이 접합되는 지점에서 발생하는 사건의 형식이다. 작금에도 스캔들이 사건 자체에 대한 선정적 관심과 호기심을 증폭시키면서도 결국에는 사회가 요구하는 도덕적 판단을 내릴 것을 강요하듯이, 이들 작품들도 마찬가지의 방향을 취하고 있다.

선정성과 폭력성이 농후한 스캔들을 차용한 1930년대 장편소설들은 한 여성 또는 남성을 가운데 놓고, 정신과 육체에 대응하는 연적들을 양쪽에 두는 애정의 삼각관계를 축으로, 정신과 육체의 대립과 간극의 심화현상을 보여준다. 이는 물질적 재화의 분배가 불균등한 현상, 따라서 사적 욕망의 실현 여부가 물질적 재화의 소유 정도와 비례하는 사회의 지배적 현상에서 발생한 것이라고 볼 수 있다. 여기에서 한결같이 정신적 사랑의 지향을 보여주면서 근대적 자아의 도덕적 우월성은 여전히 천명되었다. 또한 정신적 사랑의 구체적 현실태가 계몽운동, 사회운동이라는 점에서 사적 욕망의 부정과 억압을 통한 승화라고 할 수 있다. 이러한 서사구조를 통칭 승화의 구조라고 해도 좋을 것인데, 사회·경제적 위계질서가 성적 욕망의 문제를 나침반 삼아 도덕적 위계질서로 전환되는 구조이다.

오리엔탈리즘이란 서양이 동양이라는 타자에 부딪히면서, 인식론적으로 충족된 자유를 얻기 위해 그 타자를 자기 중심적인 시선으로 바라보는 것을 의미한다. 오리엔탈리즘 담론의 구조는 '서양 = 물질, 이성, 과학, 문명, 개방, 진보, 발전 / 동양 = 정신, 감성, 미개, 미신, 폐쇄, 정체, 저발전'의 대립쌍에서 전자가 우월하고 후자가 열등한 지위를 갖는, 그렇기 때문에 전자가 후자를 지배하거나 계몽시키는 정당화되는 구조였다.[25] 또한 제국주의 후발 주자로서 서양에 대한 콤플렉스를 갖고 있던 일본 또한 이러한 오리엔탈리즘에 입각해 조선과 대만 등에 대한 식민지 지배를 정당화했다. 또한 오리엔탈리즘 담론에서 식민 지배자와 식민지민의 관계는 성숙한 어른과 욕망을 절제할 줄 모르는 어린아이, 이

---

25) 김택현, 「식민지 근대사의 새로운 인식」, 『당대비평』 13, 삼인, 2000년 겨울, 207면 참조.

성적인 남성과 성적으로 방만한 여성의 관계로 비유되곤 했다. 그런데 앞서 말한 작품들에 내재한 승화의 구조 자체가 저급한 상태에서 고급한 상태로의 발전을 내포하고 있는 것이다. 1930년대 많은 장편소설에서 성적 욕망으로 인한 폭력적이고 선정적인 사건 전개를 통해 결국에는 물질적 · 성적 욕망의 도덕적 승화에 도달한 점에서 오리엔탈리즘의 담론 구조와 닮아 있다. 이태준의 『제이의 운명』이나 『청춘무성』, 그리고 이광수의 『흙』과 『사랑』 등에서 뚜렷하게 나타난 '타락한 도시'(서양)와 '건강한 시골'(동양)의 대비는 오리엔탈리즘을 전복시킨 것이 아니라, 야만적이고 미개한 동양을 위한 문명화의 사명을 자신에게 부여하면서도 동양의 역사성과 사회성을 탈각시켜 하나의 미적 타자로 간주한 오리엔탈리즘의 또 하나의 버전에 다름 아니라고 판단된다. 일본은 실제로 이를 적극 활용하여 대동아공영권을 주창했다. 대동아공영권의 이상은 정신적 타락 없는 동양의 근대를 세우자는 것이었는데, 이러한 동양주의는 식민지 지식인에게는 심리적 보상물로 작용했고, 나아가 신체제 논리로의 자연스러운 수렴을 위한 사상적 근거가 되었다. 대동아공영권의 일원이 됨으로써 식민지 조선의 주변성과 후진성은 희석됨과 동시에, 그것을 강제했던 일본의 식민지 지배와 수탈을 부차적인 문제로 탈바꿈시키는 기제가 되었던 것이다. 이는 사회적 · 경제적 소외와 열패감을 도덕성으로 은폐시키는 승화의 구조와 동일한 양상이다.

그런데 일본이 황국신민화와 내선일체를 부르짖었어도, 조선인은 기껏해야 삼등 신민에 머문 것과 마찬가지로, 사회 · 경제적 위계질서는 은폐될 뿐 초월할 수 있는 것은 아니라는 것을 함께 지적해야만 한다. 사회 · 경제적 위계질서, 그리고 남성 우월적인 성적 위계질서가 도덕적 위계질서에 상응한다는 암암리에 전제된 인식론의 구조가 오히려 한국 근대소설의 무의식적 · 심층적 서사구조라고 해도 과언이 아니다. 이는 1930년대 중 · 후반 룸펜 프롤레타리아의 처지로 전락한 지식인의 처지가 곧 성적 욕망에 있어서 도덕적 위기로 드러난다거나, 도덕적 규범이 해체된 성의 양태가 하층민을 통해 형상화된 것에서 명백해진다.

근대적 자아의 도덕적 위기나 도덕적 규범의 해체는 근대소설에 내재해 있는 근대적 시간 구성, 즉 과거 · 현재 · 미래라는 연속적 발전적 시간의 구성을 해체시키게 된다. 앞서 언급했던 1930년대 장편소설들에 나타난 승화의 구조는 소설의 윤리적 의도 차원에서는 보다 나은 미래에 대한 지향을, 인물의 차원에서는 성숙을 의미했다. 이상 소설에서 인물들의 퇴행상태라든가, 토속적 인간형의 세계에서 자연상태로의 접근 등은 모두 연속적 발전적 시간성의 해체를 보여주는 예들이다. 이러한 현상에 비례하여 물화된 세계의 질서가 소설에서 우위를 점하게 된다. 그도 그럴 것이, 인물의 의식과 행위가 대상 세계에 대해 영향력을 발휘할 수 없는 상황에서 인물을 압도하게 되는 것은 대상 세계이기 때문이다. 가령, 이상의 작품에서 인물의 행위는 오히려 활성을 얻은 돈의 움직임과 교환원리를 '미메시스' 하는 것으로 나타났다. 또한 토속적 인간형의 세계에서 대상 세계의 압도적 우위성은 운명이라는 형식을 창출하였다. 이는 모두 성적 욕망의 물화와 관련되어 있는데, 근대적 지식인에게 성적 욕망은 더 이상 자기 동일적이고 이상적인 자아를 구성하는 기제가 될 수 없었다는 것을 의미하며, 하층민에게 있어서는 성적 욕망은 제어가 불가능한 자연화된 본능의 성격으로 나타난다. 양자 모두에 있어서 성적 욕망은 물화된 만큼이나 고착적인 것이었다. 특히 후자의 경우, 세계의 질서를 반성적으로 인식할 만한 성찰성을 인물에게 부여하지 않음으로써 그 양상은 더욱 폭력적이었다. 본능의 자연화는 기존 질서를 있는 그대로의 것으로 받아들이게 만드는 토양이 되었는데, 이들 작품에서 가부장적 질서가 더욱 완강하게 서사의 심층적인 구조로 기능을 하고 있는 것이 그 예라고 하겠다.

4. 맺음말

1920~1930년대 섹슈얼리티의 전개양상은 식민주의의 구조적 내면화 과정에 다름 아니었다. 이 시기 소설 텍스트를 통해서 근대적 자아의 정체성을 구성하는 데 타자는 누구였는가를 해명하면서 성별과 계급의 문제를 중요하게 볼 수밖에 없음을 확인하였다. 섹슈얼리티의 문제는 이를 극명하게 드러냈는데, 제국주의 식민지배자가 규정한 식민지민의 성격이 고스란히 투영된 대상은 바로 여성과 하층민이었기 때문이다. 문학 텍스트에 나타난 근대적 자아의 구성 방식과 식민지 규율권력이 강화시킨 인식론이 겹쳐지면서 야기할 수 있는 위험은 식민지 내부의 불균등한 권력관계를 부지중에 승인할 수 있다는 것이다. 토속적 인간형의 성격은 일제가 유포하고 주조하려고 했었던 모든 열등성의 총체인 조선인의 초상과 닮아 있다는 것을 간과해서는 안 된다. 이러한 양상을 냉정하게 보지 않을 때, 식민지 내부의 여성에 대한 남성의 성적 지배의 모순과 결함은 은폐되고, 파시즘과 같은 극단의 지배논리가 무반성적으로 내면화될 수 있는 가능성이 높아질 수밖에 없다. 예컨대, 이광수의 『흙』과 『사랑』 그리고 김동리의 「황토기」는 문학적 지향 상 언뜻 거리가 먼 것 같지만, 파시즘의 내면화 양상을 뚜렷하게 보여준다는 점에서 동일하다.[26] 전자는 정신과 도덕의 권위를 극단화시킨 사례이며 후자는 정반대의 사례이지만, 둘 다 여성에 대한 남성의 가부장적 질서를 공통분모로 한다. 더욱이 「황토기」를 포함해 토속적 인간형과 관련하여 파시즘의 민중 정치학을 상기해 볼 필요가 있다. 파시즘의 민중 정치학에서 구현하는 순박한 대중의 의미는 부르주아 개인주의에서 유래하는 자기 결정권을 가진 존재로서의 개인이나 유물론적 인간관의

26) 김동리의 「황토기」와 파시즘의 관련양상에 대해서는 김철, 「김동리와 파시즘」, 『국문학을 넘어서』, 국학자료원, 1999 참조.

소산인 계급적 규정에 의해 계급 의식을 갖는 존재로서의 사회적 개인이라는 관념에 대한 안티테제로 구성된다.[22] 토속적 인간형은 이인화와 같은 근대적 자아도 아니며 계급의식을 담지한 계급적 주체도 아니었다. 파시즘적 민중정치학에서 구현하고자 하는 인간형과 토속적 인간형은 근거리에 놓여 있다는 것을 확인해 두고 싶다. 이상에서 제기한 문제점은 한편으로는, 식민지 경험의 주체나 근대문학의 근대적 주체를 '민족'이라는 집단적 주체로 호명하는 것의 위험성과도 일맥상통한다.

이 글은 개인과 사회라는 이원적 대립항을 의식적이든 무의식적이든 전제해 온 지금까지의 문학사 인식에 대한 문제의식을 제기하고 싶었다. 개인과 사회를 이원적으로 인식하는 근저에는 사회는 자아에게 비본질적이고 외재적인 것이라는 사고가 놓여 있다. 마찬가지의 맥락에서 일본의 제국주의 지배를 물리적·외재적 수탈과 억압으로만 바라보는 관점은 집단화된 '자아' 즉 민족을 자기 충족적이고 발전의 동력을 자신의 내부에 완결적으로 갖고 있는 존재로 상정하고 있는 인식과 다르지 않다. 하지만, 한국 근대소설의 근대적 자아는 식민주의가 부과한 인식론을 보다 잘 내면화한 데서 탄생하였음을 1920~1930년대 소설은 잘 보여준다.

이러한 기원을 끊임없이 확인하는 것, 그것은 '민족'이란 호명 속에서 '민족주의'라는 이데올로기 속에서 정작 역사적 사회적 존재성을 상실해야 했던 수많은 타자들과의 진정한 대화를 위한 길이다. 바흐찐은 타인으로부터 규정된 정체성에 끊임없이 저항했던 도스또예프스끼의 인물들에 대해 이렇게 말한다. "인간이 생존해 있는 한 인간은 아직까지 완성되지 않았고 인간은 아직까지 자신의 마지막 말을 하지 않았다는 사실에 의해 살아가고 있다."[23] 섹슈얼리티의 문제를 통해서 한국

22) 권명아, 「수난사 이야기로 다시 만들어진 민족 이야기」, 『문학 속의 파시즘』(김철·신형기 외저), 삼인, 2001, 270면 참조.

23) 미하일 바흐찐, 김근식 역, 『도스또예프스끼 詩學－도스또예프스끼 창작의 제문제』, 정음사, 1988, 87면 참조.

근대소설에 나타난 근대적 자아의 구성방식을 해명하고자 했던 이 글의 목적은 식민 조건과 식민주의가 부여했던 정체성을 단지 확인하고 고착화시키려는 것이 아니라 그것을 진정으로 거부하고 극복하는 데 있었음을 밝혀 둔다.

/제3부/

여성적 글쓰기와 여성작가의 탄생

여성과 자기서사

박혜숙

1. 여성자기서사 연구의 의의[1)]

근대에 이르러 소설은 제도권 문학의 중심장르가 되었다. 그러나 과연 한국 근대소설이 여성이나 비(非)지식인 계층 혹은 다양한 소수집단의 세계경험을 온전하게 재현해 왔다고 할 수 있을까? 주변적 존재로서의 여성의 경험은 소설보다는 여타의 주변적 글쓰기양식을 통해 재현된 경우가 많았다. 이러한 상황은 전통시대에도 마찬가지였다. 중세 조선의 제도권 문학은 한문학이었고, 한문학의 각 장르는 대체로 주류적

1) 이 글은 2002년 5월 31일에 개최된 한국여성문학학회 제6회 학술대회의 기조발표문으로서, 한국여성의 자기서사 연구 전반과 관련된 주요한 문제들을 개괄하려는 의도에서 씌어진 것이다. 따라서 관련연구사나 자세한 주석 및 서지사항은 생략했다. 또한 한국여성의 자기서사와 관련된 필자의 기존의 논문들, 그리고 앞으로 씌어질 논문들과 일부 논의가 중복되는 부분이 있음을 밝혀둔다.

남성성을 구축하고 재생산하는 매체였다고 할 수 있다. 주변적 존재로서의 여성의 경험과 정체성을 문제 삼을 때, 우리는 필연적으로 비(非)제도권 문학이나 비주류적 문학 장르에 관심을 갖게 된다고 생각한다. 여성문학 연구는 당연시되어온 기존의 장르 서열을 허무는 데서부터 출발해야 하지 않을까?

허구로서의 소설을 문학 장르의 정점으로 간주하는 근대적 문학관습은 자전적 소설・자서전・일기・편지・수필 등의 다양한 서사양식을 주변적 문학이나 하위문학으로 서열화하였다. 그러나 오히려 이러한 양식들이야말로 주변적 존재, 소외된 존재의 자기표현이나 비주류적 경험의 재현가능성을 내포한 매체들은 혹 아닐까? 특히 이들 양식을 매개로 한 다양한 자기서사들은 개별적인 정치・사회・역사 상황에 있는 주체들이 구성되고 표현되며 재생산되는 장(場)이 아닐까? 자기서사는 주변적 경험의 재현을 통해 문학 및 현실영역에서의 중심-주변 관계의 해체에 기여할 가능성을 혹 내포하지는 않을까? 때로는 지배적인 권력관계나 문화현상에 의문을 제기함으로써 소수집단의 호소와 저항의 무기로 역할하지 않을까? 이러한 문제들을 염두에 둔다면, '자전적 서사' '자전적 진술' '자서전적 진술' '자전적 글쓰기' 등의 다양한 용어를 조정하고, 통일하여 **'자기서사'**로 확고하게 개념화하는 것이 좋지 않을까 생각한다.

여성자기서사의 텍스트는 기본적으로 다음과 같은 물음들을 제기하게 한다. 남성 중심적 사회에서 여성의 자기정체성은 어떻게 형성되는가? 여성적 정체성은 지배적인 관습이나 규범과 어떻게 타협하거나 갈등하는가? 그러한 여성적 정체성은 개인적 기질이나 상황, 체험, 사회정치적 상황, 작자의 계층에 따라 어떻게 달라지는가? 여성적 정체성은 중세와 중세해체, 근대, 현대에서 각기 어떤 양상을 보이는가? 남성의 정체성과 여성의 정체성은 각 시대에 따라 어떤 차이가 있는가? 한국여성의 개인적 삶과 경험에 있어서 근・현대성은 어떻게 구성되고 개별 의미화되고 있는가? 진정한 여성주체란 어떤 것인가?

특히 한국여성들은 동아시아 삼국 중에서도 유난히 강고한 유교적 여성이데올로기의 억압을 받았으며, 식민지적 근대와 분단, 신식민주의적 군사독재를 경험하였다. 이러한 특수한 세계사적 경험을 거친 한국 여성들의 자기서사는 서구 · 백인 · 남성 중심의 자서전 연구에 의문을 제기할 뿐 아니라, 1970~1980년대 이래 탈계몽주의적 · 페미니스트적 · 탈식민주의적 학문경향을 배경으로 전개되고 있는 서구학계의 자서전 연구와 소통함으로써 그를 보완하는 역할도 일정하게 할 수 있으리라고 생각한다.

2. 자기서사의 개념[2)]

이야기(story)가 있고 화자(teller)가 있는 모든 문학 텍스트를 서사(narrative)라고 한다면 화자가 자기 자신에 관한 이야기를 진술하는 텍스트를 일단 '자기서사'라고 할 수 있을 것이다. 그러나 자기자신과 관련이 있기는 하지만, 그것이 '사실'이라는 전제에 입각해 있지 않다면 '자기`서사'라고 할 수 없다. 물론 사실 자체와 글로 씌어진 사실은 별개의 것이다. 글로 씌어진 것은 작자에 의해 주장되고 구성된 사실일 뿐, 사실 그 자체와는 다른 것이다. 또한 자신과 관련이 있기는 하지만 '자기자신'에 관한 사실보다 외적 세계에 관한 사실에 초점이 맞춰진 진술도 자기서사라고 할 수 없다. 그런 점에서 단순한 기행문이나 혹은 작자가 견문한 사건에 관한 기록은

2) '자기서사'의 개념은 박혜숙, 「여성적 정체성과 자기서사」, 『고전문학연구』 20, 한국고전문학회, 2001 및 「한국여성의 자기서사 (1)」, 『한국여성문학연구』 7, 한국여성문학학회, 2002 참조

자기서사라고 하기 어렵다. 그것은 외부세계에 대한 보고나 진술일 따름이다. 또한 자기자신에 관한 사실의 진술보다 자기의 감정이나 정서상태의 표현에 초점이 맞춰진 것도 자기서사라고 할 수 없다. 그런 점에서 단순한 서정시도 자기서사라고 하기 어렵다.

'자기자신'에 관한 사실이란 "나는 어떤 사람인가?" "나의 인생은 어떤 것인가?" "나의 존재와 삶에는 어떤 의미가 있는가?"라는 물음에 대한 해답의 성격을 갖는 사실이라고 할 수 있다. 그런 점에서 자기서사는 자신의 일생이나 혹은 특정 시점까지의 삶을 전체로서 회고하고 성찰하며 그 의미를 추구하는 서술이라고 할 수 있다. 요컨대, '자기서사'란 화자가 자기자신에 관한 이야기를 그것이 사실이라는 전제에 입각하여 진술하며, 자신의 삶을 전체로서 회고하고 성찰하며 그 의미를 추구하는 특징을 갖는 글쓰기 양식이라고 할 수 있다. 따라서 '자기서사'는 단일한 장르개념이 아니며 다양한 장르를 포괄한다.

오늘날의 자서전은 '자기서사'의 대표적 유형이다. 서구의 근대적 자서전으로서의 'autobiography'는 서구에서 그 용어와 양식이 18세기 후반에서 19세기 전반에 성립되었고, 20세기 전반에 동아시아문학에 도입되었다. 20세기 전반에 'autobiography'의 번역어로서 '자전' 혹은 '자서전'이라는 용어가 일반화되었으며, 서구의 근대적 자서전의 영향을 일정하게 수용하면서 일본 · 중국 · 한국에서 다양한 인물들의 자서전이 등장하였다. 20세기 전반 동아시아의 대표적인 자서전 작가들은 대체로 일찍이 서구문화를 수용하면서 근대적 자아에 눈뜬 사람들이 많았으며, 다분히 서구의 자서전 양식을 의식하면서 자신의 글을 썼다는 특징이 있다. 20세기의 동아시아에서 자서전은 서구적 양식으로 인지되면서 자기서사의 대표적 양식으로 정착되었다.

그러나 현재에도 본격적인 자서전만이 아니라 편지 · 일기 · 수필 등 다양한 형식의 자기서사가 존재한다. 그러한 글쓰기가 모두 전형적인 자서전이 갖는 특징들을 갖는 것은 아니다. 뿐만 아니라 서구적인 자서전

형식이 수입되기 이전부터 동아시아문학에는 사마천의 「태사공자서」 이래 다양한 자기서사의 글쓰기가 존재했다. 따라서 서구의 'autobiography'의 번역어로서의 '자서전'이라는 용어는 다양한 자기서사의 글쓰기를 포괄하는 명칭으로는 부적절하다. 그리고 '자서전'에서 파생된 '자서전적 진술' '자전적 서술' '자전적 서사' 등의 용어보다는 '자기서사'라는 용어가 더 포괄적이면서도 간결하다.

3. 자기서사에 있어서 사실과 허구

앞서 '자기서사'란 자기자신에 관한 이야기를 그것이 사실이라는 전제에 입각하여 진술하는 것이라 말한 바 있다. 자기서사는 대개 과거사를 사실 그대로 진술한다는 암묵적인 약속 위에서 행해지는 것이라고 할 수 있다. 그러나 '사실 그대로'라는 것은 실제에 있어 매우 모호하고 애매한 것이다. 자기서사에서 '사실' 혹은 '진실'이란 작자에 의해 그렇게 간주되고 주장되며 재구성된 것에 불과하다.

우선 자기서사는 과거와 관련한 기억행위라는 점에서 망각, 착각, 무의식적인 누락이 불가피하며 그런 점에서 사실 자체와는 거리가 있다. 자기서사에 진술된 '자기'는 글 쓰는 당시 작자가 '기억하고 있는 자기' 내지는 작자에 의해 '회상된 자기'에 불과하다. 과거 또한 과거 자체가 아니며 작자가 글 쓰는 당시의 시점에서 기억하거나 회상하는 과거일 뿐이다. 독자가 글을 읽으며 상상하는 '작자의 과거'는 글쓰기를 완료하고 한참 시간이 지나 그 어딘가에 있거나 혹은 세상을 떠나버린 작자 자신에게조차도 이미 동일한 과거가 아니다.

또한 자기서사는 "나는 어떤 사람인가?" "나의 삶은 어떤 것인가?"라는 물음에 대해 일정한 답을 내리려는 시도에서 씌어지는 것이다. 따라서 자신이나 자기 삶에 관한 특정한 이미지를 스스로 설정하고 그에 입각하여 자신을 재구성하고 형상화하려는 의도가 불가피하게 개입되곤 한다. 의식적이든 반(半)무의식적이든 간에 '남에게 말할만한 자기', 혹은 '기억하고 싶은 자기'의 이미지를 설정하고 그에 부합되는 것은 강조하거나 확대하여 기록하며, 부합되지 않는 것은 소홀히 취급하거나 생략하기도 한다. 어떤 자기서사에든 상당 정도 자기도취나 환상, 자기기만, 자기합리화나 정당화가 개입하기 마련이다. 그런 점에서 자기서사에 재현된 '자기'는 작자가 설정한 '자신의 이미지'에 불과하며, 작자의 자기검열을 통과한 뒤에 비로소 재구성된 '자신과 관련된 사실의 일부'일 따름이다.

또한 자기서사는 "나라는 사람은 어떤 가치가 있는가?" "나의 삶은 어떤 의미가 있는가"라는 물음과도 연관되어 있다. 그런 점에서 '가치'와 '의미'의 문제가 개입한다. 가치나 의미는 선택과 배제, 위계화와 서열화의 결과이다. 그런 점에서 작자가 설정한 가치나 의미가 무엇인가에 따라, 그리고 작자가 지배담론과 맺는 관계에 따라 자기재현은 다른 양상을 띨 수밖에 없다. 과거사와 관련된 절대적이고 객관적인 가치나 의미란 애초에 존재하지 않으므로, 자기서사에 재현된 과거는 작자가 설정한 가치와 의미의 위계구조에 따라 재편된 것이라고 할 수 있다.

이처럼 자기서사에는 종종 의식적이거나 무의식적인 허구가 개입되기 마련이다. 그러므로 자기서사 연구는 사실 자체보다는 '사실과 허구' 내지 '진실 혹은 거짓말'의 복잡한 연관에 보다 주의를 기울일 필요가 있다. 이상은 자기서사적 글쓰기 일반에 해당되는 언급이겠지만, 남성중심의 사회에서 여성의 자기서사는 주변적 존재임을 면하기 어려운 여성적 상황의 특수성으로 말미암아 여성 특유의 허구가 개입될 가능성이 있다.

여성 특유의 허구는 페미니스트 사상가들에 의해 자주 지적되어왔다. 시몬느 보봐르는 "주인의 변덕에 의존해 사는 모든 사람들은 변함없는 미소와 정체 모를 태연함으로 주인을 대하는 것을 배워왔다. 모든 억압받는 사람들처럼 여성들은 고의적으로 가장한다"고 표현한 바 있으며, 에드리엔느 리치는 "살아남기 위해 거짓말하기를 강요받는 모든 '무력한 사람들'처럼 여성들은 자신이 거짓말하고 있다는 사실이나 혹은 자신이 거짓말하고 있는 순간을 잊어버리는 행위를 감행하게 된다"고 말한 바 있다. 결국 가부장적 사회가 규정한 여성의 정체성이나 여성적 속성은 여성의 주체성을 배제한 허구적인 것이다. 그러므로 가부장제하의 개별 여성은 성별담론을 내면화하고 가부장제가 요구하는 여성성을 가장(假裝)함으로써 허구적 삶을 살아가게 된다. 여성의 자기서사에서 가부장제가 여성에게 요구하는 허구가 어떻게 개인의 삶에서 내면화되고 관철되는가 혹은 균열과 파탄을 보이는가 하는 점을 포착하는 것은 진정한 여성주체의 모색을 위해 매우 중요한 일이라고 할 수 있다.

한 예로서 기생의 자기서사를 잠깐 언급하기로 하자.[3] 조선시대 기생의 자기서사의 대표적인 것으로 「기생 명선 자술가」와 「군산월 애원가」가 있다. 「기생 명선 자술가」가 일종의 성공의 서사라면, 「군산월 애원가」는 일종의 불행의 서사라고 할 수 있다. 두 사람 모두 어려서부터 기생수업을 받았으며 우연히 한 양반남성을 만나 사랑을 하게 되었다. 그러나 명선의 경우는 곧 남자와 이별을 하게 되었고 임신한 몸으로 절개를 지키며 기다린 보람이 있어 아들을 낳은 얼마 후, 그 남자의 첩이 되어 서울로 가게 되었다. 명선은 자신의 삶을 성공적인 것으로 회고하며, 그 원인을 평소 자신이 비록 신분은 기생이지만 마음이나 행동만은 절개있는 여성이었기 때문이라고 서술하고 있다. 한편 군산월은 남자의

3) 기생의 자기서사에 관해서는 박혜숙, 「기생의 자기서사」, 『민족문학사연구』 25, 민족문학사학회, 2004 및 「한국여성의 자기서사 (2)」, 『여성문학연구』 8, 한국여성문학학회, 2002 참조

약속을 믿고 그를 섬겼으나 끝내는 버림받고 말았다. 군산월도 역시 스스로를 신분은 비록 기생이지만 행동만은 절개를 지키는 올곧은 여성으로 형상화하고 있다. 남자를 만나기 이전부터 신분만 기생이었지 행동은 기생이 아니었다고 자부하였다. 군산월은 자신의 삶을 실패한 것으로 간주하면서, 그 원인을 남자의 배신과 그로 인해 일부종사(一夫從事)가 좌절된 데서 찾고 있다.

기생은 애초 남녀유별이나 삼종지도(三從之道)의 이데올로기와는 무관한 존재였다. 하지만 「기생 명선 자술가」든 「군산월 애원가」든 자신을 절개 있는 여성으로 이미지화하였으며, 자신의 과거 상황이나 행동을 모두 '절개'라는 각도에서 조명하고 의미화 하였다. 따라서 여타의 측면은 자기서사에서 배제되거나 무시되고 있다. 두 텍스트의 자기에 관한 진술은 작자의 실제 모습과 완전히 일치하는 것이 아니다. 작자 자신이 그렇게 보고 싶어하는 자기, 혹은 그렇게 드러내고 싶은 자기이며, 그런 점에서 작자가 특정한 방식으로 재구성한 자기에 다름 아니다. '있었던 그대로의 사실'이 아니라 '그렇게 보고 싶어하는 사실'일 따름이다. 그런 점에서 다소간의 사실 왜곡이 당연히 존재하며, 그런 만큼 작자에 의한 허구가 개입되어 있다. 그들의 사랑에 나름의 진실성이 없는 것은 물론 아닐 것이다. 그러나 그들이 내세운 절개에는 신분상승과 생존전략으로서의 측면도 다분히 있었다고 보인다. 기생들의 신분상승 욕구는 생존의 욕구인 동시에 천민의 신분에서 벗어나고 싶다는 인간적 욕구와도 일정하게 관련되어 있다. 그러한 욕구를 남성을 매개로 하지 않고 스스로 실현할 수 있는 방법이 그들에게는 존재하지 않았다. 두 사람이 신분상승의 강한 욕구를 가졌음은 텍스트의 여러 틈새에서 드러나고 있다. 하지만 두 사람은 의식적으로는 자신이나 자신의 과거에 관한 모든 사실을 '절개'라는 틀에 맞추려는 노력을 끊임없이 계속하고 있다. 두 텍스트에서 '절개'란 유교적 여성이데올로기가 개별 여성에게 요구한 이념적 허구에 지나지 않는다.

4. 남성의 자기서사와 여성의 자기서사

일반적으로 남성 중심의 사회에서 여성은 주변적 존재이므로 여성의 자기서사는 남성의 자기서사와 다른 특징들을 갖게 된다고 생각한다. 특정 여성이 자신의 존재를 문제삼는 일은 항상 여성 일반의 존재방식과 연관될 수밖에 없다. 특정 남성은 자신을 남성 일반과 연관 짓지 않고도 자신에 대해 사유할 수 있다. 남성은 자신을 한 사람의 독특한 인간으로 이해하거나 인간 일반의 특수한 표현으로 이해하곤 한다. 그러나 남성 중심의 사회에서 한 사람의 여성은 여성 집단의 일원으로 규정당하는 것을 모면하기 어렵다. 한 사람의 여성은 항상 여성 일반의 대표나 범례나 예외로서 존재하기 마련이다. 그러므로 한 사람의 여성이 자신의 정체성을 문제 삼는 일은 필연적으로 당대사회에서 통용되는 여성적 정체성 일반을 문제 삼는 일과 연관될 수밖에 없다.

남성과 여성이 자기자신이나 자신의 삶을 문제 삼는 방식이 어떻게 같거나 다르며, 성별 상황이나 정체성이 각 역사 시기마다 어떻게 연관되거나 갈등하고 대립하는가를 규명하는 것은 자아의 존재방식을 이해하는 데 있어 매우 중요한 문제라고 생각한다. 흔히 보편적 자아라고 간주되어온 것은 기실 남성적 자아에 불과한 까닭이다. 여기서는 하나의 실례(實例)로서 중세 남성의 자기서사와 여성의 자기서사의 차이를 일별해 보기로 한다.

중세 남성의 자기서사는 고려중기 이후 조선시대 전 시기에 걸쳐 꾸준히 창작되었다. 고려와 조선의 문학의 주류는 한문학이었기에 남성의 자기서사 역시 한문학의 장르인 '자전' '자서' '자찬묘지명' 등을 통해 주로 창작되었다. 자전의 문학적 관습은 자기자신에 관해 서술하되 마치 제3의 인물에 대해 서술하듯 객관적으로 서술하는 방식을 취하는 특징이 있었다. 자전의 작자는 스스로를 '나'라고 지칭하지 않는다. 자신을 어딘가 막연한 장소에 존재하며, 구체적인 가계(家系)나 이름도 알 수 없는 제3자처럼 서술하곤 한다. 또한 자전은 인생의 중요한 사건이나 경험을 계기적으로 서술하는 측면은 미약하다. 반면, 자신의 생에 대한 태도나 인간적 특질을 드러내는 데 치중하는 경향이 있다. 이러한 자전의 특질 이면에는 자신을 일반인과 구별되는 독특한 개인으로 간주하되, 그를 하나의 특수한 인간타입으로 호명하고 그에 대해 해명하거나 혹은 의미를 부여한다는 자전 특유의 작가의식이 내재되어 있다. 한편 '자서'와 '자찬묘지명'은 자신의 가계 및 관직생활이나 학문과 관련된 자신의 공적인 생애를 매우 구체적으로 기록하는 특징이 있다. '자서'와 '자찬묘지명'은 작자 자신을 주인공으로 삼은 '개인의 공적인 역사'라고 할 수 있다. 자서와 자찬묘지명의 작자는 자신을 특정 가문의 일원으로서, 그리고 공적인 사회의 구성원으로서 인식하고 그에 입각하여 자신의 생애를 기록하고 역사화하려는 의식을 가지고 있다. 이처럼 중세 한국남성의 자기서사가 개인의 독특한 정체성을 문제 삼거나 혹은 공적이고도 사회적인 정체성을 중시한다는 점은 여성의 자기서사와는 구별되는 특징적인 면모라고 할 수 있다.

중세 여성의 자기서사는 조선 후기에 비로소 등장하였다. 조선의 여성이 한문으로 자기서사를 남긴 경우는 발견되지 않는다. 조선의 문자언어는 한자와 한글로 이원화되어 있었고, 한자는 남성지배층의 언어였다. 그러므로 여성이 자신의 독특한 경험을 한문학의 장르를 통해 표현하는 데에는 여러 가지 난점이 있었다. 여성들의 자기서사는 편지·가사·구어체의 산문 등 다양한 한글 글쓰기 양식을 통해 이루어졌다.

중세건 근대건 동양이건 서양이건 남성의 자기서사가 작자의 공적이고 현실적인 업적과 연관되거나 혹은 자신의 사상적·종교적 입장이나 편력과 관계된 경우가 많다면, 중세 여성의 자기서사는 작자의 공적이고 현실적인 업적과는 전혀 무관하다. 더구나 사상적이거나 학문적인 편력과도 전혀 무관하다. 중세 여성의 자기서사에는 공적인 서사가 존재하지 않는다. 중세 여성이 공적세계와는 단절된 '사적인 존재'이며, '외간'과는 엄격히 분리된 가족내적 존재였기 때문에 당연한 결과라고 할 수 있을 것이다. 그렇다고 해서 중세 여성의 자기서사가 완전히 사적인 개인의 개별서사인 것만도 아니다.

중세의 남성은 자신을 가문의 일원으로 간주하면서도 한편으론 상당 정도 가족과는 구별되는 개별적 존재로 파악한 데 비해, 중세의 여성은 철저히 가족과의 관련 속에서 자신의 존재를 이해했다. 여성들은 삼종지도의 이데올로기에 근거하여 자신을 누군가의 딸, 아내 혹은 며느리, 어머니로서 규정했다. 중세 여성 개인의 인생은 남성 가족의 인생과 불가분리로 얽혀있을 뿐 아니라, 그에 따라 의미가 결정되는 양상을 보이고 있다. 중세 여성의 자기서사는 가족서사와 착종되어 있는 경우가 대부분이다. 중세남성의 자기서사는 자신의 어머니나 아내, 혹은 자녀에 관해서 간단히 그 신원만 언급하는 경우가 대부분이다. 남성의 서사에서 여성들은 성이나 이름, 혹은 생몰연대 따위로 간단히 요약되는 존재이다. 여성들은 남성작자의 인생에 대해 거의 아무런 영향력을 갖지 못한 존재이다. 반면 여성의 자기서사에서 작자의 친정부모나 남편 혹은 아들의 존재는 거의 절대적이라고 할 만큼 큰 비중과 의미를 차지하고 있다. 여성의 자기서사에서 '자기'나 '자기의 인생'은 가족구성원이나 가까운 남성들 인생을 군데군데 변형시켜 모자이크한 어떤 것처럼 보이기까지 한다. 물론 『한중록』이나 「인목대비술회문」과 같은 왕실여성의 자기서사에는 가족서사만이 아니라 정치서사가 착종되어 있는 경우도 있다. 하지만 그것도 어디까지나 자신의 가족과 관련된 한에서의 정치서사라고 할 수 있다.

이처럼 중세 여성의 자기서사는 공적서사를 결여하고 있을 뿐 아니라 개인의 개별서사도 결여되어 있다. 여성의 자기서사는 가족서사와 착종되어 있는 특징이 있으며, 개인의 독특한 정체성을 문제 삼는 경우는 드물다. 여성의 자기서사는 가족내적 역할, 다시 말해 딸로서, 아내로서, 어머니로서의 역할을 성공적으로 수행했는가 여부에 따라 자신의 존재를 평가하고 있다. 성별정체성이 개별정체성을 압도하는 양상을 보이고 있는 것이다.

5. 여성적 정체성의 유형

가부장제 사회에서 여성적 정체성은 대개 그 사회의 지배적인 여성담론에 의해 틀지어지고 고정되는 것처럼 보인다. 그러나 한 여성의 정체성이 얼마나 안정된 것인가에는 개인차가 상당히 존재한다. 한 개인의 여성적 정체성이 안정을 유지하기 위해서는 개별 여성이 지배적인 여성담론을 학습하고 수용하며 그를 통해 스스로 자신의 내면을 일정한 방식으로 억압하는 과정이 지속적으로 이루어져야 한다. 그런 의미에서 외관상 안정된 여성적 정체성은 한 여성의 안과 밖에서 끊임없이 이루어지는 억압의 결과라고도 할 수 있다. 따라서 그러한 억압이 제대로 진행되지 못할 경우, 여성적 정체성은 혼란되거나 균열과 파탄에 이르기도 한다. 특정 사회에서 통용되는 여성적 정체성이 파탄과 균열을 보이는 지점은 대안적인 여성적 정체성이 생성될 수 있는 가능성을 내포한 지점이기도 하다. 문학텍스트는 여성과 남성에 관한 성별의미와 성별정체성의 담론이 형성되고 재생산되는 장이면서 동시에 지배적인 성별담론에 대한 저항담론이 생성되는 장이기도 하다. 문학텍스트 중에서도 자기서사는 특히 정체성이 문제시되는 텍스트이다.

19세기 양반여성 자기서사의 대표적인 작품으로 『ᄌᆞ긔록』과 「규한록」이 있다.[4] 두 작품은 여성적 정체성과 자기서사의 대조적 면모를 보여주는 일례가 된다. 『ᄌᆞ기록』의 조씨부인과 「규한록」의 이씨부인은 양반가문의 외아들에게 시집가 젊은 나이에 청상과부가 되었다. 삼종지도의 윤리가 지배적 여성담론이었던 조선사회에서 남편도 없고 아들도 없는 두 여성의 인생은 실패가 예정된 삶이었다. 남편을 따라 자결하는 것만이 예정된 실패를 만회할 수 있는 방법이었다. 두 사람은 애초 자결을 시도했으나 결국은 스스로를 종부로서 재(再)의미화함으로써 살아남았다. 시부모나 가문을 위해 헌신하는 종부(宗婦)로서의 삶은 삼종지도적 삶의 교묘한 변형이라고 할 수 있다.

조씨부인과 이씨부인은 유사한 삶의 상황에 처했으면서도 여성적 정체성과 자기서사에 있어서는 상당히 다른 면모를 보인다. 조씨부인의 자기정체성은 비교적 안정되어 있다. 『ᄌᆞ기록』의 조씨부인은 스스로를 철저히 '친정부모의 딸'과 '남편의 아내'로서 규정하고 그러한 자기정체성에 입각하여 자기서사를 하였다. '삼종지도'의 틀을 조금도 벗어나지 않았고 그런만큼 안정되어 있었던 셈이다. 하지만 조씨부인의 정체성에도 불안한 틈새는 있다. 남편을 따라 죽는 것과 종부로서 살아남는 것, 그 어느 쪽도 결코 떳떳하거나 행복할 수 없었고 조씨부인은 평생 죄의식에서 벗어날 수 없었다. 조씨부인의 죄의식은 삼종지도에 입각한 여성적 정체성의 억압성이 현현되는 틈새라고 할 수 있다.

한편 「규한록」의 이씨부인의 여성적 정체성은 상당히 혼란되고 분열되어 있다. 이씨부인도 남편의 죽음 후 스스로를 '종부'로서 재의미화하였다. 하지만 종부로서의 역할과 책임은 어려웠고 권리는 미미했으며, 존경과 인정은 받지 못했고 갈등과 비난이 잇달았다. 경제적 문제와 양자문제로 시삼촌이나 시어머니와의 관계가 악화되었고, 종들마저 자신에게 순종하지 않았으며, 문중의 평판도 좋지 않아 이씨부인은 고립무원의 상태에 놓이게 되었다. 애초 이씨부인이 기대했던 성공적인 종부

4) 두 작품에 대한 자세한 논의는 박혜숙, 「여성적 정체성과 자기서사」, 앞의 책 참조.

노릇은 불가능하였다. 이씨부인은 자신의 실패원인을 해명함으로써 내면적·심리적 차원에서 자기를 정당화하고자 했으나 현실적 자아와 규범적 자아, 자신의 관점과 타인의 관점 사이에 스스로도 혼란되고 갈등하는 면모를 보여주고 있다. 이씨부인은 자신의 존재와 경험을 새롭게 질서짓고 의미화할 수 있는 대안적 정체성이 필요하였다. 그러나 삼종지도적 여성 정체성 외에 어떤 대안도 이씨부인에게는 가능하지 않았고 이씨부인이 오랜 세월이 흐른 후 현실적으로 종가의 권력을 장악하기 전까지는 그녀의 혼란과 갈등은 계속될 수밖에 없었다고 보인다.

조씨부인의 경우가 가부장제 이데올로기에 의해 구성된 여성적 정체성이 타자적 정체성에 불과함을 드러내 보여주고 있다면, 이씨부인의 경우는 타자적 정체성의 혼란을 통해 가부장제가 규정한 여성적 정체성의 모순과 불안정성을 보여주고 있다.

『ᄌᆞ긔록』의 조씨부인이 억압을 승인하고 내면화하려는 경향이 있는 데 반해, 「규한록」의 이씨부인은 외부로부터 부가된 정체성에 의문을 제기하며 억압을 토로하고 그에 저항하려는 지향을 지니고 있다. 조씨부인이 비교적 잘 억압된 여성의 내면을 표현한 경우라면 이씨부인은 억압에 차질이 야기됨으로써 분열되고 히스테릭한 여성의 내면을 표현하고 있다. 『ᄌᆞ긔록』이 절제되거나 잘 억압된 수동적 텍스트라면 「규한록」은 절제되지 못하고 수동과 능동을 오가는 분열된 텍스트이다. 『ᄌᆞ긔록』이 비교적 단일한 하나의 목소리로 구성되어 있다면 「규한록」은 이중적 목소리로 구성되어 있다. 따라서 『ᄌᆞ긔록』은 삼종지도의 여성적 정체성을 강화하고 재생산하는 데 기여할 가능성이 크다. 반면 「규한록」은 두 개의 상이한 목소리가 상호작용함으로써 텍스트는 단일한 의미로 고정되기 어려우며 나아가서는 지배이데올로기의 의미체계에 의문을 제기하는 결과를 낳고 있다.

6. 구술 여성자기서사의 의의

조선 후기에 이르러 양반여성들 사이에는 한글이 널리 보급되었지만, 대부분의 평민여성들은 여전히 문자문화의 외부에 존재하였다. 또한 근대에 이르러 여성의 문자해독률이 획기적으로 높아지긴 했지만 구여성이나 학교교육을 받지 못한 하층여성들이 자신의 생각이나 삶을 글로 쓴다는 것은 여전히 어려운 일일 수밖에 없었다. 이들은 침묵하는 집단, 자신에 대해 스스로 말할 수 없는 집단으로 남아있을 수밖에 없었다. 그러나 이들의 삶이야말로 가부장적 사회의 모순이 이중 삼중으로 현현되는 장이다. 그들 스스로 말할 수 없다면, 누군가가 그들의 말하기를 돕지 않으면 안 될 것이다.

조선시대의 평민여성 및 근대의 구여성과 하층여성도 나름의 구술문화를 가지고 있었다. 그들은 자신의 생각이나 삶을 일상적 언어로 표현하곤 했다. 그러나 여성들의 구술문화는 성별·계층·지역에 있어 극히 제한적이고 폐쇄적인 것이었다. 문자문화가 주류로 자리잡은 사회에서 그들의 구술은 침묵이나 다름없는 것이라고 할 수 있다. 이들의 구술은 그 자체로도 물론 의미가 있지만, 문자화됨으로써 주류문화에 의해 무시되거나 배제되어온 여성적 경험의 존재를 환기하는—불러서 일으켜 세우는—역할을 할 필요가 있다.

조선여성의 구술 자기서사가 기록된 것으로는 「덴동어미화전가」라는 장편가사가 있다.[5] 이 작품은 화전가류 규방가사의 형식을 취하고 있지만 주된 내용은 덴동어미라는 한 하층여성의 인생유전을 다루고 있다.

---

5) 이 작품에 대해서는 박혜숙, 「여성문학의 시각에서 본 '덴동어미화전가'」, 『인제논총』 8권2호, 1992; 「'덴동어미화전가'와 여성의 연대」, 『여성문학연구』 14, 한국여성문학학회, 2005; 「운명과 달관의 서사가사–'덴동어미화전가'」, 『한국의 고전을 읽는다』 3, 휴머니스트, 2006 참조.

덴동어미의 자기서사는 원래 여성들만의 화전놀이 현장에서 구술된 것이었다. 이 자리에 참석했으리라 추정되는 한 양반여성이 덴동어미의 구술을 자신의 화전가에 액자형식으로 삽입하였다. 이 작품은 여성적 고난을 통해 마침내는 무애자재의 경지에 도달한 한 하층여성을 생생하게 재현하고 있다는 점에서도 인상적이지만 덴동어미의 인생에서, 구술의 현장에서, 텍스트의 형성과정에서 드러나는 가난한 여성과 다른 가난한 여성, 고통받는 여성과 고통을 겪어낸 여성, 말하는 여성과 글쓰는 여성, 하층여성과 상층여성 사이의 다양한 여성연대의 모습은 참으로 인상적이다.

한편 20세기에 이르러 남성들은 적극적이든 소극적이든 근대적 영역으로 편입되어 간데 반해, 많은 여성들은 여전히 전통적인 여성적 상황과 삶을 강요받았다. 남성들은 신(新)남성과 구(舊)남성의 구별이 없는데 반해, 여성들은 신여성과 구여성으로 나누어져 서로를 타자로 간주하도록 조장되었다. 신여성은 중세적 여성담론에 의해 비난당하는가 하면 구여성은 근대적 여성담론에 의해 억압받기 일쑤였다. 한반도의 여성은 신여성과 구여성으로 분리되어, 가부장제의 필요에 따라 한쪽 여성은 다른 쪽 여성을 비난하는 근거로 동원되곤 하였다. 그런데 신여성들은 급속하게 문자문화 및 출판문화의 영역에 편입됨으로써 자기표현의 영역을 넓혀간 데 반해, 다수의 구여성들은 여전히 구술문화에 머물러 있었다. 물론 20세기에도 구여성들의 규방가사 창작은 계속되었고, 이들 작품은 구여성의 근대체험을 이해하는 데 있어 중요한 자료가 된다. 그러나 규방가사는 주로 영남지방 반가여성들을 중심으로 창작 유통되었으며, 나름의 문학적 관습으로 인한 제한성이 있었다. 규방가사 외에도 기(旣)출판된 몇몇 구여성의 일기나 자서전은 그것대로 의미가 있다. 그러나 대다수의 구여성은 글쓰는 행위와 소원할 수밖에 없었던 현실을 고려할 때, 구여성의 구술서사는 소홀히 할 수 없는 텍스트라고 생각한다. 20세기를 살아간 구여성의 다양한 삶은 여성사나 여성문학사에서도 주목되지 못했다. 구여성의 근대적 상황을 이해하고 복원하는 데 좋은 자료가 되는 것이 1980년대 초반과 1990년대 초반 '뿌리깊은 나무'에서 출간된 일련의 민중자서전 시리즈이다. 이 민중자서전 시리즈 20편 중에는 9편의 여성 구술 자기서사가 포함되어 있는데, 서울의 반가여성(『이 "계동마님"이 먹은 여든살』, 이규숙 구술, 김연옥 편집), 서울의 서민여성(『밥해먹으면 바느질허랴 바느질 아니믄 빨래허랴』, 한상숙 구술, 목수현 편집), 지방의 반가여성(『이부자리 피이 놓고 암만 바래도 안 와』, 성춘식 구술, 신경란 편집), 지방의 서민여성(『베도 숱한 베 짜고 밭도 숱한 밭 메고』, 김점호 구술, 유시주 편집; 『두렁바위에 흐르는 눈물』, 전동례 구술, 김원석 편집; 『시방은 안해, 강강술래럴 안해』, 최소심 구술, 강윤주 편집), 화전민(『여보, 우리는 뒷간밲에 갔다온 데가 없어』, 이광용 구술, 강윤주 편집), 단골무(『"에이 짠한 사람! 내가 나보고 그라요』, 채정례 구술, 박주언 편집), 예술가(『물은 건너봐야 알고 사람은 겪어봐야 알거든』(함동정월 구술, 김명곤·김해숙 편집) 등을 두루 망라하고 있어, 근대적 상황의 급속한 전개 속에서 이른바 구여성들의 삶의 조건이 어떠했는지를 그들 자신의 생생한 입말을 통해 구체적으로 재현하고 있다.

이들의 구술서사를 일별하면 근대가 구여성에게 제공한 것은 대개는 전통시대와 다를 바 없거나 혹은 더욱 가혹한 삶의 조건이었음을 알 수 있다. 이들 구여성들은 교회나 야학, 종종의 경제활동 등을 통해 근대를 접하고 서서히 근대적 상황에 편입되어 가는 양상을 보여주고 있다. 하지만 가난한 여성들은 자본제적 경제법칙이 일상에 침투 확산됨으로써 가정살림과 자녀교육에 더욱 애로를 겪으며 가족부양을 위한 더욱 고달픈 노동으로 내몰리는 현상을 보이고 있다. 이들은 대개 자녀들에게 근대적 학교교육을 제공함으로써 그들을 근대로 진입시켰고, 자녀들을 통해 스스로도 근대를 받아들였지만, 그럼에도 불구하고 자신은 평생 구여성으로 남아있었다. 이들 자료를 여성의 자기서사로서 적극 관심을 갖고 연구할 필요가 있다.

이 자료들이 특정 출판사의 기획의 결과물이라는 점은 고려되어야 한다. 하지만 구술 자기서사를 한 여성들은 구여성들이고, 그들의 구술을 듣고 편집 기록한 사람들은 후속세대의 지식인 여성들이 많다는 점에서 이 자료는 상이한 세대와 상이한 계층 여성들의 조우와 협조, 상호이해의 산물이라는 점에서도 큰 의의가 있다.

이외에도 구여성 25인의 구술을 바탕으로 한 강명혜의 『사람의 여자』(다지리, 2000)도 있지만, 구술과 저술의 구분을 명확히 하지 않았다는 점에서 텍스트적 한계가 있다.[6)]

7. 노동여성의 자기서사

여성의 자기서사연구에서 중요하게 다루어져야 할 것 중의 하나가 노동여성의 자기서사이다. 대부분의 여성들이 일정수준 이상의 학교교육을 받게 된 오늘날, 적어도 형식적으로는 여성들의 글쓰기에 어떤 제약도 없는 것처럼 보인다. 하지만 실제적으로 여성의 글쓰기는 지식인 여성의 전유물로 되어있고, 노동여성이나 빈민여성이 자기서사의 글을 쓰는 것은 좀처럼 쉽지 않다. 출판문화와 관행이 비지식인 여성을 소외하거나 배제하고 있기 때문이다.

노동여성은 식민지 시대에 이미 등장하였다. 이들은 학교교육을 받지는 않았지만 근대적 노동과정에 투입됨으로써 근대적 영역에 편입되었다. 이들은 구여성도 아니었지만, 신여성이라 간주되지도 않았다. 여

6) 이소선, 『어머니의 길』, 돌베개, 1990 및 『책 한 권으로 모자랄 여자이야기』, 디새집, 2003도 구술 여성자기서사의 좋은 사례가 된다. 또한 일본군 위안부 할머니의 구술을 정리한 조윤옥, 『가고 싶은 고향을 내 발로 못 걸어가고』, 아름다운사람들, 2006; 김순악, 『내 속은 아무도 모른다카이』, 2008도 귀중한 여성자기서사 자료이다.

전히 가족이나 사회로부터 중세적인 여성억압을 받고 있었던 데다, 한편으론 식민지 자본제적 노동모순의 억압이 가중되었다. 식민지시대 노동여성의 자기서사가 있는지는 확인되지 않는다. 자료의 조사와 발굴이 필요하다고 생각한다.

노동여성이 글쓰기를 통해 본격적으로 자신의 존재를 드러낸 것은 1970년대 후반에 이르러서이다. 이는 가부장적 개발독재가 여성노동자 계층을 대대적으로 창출한 사회경제상황과 깊은 연관이 있다. 1970~1980년대 여성노동자들은 경제성장 신화, 박정희 신화의 물질적인 토대노릇을 하였다. 이들은 대개 농촌 출신으로서 10대 후반, 20대 전반의 어린 여성들이었다. 이들은 야학이나 소모임을 통해 글쓰기를 익혔다. 이들의 글쓰기는 주류문학의 장르적 관습으로는 포괄되지 않을 뿐더러, 생활과 문학의 불가분리적 연관이 전제된 것이라는 점에서 '생활글'이나 '수기'라고 호명되었다. 이들의 글쓰기는 초보적인 노동자의식에 바탕한 단편적인 일기나 산문에서부터 고도로 각성된 노동자의식에 바탕한 노동수기나 자서전에 이르기까지 편폭이 다양하다. 1980년대 노동자문학의 실질적 저변을 확인케 하는 역사적 자료집인 『비바람 속에 피어난 꽃』(청년사, 1980) 및 『그러나 이제는 어제의 우리가 아니다』(돌베개, 1986)에는 일기나 수필 형식을 빌린 여성노동자의 자기서사가 다수 포함되어 있다. 최순희 「가로등 밑에서 공부할까」(1976.10~1978.11에 걸친 약 2년간의 일기), 오원희 「눈물이 고인 눈으로 공장에」(1978.1~1979.7 일기), 장안나 「나의 이력서」, 김경숙 「나의 발자취」, 이민희 「지금의 내가 있기까지」, 유순남 「나의 이야기」 등이 대표적인 것이다. 이들은 원래 야학의 문집이나 노동조합회보, 노동자 소모임의 문집 등에 수록되었던 것을 재수록한 경우가 많았다. 이들의 글이 비교적 단편이라면, 장편으로는 송효순 『서울로 가는 길』(형성사, 1982), 석정남 『공장의 불빛』(일월서각, 1984), 장남수 『빼앗긴 일터』(창작과비평사, 1984) 등이 대표적이다. 이들 작품은 동일방직이나 YH 등 첨예한 여성노동투쟁의 현장기록인 동시에 여성노동자의 성장의 서사이기도 하다.

이들 작품은 1980년대 노동문학의 성과로 언급되곤 했지만, 여성노동자문학으로서 재정위(再定位) 되어야 마땅하다. 이들 작품에 재현된 경험은 분명 여성성별화된 경험이 주축을 이루고 있기 때문이다. 이들이 가족공간을 떠나 노동자가 되는 과정, 노동현장에서의 장시간 저임금노동과 종종의 억압, 노동투쟁과정에서의 다양한 탄압에는 어김없이 자본제적 가부장제 성별이데올로기가 작용하고 있다. 이들의 자기서사는 근대적 개아의 각성이 학교교육이나 독서경험을 통해서가 아니라 노동과정과 노동투쟁에서 형성된 특수성을 보여주고 있다는 점에서도 분명 독자적 가치를 갖는다. 이들 작품을 통해 여성노동자의 성장의 서사가 지식인여성의 성장의 서사와 어떻게 다른가, 그리고 남성의 성장의 서사와는 어떻게 다른가를 보다 잘 이해할 수 있다고 생각한다. 아울러 이들이 이후 어떻게 현대적 삶의 조건에 재편되어 가는가 하는 것도 중요한 관심사가 된다. 이런 점에서 최근 『작은 책』에 장기 연재되고 있는 동일방직 해고노동자 추송례의 「어김없이 봄은 오는가」는 1980년대 노동여성의 자기서사의 연장선상에 있는 것으로서 주목된다.7)

8. 그 외의 문제들

여성의 자기서사에 대한 역사적·이론적·비교문학적 연구는 매우 광범하고도 중요한 과제라고 할 수 있다. 이상에서는 필자가 우선 생각할 수 있는 문제들을 대강 언급하는 데 그쳤지만, 그 외에도 많은 과제

7) 이외에도 장현자, 『그 때 우리들은』, 한울사, 2002; 김민숙, 『소금꽃나무』, 후마니타스, 2007이 이 글이 발표된 이후에 출간된 바 있다.

들이 있다고 생각한다. 간단히 몇 가지만 덧붙인다.

① 한국여성의 자기서사에 있어서 전통과 근대 :

중세와 근대에 있어 여성적 자아의 존재양상과 글쓰기의 상황은 사뭇 달랐다. 전통시대에는 여성이 단지 가족 내적 존재로만 규정되었으며, 여성들의 공적인 글쓰기는 거의 금기시되었다. 제한된 범위에서의 사적인 글쓰기만이 허용되었을 뿐이었다. 반면 근대에는 여성이 스스로를 사회적 존재로 인식할 수 있는 가능성이 마련되었으며, 학교교육과 근대적 출판문화로 말미암아 여성이 공적인 글쓰기의 주체로 대거 등장하였다. 전통시대와 근대에 있어 여성의 존재조건과 글쓰기상황의 차이가 여성의 자기서사의 동기, 내용 및 성격, 텍스트의 유통 및 작자-독자 관계 등에 있어 어떤 차이를 낳았는가?

그리고 신여성과 구여성에게 있어서 여성적 자아의 근대로의 이행은 어떻게 상이하게 이루어졌는가? 그 과정에 어떤 난점이나 문제들이 있었는가? 남성적 자아의 근대로의 이행과는 어떻게 다른가? 한국의 근대는 식민지적 근대라는 왜곡된 경로를 통해 이루어졌던바, 그러한 역사적 특수성이 여성적 자아의 근대로의 이행에 어떤 영향을 초래했는가?

② 한국여성의 자기서사에 대한 역사적 연구 :

조선 후기에 여성의 자기서사가 등장한 이래, 식민지적 근대, 분단, 신식민지적 군사독재를 거쳐 오늘날에 이르기까지 여성의 자기서사는 꾸준히 산출되었고 더욱 양산되는 양상을 보이며 최근에는 인터넷 홈페이지를 통해 연재되고 있기도 하다(「현귀인 할머니의 73년」). 여성에 관한 담론들 및 여성의 현실적·내면적 상황이 역사적으로 어떻게 변화하거나 혹은 유지되었으며, 그것이 자기서사에서 어떻게 재현되고 있는가? 자기서사의 글쓰기는 특정 사회상황이나 특정 여성담론과 어떻게 연관되면서 금지되거나 권장되거나 혹은 양산되는가?

아울러 1920~1930년대 신여성작가들 이래로 1980년대 이후 박완서·김형경·신경숙 등으로 이어지는 여성작가의 자전적 소설에 대한 별도의 역사적 연구와 재평가가 필요하다. 1950~1960년대 대표적인 여성작가들은 대개 자전적 소설을 쓰지 않은 것으로 여겨지는데, 그 이유는 무엇인지도 규명할 필요가 있다. 가능하다면 글로 씌어진 텍스트와 작가의 현실 텍스트를 넘나들면서 소설과 여성자기서사의 관계, 여성의 글쓰기 행위와 관련된 문제들, 여성적 자아와 소설가로서의 자아가 관계 맺는 방식, 여성소설가에게 있어서 '사실과 허구의 관계'에 대한 문제 제기도 필요하다고 생각한다. 또한 1980년대 후반 이래 여성자서전의 양산과 그 대중적 인기현상에 대한 문화적 연구 및 여성주의적 혹은 여성해방론적 관점에서의 텍스트 비판도 필요하다.

③ 동아시아 여성자기서사에 대한 비교문학적 연구:
동아시아 삼국 모두에서 근대 여성자기서사는 서구적 근대자서전의 영향으로 20세기 전반 이래 성행하였다. 상이한 근대화의 길을 걸어간 삼국의 여성에게 있어 근대성의 경험이 어떻게 다른지, 또한 여성지식인만이 아니라 노동여성의 자기서사는 어떤 차이가 있는지 궁금하다. 일본 여성노동자문학의 기념비적 작품인 다까이 또시의 자기서사는 1980년대에 한국에서도 번역 소개된 바 있었다(『나의 여공애사』, 백산서당, 1984). 여성노동자문학은 주변의 주변이라고 할 수 있을 정도로 문학연구에서 이중으로 소외되어 있다. 20세기 동아시아 여성노동자의 자기서사 텍스트를 발굴하고, 상호비교함으로써 자본제적 가부장제의 여성억압이 각국에서 어떻게 보편성과 특수성을 갖고 관철되는지 살펴볼 필요가 있다.

한편 동아시아 여성자기서사의 역사적 비교연구도 흥미롭다. 동아시아 중세에서 다수 여성들이 점차 한문 글쓰기의 영역을 넓혀간 것은 그것대로

의의가 있다. 하지만 한문 글쓰기는 그 견고한 남성적 문학관습으로 인해 여성자신의 독특한 경험을 재현하는 데는 여러 가지 난점을 수반하는 것이었다. 중국여성들이 여성들만의 문자인 '누슈(女書)'를 고안하고, 한국여성들이 "암클"이라 멸시되던 한글을 적극 자기표현의 수단으로 삼았으며, 일본 여성이 히라가나 문학을 발전시킨 사실 등은 중세 동아시아에서 한자나 한문이 남성성별화된 매체였음을 증명하고 있다.

한글 여성문학의 발전은 세계여성문학의 관점에서도 특기할 만한 일이 아닌가 한다. 특히 조선 후기에 다량 창작 유통된 규방가사는 그 문학적 완성도에 있어 내부적 편차가 크긴 하지만, 글쓰기를 전문으로 하지 않은 평범한 여성들이 대대적으로 글쓰기를 행했다는 사실 그 자체만으로도 큰 의의를 지닌다고 생각한다. 규방가사 중에서도 특히 탄식가류 규방가사는 여성의 자기서사의 다양한 면모를 보이고 있다.

아울러 중세일본 여성문학도 주목된다. 헤이안(平安)조에 이미 『가게로닛끼(蜻蛉日記)』, 『무라사키시키부닛끼(紫式部日記)』, 『이즈미시키부닛끼(和泉式部日記)』, 『사라시나닛끼(更級日記)』를 비롯한 여성들의 자기서사가 '일기' 형식으로 다수 산출되었던바, 헤이안조 일본여성의 자기서사는 동아시아문학 뿐 아니라 세계문학사에서도 이른 시기에 창작된 자기서사라는 점에서 특기할 만하다. 이는 자국어 표기수단인 '가나'가 일찍부터 사용되었다는 점, 일본의 일기문학은 주로 여성에 의해 주도되었다는 점, 많은 재능 있는 여성들이 헤이안조의 궁정에 모였었다는 점, 헤이안조 궁정에서의 여성의 상황이 동양의 다른 나라와 비교할 때 상당히 자유롭고 해방적인 면이 있었다는 점 등에 기인한다. 그러나 이후 근대 이전까지 일본여성의 자기서사의 전통은 지속되지 못했다.

동아시아 각국의 여성 자기서사의 공시적·통시적 비교연구는 나를 통해 남을 이해하고 남을 통해 다시 나에게 돌아오는 도정이며, 나와 남이 소통함으로써 상호 상승하는 과정이 될 수 있다. 나아가 서로 다른 특수한 사회 역사적 상황에 처한 여성들이 어떻게 보편적 여성억압에 고통을 겪었는지 그럼에도 불구하고 어떻게 보편적인 여성적 창조성을 발현해 왔는지에 대한 이해를 심화시킬 수 있을 것이다.

'여성적 말하기'와 여성 한시의 전략

박무영

1. '지분기(脂粉氣)'와 '부덕(婦德)'

여성은 개개인의 개아로서의 실존에도 불구하고 '여성이라는 현실'을 공유하고 있다. 따라서 이 '여성적 현실'이라는 공통성으로부터 산출된 공통적 말하기 방식에 대해 생각해 볼 수 있다. 그러나 한편 '여성적 말하기'를 보편적 말하기로부터 떼어내서 언급한다는 사실 자체가 여성의, 그리고 여성 언어의 주변성이나 열등성을 고정하는 역할을 할 수도 있다. 특히 가부장적 사회제도를 긍정적으로 전제하면서 이러한 논의가 이루어질 때 후자의 문제는 매우 심각한 것이 된다.

여성 한시에 대한 고전과 현대 남성 비평가들의 평가는 이중적 잣대에 의해 이루어지고 있다. 첫째, 여성 한시에 대한 많지 않은 고전 비평들은 대부분 '지분기(脂粉氣)'를 언급한다. 그것은 '분 바른 여자의 작품

같지 않다'든가, '규중의 일을 정말 잘 표현했다'라는 식으로 긍정적·부정적으로 말해진다. 이러한 언급 밑에는 언어적으로 '여성적 말하기'라는 '특별한' 방식이 존재한다는 전제와 동시에 '지분기'로 표현되는 '여성성'에 대한 규정이 깔려 있다. 그리고 그것의 주체는 남성이다. 즉 '지분기'를 중심으로 평가되는 '여성적 말하기'란 남성이 규정하는 '여성성'을 전제로 해서 이루어지는 말하기에 대한 정의이다.

여성 한시에 대한 또 다른 평가 기준이 되는 것은 '부덕'이다. 유가적 '부덕'은 조선조 여성들에게 부여된 공적 규범이었고, '지분기'를 중심으로 이야기되는 '여성성'과는 또 다른 방향에서의 '여성상'에 대한 요구를 전제하고 있다. 그리고 그것은 언어적 규범으로도 확립되어 '여성적 말하기'의 규범으로 작용하며, 여성 한시의 평가 기준이 된다. 물론 이때의 주체도 남성이다.

이 두 가지 기준은 이율배반적 관계로서 결과적으로는 여성 한시를 이중적으로 모함하는 결과를 낳고 있다. 즉 고전 비평에서는 "현숙하고도 문장이 좋으니 난설헌(蘭雪軒)이나 옥봉(玉峯)이 재주만 있었던 것과는 다르다"[1]와 같이 '부덕'이 기준이 됨으로써, 뛰어난 여성 시인들이 평가절하당하는가 하면, 현대 비평에서는

> 공부자께서는 시를 '思無邪'라고 평을 하셨거니와 이 여류 시인들의 시를 보면 사대부집 아낙네들의 노래에는 어째 그런지 일부러 감정을 눌러 버리고 점잖게 꾸민 감이 있습니다. (…중략…) 만일 '思無邪'가 옳은 말씀이라면 이 점에서 아낙네들의 노래는 낙제외다. (…중략…) 저 소위 사대부집 아낙네들의 시란 거의 고전에서 이런저런 구절 같은 것을 가져다가 노래라고 얽어놓지 아니하면 대구 같은 것이나 얌전히 하여 색책을 한 관이 있어 정말로 자기의 성정을 그대로 여실하게 쏟아놓은 것은 적은 성하외다.[2]

1) "賢淑有文章異於蘭雪軒玉峯之才勝", 『東時話』.
2) 김안서, 『한국여류한시선집』, 정음사, 1977, 179면 참조.

에서와 같이 이번에는 '부덕' 쪽으로 몰아붙여 시들이 평가절하당하는 식인 것이다. 즉 여성 한시는 시대에 따라 달라지는 비평가(남성 비평가)의 기준에 따라 어느 쪽으로든 부분적으로만 제한적으로 인정되어 왔다.

이처럼 '여성성'을 특수한 것으로 규정하고 따라서 '여성적 말하기'도 보편적 말하기와 구분되는 특수한 것으로 상정하는 남성 비평가들의 평가는 사실상 여성 한시의 주변성과 열등성을 고착하는 역할을 수행해 왔다. 따라서 여성 한시는 '그 자체'로써 평가될 기회도 없었다고 할 수 있다.

여기서 소위 '여성적 말하기'로 규정된 것의 구체적인 내용을 따져보고, 실제 여성작가들의 한시가 그러한 '여성적 말하기'와 어떤 관계를 맺고 있는지 살펴보아야 할 필요성이 제기된다. 문학이 역사적·사회적 진공상태에서 창작되는 것이 아닌 이상, 여성작가들의 한시도 그들이 처한 '여성적 현실'과의 구체적인 상호작용의 결과이며, 특히 언어적 환경과의 상호작용의 결과일 것이다. 지배 계급의 지배 도구로서의 한문, 그리고 권력의 핵심에 도달할 수 있는 유일한 통로로서의 한문문학의 영역은 원칙적으로 여성에게는 금지된 영역이었음에도 불구하고 여성 한시 작가들은 한시 창작을 계속하였고, 따라서 사회적 금기나 규정을 의식한 전략이 필요했을 것이다. 그렇게 고안된 전략들을 중심으로 여성 한시를 읽어보는 것은 여성 한시에 대한 피상적 독서를 극복하는 한 가지 방법이 될 것이다. 여성작가에게 주어진 막강한 선험적 규범과 규정의 힘을 생각할 때, 그럼에도 불구하고 이 여성작가들이 자신들의 목소리를 내기 위해서 마련해야 했을 언어적 전략은 그것이 아무리 미약하게 표현될지라도 대단히 적극적인 가치를 지니는 것으로 파악해야 한다는 것이 본고의 기본적인 생각이다. 이 점은 남성문화가 보편문화로 자리잡고 있는 곳에서 여성문학을 다룰 때는 언제나 전제되어야 하는 관점이기도 할 것이다.

그러므로 본고에서는 조선조 전통사회가 규정하고 있는 '여성적 말하기'의 내용과 '여성적 문체'에 대한 규정을 살펴보고, 여성 한시가 보여주는 말하기 방식과 비교하려 한다. 이 과정에서 여성 한시 작가들이 여성 언어에 대한 규범을 수용하거나, 일탈하는 방식을 통해 구사하는 언어적 전략을 살펴보려 한다. 즉 이 작가들이 처한 '여성적 현실'이라는 공통항과 그에 대한 언어적 대응전략이라는 공통항을 추출해 보려고 한다.

본고는 이 여성작가들이 '작가'로서의 선명한 개성을 지닌 '개별작가'라는 사실을 호도한 채 '여성적 말하기'라는 공통항으로 묶음으로써 이 작가들을 또 다시 한정할 수 있다는 위험을 충분히 의식한다. 따라서 본고의 작업은 이 여성작가들의 개별적 문학세계에 대해 천착한 업적들과 서로 보완적 관계를 가질 때 비로소 의미를 가질 것이다.[3)]

2. '여성적 말하기'와 '여성성'

1) '여성적 말하기'의 일반적 규범

『내훈』류의 조선조 여성 교양서적들에 규정되어 있는 '여성적 언어'에 대한 규범은 말하는 방식에 대한 규정과 말하기의 대상에 대한 규정

3) 본고는 이러한 작업을 특히 지금까지 가치없는 것으로 폄하(김안서의 경우에서 보듯이)되었거나, 기본적으로 우호적인 전제를 지닌 경우에도 "저러한 '타협적인' 삶의 태도는 …… 여성으로서 당대 사회를 살아가기에는 가장 적절한 방식이었는지도 모른다(이택동, 「조선조 여성 한시의 두 양상」, 『성심어문논총』, 가톨릭대 국문과, 1999, 191면)"고 소극적으로 평가되는 사대부 여성 한시들에 대한 재평가를 염두에 두고 행하고자 한다. 즉 이 범주로 거론되는 시들이 '수동적 타협이나 규범의 일방적인 내면화'(이택동, 앞의 글)에 그치는 것이 아니라 그를 둘러싼 현실적 · 언어적 환경과의 상호작용을 위해 적극적으로 선택한 전략이기도 하다는 사실을 부각하고 싶다.

을 아우르고 있다. 우선 그 말하는 방식에 대하여는, 소리가 크거나 씩씩하면 안되고 낮고 유순해야 하며(男唯女兪), 논리적이거나 공격적이면 안되고(不必辯口利辭也), 말을 가려 해서 남의 감정을 거스르지 않아야 하며(擇辭而說 不道惡言 時然後言 不厭於人 是謂婦言), 자의식이 강하게 표출되는 언어도 안된다(口出傲言 則驕心侈焉)는 것이다.4)

한편 '여성적 말하기'의 대상과 연관하여서는 '남자는 안의 일에 대해서 말하지 않고, 여자는 밖의 일에 대해서 말하지 않는다(男不言乎內 女不言乎外)'는 것과 '여자의 소리가 담을 넘어서는 안된다'는 규정을 들 수 있다. 전자는 여성적 말하기의 대상을 한정하는 규정인데, 여자가 관심을 가질 바는 오직 음식과 의복에 관한 것일 뿐 그 밖의 사회적이거나 학문적인 관심을 가져서는 안된다는 규정과 맞물려 '여성적 말하기'를 '일상적 말하기'로 제한하는 규정이다. 후자는 일차적으로는 목소리가 큰 것을 제한하는 규정이지만 한편으로는 여성적 말하기가 공개적 발화의 성격을 갖는 것을 금지하는 규정이기도 하다. 즉 남성 개인의 사적 영역인 '안'의 일이 공개되어서는 안되므로 여성의 말하기는 공개적으로 행해져서는 안된다는 규정이다. 즉 여성의 말하기는 일상적 말하기의 범위 안에서 가정 내부에서만 행해져야 한다는 것이다.

결국 이와 같은 '여성적 말하기'의 일반적 규범은 "남성들 …… 과 달리 이지적 · 과학적 · 반성적 틀을 필요로 하지 않는 순종성이나 내면성 등에 관한 것들이었고 그것들은 모두 침묵으로 연결되는 것이었"5)던 여성 교육의 내용으로 실현되었던 것이다. '여성적 말하기'에 대한 이러한 일반적 규범은 문학적 언어에 대한 평가에도 전제된다.

---

4) 이을환, 「이조여성의 언어윤리관」, 『이조여성연구』, 숙명여대 아세아여성문제연구소, 1976 참조.

5) 박혜경, 「여성의 언어와 사회」, 『인문연구』 19집, 영남대, 1998.2, 52면 참조.

2) '지분기'의 언어와 규정된 '여성성'

남성 비평가들이 여성 한시를 평가하는 용어들을 모아보면 다음과 같은 것들이 주종이다.

> 두 시가 맑고 원만하며 장대하고 화려해서 부인의 손에서 나온 것 같지 않으니 매우 아름답다.
> 二詩淸圓壯麗 似非出於婦人之手 甚可嘉也
>
> —『松溪漫錄』

> 시가 매우 맑고도 굳세어서 거의 부인의 화장기 묻은 말이 아니다.
> 詩甚淸健 殆非婦人脂粉語也
>
> —『鶴山樵談』

> 시가 또한 맑고도 씩씩해서 화장한 모습이 없다.
> 詩亦淸壯 無脂粉態
>
> —『惺叟詩話』

> 자못 넉넉하고 부유하며 웅혼해서 고운 화장기 속에서 나온 것 같지 않다.
> 頗贍富雄渾 不似彩脂中出
>
> —『蘭室詩話(硏經齋詩話)』

> 모두 시편이 세상에 전하는데 쇠약해서 기가 적다.
> 皆有詩篇傳世 而萎弱小氣
>
> —『稗官雜記』

> 빈 안방의 정경을 다 말하였으니 곡에 화장한 아름다운 태깔이 있다. 비록 고금 사인들의 艶體라도 어찌 이보다 낫겠는가.
> 說盡空閨情境 曲有脂粉艶態 雖古今詞人艶體 何以過此也
>
> —『旬五志』

시가 심히 장엄하니 규방의 가볍고 가녀린 체와 같지 않다.
詩甚莊嚴 不似閨閤輕靡體

—『研經齋詩話』

예쁘고 화창하니 뽑을 만하다.
婉韶甚選

—『淸脾錄』

앞의 자료들은 개별 작가를 평하면서 한결같이 '지분기'를 기준으로 이야기하고 있다. 즉 '지분기−화장 냄새 묻은 문체'라는 '여성적 문체'에 대한 규정을 전제로 하고 있는 것이다. 그 '여성적 어조'의 내용은 긍정적인 문맥일 때는 '예쁘고 화사하고 순한' 것으로, 부정적 문맥일 때는 '경박하고 기운이 모자란 것'으로 규정된다. '여성적 문체'의 반대쪽에 있는 것은 '남성적 문체'일 터이다. 그러나 '남성적 문체'가 언급되지 않는 것은 그것이 '남성적인 것'이 아니라 보편적 문체로 설정되기 때문일 것이다. 따라서 개별의 우수한 여성작가는 '분 바른 부인의 손에서 나온 것 같지 않다'고 평가된다. 즉 여성적 한계를 벗어나 남성적(보편적) 성취를 이룩했기 때문에 훌륭하다는 평가가 내려지는 것이다.

긍정적 문맥에서 "예쁘고 화사하고 순한" 것으로 규정되는 '여성적 어조'의 구체적인 언어적 자질을 평가의 대상이 된 시들을 통해 추적할 수 있다. 다음의 두 시는 남성 비평가들이 "그 말의 기운이 예쁘고 순하여 진실로 여자의 시"[6]이며, "예쁘고 화사해서 뽑을 만하다(婉韶甚選)"[7]고 평가한 전형적인 '여성적 어조'의 시들이다.

瞥然飛過誰家燕　　깜짝 사이 날아가는 것은 뉘 집 제비인가
驀地飛來深處花　　곧장 깊은 곳의 꽃을 향해 날아오네

6) "其辭氣婉順 眞女子之詩也", 徐居正, 『東人詩話』.
7) 이덕무, 『淸脾錄』.

深院日長無箇事　　깊숙한 집 안 해는 긴데 아무 일도 없어
一瓶春水自煎茶　　한 병 봄 물로 저 혼자 차를 다리네

—「春晴」(朱氏)

楊柳枝詞唱得低　　양류지사 노랫소리 나직한데,
離亭新雨早鶯啼　　이별 정자 새로 내린 비에 이른 앵무새 소리
洲蘆短短江蘺綠　　물가의 갈대 짤막짤막 강가의 궁궁이는 파르스름하니
之子歸時沒馬蹄　　그대가 돌아갈 때 말 발굽이 빠지겠지.

—「贈李承旨」(扶安妓 福娘)

이 시들의 특징이라면 사소한 움직임을 놓치지 않고 포착하는 섬세하고 예민한 감각, 한가하고 정적인 움직임, 그리고 명령하거나 단정하지 않고 독백하듯 질문하는 다소곳한 어조 등에 있다. 한편 애인을 떠나보내는 여성 화자의 섬세한 마음 씀씀이를 내비치고 있는 뒤의 시에서 보이는 남성을 향한 순정 같은 것이 이 시들의 '예쁘고 화사하고 순한' 느낌을 받치고 있는 것이다. 그리고 그것이 '여성적 문체'로 규정되는 구체적 내용이다.

한편 '여성적 한계'를 넘어서고 있다고 긍정적으로 평가되는 시들은 '여성적 말하기'에 대한 정의를 역설적으로 보여준다. 황진의 「박연(朴淵)」 시는 일종의 여성적 한계를 뛰어넘은 성취를 이루었다고 평가된다.

一波長川噴壑礱　　한 물결 긴 시내 골짜기를 갈아 뿜고
龍湫百仞水潨潨　　용소는 백 길 물소리 총총하다
飛泉倒瀉疑銀漢　　나는 샘이 거꾸로 쏟아지니 은하수인가 싶고
怒瀑橫垂宛白虹　　노한 폭포는 가로 걸려 완연히 흰 무지개일세
雹亂霆馳彌洞府　　우박이 어지럽고 우렛소리 달려 동부에 가득하니
珠舂玉碎澈晴空　　구슬이 바수어져 개인 하늘에 흩어지네
游人莫道廬山勝　　유람온 이여, 여산이 아름답다 말하지 말라

須識天磨冠海東　　모름지기 천마산이 해동의 으뜸임을 알아야 할지니
—「朴淵」(黃眞)

이 시에 대한 평가 중 대표적인 것이 "어조가 극히 맑고도 호쾌하니 화장한 여자가 미칠 수 있는 것이 아니다"[8)]라는 것이다. 여기서 "화장한 여자가 미칠 수 있는 것이 아"닌 것은 이 시의 미감에 대한 평어인 '淸快' 중에서도 '맑다(淸)'라는 요소보다는 '호쾌하다(快)'라는 측면일 것이다. 이 '쾌'의 미감을 자아내는 구체적인 시적 요소로는 이 시의 힘차고 활달한 기상, 대단한 스케일, 힘찬 어조 등을 지적할 수 있을 것이다. 특히 어조를 형성하는 요소로는 명령어를 이중으로 사용하는 단정적이고 강한 결말의 어법과 묘사를 위주로 하는 내용임에도 불구하고 형용사보다 동사 서술어를 위주로 하는 언어구사 등을 들 수 있을 것이다. 이런 언어 구사가 특히 이 시의 어조적 측면에서의 '호쾌함'의 원인이다. 「박연」시가 가진 거센 움직임을 표현하는 동사 위주의 언어구사와 거침없는 태도의 명령법 등의 어법과 비교하면 앞의 진씨의 시의 어조는 진실로 '온순한' 어조다.

다음의 시 역시 "맑고도 원만하며 장대하고 화려해서 부인의 손에서 나온 것 같지 않으니 매우 아름답다"는 평가를 받는 시이다.

干戈縱異書生事　　방패와 창이 비록 서생의 일은 아니나
憂國唯應鬢髮蒼　　나라 근심에 응당 머리와 수염이 세었으리
制敵此時思去病　　적을 제압하는 이때 곽거병을 생각고
運籌今日憶張良　　운세를 헤아리는 오늘 장량이 그립다
源城流血山河赤　　원성에 피가 흘러 산하가 붉고
阿堡迷氛日月黃　　보루엔 어지러운 기운으로 해와 달이 누렇다
京洛音徽常不逮　　서울의 소식이 항시 이르지 않으니
滄湖春色亦淒凉　　창호의 봄 색도 또한 처량해.[9)]

---

8) "調極淸快, 非脂粉家可及", 『詩評補遺』 下.

이 시는 또 다른 측면에서 '여성적 말하기'를 벗어나 있다. 이 시는 전쟁을 만난 우국충정의 성심(誠心)을 그리고 있는데 이러한 시적 제재는 여성적 사유범위를 뛰어넘는 공적 영역의 것이다. 뿐만 아니라 대부분 전쟁 소재와 관련되어 여성 화자나 여성 주인공이 등장하는 한시들은 전통적으로 전쟁의 피해자로서의 여성의 모습을 그리며, 그들은 대부분 전쟁이 민간의 삶에 끼치는 고통을 '원망하고 호소하는' 주체로 등장한다. 그런데 이 시의 시적 화자인 작가는 피해자의 입장이 아니라 경세가의 관점을 취하고 있다. 즉 확고한 주체적 입장에서 '세상을 근심하는' 시인 것이다. 게다가 시를 엮어가는 소재 역시 감각적 대상이거나, 소아(小我)적 내면 정서가 아니라 국가와 운세, 일월과 산하라는 원대한 스케일의 것이다. 언어구사면에서도 섬세한 묘사가 위주가 되기보다는 대범한 진술이 주를 이루고 있다. 이 점이 바로 이 시가 '부인의 손에서 나온 것 같지 않'은 이유인 것이다.

이 두 시에 대한 평가는 결국 '여성적 말하기'란 온순하고, 부드러우며, 정(靜)적이고 감각적이며, 내용적으로 사(私)적이고 사회적 타자로서의 말하기라는 전제를 깔고 있다. 이것이 '여성적 말하기'에 대한 일반적 규정이다. 그런데 주목할 만한 것은 자신들이 규정한 여성적 말하기의 일반적 어법에서 벗어나고 있는 이 시들을 남성 비평가들이 대단히 긍정적으로 다루고 있다는 사실이다. 즉 남성 비평가들은 이러한 일탈적 어조를 여성적인 한계를 벗어나 남성적인 어조에 성공적으로 합류한 것으로 파악하고 긍정적인 평가를 내리고 있는 것이다. 결국 '여성적 말하기'에 대한 규정은 '여성적 말하기'의 주변성과 열등성에 대한 규정이라는 사실이 드러나는 것이다.

한편 이 '여성적 말하기'의 실질적 내용과 관련해서 흥미로운 것은 남성작가들에 의해 창작되는 여성 화자 시의 말하기 방식이다. 여성 화

9) 『松溪漫錄』.

자 시는 '여성적 말하기'가 남성작가 자신들에 의해 실현되는 경우이므로, '여성적 말하기'에 대한 남성적 규정의 실질을 보여준다. 조선 후기 한시사의 한 특징적인 국면으로 이야기되는 여성 정감시의 전형적인 경우로서 흔히 언급되는 이옥의 「이언(俚諺)」도 그런 경우의 하나이다.[10] 「이언」에서 실현되고 있는 '여성적 말하기'의 내용은 당돌하고, 천진하며, 재치있고, 유혹적인, 그리고 욕망을 감추지 않고 노출하는 말하기이다. 그 문체적 자질로는 실제 여성 한시에서 매우 드문 자질인 명령하는, 오만한 자긍의 언어, 거친 원망의 언어들이 거침없이 사용되는 현상을 목격할 수 있다. 「이언」이 보여주는 이러한 '여성적 말하기'는 조선조의 일반적 언어규범과는 상치되는 것으로서, 이옥이라는 남성작가가 규범의 이면에서 실질적으로 말해진다고 생각한 '여성적 말하기'의 내용이다. 특히 중하류층의 여성들이 구사하는 '여성적 말하기'이다. 앞의 '예쁘고 순한' 말하기가 여성적 말하기의 규범을 넘지 않으면서 문학적 의장을 갖출 때 형성되는 자질이라면, 「이언」의 경우는 규범을 일탈하면서 그러한 일탈이 문학적 의장을 형성하는 경우이다.

그러나 이 두 가지의 '여성적 말하기'의 경우는 모두 '여성적 말하기'의 내용을 특수한 것으로 한정하고 있으며, 사실상 서로 크게 다르지 않은 방향에서 규정하고 있다. 그것은 이들 '여성적 말하기'에 대한 규정이 결국 동일한 '여성성'에 대한 규정으로부터 연유하기 때문이다. 남성작가들의 여성 화자 시는 그 성별 정체성에 있어서 여성작가의 한시와 매우 다르다. 그러므로 여성 화자 시에 드러나는 '여성성'이나 '여성

10) 여기서는 조선 후기 여성 정감시의 대표처럼 거론되는 이옥의 「이언(俚諺)」을 중심으로 한 시범적 분석에 그치고자 한다. 그러나 이옥의 경우를 분석함으로써 드러나는 결론들은 조선 후기 여성 화자 시 전체를 향하여 어느 정도 확산할 수 있을 것이라고 생각한다. 여성 정감의 한시에 대한 연구는 이혜순, 「여성 화자 한시의 전통」, 『한국한문학연구』 창립20주년기념 특집호, 한국한문학회, 1996; 박영민, 「사대부 한시에 나타난 여성 정감의 사적 전개와 미적 특질」, 고려대 박사논문, 1998이 있다. 본고는 이 논문들과는 다른 측면의 논의지만 자료 상황을 점검하는 데 있어 결정적으로 힘입은 바 있다.

적 말하기' 방식은 남성들이 기대하거나 규정하는 '여성성'이거나 '여성적 말하기'이며, 따라서 여성성의 본질보다는 오히려 남성성을 보여주는 시들로 그 성격을 파악해야 할 것이다.[11] 이옥의 「이언」에서 '여성성'으로 규정되는 것은 외모에 대한 자아도취적 자긍심, 본능적 · 물질적인 1차 욕망에의 집착, 소녀적 천진함, 관능적 유혹자 등으로 규정된다. 이들은 모두 대남성적 자질이라는 공통성을 갖는 것이며, 여성은 이성과 문명보다 자연이나 본능에 가까운 존재이고 남성의 심미적 시선의 대상으로서의 정물적 존재라는 규정이 전제되어 있는 것이다.[12] 또한 그런 전제 때문에 이들이 보여주는 일탈적 말하기가 '사랑스럽게' 용납되는 것이다. 이런 점에서는 '화장 냄새'로 여성성을 규정하는 단어인 '지분기'의 실질적인 내용도 「이언」이 규정하는 여성성의 내용과 크게 다르지 않을 것으로 보인다. 결국 '여성적 말하기'가 보편적 말하기(남성적 말하기)와 구분되는 특수한 말하기인 것은 보편적 인간성(人性)과 다른 특수한 인성(偏性)[13]으로서의 '여성성'에 대한 정의를 기반으로 하고 있는 것이다.

---

11) 박무영, 「여성 화자 한시를 통해 본 역설적 '남성성'-「俚諺」의 경우를 중심으로」, 『이화어문논집』 17집, 이화어문학회, 1999에서 논의된 내용을 전제로 함.

12) "且有說焉 女子者偏性也 其歡喜也 其憂愁也 其怨望也 其謔浪也 固皆任情流出 有若舌端藏針眉間弄斧 則人之合乎詩境者 莫女子妙矣 婦人尤物也 其態止也 其言語也 其服飾也 其居處也 亦皆到盡底頭 有若睡中聽鶯醉後賞桃 則人之具乎詩料者 莫婦人繁矣", 「二難」, 『藝林雜珮』.

13) 이옥은 「二難」에서 "여자라는 것은 偏性이다"라고 하고 있다. 16세기 이후 주자학적 인성론이 체계화되고 고착화되는 과정을 거치면서 여성 편성론(偏性論)이 학문적으로 체계화되었다는 연구 보고가 있다. 이후 이러한 여성 편성론은 광범위하게 일반화되어 갔던 것이다. 박광용, 「조선 후기 여성의 사회적 지위에 따른 시론」, 『성평등연구』, 가톨릭대 성평등연구소, 1999. 필자의 조사에서도 마찬가지의 현상들을 발견할 수 있었는데, "대개 부인은 自然之性이다(盖夫人自然之性)"(「淸閑堂散稿序」, 『淸閑堂散稿』)와 같은 언급도 동일한 내용을 갖는 것으로 보인다.

3) '부덕'의 언어와 규범적 여성상

주목할 것은 앞에서 '여성적 말하기'의 규정으로부터 일탈하고 있으면서도 긍정적인 평가를 받은 시들의 주인이 소실과 기녀들이었다는 사실이다. 예외가 있다면 허난설헌의 경우지만, 잘 알려져 있듯이 허난설헌의 경우에는 '부덕'이라는 검열에 걸려 집중적인 비난을 받은 당사자이기도 했다. 즉 상층 여성들에게 있어서 '여성적 말하기'란 '부덕'이라는 '규범적 당위'와 강고하게 연결된 것이었다.

18세기 이후에는 여성작가들의 한시문집이 가문 내에서 발간되고, 심지어 친구의 묘지명을 쓰면서 그 어머니의 시재에 대한 언급을 남기기도 하며,[14] 19세기에 이르면 홍한주[15]나 이건창[16] 등에 의해 여성의 한시 창작행위에 대한 전면적이고 적극적인 긍정이 이루어지기도 한다. 그러나 실질적으로 일어나고 있는 이러한 변화의 반면에는 여전히 한시 창작

---

14) "君蚤孤 而申夫人故善文 若二蘇之妹 以此受提誨多聞 其爲詩往往淸警", 丁若鏞, 「司憲府持平尹無咎墓地銘」,『與猶堂全書』 卷十六.

15) "造書契不過爲記事而已 故三代之世 似未必人人皆文 其文簡而且少 後世工文而較藝 爲初學之進身 其勢不能不學文而作文也 但女子惟酒食是議 故不如男子之專治 然其中往往有聰明出羣之才 其所著作亦多傳後 古聖王敎人之法 至秦漢幾盡廢棄 則何獨於女子而專責古法 但令惟酒食是議乎 且國風 諸詩 多婦人所作 葛覃卷耳之詠亦文也 無論男女 有人則有文 亦易致之事 至於不徇(?)女 則專攻文辭 則流於駘蕩 故遂爲閨閤中所諱 …… 我國則 世宗製訓民正音以敎東俗 蓋爲東人不辨音韻 故欲正之耳 非爲女子書牘之資而設也 然而其書易曉 凡言語事情無所不形道 故 雖庸才闇識賤女 學皆效習 遍于國中者今四百年 而遂爲一種婦女之文字誠可笑也 然又或有類異絶人之才 則不無能詩文通經史之婦人 如柳眉菴希春之妻 李玉峯 許蘭雪之類 歷歷可知也 如使此等婦女勸課敎誨 隨才成就 一如丈夫之專門則 安知無谿澤農恩之輩 出于閨閤也" 洪翰周, 『智水拈筆』.

16) "桐城姚鼐之日 古者 姒自太以下 婦人之詩 見錄於孔氏 後世乃謂婦人不宜詩者謬也 余謂姚氏之言 固有據矣 然凡所云婦人之詩 多有當時之人 或美其事 或愛其志爲之賦而傳之 未必皆婦人之自作也 且古今人異宜 詩之序曰 在心爲志 發言爲詩 此以古人言也 後世求詩於發言之外 其勢不庸無學不能 故天下之學詩者 往往瞥日妨事 不免爲知道者之所誚 況閨幃之內 組紃飪饍之是務 而能與及於文詞聲韻之間 以追風雅之 盖婦人之於詩 非筆不宜也 直不暇耳 苟其有秀異之才 而持之以禮 將之以德 無分其工 無廢其事 則其發言之有章 疇得以遏之."

은 부덕에 어긋난다고 하는 공식적 명분이 강고하게 버티고 있다. 이러한 현실과 명분의 괴리는 만년에 이르기까지 왕성하게 창작행위를 계속하고 그 결과를 묶어 시문집을 발간하면서도 그 서문에는 '어려서 친정에 있을 때 하던 것이지, 시집 온 이후로는 문자를 안다는 사실조차를 시집 식구들이 알지 못했다'라든지, '남편의 명령에 의해 시를 짓기는 하였지만, 글자로 기록해 남기는 것은 끝끝내 하지 않으려고 했으므로, 곁에서 아들들이 몰래 적어 놓았던 것들'이라느니 하는 변명들을 남기는 것으로 나타난다. 이러한 현상은 소실이나 기녀들과는 달리 이들 여성작가들의 '부덕'이 부가(夫家) 쪽 집안의 대외적 명성에 직접적으로 관련되어 있던 사정과 관계된 것이다.

때문에 상층 여성작가들의 한시에 대한 평가 기준은 앞의 기녀, 소실 계층의 시에 대한 평가 기준과 아주 다르다. "성정의 바름(性情之正)"[17]을 얻었다든지, 혹은 "현숙하고도 문장이 좋으니 난설헌이나 옥봉이 재주만 있었던 것과는 다르다"[18]라는 것이 그 대표적인 언급이다. 즉 사대부 여성작가들의 경우, 공식적인 문집의 서문을 제외하면 함부로 평가의 대상이 되는 경우도 매우 드물지만, 평가가 되는 경우에도 그 기준은 '부덕'이었던 것이다. 이 문제와 관련하여 이건창이 고종사촌 누이인 남정일헌의 시집에 남긴 다음과 같은 언급은 흥미롭다.

> 그 시가 많이는 그 근친할 것을 생각하되 얻지 못하는 정과 시아버지의 장수를 축수하고, 후사의 어짊을 기원하고 양잠과 농사가 잘 되었음을 기뻐하는 것을 스스로 서술하였다. 그리고 때때로 다시 出塞의 慷慨한 말과 遊仙의 奧妙한 소리와 太極 理氣의 순수하고 오묘한 말들을 짓되 절대로 차가운 등불 싸늘한 비에 쓸쓸하고 가련한 태는 드러내려 하지 않았다. 아아, 부인이면서 이처럼 시에 능하고 그 지어진 시가 또한 이와 같으니 그래도 오히려 마땅치 않겠다고 하겠는가.[19]

17) 「涪溪記聞」, 『稗林』.
18) "賢淑有文章 異於蘭雪軒玉峯之才勝", 『東詩話』.

이건창은 여성의 한문학적 능력과 가능성에 대한 일반적 승인을 보여주는 드문 남성 비평가이다. 그는 여성 한시의 말하기 대상으로서 효친과 육아, 여성의 가내 노동 등 여성의 영역으로 규정된 것들만이 아니라 출새(出塞)·유선(遊仙)·도학 등 사회적 관심이나 풍류적 서정, 혹은 학문적 영역에 속하는, 따라서 여성적 생활규범의 범위를 넘어서는 영역 또한 여성시의 긍정적 범주로서 확대하는 인식을 보여주고 있다. 이것은 여성 한시사에서는 대단한 의식의 진전을 보여주는 것이다.

그럼에도 불구하고 주목할 것은 "차가운 등불 싸늘한 비에 쓸쓸하고 가련한 태는 절대로 드러내려 하지 않았다"는 언급이다. 정일헌은 소년과부로 평생을 산 인물이다. 따라서 '비바람 부는 날의 쓸쓸한 정회'는 정일헌에게는 가장 절실한 개인적 정서이었을 것이다. 그런데 이건창은 '절대로 이런 점을 내색하지 않은'점이 정일헌의 시가 훌륭한 부분이라고 선언하고 있는 것이다. 즉 가장 여성적인 경험과 상처가 표현되는 말하기 영역이 남성작가의 시선에서는 부정적 요소로 평가되고 있는 것이다. 이것이 사대부-상층 여성작가들에게 기대되었던 '규문 안의 일을 바깥에 알리지 않는' '부덕'에 합치되는 문학적 언어의 실질적 내용이다. 그리고 바로 이 점이 고전 남성 비평가들이 허난설헌의 천재성을 인정하지 않을 수 없었으면서도 그토록 반감을 가졌던 이유인 것이다.

19) 이건창, "……其詩多自述其思歸寧而不得之情與祝舅之壽 望嗣之賢 喜蠶稼之成而時復 爲出塞慷慨之詞 游仙窈杳之音 太極理氣醇深典奧之語 而絶不肯見寒燈冷雨悽楚可怜之態 噫 婦人而能詩如此 其所爲詩又如此 尙可云不宜哉……", 앞의 글.

3. 여성 한시의 전략

조선 후기에 강화되는 여자 편성론(偏性論)에 대해 임윤지당이나 강정일당 같은 여성작가들은 "내가 비록 여자이지만 그 타고난 본성에는 처음부터 남녀의 다름이 없"으니 "능히 무언가 일을 이룬다면 성인의 경지에 이를 수 있다"[20]고 당당하게 주장한다. 여성의 공적 성취에 대한 금기에 대하여 김창협의 딸 김씨는 여자로 태어나 후세에 남길 공덕을 이룰 길이 없으니 차라리 일찍 죽어 아버지의 묘지명을 얻어 묘석에 새기게 된다면 그것이 더 나을 것이라는 극단적인 발언을 했다는 기록이 있다.[21] 이러한 자의식은 상층 양반 여성작가들에, 그리고 조선 후기에 국한된 것이 아니다.

따라서 여성작가들은 '여성성'과 '여성적 말하기'에 대한 규정에 맞서 어떤 식으로든 자신의 목소리를 내기 위한 시도를 한다. 앞에서 본 황진의 시 같은 것은 그 극단적인 예이고, 이옥봉 시의 경우에는 수, 함, 경련을 거쳐온 당당한 경국적 포부를 결련에서 슬그머니 남편에게 밀어버리고 자신은 남편을 그리는 아내의 입장으로 물러앉는 포즈를 취함으로써 규범을 피해가고 있다.[22] 즉 언어적 전략이 구사되고 있는 것이다. 이러한 언어적 전략으로 다음과 같은 방식들이 관찰되고, 이것이 '여성적 현실' 속에서 구체적으로 모색된 여성적 말하기의 실상에 가깝다.

---

20) "允摯堂曰 我雖婦人 而所受之性 初無男女之殊 又曰 婦人而不以姙姒自期者 自棄也 然則雖婦人而能有爲 則亦可至于聖人 爲審夫子以爲如何", 姜靜一堂, 「尺牘」, 『靜一堂遺稿』.

21) "…… 間又謂明仲 吾女子也 恨無功德見於世 無寧蚤死 得吾父數行文 以鑴墓石 ……" 「亡女吳氏婦墓地銘」, 『農巖集』.

22) 그러나 이옥봉의 경우에도 끝내는 자신을 철저히 숨기지 못한 것으로 인해 처벌된 것으로 보인다. 「牽牛」 시로 인해 그 남편으로부터 버림받는 일화 같은 것이 바로 그런 것을 보여주는 예이다.

1) 남장하기

우선 여성작가들이 '여성적 말하기'의 대상이 아닌 것으로 규정된 소재를 다룰 때 '남장'을 하는 경우가 발견된다. 이런 경우는 일반적이지는 않지만 다양한 방식으로 실현된다.

步出人家三四呼	이웃집으로 걸어나가 서너 번 부르니
小童來報主人无	작은 아이가 나와 알리길 주인은 안 계시다네
若非杖策尋花塢	지팡이 짚고 꽃핀 언덕 찾아가지 않았으면
定是携琴訪酒徒	틀림없이 거문고 안고 술꾼들 찾아갔으리

—「贈人(訪人不遇)」(成氏, 崔瑭 부인)

이 시는 매우 자유롭고 활달한 풍류객의 흥취를 형상화하고 있다. 즉 술과 꽃과 음악과 친구를 즐기는 거리낌없는 활달한 태도가 이 시의 전면에 전경화되고 있는 것이다. 그러나 현실 속에서 이 여성작가가 바로 이런 활달한 풍류생활을 즐겼으리라고 생각할 수는 없을 것 같다. 화전가류의 노래와 노년기에 이른 여성 화자의 한시에서 일정 범위 내에서 놀이를 즐기는 여성의 모습이 드러나기는 하지만, 이처럼 술과 친구, 꽃과 거문고라는 소재들이 한꺼번에 어울리면서 질탕한 풍류적 흥취를 형성하는 다른 예는 없다. 더욱이 아무리 해도 "거문고를 안고 술꾼들을 찾아"가는 것이 실제 내당마님에게 가능한 경험이라고는 생각할 수 없다. 즉 이 시의 시적 화자의 모습은 당대 사회의 풍습을 감안한다면 여성이라기보다는 남성의 모습인 것이다. 따라서 작가는 시적 공간 내에서 남성으로 분장하고 남성적 풍류를 상상 속에서 경험해 보는 것이라고 해야 할 것이다. 그러므로 이 시는 역설적으로 여성들에게 금지된 남성적 풍류에 대한 동경의 시—따라서 '내당(內堂)' 너머의 공간에 존재하는 삶의 방식에 대한 선망의 시라고 해야 할 것이다. 남성작가들이 여성 화자를 통해 정감의 해방을 누리는 것처럼, 여성작가들이 남장을 통해 풍류적 해방을 누리는 것이다.

「남한산성(南漢山城)」[23] 같은 시는 국가관이라는 공적 영역을 다루고 있다. 그런데 여성작가는 갓끈이라는 남성 복장으로 시적 화자를 가장하고 있다. 그것은 이 영역이 남성적 영역이라는 전제 때문일 것이다. 시적 화자가 입은 남성 복장은 이 시에서 사용된 "莫說"이라는 명령법의 어조와도 연결되어 있다. 즉 여성적 언어는 순종하는 유순한 것이거나 교태로운 것으로 규정되었으므로 적어도 이 시에서의 강경한 명령법의 어조는 뒤의 갓끈이라는 남성 복장을 전제할 때 가능한 어조로 파악되는 것이다. 이 경우의 작가는 여성적 영역과 여성적 말하기에 대한 일반적 규정을 강하게 의식하고 있다고 파악되는 경우이다.

한편 강정일당(姜靜一堂)의 시에서 보이는 '대부자작(代夫子作)'같은 것도 이런 남장하는 전략의 한 특수한 예라고 할 수 있을 것이다. 즉 정일당은 '남편을 대신해서 짓는다'는 명분을 내세우면서 사실상 여성에게 금지된 공개적 발화의 기회를 적극적으로 누리고 있는 것이다.

'남장'의 이러한 예들은 그 작가의 여성의식이라는 측면에서는 다양한 층차를 지니면서 의론되어야 할 것이다. 그러나 어쨌든 이 여성작가들이 그들에게 허여되지 않은 것을 얻어내는 한 방편으로 '남장'을 선택하고 있다는 것을 보여준다.

2) 규범으로 분식하기

여성 한시의 또 다른 일반적인 말하기 전략 가운데 하나가 규범에 의한 분식이다. 즉 그들이 실제로 말하고자 하는 것을 말하되, 규범적 태

23) "天邊縹緲漢南城, 絶頂唯看鳥道橫. 溫祚千年空舊業,聖朝今日設行營. 高牙大纛將軍府, 白梃朱衣守禦兵. 莫說金湯爲國寶, 丙丁遺恨尙沾纓", 廣州妓, 「南漢山城」.

도를 일정 정도 덧바름으로써 사회적 금기를 피해가는 전략을 구사하는 것이다.

조선조 유교사회에서 여성적 영역에서 제외된 가장 대표적 영역이 정치적 영역일 것이다. 그러나 여성 한시 작가들의 정치적·사회적 참여에의 갈구는 여러 가지로 드러난다. 예를 들면 하부인(河夫人)은 「입도시(入島詩)」라는 과체시를 남겼는가 하면, 유한당 홍원주는 '수염이 없다고 탄식할 것이 무엇이랴 스스로 능운의 뜻을 기약한다'[24]며, 「영주야연시(瀛洲夜宴詩)」를 남기기도 한 것이다. 이들이 정치적 의미를 지닌 발언을 시를 통해 할 때 다음과 같은 방식들이 고안된다.

短褐与逢鬢	짧은 베옷과 더부룩한 귀밑머리
皆稱都護兵	모두 도호병이라 칭하네
年鄕還不記	나이와 고향 도리어 기억 못하니
名姓豈分明	성명이 어찌 분명하리
未得霑恩澤	은택을 입은 적이 없으니
安能託死生	어찌 능히 생사를 맡기리오
持斯欲何往	이들을 데리고 어디로 가려는가
難服遠人情	멀리 가는 사람의 정에 승복하기 어려워라

—「次東軒點兵韻」(徐氏)

穀價貴如金	곡식값이 금값이니
蒼生竟何賴	창생이 끝내 누구를 의지하랴
士類盈朝廷	선비라는 이가 조정에 가득하나
豈乏匡時才	시국 풀 재주는 어찌 그리 부족한지
愚婦錯料事	어리석은 아낙네라 잘못 헤아렸는지
不見安民策	백성을 편안케 할 계책은 볼 수가 없네
中夜念及此	깊은 밤 이런 생각이 들면
歎息空呑聲	탄식하며 공연히 한숨만 삼키네

24) "自期凌雲志, 何必歎無鬚", 「次仲氏韻」, 『幽閒集』.

—「饑民歎」(趙氏)

이 두 시는 규범적 태도로 분식함으로써 규범적 금기를 피해가는 두 가지 방식을 보여준다. 첫 번째 시는 동헌에서 행해진 점병(點兵) 장면을 소재로 한 연작시 중의 한 수이다. 이 시의 첫 번째 수(首)는 그녀가 가진 원칙론적인 정치관의 피력이고, 인용된 시는 이러한 원칙에 입각한 현실판단을 내비치고 있다. 즉 국가적 은택을 받은 적이 없는 백성들의 충성을 기대할 수는 없다는 매우 엄정한 현실적인 정치관인 것이고, 이것에 입각한 현실파악인 것이다. 그런데 이런 정치적 판단은 결국 믿을 수 없는 호위병들을 데리고 길을 떠나려 하는 (아마도) 가족에 대한 염려의 정을 은근히 내비치는 것으로 마무리되도록 배려하고 있다. 그것은 '여성이 가정 바깥의 일을 이야기하지 않는(女不言乎外)' 부덕을 고려한 마무리일 것이다. 한편 뒤의 시에서 보게 되는 것도 대단히 심각한 정치적 비판이다. 게다가 이것은 원칙론의 문제가 아니라 당대의 위정자들에 대한 직접적인 비판이다. 그런데 이 여성작가는 "어리석은 아낙네라 잘못 헤아렸는지(愚婦錯料事)" 한 구절을 넣어 직설적인 결론을 유보하는 공손성의 언어 규범으로 분식함으로써 기휘하는 전략을 구사하고 있는 것이다. 즉 이 두 시의 경우가 보여주는 것은 여성에게 허락되지 않는 정치적 영역에 대한 발언을 부덕이나 여성적 말하기의 규범에 싸둠으로써 통과시키고 있는 전략인 것이다.

3) 행간으로 말하기

여성 한시의 가장 보편적인 말하기 전략 중의 하나가 행간으로 말하기일 것이다. 앞에서 살펴본 바의 규범으로 분식하는 방법이 원하는 말을 하고 마지막으로 규범을 덧바르는 보다 적극적인 방식이라면, 이 경우는 규범적 태도를 전면으로 내세우고 원하는 말은 그 이면에 숨겨놓는 보다 소극적인 방식이다. 즉 겉말과 속말이 다른 언어 전략이다.

女子之行遠兩親	여자가 시집가면 양친을 멀리 떠나니
釣淇陟岵夢游頻	부모님 계신 곳 그리워 꿈에 자주 노니네
仰有堂上鰥居舅	위로 당상에 홀로 되신 시아버님
專靠閨中薄命身	박명한 규중의 이 몸을 오로지 의지하시네
雖是故鄕三舌近	비록 고향이 가까울지라도
敢因師氏一言陳	감히 사씨를 통해 한 말씀 올려볼 수라도 있으랴
私情不及飛烏鳥	사사로운 정은 날으는 까막 까치에도 미치지 못하네
晨去昏來定省均	새벽이면 가고 저녁엔 돌아와 晨定昏省하는 것을

—「思歸寧」(貞一軒 南氏)

論心細雨香燈下	가랑비 내리는 밤 등불 아래서 속마음 이야기하고
聯袂閒花芳草前	한가로이 꽃과 풀밭에서 소매를 나란히 했었지
于歸莫墮傷心泪	시집 가며 마음 아픈 눈물 흘리지 말아라
女必從夫認是天	여필종부는 하늘이 정한 것인 것을

—「送女伴于歸」(高陽村女)

가부장제적 가족관계에서 여성들이 겪었던 가장 부자연스러운 강요는 생래적인 친족관계의 절연이었다. 따라서 친정부모와 형제자매에 대한 그리움의 정서는 이들에게서 가장 절실한 정서적 진실성을 지니는 것이다. 그러나 그것이 시적으로 실현되어 당당하게 표현될 자리를 얻는 것은 유교적 이데올로기의 범주 안으로 수렴되어 힘을 얻는 방향으로 실현되었을 경우에 한정된다. 그러한 사정을 첨예하게 보여주고 있는 것이 앞의 두 시이다. 「사귀녕(思歸寧)」 시의 화자는 친정부모를 그리는 마음을 스스로 '사정(私情)'이라고 규정한다. 친정부모를 그리는 마음이 '효(孝)'라는 가부장제 최고의 윤리에 배반되지 않는 것임에도 불구하고, 가부장제적 여성의 입장을 받아들여 시부모에 대한 윤리와 애정을 '공정(公情)'으로 두고, 절실한 '사정'을 격하하고 홀로 껴안아 소화해 내려는 자세를 바탕으로 하고 있는 것이다. 즉 인간으로서의 윤리보다 앞서는 여성으로서의 윤리에 대한 순종의 방향으로 서정이 시적 실현의 방향을 얻는 것이다.[25] 그러나 결국 행간에 드러나는 것은 친정부모에 대한 간절한 그리움과 그나마 허용되는 근친의 기회마저도 포기해야 하는 현실적 처지에 대한 안타까움인 것이다. 즉 그녀는 아니라고 부인함으로써 사실상의 본 마음을 이야기하는 어법을 구사하고 있는 것이다. 고양 촌녀(高陽村女)의 「송녀반우귀(送女伴于歸)」 시 역시 "표면적으로는 여필종부의 유교적 가르침이 서민에게도 침투되었음을 보여주"면서 사적 정서를 공적 정서에 복속시키는 순종적인 어조를 형성하나, "이면에는 '여필종부'에 대한 시각이 단순히 당위로서 시적 화자나 대상에게 어쩔 수 없이 체념적으로 받아들여지는 모습"[26]이 드러나 행간을 통해 또 다른 이야기를 하고 있는 이중적 어법을 구사하고 있는 것이다.

이매창의 다음 시 역시 말하지 않음으로써 말하는 시이다.

---

25) 이 점은 여성 일반의 말하기 방식이기도 하다. 예를 들어 호연재(浩然齋) 김씨가 「自警篇」의 孝親章에서 실제로 본문은 친정부모를 염두에 두고 진행하고 있으면서도 마무리는 "시부모의 존귀함은 부모보다 더함이 있다. 무릇 사람이 감히 자기 자신의 몸을 지아비의 몸과 비교할 수 없다. 그런즉 우러러 시부모를 섬김에 어찌 부모와 차이가 있을까 보냐"("…… 舅姑之尊貴 有加於父母 凡人不敢以已身比夫之身 然則仰事舅姑 豈有間於父母哉……", 「自警篇」, 『浩然齋遺稿』)로 하고 있는 것과도 동일한 실현화 방향인 것이다. 즉 '사정'과 '공정'의 갈등 사이에서 사정을 공정의 범주로 수렴, 승화하거나 사정과 공정이 충돌하는 경우 사정을 포기하고 공정을 실현화하는 방향으로 시적 정서를 실현하고 있는 것이다. '공적 서정'의 영역을 형성하는 대부분의 시들에서는 이러한 사정과의 갈등에 대한 암시조차 없는 경우가 오히려 일반적이라고 해야 할 것이다. 그러나 이 '공적 서정'의 내용이 일반적으로 자연발생적인 정서라기보다는 이데올로기적인 성격을 지닌 것이라는 점을 상기한다면 앞의 시들의 분석 예에서 드러나는 실현화 방향이 이들 시의 배면에 존재하는 일반적인 실현화 방식이라고 해야 할 것이다.

26) 이혜순, 「고전 한시작가의 전기적 고찰」, 『한국고전여성작가연구』(이혜순 외), 태학사, 1999, 82면 참조.

醉客執羅衫	취객이 비단 적삼을 잡아당기니
羅衫隨手裂	비단 적삼이 손길 따라 찢어지네요
不惜一羅衫	비단 적삼 한 벌이 아까운 것 아니라
但恐恩情絶	다만 은정이 끊어질까 두렵다오

—「贈醉客」(李梅窓)

이 시 역시 겉으로의 어조는 매우 유순하다. 화자는 심지어 상대방과의 '은정(恩情)'을 염려하고 있기까지 해서 표면적으로는 유순할 뿐만 아니라 매우 '애교' 있기까지 한 '여성적' 어투다.[27] 상대의 마음을 거스르지 않으려는 조심스러운 배려가 담긴 어법이다. 그러나 이 시의 행간에서 읽히는 것은 "분노"다.[28] 실제로는 이 시는 자신을 함부로 다룬 취객에 대한 분노와 거센 항의의 시인 것이다. 그것은 말하지 않음을 통해 오히려 전달된다.

이처럼 겉으로 말하는 것과 속말이 다른 이중어법은 여성 한시 전반에 걸쳐 사용되는 말하기 전략의 하나이다. 그것은 '여성적 어법'에 대한 규범과 이 규범을 넘어서는 어법과 내용에 대한 침묵이 강요되는 현실에서 여성작가들이 택한 언어적 전략의 하나로 적극적으로 파악되어야 할 성질의 것이다.

---

27) 실제 남성 연구자들은 "님이 진정 나를 사랑하신다면 까짓 적삼이 찢어진들 무에 아까울 것이 있겠는가? 그러나 내가 참으로 두려워하는 것은, 거친 손길에 적삼이 찢어지듯 님의 사랑이 그렇게 쉽사리 끊어져 버리지나 않을까 하는 것이다"처럼 사랑의 상실을 염려해서 '분별없는 사랑을 완곡하게 거절하는' 시로 읽는다(정민, 『꽃 피자 어데선가 바람 불어와』, 교학사, 1993, 150면). 그러나 이 시의 주인인 매창은 기녀이다. 취객은 그녀의 손님일 것이다. 조선조 신분사회의 최하층 천민 신분인 작가가, 취한 채 자신의 적삼을 찢어대고 있는 상층 신분의 손님을 상대로 뱉은 것이 이 시다. 이러한 상황을 고려하고도 이 시를 사랑의 상실을 염려하는 시로 읽을 수 있을지 의문이다. 오히려 감히 직설적으로 표현할 수 없는 분노를 내장한 채 우회하는 시로 읽어야 한다는 것이 본고의 생각이다.

28) 이혜순, 「여성 시인들의 시세계」, 『한국 고전여성문학의 세계—한시편』(이혜순·정하영 편역), 이화여대 출판부, 1998, 13면 참조.

4) 침묵하기

그러나 규범의 힘이 너무나 막강하여 폭력의 경지에 이를 때 이들은 오히려 침묵으로 말한다. 봉건적 가부장제하의 여성적 질곡이 가장 첨예한 형태로 드러나는 「낙동강」 시는 그러한 어법을 구사하고 있는 대표적인 경우다.

威如霜雪信如山　위엄이 상설 같고 신의는 산 같으니
不去爲難去亦難　안 가기도 어렵고 가기도 또한 어렵다
回首洛東江水碧　낙동강가에서 머리 돌려보니 강물은 푸르네
此身危處此心安　이 몸이 위태한 곳에서 이 마음은 편안하리

—「洛東江」(嶺南 朴生家婢)

영남 박선비 집의 아름다운 유부녀인 비녀를 주인은 손님에게 주어 버렸다. 새 주인을 따라 낙동강가에 이른 비녀는 이 시를 남기고 투신해 버렸다는 배경적 설명이 붙어 있는 시이다. 주인의 위엄을 거역할 수 없는 노비의 신분적 의무와 남편을 향한 신의를 지켜야 하는 여성적 당위라는 요구 사이에 놓인 화자의 상황은 절망적이다. 시적 주인공에게는 매우 부당한 세계의 횡포인 것이다. 그러나 이 시의 표면에는 전혀 공격적 어조가 존재하지 않는다. 시적 화자는 문법적 일탈이 전혀 없는 편안한 구어체적 어조로 체념적으로 사태를 기술할 뿐이다. 심지어 '이 마음은 편안할 것'이라고 결구의 매듭을 맺는다. 게다가 승구와 결구는 각기 유사한 어구가 반복됨으로써 부드러운 리듬감을 형성하고 있기도 하다. 표면적으로 유순한 어조 뒤에는 이 시의 주인공이 겪은 극단적인 감정적 갈등과 피로감, 그리고 이에 이은 '자살'이라는 절망적 몸짓이 있다. 그것은 극단적 형태의 항거이기도 하다. 그리고 그것은 말하지 않음을 통해서 전달된다. 이 경우에는 여성에게 강요된 '침묵'이

오히려 강렬한 의사전달의 수단이 되고 있는 경우이다.

5) 이용하기

그런가 하면 여성작가들은 적극적으로 '여성적 말하기'에 대한 규정을 이용하기도 한다. 그것이 가장 잘 드러나는 것이 기녀들의 수작시이다. 다음의 한 쌍의 시들은 기녀 수작시의 정체를 잘 보여준다.

流淚眼看流淚眼	눈물 흐르는 눈으로 눈물 흐르는 눈을 보니
斷腸人對斷腸人	애끊는 사람이 애끊는 사람을 대하였네
曾從卷裏尋常見	일찍이 책 속에서 심상히 보던 일
今日那知到妾身	오늘 첩의 몸에 닥칠 줄이야 어이 알았으랴

—「奉別巡相李公」(桂月)

持子征衫下淚裁	그대의 길 옷을 눈물 흘리며 마르노라니
金刀隨手短長回	가위는 손길 따라 길게 짧게 돌아가네
此身寧與殘燈滅	이 몸이 차라리 남은 등잔과 더불어 사라진다면
不見明朝上馬催	내일 아침 말에 오르란 재촉은 보지 않아도 될 테지

—「同題(奉別巡相李公)」(蘭香)

시상이 놀라운 데가 있는 작품이지만 이 시들의 정감을 진짜라고 파악할 수는 없다. 왜냐하면 이 시들은 관찰사로 들른 중앙의 관리를 전별하는 자리에서 여러 기생들이 동시에 지은 작품들 중의 둘이라는 것이 제목을 통해 드러나기 때문이다. 더욱이 계월 시의 기, 승구는 여러 기녀들의 시에서 반복적으로 등장하는 일종의 관습구라는 사실을 기억한다면 이 시들의 가짜 정서를 의심할 수는 없을 것이다. 그런데 이 시들의 내용이나 말하는 방식은 이덕무가 "예쁘고 화사하다"고 했던 복랑의 「증이승지(贈李承旨)」와도 매우 흡사하다.

더욱 흥미로운 것은 이런 종류의 기녀 한시가 「이언(俚諺)」의 여성형상과도 근본적으로 매우 흡사하다는 것이다. 「이언」의 '탕조(宕調)'는 창기들을 화자로 내세워 기방의 풍속을 다루고 있는 시들이다. 이 시들의 여성 화자들은 자신의 문예적 능력에 대한 자긍을 내세우기도 하고, 교태를 부리며 물질을 요구하기도 하고, 교묘한 비꼼으로 좌중을 흔들어 놓기도 한다. 때로는 대담한 관능적 유혹을 노골적으로 구사하는 경우도 있다.

이러한 유사성은 결국 다같은 영업현장에서의 수작시라는 이들의 공통성에서 유래하는 것이다. 따라서 이 종류의 시들이 보여주는 의식은 실질적인 여성 정감이라기보다 남성 고객이 기대하는 역할을 담당하고 있는 시라는 해석이 보다 사실에 가까울 것이다. 이 점은 기녀들의 한시가 대남성적 감성으로 그 제재를 한정하지 않는다는 데서 거듭 확인된다. 기녀 작가들이 남기고 있는 죽음에 대한 성찰을 다룬 시나 자의식적 고민을 다룬 시, 그리고 진지한 사랑의 정서를 읊은 시, 또는 역사의식이나 허무의식을 읊고 있는 시 같은 것들은 이옥의 탕조나, 기녀시조, 혹은 앞에 예시한 기녀 한시들이 공통적으로 표현하고 있는 여성성과는 전혀 다른 부분이다. 이렇게 되짚어본다면 이 시들이 갖는 남성의 기대에 부응한다는 측면이 분명해진다.

이처럼 해석한다면 앞의 시들은 여성에게 기대되는 말하기를 영업적으로 구사하고 있는 시들이라고 할 것이다. 따라서 또 다른 방향에서의 말하기 전략이 구사되고 있는 것이다. 이러한 언어전략은 상층 여성작가들에게서도 확인할 수 있다. 예를 들면 김 삼의당과 같은 작가의 경우는 가장 적극적으로 여성적 규범을 선양하는 시를 짓는 시인이다. 조선 후기의 몰락한 향촌 사족 계층의 아내로서 적극적으로 가문의 지위를 유지하고 상승시키고자 했던 이 여성작가가 남기고 있는 규범시들은 가문 내외를 향한 적극적 의도를 지닌 작품들로 읽힌다. 이 경우 역시 '여성적 말하기'의 규범을 일정한 의도 아래 적극적으로 구사하고 있는 경우로 파악할 수 있을 것이다.

결국 여성 한시 작가들은 그들이 말할 수 없는 것과 그들이 말하고 싶은 것 사이에서, 그리고 '여성적인 것'이라고 규정된 것들 사이에서 조심스러운, 다양한 언어적 전략을 구사하고 있는 것이다. 그리고 여성 한시 작가들이 처했던 '여성적 현실'을 고려한다면 여성 한시 작가들의 이러한 언어적 전략 속에 숨은 말하기의 긴장관계가 오히려 이 시들을 생명력 있는 것으로 만드는 요소라고 이해하게 된다.

4. 여성 한시의 시적 긴장

'여성'과 관련된 담론엔 유난히 많은 은폐와 왜곡과 오해가 존재한다. 문학의 경우 그것은 텍스트 자체에서 드러나는 현상일 뿐 아니라 수용 과정에서도 저질러진다. 그러므로 무엇이 진짜냐 하는 것은 남성이 말하는 것과 여성이 말하지 못하는 것, 그리고 여성적 현실이라는 상황을 종합적으로 고려할 때에야 비로소 조금 엿볼 수 있다. 본고는 여성 한시의 말하기 방식을 일종의 전략이라는 측면에서 보다 적극적으로 해석해 봄으로써 그런 문제 제기를 하는 거친 시도인 셈이다.

본고에서 살펴본 바, 여성 한시의 말하기 전략이란 궁극적으로 '약자의 말하기 방식'이다. 그러나 이 여성 한시 작가들이 생존하였던 사회는 봉건적 가부장제의 사회였다. 이러한 언어적 전략을 무시하였거나 소홀히 하였던 허난설헌이나 이옥봉 등은 규범에 의해 처벌되었고, 황진이 등의 시인은 방외인－아웃사이더로 남음으로써 이런 처벌 자체를 초월하였다. 그러나 세상에 속해 있으면서 그들이 원하는 것을 말하기 위해선 다양한 전략들이 사용될 수밖에 없었다. 그것이 본고에서 살펴본 바의 여성 한시의 전략인 것이다. 이것을 약자의 말하기 방식일 뿐이라고 평가절하할 수는 없다. '약자의 언어'인 것은 사실이나, 그들이 살았던 시대의 힘을 생각할 때 이러한 '약자의 언어적 특징'이나마 적극적으로 활용했던, 그래서 어쨌든 그들이 하고자 하는 말을 했고, 그것을 그들에게 금지된 문학적 형식으로 누렸던 바로 그 점에 적극적 의의를 인정해야 한다. 그리고 오히려 이런 언어적 현실과 시적 전략 사이의 긴장관계가 여성 한시의 일반적 시적 긴장을 이루는 것으로서 미학적인 고려의 대상이 되어야 할 것이다.

상징 질서에 도전하는 여성시의 목소리, 그 전복의 전략들

김승희

1. 서론—타자, 여성 / 여성주의적 주체와 현대 여성 시

한국의 여성주의 시는 1970년대 후반의 잠재기를 거친 후 1980년대 초반부터 과격한 전복적 목소리를 내며 텍스트적 혁명을 실천해왔다고 말할 수 있다. 텍스트 생산 행위 자체가 시인 혼자만의 독방에서 단성적 목소리로 창조되는 독백적인 것이 아니고 시대의 정치적 · 사회적 · 문화적 담론들과 맥을 같이 하는 상호텍스트성을 지닌 채 생산되는 것이라 할 때 1970년대 후반의 반독재운동 · 인권운동 · 노동운동 · 민중운동 · 여성운동 등의 영향으로 개인 해방의 욕구가 높아지면서 페미니스트적인 인식 또한 확산되어 여성 시인들의 텍스트 생산에도 많은 영향을 미쳤다고 보이기 때문이다. 어느 시인도 시대적 담론과 완전히 고립된 무균실과 같은 공간에서 살지 않으며 어느 언어도 시대적 담론을 운반하지 않을 정도로 투명하지는 않다. 그보다도 모든 언어는 시대적 · 사회적 이데올로기의 함의를 운반한다는 의미에서 불순하며,[1] 글쓰는 주체는 항상 시대적 담론의 강한 지배를 받고 있고[2] 자기 시대, 자기 공간의 상징 질서 안에 살고 있기 때문이다.[3] 그리하여 정치적 가부장 독재를 해체하고자 했던 1970년대적 반독재 인권운동 · 노동운동들의 흐름은 억압자/피업악자, 독재자/민중, 자본가/노동자, 남성/여성이라는 이항 대립의 항목들을 인식하며 후자를 해방시키려는 노력들로 확산되었고 1980년 5월의 정치적 학살극은 근대적 '아버지들'의 광기, 로고팔로센트리즘(Logophallocentrism)[4]의 폭력성과 가학적 파괴성에 대한 무서운 공포와 각성

1) 언어학과 정신분석을 조합시킨 라캉에 의하면 "무의식은 언어처럼 구조되어 있다" 또는 "무의식은 큰타자의 담론이다"고 함으로써 언어를 오이디푸스 단계에서 아버지의 법을 운반하는 상징 질서(The Symbolic, 상징계)에 연관시키고 큰타자의 언술인 무의식을 지지하기 위해 기호론을 사용한다. 상징계는 곧 언어(Language)로써 주체의 무의식을 만드는 것이며 그리하여 언어는 우리를 큰타자의 담론에 기반을 두게 한다.

2) 라캉은 시니피에에 대한 시니피앙의 우위에 대해 언급하는데, 즉 의미들이란 결국 차이를 만들어내는 시니피앙의 효과일 뿐이며 그리하여 세계의 의미란 단지 서로 교환되는 '담론들'의 결과일 뿐이라는 것이다. '담론들'이란 '사회적 언어들'이다. 즉 언술의 구체적인 실제 형태이며 동시에 제도적으로 조절되는 질서 체계들이다. 개인적인 진술 및 개별적 텍스트는 항상 하나의 담론, 또 그 담론에 앞서 존재하고 있는 여러 개의 담론들에 관여하고 있다. 레나 린트호프, 이란표 역, 『페미니즘 문학이론』, 인간사랑, 1998, 140면 참조.

3) 자아를 사회적 존재로 구성해 가는 과정은 거울 단계에서 시작되고 오이디푸스적 갈등의 해결과 함께 완료된다. 프로이드에 따르면 거세 공포를 경험한 아이는 현실 원칙에 굴복하고 그 결과로 사회 질서에 진입하게 된다. 라캉에게 이것은 언어 체계 속으로 들어가는 시기와 일치하며 언어 체계가 곧 상징 질서와 관계된다. 라캉은 언어를 곧 상징 질서라 부르며 상징 질서란 총체적 의미 구조이고 '무의식은 언어처럼 구조되어' 있고 곧 무의식은 큰타자의 언술이기에 언어를 통해 우리는 사회적 상징 질서 안으로 진입된다. 알튀세에 의하면 모든 시대인은 자기 시대의 교육이나 문화 · 종교 · 제도(이념적 국가 장치)로부터 자유로울 수가 없는데 이데올로기가 길가에서 '헤이, 너'라고 호명하면 복종해야 하는 것처럼 주체들을 부르기 때문에 주체의 주체화는 종속화가 된다.

4) Logophallocentrism이란 사실 데리다에게서 시작된 개념으로 서구 철학에서 팔로스와 로고스가 동일하다는 것을 말한다. 데리다에 따르면 서구 철학은 선/악, 이성/광기, 문명/야만, 내부/외부, 남/녀, 자신/타자, 백/흑, 빛/어둠이라는 이분법적 대립항으로 이루어져 왔으며 여기에는 위계질서가 있는데 전자의 것에 항상 우월성이 주어진

을 일으키면서 민중문학과 마찬가지로 여성문학에 전환기적인 혁명의 물결을 일으켰던 것이다.5)

거기에 영미 · 프랑스 페미니스트들의 다양하고 전투적인 논저가 번역되어 수용되면서 한국의 여성시를 페미니즘적으로 '다시 읽기' 하려는 노력들이 왕성하게 진행되어 왔다. 그중에서도 프랑스 페미니스트들, 줄리아 크리스테바나 이리가레이, 식수 등이 이론적으로 많이 활용되어 왔다. 라캉의 주체이론과 아울러 크리스테바의 '말하는 주체' 문제라든가 이리가레이의 서구 문화 속에 깃들어 있는 팰러스-로고스-시각중심주의와 여성 주체의 문제, 여성의 몸과 성욕의 복수(複數)성 문제(즉 질(膣)) 오르가즘과 클리토리스 오르가즘 등), 소년-엄마의 관계와 소녀-엄마의 관계의 차이 발견, 여성 예술가들의 엄마의 계보 살리기 등, 식수의 전오이디푸스 단계에 있는 목소리 · 리듬 · 촉각들을 중시하는 여성적 글쓰기의 복수성 등의 이론들이 많이 소개되어왔고 또한 한국 여성주의 시 분석에도 적용되어 왔다.

다. 그것을 데리다는 폭력적 서열제도라고 부르며 그것을 해체하고자 한다. 여성의 거세가 팔로스 로고스 중심주의의 환상이라는 것을 그는 알고 있다. Jacque Derrida, Gayatri Spivak trans. *Of Grammatology*, Baltimore : Johns Hopkins Univ. Press, 1980, pp.27~50 참조.

그러한 데리다의 '팔로스 로고스 중심주의'는 로고스 중심주의가 의존하고 있는 구조가 즉 남성과 여성(비남성)의 분리에 의해 지배당하고 있음을 알려 준다. 그리고 로고스 중심주의는 그 논리를 시각 중심주의로부터 끌어오는 팔로스 중심주의에 기반을 두고 있다(라캉의 거울 단계에서 에고의 형성도 역시 시각에 기반을 둔 것이다) 이리가라이는 데리다와 라캉의 정신분석학을 결합하여 그러한 남근 로고스 중심주의의 위계를 극복하려는 노력을 시도했고 남성 주체와 다른 여성 주체를, 그 차이를 강조하면서 라캉의 거울에 반사경(speculum)을, 남근 대신 '두 입술'을 발견하여 남근중심적 상징계에 해체적 비판을 가하며 여성적 글쓰기의 특성을 발견하려고 노력했다. 팸 모리스, 강희원 역, 『문학과 페미니즘』, 문예출판사, 1997, 195~199면 참조.

5) 그것은 아드리안 리치의 여성주의 문학운동이 1960년대 미국의 민권운동의 영향을 받아 여성 고유의 역사를 복원하고 보다 넓은 사회적 변역운동 안에서 정치적 목표를 세운 것과 크리스테바가 억압받은 자의 축제라고 불리우는 1968년 5월에서 영향을 받아 전 오이디푸스적인 리비도적 힘, 아방가르드 텍스트를 생산하는 기호계(Semiotic)의 전복적 힘을 헤겔의 부정성(nagativity) 개념에서 끌어온 것과도 같다. Walter Kaladjian, *Languages of Liberation*, New York : Columbia Univ. Press, pp.142~144 참조.

크리스테바는 사실 여성적 글쓰기와 남성적 아방가르드 글쓰기적 충동을 동일시함으로써 여성적 글쓰기만의 차이를 발견해내고자 했던 페미니스트들로부터 비판받고 있다. 그러나 크리스테바의 코라[6] 이론은 문학사를 갱신했던 1980년대적 여성 시의 전복적 에너지를 설명하는 데 큰 도움을 준다. 고정희나 최승자 · 김혜순 · 김승희 · 박서원 · 이연주 · 김정란 등은 아버지의 말을 흔들고 이성중심적인 '절대적 진리, 단일 에고'를 부정하면서 다양한 언어 실험들을 해왔기 때문에 분석의 좋은 대상이 된다. 저항적 · 부정적 시인은 누구나 '양성적 유토피아'로서의 어머니의 몸으로 돌아가고자 하는 욕망을 지니며 기호계의 코라의 에너지로 아버지의 법에 대해 저항하는 글쓰기 실천을 하는 것이기 때문이다. 그리하여 아방가르드적 텍스트 쓰기는 여성성을 되살릴 뿐만 아니라 부정성의 에너지를 언어화시킬 수 있는 실천이 되며 정치적인 실천 행위와 같은 것이다. 즉 자신이 문화 · 사회 · 국가 장치에 의해 '호명된' 주체이기를 거부하고 자기를 호명하는 지식 · 권력 · 이데올로기들을 인식, 검색하며 그것을 전복시킬 수 있는 전략을 가지게 되는 것이다. 그런 의미에서 라캉의 정신분석학에서 출발한 그들의 페미니즘 이론은 한국 여성주의 시를 분석하는 데 좋은 참조가 된다. 첫째 '자아

6) 코라(Khora)는 플라톤의 『티마이우스』에서 크리스테바가 빌려온 것으로서 신의 조화와 질서가 개입하기 전의 무정형으로 무한한, 감각적 속성이 담기기 이전의 수용체적 물적 에너지 그 자체로 본다. 코라의 속성은 기본적으로 운동적이며 프로이드가 일차 과정이라 부른 생체 에너지의 충동 그 자체인, 인간의 생물적 심적 실재 그 자체와 같은 것으로 본다. 자아 분화, 대상 문화, 언어 습득 이전의 단계가 기호계이며 그것은 상징계에의 진입으로 주체 정립 이후에도 이성을 전복시키려는 쾌락의 소음들이나, 웃음, 시들의 소음, 리듬들로 나타나며 육체 안의 본능들과 심리적 충동들이 흘러다니는 공간을 코라로 본다. 라캉의 상상계와 상징계를 기호계와 상징계로 변형시키고 그 두 양태는 언어를 구성하는 의미화 과정에서 서로 분리될 수 없으며 기호계, 상징계라는 두 양태가 담론적 실천을 생산해내기 위해 변증법적 관계를 맺는다고 본다. 그리하여 주체는 언제나 과정중에 있는 주체, 교란받는 주체, 경계선에 있는 복수화된 주체가 되며 시적 충동은 상징계를 가로질러 기호계로, 어머니로 돌아가려는 코라의 충동적 힘과 같다. 언어에서의 기호학적 억압과 사회에서 여성의 억압을 같은 것으로 본다. 김승희, 『이상 시 연구』, 보고사, 1998, 25~29면 참조.

란 투명하고 초월적이 아니라는 것'을 밝히고 그리하여 사회적 주체성, 혹은 젠더가 어디까지나 '사회, 문화, 이데올로기적인 허구적 구축 위에 놓인 것'임을 주장함으로써 '절대적 중심, 근원, 진리'를 부정한다. 주체는 사회·문화·국가 장치와 같은 거대한 힘에 의해 구성되는 주체로 바뀌며 남성/여성에게 있어 그것은 또한 성적 주체화 과정이기도 하다. 그러한 주체 구성론은 젠더 형성론과 같고 그 성적 주체화 과정을 인식·검색·탈구축하려는 노력이 바로 여성들의 글쓰기라고 할 수 있기 때문에 그 이론들은 여성주의 시 분석에 많은 도움을 준다.

둘째, 오이디푸스 담론으로 구조화된 서구의 상징 질서의 주체화 과정이나 어머니 배제(추방, abgection)의 방식이 유교적 가부장제와 흡사함을 느낄 수 있기 때문이다. 유교도 오이디푸스 구조와 유사하게 여성을 생산과 모성적 존재로만 사회적 상징 질서 안에 수납하면서 부자 관계로 이루어진 권력 구조를 갖는다. 그러기 위해 먼저 여성을 성적 주체화 과정에서 '곰/호랑이'라는 양성성을 가진 존재에서 호랑이를 추방하고(양성적 유토피아의 상실) 곰-여인으로 젠더화시키는 과정을 「단군신화」에서 볼 수 있다.[7] 가부장적 상징계 안에서 철저히 생식적 존재로만 허용된 여성인 것이다. 오이디푸스 구조화에서 '거울 단계' 같은 어머니와의 2자 관계, 나르시즘적 합일 단계를 거친 후 아이가 어머니로부터 분리되듯이 유교적 상징 질서 안에서도 사회적 정체성을 획득하기 위해서 어머니로부터의 분리를 겪어야 하고(남존여비, 군사부(君師父) 일체의 철저한 남성 중심적 절대성을 교육받음) 어머니의 사랑의 지침보다는 가장의

---

7) 아버지의 이름(환웅)이 내려준 금기를 받아 동굴속에서 주체화 과정 이전, 즉 전(前) 오이디푸스 기에 몸 속에 내재해 있던 자신의 생물학적·심리적 실존인 양성성 중 호랑이를 쫓아낸(abject) 뒤 곰-여인, 즉 웅녀가 된 여성은 아이 낳기를 소망하여 신단수 아래 가서 빌어 환웅의 자비로 아들인 단군을 얻게 된다. 성적 존재로서의 몸의 희열, 주체로서의 위치 같은 것은 존재하지 않으며 젠더로서의 자기 확립, 즉 타자의 자리가 있을 뿐이다. 김승희, 「웅녀 '신화' 다시 읽기-페미니즘적 독해」, 『한국 여성문학 비평론』(안숙원 외), 개문사, 1995, 12~19면 참조.

권위와 그 권력에 복종해야 한다. 그것은 프로이드나 라캉의 거세 공포와도 연관된 것으로서 아이는 거세될까 하는 공포 때문에 어머니의 욕망을 포기하고 아버지의 법 앞으로 나아가 복종하면서 주체성을 확립하는 것과 같다. 서구의 오이디푸스 담론에서의 '거세 위협'은 유교적 담론에서 '삼강오륜'과 같은 강력한 권위주의적 담론이 가지는 권력의 위협과 같은 것으로 보인다. 거세 위협이란 남성을 잃느냐 마느냐 하는 것이지만 유교적 담론은 '인간이 되느냐 못되느냐'('막되먹은 놈'이란 '호래자식, 후레자식'이라는 말이 '홀의자식' 즉 아버지 없이 홀어미가 키운 자식임을 상기할 것)하는 문제이기 때문에 더욱더 강력한 위협이라고 할 수 있다. 유교적 담론 속에서 아들='상속자'='가문의 계승자' '대를 잇는 아버지의 대리인' 등의 은유를 통해 아들은 어머니를 배제하고 소외시키며 어머니의 욕망을 아버지의 이름으로 대체하게 된다. 언어를 통한 주체화 과정에서 아이는 또 어머니 역시 '삼종지도(三從之道)'라든가 '칠거지악(七去之惡)' 등 가부장중심적 담론들을 통해 이미 거세되어 있는 존재임을 발견한다. 그리하여 유교적 가부장 상징 질서 안에서도 오이디푸스적 상징 질서와 마찬가지로 여성은 배제되고 가장의 권위와 아들의 권위가 상징 질서의 중심이 된다. 딸의 경우는 아예 자식이 아닌 존재로서("딸이 있으면 뭘하나, 자식이 있어야지"와 같은 말) 이방인, 타자로서 처음부터 거세된 존재일 수밖에 없었다.

그리하여 여성은 유교적 상징 질서 밖에서 영원히 타자이고 이방인, 천한 물질(남성은 정신, 학문, 도(道)와 연관)이며 생식 기능의 담보자 외에 다른 정체성을 갖지 못했던 것이다. 그러한 오이디푸스 구조와 유교적 권력 구조, 가족 구조의 유사성의 맥락에서 프랑스 페미니즘과 그 주체 이론들을 참조하여 한국 여성주의 시들을 읽어 보기로 한다.[8)]

8) 여성적 글쓰기의 특징을 찾고자 하는 시도들은 이미 많이 있어 왔다. 그중 중요한 업적으로 김혜순의 「여성적 글쓰기의 텍스트적 전략으로 대화체 사용, 고백체, 환유구조, 여성적 이니시에이션과 제의적 대결, 상상계에의 탐닉, 육체의 해체, 모성성의

2. 고정희－기독교적 민중 주체에서 여성주의적 주체로, 하나님 아버지에서 하느님 어머니로－구어체나 굿거리 리듬, 여성사(herstory)의 조각보 만들기(quilting) 전략

가장 전투적인 페미니스트로서 민중운동가·여성운동가·탈식민주의적 글쓰기의 영역에까지 나아갔던 고정희는 그녀가 문단에 데뷔한 1970년대 중반(1975년 『현대시학』지로 등단)의 기대 지평선에서 볼 때 전혀 새로운 목소리, 전혀 새로운 장치의 시인이 되었다. 『누가 홀로 술틀을 밟고 있는가』라는 첫시집을 1979년에 펴냈을 때 대부분의 독자들은 '술틀'을 '수틀'로 잘못 읽고 있었을 정도로 당시 여성문학의 제도권적 규범을 일탈시킨 낯선 여성 시인이었다. 고정희는 제도권적 여성 담론을 해체하고 가부장적 질서 속의 자아 이미지를 걷어내고 여성－귀족주의적, 단아한 형식주의적 미학을 해체하면서 첫 목소리를 냈다.

『누가 홀로 술틀을 밟고 있는가』·『이 시대의 아벨』 등 초기 시집에서는 여성주의적 인식보다는 기독교적 민중 주체로서의 강력한 시대 비판이 지배적이었고 그녀는 이 시집에서 아우슈비츠로 상징되는 유신 말기의 상황에 대한 풍자, 지식인들의 침묵에 대한 조롱, 부도덕한 시대 속의 의인(義人)의 고독과 분노, 순교자적 헌신을 기독교적 상상력으로 노래하고자 한다. 첫시집의 제목부터 '누가 홀로 술틀을 밟고 있는가?'와 같이 의문문의 형식을 가지고 있지만 실로 그녀의 초기 시집들에는 의문문이 많이 등장한다.

초기 시집들 속에서의 의문문 형식은 자신의 정체성을 기독교적 아버지의 상징 질서 안에 두고 기독교적인 주체로서 '아버지'의 정의와 꿈이 이루어지지 못하는 암흑의 현실에 대한 공격과 비판을 보여준다.

현현 등」이라는 글과 김성례의 「수다로 이야기하기, 현재진행형, 더듬거림, 자서전적, 일회적이고 파편화된, 비연속적인, 무형식의 글쓰기」라는 글을 들 수 있다. 『또 하나의 문화』 제9호, 평민사, 1992 참조.

그녀는 한국 현대시사에 나타난 기독교적 안티고네라고 할 수 있다. 안티고네는 '반란을 일으킨 자들은 매장해서는 안 되며 반란자들을 매장한 자는 극형에 처한다'는 왕의 법을 어기고 자신의 오빠들의 시체를 묻어준다. 그녀는 현실을 지배하고 있는 주인 질서인 상징계의 왕의 법칙에 정면으로 도전하면서 "혈육을 묻어주는 것은 자연적인 법이다. 왕의 법칙도 하늘이 인간에게 부여한 신성한 자연법을 훼손할 수는 없지 않는가?"라는 질문을 던지며 정식으로 주인의 담론에 도전한다. 고정희의 의문문 형식은 바로 안티고네적 질문이요, 이 땅의 결핍과 불의를 아버지의 충만한 이상(理想)적 질서의 거울에 비추어 보는 분노·슬픔·저항의 형식이다.

"너는 벌판에서 무엇을 보았느냐? ……/너는 광야에서 무엇을 보느냐?"(「아우슈비츠 2」 중)와 "자느냐 자느냐 자느냐/떠 다니는 혼들은 다 날아와/대학 시절 숲정이 흔들릴 때/징그러운 바람 소리 수유리에 매달려/자느냐 자느냐 자느냐/고기 비늘처럼 빛나는 야심을 흔들 때/조금씩 깊은 잠들 귀막고 돌아누워"(「수유리의 바람」 중)에서처럼 타락한 시대에 타락하여 죽어 있는 세속 정신의 껍질을 깨고 그 무쇠 껍질 속에 들어 있는 순결하고 이상주의적인 선한 영혼을 해방시키기 위한 전략으로 의문문을 사용한다. 그리하여 세계는 '실낙원'이 되고 그녀는 어둠이 지배하는 '실낙원'에서 어둠을 밝히고자 노력하는 여성-아벨이나 혹은 안티고네처럼 시대의 악과 폭력적 지배 권력을 공격한다. 그리하여 『초혼제』 중 「그 가을 추도회」에서 인용한 "내가 불을 붙이지 않거나/그대가 불을 붙이지 않거나/우리가 불을 붙이지 않는다면/이 어둠을 어떻게 밝힐 수 있을까?"라는 나침 히크메트의 질문이 그녀의 화두가 된다.[9] 그녀는 동시대의 암흑을 밝힐 안티고네들을 부르고 있다. 그러나 부르조아 주체로서 안락한 삶을 추구하는 동시대인들은 귀머거리

9) 정효구, 「살림의 시, 불의 상상력」, 『상상력의 모험-80년대 시인들』, 민음사, 1992.

처럼 부르조아적 현실 속에 안주하고자 한다. 그녀는 계속 묻는다.

오 아벨은 어디로 갔는가
너희 안락한 처마 밑에서
함께 살기를 원하던 우리들의 아벨,
너희 따뜻한 난롯가에서
함께 몸비비던 아벨은 어디로 갔는가
(…중략…)
어둠의 골짜기로 골짜기로 거슬러 오르던
너희 아벨은 어디로 갔는가?
(…중략…)
음탕한 왕족들로 가득한 소돔과 고모라야
너희 식탁과 아벨을 바꿨느냐
너희 교회당과 아벨을 바꿨느냐
독야청청 담벼락과 아벨을 바꿨느냐?
회칠한 무덤들, 이 독사의 무리들아
너희 아벨은 어디에 있느냐

—「이 시대의 아벨」 중

아벨을 돌로 쳐죽인 카인들이 지배하는 시대, 아벨의 피가 땅을 적시고 아벨의 신음소리가 천지를 채워도 오직 개인주의와 무사안일주의에 빠져 아방궁 · 별장 · 교회당에 숨어 있는 동시대 부르조아 주체들을 질타하는 이 시대의 말하는 주체는 현실을 지배하는 상징 질서를 공격하기 위해 '상상적 아버지'인 야훼의 음성을 차용해 온다. 그리하여 '공적 담론의 형식들이 항상 남성의 영역으로' 간주되어 왔던 고정관념을 전복시키며 서정적 자아가 저항적 자아로 치열하게 열려져 감을 보여준다. 그리고 아버지의 이상 질서가 이루어지지 않는 세상을 향해 풍자한다. "우리가 저 대지의 주인일 수 있을 때까지 / 재림하지 마소서. 그리고 용서하소서 / 신도 보다 잘 사는 목회자를 용서하시고 / 독자 보다 배부른 시인을 용서하시고/백성 보다 살쪄 있는 지배자를 용서하소서"라는 풍자의 형식은 아버지의 이름이 지배하는 일신교적 기독교 담론 구조 안에서 단일성으로서의 주체, 투명한 초월적 주체로서의 믿음을 갖지 못하는 분열된 주체의 모습을 보여준다. 아버지의 이름이 제시하는 초월의 구원을 믿기에는 지배자/피억압자, 자본가/노동자, 가진 자/못 가진 자, 남성/여성의 대립과 모순이 극심했기 때문이다.

그리하여 장시집인 『초혼제』를 지나면서 그녀의 글쓰기의 특징은 아버지의 말이 아니라 어머니의 말인 굿의 구어체[10]나 판소리 사설조 같은 구비문학적 형식을 갖게 된다. 마당굿 대본으로 읽혀지는 「사람 돌아오는 난장판」은 도깨비들이 횡행하는 세태를 풍자하기 위해 청·홍·은도깨비들을 동원하고 상여꾼들이 등장하여 "금지옥엽 귀한 몸도 죽으니 흙이로다/독야청청 곧은 절개 죽으니 먼지로다"라고 죽은 영혼들을 데리고 저승으로 가는 노래를 부른다. 그리고 박수와 무당이 나와 피냄새 자욱한 도성을 씻겨주고 현실을 피폐함으로 파괴하고 있는 "농촌귀신, 도시귀신, 감옥귀신, 당파풍조, 가난풍조, 상업풍조, 착취풍조 물러가라"고 축귀 굿을 하고 "살풀이 원풀이 고풀이도 끝났으니/내일이면 이 고을에 사람이 올 것이요"라고 한다. 그리고 시를 지어 사람 맞을 잔치를 벌인다.

"하늘에는 천황씨가 있고/땅에는 지황씨가 있네……"라고 박수가

10) 여성들의 활약은 특별히 구어체나 노래체의 시, 즉 발라드나 동요, 주문, 수수께끼, 민요 등과 연관된 시 전통에서 두드러진다. 여성들이 구어체 시를 썼다는 사실은 구어체 형식의 발달에 여성들이 중심적 역할을 담당했다는 것을 보여주고 (…중략…) 버지니아 울프의 항변처럼 여성들은 문법이나 논리학을 배울 기회조차 갖지 못했기 때문에 대중적인 구어체 전통을 만드는 데 기여해 왔다. 팸 모리스, 앞의 책, 139~142면 참조. 베트남계 미국인 여성비평가인 트린 민하도 구전 전통, 가족과 친지, 지역 사회, 역사 이야기에 기반을 두고 있다고 말하며 비직선적이며 열린 접근을 하고 결론은 유보되는 형식을 취함으로써 남성들의 전유물인 로고스 중심주의에 반기를 든다. Trin T. Minha, *Women, Native, Other : Writing Postcoloniality and Feminism*, Bloomington : Indiana Univ. Press, 1989, p.140.

노래하고 "하늘에는 천 남성이 있고/땅에는 천 여성이 있네/동서남북 제산에서/불로약초 캐어다가/천 남성의 병 천 여성의 병/모두 고쳐주네"라고 무당이 노래한다. 다시 박수와 무당이 함께 "하늘에는 무명성이 있고/땅에는 무명초가 있네/무명상과 무명초 한데 혼을 섞에/동네잔치 사람잔치 밤가는 줄 모르네 (…중략…) 인간 세상의 더러움/다함께 깨끗해지고/온세상 울퉁불퉁한 것/모두 변하여 고르게 되었네"라고 평등잔치를 벌일 준비를 마치고 원귀들은 모두 줄을 풀고 환생의 춤을 추는 것으로 「사람 돌아오는 난장판」은 끝난다.

이 작품에는 민중주의자로서의 고정희의 이상과 남녀평등주의자로서의 그녀의 이상, 억울하게 죽은 역사의 원혼들을 달래지 않으면 민족의 생존이 위협받는다는 것을 자각하고 원혼들을 달래주는 우주적 무당으로서의 모성성 등이 잘 드러나 있다. 기독교적 단일신, 즉 하나님 아버지에 의존하는 기독교적 주체로서가 아니라 이제 그녀는 모든 역사의 마와 산업화의 귀신들이 얽혀 있는 민족의 딸로서, 유일신이 아니라 만신의 딸로서 자신의 위치를 자리매김한다. 형식적 지배소로는 의문문보다는 민요체·구어체인 '—세, —네'의 각운들이 많이 사용되고 있고 병행구문, 반복 등이 많이 사용되어 음악성의 힘이 풍부하게 울리고 있다.

「후기」에서 "내용적으로 나는 어떠한 일이 있더라도 이 어두운 정황을 극복해야 된다고 믿는 한편 조직사회 속의 인간성 회복 문제가 크나큰 부담으로 따라다녔고 형식적으로는 우리의 전통 가락을 여하히 오늘에 새롭게 접목시키느냐가 최대의 관심사였다. 나는 우리 가락의 우수성을 한 유산으로 활용하고 싶었다"라고 말하면서 우리 가락의 민중적 힘을 전통에서 빌려와 풍자의 가락으로 하고자 함을 분명히 하였다. 그러한 형식의 변용은 이제 그녀가 기독교적·일신교적 아버지의 이름 안에서 더 이상 정체성을 구하지 못하고 자신이 그 상징 질서 속의 타자임을 인식하여 '어머니들(만신들)의 세계'로 몸을 돌리고 있음을 보여주는 장치가 된다. 그 후 7번째 시집이 되는 장시집 『저 무덤 위에 푸른

잔디』에서도 무가적 가락과 씻김 굿판의 형식으로 남성지배적인 현실을 고발하고 여성해방의 꿈을 노래하면서 넷째 거리—진혼 마당에서는 오월 광주의 비극을 고발한다. 광주 학살은 결국 민주 투사를 낳은 어머니의 학살이자 그 상처이며 아버지의 이름은 '칼날'로 공격된다. "칼바람 세월 속에 우뚝 솟은 너 // 진달래 온 산에 붉게 물들어 / 그날의 피눈물 산천에 물들어 / 꽃울음 가슴에 문지르는 어머니"처럼 그녀에게 이제 민중 해방은 여성 해방과 동의어가 된다.

"여자 위에 팽감 친 가부장권 독재 귀신 / 아내 위에 가부좌튼 군사정권 폭력귀신 / 며느리 위에 군림하는 남편우대 상전 귀신 / 딸들 위에 헛기침하는 아들 유세 전통 귀신" 등 남성 중심주의적 권력 · 제도에 저항하는 그녀의 목소리는 이제 구어체 · 굿거리체 · 민요조 등 여성 담화의 특징을 지배적으로 보이고 있으며 마지막 뒷풀이에서는 아름다운 여성 민속놀이인 '강강수월래'의 후렴으로 끝나고 있다. 시작도 없고 끝도 없는 강강수월래의 원(圓)은 '어머니 가람, 평등 가람'이라는 여성 해방의 염원을 담고 있는 '죽임의 남성 문화'의 반대에 있는 한 아름다운 꿈의 상징이 된다.

『여성해방 출사표』에서 그녀는 남성 중심주의적인 민중운동, 또는 인간해방운동이 여성문제에 있어서는 전혀 해방적 기능을 하지 못하고 있음을 주시하면서 "그동안 나는 사회변혁운동과 페미니즘 사이에서 나름대로 심각한 갈등을 겪어왔다. 예를 들면 민중의 억압구조에는 민감하면서도 그 민중의 '핵심'인 여성 민중의 억압구조는 보지 않으려 한다든지 한편 성억압에는 첨예한 논리를 전개하면서도 민중이란 말로 포괄되는 역사적이고 정치적인 억압 구조에는 무관심한 듯한 현실이 그것이다"라고 여성을 배제한 민중운동에 불만을 토로한다. 즉 남성 중심주의적 휴머니즘이라는 이념의 허구를 깨닫고 스피박이 제기한 '하위주체의 성별화(gendering) 문제'를 제기한다. 스피박은 여성은 가부장제 하에서 억압을 받고 있고 전지구적 자본주의 현실에서 억압받는 몇 겹으로 가리워지고 침묵당하는 하위 주체로서의 제3세계 여성들을 발견하며 여성＝타자＝피식민지적 존재＝하위 주체로 등식화한다. 피식민지인들이 식민주의자들의 언어로 자신들의 체험을 쓸 수밖에 없듯이 여성 또한 남성 중심의 언어로 자신들의 체험을 쓸 수밖에 없다.[11)] 그러기에 양자는 다 언어 문제에 고심하게 된다는 것이다. 여기에서 고정희의 마당굿의 형식과 언어는 구비문학이라는 주변적 장르를 중심부에 끌어들임과 동시에 모계적인 무가의 굿거리 사설을 장시 속에 끌어들임으로써 남성 중심언어, 유일신 기독교적 전통 언어인 제도권적 문어체로부터 구어체 어머니의 말들을 시의 중심부에 위치시키는 혁명을 감행한다. 그것은 그녀의 시적 형식의 변화이기보다는 형이상학의 변화로 보여진다. '하나님 아버지'의 세계에서 '어머니'의 세계로 말하는 주체는 이동하면서 어머니는 세계의 중심부에 위치하게 된다. 그리하여 『여성 해방 출사표』는 '이야기 여성사'란 부제를 달고 여성사(Herstory) 다시 쓰기, 즉 조선 역사 속의 위대한 여성들의 이야기를 언어의 조각보로 만든 커다란 기획이었다.

「어머니, 나의 어머니」에서는 "천지에 가득 달빛 흔들릴 때 / 황토 벌판 향해 불러 본다 / 이 세계의 불행을 덮치시는 어머니 / 만고 만건곤 강물이신 어머니 / 오 하느님을 낳으신 어머니"라고 '하나님'이 아니라 '하느님'을 낳는 어머니를 범신론적 위치로 중심에 놓는다. 그리고 남성 중심주의로부터의 이탈을 선언하면서 "남자가 모여서 지배를 낳고 / 지배가 모여서 전쟁을 낳고 / 전쟁이 모여서 억압세상 낳았지 / 여자가 뭉치면 무엇이 되나? / 여자가 뭉치면 사랑을 낳는다네"라고 생명과 자유와 해방과 평화, 살림을 만드는 자매애, 여자들끼리의 연대성을 강조한다. 그러나 여성들의 연대를 방해하는 부르주아 여성 주체로서 '정실부인성'을 비판하고 있으며 「사임당이 허난설헌에게－정실부인론을 곡함」에서

11) Gayatri Spivak, "Can the Subaltern Speak?", Nelson and Grossberg, ed., *Marxism and Interpretation of Culture*, Macmillan, 1988, pp.271~313.

"대처 일부일처제란 무엇입니까 / 여자를 소유로 보자는 내막이외다 / 정실부인이란 무엇입니까 / 소실과 첩을 엄중히 처단하잔 여자 율법이외다 / 소실과 첩이란 무엇입니까 / 기둥서방 문화의 희생물이외다 (…중략…) / 그러므로 정실부인의 반열에 든 여자들은 / 여자가 여자 자신의 적이다, 이 말을 / 거의 선진적으로 깨우쳐 / 스스로 만든 장벽 넘어가지 않는다면 ……" 하고 일부일처제 속에 안주하여 남성 가부장제가 자신에게 내준 '정실부인'이란 고정된 정체성과 '현모양처'라는 허상에 만족하는 굳은 이데올로기를 비판하면서 "정실부인회와 보수대연합 이건 아무래도 좀 닮지 않았습니까"라고 풍자적 질문을 던진다. "난설헌 당신은 최초로 / 조선 봉건제에 반기를 든 여자 시인이며 / 여자를 피압박 계급으로 직시한 / 최초의 시인이 아니리까"라고 허난설헌을 칭송하며 황진이 · 이옥봉 · 사임당 등 역사 속의 위대한 여성들을 등장시켜 해동의 딸들을 그 위대한 모계 전통에 연결시키려는 노력을 하고 있다. 그리하여 '하늘에 계시는 아버지'는 이제 '하늘에 계시는 어머니'로 바뀌게 되며 어머니는 대지를 멱감기는 존재, 칠월 백중날 물맞는 어머니, 외롭다는 말을 쓰지 않은 어머니, 따순 밥정을 담는 어머니, 씨알들이 최후로 부를 어머니의 존재로 그녀의 존재는 범신론의 지평에까지 확대된다. 후기 시집에서 그녀의 말하는 주체는 기독교적 주체도 민중주의적 주체도 아니며 여성주의적 하위주체이며 여성주의적 주체로서의 목소리를 창조하기 위해 무가의 가락과 사설, "-으리까, -었사외다, -더이까, 이외다, -없으리, -리요" 체(體) 등 단아하고 격조있는 옛 여성의 말투들을 재현하고 있다. 이러한 규범에 맞는 여성 고어체(古語體)는 그 내용의 해방성 · 반란성 · 전복성과 더불어 여성 주체로서 살아있는 정신을 가지고 산다는 것의 우스꽝스런 분열을 보이는 반어적 풍자의 장치로 효과를 얻고 있다. 이 시집에서도 의문문은 절대적 · 지배적인 요소로 등장한다.

"여자로 태어남에 한을 품고 / 기다림과 그리움에 목을 매지 않았더이까" "얼마나 앞지른 삶이었나이까" "조선남자들도 많이 깨우쳤다지요?"

"조정 선비들과 영웅준걸이라는 것/정치협상과 바이어 접대라는 것/여성 간빼먹던 수작이 아닐른지요" "삼종지도 장벽 무너지지 않는 집에/어찌 민주며 통일이 있으리까" "하늘이여 어찌하여 조선을 내고 나를 내었나이까/하늘이여 어찌하여 남자를 내고 다시 나를 여자로 내었나이까/하늘이여 어찌하여 김성립을 남편으로 점지하였나이까" 등 의문문 형식은 질문이 아니고 차라리 절규에 가깝다. 필리핀에서 식민주의자들의 유산과 그에 대항하는 필리핀 여성들의 저항적 문화를 체험하면서 쓴 마지막 시집인 『모든 사라지는 것들은 뒤에 여백을 남긴다』에서 그녀는 한국의 여성 문제를 이제 수탈당하는 제3세계적 맥락에서 아시아의 여성문제로 확대시키며 남성주의적, 제국주의적 근대에 강력하게 반발하면서 스피박이 말하는 하위주체로서의 아시아 여성의 문제에 직핍적으로 도전해 들어가는 공격적 모습을 보인다. 마닐라에서 「밥과 자본주의」 연작을 씀으로써 그녀는 타자로서의 여성을 식민주의 국가에까지 연결시키는 탈식민주의적 페미니즘을 실천할 수 있었다. "저 미제 알파벳은/아시아를 좀먹는 하나의 음모이다/거리마다 흘러가는 저 자본의 물결은/아시아를 목조르는 합법적 강간이다/(…중략…)/저 팝송 가락은/아시아 사람들의 신명이 아니다/칼자루를 쥔 제국의 음모가/종말처럼 가까이 다가오고 있을 뿐"이란 구절에서 보듯 고정희는 '남자가 자신의 이념과 언어를 표준 규범과 절대적 진리로 만들어서 여성이라는 빈 공간에 집어넣음으로써 제국주의적 언술 행위를 하듯이' 제국주의 역시 여성적 아시아에 자신의 자본과 상품과 권력을 집어넣음으로써 남근적 위치를 차지하고 있음을 고발하고 공격한다.

이렇듯 고정희는 "모든 억압된 것들의 귀환"(억압받고 종속되어 있는 모든 존재―민중·노동자·하층민들·여성·식민지인들)을 자신의 텍스트 속에 수용하였고 의문문 형식과 주변부로 밀려나 있는 구어체, 굿의 가락과 사설, 민요적 요소들까지를 중심으로 불러와 여성주의 문학의 영토를 최대한으로 확장한 '큰 시인'이었다고 할 수 있다.

3. 최승자—'추방된 것들(abjection)'의 귀환, 비어 · 풍자 · 역설의 말과 가학 · 공격 · 죽음 충동—정체성의 연기(performance)

최승자는 이미 첫 시 「일찍이 나는」에서부터 상징 질서 안에서 자신에게 부여된 위치에 대한 파괴적인 전복성을 보이면서 출발한다. '호명된 주체'이기를 거부하고 자기 낳기(self-gendering)를 하고 있는 것이다.

"일찍이 나는 아무 것도 아니었다 / 마른 빵에 핀 곰팡이 / 벽에다 누고 또 눈 지린 오줌 자국 / 아직도 구더기에 뒤덮인 천년전에 죽은 시체"라고 자신의 정체성을 노래한다. 그 자신의 위치란 '무' '곰팡이' '오줌 자국' '구더기에 덮힌 시체'처럼 모든 것을 선 / 악, 빛 / 어둠, 고귀 / 비천, 깨끗하고 적절함 / 더럽고 부적절함으로 분류하고야 마는 이성중심주의의 시각으로 볼 때 후자의 편에 속하는 '악함, 어두움, 비천함, 더럽고 부적절함'의 자리에 철저하게 속하는 것으로 묘사한다. 그것들은 명증하고 초월적인 로고스중심주의에서는 추방된 것들로 인간이 자기 주체성을 세우기 위해 언어 체계와 더불어 상징계로 진입해야 할 때 반드시 추방해버려야 하는 것들이다. 크리스테바는 그것을 압젝션(Abjection)이라고 부른다.[12] 거울 단계를 거쳐 투명한 에고를 정립하고 오이디푸스적 질서가 지배하는 상징 질서 안에서 사회화된 주체성을 얻기 위해 인간은 '깨끗하고 적절한 몸'이라는 개념을 확정지어야 하고 '더럽고 부적절한 몸'을 추방(abject)시켜 버려야만 상징 질서 안에서 성적 · 심리적 정체성을 획득하게 되는 것이다. 추방되는 것들은 주로 통제할 수 없는 물질성의 불결한 요소들이고 폭동을 일으키는 몸에 속하는 것으로서 오물 · 똥 · 정액 · 침 · 땀 · 피 등과 같은 육체적 오물들이다. 그것들은 부패 · 감염 · 시체 등과 같이 문화적 · 개인적으로 공포를 일으키고 투명한 에고의 밖에 있는 더럽고 비천한 것들을

12) Julia Kristeva, trans. by Roudiez, *Power of Horror*, New York : Columbia Univ. Press, 1980, pp.2~4.

추방해 버리지만 완전히 돌아가 사라지는 것이 아니라 의식과 무의식의 경계선에서 출렁거리고 있다. 그리하여 말하는 주체로 자리잡기 위해 에고의 정체성과 성적 정체성을 획득한 주체는 경계선에 있는 비천한 것들, 끝없이 에고를 위협해 들어오는 비천한 것들에 의해 교란을 당하고 있다. 그런 사이성(betweenness) 안에 있는 것들, 애매하고 이질혼성적이며 코라처럼 치받쳐 오르는 운동성을 가진 그 심연에 밀쳐진 야생적 질료들은 기호적 충동을 따라 텍스트 안으로 음운과 리듬과 억양, 역설과 모순 어법, 통사론에 시련을 가하기 등의 방법으로 돌아온다.

최승자의 경우 텍스트 속에서, 소재적으로나 장치들을 통해, '추방된 것들의 귀환'을 풍부하게 보여준다는 점에서 '과정 중에 있는 주체' '교란당하는 주체' '경계선에 처한 주체'의 위치에 있다. 상징 질서가 추방해버린 대상들과 주체인 나 사이의 경계선—바로 그 틈이 난 심연의 자리가 부정성과 죽음 충동이 살고 있는 자리인 것이다.

이성중심주의에서 억압된 항목의 위치를 떠맡은 시인은 2연에서 "아무 부모도 나를 키워주지 않았다 / 쥐구멍에서 잠들고 벼룩의 간을 내먹고 / 아무 데서나 하염없이 죽어 가면서 / 일찍이 나는 아무 것도 아니었다"고 부모를 부정하고 '쥐구멍—벼룩의 간—아무 데서나 죽어가는 사람'으로 비천한 자리에 자신을 둔다. 이성중심주의의 '밖'에, 억압된 것들이 추방당한 바로 그 비천한 자리에 자신을 두면서 '너당신그대, 행복 / 너당신, 그대, 사랑' 같은 것은 모른다고 부정한다. 이러한 부정성의 자리에서 이성중심주의의 산물이자 투명한 에고의 담보자인 통사론은 시련을 겪으며 한국어 상징 질서의 기초인 띄어쓰기는 부정된다. 기호적 코라의 의미작용은 부정성과 죽음 충동으로 기호화된다.

그리하여 「자화상」에서 "나는 아무의 제자도 아니며 / 누구의 친구도 못된다 / 잡초나 늪속에서 나쁜 꿈을 꾸는 / 어둠의 자손, 암시에 걸린 육신 // 어머니 나는 어둠이에요 / 그 옛날 아담과 이브가 / 풀섶에서 일어난 어느 아침부터 / 긴 몸뚱어리의 슬픔이예요"라고 로고스중심주의의 중심이자 근원인 성서에서 추방되었던 악의 뱀과 자신을 동일시한다. 그리고 "잡초나 늪속에 온몸을 사려 감고/내 슬픔의 독이 전신에 발효하기를 기다릴 뿐"이라고 뱀=사탄=악마의 은유로 자화상을 그린다. 로고팔로센트리즘 안에서 자신의 자리는 없으며 그리하여 그녀는 자신의 정체성을 로고스의 가장 바깥인 뱀과 같은 금기 동물로 연기를 한다. 그러한 자기 연기를 크리스테바는 여성적 글쓰기의 한 특성으로 보고 있기도 하다.

상징 질서 안에서 이상화되었던 여성 이미지에 정면으로 도전하여 비천한 것의 극치, 가장 혐오스런 금기 동물인 뱀(뱀은 땅에서도 살고 물에서도 사는 로고스중심주의적 코드를 위반하고 땅/하늘/물의 상징적 질서의 범주를 가로지르는 것이기 때문에 상징계가 가장 추방하고 싶어하는 혐오와 공포의 대상이다)으로 자기 정체성을 연기하는 그녀는 「허공의 여자」에서 "다가오지 마라!/내 슬픔의 장칼에/아무도 다가오지 마라,/내가 버리고 싶은 것은/오직 나 자신일 뿐"이라고 공격적/방어적 죽음/살해 충동을 보이는가 하면 "희망은 뱃가죽이 땅가죽이 되도록 기어나가고/어느 날 나는 나의 무덤에 닿을 것이다./관 속에서 행복한 구더기들을 키우며/비로소 말갛게 깨어나/홀로 노래부르기 시작할 것이다"라고 죽음 이후의 환상을 노래한다. '추방되었던 것들'과 비로소 한 몸이 될 때 비로소 아버지의 이름 안의 존재로서의 타자의 노래가 아닌, 이미지로서의 에고가 아닌, '나'의 노래를 부를 수 있는 것이다.

그러한 '추방당한 비천한 것들의 귀환'은 거울 단계에서 정립된 투명한 에고와 아버지의 이름들을 부정하고 그것을 건너(즉 나르시스적 대상-자아이기를 포기하고) 전(前) 오이디푸스 단계로 돌아가고 싶은 부정성을 일으키기 때문에 그녀의 텍스트 안에는 육체 절단의 이미지, 죽음 충동, 가학적 이미지들이 많이 드러나게 된다. 「그리하여 어느 날, 사랑이여」에서는 육체 절단의 이미지와 문장의 배열 바꾸기, 즉 통사론적 범주의 축소를 통해 상징 질서를 와해시키고자 하는 기호계적 욕망을 강하게 드러낸다. 사랑이라는 거울 속에서 이상적 자아, 자기의 통일성을 찾을 수 없는 화자는 나르시스적 대상—자아가 아니라 자기 정체성을 찾기 위해, 즉 어머니의 코라로 돌아가기 위해 상상계의 공격성으로 육체 절단을 하게 되며 '분질러진 내 팔, 다리들'은 이제 사랑하는 사람의 꽃병 속에 꽂힌 괴기의 꽃, 즉 페티쉬가 된다. 몸은 상징 질서 안의 도구성을 상실하면서 상징 질서가 약호화해 놓은 약호성을 벗어나 부분 사물로 변하면서 쓰디쓴 상실을 견디려고 하는 것이다. 그러한 상징 질서에 대한 도전은 여성에게 부과된(『단군 신화』 속에서 유일하게 웅녀, 즉 여성에게 부과된 자리인), 그리고 남성들이 찬양하는 여성의 유일한 위치인 '생식'을, 즉 '어머니 되기'를 전복시키는 데로 나아가게 한다. 그리하여 「Y를 위하여」에서 낙태의 이미지, 나의 무덤인 자궁을 떠나 하염없이 '올챙이 꼬리'를 달고 하늘을 맴도는 낙태된 아기의 이미지를 노래하며 '어머니 신화'를 해체하고 자기 시체를 노래한다. 자기 시체야말로 최고의 압젝션의 대상이다. 그리고 비어, 공격적 목소리, 낯설고 그로테스크한 비유, 역설, 육체 절단의 이미지들을 통해(시각 중심의) 상징 질서를 전복시키려 하고 있으며 에고를 정립하기 위해 우리가 추방해버려야 했던 '더럽고 부적절한 것들'을 텍스트 안에 불러옴으로써 자기 정체성을 연기하는 주체의 특성을 보여준다. 1980년대 여성 시인들은 여성의 창조성이 자살 충동과 자기 패러디에 닿아 있는 것이라는 것을 잘 보여준다.

그 외에도 최승자 텍스트는 「즐거운 일기」에서 보이는 바와 같이 아이러니와 패러디의 힘을 보인다. "수영이 삼촌 별아저씨 오늘도 캄사캄사합니다. 아저씨들이 우리 조카들을 많이많이 사랑해 주신 덕분에 오늘도 우리는 코리아의 유구한 푸른 하늘 아래 꿈 잘 꾸고 한 판 잘 놀아났습니다. / 아싸라비아 / 도로아미타불"과 같이 반어와 패로디는 지배 그룹과 종교적 심성(아싸라비아 = 도로아미타불)을 희화화시키는 효과를 낳는다. 그리하여 억압적이고 충동적인 것들에 언어를 주며 언어 유희라는 즐거운 다신론이 탄생되고 기호계적인 것을 통해 상징적인 것들을 끊임없이 공격, 쇄신하는 작업을 수행함으로써 내면에 있는 '억압으로부터의 해방'을 생산할 수 있다. 따라서 경계선적 주체는 압젝션의 이미지들을 계속 불러와 중심에 위치시킴으로써 상징 질서에 교란을 일으킨다.

4. 김혜순—상상력의 무한 탈주, 코라의 운동성과 연기(演技)하는 정체성, 카니발적 블랙 유머

김혜순의 텍스트들은 마치 광속도와도 같이 빠르고 무한질주하는 상상력의 분출과 카니발적 블랙 유머를 보여준다. 코라는 기본적으로 로고스중심주의와 통사를 분쇄하는 운동성이기에 김혜순의 언어의 속력은 코라의 강한 지배를 드러내는 징후가 된다. 그녀의 시는 「아버지가 세운 허수아비」가 보여주듯 1980년대 중반에 이르러 더 이상 지탱할 수 없을 정도로 분쇄된 아버지의 이름들의 허구성과 유령성에서 출발한다.

> 아버지가 허수아비를 만드신다
> 어머니 저고리에 할아버지 잠방이를
> 꿰어서 허수아비를 만드신다
> 낡아빠진 군모에 구멍뚫린 워카를
> (…중략…)
> 아버지가 허수아빌 세우시고
> 넝마들에게 준엄하게 이르신다

아버지들이 만든 세상이란 고작 낡은 군모에 워카, 녹슨 메달에다 넝마 부스러기들을 모아 붙인 것인데도 그는 허수아비를 세워 놓고 '근엄하게' 명령을 내린다. 그런 허수아비들이 우스꽝스럽게 세운 세상일망정 "혼자서 흔들린다 / 그 뒤편에 전쟁보다 더 무서운 / 입다물고 귀막은 적막강산이 / 호올로 큰 눈 뜨고 있다"라고 허구적 세상의 우스꽝스러움을 풍자하고 있다. 이런 유희적 풍자로 인해 생긴 탄력은 김혜순 텍스트의 매력있는 전복성이 되며 시인은 희극적인 냉소나 블랙 유머를 가지고 아버지의 상징 질서를 가로지르는 담론들을 생산한다.

"하늘에 계신 우리 아버지가 / 더 이상 우리말을 듣지 않겠다고 / 작정한 순간 / 폭설이 쏟아졌다 / 그것도 모르고 / 땅에 계신 우리는 하늘을 향해 / 아버지, 아 아 아버지 / 목청껏 간구했다"라고 그녀는 아버지의 이름에 대한 도전을 감행하며 희극적 냉소를 만들기도 하고 「딸을 낳던 날의 기억」에서는 거울을 깨고 에고과 주체성을 분쇄하고 전오이디푸스로 돌아가 '어머니의 몸'과 하나가 되는 여행을 쓰기도 한다. 하나의 어머니가 아니고 무수한 어머니들과 결국은 하나의 질료였음을 깨닫는 그 시는 문어체의 형식주의가 아니라 '판소리 사설체'로 쓰여지는 것을 볼 때 고정희의 전복적인 구어체와 굿거리 사설 형식을 연상할 수도 있다. 그것은 여성적 글쓰기의 특징인 전통 구술적 형식, 구어체의 특징이기도 하고 상징 질서를 가로지르려는 코라의 의미작용의 무한질주하는 그 운동적 속도이기도 한다.

> 거울을 열고 들어가니
> 거울안에 어머니가 앉아 계시고
> 거울을 열고 다시 들어가니
> 그 거울 안에 외할머니 앉으시고
> 외할머니 앉은 거울을 밀고 문턱을 넘으니
> 거울 안에 외증조할머니 웃고 계시고
> (…중략…)
> 번개가 가끔 내몸을 지나가고
> 바닷 속에 자맥질해 들어갈 때마다

바다 밑 땅위에선 모든 어머니들의
신발이 한가로이 녹고 있는데
청천벽력.
정전. 암흑천지.
순간 모든 거울들 내 앞으로 한꺼번에 쏟아지며
깨어지며 한 어머니를 토해내니
흰옷 입은 사람 여럿이 장갑 낀 손으로
거울 조각들을 치우며 피묻고 눈감은
모든 내 어머니들의 어머니
조그만 어머니들을 들어올리며
말하길 손가락이 열 개 달린 공주요!

출산하는 몸으로서의 죽음과 재탄생의 드라마를 겪고 있는 이 말하는 주체는 자신을 하나의 사회적 주체, 즉 타자로 위치시키고 있는 상징 질서를 떠나 그것을 가능케 한 거울 단계를 거슬러 올라 어머니의 고대적 몸과 하나가 된다. '아버지의 이름을 벗어나 어머니의 몸으로 돌아가고자 하는' 욕망은 모든 타자들의 꿈이요 오이디푸스적 삼각형을 벗어나는 광적인 탈주선이다. 출산을 통해 말하는 주체는 '대문자 여성들'의 고대적 현현을 만나며 바로 그 고대적 여인들의 되돌아옴이 딸의 출생이라는 것을 깨닫는다. 그러나 아버지들의 역사 속에 위치한 여인들의 역사는 아름답지 않다는 것을 느끼며 고정희의 '위대한 여성들의 조각보 만들기' 전략(herstory 쓰기)처럼 여성들의 역사를 쓴다. 그 역사(歷史)는 그리하여 반란의 역사인 역사(逆史)가 된다.

한 여자가 걸어온다
머리풀고 옷고름 풀고
너울너울 걸어온다
(…중략…)
한 여자가 뛰어온다

장구치고 피리불며
치마깃 걷어들고
춤추며 온다
(…중략…)
한여자가 걸어온다
눈꺼풀도 없고
입술도 없고
구멍 뿐인 여자가
날아온다
서로서로 두 발을 얽어 걸고
흘러가고 있을 때……
홀로 되돌아 와서
함께 거슬러 오르자고
비수를 내미는
전생까지 가자고
피비린내로 말하는
여자가.

'하나의 구멍일 뿐' 상징 질서 안에서는 아무 것도 아닌 여자들의 역사는 광기의 역사이고, 이성중심적 위계가 무너지는 카니발적 환희이지만 그러나 역사를 '거슬러 오르려는' 전복적 행동은 결국 죽음 충동일 뿐임을 말한다. 역사(歷史) = 역사(逆史)라는 언어 유희를 통해 로고팰로센트리즘을 조롱한다.

상징 질서를 가로지르는 김혜순의 전략은 다양하고 재미있으며, 여성 정체성이라는 것이 사실은 남성 중심주의가 허구로 만든 것이라는 것을 패로디하면서 '모성'조차도 '연기하는 것'으로 패로디를 한다.

나는 엄마다
딸이 나를 엄마라고 부르고

내가 또 새끼를 근엄하게 훈계하고
먹여서 기르니
나는 엄마다……
그래서 나는 엄마가 될 수밖에 없었다
어린 자식의 시야에 칸을 지르고
널푸른 영혼에 금을 긋고
우물을 파는
자못 교훈적인 엄마가 되었다

이 시속에는 자기가 자기에게 맡겨진 역할을 연기하는 것을 지켜보고 있는 자아, 즉 빈틈없고 지적이며 그 연기를 하는 자기에 대해 자기를 분리시키는 일탈된 인식과 역할로 인한 구속으로부터의 해방이 숨어 있다. '모성 신화'를 인식하며 그것을 하나의 역할로 검색, 조롱하는 순간 말하는 주체는 그 구속의 오이디푸스적 질서를 가로지르는 전복을 행하는 것이 된다. 이런 희극적인 번뜩임이 김혜순 텍스트의 블랙유머를 만들고 그녀는 자신을 해방시켜줄 상상력의 광속도를 잡아 타고 상징 질서로부터 유쾌하게 탈주한다.

5. 박서원—막달라 마리아의 에로틱 언어, 무의식의 흘러 넘침

박서원은 꿈의 작업과 비슷한 변형으로서의 텍스트를 보여주는 시인이다. 그녀의 텍스트는 무의식이라는 주변부적 타자를 언어의 세계로 끌어올려 억압된 욕망의 위장된 성취를 쓴다. 그리하여 그녀는 상징 질서를 가로지르는 기호적 코라의 충동 에너지를 가장 많이 받고 있는데 그녀의 시는 무의식의 리비도 에너지의 방출과 이성에서부터 해방된 몸들의 춤의 언어라고 할 수 있다. 그녀의 언어는 엘렌 식수와 캐더린 클레멘트가 여성적 글쓰기의 전형이라고 부르는 타란텔라의 제의적 춤과도 같다.13) 상징 질서 안에 다 약호화되지 못하는 코라 에너지는 그녀의 경우 광범위한 음악성과 무의식의 자유 연상, 리드미컬한 반복성, 현재 시제의 반복 사용, 의성어의 과용 등으로 텍스트 생산에 관여한다. 그녀 역시 분열된 주체, 과정 중에 있는 주체임을 『난간 위의 고양이』라는 시집 제목에서부터 보여주고 있다. 그녀는 난간과 같은 땅과 하늘 사이 경계선적 위치에 있는 주체, 고양이처럼 집과 들 사이 허공 중에 있는 주체로서 자신의 위치를 상징계 바깥, 위험하고 오묘한 바로 그 경계선으로 집어 던진다. 또한 난간 위의 고양이는 '요강'이 되기도 한다.

요강 속에 키위 같은 작은 달과
어린 눈동자 같은 태양이 뜨는 걸
보았는가
나는 보았다
꽃다발을 안고 왕자와 신음하며 하늘을 나는
인어를
불 뿜는 용마가 불을 끄고 날개를 버리는 것을
오줌을 찌꺼기라고 더러워들 하지만
오줌은 우리의 모든 과오를 카오스, 경건한 태초의 신전으로 데리고 간다
7살과 34살 지금까지 찌꺼기인 나에게
하루종일 오줌 누다 땅거미 맞는 나에게
오줌은 고통의 불꽃 놀이, 꿈
미역, 다시마, 플랑크톤, 새우, 물고기, 돌고래
심지어 식인상어까지
꼬리에 꼬리를 물고 산호초 한들거리는

13) Helene Cixious and Catherine Clement, *The Newly Born Women*, Minneapolis : Univ. of Minnesota, 1986, pp.10~12.

꿈이다
지금은 수세식 변기에 밀려
고물시장에도 없는 요강
굽어보면 변함없이 하늘의 파도가 일고 더 굽어보면
역사 속에 여인들의 몸부림치는 파도가
그물을 짜 흔들의자와 그네침대를
만들고 있다
요강
버려진 요강이

—「요강」 중에서

초현실주의적인 자유 연상이 시니피앙의 그물을 짜고 있는 이 시에서도 우리는 '추방당한 비천한 것들의 귀환'을 볼 수 있다. 자아는 정체성을 잃고 기호적인 것의 침범을 당하고 있으며 '요강'이란 비천하고 더러운, 부적절한 것 속에서 시인은 자기의 자아를 확인해 줄 거울을 찾고 있다. 거기에는 달과 태양과 왕자와 인어가, 불뿜는 용마와 불을 끄는 용마와 태초의 신전 등이 비친다. 요강의 거울 속에서 비천한 자아는 '꽃다발을 안고 왕자와 신음하며 하늘을 나는 인어'가 되며 오줌 누는 행위는 성적 행위를 환기시키기도 한다. 그리하여 후반부에서 요강 속에는 '하늘의 파도와 역사 속에 여인들의 몸부림치는 파도가' '그네 침대와 흔들의자'처럼 흔들린다. 마지막 행 '요강 / 버려진 요강이'에서 요강은 버림받은 여성 성기의 상징으로 변모한다. 이렇듯 그녀는 최승자와 마찬가지로 로고팰로센트리즘 안에서 가장 비천한 자리에 자신을 위치시킨다. 그러나 그 비천함을 환상성의 자아를 연출할 수 있는 거울로 변모시킴으로써 모순어법적 환희를 창조한다.

그러한 환희를 창조하기 위해 그녀는 언어의 시니피앙을 따라가는 축제를 벌이는데 그것이 바벨탑처럼 허무하며 와해될 환상이라는 것을 알고 있으면서도 어쩔 수 없이 소리 기호들을 따라간다. 바로 그러한 초현실적 전략은 죽음 충동이라는 것을 알면서도 그녀는 시니피앙들의 사슬을 짓는다.

> 개짖는 소리가 가까워
> 너무도 가까워
> 개소리 잡으려고 달빛 담장 훌쩍 넘었더니
> 개짖는 소리 가까워
> 손에 잡힐 듯해
> 얼음개울 건너 달빛 받고 계속 갔더니 ……
> 저 세상 문턱에서 옥황상제 만나
> 죽도록 피멍 든채 하강했더니 ……
> 달빛의 수레바퀴는 여전히 돌아
> 멍멍 … 컹컹 … 멍멍 … 컹컹 …
> 늑대소리에서 호랑이 잡으려 했네
> 호랑이는 어떻게 우나
> 호랑이 다음엔 어떤 짐승의 울부짖음을 따라가나
> 달빛의 수레바퀴는 여전히 돌아
> 멍멍 … 컹컹 … 멍멍 … 컹컹 …
>
> —「바벨탑」 중에서

시 「마리아가 목수의 아들 예수에게 주는 메시지」에서 그녀의 파괴적이고 환상적 에너지는 폭발한다.

> 主여
> 主여
> 主여
> (12번 반복)
> 씹새끼

라고 로고스중심주의의 근원이자 중심에 위치한 주(主)는 부정된다. 다음은 산문시적 형태로 자유 연상에 의한 착란적 환상이 기술된다.

(…전략…)

총을 맨 병사가 골대를 난사한다 철조망에 멍울꽃이 부서진 어린 유골들의 축제로 매음녀 막달레나로 살아난다 골대가 부활한다 붉은 노을이 살아난 막달레나를 가마니처럼 휘덮는다……

主여 씹새끼 막달레나는 혀도 없다 위도 없다 불면증으로 가려워 미치겠어. 도졌나봐. 도졌나봐. 정신병원은 철조망이 없는 유일한 곳이야. 피부병이 생겨도 그만. 그만. 진짜 암흑이 없는 유일한 곳이야. 두더지도 없지. 독방에서 불이 나도 그만. 그만. 막달레나는 자신을 느낀다 고독이여 영원하라 총을 든 병사는 총을 버리고 골대가 살아난다 골대는 어린 유골을 가지고 바이올린을 켠다 막달레나는 달려간다.

主여主여
主여主여
主여主여
씹새끼
목소리가 들린다
내 아들아, 치마폭에 휘감기거라
곤혹스러운 횃불이 북두칠성이 될 때
에미는 창녀가 된 기쁨을 누리리니

主여
씹새끼 사탄 : 옳소
천사 : 옳소
이제까지 한 말은 없었던 걸로 합시다.

사탄 : 옳소
천사 : ……

이 시의 마리아는 시인의 주(註)에 의하면 막달라 마리아이다. '천한 신분의 여자였지만 믿음으로 아름다운 인간이었으며 성모 마리아의 저주받은 몫을 은유와 상징으로 대속하여 살아 움직이는 인물로 느껴졌다'는 시인의 고백이 있다. 그러나 시인의 주에도 불구하고 마리아는 '에미는 창녀된 기쁨을 누리리니'에서 볼 수 있듯 성모 마리아이기도 하고 막달라 마리아로 대변되는 창녀였던 여자이기도 하다. 여기서 시인은 이성중심주의의 선/악, 고귀/비천의 대립항들을 해체하여 같은 것으로 만들고 있으며 '주'는 구원을 주는 아버지로서의 존재가 아니라 외설적인 '총을 든 병사'와 더불어 공격적 남성 이미지를 나누어 가지고 있다. 그녀에게 '주'는 부정되며 천사 역시 신성모독적인 존재, 신에 대한 모독에 입을 다무는 의문의 존재로 그려진다. 박서원의 에로틱한 흘러넘침의 언어는 그렇게 초현실의 무시간의 분위기를 만들면서 상징 질서 너머, 오이디푸스적 아버지를 너머, 순수한 무정부주의적 환상을 자유 연상으로 만든다. 그녀의 구문들은 억압된 욕망의 리비도적 진동을 따르고 그리하여 시각적이기보다는 촉각적인 물컹거림, 매우 운동적인 리듬이나 소리 패턴, 화산 폭발처럼 순간적인 용솟음의 고통/희열의 공존을 그린다. 그녀의 전복성은 바로 그러한 고통/희열의 이분법을 뛰어 넘는 타란텔라 같은 자발적 언어의 흘러넘침에 있고 허무하지만 언어 유희의 다신론적 희열을 창조하는 것에 있다.

6. 결론—여성적 글쓰기의 혁명적 잉여의 지점들

위와 같이 본고는 '호명된 여성'으로서의 주체이기를 거부하고 '여성주의'라는 인식을 가진 '여성주의 주체'로서 글쓰기를 해온 시인들의 텍스트들을 주체 문제와 상징 질서를 전복시키려는 텍스트 생산 전략이라는 측면에서 살펴보았다. 일신론적인 서구에서와 마찬가지로 유교 질서도 아버지의 법이 지배하고 어머니의 자리를 주변화시키는 가부장제를 만들었다. 그리하여 여성적 글쓰기의 전복의 생산 전략은 아버지의 이름이 만든 상징 질서에서 여성—딸에게 내준 대상—자아, 또는 부르주아로서의 주체를 부정하고 자기 정체성을 찾기 위해 상징계에서 기호계로 돌아가려는 특징들을 보인다. 억압되어 있던 기호적 코라는 그 소리연쇄와 운동성, 리듬 감각, 이질적 모순성, 애매모호, 다의성, 패로디, 아이러니 등 이질혼성성(heterogeniety)으로 텍스트 생산에 관여한다. 그리하여 여성적 글쓰기는 텍스트 속에 혁명적 잉여, 즉 언어가 스스로를 뒤집고 단 하나의 의미로 고정되기를 거부하는 지점들을 드러낸다.

고정희의 경우 처음엔 일신교인 '아버지의 법'이 하늘에서와 같이 땅에서 이루어지지 않는 것에 대한 분노를 가진 저항적 주체로서 시를 쓰기 시작했다. 그러나 민중, 여성을 지배하는 주인의 법이 일신교적 형이상학과 같다는 것을 발견하면서 '어머니 하느님'을 만들었다. 그녀는 모든 주인 담론에 저항했으며 그 과정에서 의문문, 마당굿 사설조, 굿거리 리듬, 구어체, 옛 여성의 고아(古雅)체를 이용한 패러디, 아이러니, 공격성 등을 지배적 전략으로 사용했다. 후기 시로 갈수록 구어체의 힘찬 리듬과 가락이 지배적이 되는 것은 기호적 코라의 의미 작용이라고 할 수 있겠다. 그녀는 여성사 새로 쓰기를 시도하기도 했다.

최승자, 김혜순의 경우 상징 질서가 추방한 것들을 적극적으로 귀환시키는 특징을 보인다. 대상—자아를 부정하고 가부장 질서가 추방시켜 버린 비천한 것들을 불러와 거기에 자신의 정체성을 확립시킨다거나(최승자—금기 동물과 동일시, 김혜순—광녀와 동일시) 자기 분열을 대담하게 드러낸다든가 공격성, 가학성, 신체 절단, 마녀성을 서슴없이 드러내고 텍스트 전략으로는 코라의 특징인 운동성, 리듬, 의미의 이질혼성성이 드러나는 아이러니(지배 담론이나 고정된 이미지의 정체 폭로나 영원한 조롱), 역설, 패로디 등의 기법을 사용한다. 최승자의 경우 가부장제 하에서의 여성의 몸의 죽음과 그 결과로서의 낙태, 사산의 이미지를 사용하며 김혜순의 경우 딸 = 나 = 어머니 = 모든 선조의 어머니들로 고대적 어머니를 찾는 경험을 출산을 통해 보여주기도 한다. 모성성이 연기임을 패로디를 통해 보여주기도 한다.

박서원의 경우엔 상징 질서가 사라진 자리에 양성성을 가진 어머니로서의 환상의 유토피아가 나타난다. 이성과 통사론이 로고팰러스중심주의의 담지자라고 할 때 그녀에 와서는 초현실적 자동 기술이 지배적이 되어 리비도의 진동하는 리드미컬한 언어, 환상성, 모순 어법, 무정부주의적 환상이 드러난다. 무정부주의적 환상은 위의 모든 여성주의 시인들이 공유하는 것이기도 하다.

본고에서는 1990년대의 중요한 여성 시인들을 다루지 못했다. 일레인 식수처럼 생동감 있는, 흘러넘치는 언어를 쓰는 김정란, 자본주의 시대의 병리와 그속의 정신분열을 쓰고 자살한 이연주, 황인숙, 나희덕, 허수경, 이진명, 이선영 등을 더 다루고 싶었지만 다음 기회로 미루기로 한다. 그들의 텍스트들 속에도 상징 질서를 전복하고자 하는 여러 가지 의장들과 다른 목소리가 드러나리라 믿는다. 그러나 1980년대 중요 여성주의 시인들이 보여준 정신분열적 공격성과 자살 충동, '말하는 주체'의 분열증상은 약화되어 있으며 언어의 특성도 다르고 보다 안정감 있는 텍스트 생산을 하고 있다는 점에서 어떤 차이를 갖는다고 생각한다. 한편으로는 1980년대 여성주의 시의 특성인 공격성, 자학성, 구문 해체 등이 위악성이나 고민 없는 구원으로서의 반복 모방 유희 등으로 변모하여 유행처럼 퍼진 현상을 볼 수도 있다. 시 텍스트 생산이란 상징계 속에서 기호적인 것의 폭발과 어떤 형식으로든 관계를 맺는 것으로서 주체가 어떤 입장 위에서 작업하느냐에 따라 상징계와 기호계의 역동적인 관계가 달라지고 텍스트의 생산 양상도 달라지는 것이다. 따라서 시대와 사회 · 정치 · 문화적 질서에 따라 다른 텍스트가 생산되리라 생각한다. 텍스트 생산에서 기호적인 것의 폭발이란 크리스테바의 이론이 페미니즘에 국한된 것이 아니며 아방가르드 문학을 설명하는 남녀공용 이론이라는 비난도 있다. 하지만 고유한 여성적 글쓰기가 따로 있다는 독단론적 분리주의에 필자는 반대하는 입장을 취한다.

또 한가지의 반론이 가능하다. 그렇다면 여성주의적 말하는 주체는 자살한 실비아 플라스나 앤 섹스턴, 이연주처럼 반드시 히스테리적 저항 속에 정신분열적 모습을 보이며 죽어가야 하는가. 글쓰는 여성에게 히스테리적 저항성이 강하게 나타나는 것은 사실이며 또한 그 말하는 주체는 상징적 질서 안에서 상징 언어를 어머니의 몸으로, 기호적 코라로 귀환시키는 것이기 때문에 광기의 가능성이 높은 것이 사실이다. 그러나 어떠한 기호화 실천도 상징계나 기호계 하나만 가지고 일어날 수는 없다. 상징계 안에서 기호적 코라의 에너지를 사용하는 것이다. 그러나 남성 주체는 아버지와 동일시해서 어머니로부터 비교적 멀리 도망치는 것이 가능하다. 그리하여 남성 아방가르드 작가들에게 어머니의 몸으로, 코라 공간으로 돌아가기는 유토피아적인 양성성으로 돌아가는 행복한 회귀 체험일 수 있다. 그러나 여성의 경우 김혜순의 시 「딸을 낳던 날의 기억」처럼 어머니를 곧 자기 몸안에 가지고 있기 때문에 '어머니의 몸으로, 코라로 돌아가기'에는 훨씬 더 위험성이 따른다. 상징계에 기호계를 주어야 전복적 언어 기능이 생겨나는데 여성의 경우 오히려 기호계적 코라에 완전히 먹히는 것이 가능하다는 것이다. 먹여주는 어머니, 자애로운 어머니도 있지만 흡착하는 어머니, 삼키는 어머니도 있기 때문이다. 그리하여 글쓰는 여성은 우수의 여인, 고립된 여인, 미친 여인이 될 위험성이 높다. 즉 맥베스의 마녀들처럼 "더러운 것이 깨끗한 것/깨끗한 것은 더러운 것"이라는 역설적, 이질혼성적 무정부주의에 함몰당할 가능성이 높다는 것이다. 출산의 경험이 바로 그것으로서 출산은 '너/나' '자아/타자'의 분별이 없는 생식의 세계요 기호계의 세계다.

그러나 한편으로 글쓰는 여인은 이미 상징 질서 안에서 아버지의 이름을 체득했기 때문에 코라 공간의 가치를 발견하게 된 여인이다. 그러므로 오히려 사회, 역사와 같은 상징 질서에 더욱 관심을 가질 필요가 있고 그리하여 그러한 지배 담론에 대해 문제 제기를 할 수 있다는 면에서 남성보다 더 전복적일 수가 있는 것이다. 만일 그렇지 않고 상징적인 것 속의 자기 주체성과 그 상징 질서 자체에 대한 질문이 없다면 여성 시는 단지 생물학적 여성 저자의 시가 될 뿐 해방적 기능이나 유토피아 꿈꾸기에 적합하지 못할 것이다.

문단의 '여류'와 '여류문단'

식민지 시대 여성작가의 형성과정

심진경

1. 문단과 '여류' 문단

문학을 일종의 제도라고 한다면, 그것이 가장 명시적으로 드러난 형태는 '문단'이라고 할 수 있을 것이다. 문단이란 일차적으로는 직업적 문인들의 사회적 조직을 가리키지만, 다른 한편으로는 비문학적인 것으로부터 '문학적인 것'을 구분하고 일정한 문학적 가치를 설정하여 작품을 통해 그것을 퍼뜨리는 '제도화된' 집단의 일종이다. 이때 '제도화'는 부르디외가 '아비투스'라고 말하는, 예술그룹 성원들의 사회적 출신, 학력, 성향 등을 동질적인 것으로 구조화함으로써 이루어진다. '동질적인 것으로 구조화'한다는 것은 달리 말하면 비동질적인 것을 배제한다는 것인데, '문단'이라는 문학의 장 안에서 이는 '문학적인 것'과 '비문학적인 것'의 '경계선 설정'으로 나타난다.1)

'문단'은 그처럼 문학적 가치를 정당화하기 위해 비문학적인 것과의 차이를 만들어내고 그러한 문학적 가치의 생산자에게 권위를 부여한 뒤 그들의 생산물인 문학작품을 신성시하는 일련의 과정을 통해 형성된다. 이때 중요한 것은 위대한 작품이나 작가 그 자체가 아니라, 위대한 작품이나 작가를 만들어내는 '신념의 세계로서의 생산의 장'이다. 그런 점에서 작품의 직접적인 생산자인 작가들의 집단인 문단은 다른 한편 작품을 가치 있는 것으로 만드는 사회적 통념과 제도에 의해 이루어지는 것으로 볼 수 있다. 이 글에서는 이러한 관점에서 '문단'을 단순히 문인들의 조직이 아니라 문인과 비문인, 문학과 비문학을 가르는 기준점들과 특정 문학작품을 하나의 가치로 인정하고 그 재생산에 기여하는 일련의 사회적·제도적·의식적(儀式的) 장으로 규정하고, 이에 근거하여 식민지 시대 '문단'의 형성 과정을 살펴본 뒤, 문단 형성의 논리가 '여류문단'이라는 존재를 어떻게 배제하면서 동시에 만들어냈는가에 주목하고자 한다.

그것을 통해 밝히고자 하는 것은 식민지 시대 여성작가의 형성과정과 그 특성이다. 이 글에서는 우선 식민지 시대의 논의 속에서 '여류문인'의 내포와 외연을 통해 '여류문인'을 결정하는 조건은 무엇이었으며 그것은 어떻게 마련되었는가를 살펴볼 것이다. 그리고 이들 여성작가들의 '여류문학'을 평가하는 당대 남성평론가들의 문학 외적, 내적 논리를 바탕으로 '여류문학'을 평가하는 당대의 시각이 어떠했는가를 밝히고자 한다. 1930년대부터 형성되기 시작한 '여류문단'은 여성작가의 선택과 배제가 동시에 작동되면서 형성되는 문단의 논리가 집약적으로 드러나는 문학적 장이다. 이 글에서는 이러한 문학적 장으로서의 '여류문단'에 관한 논의를 통해 식민지 시대 '여류문인'의 정체성 형성과정을 살필 것이다.

---

1) 현택수, 「문학예술의 사회적 생산」, 『문화와 권력—부르디외 사회학의 이해』, 나남, 1998, 22면 참조.

2. '여류문인'의 범주 설정 문제

식민지 시대 여성작가의 범주를 설정하는 문제는 언뜻 단순해 보이지만 사실은 그리 쉽지 않다. 왜냐하면 그 당시 '여류문사'라는 호칭은 문학작품 창작을 직업으로 삼는 전문적인 여성작가군에만 한정되지 않은 매우 폭넓은 개념으로 사용되었기 때문이다. 특히 동경 유학생 출신이거나 이화여전 출신의 여성들은 특별한 문학적 경력 없이도 여류문사로 명명된 경우가 많았다. 사정이 이러했기 때문에 신문이나 잡지의 기자 출신 여성은 거의 대부분 여류문사로 분류되었고 이들의 짧은 잡문이나 기사문조차 여류문사의 작품으로 추켜세워졌다. 심지어 문사의 아내이기 때문에 원하건 원치 않건 여류문사가 되기도 했다. 예컨대 이광수의 아내 허영숙은 의학 전공자에다가 단 한편의 문학작품을 쓴 일이 없는데도 불구하고 자신이 여류문사로 분류되는 것에 대해 반박하기도 했다.[2] 그래서인지 이미 그 당시부터 여류작가의 존재 유무에 대한 논의들이 다양한 방식으로 이루어졌다.[3]

그러한 논쟁은 주로 1932년 즈음부터 시작되는데, 여성작가의 존재를 부정하는 논의는 우선 조선 문사들의 문학적 창작 수준에 대한 비판의 연장선상에서, 혹은 여성에 대한 저널리즘적 횡포에 대한 비판 과정에서 이루어진다. 민병휘는 '여류문사'의 존재를 인정하자는 안함광의 주장에 대해, 계급문학적 시각에서 볼 때 이미 문사는 문(文)이 사(死)한 소부르주아적 집단이기 때문에 '여류문사' 운운하는 것은 불필요하다고 주장한다. 이런 관점에서 그는 안함광이 같은 '여류문사'로 묶어서 다루고 있는 강경애와 모윤숙을 '여류문사'라는 레테르 안에서 함께 다룰

2) 허영숙, 「나는 영원히 여류문사가 아니다」, 『비판』, 1932.12, 108~110면 참조.
3) 여성작가의 존재 유무에 관한 논쟁들에 관해서는 송지현의 「1930년대 여성문학론 고찰」, 『한국언어문학』 30호, 한국언어문학회, 1992에 정리되어 있다.

수 없다고 주장한다.[4] 이와는 다른 맥락에서, 이혜정은 아직 습작기에 있는 여성작가를 하나의 군으로 묶어서 여류 운운해 놓고 이들의 작품에 대해 비판하는 것은 어불성설이라고 주장한다.[5] 그는 이어 “아직 ‘습작시대’에 있는 그분들을 ‘여류작가’라고 올녀안쳐노코 욕을 먹게하는 허물은 누구에게 있는걸까?”라고 질문하면서 가장 중요한 이유로 “저너리즘에 급급한 잡지 편집자”를 지목한다. 그리고 그는 여류작가에 대한 정당하고 객관적인 평가 기준은 부재한 상태에서, 과장되게 추켜올리는 심리 또한 변태적인 것이라고 주장한다.

그러나 여성작가의 존재에 대해 회의적인 이러한 논의조차도 1930년대 초반부터 뚜렷하게 집단화되기 시작한 ‘여성작가군’을 완전히 부정하거나 배제할 수는 없었다. 여성작가의 창작 수준이나 여성작가를 다루는 저널리즘의 태도에 비판적이면서도 여성작가의 존재를 인정하는 논의들이 훨씬 더 많았다는 점은, 이미 여성작가의 존재가 문단 내에서 서서히 자리를 잡아가기 시작했음을 시사한다. 이무영 · 최정희 · 안함광[6] 등은 여성작가에 대한 저널리즘의 횡포와 “여류문단의 존재와 여류작가의 존재까지도 부정하는 태도”(이무영)에 대해 비판하면서 비록 여성작가의 존재유무에 대한 논쟁이 저널리즘에 의해 촉발되었지만 현실적으로 여성작가의 존재를 부정하기는 어렵다는 점을 인정한다. 특히 안함광은 여류문사에 대한 기존의 부정적인 견해들을 나열한 뒤, 그렇지만 이들 여성작가의 장래성을 보고 싶기 때문에 여류문사라는 호칭을 허락하고 싶다고 진술한다. 나아가 그는 만약 이들에게 문사라는 호칭을 줄 수 없다면 “자타가 공인하는 남성문사 — 편의상 이러케 표현한다 — 중에는 이러한 조건에 합격될 자가 몇 명이나 될 것인가?”라고 주

4) 민병휘, 「여류문사에 대하야 — 동지 안함광군에게 보내는 일편 서신」, 『비판』, 1933.3.
5) 이혜정, 「억울한 여류작가」, 『신여성』, 1932.8.
6) 이무영, 「여류작가개평」, 『신가정』, 1934.2; 최정희, 「1933년도 여류문단총평」, 『신가정』, 1933.12; 안함광, 「문예시평 — 두 가지 문제를 가지고」, 『비판』, 1933.1.

장한다.

그런데 안함광의 주장에서 특징적인 것은 '여류작가'의 존재에 대한 긍정적인 태도를 그들에 대한 비판에 근거하여 제시한다는 것이다. '여류작가'에 대한 이러한 진술 방식은 다분히 여성작가를 스캔들화하는 방식과 흡사하다. 즉 여성작가의 작품에 대해 "기록적 역할은 어느 정도까지 수행하여쓸는지 모르나 결코 문학적 창작으로의 문학적 기능은 다하지 못한 것이며 멧개의 그들의 작품도 아직 문제 이하의 것들이라는" 식의 부정적 평가들을 장황하게 나열하고 나서 그럼에도 불구하고 자신은 여성작가의 존재를 인정하겠다는 식의 논리는 스스로를 시혜자의 입장에 위치지으면서도 여성작가에 대한 폄하를 유도하는 기만적 태도다. 그 점에서 이는 여성작가의 존재를 어쩔 수 없이 긍정하더라도 그들을 문단이라는 정통성의 울타리 안으로는 끌어들이지 않겠다는 태도로 해석될 수 있다. 그러면서 논의는 자연스럽게 "누가 여성작가인가"라는 문제로 이어지게 된다. 우선 안함광은 "누구를 여성작가로 인정할 것인가"라는 여성작가 범주의 문제를 통해 여성작가를 판단하는 몇 가지 기준을 제시한다.

> 그 의를 대언하자면 문학이 단순한 기록이나 논평이 아닌 한에 잇서서 그들이 칩거한 신문이나 잡지 등의 기관을 이용하야 보고식 멧개의 글줄과 미흡한 피상적 논증으로 된 사이비한 사회평론을 썻다한댓자 그것은 한 개의 미숙한 저날리스트로서의 존재는 허인하게 될는지 모르나 문사라는 사회적 대우의 칭호는 허여할 수 업슴에도 불구하고 그들을 취겨올니고 그들을 부당한 정도에까지 선전하는 저날리즘이야말로, 여류문사라는 포장으로 商機의 한 개 무기를 삼으려는 행동이 아니냐 하는 것이다. (…중략…) 金元周 이이는 문단에 이름을 내논 역사는 그 중 낡으면서도 근래에는 전연 침묵을 직히고 이스니 그의 근래생활을 알바 업스나 최정희, 송계월씨 등은 삼천리사, 개벽사 등의 기자생활을 하면서 질, 양 공히 미미한 멧개의 작품 외 수필 등을 보혀주엇고 현재 매일신보사의 기자로 잇다는 金源珠씨는 극히 희소한 멧개의 잡문 이외에

는 아모런 작품도 보혀주지 안엇다는 것을 다시금 생각하게 된다.[7)]

이에 따르면 '여류작가'를 판단하는 기준은 다양하다. 저널리즘이 상업적 이유에서 더 이상 글을 쓰지 않아도(金元周), '희소한 멧개의 잡문'을 써도(金源珠), 아니면 "기자생활을 하면서 질, 양 공히 미미한 멧개의 작품 외 수필"을 써도 '여류작가'라고 칭하지만, 안함광 자신은 수필이나 잡문만 쓰거나 작품을 쓰더라도 수준미달인 경우에는 '여류작가'에 포함시키지 않는다고 한다. 식민지 시대 여성작가에 대한 이러한 시비론(是非論)은 사실 아직까지도 이어진다고 볼 수 있는데, 이는 여성작가의 범주를 규정하는 문제와 관련된다.

도대체 여성작가 여부를 판단하는 기준은 무엇인가. 식민지 시대에는 누가 '여류작가(혹은 '여류문인')'가 될 수 있었는가. 이러한 여류작가의 '경계선 설정' 혹은 '정의 내리기'란 언뜻 문학적 가치판단의 객관적 기준을 설정하는 문제인 것처럼 보인다. 그러나 예컨대 그러한 판단의 기준을 마련하는 주체가 누구인가를 고려한다면, 그 기준은 객관성이 의심되는 자의적이고 유동적인 것일 수밖에 없다. 그렇게 보면 식민지 시대 여성작가의 목록을 작성하거나 범주를 설정하는 작업은 그 자체로 불가능하거나 불필요한 것이다. 따라서 우리의 관심의 초점은 여성작가의 목록을 작성하는 것에서 '여류작가'를 선택하거나 배제하는 기준은 과연 무엇인가에 대한 것으로 옮겨져야 할 것이다. 그러나 '여류작가'의 선택과 배제의 기준을 살펴보기 위해서는, 아이러니하게도 우선 식민지 시대 '여류작가'로 명명된 여성작가의 목록을 작성해 보아야 한다.[8)] 등단년도, 등단작을 중심으로 하되 필요한 경우 부차적인 내용(예컨대 출신 학교나 직업)을 덧붙이기로 한다.

---

7) 안함광, 위의 글, 123~124면 참조.
8) 목록 작성은 일차적으로 당시 신문과 잡지를 근거로 하되, 여성작가 연구자들이 작성한 연표와 권영민의 『한국근대문인사전』, 아세아문화사, 1990을 참조했음을 밝혀준다.

1. 김명순 : 1917년 『청춘』지에 단편 「의심의 소녀」가 현상문예 공모에 2등으로 당선되어 문단에 데뷔함. 이 작품은 이광수가 요한과의 요담록에서 일본작품의 표절이라 하여 오명을 남겼으나 춘원 자신도 이 작품이 누구의 표절인지 분명하게 밝히지 못하였다. 김명순은 『창조』의 동인으로 활동하기도 함.
2. 김일엽 : 1920년 여성 잡지인 『신여자』를 창간하여, 이 잡지에 소설 「계시」·「어머니의 무덤」·「어느 소녀의 사」 등의 단편을 발표하면서 작품 활동을 시작함. 자신이 창간한 잡지에 소설을 발표하면서 작품 활동을 시작했으나 이후 1933년 수덕사에 입산하여 수도할 때까지 다양한 활동을 하였다.
3. 나혜석 : 1918년 '도쿄여자유학생친목회'가 낸 『여자계』에 단편 「경희」를 발표하면서 문단에 데뷔함. 그 외에 시 · 희곡 몇 편을 발표하였으나 여류작가로 분류되기보다는 여류화가로 평가되고 있다.
4. 김말봉 : 1932년 『중앙일보』 신춘문예에 단편 「망명녀」가 당선되어 문단에 데뷔함. (『중외일보』 기자 출신)
5. 박화성 : 1925년 단편 「추석 전야」를 이광수 추천으로 『조선문단』에 발표하면서 등단함.
6. 강경애 : 1931년 『조선일보』에 단편 「파금」을 독자투고하면서 문단에 데뷔함. 그러나 그 전에 1924년 5월 『금성』지에 양주동 추천으로 「책 한 권」이라는 시를 발표하기도 하고(강가마라는 필명 사용), 1925년 11월 『조선문단』에 「가을」이란 시를 발표하기도 한다. 강경애는 이처럼 독자투고의 형식으로 문단에 데뷔함.
7. 백신애 : 1929년 『조선일보』 신춘문예에 단편 「나의 어머니」가 당선되면서 문단에 데뷔함. (박계화란 필명으로 투고함)
8. 모윤숙 : 1931년 『시원』 동인으로 참여하면서 시작 활동 시작. 『동광』에 「피로 새긴 당신의 얼굴을』이라는 시를 발표하면서 본격적으로 활동함. (이전 영문과 졸업)
9. 이선희 : 1934년 『중앙』에 단편 「불야여인」을 발표하면서 문단에 데뷔(1934년 당시 『개벽』 기자 역임) 이전 문과 3년 수료.
10. 지하련 : 1940년 『문장』 12월호에 백철 추천으로 단편 「결별」을 발표하면서 문단 데뷔.

11. 노천명 : 1931년 이화여전 교지 『이화』에 수필 · 시 · 단편소설을 발표하고, 『신동아』에 「밤의 찬미」 등을 발표하기도 함. 그러나 정식 문단 데뷔는 1935년 『시원』 창간호에 시 「내 청춘의 배는」을 발표하면서 이루어진다. (『조선중앙일보』 기자, 『여성』지 편집위원 역임) 이전 출신.
12. 최정희 : 1931년 『삼천리』에 단편 「정당한 스파이」를 발표하면서 문단 활동을 시작함(『삼천리』 『조선일보』 기자 역임).
13. 임옥인 : 1939년 『문장』에 단편 「봉선화」를 발표하면서 문단에 데뷔함.
14. 장덕조 : 1933년 『제일선』에 단편 「저회(低徊)」를 발표하면서 문단 데뷔(1932년부터 『개벽』 기자 역임) 이전 문과 중퇴.

그 외, 등단년도와 등단작을 확인할 수 없지만 '여류작가'로 호명된, 그 당시에도 군소작가로 분류되던 여성작가들의 목록은 다음과 같다.

15. 주수원 : 이전 출신. 1937년 4월 조선일보 출판부에서 간행된 『현대여류문학선집』에 수필이 게재됨.
16. 장영숙 : 상동.
17. 김자혜 : 상동. 1932년 『신가정』에 박화성 · 최정희 · 강경애 · 송계월과 함께 연작소설 「젊은 어머니」 집필에 참여함.
18. 백국희 : 1915년 서울 출생. 이전 출신. 『이화』에 노천명 풍의 시를 선보임.
19. 金源珠 : 『개벽』, 『매일신보』 기자 역임. 몇 편의 수필 발표. 월북. 김정일의 아들 김정남의 외할머니로 더 많이 알려짐.[9)]
20. 장정심 : 1933년 『주의 승리』, 1934년 『금선』이라는 제목의 시집 발간. 종교 시인.[10)]
21. 김오남 : 『조선일보』 기자 역임. 시조시인.
22. 송계월 : 『개벽』 기자 역임. 『삼천리』에 「가두연락의 첫날」이라는 제목의 소설을 발표함. 23세에 요절.[11)]

---

9) 이상경, 「신여성의 자화상」, 『신여성』(문옥표 외), 청년사, 2003, 228면 참조.

10) 장정심의 『주의 승리』에 대해서는 박용철, 「여류시단총평」(『신가정』, 1934)에서 잠깐 언급된다. 그에 따르면, 장정심의 시는 "독특한 착상, 독특한 표현, 미묘한 수사를 만나보기 어렵다"고 평가된다.

11) 송계월은 여성작가로서보다는 미모의 인텔리 여성이라는 이유로 세간의 호기심의

그러나 이 목록에 포함되지 않는 더 많은 '여류작가'들의 명단이 작성될 수 있을 것이다. 예를 들면 『조선문단』 1935년 1월호에 실린 「조선문단집필문사주소록」에는 최정희·박화성·장덕조·강경애·김일엽·노천명·장정심·이혜숙의 이름이 올라와 있는데, 이중 이혜숙은 월평이나 개평, 여류문사소식난 등에서도 그 이름을 확인할 수 없다. 이처럼 작품 활동을 하지 않으면서도 '여류문사군'에 묶여서 이름만 언급되는 경우도 많은데, 그런 점에서 당시에 여류문사는 매우 확장된 개념으로 사용되었던 것 같다. 그러나 이들의 경우 간혹 '여류작가총평'과 같은 난에 그 이름이 언급되기는 하지만 구체적인 작품평은 거의 없다. 게다가 1930년대 후반으로 갈수록 이름뿐인 '여류작가'들에 관한 언급은 점점 줄어들다가 오늘날 문학사에서 언급되는 여성작가들(1~14)로만 한정되는 경향을 보인다. 따라서 위의 여성작가들은 비록 '여류문인'으로 불리기는 했지만 실질적으로는 그러한 이름에 값하는 대우는 받지 못한 것으로 볼 수 있다.

이처럼 그 당시에는 "작품 없는 벙어리 작가"[12)]이면서도 '여류문사'로 언급되는 것이 가능했던 만큼, 창작 활동 여부가 '여류작가' 혹은 '여류문사'를 판단하는 절대적인 기준은 아니었던 것으로 본다. 이는 앞서 본 것처럼 창작 경험이 전혀 없는 허영숙조차 '여류문사'로 다루어졌던 사례에서도 확인할 수 있다. 그렇다면 작품 없는 여성들조차 '여류작가'가 될 수 있었던 그 기준은 무엇인가. "여류문사를 기자층이나 문사와의 유기적 관계에서만 구할 것이 아니라 그 문호를 넓히 개방할

대상이 된다. 송계월에 대한 이러한 저널리즘적 관심은 이무영의 「여류작가개평」(『신여성』, 1934)에서도 잘 드러난다. 이 글에서 이무영은 송계월이 「가두연락의 첫날」 이외에는 뚜렷한 작품이 없지만, 그에 대한 세간의 관심이 너무나 커서 어쩔 수 없이 그의 작품을 평한다고 말하고 있다.

12) 홍구, 「1933년의 여류작가의 군상」, 『삼천리』, 1933.2. 이는 작품을 쓰지 않으면서도 지속적으로 세간의 관심의 대상이 되어 온 김일엽에 대한 조롱 섞인 말이지만, 그 당시 '여류작가'란 호칭은 작품 활동 없이도 가능했었음을 짐작할 수 있다.

필요가 있다"[13]는 안함광의 지적을 통해서 추측할 수 있는 것은, '여류작가'라는 명칭이 대부분 남성작가와의 직간접적인 관계를 통해 형성된다는 것이다. 이는 위에서 살펴본 여류작가들이 대개 남성작가의 추천을 받아 등단하거나 적어도 남성문인들과의 교류가 가능한 기자 출신이라는 사실에서도 확인할 수 있다. 특히 식민지 시대 잡지와 신문의 기자직이 소위 '여류문인'의 등장에 매우 결정적인 역할을 했다는 것은 이미 잘 알려진 바다.[14]

> 무릇 저날리스트와 문예가와는 사촌격은 된다. (…중략…) 그러나 나는 여류문사의 한계에 대한 저날리즘의 편파한 태도를 배격한다. 그들은 여류문사의 한계를 오즉 저날리즘과 유기적 관계를 맺고 잇거나 또는 문인들과 情實關係를 가진 자에게만 국한하는 듯한 늣김이 잇슬뿐더러 언젠가 「삼천리」문사 좌담회에서도 논의 대상이 된 것은 전 기자씨외 멧멧 분이었다고 기억된다.[15]

"저날리즘과 유기적 관계를 맺고 잇거나 또는 문인들과 정실관계를 가진 자에게만" '여류작가'라는 호칭을 부여했다는 이러한 진술은 결국 식민지 시대에 '여류작가'가 되는 것은 남성작가와의 '유기적' '정실관계'를 통해서만 가능했으며 기자라는 직업은 그러한 남성작가와의 자연스러운 '관계'를 이끄는 첩경이었다는 사실을 지적하고 있는 것이다. 이는 기자 활동을 했던 김오남과 송계월의 사례를 통해서 확인할 수 있다. 이 둘은 작품의 창작 여부를 떠나 자주 언급되었는데, 김오남의 경우

---

13) 안함광, 앞의 글, 125면 참조.

14) 이는 노천명에게 공개장을 쓴 이석훈의 다음과 같은 지적에서도 확인할 수 있다. "씨가 어느새 오늘과 같은 지위를 문단에 차지하게 되었는가 생각하면 씨의 문단출세의 빠름에 놀라지 않을 수 없다. 이것은 전혀 씨의 재질의 당연한 결과임에 틀림없겠지만 남달리 유리한 첩경을 밟었다는 사실도 빗볼 수는 없는 것이다. 씨는 교문을 나서자마자 사회입문겸 문단입문으로 『중앙일보』의 여기자가 되었다. 여기자가 되는 것은 이미 문단에 올라서는 것을 의미함은 조선문단의 통례요 동시에 상식이다." 이석훈, 「노천명씨의 재기」, 『조광』, 1939.3.

15) 위의 글, 123~124면 참조.

기자직을 사임한 뒤 진명여고 교사로 부임한 이후에는 잘 다루어지지 않고 있다. 송계월 또한 「가두연락의 첫날」이 거의 유일한 작품임에도 불구하고 '미모의 여기자'라는 사실 때문에 남성평론가들의 끊임없는 관심의 대상이 되었다. 그의 요절 직후 『신가정』과 『신여성』(1933.7)에서 기획된 '고 송계월 특집'에서조차 그의 외모와 기질, 그를 둘러싼 소문만 다루고 있을 뿐 그의 작품에 대한 언급은 단 한 줄도 없다는 사실은 '여류작가'라는 그의 타이틀이 실체 없는 허구였음을 반증한다. 그렇게 볼 때 '여류작가'라는 카테고리는 남성작가에 기대어서만 형성될 수 있는 매우 자의적이고 허구적인 것이었다고 할 수 있다.

기자 출신이라는 것 외에 또다른 특징을 살펴보면, 이들이 대부분 이화여전 문과 출신이라는 점이다. 이는 '여류문단'의 핵심 멤버 이외에 다른 군소 여성작가들(주수원 · 김자혜 · 백국희 · 장영숙)을 볼 때 더욱 뚜렷하게 드러나는 특징이다. 대표적인 이전 출신 작가인 모윤숙, 노천명 외에도 장덕조, 이선희 또한 이전 출신인데, 이들 네 작가가 1930년대 중반 이후 여성작가 좌담회의 중심 멤버이자 '여류문단'의 핵심 인물이었다는 점에서 이화여전 출신이라는 타이틀은 여성작가의 문단 등단에 결정적인 역할을 했을 것으로 보인다. 이는 그 당시 이화여전 출신 여성에 대한 끊임없는 사회적 관심과도 관련된다. 그 당시에 이화 여전 출신 여성이 어떤 유형의 남성을 좋아하며, 누구와 결혼했고, 지금은 어떻게 사는가에 관한 관심이 끊이지 않았는데, 이러한 테마는 1930년대 중반 이후 『삼천리』를 비롯한 잡지들이 즐겨 다루었던 것이기도 하다. 따라서 이전 출신이라는 사실만으로도 사회적 관심의 대상이 되기에 충분했으며, 여성작가의 경우 그러한 출신 성분은 문단 데뷔에도 유리하게 작용했으리라 짐작할 수 있다.

지금까지 살펴본 것처럼 식민지 시대에 '여류작가'라는 범주는 매우 모호한 것으로서, 창작 활동에 의해 규정되기보다는 세간의 호기심을 얼마만큼 충족시켜주는가에 의해 결정되는 것이었다. '여류작가' 여부를 판단하는 결정적인 두 가지 기준인 여기자라는 직업과 이전이라는 출신 학교 모두 인텔리 여성에 대한 세상의 호기심을 충족시켜주는 조건이다. '여류작가'를 규정하는 이러한 두 가지 기준은 문학이라는 제도가 단순히 문학 내적인 성격에 의해서만 결정되는 것이 아니라 문학 외적인 다양한 조건들에 의해서도 형성 가능하다는 사실을 다시 한 번 환기시켜준다. 특히 '여류문인'의 경우 이러한 문학 외적인 조건은 훨씬 더 지배적인 결정 요소였다는 점을 알 수 있다. 이러한 문학 외적 기준의 설정은 '작품 없는 벙어리 작가'로 규정되었던 1920년대의 김명순·김일엽·나혜석에만 적용되는 문제는 아니었다. 이러한 기준의 적용은 작품만으로 평가받게 되었다고 간주되는 1930년대 제2세대 여성작가들의 경우에도 마찬가지였다. 1930년대 후반 '여류문단'을 형성하면서 문단 내 여성작가의 지위를 확고하게 다졌던 최정희·노천명·이선희·장덕조·모윤숙이 기자 출신이거나 이전 출신이라는 사실은 이를 입증한다. 그런 점에서 당시 여성작가들에게 "'여류작가'라는 이 네 글자"는 "과장된 포장"[16]이거나 "묵어운 멍에"[17]일 수밖에 없었다.

3. 차이와 배제의 논리, '여류문학'을 평가하는 기준

이 장에서는 '여류문학'에 관한 월평 및 총평, '여류문인' 인상기 등 '여류문학'과 관련된 자료를 중심으로 그 당시 '여류문학'의 평가 기준을 살펴볼 것이다. '여류문학'의 주체가 '여류작가'라는 점에서, '여류문

16) 안함광, 앞의 글, 123면 참조.
17) 박화성, 「여류작가가 되기까지의 고심담」, 『신여성』, 1935.12.

학'의 평가 기준은 앞 장에서 다룬 '여류작가'의 범주 설정의 기준과 관련된다. 따라서 '여류작가' 여부가 작품 창작 활동보다는 직업이나 출신 학교에 의해 결정되는 것과 마찬가지로, '여류문학' 또한 이러한 문학 외적인 요소들에 의해 평가되고 재단될 가능성은 이미 전제된 것으로 볼 수 있다. 이러한 평가 태도는 물론 김명순 · 김일엽 · 나혜숙처럼 문학 외적인 사실들, 특히 연애 · 결혼 · 이혼으로 인해 끊임없이 스캔들의 대상이 되었던 1920년대 여성작가들에게 더 두드러지게 나타난다. 예컨대 1939년 1월 『삼천리』에 실린 좌담인 「장안 '재자가인' 영화와 홍망기」에서는 역대 장안의 인기여성을 순서대로 나열하는데, 여성작가로는 유일하게 김일엽과 김명순이 포함되어 있는 것을 확인할 수 있다.[18] 김일엽 · 김명순 이후 장안 인기 가인으로 꼽힌 여성들은 대개 가수 · 배우 · 무용가 등이다. 이는 김일엽과 김명순이 여배우 · 가수 · 무용가처럼 일종의 '볼거리'로 다루어졌다는 점을 암시한다. 따라서 이들에 대한 소문은 작품이 아닌 사생활에 집중되었으며, 그런 이유로 작품에 대한 평가 또한 그러한 사생활을 둘러싼 소문에 근거해서 이루어지는 경우가 많았다.

그의 혈액 속에는 그의 어머니의 피와 또는 그의 고모들의 피가 흘느는 것 갓다. 그로 하여금 '일개의 메란코릭크한 여성'을 멘든 것이 어부자식이라는 처지이엿으며 얼마간 퇴폐적 기분을 가지고 잇게 한 것이 그의 가정안의 환경이 아니엿을가. 그리하여 그 우울과 퇴폐가 상합하여 가지고 나아논 것이 아마 히스테리인 모양이다. (…중략…) 그는 평안도 사람의 기질인 굿고도 자가방호하는 성질이 만흔 천성에 여성통유의 애상주의를 가미하야갓고 그 우에다 연애문학서류의 빽키를 칠을 더덕더덕 붓치여놋코 어부자식이라는 환경으로 말미암아 조곰은 구붓왕게 휘여져가지고(이것이 우울하게 된 까닭이다) 처녀때에 강제로 남성에게 정벌을 밧덧다는 이유가 잇기 때문에 더 한층 히스테리가 되여가지고 문학중독으로 말미암아 방분하야젓다는 것이다. 그리고 이것들 제

18) 「장안 '재자가인' 영화와 홍망기」, 1939.1, 113면 참조.

> 요소를 층층으로 싸아논 그 중간을 뀌여뚤코 흘르는 것이 외가의 어머니편의 불순한 부정한 혈액이다.[19]

이러한 김명순에 대한 평가는 '여류작가'에 대한 평가가 어떻게 '여류문학'에 대한 평가로 이어지는가를 대표적으로 보여준다. 이 글에서 김기진은 김명순의 불행한 가정사와 '나쁜 피'의 유전적 결함 등에 의해 '히스테리칼'한 정서적 충동과 감상을 갖게 된 경위를 밝힌 뒤, 이를 근거로 그의 문학적 성향을 퇴폐적이고 히스테릭한 것으로 규정하고 있다. 그래서 그의 시에는 '분냄새'가 나며 "그와 마찬가지로 그의 시도 한겹의 간얇힌 화장"[20]에 불과하다는 것이다. 여성의 문학작품을 그의 육체적, 성적 취향과 관련지어 비평하는 이러한 방식은 이후에도 반복적으로 나타난다. 1933년 4월 『신동아』의 '漫畵漫文난'에 실린 「여류문인 관상록」은 이러한 여성문학의 평가 방식이 좀더 극단적인 발상으로 표현된 예다. 즉 여류문인의 관상을 본다는 발상이나 관상을 통해 여류문인의 운명까지 재단하는 태도는 여성작가를 창작과는 무관한 존재로 만듦으로써 '여류문학'을 문학 아닌 것으로 규정하는 역할을 하는 것이었다.

외적이고 신체적인 특성을 근거로 한 이러한 평가 태도는 작품이 아닌 여성작가 그 자체에 대한 호기심에서 비롯된 것으로, 이는 다양한 방식으로 여성들의 사생활을 폭로하는 가쉽성 기사에 대한 저널리즘적 관심과 크게 다르지 않다. 이러한 사생활 폭로는 특히 1920년대 작품활동을 했던 김명순·김일엽을 대상으로 집중적으로 이루어졌다. 이들의 사생활에 대한 관심은 이들이 작품활동을 아예 하지 않던 1930년대 중반까지 이어진다. 그런데 1930년대에 이루어졌던 이들의 가십성 기사를 보면,[21] 근황에 대한 소개보다는 현재 그러한 상황에 처하게 된 원

19) 김기진, 「김명순씨에 대한 공개장」, 『신여성』, 1924.11.
20) 위의 글.

인을 회고적으로 재구성하고 과거에 떠돌았던 연애 사건과 결혼, 이혼 등에 대해 장황하게 재서술한다. 여성작가의 사생활을 현재적 관점에서 재구성함으로써 이들을 둘러싼 소문을 현재진행형으로 다루는 이러한 방식은, 여성작가에 대한 고정관념을 형성하게 할 뿐만 아니라 김명순, 김일엽 이후에 창작 활동을 시작한 제2기 여성작가들에 대한 평가에도 은연중에 영향을 미쳤을 것으로 본다.

이처럼 '여류문사'의 사생활이나 외모는 1930년대에도 지속적인 관심의 대상이 된다. 따라서 제2기 여성작가들이 소문의 주인공인 제1기 여성작가들과의 단절을 통해 자신들만의 문학적 정통성을 확립하려고 노력했음에도 불구하고, 여성작가와 작품에 대한 이러한 비문학적 기준에 의한 평가 방식은 1930년대 여성작가들에 대한 평가에서도 그대로 반복되는 경향을 보인다. 김명순과 김일엽 이후 작품이 아닌 외모와 사

21) 김일엽에 관한 가십성 기사로는 「김일엽 여사의 동냥승」(『삼천리』, 1935.1), 「법당에서 참선으로 청춘을 잊는 김일엽 여사(가인 독수공방기)」(『삼천리』, 1935.8)가 있는데, 대개 입산수도를 결심하기까지의 저간의 사정을 소개하고 있다. 김명순에 관한 가십성 기사는 이보다 더 지속적으로 자주 만들어진다. 특히 「호콩 행상을 하는 김명순」(『별곤건』, 1933.9)은 '누가…… 했대'라는 식의 소문의 수사학이 전형적으로 나타나는 기사문이다. 이 기사문 도입부에는 "'김명순이가 매를 마젓대!' '김명순이라니?' '탄실이말이야. 동경에 가 있는데 호콩을 팔너다니다가 매를 죽도록 마젓대!'"라는 대화 내용이 전개되는데, 이는 정확한 사실에 근거한 기사라기보다는 풍문으로 떠다니는 이야기를 각색한 것에 불과하다. 그럼에도 불구하고 이러한 김명순의 불우한 생활에 대한 기사는 다양한 방식으로 재생산된다. 이러한 추측성 내용에는 반드시 "불행한 환경과 기구한 생애, 우울한 감정, 퇴폐적 기분, 히스테리, 어붓자식"이라는 어휘들이 첨부되는데, 이는 김기진이 「김명순에 대한 공개장」에서 그녀를 평가하기 위해 동원한 어휘목록과 일치한다. 이 기사 끝에 "그는 자기의 환경에 너무 애상주의적 펭키칠을 심히 하였고 그 위에 연애문학을 좋아하여 한때 문학중독이 결국은 그를 방분한 녀편네를 만들었고 끗끗내는 인테리 낙화생 행상으로 매까지 맛는 신세가 되고 말았다"는 평가를 덧붙인다. 같은 시기에 『삼천리』에서도 「여류작가의 비참상—동경서 김명순양 조난」이라는 제목의 보고문을 통해 같은 사건을 전달한다. 이후 「세 번 실연한 유전의 여류시인 김명순」(『삼천리』, 1935.9)에서도 김명순의 문학은 거의 언급되지 않은 채, 지난 시절의 연애를 다소 과장된 방식으로 전달하고 있다. 홍순옥의 「여류문인의 연애비화」(『조선문단』, 1935.4)는 여성작가를 소문의 주인공으로 만드는 방식을 전형적으로 보여주는 글이다. "여긔엔 두 여류작가의 비화를 합해서 이야기한 것이외다"와 같은 마지막 구절은 이러한 종류의 글이 어떻게 사실로 위장되는가를 잘 보여준다.

생활(특히 연애 사건)을 중심으로 평가된 대표적인 여성작가로는 1933년에 23세의 나이로 요절한 송계월을 들 수 있다. 개벽사 기자이자 『삼천리』에 「가두연락의 첫날」이라는 소설을 발표한 송계월은 요절 직후인 1933년 7월에 『신가정』과 『신동아』에서 특집으로 다루어질 만큼 세간의 집중적인 관심을 받았다. 이 두 잡지는 공통적으로 송계월의 일대기와 그녀를 둘러싼 소문들의 존재에 관해 암시하고 있다.[22] 2년 뒤인 1935년 3월 『삼천리』에 실린 홍의동자의 「미인박명애사－조서한 문단의 명화 송계월양」에서 다소 모호했던 그 소문은 좀더 구체적인 양상을 띠고 소개되고 있다. 그것은 바로 "처녀가 아이를 뱄다"는 것이며, 바로 이 소문 때문에 송계월이 요절했다는 것이다. 이 글은 이처럼 극적 구성을 채택하여 그동안 언론에 공개되지 않았던 송계월을 둘러싼 소문의 생산 과정과 그 결과를 박진감 있게 서술함으로써 송계월에 관한 또 하나의 소문을 만들어낸다. 이 글의 내용이 이후 유진오의 장편소설 『수난의 기록』(1939)에서도 그대로 반복된다는 사실은 여성작가를 둘러싼 소문이 어떻게 확대, 재생산되며 그것이 여성작가의 작품에 대한 평가에 어떤 영향을 미치는가에 대해 짐작하게 한다.

이렇게 볼 때, '여류작가'의 사생활에 초점을 맞추는 글들에서 그들의 작품에 대한 언급이 전혀 이루어지지 않았던 것은 어쩌면 당연한 일인지도 모른다. 당시 거의 모든 잡지에서 다루었던 여류작가의 근황을 알리는 다양한 형태의 소식란은, 이처럼 여성작가를 문학 외적인 지표들로 평가하게 함으로써 간접적으로 여성문학에 대한 문학 외적 평가 기준을

22) 송계월에 대한 소문의 내용을 살펴보면 다음과 같다. "양은 영원히 눈을 감은 지금에도 그가 가진 재조를 마음껏 펴보지 못하고 죽은 것과 엉터리 없는 '테마고기!'의 모욕당함이 큰 원인을 지은 남성에게 증오와 이 사회에 대한 저주를 풀어버리지 못하고 천추의 분한을 안은 채로 있을 것이다(이훈, 「송계월양의 프로필」, 『신가정』, 1933.7)." "송! 세상이 그대를 사치한 여성, 입으로는 '푸로'를 말하나 그 사생활은 몹시도 호화로운 허영의 여성인 것가티 말하는 이가 잇슬 때마다 그대는 '여보, 내가 무슨 사치요. 남보다 화려한 빗갈뿐이지 남다른 것이 무엇이요'했지요(윤성상, 「그 길이 그러케 밧벗소」, 『신동아』, 1933.7)."

마련하는 계기로 작동한다. 그 중 『여성』지의 「화제여성월평」은 여성작가에 관한 근거 없는 소문들의 진원지 역할을 했던 대표적 예다. 이 월평에서는 최정희와 남편인 영화감독 김유영과의 이혼 문제 및 삼천리사 편집주간인 김동환과의 관계를 노골적으로 언급하거나,[23] 모윤숙과 백신애가 마치 성적으로 자유분방한 여성인 것처럼 모호하게 진술[24]하기도 한다. 일례를 들면, 이 글에서 필자는 모윤숙의 시에 대해 '철철 넘친다'는 것을 특징으로 지적한 뒤, 이러한 문학적 특성이 시에서는 장점이 되지만 실생활에서는 단점이 된다고 진술한다. 그리고 자문자답의 형식으로 그러한 단점이 "어떠한 때이냐고 그것은 행신이니 처세니 하는 등류에 속하는 것이니까 여기서 다 말할 것은 없지마는(84면)"이라고 하면서 말을 모호하게 흐린다. 이러한 진술 태도는 그 자체로 여성작가에 관한 소문을 만드는 방식이라고 할 수 있다. 이는 백신애에 대한 다음과 같은 평가에서도 그대로 반복된다. "언젠가는 누가 나를 잡어 갖고, '아아니 소설 쓰는 백신애가 저 거시기, 옛날 서울계의 허 아무개허구 어찌 어찌 하던 바로 그 색시오?'하고 묻기에, 나는 그런 건 전혀 모르지만, 여류작가로 백신애란 부인이 있다는 것만 사실이라 대답했다. (…중략…) 여하간 백씨도 여류소설가이다. 그러나 소설가 우에 '여류'라는 것이 붙여질 때 씨의 문학은 아즉 엄숙한 비평의 대상이 되기는 곤란하다 안 할 수 없다(79면)." '거시기' 혹은 '아무개' '어찌 어찌'와 같은 불투명한 수사를 동원한 이러한 진술은 여성작가를 소문화하는 방법을 전형적으로 드러낸다. 게다가 이러한 소문 뒤에 덧붙여진 '아즉 엄숙한 비평의 대상이 되기는 곤란하다'는 진술에서, 여성작가에 관한 소문이 곧바로 '여류문학'을 평가하는 기준이 되는 것을 확인할 수 있다. 이처럼 '여류작가'의 사생활과 '여류문학'은 서로가 서로를 평가 기준점으로 삼는 거울상(mirror image) 역할을 한다. 게다가 비교적 다른 여성작가들에 비해 작품만으로

23) 「화제여성월평」, 『여성』, 1935.9, 82면 참조.
24) 「화제여성월평」, 『여성』, 1939.4, 79~84면 참조.

평가되던 박화성조차 몸매가 비대하기 때문에 작품이 무게가 있다고 평가되기도 했으며,[25] 노동운동가 남편과의 이혼과 방직공장을 경영하던 부르주아 남성과의 재혼과 같은 행적에 대한 가십성 폭로 때문에 작품 활동을 중단하기도 한다.[26]

이처럼 당시 여성작가의 신체적·외적 인상은 물론 그들의 사생활이 여성작품을 판단하는 중요한 기준이었을 뿐만 아니라, 그러한 문학 외적 기준들은 그대로 여성문학을 평가하는 기준으로 반복 재생산된다. 여성작가의 작품에 대한 남성비평가들의 평론은 이를 구체적으로 보여준다. 가령 여성적 외모에 대한 평가어('귀엽다' 혹은 '아름답다')가 그대로 작품을 평가하는 용어로 채택되거나, '여류문학'이 곧 '여류작가'의 사생활과 같은 것으로 진술되기도 한다. "송계월씨는 아직 작가라 불으기가 앗갑다. 그리고 너무나 귀여웁다"라든가, "모윤숙은 드문 여류시인이다. 시단에 한편을 몰내 찬란히 장식하야주는 귀여운 아름다운 여인이다"[27]와 같은 구절은 이러한 평가의 한 전형이다. 송계월의 「가두연락의 첫날」이 카프계열의 작품인 점을 염두에 둔다면, '귀여웁다'는 표현은 분명 작품 그 자체에 대한 것이라기보다는 이제 막 등단한 젊은 여성작가의 미모에 대한 평가임을 짐작할 수 있다. 여성작가의 사생활을 그대로 평가에 적용한 경우는 장덕조 소설에 대한 지적[28]에서 잘 드러난다. 여성의 한가한 일상에 대한 언급이 곧바로 여성작가의 소설에 대한 평가로 이어지는 방식에서, 여성작가의 사생활이라는 문학 외적 기준이 문학 내적인 평가 기준이 되는 한 사례를 발견할 수 있다.

---

25) 안회남, 「소설가 박화성론」, 『여성』, 1938.2, 31면 참조.

26) 「화제여성월평」, 『여성』, 1939.10.

27) 홍구, 앞의 글, 1933.2.

28) "씨의 글은 색상자와 같이 화려하기 짝이 없다. 이 작자는 아마도 가끔가끔 등의자 우에서 기제기를 펴면서 얼룽얼룽한 '테블'에 맞우앉아 '코코아'를 마시어가면서 글을 쓰지나 않는가 하고 생각하다가 후일에 씨와 씨의 부군 P군의 신혼가정을 찾았더니 과연 나의 상상은 바로맞았다." 양주동·김림, 「여류문인」, 『신가정』, 1934.

그런 관점에서 볼 때 '여류문학'의 특성으로 지적되는 '센티멘탈리즘'이나 '리리시즘' 혹은 '습작기'라는 평가어의 잦은 사용[29] 또한 전적으로 여성작가의 작품에 대한 객관적인 해석에 근거한 것이라고 보기 어렵다. 즉 여성작가의 외모나 사생활 등과 같은 비문학적 기준들이 그대로 '여류문학'에 대한 평가의 바탕이 되고 있기 때문에, '여류문학'은 비문학적이고 비전문적인 어떤 것, 마치 사생활처럼 불안정하게 동요하는 어떤 것으로 해석될 가능성 또한 배제할 수 없는 것이다. 이는 기본적으로 여성작가의 전문성을 인정하지 않는 태도이며, 그럼으로써 궁극적으로는 '여류문학'을 문학과 동질화되기 어려운 문학 외적인 어떤 것으로 간주하여 문단 밖에 배타적으로 위치짓게 한다. 그 결과 '여류문학'은 '문학'이라는 동질성에서 배제된 '타자'가 되는 것이다.

'소녀문학' 혹은 '소녀문단'이라는 개념은 '여류문학'을 성숙한 남성문학과 달리 미숙한 것으로 구별짓는 태도이자 그렇기 때문에 보살펴주어야 한다는 위계화된 젠더 의식의 극단적 표현이라고 할 수 있다. 이러한 '소녀문학'이라는 개념은 김남천과 김문집의 글에서 발견된다.

---

29) 박용철은 모윤숙 시가 '감상적'이라는 세간의 비평에 대해 "이 시인은 결코 의식적 수사에 의해서 시를 쓸 시인이 아니다. 몽환 가운데서 흘러나오는 것을 그대로 정리하여야 할 것 같다. (…중략…) 그의 황홀난측한 사상과 표현 또는 그의 감상성을 버리라 하는 것은 그이 시의 자살을 권하는 것과 같다."고 주장한다. 이는 언뜻 여성시인의 감상성과 눈물을 긍정하는 태도인 것처럼 보인다. 그러나 이어지는 다음과 같은 구절은 이러한 긍정의 태도가 기실 여성시인의 전문성을 인정하지 않는 태도에 다름 아니라는 것을 암시한다. "이것은 어느 여학교 잡지에 있든 시의 일절이다. 대단히 얌전한 시였다고 생각한다. 나는 몇사람의 숨은 이름을 들출 수 있고, 또 내가 모든 녀사의 일기장이나 수첩을 뒤적여볼 수 있다면 더 많은 이름을 들 수 있기에 틀림없을 터이지마는 이런 것은 모도 그 순진한 심정에 대한 심례에 지나지 아니할 것이다. 우리는 언제나 그것을 아니볼래야 아니 볼 수 없게 되기를 바랄 뿐이다." 즉 여성들의 일기장이나 수첩에 적힌 감상적인 글귀들이나 모윤숙과 같은 '여류시인'의 시가 크게 다를 바 없다는 이러한 진술은 여성시인의 아마츄어리즘을 비판하는 것으로 해석될 수 있는 것이다. 박용철, 「여류시단총평」, 『별건곤』, 1934. 여류시인의 리리시즘과 센티멘탈리즘을 '여학생문학'의 전형으로 평가한 백철의 논의 또한 마찬가지다. 백철, 「현대여학생과 문학」, 『신여성』, 1933.10.

가령 김남천은 여류문학의 저조 이유가 "소녀문학을 떠나지 못"[30]했기 때문이라고 지적하는데 반해, 김문집[31]은 조선문단을 '시단, 소설단, 소녀문단'으로 삼분하여 '여류문학'을 시단과 소설단으로부터 완전히 고립된 섬으로 배제시킨다.

> 조선에는 불행한 당연사로 아직 규수문단이란건 없다. 이편의 시단, 창작단을 통해서 태반의 작품이 습작제1기 혹은 학교문학의 소속이요 간혹 제2기의 것을 발견할 적도 있고 때로는 제3기의 작품에 해후한 일도 있었으나 신진문단에 등록될 작품은 도시 구경치 못한 것이 한없는 유감이다. 文靑文壇이란 말에 대하여 少女文壇이라 일컫는 所以다.
>
> 특히 충고하거니와 신가정 9월호 졸문 「여류작가의 성적 귀환론」은 명심하고 읽어야 될 글이니 이에 허심탄회한 바 있기를 바란다.
>
> 나는 세간의 「니끼비」 평가들과 같이 여자라고 해서 그 작품에까지 「아마이」 하진 않는다. 참말로 친절하기 때문에 엄정할 뿐이다. 그 중에도 짧은 인상을 적노라면 舊중앙 某號 여류오인집에 있는 장덕조군의 작품은 호감을 가질 작이며, 이선희군의 문장에는 小才가 보이니 습작생활을 단념치 말 것이고 천명과 신애의 양군은 그 장단을 서로 반대로 하고 있으니 교환적 방향을 향하야 공부하면 진보를 볼 것이다. 화성과 말봉은 각기로 별론한 바 있으니 약하고 정심과 경애의 이 두 친구도 소녀문단서는 특색 없는 존재이니 분발함이 있으면 한다. 모윤숙에게는 산문에로 전환함을 권한다.
>
> 소녀문단에서 최근 나는 별외적인 글 하나를 발견했다. 그는 소설도 시도 희곡도 아닌 불과 반페-지의 수필이다. 삼천리 6월호에서 본 최정희의 글이다. 청춘을 작별하는 이내 얼굴을 응시하는 여인의 심경을 고백한 글이다. 이것만은 여류국제문단에서도 상당한 친구가 아니고는 못쓸 글이다. (…중략…) 남성작가는 감쪽같이 자기를 은폐하고도 걸작을 내놓을 頭力을 가졌지마는, 그를 못가진 여성작가에 있어서는 반대로 있는대로의 자기를 漂迫할 때에 한해서

30) 김남천, 「여류문학 저조의 문제」, 『여성』, 1939.6, 42면 참조.

31) 이 글의 저자는 '이하관'으로 되어 있다. 그러나 본문 내용에 "신가정 9월호 졸문 「여류작가의 성적 귀환론」은 명심하고 읽어야 될 글"이라는 구절에서 추측해 보건데, 이하관은 김문집인 것 같다. 이하관, 「문학의 인상-조선문학현상론」, 『중앙』, 1936.9.

볼만한 글을 내놓는다는 불문율을 새로이 인식하였다.[32)]

이 글에서 '소녀문단'은 그 당시 '여류문학'을 바라보는 남성평론가의 태도를 다소 극단적이긴 하지만 잘 표현해주고 있다. 그것은 우선 '여류문학'을 일정 수준에 도달하지 못한 미성숙한 것으로 보는 태도다. 이러한 평가를 위해 동원된 어휘가 바로 '규수문단'과 '소녀문단'이다. 즉 저자는 '소녀문단'을 미성숙한 여성작가의 집단으로 규정함으로써 '성숙/미성숙' '남성/여성'이라는 두 가지 잣대를 통해 '여류문학'을 이중으로 비하한다. 물론 이러한 이중 잣대의 근저에는 여전히 성숙 = 남성, 미성숙 = 여성이라는 코드가 기본적으로 전제되어 있다. 여성은 본래 미성숙한데 그보다 더 미성숙한 '소녀'라니! 저자가 여성작가의 이름을 하나하나 부르면서 어떻게 써야 하는지에 대해 충고할 수 있는 것도 바로 여성작가에 대한 이러한 시각에서 비롯된 것이다.[33)] 이러한 시각의 연장선상에서 남성평론가들은 미성숙한 소녀인 여성작가들에게 성숙한 남성의 장르인 소설이 어울리지 않는다고 본다. 즉 남성작가처럼 "감쪽같이 자기를 은폐하고도 걸작을 내놓을 두력(頭力)"을 못 가진 여성작가는 "반대로 있는대로의 자기를 표박(漂迫)할 때에 한해서 볼만한 글을 내놓"을 수 있는 것이다. 이러한 주장은 여성작가의 작품을 주변화된 장르인 수필과 동일시함으로써 주변화하는 방식인 동시에 여성작가의 작품을 사생활과 동일시하는 방식이기도 하다. '자기를 표박'함으로써, 즉 자신의 삶을 노골적으로 드러내 놓음으로써만 '볼만한 글'을

32) 위의 글, 146~147면 참조.

33) 여성작가의 작품을 미숙한 것으로 보는 시각은 한국문학사 내에서 여성문학을 평가하는 태도에도 일정 정도 영향을 미쳤던 것으로 보인다. 이는 김윤식의 다음과 같은 지적, 즉 "제1기생의 비극, 즉 작품 없는 풍문에만 의한 문인 생활의 원인이 사회적 환경과 남성문인들의 불순한 오도에 있었다면 제2기생들에겐 이와 같은 신사문인들이 있어 탈선하려는 여성들을 보살펴주고 이끌어주고 굳게 바로 세워주었던 것으로 볼 수도" 있다는 지적에서도 확인할 수 있다. 김윤식, 『한국현대문학명작사전』, 일지사, 1979, 247면 참조.

쓸 수 있다는 말은 여성작가의 문학을 스캔들화해서 무화시키는 방식과 크게 다르지 않다. 여기서 우리는 다시 한번 여성작가가의 사생활이나 외모와 같은 문학 외적인 기준이 여전히 '여류문학'을 평가하는 중요한 근거로 작용하고 있음을 확인할 수 있다.

'여류문학'에 대한 타자화는 남성작가와의 차별성 혹은 동질성을 평가 방법으로 동원하는 데서도 잘 드러난다. 예컨대 박화성이나 강경애처럼 '남성성의 작가' 혹은 남성적 토픽을 사용하는 작가의 작품을 평가할 때 자주 활용되는 "남성에게 지지 않는" 혹은 "남성에 비하여"라는 수식어나 최정희 · 이선희 · 장덕조 · 모윤숙 · 노천명 등의 작품을 평가할 때 사용되는 "여류답게 섬세한"과 같은 수식어[34]는 모두 남성성을 기준으로 해서 그것과의 동질성과 차별성을 강조하는 비평적 표현이라고 할 수 있다. '여류문학'을 평가하는 이러한 방식은 이전의 '여류문사'의 외모를 평가하는 방식과 크게 다르지 않은 것이다. 『조선문단』 1926년 6월에 실린 「문사들의 얼골」은 정월(晶月, 나혜석) · 탄실(김명순) · 일엽(김원주)의 얼굴 생김새를 상세하게 묘사하고 있는데, 특이한 점은 이 세 여성작가의 외모에 대한 서술에서 공통적으로 '수염'이 없다는 사실이 강조되고 있다는 것이다. 그렇게 '여류문학'을 평가할 때 활용되는 '여성다운' 혹은 '남성다운'과 같은 성차를 강조하는 수사는 '여류문학'을 남성작가와의 관계에서 서열화, 위계화함으로써 열등하고 무언가 모자란 것으로 규정짓는 방식이라고 할 수 있다. 여성작가의 작품에 대한 표절 시비 또한 '여류문학'을 결핍되고 부차적인 것으로 타자화함으로써 배제하는 남성 중심적 방법의 일종이라고 할 수 있다.[35]

34) 박정애, 「'여류'의 기원과 정체성 — 1950~1960년대 여성문학을 중심으로」, 인하대 박사논문, 2003, 46면 참조.

35) 1917년 『청춘』의 '현상문예공모'에 당선된 김명순의 「의심의 소녀」를 둘러싼 일본작품 표절 시비는 그 진위가 가려지지 않은 채 아직까지도 이어지고 있다. 이러한 표절 시비는 1930년대에 와서 남성작가가 여성작가의 작품을 대필해준다는 식의 근거 없는 소문으로 그 형태를 달리하여 확대된다. 이경원이 남편인 이효석의 작품을 借作

"문학의 장이란 이 속에 들어선 모든 사람들에게 이들이 점유한 위치에 따라 차등적인 방법으로 작용하는 힘의 장이며, 동시에 이 힘의 장을 유지하거나 변형시키려는 경합과 투쟁의 장이"36)라면, '여류문학'은 이러한 문학의 장 안에 들어오기는 했으나 끊임없이 남성 중심적 평가 기준에 의해 남성문학과의 관계 속에서 하향 서열화, 위계화될 수밖에 없었다. 앞서 살펴본 것처럼 그러한 '여류문학'의 평가 기준은 크게 두 가지로 논리화될 수 있다. 하나는 문학 외적인 평가 기준의 적용으로 '여류문학'을 비문학적인 것으로 가르는 것이며, 다른 하나는 '여류문학'의 문학성을 평가하더라도 대개 '남성성'을 표준 혹은 기준점으로 삼아 그것과의 관계 속에서 부차적인 것으로 주변화하는 것이다. 이는 결국 '여류문학'을 문학 아닌 것으로 '배제'하고 남성작가의 작품과는 다르다고 '차별화'하는 논리라고 할 수 있다. 그리고 이러한 배제와 차별화의 논리에 의해 여성작가의 작품은 문학 아닌 것으로 규정되어 온 것이다.

했는지 여부에 대한 이갑기의 논전(이혜경, 「억울한 여류작가」, 『신여성』, 1932.8)과 박화성의 장편소설 『백화』를 오빠가 대신 써주었다는 소문은 '여류문학'의 정통성을 인정하지 않으려는 문단의 배타적 태도를 잘 드러내준다. 그런 점에서 허영숙(이광수 아내)의 문단 남성 중심주의에 대한 다음과 같은 질타는 문제적이다.

"—그 소설은 그녀자가 짓지 아니하엿다—웨?—그녀자에게는 글쓰는 오라비가 잇다—그것은 그 오라비가 지은 것일 것이다—녀자가 그만치라도 쓸 수가 잇나! (…중략…) 자 그러니 내가 엇더케 문사가 될 수가 잇사오릿가. 설영 내가 글을 쓸 줄 알아 훌륭한 창작을 세상에 내논다합세다. 그러나 그것을 내가 썼다는 증거가 어데잇슴닛까. 글 쓸줄 안다는 오라비만 두어도 누이 글은 오라비의 글이라 하옵는데 남편이 문사이면 그 안해의 글은 물논 남편의 글이라 할 세상이 아니오릿가. 더 심하게 말하면 내가 쓴 것 가운데 잘 된 것은 모다 남편이 쓴 것이오, 못된 것만 다 내가 쓴 할 것입니다(허영숙, 앞의 글, 110~111면)."

36) 현택수, 앞의 글, 33~34면 참조.

4. '여류문인'의 정체성 확립과 '여류문단'의 제도화

보통 식민지 시대 여성작가는 크게 1920년대 활동했던 김명순 · 김일엽 · 나혜석의 제1기 '여류문인'과 1920년대 중, 후반에 등단하여 주로 1930년대에 활동했던 박화성 · 강경애 · 최정희 · 모윤숙 · 노천명 · 이선희 · 장덕조 등으로 구성된 제2기 '여류문인'으로 나눌 수 있다. 이제는 상식처럼 자연스럽게 받아들여지고 있는 이 구분은 일차적으로 활동시기를 근거로 한 것이다. 그 외에 또 다른 근거를 찾아본다면, 우선 1930년대 활동했던 여성작가들이 전세대에 비해 수적으로 우세했으며 작품 창작의 기회도 더 많이 주어졌다는 점이다. 그러나 대부분의 남성평론가들이 작품 없이 풍문으로만 떠돌았던 제1기 '여류문인'들에 비해 제2기 '여류문인'들을 높이 평가했던 좀더 근본적인 이유는 그들의 사생활이 비교적 깨끗했기 때문이다. 제2기 여성작가들에 대한 다음과 같은 진술은 그들에 대한 남성평론가들의 신뢰가 어디에서 기인하는지를 짐작하게 한다.

> 30년대 문단 구성의 가장 두드러진 모습 중 하나는 10여 명의 여류문인들이 등장, 활발한 문필 활동으로 우리 문학사에 기록되기 시작한다는 점이다. 소설에서는 이미 1920년대에 데뷔한 박화성을 비롯, 강경애, 김말봉, 이선희, 백신애, 장덕조, 송계옥(송계월), 임옥인, 시에는 김오남, 노천명, 모윤숙, 백국희, 주수원, 장정심, 수필에는 이명온, 김자혜, 전숙희가 각각 활약하고 있었다. (…중략…) 제1기 여류들이 동경 유학생이었던 것과는 달리, 이화전문 등 국내에서 교육받은 사람이 많은 이들은 이미 선각자의 영웅심을 버리고 차분한 여류 지식인으로 몸을 세운다. (…중략…) 그리하여 제2기 여류 문인 대부분은 탄실, 일엽처럼 방향 없이 들뜬 편력을 했던 것이 아니며, 다분히 비극적이라 하더라도 한 개인의 고민으로 충분히 이해될 성질의 연애를 했던 것이다. 오히려 김문집이 박화성을 두고 지적한 것처럼 '여성성 소실 혹은 여성성 기피'의 문인

> 들이 상당수였는데, 이것은 이들이 '여류'란 프리미엄 없이 남성작가들과 당당히 1대 1로 겨를 수 있게 되었고, 그러한 업적들이 한국문학사에 편견 없이 수록될 수 있다는 뜻으로도 해석될 수 있다.37)

제2기 '여류문인'을 "선각자의 영웅심을 버"린 "차분한 여류 지식인"으로 규정하는 이러한 방식은, 한국문학사에서 1930년대 여성작가들을 평가하는 공통된 관점의 하나다. 즉 그들은 선각자의 영웅심을 버리고 차분함과 같은 여성적 자질을 지닌 존재들이기 때문에, 비록 연애사건을 '저지른다고 해도' 스캔들의 대상이 되기보다는 "한 개인의 고민으로 충분히 이해될" 수 있었던 것이다. 이러한 진술은 일견 1920년대 여성작가들보다 수적으로나 질적으로 발전한 1930년대 여성작가들에 대한 정당한 평가인 듯하다. 그러나 앞장에서 살펴본 것처럼, 1930년대 여성작가들과 여성문학에 대한 당대의 평가는 실제로 그리 호의적이지 않았다. 1930년대 후반에 등장한 '소녀문단'이라는 개념은 여성문학에 대한 남성평론가들의 시선이 어떠했는가를 단적으로 보여준다. 따라서 여성작가들이 '여류'란 프리미엄 없이 남성작가와 당당히 겨룰 수 있게 되었다는 주장은 남성평론가들의 요구 내지는 주문에 불과한 것이라고 볼 수 있다.

그럼에도 불구하고 1930년대 여성작가들은 전세대에 비해 문단 내에서 어느 정도의 지위를 확보한 것은 분명하다. 이는 1932년부터 잡지에서 사용되기 시작하던 '여류문단'이라는 용어를 통해서도 확인할 수 있다. 물론 이 용어는 '소녀문단' 혹은 '여학생문단'과 같은 부정적 평가를 함의하는 것이기는 하다. 그러나 동시에 그것은 여성문학이 '문단'이라고 언급할 만큼의 집단적 정체성을 확보했다는 사실의 반증이기도 하다. 따라서 '여류문단' 개념의 등장은 여성작가들이 문단이라는 문학적 제도의 테두리 안으로 들어오게 됐음을 알리는 출발 신호라고 할 수

---

37) 김병익, 『한국문단사』, 문학과지성사, 2001, 197~198면 참조.

있다.

> 여류문단이라는 말은 어찌 생각하면 어색한 말인 것 같아서 남류문단이라는 말이 없는 이상 여류문단이라는 말은 불쾌한 말일 듯싶어서 표제와 같이 용어를 바꾸어 보았으나 그 의미는 역시 그다지 변동되지 아니한 것 같다. (…중략…) 문학을 전문하는 기술자의 유기적 집합체를 문단이라고 한다면 그리고 이것이 이미 한 개의 사회적 형성인 한에서 '문단'은 결코 그 전문가들의 성적 구별에 의해 대립되거나 분유될 성질의 물건이 아닌 것은 두 번 말할 필요도 없는 일이다.[38]

김팔봉은 위 글에서 '여류문단'이라는 용어의 사용에 대해 반감을 드러낸다. 왜냐하면 '문단'은 사회적 형성물이기 때문에 성별에 따라 분리하는 것은 부적절하다는 것이다. 이러한 진술은 표면적으로 '여류문단'이라는 용어의 부적합성을 지적하는 것이지만, 그 이면에는 이미 '성적 구별에 의해 대립되거나 분유'될 수 없을 정도로 당시 여성작가들이 이전의 여성작가들과는 다른 입지와 경향을 확보하고 있음을 암시하고 있다. 바로 그 순간, 즉 여성작가가 '문단'이라는 문학적 제도 안에서 다루어지는 순간, 여성작가는 비록 남성작가와는 전적으로 다른 방식이기는 하지만 자신들의 문학적 정당성과 정체성을 형성할 수 있는 계기를 마련하게 된다. 그런 점에서 '여류문단'은 여성작가가 자신의 정체성을 '여류문인'으로 확립할 수 있게 하는 토대가 된다. 이러한 자기 정체성의 확립 과정은 1920년대 초반 동인지 문단의 형성 과정에서 동인지 작가들이 '작가'로의 자기 정체성 형성을 통해 문단 내의 정치적 지위와 정당성을 확보하는 방식과 흡사하다.[39]

---

38) 김팔봉, 「구각에서의 탈출-조선의 여성작가 제씨에게」, 『신여성』, 1935.1.

39) 이에 관해서는 차혜영, 「1920년대 초반 동인지 문단 형성 과정-한국 근대 부르주아 지식인의 분화와 자기 정체성 형성과 관련하여」, 『1920년대 문학의 재인식』, 깊은샘, 2001에서 상세하게 다루고 있다. 여성작가로서의 자기 정체성 형성과정을 여성문단의 형성과정과 상동적인 것으로 보는 본고의 관점은 이 논문에 기댄 것임을 밝혀둔다.

일반적으로 자기 정체성의 구성이 타자와의 동일시와 반동일시를 통해 이루어지는 것이라고 가정한다면, '여류문단'의 형성을 계기로 구성된 '여류작가'의 자기 정체성은 일차적으로 전세대 여성작가와의 반동일시를 통해 이루어진다. "과거의 조선에는 완성된 여류작가가 없음에 따라 문단에서 우리들의 문학을 작성하지 못하였던 것은 사실이었다. 다만 단명의 무수한 잡지가 나옴에 따라서 '쩌너리스트'가 맨들어준 소위 여류 평가와 작가들이 대두할 뿐이었다"[40]와 같은 최정희의 지적[41]은 이들 여성작가들이 작가로서의 자기 정체성을 확보하기 위해 제1기 여성작가들을 배제하고 있음을 시사한다. 그러나 제1기 여성작가들과의 반동일시를 통한 1930년대 여성작가들의 자기 정체성 구성의 논리는 그 당시 남성평론가들이 여성작가들에게 주문한 것이기도 하다. 이는 "10년 전에는 김명순 · 김일엽 · 전유덕 · 허영숙 · 나혜석 등 제씨가 '여류문단'의 이름을 짊어지고 있었다. 그러나 실례의 말이 될는지 모르나 그때의 이분들이 쓴 작품이라는 것을 오늘날 문예계에서 행동하고 있는 제씨의 앞에 내놓는다면 혹은 비교도 안 될 괴상한 물건일는지도 알 수 없다. 그만큼 지금의 여성작가에게는 과거의 여성작가들보다 높은 지위에 있다"[42]와 같은 김팔봉의 주장에서도 잘 드러나 있다. 제1기 여성작가들과 제2기 여성작가들 사이의 차별성을 강조하면서 전세대 여성작가들을 폄하하는 이러한 발언은 "과거의 여성적 구각에서 탈출"하라는 주문으로 이어진다. 이처럼 제2기 여성작가들에게 선배 '여류문인'들과의 단절은 "남성 중심의 문단에서 생존하기 위하여 스스로를 1세대 신여성과 부단히 차별화하는 전략"[43]이었다. 또한 이러한 전략은 그 자체로 '여류작가'의 자기존립의 정당성 혹은 자기 정체성 확보라는

40) 최정희, 「1933년도 여류문단총평」, 『신가정』, 1933.12.

41) 박화성 또한 1968년 『여류문학』 창간호에서 전세대 여성작가들에 대해 비판적으로 언급한다. 이에 대해서는 박정애, 앞의 논문, 28~29면 참조.

42) 김팔봉, 앞의 글, 454면 참조.

43) 박정애, 앞의 논문, 30면 참조.

문제와 관련된다. 그리고 그 자기 보존의 논리는 제1기 여성작가들과의 반동일시 · 차별화 · 단절을 통해서만 확보될 수 있는 것이다. 그런 점에서 김명순 · 김일엽 · 나혜석은 남성문인들에 의해 그리고 후배 여성작가들에 의해 이중으로 소외됨으로써 '문단'이라는 이름의 문학 제도 바깥으로 완전히 밀려나게 된다.

이처럼 1930년대 '여류문단'이란 여성의 자기부정의 과정을 거친 이후에야 비로소 확립될 수 있었는데, 그와 동시에 '여류작가'의 자기 정체성 또한 확보될 수 있었다. 따라서 이들 여성작가들의 자기 정체성의 내용은 전세대 여성작가들의 그것과는 상반된 것일 수밖에 없다. 1925년 「하수도 공사」로 등단한 뒤 1932년에 여성작가 최초로 장편소설 『백화』를 『동아일보』에 연재했던 박화성은, 온갖 구설수에 시달리면서 '작품 없는 벙어리 작가'로 대접받았던 전세대 여성작가들과는 달리 작품으로만 평가받던 거의 최초의 여성작가다. 그 점에서 박화성은 제1기에서 제2기로 넘어가는 과도기의 작가이자 여성작가에 대한 편견을 불식시킨 작가이기도 하다. 물론 박화성은 첫 소설인 "「하수도 공사」가 '춘원 추천 소설'이란 렛텔을 붙저가지고 나온 것 때문에 온갖 구설"[44]에 시달리고 장편을 연재했을 때도 오라버니가 대신 써주었다는 소문에 시달리기는 한다. 그러나 그럼에도 그녀는 1930년대 남성평론가들에 의해 "남성작가의 누구에게도 비교해서 손색이 없다"[45]고 평가받은 거의 유일한 작가다. 그런데 이러한 평가는 일차적으로 박화성 소설 그 자체에 대한 것이기는 하지만 좀더 근본적인 차원에서 "사회적으로 내지 정치적으로 맑스주의"[46]를 지향했던 박화성 소설의 '푸로문학적' 경향을 향한 것이기

44) 박화성, 「여류작가가 되기까지의 고심담」, 『신여성』, 1935.12.
45) 김팔봉, 앞의 글. 이무영 또한 "강경애씨와 함께 우리 여류문단에 빛나는 존재에 박화성씨가 있다" "박씨는 여류문단의 진보다"라고 고평한다. 이무영, 「여류작가개평」, 『신가정』, 1934.2, 55~56면 참조. 박화성 소설에 대한 긍정적 평가는 일일이 거론하기 힘들 정도로 많다. 이청, 「여류작가총관」, 『신가정』, 1935.12.
46) 김팔봉, 앞의 글.

도 하다. 나아가 박화성에 대한 남성평론가들의 긍정적 평가는 단순히 박화성 개인에게만 한정된 것이 아니라 1930년대 초반 여성작가들에 대한 평가의 대체적인 경향과 일치하는 것이기도 하다. 1930년대 초반 남성평론가들의 집중적인 평가를 받았던 송계월 · 최정희 · 박화성 · 강경애의 작품에 대한 평가는 대체로 '푸로문학적' 혹은 '리알리즘적'이라는 수식어구를 동반하면서 이루어졌다.[47] 특히 한국문학사에서 '여류다운 여류'로 평가받던 최정희 또한 1930년대 초반에는 「정당한 스파이」 · 「푸른 지평선」 · 「남폿등」과 같은 프로문학을 발표하면서 등단한다. 또한 최정희가 1933년에 요절한 카프계열의 작가인 송계월과 절친한 사이였으며 둘 사이에 "여인문예가 크룹" 결성에 관한 계급적 논쟁은 이루어졌다는 사실[48]은, 1930년대 초반 여성작가들에게 계급문제가 중요한 아젠다였음을 암시한다. 따라서 계급적 인식에 근거한 카프문학적 성격은 1930년대 초반 여성작가들을 지배하는 경향이었으며, 이들의 작품에 대한 평가 또한 이러한 경향 하에서 이루어졌다고 볼 수 있다.[49]

47) 이 중, 박화성과 강경애 소설에 대해서는 비교적 긍정적이었지만 송계월과 최정희의 소설에 대해서는 부정적이었다. 그럼에도 불구하고 이들이 1930년대 초반 '여류문단'으로 묶일 수 있었던 이유는 프로문학적 경향 때문이다. 김팔봉은 「조선문학의 현재와 수준」(『신동아』, 1934.1)에서 1934년 당시의 문인계보를 정리하는데, 거기서 그동안 '남성성의 작가' / '여성성의 작가'라는 상반된 평가를 받던 박화성과 최정희를 "프로문학의 동반자적 작가군"에 포함시키고 있다.

48) 송계월은 최정희의 여성작가의 조직화에 대한 제의를 비판하면서, 카프에 의한 계급해방이 먼저이고 여성해방은 그 이후에 부차적으로 논의될 수 있다고 주장한다. 송계월, 「여인문예가 크룹문제 - 최정희군의 선언과 관련하여」, 『신여성』, 1932.3.

49) 송계월의 「가두연락의 첫날」에 대해 이무영은 "만약 그에게서 취할 점이 있다면 그것은 그가 항상 자기로부터 먼 거리에 있는 '푸로레타리아'를 동경하고 있다는 것뿐"이라는 진술에서 확인할 수 있는 것처럼, 프로문학적 경향은 엿보이지만 철저하지 않다고 비판한다. 이무영, 앞의 글. 또한 최정희의 작품을 '남성적'이라고 평가하는 근거 또한 이러한 프로문학적 경향에서 찾을 수 있다. 이에 대해서는 양주동, 김림의 앞의 글(1934)에 나오는 다음 구절을 통해서 확인할 수 있다. "씨의 글을 대할쩍마다 나의 머리에는 그 글의 필자가 항상 여성이 아니고 남성으로써 떠올라왔다. (…중략…) 나는 이것은 씨의 글의 한 병환이 아닌가하고 걱정한다. (…중략…) 「맨스필드」의 귀여운 점을 「울프」의 높은 향기는 남성으로서는 도저히 숭내낼 수 없는 그 순란한 감정에서 오는 것이라고 나는 생각한다. 씨에게 향하야도 오히려 그러한 것을 바라고 싶다."

그러나 1930년대 초반 여성작가의 작품에 나타나는 이러한 '푸로문학적' 경향은 카프의 해체로 인해 본격적으로 전개되지 못한다. 비록 박화성과 강경애가 리얼리즘 계열의 작품을 지속적으로 발표하기는 했지만, 송계월은 1933년에 23세의 나이로 요절하고 최정희는 전향함으로써, '남성적'이라는 평가를 받았던 1930년대 초반 여성작가들의 '푸로문학적' 경향은 '여류문단'의 지배적 성격으로 자리잡지 못한다. 카프 계열의 여성작가들은 분명 '여류문단'이라고 할 만큼의 집단적 세를 형성하지만 그러한 집단화는 카프라는 주류 담론에 기댄 것으로, 카프의 해체는 결국 이들 그룹화된 여성작가를 '문단' 안에 안착하지 못하게 한다. 이후 여성문학은 1930년대 초반에 등단해서 1930년대 중반부터 활발하게 활동했던 모윤숙・노천명・이선희・장덕조가 문단의 전면에 등장하던 1930년대 중반 무렵부터 새로운 국면을 맞이하게 된다. 이들은 대개 잡지사 기자 출신으로 박화성・강경애의 문학적 성격과는 뚜렷한 차이를 보이는데, 그것은 구체적으로 '여성다운'이라고 요약될 수 있는 성적 경향이다. 이는 "여성다운 작가가 나오도록 되었으면"[50] 하는 남성평론가들의 요구에 부응하는 것인 동시에, '여류문단'을 그룹화하고 제도화하는 한 방식이기도 했다. 이들의 문학적 성격은 임순득의 「불효기에 처한 조선여류작가론」[51]에서 잘 드러난다. 이 글에서 임순득은 박화성, 강경애의 침묵에 대해 비판하면서 현 문단의 상황 하에서 부인문학의 존재 자체가 불가능하다고 지적한다. 왜냐하면 "대부분 그 작가적 출발이란 철저히 쩌낼리즘의 일각에 작문, 수필, 기타 잡문격인만치 계절의 화초적 존재로써 비롯하였듯 것이"[52]기 때문이라는 것이다. 이어 그는 장덕조・이선희・최정희・모윤숙의 작품에 대해 지나치게 여성적・가정적・모성적・정신적 토픽에만 주목한다고 보고 이를 비판한

50) 이무영, 앞의 글.
51) 임순득, 「불효기에 처한 조선여성작가론」, 『여성』, 1940.9.
52) 임순득, 앞의 글, 51면 참조.

다. 이처럼 1930년대 중후반부터 여성문학의 주류를 이루었던 이들의 문학적 성격은 리얼리즘적 계급문학의 성격을 띠는 박화성, 강경애와 뚜렷이 구별되는 '여성적인 것'으로 규정된다. 그 결과 여류작가의 대표격이었던 박화성은 이제 '남성성의 작가'를 넘어 "여성모독의 작가"[53]로까지 평가된다. 이는 그만큼 1930년대 후반 여성작가의 지배적 경향이 박화성의 문학적 성향과는 상반된 '여성적인' 것이었음을 암시한다. 같은 글에서 안회남이 "여성작가들의 의무요 또한 권리"라고 주장한 "이뿌고 싹은싹은하며 고요하고 깨끗한 모든 여성적의 좋은 점을 소설에서 좀더 잘 표현하고 보다 옳게 탐구해 나가는 것"[54]은 이제 1930년대 후반 여성작가들의 지배적인 문학적 경향으로 자리잡는다.

1930년대 후반 여성작가들은 확실히 제1세대 여성작가들은 물론, 박화성·강경애와 같은 여성작가들과도 다른 문학적 성격을 드러내는데, 이는 단순히 문학 작품에 대한 평가나 수준의 차이에서 비롯된 것은 아니다. 이들 최정희·모윤숙·노천명·이선희·장덕조와 같은 1930년대 후반 여성작가들은 공적으로는 '여성작가 좌담회'를 중심으로 결집되었으며, 사적으로도 친분을 쌓아 그들 간의 일종의 정실주의적(情實主義的) 관계를 형성하게 된다. 그 결과 이들은 다른 어느 때보다도 문단 내적으로 확고한 지위를 얻게 된다.[55] 거기에다가 그들의 작품에 공통적으로 드러나는 '여성적' '모성적' '가정적' '정신적' 성격은 이들 여성작가들의 자기 정체성의 내용으로 구성됨으로써, 이들을 하나의 문학적 그룹으로 결성시키는 계기가 된다. 그런 점에서 이들 여성작가들의 자기 정체성 확립의 과정은 그대로 '여류문단'의 제도화, 권력화 과정과 일치하는 것으로 볼 수 있다. 1930년대 후반 이들을 중심으로 활발하게 이루어졌던 '여류문사 좌담회'는 그

---

53) 안회남, 「소설가 박화성론」, 『여성』, 1938.2.

54) 위의 글, 31면 참조.

55) 그러나 이들에 대한 문학적 평가는 그리 긍정적이지 않았는데, 이는 앞장에서 살펴본 '소녀문단'과 '여학생문단'이라는 용어가 이들을 중심으로 결성된 '여류문단'에 대한 비판이라는 사실에서도 알 수 있다.

러한 '여류문인'으로서의 자기 정체성의 내용이 어떻게 구성되는가를 잘 보여준다. 물론 이전에도 '여류문인'이 참석하는 좌담회는 있었지만, '여류문인'들만으로 이루어진 좌담회는 1936년부터 본격적으로 이루어진다. 다음은 『삼천리』와 『여성』지에 실린 여성작가 좌담회 목록이다.

1. 「여류작가좌담회」(박화성 · 장덕조 · 모윤숙 · 최정희 · 노천명 · 백신애 · 이선희), 『삼천리』, 1936.2.
2. 「여류문인 자동차 횡주기」(모윤숙 · 이선희 · 장덕조), 『여성』, 1936.8.
3. 「여류문사의 연애문제 회의」(노천명 · 이선희 · 최정희 · 모윤숙), 『삼천리』, 1938.5.
4. 「여류작가회의」(모윤숙 · 노천명 · 이선희 · 최정희), 『삼천리』, 1938.10.
5. 「여자의 일생을 말하는 가인 회의」(모윤숙 · 이선희 · 최정희), 『삼천리』, 1939.1.
6. 「이광수 선생에게 문학, 연애, 종교를 묻는 여류문사의 모임」(모윤숙 · 최정희 · 이선희), 『삼천리』, 1939.7.
7. 「여류시인과 소설가의 '문학, 영화'를 말하는 좌담회」(모윤숙 · 최정희 · 노천명 · 이선희), 『삼천리』, 1940.9.

위 목록을 보면, 박화성과 백신애는 1936년 『여류작가좌담회』에만 참석한 반면, 최정희 · 모윤숙 · 노천명 · 이선희 · 장덕조는 여성작가 좌담회에 지속적으로 참여하고 있음을 알 수 있다. 이들은 1930년대 후반부터 '조선여류문단'을 형성하는 핵심 구성원으로 활약한다. 좌담회에서 다루는 내용 또한 '여류문학' 그 자체보다는 '연애' '결혼' '종교'와 같은 문학 외적 주제로 변모해 간다. 이는 각각의 좌담회 내용을 살펴보면 더욱 뚜렷해진다. 1936년 좌담회 1에서 다루는 화제는 주로 문학 전반에 관한 문제 제기와 '여류문단'을 위한 조언 및 비판[56]이지만 1938

56) 좌담회 1에서 다룬 話題를 살펴보면 다음과 같다. ①최근 해내해외 작품의 인상, ②여류작가가 본 남성작가의 인상, ③여류문단의 진흥을 위한 대책, ④여류작가의 직업 문제, ⑤사숙하는 작가와 최근 침독하는 작품, ⑥집필할 때의 고심담.

년 좌담회부터는 소위 '여성적' 삶의 내용들, 즉 연애, 결혼과 같은 내용에 한정되고 있는 것을 확인할 수 있다. 예컨대 좌담회 3의 소주제를 살펴보면, "심푸손 부인의 연애사건비판" "정사와 자살을 엇더케 보는가?" "신연애의 도는 영에서냐, 육에서냐" "삼각관계와 자녀의 처치문제" "미인박명이란 엇재서 그런가요" "신연애의 설계는 엇더해야 할는고"와 같이, 이미 1920년대에 신여성을 중심으로 회자되었던 토픽들을 그대로 반복하지만, 1920년대와는 달리 그에 대해 대체로 보수적이고 안정적인 견해를 펼친다. 이 중 첫 번째 소주제인 "심푸손 부인의 연애사건"에 대해 모윤숙은 자신의 정신적 사랑 예찬론을 근거로 비판할 뿐만 아니라, 나아가 국가와 사회의 이해에 대한 존중에 근거한 연애론을 주장한다. "한 나라의 국민인 이상 그나마 국법과 그 사회의 율법 우에서"[57] 하는 연애라야 우리가 진정으로 취할 길이라는 이러한 주장은 단순히 모윤숙 개인의 견해가 아닌, 이 좌담회 참석자에게 공통적으로 나타나는 것이라고 할 수 있다. 다음은 연애문제 항목을 종합하는 결론격에 해당하는 언술들인데, 이들 여성작가들의 달라진 의식의 단면을 잘 드러낸다.

> 김동환 : 근래에 우리 사회에는 엇재서 세상을 놀래일 호화로운 연애로－맨스가 없는가요.
>
> 이선희 : 모다 생활이 심화하여 세상에 자랑하기 위하여 하는 것가튼 그런 유희감정이 석긴 연애가 업서진 까닭이겟지요.
>
> 최정희 : 현대의 호흡이 급박하고 사회정세가 침체하니만치 연애문제가튼 것은 제2차적 제3차적 문제로 돌려지고 현실적 여러 난투에 모다들 몰두하게 되엇니까……
>
> 모윤숙 : 大局的으로 보면 일세의 풍정이 정화하여간다는 상징이겟지요.
>
> 노천명 : 그러치요 우리의 신생활 설계는 어디까지든지 엄숙하고도 현실에 즉하여나가야 할 것이니까요.[58]

57) 「여류문사의 연애」, 『삼천리』, 1938.5, 316면 참조.

'호화로운 연애 로-맨스'나 '유희감정이 석긴 연애'보다는 생활의 발견이 더 중요한 삶의 가치가 되었으며 이를 정화된 풍정으로 보는 시각은 분명 제1기 여성작가들과는 전적으로 달라진 당대 여성작가들의 의식의 일면을 단적으로 보여준다. 박정애의 지적처럼 "1세대 여성문인들이 개인의 자유로운 삶을 억압하는 모든 도덕관념과 인습으로부터의 해방을 부르짖으면서 자신의 그러한 사상을 실제 삶에서 실천하고자 노력"[59]한 반면, 이들 제2기 여성작가들은 결혼과 출산, 육아와 같은 여성의 일상생활을 고수하고 그에 가치를 부여함으로써 여성의식의 퇴보를 보인다. 즉 사회적 인습에 순응하기보다는 자신의 욕망에 충실하고자 노력했던 제1기 여성작가들과는 달리, 이들은 국가와 사회가 요구하는 모성의 의무에 충실하게 된 것이다. 이러한 모성 담론은 그 당시 가장 지배적인 담론의 하나였다. 특히 1930년대 중반부터 시작된 다양한 형태의 '연애, 결혼, 임신'을 주제로 한 좌담회나 모성 관련 특집들은 이러한 모성 담론의 확산에 일조한다. 이는 1930년대 후반에 신여성 대신 사용되던 '현대여성'이라는 용어의 등장을 통해서도 알 수 있다. '현대여성'은 신여성의 세련되고 지적인 현대적 모습과 구여성의 성실하고 자애로운 전통적 모습이 결합된 개념이다.[60] 신여성을 대체하는 이러한 '현대여성'이라는 개념은 표면적으로는 합리적이면서도 자애로운, 신여성과 구여성의 장점을 두루 결합한 것처럼 보인다. 그러나 그것은 여성의 개인적 욕망 성취보다는 가정과 국가의 미래를 책임질 자녀 양육의 의무를 여성에게 부과함으로써 결과적으로는 여성의 주체적 욕망을 억압하게 하는 기만적인 개념에 불과하다. 1930년대 후반은 이러한 기만적인 모성 담론이 사회 전반의 지배적 담론으로 확대되어 여성의 삶을

58) 위의 글, 319면 참조.

59) 박정애, 앞의 논문, 31면 참조.

60) 김경일, 「한국 근대 사회의 형성에서 전통과 근대-가족과 여성 관념을 중심으로」, 『사회와역사』 제54집, 한국사회사학회, 1998, 39면 참조.

틀짓는 역할을 하게 된다. 즉 "위대한 모성에의 발견"이라는 테마는 여성을 모성적 주체로 호명함으로써, 가정과 국가에 순응하는 여성 주체를 생산해 낸 것이다.

좌담회 5는 '여자의 일생'을 통해 여성이 어떻게 사회적 통념과 고정관념을 내면화하며 순응하는 주체로 만들어지는가를 상징적으로 보여준다. 이 좌담회는 "신혼의 첫날 아츰 감상" "어머니된 행복" "회갑연날의 기쁨" "여자의 일생이란"이라는 화제를 중심으로 전개된다. 그런데 주목할 점은 이 좌담회의 사회를 맡은 기자가 여성에 대한 통념들을 좌담회 참석 여성작가들에게 강요하고, 그러한 과정을 거쳐 결국 여성작가들은 처음 의도와는 달리 그러한 보수적인 논리를 내면화하게 된다는 것이다. 이 좌담회 전체는 바로 이러한 체제 순응적 여성 주체의 탄생 과정을 시사한다. 그것은 바로 전통적으로 가정과 사회가 여성들에게 부과한 아내, 어머니, 며느리로서의 역할을 받아들이는 과정이기도 하다. 맨 처음 기자는 신혼 첫날밤을 보내고 난 다음날이 여자로서 기쁠 것이라고 가정하는데, 이에 대해 여성작가들은 처음에는 연애시절이 더 기쁘다고 주장하지만 결국 기자의 강요된 질문에 어쩔 수 없이 수긍하게 된다.[61] '여성에 대한 고정관념의 가정－거부－강요－순응'의 순서로 전개되는 이러한 대화 방식은 그대로 여성작가들이 사회가 부과한 보수적 여성의식을 내면화하는 과정이기도 하다. 마찬가지로 두 번째 질문인 '어머니된 행복'에 대해서도 여성작가들은 처음에 모두 '어

61) 이선희 : 우리가 이약이하는 것도 그야 결혼한 이튿날 아츰이 행복하고 신비하지 않은 것은 아니지요. 그러나 연애가 선행되고는 결혼식은 한갓 사무적 순서에 불과하고 말 그런 점이 있다는 말슴분이지요.

기자 : 그러니 '신혼'한 '신부'는－다시 말하면 성에 눈뜬 여인은 제가 여자이기 때문에 불행하다는 생각을 다 버리고 진정으로 행목을 늣기게 되지요?

모윤숙 : 그야 늣기고 말고 백파－센트, 아니 백이십파－센트로 늣기지요 호호호(일동소)

기자 : 네 알었어요. 이것으로 여성의 '행복이 하나!'

「'여자의 일생'을 말하는 가인회의」, 『삼천리』, 1939.1, 140~141면 참조.

머니' 소리를 듣기가 거북하다고 말하지만 점차 기자의 질문에 답변하면서 모성을 위대한 가치로 수긍하게 된다. 그 뿐만 아니라 여성작가들은 여성에게 부당한 봉건적인 사상(남존여비 사상과 칠거지악)[62]을 가치 있는 것으로 받아들이기도 한다. 따라서 '여성의 일생이란' 무엇인가에 대한 기자의 마지막 질문에 대한 여성작가들의 대답 : "남성에게 속히우고 남성을 그리워하고 미워하고 애증의 連鎖(연갱)"(최정희), "남성들 그늘 밑에서 반조고레 피었다가 사라져버리는 무명의 꽃들이지요."(모윤숙), "무에니 무에니 하여도 남성은 사공이고 여인은 그 배에 탄 승객이지요."(이선희) : 이 남성적 관점에서 "다 좋은 말씀"[63]인 것은, 어쩌면 당연할는지 모른다.

'여성의 일생'을 남성과의 관계 속에서만, 남성에 의해 좌우되는 것으로 보는 여성작가들의 이러한 진술은, 1930년대 후반 여성작가들의 자기 정체성의 내용이 바로 남성적 가치체계를 전적으로 받아들이고 내면화함으로써 구성되었음을 입증할 뿐만 아니라 그대로 여성작가가 어떻게 만들어지는가를 상징적으로 보여주는 것이다. 이러한 여성의식의 보수화는 보수적인 사회 전반의 분위기와 무관하지 않으며, 여성작가는 이러한 사회적 담론의 변화에 적극적으로 순응하고 그를 내면화함으로써 비로소 '여류문인'으로서의 자기 정체성을 확립하는 것이다. 나아가 이러한 '여류문인'으로서의 자기 정체성은 '여류문단'이라는 폐쇄적이고 보수적인 장을 이루는 기본 요건이 된다.

---

62) 모윤숙은 "여자가 오랜 신고끝에 아해를 낳고 그 나은 아해가 다행이 사내였다는 소리를 듣고 빙그레 우스면서 누어 자는 그것이 곧 평화의 여성상이 될걸요"라고 하면서 남존여비 사상을 자연스럽게 드러낸다. 이선희 또한 아이를 낳은 후에 '여인의 의무'를 다했다는 만족감을 느꼈다고 말하면서 "무후를 칠거지약으로 삼는 이 사회에서 자식이나 어찌 못했다면 그 여인은 얼마나 죄지은 듯한 그늘의 생활을 하게" 된다고 주장한다. 즉 전근대 사회에서 여성적 금기로 설정된 칠거지악을 현대 여성이 지켜야 할 의무인 것처럼 말한다. 위의 글, 141~143면 참조.

63) 위의 글, 147면 참조.

5. 결론

지금까지 살펴본 것처럼, 식민지 시대 '여류작가'는 사회적·제도적·의식적 장으로서의 문학 안에 편입되는 과정에서 주류적 가치, 특히 남성 중심적 가치를 내면화하면서 형성된다. 이는 '여류작가'의 형성이 단지 여성작가들의 노력이나 재능에 의해서만 이루어지는 것이 아니라, 오히려 문학 외적인 가치 기준들, 예컨대 학력이나 사회적 출신, 성향 등에 의해 좌우된다는 것을 의미한다. 따라서 제1기 여성작가를 '작품 없는 벙어리 작가'로 평가하는 방식은 이들의 작품에 대한 평가 결과라기보다는 문학 외적 기준의 적용 결과라고 할 수 있다. 김일엽의 출가, 김명순의 연애 사건, 나혜석의 결혼과 이혼 등 초창기 여성작가들에 대한 세간의 관심은 그들의 사생활에만 한정되었는데, '여류작가'를 평가하는 이러한 방식은 그대로 '여류문학'을 평가하는 기준으로 재활용된다. 여성작가를 문학적 판단 기준이 아닌 문학 외적 기준으로 평가한 뒤 이를 하나의 문학적 평가 기준으로 설정하여 여성작가의 작품에 적용하는 이러한 방식은, 문학적 가치의 정당화가 어떻게 역설적이게도 비문학적인 것—예컨대 관습·제도·사상 등—의 지원을 통해 이루어지는 것인가를 확인하게 한다.

따라서 1930년대에 활동한 제2기 여성작가들에 대한 긍정적 평가는 분명 일차적으로는 이들의 문학적 역량과 창작 결과에 의해 이루어진 것이지만 다른 한편으로는 이들 여성작가들이 남성들의 가부장제적인 여성관에 일정 정도 부합하는 성향을 드러냈기 때문이기도 하다. 이는 '여류작가'가 '여류문단'을 형성하는 과정을 통해서도 알 수 있다. 1930년대 후반 여성작가들은 공적으로는 '여성작가 좌담회'를 중심으로, 사적으로는 친분관계를 통해 결집하는데, 이러한 여성작가들의 그룹화는 그들이 문단 내적으로 확고한 지위를 얻는 계기가 된다. 이들이 '여류문단'을 형성하는 중심 멤버였다는 사실은 이를 입증한다. 이렇게 형성된 '여류문단'은 여성작가들이 '여류문인'으로서의 자기정체성을 확립하게 하는 토대가 된다. 그러나 그렇게 해서 형성된 자기정체성의 내용이란 다름 아닌 가정과 국가에 순응하는 여성 주체이다. 이들 제2기 여성작가들이 1930년대 후반의 제국주의적 모성 담론의 생산자이자 소비자였다는 사실은 이를 입증한다. 따라서 '여류문단'이란 당시 조선문단과 다른 논리로 형성되고 작동되는 고립된 섬이라기보다는 오히려 주류 문단의 가부장제적 논리에 의해 침윤된 조선문단의 일부라고 할 수 있다.

1930년대의 신여성과 여성작가의 계보 연구

이상경

1. 여공이 된 '인테리 여성'과 '여류문학'

1936년 8월 24일자 『조선중앙일보』에는 「공장층에서 활약턴 대담한 인테리 여성—이경선(李景仙, 22)과 이순금(李順今, 24) 양인, 만록총중 홍이점(萬綠叢中紅二点)」이라는 상당히 선정적인 제목의 기사가 실려 있다.

> 전 조선에서 5백여 명의 검거를 낸 조선공산당재건동맹 사건 관계자 가운데서 만록총중 홍이점의 격으로 꽃다운 두 명의 젊은 인테리 출신의 가장 XX적 여성이 있으니 하나는 제주도 모슬군 출생의 경성 동덕여자고등보통학교 졸업생 이경선과 다른 하나는 그의 동창생인 부내의 익선동 33-17번지 이순금이다. 그 중 이경선은 여권적인 공기가 높은 섬나라 제주도에서 자라난 만치 (…중략…) 동덕여학교를 재학하는 일방, 남녀 학생에게 좌익 팜프렛을 나누어 주며 아지 프로를 하기에 발분망식의 활약을 한 여자로서 한때에 경성 안팎의

학생 간에서는 이 이경선의 별명을 한국의 폴쉬비끼라고 불러 좌익 남녀 학생으로서 이 폴쉬비끼의 별명을 모르는 이가 없을 만치 되어 실로 미래의 로자 록셈부르크가 될 소질을 풍부히 소유하고 있었다 한다.

…… 이경선과 이순금은 (…중략…) 다시 이 조선 공산당 재건동맹 조직에 있어서 학생층과 여공층의 오르그 책임자로 있으면서 이경선은 영등포 모 공장에 이순금은 동대문 외 모 직물공장 여공으로 각각 잠입하여 일상 캄파를 통해서 수 개 처의 야체이카를 결성한 후 조직적으로 활동을 벌여 오다가 그같이 검거된 것으로 그들은 감방 XX에 있어서도 가장 X쟁적 행동을 보이고 있다 한다.

이 기사에서 강조하는 것은 이경선과 이순금이라는 두 여성이 동덕여자고등보통학교 출신의 지식인으로서 학생 운동을 거쳐 여공이 되었고 노동운동을 통해 이재유 그룹의 조선 공산당 재건 운동에 적극 관여하다가 검거되었다는 것이다. 두 여성의 행적은 1930년대 여성 활동가들의 일반적인 특징을 보여준다. 1930년대의 활동가들은 1920년대처럼 특정한 계파를 통해서가 아니라, 학교 안의 독서회 등을 통하여 사상이론학습을 하게 되는 경우가 많았고, 이를 기반으로 학교 안에서 동맹휴학 같은 직접적인 대중 투쟁을 벌인 뒤, 졸업 혹은 퇴학으로 학교를 나와서는 대부분 공장의 노동자로 '대중 속으로' 투신했다는 공통점을 가진다. 또한 이들은 해방 직후 각종 사회운동의 중요한 책임자가 되었다. 그리고 1930년대의 사립 동덕여고보는 이런 여성 활동가들을 배출한 요람이었다. 여기서 여학생들이 다닌 사립 동덕여고보에 주목할 필요가 있다.[1)]

---

1) 경성 지역 여성활동가 중 학생 또는 인테리 출신으로서 1930년대 새롭게 성장한 활동가의 대표적인 예로 이관술이 교사로 있던 사립 동덕여자고등보통학교 출신인 이순금·박진홍·이경선·김재선 등을 들 수 있다. 이들은 주로 학교 시절부터 이관술을 중심으로 학교 내 독서회 활동 등을 통해 의식화되고, 맹휴 등의 투쟁 경험을 통해 단련되었다. 이들은 학교를 졸업한 후에 직접 대중 속으로 투신하여 혁명적 노동 운동 등에 종사하였다. 이들의 활동은 지속적으로 학생층을 조직화하여 노동운동과 결합시키는 모범이 되었다. 뿐만 아니라 1930년대 운동 과정에서 1920년대와는 달리 여성 활동가들

일제시대 서울에서 여학생의 중등 교육을 담당한 여학교는 공립 경성여고보, 사립 이화여고보, 숙명여고보, 진명여고보, 동덕여고보, 배화여고보, 그리고 경성여상 등이 유명한데[2] 그 중 천도교 계통의 동덕여고보는 당시 기독교 계통 여성운동가들의 산실이었던 이화여고보와 쌍벽을 이룬, 사회주의 활동가들의 산실이었다.

그렇다면 이들 1930년대의 사회주의 여성활동가들은 어떻게 성장했고 어떤 생각을 했는가? 일제 말 총동원 시기를 어떻게 견디고 해방 후에 여성 운동의 중심 인물로 나서게 되는가? 등의 의문이 없을 수 없다. 그런데 이들에 대해 지금까지 알려진 것이란 간단한 경력 사항 정도이다.[3]

한편, 위의 기사보다 반년 정도 늦은 시기인 1937년 6월 『조선일보』지상에는 당시의 여성문인들을 '여류작가'라고 폄하하는 당대 문단의 분위기와 거기에 편승해 안주하는 여성들을 비판하는 임순득의 「여류작가의 지위」라는 평문이 발표되었다. 당시 문단의 '여류작가' 논의에서 '여류'라는 수식어를 붙여야 할 만큼 작가로서의 여성과 남성이 본질적인 차이를 가지고 있는 것은 아닌데, 저널리즘은 '여류작가론'을 운위하면서 성적 편견을 드러내고 있다고 비판하는 글이다. 그 글에 다음과 같은 대목이 있다.

> 전날에는 (…중략…) 예술가는 따라서 낡은 문화의 상여를 짊어지고 갈 뿐만

이 성장하는 토대가 되었으며 실제 여성 노동자들이 많이 모여 있었던 경성 지역 노동운동에서 이들을 조직화하고 지도하는 데에 매우 중요한 역할을 하였다. 변은진, 「1930년대 경성지역 혁명적 노동조합운동 연구」, 고려대 석사논문, 1991, 58면 참조.

2) 그밖에도 정신여학교 · 태화여학교 · 근화여학교 · 경성보육학교 · 경성실천여학교 · 경성여자미술학교 등이 있다.

3) 이들의 행적은 강만길 · 성대경 편, 『한국 사회주의운동 인명사전』, 창작과비평사, 1996에서 확인할 수 있는 정도이다. 이순금(李順今, 1912~?, 1932년 3월 졸업), 박진홍(朴鎭洪, 1914~?, 1931년 6월 퇴학), 이경선(李景仙, 1914~?, 1933년 3월 졸업). 이들 중 유일하게 박진홍만이 연구자의 조명을 받았다(오미일, 「박진홍—비밀지하 투쟁의 레포로 활약」, 『역사비평』 1992년 겨울호). 최근 출간된 안재성의 『경성트로이카』, 사회평론, 2004에서 박진홍과 이순금을 '복원'했는데, 이 책은 새롭게 생생한 인물을 창조한 소설이라고 하기도 어렵고, 새로운 사실을 발굴하고 재해석한 역사라고도 할 수 없어서 아쉬운 점이 많다.

> 아니라 새로운 문화의 화차(花車)를 이끌고 올 행복을 얻기 위하여 필요한 노력이 미미하게나마 불충분하게나마 또 많은 불순을 포함하여서나마 지불되었었다. 거기에서는 '여류작가'라는 적면(赤面)할 관념은 형성될 수 없었다. 다만 **그 때 정치활동에서는 어느 정도까지의 성실한 여자의 움직임이 있었음에도 불구하고 예술적 활동에서는 아직 그 맹아 이외에 더 나은 성육(成育)은 없었을 따름이었다**(강조는 인용자).
>
> 인제는 그 소박한 뭉치나마 산산이 부서지고 만 지 몇 해가 지났다. 무엇인가가 그 뭉치의 해체를 원하였을 뿐 아니라 그 뭉치를 구성한 요소들의 사회적 생리 그것이 이산을 더 빨리 만들어냈다…… 제각기 흩어져서 제각기 웅크렸다. (…중략…) 무치(無恥)한 변절이 있는가 하면 목쉰 소리로 원칙만이 외쳐졌다. 그도 저도 아닌 사람들은 초라하게 양심과 세속이 불안정한 길 위를 어슬렁거렸다. (…중략…) 마치 그것은 감독자가 외출한 뒤의 불량소년의 무리였다.
>
> 평론가는 요설을 늘이고 다른 사람을 타매(唾罵)하는 데에서 쾌락을 얻기를 좋아하고, 혹은 사 들인 혹은 우연히 본 서적을 자랑하고 잼 처먹기에 급하여 악취 나는 배설을 하고 (…중략…). 그리고 불행히 여자였던 작가들은 글을 쓰는 모든 부인들과 함께 통틀어 '여류작가'가 되어지고 말았다.[4]

1930년대 후반의 문단의 상황을 매우 신랄하게 비판하고 있는 이 대목에서 전날의 '소박한 뭉치'란 카프를 가리키는 것으로 읽을 수 있다. 임순득에 의하면 카프 시기에는 아직 '여류작가'란 개념은 없었고 몇몇 여성들의 '맹아'적 단계의 문학 활동만이 있었는데 카프가 해산된 후 다양한 문학적 경향들이 나타나면서 1930년대 후반의 주류 문단은 그 이전 시기 여성들의 문학에서 드러났던 정치적 차이를 호도하기 위해 모든 남성작가에 대비되는 '여류작가'라는 개념을 만들어 내었다는 것이다. 그리고 1930년대 전반 여성들이 보여준 활발한 정치적 활동에 부응할 만한 여성들의 예술적 활동이 너무 미약했기 때문에 더 쉽게 그런 편견을 드러낼 수 있었다는 것이다.

---

4) 임순득, 「여류작가의 지위－특히 작가 이전(以前)에 관하여」, 『조선일보』, 1937.6.30~7.4.

여기서 '정치 활동에서 어느 정도까지의 성실한 여자의 움직임'이란 넓게 보면 1920년대 중반부터 전개된 사회주의적 여성운동을 가리키겠지만, 좁게 보면 앞에서 살펴본 이순금, 이경선과 같은 여성들의 활동을 가리키는 것으로 보인다. 임순득은 1931~1933년 이화여고보와 동덕여고보에서 학생운동을 주도하면서 앞서 살펴본 여성 집단의 혁명적 노동조합 운동과 당 재건 운동과 일정한 연관을 맺었고, 1930년대 후반에는 그러한 여성들의 정치적 활동에 부응할 만한 예술적 활동을 추구한, 그들의 예술적 대변자이기 때문이다.

임순득이 추구한 예술 활동은 식민주의에 협력하는 길로 나아간 다른 여성작가들—이들은 그의 선배 세대인 셈이다—과는 전혀 다르다. 그는 1937년 등단한 뒤, 소설과 평론을 통해 그 이전이나 동 시대의 다른 여성 문인들을 비판하면서 민족 문제와 여성 문제에 대해 독특한 시각을 보여주고 있다. 일제 말기, '내선일체의 황국신민화'와 '대동아공영권의 전쟁동원'의 정책이 강요되고 거기에 호응하는 목소리도 높아갈 때 임순득은 오히려 민족이라는 것을 새롭게 발견하며, 많은 여성 문인과 교육자들이 국가라는 공동체에 헌신하는 군국의 어머니를 찬양할 때 임순득은 오히려 자율적 여성 주체를 강조했다.

그렇다면 임순득은 어떻게 동시대의 다른 여성작가들과는 구별되는 여성주의와 저항의 시각을 가질 수 있었을까? 그러한 사유가 가능하게 한 그의 지적 배경은 무엇이었을까? 이 연구는 이러한 의문에서 출발한다. 그래서 임순득은 1929년 말부터 1930년까지 전국을 휩쓸었던 광주학생운동의 세례를 받았을 뿐만 아니라 그 이후 혁명적 노동조합운동과 당 재건 운동에 헌신한 일군의 여성들과 지적 배경을 같이하고, 어떤 측면에서 그들의 문학적 대변자였기에 그러한 문학 세계가 가능했을 것이라는 가설을 상정하고, 임순득의 개인사와 작품 경향을 통해 이를 밝힌 뒤, 일제시대 신여성과 여성작가의 계보 위에서 가지는 임순득의 독특한 위치를 규명하는 것을 목적으로 한다.

2. 1930년대의 신여성과 '게니아니즘'

우리가 통상 '신여성'이라고 할 때에는 3·1운동을 전후하여 중등 정도 이상의 교육을 받고 사회로 나온 여성들을 가리킨다. 신여성이라는 말 자체는 잡지 『신여성』의 발간(1923년 9월 창간)으로 보편화된 것으로 그 이전에는 '신여자'라는 말이 좀더 일반적이었다.5) 신여성이란 교육을 통한 여성의 자각과 여성의 공적 영역에의 참여가 동시에 이루어지면서 새롭게 형성된 근대의 산물이다. 공적 영역에의 참여란 교육을 받고 가정 바깥의 사회 생활을 하게 되었다는 뜻만이 아니라 국가나 민족 등의 공공 영역에 여성이 참여하고 권리와 의무를 주장하고 행하기 시작했다는 의미를 포함한다. 주체의 입장에서 보면 자아 해방과 사회 해방을 동시에 추구했던 존재이다. 아니 스스로 의도했든 하지 않았든, 개인이 추구했던 해방이 사회적 의미를 띠게 된 존재였다. 김명순·김일엽·나혜석·윤심덕·박인덕 등 3·1운동을 전후하여 일본 유학을 하고 돌아와 1920년대 중반까지 문화계에서 활동을 한 여성들이 이러한 신여성의 대표로 널리 알려졌지만, 이들 외에 의사·교사 등의 전문적 직업을 가진 여성들도 신여성으로 불렸다. 또 1920년대 중반 대중들 앞에 등장한 허정숙과 정종명은 의식적으로 사회 해방을 추구하고 낭만적 사랑보다는 동지애를 더 중시했다는 점에서는 지향점은 이들과 달랐지만 '신여성'으로 통칭되었다.

1920년대 신여성의 대표들은 넓은 의미에서 기독교적 여성운동과 사회주의적 여성운동의 양 진영에 속해 있으면서 일시 근우회에서 만났

5) 서양의 new woman을 일본에서는 新しい女로 번역했고 그것을 조선에서는 '신여자'로 받아들였다. 1921년 김일엽이 주재한 잡지가 『신여자』였기에 개벽사에서 1923년 새로운 여성 잡지를 창간하면서 그것과 차별성을 두기 위해 '신여성'이란 말로 잡지 이름을 삼은 것으로 보인다.

지만[6] 근우회가 양쪽의 이견으로 해산되고 대중 운동도 약화되면서 1930년대에는 각자 다른 길을 걷게 되었다. 활동가들의 경우 한쪽은 여성 교육과 농촌 계몽운동에, 다른 쪽은 혁명적 노동조합 운동 쪽에 힘을 쏟았다. 그리고 여학교 교육을 받은 여성들의 숫자가 늘어나면서 '신여성'이란 말보다는 '모던 걸'[7]이나 '콜론타이스트', 혹은 '맑스 걸' 같은 말이 당대의 전위적 여성을 가리키는 데 사용되었다 . 신여성이란 말이 구여성과 비교하여 더 가치 있는 것으로 생각되기도 했던 반면, 모던 걸이나 맑스 걸은 겉으로만 모던이나 맑스를 추구하는 경박한 존재를 가리키는 것으로 되었다.[8] 그리하여 1930년대의 여성은 당시의 표현을 빌자면, "아메리카니즘에 물 젖은 모던 걸"과 "맑시즘에 물 젖은 콜론타이스트" "규중에서 콩나물 같이 멋없이 자라난 구여성"의 세 부류로 구성되는 셈이다.[9]

그런데 1930년대 각종 사회 운동이 지하화되고 여성들이 수행하는 사회운동이나 교육 문화 운동에 관해서 내놓고 말할 수 없게 되자 각종 저널리즘에서는 흥미 위주로 신여성 담론을 양산하였다. 신여성이라는 말이 내포하고 있었던 '해방에의 지향'과 '서구적 외양 추구'의 두 의미 중 서구적 외양을 추구하는 모던 걸이라는 측면만을 두드러지게 부각시켰

6) 근우회는 신간회에 비해 훨씬 쉽게 협동이 이루어졌다. 여성운동이 아직 형성 단계에 있었던 만큼 남성들의 운동 단체처럼 노선이나 계파가 복잡하거나 강고하지 않았던 것이 그 중요 이유이다.

7) 모던 걸이란 말이 등장한 것은 1920년대 후반이다. 일본에서는 1926년 무렵 일반화되어 사용되기 시작했다고 하는데, 당시 조선에서는 『동아일보』 1927년 8월 17일자의 기사에서 「붉은 다리의 유행—동경의 모던 걸 중에서」라고 해서 동경의 긴좌 거리에 양장을 하고 맨다리로 돌아다니는 여성들이 나타나서 물의를 일으켰다는 소식을 전하면서 처음 모던 걸이란 말이 나온다.

8) 다만 맑스 걸과 콜론타이스트는 약간 다른 뉘앙스로 사용된 것 같다. 허정숙이나 정종명을 조선의 콜론타이라고 하지만 맑스 걸이라고 부르지는 않았다. 이들의 나이가 30세 전후여서 '걸'이라고 부르기 곤란했던 측면도 있을 것이지만 '걸'에는 유행을 따르는 경박한 존재로 얕잡아 보려는 부정적인 의미가 담겨 있다.

9) 정순정, 「신여성론」, 『조선중앙일보』, 1934.11.9~11.14.

다. 그 결과 1930년대에 숱하게 쏟아져 나온 신여성 비판문들은 대개 근대 문물의 소비자로서의 신여성-모던 걸을 비난하는 데에 치중하고 있다.[10)]

한편 콜론타이스트란 물론 콜론타이의 사상을 따르는 여성이란 의미로 쓰였고, 사랑이나 정조 관념보다 정치적 지향을 우선하는 사회주의 여성들을 가리키는 말로 사용되었다. 콜론타이는 1927년 무렵부터 주로 소설 『붉은 사랑』과 「삼대의 사랑」(1925)을 통해 소개되었는데, 콜론타이의 생각한 남성과 여성 사이의 새로운 원리는 완전히 자유로운 두 주체의 동지적 결합[11)]이었고 그 핵심은 '여성의 자율성' —사랑은 여성의 삶 속에서 부차적인 역할을 해야 하고 여성의 주요 임무는 자신의 일을 하는 것이어야 한다는 것—에 있었다.[12)] 그런데 당시에 저널리즘에서 콜론타이는 주로 성도덕과 관련하여서만 조명을 받았고[13)] 특히 「삼대의 사랑」에서 제3세대인 게니아의 경우가 충격을 주어 콜론타이의 연애론을 입센의 '노라이즘'에 비견하여 '게니아니즘'이라고 부르기도 했다.[14)]

---

10) 이에 대한 자세한 분석은 이상경, 「여성활동가와 모던 걸 사이에서」, 『문학사상』, 2002.1. 김경일은 『여성의 근대, 근대의 여성』, 푸른 역사, 2004, 28~30면에서 일본에서는 1910년대에 신여성이, 1920년대에는 모던 걸이 출현한 반면, 식민지 조선에서 1920년대에 출현한 신여성은 일본의 신여성과 모던 걸이 복합된 모습이되, 일본에서 주로 모던 걸로 일컬어지는 현상—근대적 소비 문화의 향수자—을 조선에서는 신여성에게 적용하고 신여성을 비난하는 근거로 삼았다고 보았다. 일본에서 신여성은 1910년대 초반 세이토 동인들을 가리키는 말이었고, 모던 걸은 1920년대에 '직업을 가진 경제력 있는 여성'을 일컫는 말로 1920년대 일본 사회의 서구지향과 맞물려 긍정적으로 평가받을 수 있는 여지가 있었다가 1930년대에 서구적인 것들을 부정하면서 비판받기 시작했던 것에 비해, 조선에서는 여성들이 사회로 진출하여 직업을 가지고 독립적으로 생활하기 극히 어려운 여건이었기에 경제적 기반이 없는 모던 걸은 '낭비와 퇴폐'의 상징으로 생각되었다. 게다가 서구적 근대에 대한 비판과 조선의 모던 걸 논의가 동 시기에 진행되었기에 조선의 '신여성'이 훨씬 더 비판받았다고 보았다. 조선의 신여성에 일본식의 신여성과 모던 걸이 포함되어 있다는 점에 필자와 김경일 교수는 견해를 같이하는 셈이다.

11) 콜론타이, 신윤선 역, 『연애와 신도덕』, 신학사, 1947.

12) 비어트리스 판스워드, 신민우 역, 『알렉산드라 콜론타이』, 풀빛, 1986.

13) 홍창수, 「서구 페미니즘 사상의 근대적 수용 연구」, 『상허학보』 12(상허학회 편), 깊은샘, 2004.8.

「삼대의 사랑」에서 제1세대인 마리아는 사랑하지 않는 사람과는 혼인 관계를 유지할 수 없다고 생각하여 남편을 버리고 애인을 따라나서서 올가를 낳았지만 그 애인의 사랑이 다른 데로 옮겨가자 관계를 청산해 버린다. 육체와 정신이 통일된 완전한 사랑과 그에 바탕한 결혼이 마리아의 이상이었다. 제2세대인 올가는 육체적인 사랑의 대상과 정신적인 사랑의 대상은 다를 수 있으며, 또한 사랑한다고 해서 반드시 결혼해야 하는 것도 아니라고 해서 어머니 마리아와 갈등한다. 올가는 남편과 친구 두 사람을 동시에 사랑하는 것이다. 그런데 제3세대인 게니아는 열렬한 사랑에 빠질 만한 시간적 여유가 없는 공산주의 활동가로서는 우연히 만나 둘이 함께 행복을 느끼게 되는 시간을 누리는 것으로 충분하다고 생각한다. 연애니 결혼 등으로 시간을 낭비하거나 서로 책임을 지울 필요는 없는 '이성적이고 냉정한' 남녀 관계를 추구하기에, 어머니의 애인과도 성관계를 가졌고 그것이 또 어머니의 연애를 훼손하는 것이라고도 생각하지 않는다. 사랑도 없이 몸을 허락하는 것이라고 비난하는 올가에게 게니아는 어머니처럼 사랑하다가는 일은 언제 하느냐고 되받는 것이다.[15)]

이러한 게니아식 사랑은 소비에트 러시아에서조차 '물 한 잔 마시는 것처럼 성을 가볍게 여긴다'고 비난을 받았는데, 일본과 식민지 조선에서는 '하우스 키퍼'제도[16)]와 겹치면서 일제가 당시 사회주의 여성 활동

---

14) B기자, 「현대 여성은 무엇에 고민하는가—해방이냐? 애욕이냐?」, 『중앙일보』, 1932.1.7에서는 입센의 소설 「인형의 집」의 주인공 노라와 콜론타이의 소설 『삼대의 사랑』의 주인공 게니아를 비교하면서 '노라이즘'과 '게니아니즘'이란 용어를 쓰기도 했다.

15) 알렉산드라 콜론타이 외, 장지연 역, 『월요일』, 일송정, 1994, 83~140면 참조.

16) 하우스 키퍼란 일본에서 심한 탄압을 받았던 공산당이 권력의 감시의 눈을 피하고, 속이기 위해서 여성당원으로 하여금 아지트를 관리하게 한 제도 혹은 풍습을 가리킨다. 통상 당 상층 간부에게 젊은 여성 당원이 짝지워진다. 그녀는 레포(운동원)나 아지트 유지, 문서의 관리 등을 맡고 세간에서 격리된 생활을 강요받는다. 게다가 당에의 '충성심'을 악용하여 '성적 봉사'까지 강요받는 경우도 있었다. 이 제도 내지 관습이 행해졌던 토양에는 남권 사회의 여성 멸시 의식이 있다. 鈴木裕子, 『岩波 女性學 事

가를 대중으로부터 격리시키는 가장 큰 무기가 되었다. 저널리즘에서 '맑스 걸'이라고 부를 때는 사회주의 운동을 핑계로 성을 가볍게 여기는 방종한 여자라는 뜻이 부가되었다. 그러나 실상 낭만적 사랑보다는 우정, 감정적 애착보다는 일의 우월성을 강조하는 게니아는 감정에 얽매임 없이 덜 고통스러운 삶을 살고자 했던, 그리고 좀더 자율적이고자 했던, 콜론타이의 상상의 산물이며[17] 콜론타이가 꿈꾼 '신여성'이다. 일찍이 1913년에 콜론타이는 다음과 같이 신여성에 대한 자신의 이상을 피력했다.

> 그 여자들은 세계를 마치 틀리는 눈으로 해석하고 생활에 대하여 틀리는 반응을 나타내고 상이한 태도로써 이에 접근하고 있다. 과거 여성의 대군 속에서 움트는 새로운 여성의 탄생을 찾아내는 것은 별로 특수한 역사적 혹은 문학적 지식을 필요치 않는다. (…중략…) 그러면 이 새로운 부인이란 어떠한 여성인가? 그것은 그의 로맨스의 결말이 행복한 결혼으로 끝나는 순진가련한 소녀는 아니다. 그의 남편의 부정에 고민하거나 혹은 그 여자 자신의 죄로써 이혼에 조우하는 남편 가진 여인도 아니다. 부질없이 청춘기의 불행한 연애를 한탄하고 있는 노처녀도 아니다. 또 불행한 생활 조건 혹은 여자 자신의 방자한 성질의 희생이 되어버린 '애증(愛憎)의 여승(女僧)'도 아니다. 아니 그것은 전혀 새로운 이때까지 알려지지 않은 제5 타잎의 히로인이다. 국가, 가정, 사회에 있어서의 온갖 노예화에 항의하고 여성의 대표자로서 부인의 권리를 위하여 싸우는 히로인. 이러한 타입을 점차 현저하게 내걸고 있는 거의 전부는 실로 독신 부인이다. 그렇다. '독신 부인'이다. 극히 최근까지의 여자의 원형은 '아씨'였다. 남편의 그림자며 부속품인 여자이었다. '독신 부인'은 이러한 종속적 역할을 연출하여 남편의 반사경으로 그칠 것을 그만두어 버렸다. 그는 독자의 내적 생활을 갖고 있다. 완전한 인간으로서의 이해를 좇아 생활한다. 그는 내적 생활에 있어서나 외적 생활에 있어서나 독자적이다.[18]

典』, 岩波書店, 2002, 644면 참조.

17) 비어트리스 판스워드, 앞의 책, 443면 참조.

18) 콜론타이, 앞의 책, 11~12면 참조.

그리고 그런 이상적인 인물로서 결혼하지 않고 사랑에도 얽매이지 않는 완전히 자유로운 여자 게니아를 그려낸 것이다. 물론 거기에는 경제적 독립이라든지 육아의 사회화 같은 물적 조건이 뒷받침되어야 한다.

1920년대 말부터 1930년대 초반까지의 대중 투쟁 이후 식민지 조선 사회운동 전체가 공개적인 투쟁을 하지 못하고 운동이 지하화 되었다. 이때 숫적인 비중은 적지만 사회주의 계열의 운동에서 노동자들과의 결합을 외치면서 새로운 종류의 여성들이 등장하게 되었다.[19] 앞에서 보았던 이순금이나 이경선, 그리고 박진홍 같은 여성이 대표적인데 이들은 1930년대 초 학생운동을 거쳐 혁명적 노동조합 운동과 당 재건 운동에 투신하고 일제 말까지 운동에 헌신했다. 그런데 이순금과 박진홍은 이재유를 사이에 둔 삼각 관계로 저널리즘에서 주목을 받았다. 당시에 소위 '맑스 걸'로 불렸던 이들은 실제 생활과 운동의 과정에서 콜론타이의 주장의 핵심이 사랑보다는 일 우위를 바탕으로 하는 '여성의 자율성' 획득에 있다는 것을 알아갔을 것이다. 그러나 지하 운동에 몸담고 있던 이들 여성활동가들의 사상이나 내면의 성장을 읽을 수 있는 기록은 거의 없다. 이들은 직접 글을 쓰지 않았다. 운동선상의 많은 지식인 남성들이 운동을 하면서 글도 쓴 데 반해, 여성들은 '하우스 키퍼'로 활동을 하는 경우가 많았다. 그래서 이들에 대한 정보는 경찰과 법원의 심문 조서라든지 재판 기록을 통해서 얻을 수밖에 없다. 그것은 일제 당국의 기록이며 또한 매우 공식적이어서 개인사나 내면을 들여다보기에는 부족하다. 그런 점에서 낭만적 사랑의 환상에서 깨어나고 경제적으로도 독립한, '내적 생활에서나 외적 생활에서나 독자적'인 여성은 1930년대 후반에 등장한 제3기 여성작가 임순득의 작품을 통해 목소리를 얻고 그 구체적인 모습을 드러낼 수 있을 것으로 기대한다.

---

19) 1930년대에 사회주의 운동 쪽의 여성명망가들은 근우회의 해산과 함께 자기 자리를 찾지 못하게 되었다. 허정숙은 중국으로 가고 정종명과 정칠성은 특별한 조직적 활동 없이 개인적인 생활을 하게 된다.

3. 여성작가의 계보와 신진 작가

후대의 연구자들은 신여성의 대표자로서 '여성작가'의 면모에 주목해 왔다. 당시 저널리즘의 각종 지면에 오르내린 신여성 중에서 문학 분야에서 활동한 이들만이 연애와 결혼을 둘러싼 일화 수준의 보도 기사를 넘어서서 좀더 체계적이고 지속적으로 여성 자신의 생각을 표현하는 글을 남길 수 있었기 때문이다.

이런 근대여성작가들을 범주화하는 데 준거로 되어온 자료는 1937년 조선일보 출판부에서 펴낸 『현대조선여류문학선집전경』이다. 이 선집에는 모두 15명의 여성 문인[20]의 작품이 실렸다. 그 중 소설가는 7명이다. 1930년대에 들어서면서 여성들이 '여류 문인'이라는 집단으로 인식되고 취급되기 시작하여 '여류 문인'을 내세운 기획들이 몇 번 시도되었고 그 결정판이 이 책이기 때문이다. 우선 1933년 1월 창간호를 낸 『신가정』은 창간호에서 '연작 소설'이라는 기획으로 박화성 · 송계월 · 최정희 · 강경애 · 김자혜 다섯 명이 릴레이 식으로 쓴 「젊은 어머니」를 연재했다. 작품의 완성도와는 관계없이 5명의 여성을 동원하여 독자의 이목을 끌려고 생각했으니 이들이 하나의 집단으로 눈에 띄기 시작했음을 짐작할 수 있다. 얼마 지나지 않아 5명 중 송계월은 죽고 김자혜는 잡지사의 기자 노릇만 하고 별다른 작품 활동을 하지 않았기에 큰 의미는 없지만, 이후 '여류 문인' '여류작가'로 여성의 작품을 묶는 기획의 출발이 되었다. 1934년 12월에 나온 『중앙』에는 '여류작가 5인집'이라는 기획으로 백신애 · 최정희 · 장덕조 · 노천명 · 이선희의 소설을 한 편씩 싣고 있다. 그런가 하면 『오오사까 마이니찌 조선판』에서는 1936년 4월 21일부터 6월 10일까지 '조선여류작가집'이라는 기획으로 백신애(「顎富者」) · 최정희(「日

20) 강경애 · 김말봉 · 김오남 · 김자혜 · 노천명 · 이선희 · 모윤숙 · 박화성 · 백국희 · 백신애 · 장덕조 · 장영숙 · 장정심 · 주수원 · 최정희의 15명이다.

陰」)・장덕조(「子守唄」)・노천명(「下宿」)・박화성(「洪水前後」)・강경애(「長山串」)의 단편소설 작품을 일본어로 연재하여 실었다. 당시 편집자는 이 특집이 "조선의 여류작가 전부를 총망라"했다고 썼다.[21]

이런 과정을 거쳐 "재화(才華)와 실력을 구비한 십 수인의 작품을 선발하여 여류문단의 제1기적 청산을 보이는 의미"로 낸 것이 『현대조선여류문학선집전경』이다. 여기서 주목할 것은 '제1기'라는 단어이다. 이들보다 이전에 활동했던 나혜석이나 김명순, 김일엽은 아예 작가로 취급되지 않았다는 것을 알 수 있으니 그들이 제1기 여성작가로 자리를 찾게 되는 것은 1990년대 넘어서부터라고 해도 과언이 아니다.[22] 이 선집에 소설을 실은 강경애・김말봉・이선희・박화성・백신애・장덕조・최정희의 7명은 당시 '여류작가' 논의의 중심이 된 사람들이고 지금의 관점에서 보면 제2기 여성작가이다.[23] 그리고 이들의 다음 세대, 즉 제3기로 볼 수 있는 이들이 1930년대 후반 또는 말엽에 등단하는 바람에 작품을 많이 발표하지는 못했지만, 전 세대와는 구별되는 특징을 가지고 있는 임순득, 지하련, 임옥인 등의 '신진'작가[24]들이다. 이 제3기 여성작가는 '낭만적 사랑'에 비판적 거리를 두고 남성의 허위를 비판하거나, 거기에 몰두하는 여성 자신에 대해서도 거리를 둘 수 있게 된 첫 세대이며, 독립된 여성의 삶에 대해 여러 가지로 상상을 하게 된 세대이다.[25] 본고에서는 지금까지 거의 주목받지 못한 제3기 여성작가

---

21) 大村益夫・布袋敏博, 『近代朝鮮文學 日本語作品集』, 綠陰書房, 2004, 130면 참조.

22) 이후 여성문학인들의 손으로 나온 최초의 사화집 『현대여류문학33인집』, 신구문화사, 1964에도 박화성・최정희・장덕조가 제일 선배문인으로 자리하고 있다.

23) 조선일보사에서는 1939년 초에 또 한 권의 선집을 내었으니 『여류단편걸작집』에는 강경애・장덕조・이선희・박화성・최정희・노천명・백신애의 작품이 실렸다.

24) 김동리는 해방 후에 쓴 「여류작가의 회고와 전망—주로 현역 여류작가의 작품세계에 관하여」, 『문화』, 1947년 7월호에서 강경애, 백신애는 죽었고, 가장 선배인 박화성은 침묵 중이기에, 해방 후의 현역으로는 중견층에서는 최정희, 장덕조가 쌍벽을 이루고, '신진층'에서는 임옥인과 지하련이 쌍벽이라고 했다. 임옥인과 지하련은 일제 말 『문장』지 추천을 통해 등단했다는 공통점을 가진다. 김동리가 임순득을 언급하지 않은 것은 임순득이 해방 후 서울에 나타나지 않고 북쪽에서 활동을 했기 때문일 것이다.

의 의의에 대해 좀더 집중적으로 논의하고자 한다.

제1기는 1900년 이전에 태어나 3·1운동을 전후해 문화계에 등장하여 자유주의적인 입장에 서서 첨단의 삶을 살면서 저널리즘에도 자주 오르내리며 대중의 호기심을 자극했던 나혜석·김일엽·김명순 등이다. 「백화난만한 기미 여인군」의 인물과 겹치며[26] 통상 신여성이라고 했을 때 이들을 제일 먼저 떠올리게 된다. 입센의 작품과 엘렌 케이의 논설은 이들에게 큰 영향을 미쳤다.

제2기는 대개 1900년대에 태어나 1920년대 중반 이후, 본격적으로는 1930년대에 작품 활동을 하면서 당시 '여류문인' 논의의 중심이 되었던 여성들이다. 중등 정도 이상의 교육을 받은 여성의 수가 늘어나면서—전체 인구 속의 구성비로 보면 여전히 극소수이지만 그 전 시기에 비교해서는 대폭 늘어난 셈이다—여학교 작문 시간에 재능을 보인 여학생들이 자기를 표현하는 글을 쓰며 문단에 나와 기자가 되고, 작가가 되었다. 나머지 많은 여학생들은 '모던 걸'로서 '문화생활'을 꿈꾸며 '신가정'의 현모양처가 되어[27] 그 잡지들을 읽었다. 문단에서 심심찮게

---

25) 여성작가에 대해 범주화를 처음 시도한 김윤식은 3·1운동을 전후한 시기부터 활동을 시작한 김명순, 김일엽, 나혜석을 제1기로, 1930년대에 활동한 박화성·강경애·최정희·노천명·모윤숙을 제2기로 들고, 제3기는 이들이 '신체제문학—친일문학'에 참여하여 친일문인이 된 시기로 구분했다. 김윤식에 의하면 제1기의 여성들은 작품 없이 사교 활동으로 작가 행세를 하면서 사회와의 불화 속에서 파멸해 간 반면, 제2기의 여성들은 든든한 남성 후원자가 있어 사회에서 크게 일탈하지 않고 문단에서 여성의 영역을 구축해 나갔는데, 제3기에는 제2기 여성들의 남성 후원자가 친일로 가면서 따라서 친일로 갔다고 한다. 김윤식이 제시한 틀은 처음 시도였으며, 식민지 시대 여성작가를 시기별로 범주화했다는 의의는 있지만 자료의 한계 등으로 실상에 맞지도 않고 그 범주화가 사태를 설명하는 데 효율적이지도 않다. 식민지 시기 여성문인들을 든든한 남성 후원자가 있는 경우와 없는 경우로 대별해 보는 방식에서 여성작가의 주체적 활동은 배제되어 버린 형국이다. 또한 세대론의 틀로 본다면 제3기로 들 수 있는 신진 여성작가에 대해 주목하지 못한 것도 문제이다. 김윤식, 「여성과 문학」, 『아세아여성연구』 제7집, 1968.12.

26) 「백화난만한 기미여인군」, 『삼천리』, 1931.6.

27) 1930년대에는 '자유주의'와 '문화 생활'을 내세웠던 '신여성'의 행태에 대한 반성으로, 중등 정도 이상의 교육을 받은 여성들은 현모양처론을 이상으로 삼아 체제에 순응

'여류작가론'을 거론할 만큼 작가 수가 많아졌고 이들의 작품은 '여류작가'만이 표현할 수 있는 '여성적' 문학이라고 환영을 받았다. 1930년대 중반 이후 문단의 경향은 그 이전과 같은 뚜렷한 이념적 지향을 잃어버리고 각종 '위기'론을 내세우는 한편으로 신인 작가들이 대거 등장하고 잡지들이 쏟아져 나왔다. 그런데 이들 여성작가 대부분은 일제 말기 여성에게 강요된 '군국주의 모성'에 동의하면서 친일적인 문학 활동을 하게 된다. 물론 이는 여성계만의 문제는 아니다. 많은 지식인들이 일본의 식민지 정책에 협력하는 쪽으로 방향을 바꾸었고 주로 교육계에 몸담고 있던 지식인 여성들도 친일의 길로 들어섰으니 여성작가들도 이들과 궤적을 함께 하는 셈이다.

그러나 이들이 1930년대 여성작가 전체를 대표하는 것은 아니다. 문단에 '여류문인'이라는 틀이 생기면서 그 틀 자체를 비판하고 또 그 틀에 안주하고 있는 선배 작가들을 비판하고 부정하는 '신진'이 나타난 것이다. 제3기의 신진 작가는 1930년대 말에 등단하는 바람에 제대로 문학 활동을 펼치지는 못하다가 해방 후에 본격적으로 작품 활동을 한 임순득 · 지하련 · 임옥인 같은 작가를 지칭한다.[28] 그리고 이들은 자율적인 여성 주체의 가능성을 작품의 중요한 화두로 삼았다는 공통점을 가진다.

제3기의 작가 중 특히 임순득은 제2기의 문학적 성과를 비판하면서 '의식적으로' 그들과는 다른 종류의 여성문학을 개척하려고 한 점에서 진정한 의미의 '신진'이라고 할 수 있다. 임순득은 「일요일」(1937)이라는 소설로 등단했지만 연이어 세 편의 평론을 통해 '여류작가'의 정체성 문제를 집중적으로 논했다. 첫 평론 「여류작가의 지위」부터가 그 당시

해 갔고 그 결과 일제 말 일제가 내세운 군국주의적 모성에 훨씬 쉽게 순응해 가게 되었다고 한다. 작가와 교육자 등 지도자급의 여성들 대부분은 일제 말이면 여성에게 열린 '공적 영역에의 참여'에 기뻐하며 예외없이 친일의 길로 들어서게 되었다고 한다.

28) 시인으로는 해방 후 월북하여 본격적으로 활동을 한 신진순 · 김귀련 같은 이가, 남쪽에서는 수필가로 활동한 전숙희 · 조경희 등이 이 세대에 속한다고 생각된다.

발간된 『현대조선여류문학선집』을 의식한 글일 뿐만 아니라, 특히 조선일보에 1938년 1월 28일부터 5회 연재한 「여류작가 재인식론」은 『현대조선여류문학선집』에 대한 본격적인 서평으로서 제3기 여성작가가 자기 앞 세대의 활동을 어떻게 보고 있는지를 보여주는 중요한 글이다. 여기서 임순득은 『선집』이 "부인 작가의 창작적 집적"인데 기성 평단의 누구도 주목하지 않고 망각되어 가는 것에 안타까움을 표하면서 글을 시작했다. 수록 작품 중 강경애의 「어둠」, 박화성의 「춘소」, 이선희의 「계산서」 세 작품을 들어 강경애의 경우는 중요한 정치적 사건을 다룬 것의 의의는 충분히 인정하지만 주인공 여성이 심리적으로 너무 남성 의존적인 것, 박화성의 경우는 빈궁 여성의 삶에 관심을 보인 것에 의의가 있지만 자연주의적인 묘사에 그친 것, 이선희의 경우는 계산이 오로지 애정의 문제에 국한된 것을 비판했다. 그리고 2년여 후에 쓴 「불효기의 여류작가론」에서는 앞선 여성작가들에게는 더 이상 기대할 것이 없다고 하면서 여성문학은 새롭게 출발을 해야한다고 선언했다. 이 평론에서 임순득은 최정희에 대해서 대타의식을 드러내고 있다. 1938년 이후 강경애나 박화성이 더 이상 작품을 내놓지 못하고 있는 현실에서 최정희가 여류작가의 대표로 인정되고 새롭게 등장하는 여성들의 작품도 최정희 식 감상주의를 따르거나 혹은 따르기를 강요받는 상황은 임순득이 소망하는 '부인문학'이 나갈 길이 아니라는 것이다. 이러한 패기야말로 신진의 것이 아니겠는가. 그리고 임순득은 자신이 쓴 소설 작품에서 낭만적 사랑이나 본능적 모성에 휘둘리지 않는 자율적인 여성 주체의 상을 그리는 것으로 대안을 제시했다.

지하련의 경우, 지하련이 발표한 「결별」·「가을」·「산길」이 최정희의 「인맥」과 동일한 사건을 취급하고 있다는 것, 지하련의 개인 체험을 최정희가 「인맥」 식으로 쓴 것에 불만을 느끼고 지하련이 작품을 발표하게 되었다는 것에서 지하련이 최정희에 대결하는 위치에 서 있는 것은 분명하다.29) 이런 소설 바깥의 정황뿐만이 아니라 지하련과 최정희를 비교해 보면, 동일한 소재를 가지고서 지하련은 삼각 연애 관계 각각의 당사자의 내면 묘사를 통해, 남성의 허위를 드러내고 자신의 선택에 당당한 여성을 그려내는 데 반해, 최정희의 여성 인물은 자기의 의지나 선택보다는 훨씬 더 많은 것을 우연과 상대 남성의 의지에 맡기는 태도를 취하고 있다. 이런 점에서 지하련 역시 제3기 여성작가에 속한다고 할 수 있다.

임옥인의 경우 출세작인 「후처기」에서 후처로 들어가게 된 신여성은 최정희의 「천맥」의 후처보다 훨씬 더 현실적이다. 즉 잇속에 밝고 냉정하다.

4. 1930년대 초의 학생운동과 작가 임순득

제3세대 여성작가를 대표하는 임순득은 이화여고보와 동덕여고보를 다니면서 1930년대 혁명적 노동조합 운동을 했던 여성들과 인연을 맺었다. 학생 맹휴와 관련해 퇴학당한 뒤에는 일본 유학을 거쳐 1930년대 후반 작가이자 평론가로 등장했다. 다른 여성들이 지하 운동으로 내려갔을 때 임순득은 공적인 공간으로 나와서 자신의 과거와 현재를 말하기 시작했다. 이런 점에서 임순득을 1930년대 서울을 중심으로 활동한 혁명적 노동조합운동의 여성활동가의 대변자라고 할 만하다. 물론 임순득의 작품 활동이 1937년부터 시작되었기에 이미 과거의 학생 운동이나 그 당시의 지하 운동에 대한 진술이나 소설적 묘사는 거의 불가능했

---

29) 이에 대해서는 서정자, 「지하련의 페미니즘 소설과 '아내의 서사'」, 『지하련전집』, 푸른사상, 2004, 339~368면에 자세한 설명이 있다.

다. 개인의 내면을 성찰하거나 일상의 작은 이야기 속에 하고 싶은 말을 담는 형식으로 문학 경향이 변하는 시기였다. 그래서 노동운동과 관련된 진술은 임순득의 글에서 찾기 어렵다. 그러나 그런 만큼 오히려 활동가였던 여성의 개성적인 내면과 지적 궤적을 더듬는 데는 유리한 측면이 있다.

임순득이 시골에서 올라와 1929년 4월 이화여고보에 입학했을 때 학생 사회의 분위기는 반일 감정과 사회주의적인 정서가 높았다. 1929년 말에 광주학생운동이 시작되어 이화여고보에서는 1930년 1월 15일에 서울 시내의 다른 여학교들과 함께 연합 시위에 나섰다. 이 연합시위운동은 여학생 운동 사상, 그리고 근우회 운동에 있어서도 매우 의미 깊은 사건으로 평가된다.[30] 이화여고보 4학년 최복순(崔福順)이 근우회 간부 허정숙을 수 차례 찾아가 조언을 구하였으며 허정숙을 통해 서울 시내 이화여고보·동덕여고보·배화여고보·숙명여고보·경성여자미술학교·경성실천여학교·경성여자상업학교·태화여학교·경성보육학교의 여학생들이 서로 규합하여 벌인 대규모 시위였다. 광주학생운동의 뒤를 잇는 동맹휴학운동은 1931년까지도 치열하게 전개되어 1930~31년에 걸쳐 무려 백여 건의 동맹휴학이 있었다. 그러나 1932년 이후로는 동맹휴학이 급속히 감소하고 학생운동은 소수 정예의 사회주의적 비밀결사 운동으로 이어졌다. 민족주의계 학생들은 주로 언론기관에서 실시한 각종 계몽운동에 참여하는 형태로 운동을 전개해 갔다.[31]

여학생 연합 시위 당시 1학년이었던 임순득은 3학년 때인 1931년 6월에 이화여고보의 동맹 휴학을 주도하여 퇴학을 당한다. 이화여고보에서 임순득은 책 많이 읽고 말 잘하는 뛰어난 학생이면서 당시의 이화여고보의 교육 방식과 사회문제에 불만을 가진 학생이었다. 이화여고보 시절 임순득과 같은 반이었던 수필가 전숙희의 회상은 당시의 임순득의

30) 한국여성연구회 여성사분과 편, 『한국여성사』, 풀빛, 1992, 201면 참조.
31) 위의 책, 203면 참조.

면모를 전해주는 귀중한 자료이다.

> 그 당시 나와 가장 친하던 급우 중에 Y라는 소녀가 있었는데, 그는 열렬한 독서가였으며 능변가여서 나는 거의 반하다시피 그 아이와 붙어 다녔었다. 그런데 Y는 미스 춰치 교장과는 아주 사이가 나빠 언제든지 '저 교장이 이 학교를 그만 두든지, 내가 그만 두든지 양단간에 결판이 나야한다'고 입버릇처럼 말했다. (…중략…) 워낙 개성과 고집이 강한 Y는 결국 상급반 책임자들을 다 동원하고 매수해 일을 벌일 단계에 이르고야 말았다.[32)]

> 어느날 오후, Y는 자기 집에서 의논할 일이 있으니 몇 사람 모이자고 하여 무심코 그의 집을 방문했다. 머리 좋고 똑똑한 아이들만 대 여섯 명이 모였다. (…중략…) 원래 말 잘하는 Y는 열변을 토해가며 학교 당국과 몇몇 교사들이 학생들에 대한 태도가 틀려먹었다고 비난하기 시작했다. (…중략…) 오전 수업을 마치고 정오가 되자 주모급의 한 학생이 교정에 있는 종을 울렸다. 이것을 암호로 전교생이 일제히 교정에 모였다. 이때 Y는 용감하게 단상으로 뛰어 올라가 교장과 교사 배척문을 낭독하고 전교 동맹 휴학을 선포했다. 황급히 쫓아온 선생님들은 그저 묵묵히 지켜보고 있을 뿐이었다. 나는 온 몸이 떨렸다. 교정은 잠시 무거운 침묵이 흘렀다. 다음 순간, 전교생들은 교정 위, 풀밭으로 가서 농성 대열로 주저 앉았다. 삼사일 간의 휴학이 계속된 후 학교 당국은 몇 가지 조건을 들어주기로 하고 동맹휴학은 일단 수습되었다. 뒤이어 주모자급으로 손꼽힌 우리들은 경찰에 수감되었다. 배후 조사를 위해서라고 했다.[33)]

이 사건으로 이화여고보는 7월 2일까지 임시로 휴교를 하였으며[34)] 연행된 학생들은 40여 일 정도 갇혀서 취조를 받고 폭행도 당하였다.[35)]

---

32) 전숙희, 「우정과 배신」, 『문학, 그 고뇌와 기쁨-전숙희 문학전집』 1, 동서문학사, 1999, 138~139면 참조.

33) 전숙희, 「감방 생활도 해 보고」, 위의 책, 141~142면 참조.

34) 「이화여고 맹휴 첨예화, 이사회에서는 요구를 기각, 의연히 수업을 거절」, 『조선일보』, 1931.6.27; 「맹휴생은 경찰에, 학교는 휴학 연기, 7월 6일까지 휴학 연기, 이화여고 사건 속보」, 『조선일보』, 1931.7.2.

35) 전숙희는 "종로경찰서 사찰계에서 일일 형사들에게 심문을 받은 나는 온갖 모욕과

동맹휴학 사건으로 서대문서에 체포되어 취조를 받은 결과 3학년이었던 조숙현은 '조선공산당 재건 준비회 사건'에 연루되어 기소되었고 임순득은 나이가 어리다는 이유로 기소유예 처분을 받았다.36)

1931년 6월의 맹휴로 이화여고보에서 퇴학당한 뒤 임순득은 동덕여고보에 편입했다가 독서회 사건 관련으로 다시 퇴학당했고, 1933년 7월 전주로 귀향한 임순득은 일본 유학을 계획하고 있었다.37) 이후 1937년 3월

욕설을 당했다. 정직한 말을 해도 '빠가' '우소스끼' 하면서 뺨을 갈기고, 조서를 쓰던 펜촉으로 내 뺨을 긁어내려 그 상처는 아직도 내 얼굴에 남아 있다"라고 경찰서에 연행되었을 때의 가혹했던 취조를 회상하고 있다. 전숙희, 앞의 책, 142면 참조.

36) 조숙현은 1930년 1월 15일의 서울 시내 여학생 연합 시위 당시, 주모자였던 이화여고보의 최복순과 한 방에서 자취를 하는 사이였기에 경찰에 연행되어 신문을 받고 풀려났다(「조숙현 신문 조서」, 『한민족 독립운동사 자료집』 52). 그후 최복순은 고려공산청년회원으로 있으면서 후배인 조숙현에게 맹휴를 부추겼다고 한다. 임순득은 조숙현과 함께 독서회 회원이었다(경성 서대문경찰서장, 「사립 이화여자고등보통학교 생도 맹휴에 관한 건」, 『사상에 관한 정보철』 (1), 1931.9.7).

37) 임순득은 더 이상 조선에서 학교를 다니기 불가능하다고 생각하여 2학기 시작 시기에 맞춰 9월 쯤 일본으로 유학가려고 한다는 전주 경찰의 보고가 있다. 「容疑退學生退城二關スル件」 京鍾警高秘 第8682號, 『思想二 關スル 情報』 (6), 1933.7.7; 그런가 하면 1934년 1월 이재유를 검거한 일제의 경찰이 그린 '조선공산당재건경성트로이카'의 조직표(김경일, 『이재유 연구』, 창비, 1993, 47면)에는 임순득이 오빠 임택재가 중심이 된 '반제동맹'의 하부에 '여상(女商)'의 책임자로 이름이 올라 있다. 이 시기 여상이라면 사립 경성여자상업학교를 가리키는 것인데, 앞의 경찰의 보고와 여상 책임자는 잘 맞지 않는다. 그런데 여러 가지 상황을 종합해 보면 임순득은 일본 유학을 떠난 것이 아닌가 싶다. 왜냐하면 박진홍·이순금·이경선 같은 동덕여고보 출신의 학생들이 전위활동가로 성장해 가고 있는 시기, 그들과 관련해서 임순득의 이름은 나오지 않는데, 만약 그가 국내에 있었다면 어떤 식으로든 연루되지 않을 수 없었을 것으로 보이기 때문이다. 물론 그동안 정치적 입장을 바꿔서 각종 활동에 관여를 안 하고 있었다고 볼 수도 있겠지만, 이후 임순득이 작가로 나서서 쓴 글이나 취한 입장 등을 보면(간도 공산당 사건 관련자 18명에 대해 일제가 1936년 7월 22일 급작스럽게 사형을 집행한 사건을 소재로 한 강경애의 소설 「어둠」(『여성』, 1937.1~2)을 후배 작가인 임순득이 「여류작가 재인식론」(『조선일보』, 1938.1.28~2.3)에서 고평한 것은, 이재유 그룹의 기관지 『적기』 제1호(1936.10.20)에 이 사건을 비판하는 「사형을 받은 중국공산당원 18명을 추도한다」라는 글이 실린 것과도 무관하지 않은 것 같다). 국내에 있으면서 관여를 하지 않았다고 보기는 어렵다. 게다가 1933년 3월 기소유예 처분을 받고 풀려났던 오빠 임택재는 이재유 그룹과 연결되어 1934년 3월 '미야께 교수 사건'(당시 경성제국대학의 교수였던 일본인 미야께가 이재유를 숨겨주었다가 체포된 사건. 이재유는 일제에 체포되어 조사를 받던 중 1934년 4월 탈출하여 미야께 교수의 사택에 숨어 있었

이재유 사건의 증인으로 임택재가 심문을 받았을 당시, 임순득은 서울 견지동에 있는 '조선미술공예사'에서 기자 노릇을 하고 있다고 했다.[38)]

이런 예사롭지 않은 경력을 가진 임순득은 1937년 단편소설 「일요일」(1937.2)과 평론 「여류작가의 지위—특히 작가 이전에 관하여」(1937.6.30~7.5)를 발표하며 작가이자 평론가로서의 활동을 시작한다.

5. 1930년대 신여성의 이상과 자율적 여성 주체

1927년 말부터 소개된 콜론타이즘은 사회주의 운동에 대한 탄압이 극심한 조건 하에서 매우 제한적으로 수용되었다. 그래서 연애는 개인적인 일이고 그렇게 자유로운 개인의 자유로운 만남이 불가능한 조선의 현실에서는 사회적 임무가 우선한다고 보았다. 남녀 사이의 관계에서 성욕의 해소는 가능하지만 더 높은 차원의 이상적인 연애가 유예된 상황에서, 그리고 남성 지배적인 문화에서, 여성의 성은 도구적으로 것으로 되어버렸다.[39)] 가혹한 상황에서 수행해야 할 과업에 급급하여 성

다. 5월 21일 미야께 교수가 체포될 때 탈출하여 다시 검거를 피하여 세상을 떠들썩하게 했다.)에 연루, 다시 체포된 지 1년 반만에 1935년 12월 말 집행 유예로 풀려난다. 그 뒤에도 임택재는 이재유 그룹과 연관을 가지면서 활동했던 것 같다. 1937년 3월에는 이재유 사건의 증인으로 다시 경기도 경찰부에 연행되어 심문을 받았고 이렇게 거듭된 취조와 감옥살이에서 얻은 병으로 결국 임택재는 1939년 3월 사망했다.

38) 조선총독부 소장 조선인항일운동 조사 기록, 『이재유 외 6명 치안유지법 위반 신문조서』(1937) 중 「任澤宰證人訊問調書」.

39) 당시 남성 소설가의 작품에는 이런 측면에 대한 비판적 묘사가 자주 등장한다. 가령 이태준이 1931~1932년 『신여성』에 연재한 「구원의 여상」에서 "콜론타이는 처녀 아닌 대신에 당당한 일국의 외교관이 아니냐. 처녀? 흥"(184면)이라고 생각하며 자신을 호도하는 철없는 여성과 "나의 개인 행동에는 침묵해 달라, 그와 반대로 나의 사회 행동에는 엄정한 비판과 편달이 있어 달라(210면)"; "당신과 나는 동지간이오. 보통 동지간과

적 자기 결정권 같은 것을 생각하거나 주장할 겨를이 없었다. 임순득의 동덕여고보 동문인 박진홍·이순금과 이재유의 관계가 이 상황을 시사해 준다.

일제의 검거를 피해 지하에서 오랫동안 활동한 이재유는 1933년 이순금과 동거하다가 1934년 1월 이순금이 체포된 후 1934년 8월부터는 박진홍과 동거하면서 일제의 검거를 피했다.[40] 박진홍은 1935년 1월 체포되었고 옥중에서 이재유와의 관계에서 임신한 아기를 출산한 뒤 친정어머니에게 아이의 양육을 맡겼다.[41] 이순금과 박진홍은 감옥에서 마추쳤고 이재유와의 관계 때문에 약간의 갈등도 있었던 것으로 전해진다. 그러나 이재유가 1936년 12월 체포된 후, 일제의 조사를 받으면서 대중들의 신망을 잃을 것을 두려워하여 이순금이나 박진홍과의 연애관계를 부인하자 '연적'관계였던 두 여성은 이재유의 반여성적 태도에 대해서는 함께 비판적 자세를 취했다고 한다.[42] 이순금은 1937년 5월에, 박진홍은 7월에 석방되어 나온 뒤, 이재유와의 관계를 청산하고자 노력했다. 이순금이 새로운 사람을 만나 결혼을 하면 박진홍도 이재유와의 관계를 정리할 수 있다는 것, 이순금이 결혼을 하게 되면 이순금의 결혼 지참금을 운동 자금으로 쓸 수 있다는 것, 두 가지 이유로 박진홍은 적극적으로 이순금의 중매에 나섰고 이순금이 약혼까지 했으나 모두 다시 검거되고 만다.[43]

다른 점이 있다면 당신은 여성이요 나는 남성이기 때문에 서로 자유로운 요구에서 동거 생활을 한 것뿐이지 결코 나는 당시을 소유하려 하지 않소. 마찬가지로 당신도 나를 소유할 생각은 단념하오(214면)"라고 하는 이기적인 남성이 등장한다. 인용은 이태준, 『구원의 여상』, 태양사, 1937에서 했다.

40) 박진홍이 검거된 뒤에 이재유는 유순희와도 동거했다고 한다. 오미일, 「박진홍-비밀 지하 투쟁의 레포로 활약」, 『역사비평』, 역사비평사, 1992년 겨울.

41) 이런 박진홍의 특별한 처지에 대해 당시 신문은 선정적인 투로 보도했다. 『동아일보』 1936년 7월 16일자에는 「우정이 부부애로!-피신하며 지하로 전전하다가 박진홍 만나 동거 생활」, 「옥중 출생의 '2세 이재유' 어머니 공판에 방청-지하로 전전하는 이의 애처 박진홍 심문, '용산적노사건' 2일 계속 심문」라는 식으로 두 개나 실렸다.

42) 김경일, 앞의 책, 258면 참조.

그 이전 허정숙이 '조선의 콜론타이'로 불렸는데, 사회주의 여성 운동의 계보를 잇고 있는 이순금이나 박진홍도 남녀 관계에서 상당히 자유로웠던 것 같다. 그러면서도 이재유가 체포되었을 때 자기들과 맺었던 연애 관계를 부인하는 것을 비판을 했다고 하니, 이들 그룹이 생각한 이상적 남녀 관계는 어떤 것이었을까. 구체적인 내용을 알기는 어렵지만 운동의 대의에 개인의 연애를 종속시키고 성을 하나의 도구로서 바라보는 '당시의 콜론타이즘'에 대한 무조건적인 수용에서 한 발 나아간 지점이었을 것이다.

1937년 2월 소설 「일요일」을 발표하며 문단에 나온 임순득이 해방 전에 발표한 소설[44]은 편수는 많지 않지만 임순득은 전대, 혹은 동 시대의 다른 여성작가와는 완전히 다른 작품 세계를 보이고 있다. 정치적 지향성은 물론이고, 더 중요한 것은 임순득이 독립된 여성 주체의 이야기를 쓰고 있다는 점이다.

임순득 작품의 여성 주인공은 모두 독신이다. 「일요일」의 혜영이, 「달밤의 대화」의 순희, 「대모」의 나, 「가을의 선물」의 나, 모두 독신이며 주변 여성도 마찬가지이다. 즉 특정 남성과 얽히는 연애 사건의 관련자로 등장하지 않는다. 이렇게 연애나 이성 관계, 살림살이 말고도 독립적인 신여성들의 세계가 있다는 것을 보여주는 데에 제3기 여성작가로서 임순득 소설의 의의가 있다.

1930년대의 신여성의 면모와 연관지어 「일요일」을 읽으면 소설에 등장하는 타이피스트, 유치원 보모, R여전 학생은 1930년대 후반의 모던걸이다. 이들은 '산책하기, 카페가기, 영화 보기' 등으로 문화생활을 즐긴다. 그런데 주인공 혜영이만 감옥에 있는 윤호 때문에 이런 생활에

---

43) 1937년 7월 28일의 『조선일보』는 박진홍과 이순금이 다시 검거된 사실을 보도하면서 「유치장서 해후된 연적이자 또 동지, 검찰부에 검거된 박진홍의 뒤따라 이순금 4년만에 출감하자 또 피촉, 이관술의 누이로 다시 사건에 연루」라는 선정적인 제목을 붙였다.

44) 「일요일」(1937.2), 「대모」(1942.10), 「가을의 선물」(1942.12), 「달밤의 대화」(1943.2).

편승하지 못하고 있다. 소설은 혜영이의 외로움과 혼자라도 버티겠다는 의지를 함께 표현하고 있는데 당시 문단의 주류, 여류작가의 주류와는 동떨어진 자리에서 문학적 출발을 하는 작가 임순득의 외로움과 각오가 투영되어 있다. 그러나 동시에 임순득은 외롭지 않았으니 자기와 같은 세대—여학교 시절 광주학생운동을 겪은 세대의 지속적인 활동에 대한 믿음이 바탕이 되어 있었기 때문이다.

이 자기 세대에 대한 믿음과 그리움을 임순득은 1942년 12월에 발표한 작품 「가을의 선물」에서 직접적으로 토로하고 있다. 「가을의 선물」은 젊은 시절 도시 생활에서 방황하다가 모처럼 시골의 부모님 곁에서 한적한 생활을 즐기고 있는 '나'자가 동네 개구쟁이의 조그만 상처를 치료해 주었더니 누군가가 잘 익은 석류를 던져주고 갔다는 간단한 이야기이다. 그러나 그 이야기 속에는 작가의 분신으로 보이는 '나'와 나의 여학교 시절 친구들의 심리와 상황이 생생하게 나타나 있다.

'나'의 여학교 시절의 친구 중 한 사람은 은행원에게 시집가서 평범하게 살고 있는데 그런 친구조차 내리 딸을 낳고도 의연하게 딸만 다섯은 낳겠다고 하는 여성 의식을 가지고 있다. 그런가 하면 소설을 쓰는 친구는 낮에는 직장 생활을 하면서 밤에 짬을 내어 소설을 써서 장편대작을 발표할 꿈을 꾸고 있다. 그리고 '나'는 짧지 않은 청춘의 방황에서 잠시 부모님 곁으로 돌아와 재충전의 시간을 가지고 있다. 그리고 이들 모두를 '나'는 소년 시대에 방정환의 이야기를 읽은 세대로 지칭한다.

> —시골에서 태어나, 시골에 고향이 있고, 유년기는 그렇다 치고, 그 소년시대에 싹터 오르는 정신을 고 방정환 씨의 수많은 아름다운 이야기들로 보낸 그대—그런 그대들은 처음으로 피가 용솟음치는 것을 깨닫고 인생에는 감동할 만한 많은 아름다움이 있다는 데에 눈을 뜨고 행복으로 전율한 기억이 틀림없이 있으시겠지요.

그대들은, 자신의 인생을 더럽고 탁한 것에 물들이지 않고 살아가기 위해 언제나 마음의 창인 자기 눈동자의 초점을 모으고 계시겠지요.

그대들은 지금 어디서 어떤 생업을 하고 계시며 어떤 생활을 하고 계십니까? 저는 끝없는 그리움으로 미지의 그대들을 부르고 싶은 그런 행복한 환희를 가슴 가득 느끼고 있습니다. 붓접시 위에 있는 아름다운 석류 알갱이를 바라보노라면 그대들 한 분 한 분의 열의가 담긴 나날의 생활 감정이 몸 가까이 느껴집니다.[45)]

윗글에서 특별히 '고 방정환 씨의 수많은 아름다운 이야기'를 읽고 성장한 '그대들'이란 말로 임순득은 무엇을 환기하고 싶은 것이었을까? 작가가 동질감을 느끼는 집단의 한 징표로로서 방정환(1899~1931)이란 천도교를 배경으로 한 소년 운동의 경험을 가리킨다고 생각된다. 방정환은 번역 동화집 『사랑의 선물』(1922)을 베스트 셀러로 만들었고 개벽사에서 잡지 『어린이』를 발간했다. 이때 『어린이』는 단순하게 달마다 발행되는 아동 잡지 차원을 넘어서서 소년 운동의 매체였다. 일종의 독자 조직을 꾸렸고[46)] 소년회 활동과 야학당의 교과서처럼 사용되면서,[47)] 한창 때는 발행 부수 3만 부를 기록했다. 『어린이』지의 고정독자가 상급학교에 진학하면서 그들을 대상으로 『학생』을 발행하기도 했다.[48)] 아

45) 임순득, 「가을의 선물」

46) 임순득이 유년기를 보낸 고창읍에도 『어린이』 잡지를 돌려 읽고 토론하는 모임으로 꾸려진 소년동맹이란 것이 있었다. "소년동맹과 청년동맹은 …… 청년들은 청년회관에 집결하고 소년들은 소년회관에 모였다. 고등보통학교 학생들이 소년운동을 지휘했다. 어린이날 행사가 있게 되면 법석을 떨었다. …… 방정환 선생의 『어린이』 잡지도 돌려 읽었고 …… '새싹'이라 하여 귀여움도 받아보았다. 회관에서 야학도 개설하고 강습소도 갖고 공일날이면 편을 지어 토론회도 가져주어 "눈을 활짝 뜨고 귀를 기울여 세계를 한 울타리로 하여 제 몫을 찾아 일해야 한다."는 말이 무엇을 뜻하는가도 암시 삼아 무서운 줄도 모르고 가르쳐 주던 학생 형님들도 있었다. 일경이 이런 조직 활동을 가만두지 않았다. 광주학생사건을 계기하여 해산하여 버리고 간판마저 떼어가 버렸다. 그러나 집은 그대로 남아 있어 소년동맹 사무실로 사용하며 ……" 『고창중고 60년사』, 고창중고등학교 고창중고동창회, 1979, 216면 참조.

47) 민윤식, 『소파 방정환 평전 – 청년아, 너희가 시대를 아느냐』, 중앙M&B, 2003, 225면 참조.

이들이 이런 잡지를 읽을 수 있는 집이란 어느 정도의 경제적 여유와 부모의 교육열이 있는 곳이다. 여고보에 진학한 많은 여학생들이 이에 속했다. 『어린이』를 읽고 자란 세대는 그 이전 세대와는 교양을 달리할 것이다. 특히 여학생의 경우는 교양의 대부분이 독서 체험에서 얻어진 것일 수밖에 없다. 임순득보다 2년 먼저 동덕여고보를 다닌 이효정의 시에도 이런 유년에 대한 기억이 드러나 있다.

> 내 어릴 적 어머니 바느질 하시던 모습 / 홈질 박음질 감침질 / 한 땀 한 땀 / 바늘 쥔 어머니 손은 물찬 제비 / 나 그 옆에 앉아 / 『어린이』 잡지 읽어 드렸지 //
> 내 어릴 적 어머니 바느질 하시던 모습 / 분홍 옥색 연두빛 / 색색이 장만해 / 어머니 솜씨는 난(蘭)잎의 고운 손 / 나 그 옆에 앉아 / 『사랑의 선물』 읽어드렸지 //
> 내 어릴 적 어머니 바느질 하시던 모습 / 차곡차곡 지어 놓은 옷들은 / 하나같이 아름다운 예술품 / 난 그 옆에 앉아 / 『사씨남정기』 읽어드렸지 // ……[49)]

한 세대의 독서 경향이다. 그 이전 세대, 가령 강경애는 『춘향전』에서 한글을 깨치고, 『조웅전』·『숙향전』 같은 고전 소설을 거의 독파했다고 한다. 박화성도 유사한 독서 경험을 피력했다.[50)] 그보다 더 이전 세대인 나혜석이 어떤 독서를 했는지는 알 수 없다. 유년 시기 구소설, 신소설을 읽은 세대와 『사랑의 선물』과 『어린이』를 읽은 세대의 감수성은 다를 것이다. 무엇보다도 『어린이』는 천도교 소년 운동의 매체로서 "소년 운동을 들불처럼 타오르게 했고, 나라 잃은 사람들에게 조선

48) 이명희, 「『어린이』 자매지 『학생』의 의미」, 『상허학보』 4호(상허학회 편), 깊은샘, 2001.

49) 이효정, 「어머님의 바느질」, 『회상』, 경남, 1989, 108~109면 참조. 이효정은 동덕여고보 출신으로 안재성의 『경성트로이카』의 중요 등장인물이다.

50) "내가 맨처음 읽은 애기책은……『조웅전』과 『유충렬전』, 『숙영낭자전』이었고…… 일곱 살 때부터 소설이란 것에 취미를 깨달은 나는 우선 『치악산』 상권, 『옥빈홍안』, 『빈상설』, 『구의산』으로부터 나중에 손에 들어온 『치악산』 하권, 『추월색』, 『모란봉』까지 다 읽고 나서 ……신소설 등등 닥치는 대로 읽다가……" 박화성, 『눈보라의 운하』, 여원사, 1964, 41~42면 참조

의 정체성을 가르쳐 주었"으며, 소년들에게 희망을 주었다. '작문교실' '현상 글 뽑기' 난을 통해 아동문학가를 길러내었다. 임순득이 보통학교에 다니면서 한글을 깨쳤을 때 『사랑의 선물』과 『어린이』를 통해서 세상에 눈뜨기 시작했을 것이며 이 잡지를 읽고 성장한 이들이 임순득의 세대였던 것이다. 그리고 이들 새로운 여성 집단의 이상을 임순득은 소설「대모(代母)」[51]에서 그렸다.

「대모」에서 상정하는 이상적 여성 '혜원'은 여성이 "자립하기에 가장 조건이 나쁜 환경"인 '현대 조선'에서 살면서 "좋은 의미로 굉장히 여성스럽지만 거기에 안주하지 못하고 자신의 운명을 뒤집어 놓을 정도"로 강한 개성을 가진 인물이다. 또한 이 어려운 환경에서 자립하고자 하는 조선 여성 혜원이 사랑할 만한 이상적인 남성은 모세와 굴원을 반씩 합한 것 같은 성숙한 인격이어야 하지만 그런 남성을 만나기란 쉽지 않다는 것도 안다. 그런 현실을 알면서 의연하게 버틸 수 있는 것, "허세라도 좋으니까" "어깨를 펴고 의연하게 여자의 생활을 고집"하는 것, "자기의 슬픔이라거나 그 비슷한 것에 어리광을 부리는" "여자가 가지고 있는 가장 싫은 속성"을 거부하는 것. 이것이 그들의 이상이었다. 1942년에 발표한 소설에서 모세와 굴원, 홍명희를 들먹이는 것에서 전향하고 친일의 길에 나선 이들을 비난하며 여전히 민족해방의 이상을 지키는 사람들을 지지하는 것을 확인할 수 있다. 그러면서 신격화 되지 않은 모세와 거만하지 않은 굴원이어야 한다고 토를 다는 것을 잊지 않는다. 민족의 영웅일 뿐만 아니라 인격적으로도 온전한 사람이어야 한다는 1942년의 주장은, 사회의 완전한 개변을 통한 여성의 해방을 추구하

51) 일본어로 쓴 소설로서 원제는 「나쓰께오야(名付親)」, 『문화조선』, 1942.10이다. 일본에서는 아기가 태어났을 때 친척이 이름을 지어주는 풍습이 있는데 나쓰께 오야란 그렇게 이름을 지어주는 친척을 가리키는 말이다. 이 작품에 대한 자세한 것은 이상경, 「임순득의 소설 「대모」와 일제 말기의 여성문학」, 『여성문학연구』 8, 한국여성문학학회, 2002.12; 「식민지에서의 민족과 여성의 문제—일제 파시즘하의 최정희와 임순득」, 『실천문학』, 실천문학사, 2003년 봄을 참조.

면서 일과 사랑을 나누어 보았던 사회주의 여성 운동 쪽이 1930년대의 숱한 사건을 겪으면서 도달한 한 지점일 것이다. 차별을 철폐하고 평등한 세상을 이루겠다는 남성들이 여성문제에 관해서는 성차별의 한계를 벗어나지 못한다는 인식에 일부 여성들이 도달했던 것은 아닐까. 그렇기에 이들 여성은 해방 후 여성의 특수성에 주목하면서 여성의 독자적 조직을 다시 만들 수 있었던 것으로 보인다.52)

6. 맺음말

이상에서 신여성과 그를 대표하는 여성작가를 그들의 세대 및 지향점과 관련하여 세 범주로 나누고 특히 그동안 주목하지 않았던 사회주의 계열의 신여성 및 제3기 여성작가의 의미를 집중적으로 살펴보았다.

당시의 '여류작가' 논의에서 중심이 된 것은 박화성 · 강경애 · 최정희로 대표되는 제2기 여성작가들, 그중에서도 특히 '여성성'을 잘 구현하고 있다고 상찬된 최정희였다. 제3기 여성작가인 임순득, 지하련, 임옥인은 1930년대 후반 최정희에 대한 대타의식을 가지고 등장하였고, 낭만적 사랑이나 모성 본능 등에 비판적 거리를 가지고 자율적인 여성 주체를 그려내는 데 힘썼다.

1930년을 전후한 학생 운동에서 성장하여 혁명적 노동조합운동과 당재건 운동에 투신한 새로운 종류의 '신여성'—사회주의 여성들에게 콜론타이의 생각이 수용되면서 『삼대의 사랑』의 인물인 게니아의 연애

52) 宋連玉, 「朝鮮婦女總同盟—8·15 解放 直後の「女性運動」, 『朝鮮民族運動史研究』 2, 東京 : 青丘文庫, 1985.

방식은 한쪽에서는 무조건적인 비난, 한쪽에서는 무조건적인 답습이라는 현상을 낳았다. 특히 1930년대 이후 대중운동이 침체기에 들어서면서 '게니아니즘'은 비난을 받았고 여성들 자신도 그것의 현실부적합성을 인식하게 되었다. 그러면서 좀더 근본적으로 독립한 여성, 자율적인 여성 주체의 가능성을 모색했다. 그러나 이들은 공식적인 기록물의 자신의 목소리를 담을 기회나 여유가 없었기에 그들의 생각은 그들과 같은 세대로 여학생 운동에 주도적으로 참여한 뒤 작가가 되어 그들을 대변한 것으로 보이는 제3기 여성작가 임순득의 작품을 통해 드러나게 되었다. 제3기 신진 여성작가로서 임순득이 가지는 여성문학사적 의의도 여기에 있다.

/제4부/

젠더, 섹슈얼리티, 문화

19세기 일급 예기(藝妓)의 삶과 섹슈얼리티

의녀 옥소선(玉簫仙)을 중심으로

신경숙

1. 텍스트의 재구축

본고는 조선 후기 일급 여악 예기(藝妓)의 섹슈얼리티 문제를 다룬다. 이를 위해 주로 고종조 가객 안민영을 중심으로 활동했던 일련의 기생들을 분석대상으로 삼는다. 주 자료로는 안민영의 개인가집 『금옥총부(金玉叢部)』를 활용할 것이다.[1) 『금옥총부』는 180수의 시조작품을 수록하고 있으며, 모든 작품에는 반드시 그 창작 경위를 부기(附記) 형태로 달아놓고 있는 아주 독특한 형태의 가집이다. 동시에 이 가집은 안민영 풍류의 종합 보고서적 성격을 갖고 있으며, 이에 따라 그의 풍류현장에 함께했던 수많은 여악 기생들에 대한 풍부한 기록을 만날 수 있다.

1) 『금옥총부』 국립중앙도서관 소장.

안민영 중심의 연행현장의 성격에 대해서는 최근 들어 다각도로 분석되었다.[2] 안민영 주변의 예인들은 당대 최고의 일급수 예능인들이었고, 이들의 음악 소비는 주로 당대 최고의 음악적 감식안을 가진 왕실가와 여항 음악가들의 모임이었다는 것이다. 나아가 이들 '좌상객과 음악예인'들이 안민영을 중심으로 연결될 수 있었던 것은 안민영이 바로 '여악 매니저' 역할을 했기에 가능했음도 밝혀졌다. 이에 따라 『금옥총부』에 나오는 기생들을 향한 수많은 찬시(讚詩), 애정시들은 애정의 표현을 넘어, '매니저와 여악 기생' 사이의 권력적 관계를 드러내는 매니저의 '낙점'을 표현하는 양식이기도 했음이 드러났다. 이로써 고종조 음악사회 내지 풍류사회의 변화된 형태가 발견되었다.

그런데 이러한 연구결과에도 불구하고 당시 기생 몸에서 지속적으로 그리고 광범위하게 일어났던 '여악 매니저와 좌상객의 향락'이란 사실 별로 새로울 것이 없다. 기생에 대한 수많은 역사적 기록들은 언제나 기생을 둘러싸고 일어났던 풍류(風流)와 성(性)에만 관심을 가져왔기 때문이다. 다만 시대적 변화에 따라 그 향락자로 '여악 매니저'가 추가되었을 뿐이다. 여악(女樂)이라는 음악으로부터 출발했지만, 언제나 그래왔듯이 최근 연구도 기녀 섹슈얼리티가 타자화되는 방식, 곧 그것의 19세기적 방식의 발견이라는 데 이르렀던 것이다.

이는 충분히 예상가능한 결과임에 틀림없다. 사실 우리의 연구가 이미 기생의 섹슈얼리티를 화두로 삼게 된 근거도, 오랜 역사 속에서도

---

2) 본고는 지금까지와는 전혀 다른 방식으로 안민영 또는 그의 창작집 『금옥총부』를 다룰 것이다. 여기서는 본고와 시각을 달리하는 연구까지 포함하여 몇몇 대표 업적만을 정리한다. 박노준, 「안민영의 삶과 시의 문제점」, 『조선 후기 시가의 현실인식』, 고려대 민족문화연구원, 1998, 330~356면; 고미숙, 「19세기 시조의 전개 양상과 그 작품세계」, 고려대 박사논문, 1993; 신경숙, 「안민영과 기녀」, 『민족문화』 10집, 한성대 민족문화연구소, 1999; 송원호, 「안민영의 『금옥총부』 연구」, 고려대 석사논문, 1999; 신경숙, 「안민영과 예인들」, 『어문논집』 41집, 안암어문학회, 2000; 신경숙, 「안민영 예인집단의 좌상객 연구」, 『한국시가연구』 10집, 한국시가학회, 2001; 신경숙, 「안민영 사랑노래의 생산적 토대」, 『한성어문학』 24호, 한성대 한국어문학부, 2005.

단 한번의 예외도 없이 타자화되어 발견되는 '기생 몸'의 문제 때문이다. 그리고 기녀에 대한 최근까지의 모든 연구는 바로 '풍류와 여기에 개입된 섹슈얼리티'에 대한 지속적 관심뿐이었다고 해도 과언이 아닐 것이다. 아니 우리는 기생를 달리 볼 코드를 가지고 있지 못하다. 기생에 대한 우리의 관심 방향과 답은 사실상 이미 정해져 있는지도 모른다. 아무리 정치한 분석이 이루어질지라도 마지막 귀착점이 어디로 향하게 될 지, 그리고 그 큰 방향의 물결이 가져올 결과는 이미 예측 가능한 것이다. 타자화 된 몸. 그리고 그 권력 관계.

'한 인간의 현재'란 그가 살아온 환경 · 경험 · 기억들, 그리고 그로부터 꿈꾸는 미래를 포함하며 이루어진다. 섹슈얼리티의 경험들도 그 안에 있다. 그럼에도 이 모든 것에 대한 무지 또는 무관심으로부터 이루어지는 기녀 섹슈얼리티의 논의는 오늘날 시대적 우월감의 표현일지도 모른다. 기녀 삶의 구체성을 경유하지 않고는 기녀의 섹슈얼리티는 엇비슷한 분석과 엇비슷한 결과들의 추가일 뿐이다. 오늘날 조선시대 기녀들은 점점 더 추상화된 존재가 되어가고 있다.

이에 본고는 지금까지 형성된 관심의 방향을 넘어서고자 한다. 본고는 그동안 잊혀진 기녀의 목소리를 듣는 작업으로부터 시작하고자 한다. '기녀의 시선'을 입론 삼아 기녀들 삶의 구체성 속에서 그녀들이 경험한 섹슈얼리티를 보고자 한다. 물론 텍스트 자체가 기녀들에 의해 만들어지지 않았기에 매우 지난한 일이 될 것이다. 이 작업은 구체적으로는 안민영이라는 '여악 매니저의 텍스트' 『금옥총부』를 기생의 관점에서 '재구축'할 것을 요구한다. 이를 위해 본고는 기생의 섹슈얼리티를 논하겠지만, 그 목표를 텍스트를 통해 그녀들에게 씌워진 이 오래된 섹슈얼리티의 그물을 벗겨내는 역설에 두고자 한다. 이 그물을 벗겨내고 그 안에서 다단하고도 구체적인 일상을 살아간 그녀들의 삶을 새로이 구축할 것이다. 그 일상 안에서만 기생의 성(性)을 바라보고자 한다.

이에 한계가 명백한 텍스트에서 기생의 일상에 최대한 가까이 그리고 생생하게 다가서기 위해 등장하는 기생 모두가 아니라, 기생 한 사람의 일상에 초점을 모을 것이다. 여기서는 '옥소선의 일상적 경험세계'를 만나는 것에 실질적인 목표를 둔다. 물론 굳이 옥소선일 필요는 없다. 텍스트 가운데 누구이어도 상관없을 것이다. 다만 그녀에 대한 자료가 좀더 많다는 이유 하나만으로 그녀에서 시작하고자 한다. 따라서 『금옥총부』의 모든 자료들은 종래에 읽혀오던 방식과는 달리 옥소선 일상을 위해 전혀 다르게 재구성, 재구축될 것이다.

이 재구축된 옥소선의 일상 안에서, 그 안에서만 기생 옥소선의 섹슈얼리티를 논할 것이다.

2. 관노비의 삶

1) 향기(鄕妓), 해주(海州) 감영기(監營妓)

옥소선은 해영(海營) 기생이다. 모든 관기(官妓)의 삶이 그러하듯, 그녀 삶도 이곳 해주 감영으로부터 시작된다. 이곳 관아가 그녀 삶의 토대이자 중심이다. 이곳에는 대략 100여 명의 관노·기생·급수비로 이루어진 관노비들이 근무했고, 이 중 40명 정도가 기생이었다. 이는 첫째, 1786년 작성된 전라감영의 『영노비관안(營奴卑官案)』[3] 둘째, 1845년 경 만들어진

3) 『영노비관안』, 규장각 21857. 이 노비안에는 營 소속 관노비는 두 가지 형태로 기록되어 있다. 하나는 첫 페이지에 간지를 밝히면서 시작되는 정자(正字) 글씨의 노비안이 있고, 또하나는 그 이면에 세필로 아주 촘촘히 기록된 약 350명의 명단이 있다. 전자는 노(奴)·기생(妓生)·비(婢)의 순으로 기록되어 있고, 각각의 노비 명단 끝과 중간 추기된 사항에는 겸사(兼史)의 수결이 붙어 있다. 그에 비해 이면의 기록들은 노와 비의 구분이 없으며, 노비의 이속(移屬) 사항, 각양으로 분속되는 시사질(時仕秩) 등의

『소수록』[4]에 근거한 추정이다. 『영노비관안』에는 101명의 관노비(官奴婢)의 명단이 있는데, 이 중 36명이 기생이다.[5] 『소수록』 마지막에는 해주감영 기생점고에 40명의 명단이 실려 있다. 따라서 감영 소속 노비들이야 많았겠지만,[6] 그 중에 감영 관아 안에서만 근무한 노비의 수는 대략 100여 명, 그 가운데 기생은 40명 정도이었던 것이다. 옥소선은 바로 이들 관노비 사이에 있었다.

관노비로서 기생들이 하는 일은 여악(女樂)·침선(針線)·다모(茶母)·수청(守廳)·의술(醫術) 각종 행사동원 등 갖가지 잡역(雜役)이다.[7] 앞의 전라감영 『영노비안』에서 급수비가 기생의 절반도 안되는 적은 숫자인 것으로 보아 큰 관아조차 '기생과 급수비'의 하는 일은 상당히 미분화되어 있었을 가능성이 높다. 즉 기생들은 아무리 급수비보다 윗길로 치더라도 그 역(役)은 여전히 잡다한 관아 여성노동을 담당했던 것이다. 이런 가운데서도 옥소선의 주된 직(職)은 의녀(醫女)였다. 이후 의녀로 선발되어 서울에서 근무하는 것으로 보아 이를 알 수 있다.[8]

여러 내용으로 나뉘어 있다. 전자는 관노비안의 완전한 형태를 남기고 있고, 후자는 낙질의 상태이다. 두 노비안 숫자나 형태의 현격한 차이는 아마도 후자를 토대로 전자를 만든데서 나왔기 때문이라 생각된다. 전자의 명단이 현저히 적은 것은 제 군현 관아, 향교, 서원 등에 노비가 분속(分屬)될 때에, 전주감영 내에 근무자로 배속된 노비만의 명단이기 때문인 듯 하다.

4) 『소수록』, 국립중앙도서관 한 古朝 48, 220. 이 책은 정병설, 「해주기생 명선의 인생독백」, 『문헌과 해석』 15호, 문헌과해석사, 2001, 151~198면이란 글에 처음 소개되었다. 이 글 해설에서 첫 작품을 쓴 기생은 1830년 생이고, 『소수록』은 1894년에 재필사된 것이라고 밝히고 있다.

5) 노비안에는 첫 작성된 이후 변동 사항이 추기되어 있다. 위 숫자는 모든 명단을 합한 것이고, 이후 변동까지 고려된다면, 노비안 최종에는 奴 39명, 妓生 32명, 婢 14명, 총 85명으로 줄어 있다.

6) 일반적으로 감영 소속 노비는 450명이라고 규정되어 있다. 그리고 감영 중에서 전라감영과 함경감영만은 600명으로 규정되어 있다.

7) 이는 널리 알려진 사실이나, 특히 가사작품 「순창가」(소재영, 「諺詞연구」, 『민족문화연구』 21호, 고려대민족문화연구소, 1983)에 잘 나타나 있다. 순창 수령을 지낸 이운영(1722~1794)이 재직시 아전과 기생 사이 일어난 소송 사건을 작품화한 것이다.

8) 『금옥총부』 113번.

한편 해주 관아에서 옥소선처럼 서울에서 역(役)을 선 기생 중에는 '은향' '도화' '연연'도 있다. 이들은 모두 옥소선과 비슷한 시기에 서울에 올라왔고, 궁중 진연(進宴)의식에서도 활약했다. '은향'은 옥소선보다 1년 앞서 이미 서울 풍류무대에서 활동하였다.[9] 은향은 옥소선과 비슷한 연배였던 것이다. 그에 비해 '도화, 연연'은 좀더 늦게 서울에서 활동을 시작했고, 이후 약 10년 이상을 더 오래 공연한 기록을 갖고 있다.[10] 이들은 옥소선의 후배인 것이다. 해주 감영 시절 옥소선은 그녀보다 좀 더 일찍 서울에 진출한 동료, 그리고 어린 나이부터 예술적 재능을 보이며 성장해오는 후배 기생들을 지켜보며 지냈던 것이다.

또 이 시절 옥소선에게는 매우 중요한 두 명의 선배 기생이 있었다. 이들은 이미 감영기(監營妓) 역에서 벗어난 '삼증'과 '명선'이다. '삼증'은[11] 당시 해주 감영 앞에 주막을 차리고 퇴기(退妓) 이후의 삶을 살고 있던 인물이다. 삼증은 전 감사(監司)였던 박대소(朴臺所)의 애기(愛妓)였다. 영기(營妓) 시절 그녀의 이러한 이력이 퇴기 이후에도 여전히 관아 주변에서 영업이 가능토록 했던 것으로 보인다. 대선배 삼증은 관아 앞에 살면서 시사(時仕) 중인 기생들과 친밀한 관계를 유지하거나 각종 정보를 자연스럽게 나누었을 것이다.

또다른 기생 '명선'은 대략 13살 또는 그 이하 정도의 선배로',[12] 옥

---

9) 『금옥총부』 113, 162번.

10) 도화는 1873, 1877, 1887년 궁중 진연의식에 참석했고, 연연은 1877년 진연의식에 참석했다. 『진작의궤』(1873, 규장각 14375-2), 『진찬의궤』(1877, 장서각 k2-2876), 『진찬의궤』(1887, 정서각 k2-2879)

11) 『금옥총부』 126번.

12) 옥소선은 1873년 행수기생이 된다. 행수의 나이라면 적지 않았을 것이나, 옥소선의 역량이 일찍 발견되거나 주군 격이었던 대원군의 분부에 의해 일찍 행수가 되었을 가능성을 생각해도 30세는 되어야 할 것으로 보인다. 왜냐하면 이보다 100년 전의 기록이긴 하지만, 1744년 진연의식에 참석했던 행수 기생들의 나이를 보면 50~61세이기 때문이다(송방송 외역, 『국역 영조 갑자진연의궤』, 민속원, 1998, 78면 참조). 따라서 아무리 빠르게 행수가 되더라도 30살 이상이었을 것이다. 따라서 1873년 행수기가 된 옥소선이 30살이거나 그보다 많았을 것이고, 그렇다면 그녀는 1843년생이거나 그보다

소선이 근무하고 있을 당시는 이미 관아를 떠나 서울에서 생활하고 있었다. 그래서 옥소선은 감영 내의 구전(口傳)과 명선의 자전적 작품을 통해 그녀를 알고 있었다.[13] '명선'은 1830년생으로 7~8세 경 동기(童妓)로 노비안(奴婢案)에 오르고, 12세라는 이른 나이에 머리를 올려 장기안(壯妓案)으로 옮겨지고, 다시 16세에 감사의 막내아들을 만나, 끝내는 아들 하나를 낳아 안고, 서울로 불려 올려지는 행운을 얻었다. 명선의 삶은 끝없이 기생 삶으로부터의 탈출을 꿈꾸는 것이었다. 그 불가능에 도전해 결국 뜻을 이룬 명선은 서울로 떠나면서 남아있는 동료들에게 기생으로서의 처신에 대해 조언 격으로 작품을 남겼는데, 이 작품은 당시 해주 감영 기생들 사이에 회자되고 있었다.[14]

이렇게 해서 '명선과 삼증'은 이미 관아를 떠난 선배기생들이지만, 서로 다른 삶으로 기생의 전범을 보여주고 있었다.

동료들과의 이러한 관계망 한가운데에 해주 관노비 옥소선의 일상이 놓여 있었다. 관아 기생으로서의 옥소선의 현재와 미래는 이러한 경험에서 빚어지고 있었던 것이다.

2) 경기(京妓), 내의원 의녀

서울 관아 기생을 경기(京妓)라고 하는데, 경기는 지방기(地方妓)들의 3년간 입역(入役)으로 이루어진다. 감영기(監營妓)인 옥소선은 의녀로 뽑혀

더 일찍 태어났을 것이다. 명선이 1830년 생이니, 사실 이들은 13살 또는 그 이하의 나이 차밖에 없었다고 생각된다.

13) 『소수록』의 첫 작품. 제목은 「츤 해영 명기 명선이라」.

14) 내용 자체가 동료기생들을 독자로 상정하고 쓰여졌으며, 동시에 기생의 삶에서 희망하는 성공적 사례를 자긍심 넘치는 필체와 섬세한 우려로 엮어내고 있다. 이 책의 마지막에 해주감영 기생점고가 들어가게 되었던 것도 그 유통의 중심이 해주감영 기생들이었음을 말해준다.

서울 내의원에 몇 차례 입역하며, 향기와 경기의 삶을 반복했다. 1868년경 상경한 옥소선은 불과 5년만인 1873년에는 내의원 행수에 이른다.[15] 이후 1880년까지 그녀의 서울행은 수없이 이루어진다. 그녀의 탁월한 예술적 기량은 서울 의녀 시절에 극찬으로 환호받았다. 『금옥총부』는 옥소선의 이러한 예술적 감동 무대를 아주 잘 전해주고 있다. 그런데 오히려 우리는 이러한 기록들을 따라가느라 자주 그녀가 본디 의녀였음을 잊는다.[16] 역(役)에서 떠나 기생을 이야기하는 것은 '기생들에 대한 체계적 망각'을 시도한 그간의 역사의 기억 방식을 되풀이하는 일이 된다.

내의원 의녀가 하는 일은 아직 구체적으로 밝혀진 바 없다. 그런데 『내의원(內醫院) 식례(式例)』「의녀(醫女) 문안(門安)」에는 의녀의 일을 다음과 같이 규정하고 있다.[17]

> 內殿宮誕日(大殿誕日 各殿宮 並爲之)
> 生辰
> 正朝
> 冬至
> 除夕
> 朔望
> 慶賀(隨時)
> 未寧
> 受鍼炙
> 設廳
> 移御
> 奉慰(隨時)

---

15) 『금옥총부』 113번. 옥소선에 대한 기록이 1868년부터 시작되고 있기에, 이보다 더 이른 시기에 올라왔을 수도 있다.
16) 『금옥총부』를 대상으로 한 연구들에서 옥소선을 의녀로 주목한 사례는 없다.
17) 『내의원』(순조 연간 내의원 찬) 규장각 17200, 10면 참조.

위 의녀 역들은 네 가지 특징과 사실을 보여준다.

첫째, '정기적인 문안'과 '비정기적 문안'의 두 가지 일을 규정하고 있다. 위의 전반부 '내전궁(內殿宮) 탄일, 대전(大殿) 탄일, 각 전궁(殿宮) 탄일, 생신, 정조(正朝), 동지, 제석, 삭망'은 정기적 문후(問候)에 해당한다. 그에 비해 이어지는 '경하(慶賀, 隨時), 미녕(未寧), 수침자(受鍼炙), 설청(設廳), 이어(移御), 봉위(奉慰, 隨時)'는 비정기적 문후에 해당한다.

둘째, 이들 문안을 통해본 의녀 활동내역은 상당한 양에 이른다. '정기적 문안'의 경우 '정조, 동지, 제석'은 일년에 한 번뿐이지만, 그외 '대전(大殿)으로부터 각 宮에 이르는 탄일과 그 외 생신'들은 왕실 규모로 보아 결코 적지 않은 양이다. 또한 매달 1일과 15일의 '삭망' 문후는 그것이 정례적인 단순 문후일지라도 결코 가벼이 볼 수 없는 시간을 들이게 한다. '비정기적 문안'의 경우 '미녕, 수침자, 설청'에서 필요로 하는 의술과 '이어(移御), 봉위(奉慰)' 등 왕실(王室) 이동시 참석은 대부분 정기적 문후보다 훨씬 많은 시간을 소요하게 한다.[18)]

셋째, 위의 역에는 반드시 의술만 포함하고 있는 것은 아니라는 점이다. 탄일이나 생신 등의 문후는 나름대로 의례적 차원이겠으나, 이어(移御) 봉위(奉慰) 등은 꼭 그렇게 보기 어렵다. 물론 이런 행사들도 본래는 만약의 사태를 대비하는 차원에서 의관과 의녀를 참석시키는 것이나, 실제는 의술이 별 소용 있었던 것은 아니다. 이런 까닭에 이어(移御), 봉위(奉慰)에 동원된 의녀는 의술이 아닌 의전(儀典)행사를 위한 진행요원 역할하게 된다. 대표적인 것이 가례나 진연의식에서 의녀들이 행렬에 참여하거나, 呈才를 추거나, 각종 의물(儀物)을 들거나, 내외빈 안내의 차비(差備) 역할을 하는 것이다. 의녀들은 처음부터 의술이 아니라 이런 의전행사들을 담당하게 할 목적으로 차출되었던 것이다. 의전 행사에

18) 예컨대 設廳에서 제일 중요한 것이 '産室廳'인데, 이는 왕실 가족의 아기 탄생 전후의 모든 준비와 의술과 간호를 모두 포함한다. 移御의 경우는 대개 궁 밖의 숙박이 포함되는데, 그 준비와 실행에서 일을 맡는다. 『내의원식례』 위 자료 참조.

의녀들의 참석이 자연스럽게 이루어질 수 있었던 것은 바로 이같은 『내의원식례』에 근거한다.[19)]

넷째, 의녀들이 참석하는 의전행사들은 상당한 물리적 시간을 필요로 한다. 행사가 잘 치루어지도록 연습을 해야 하고, 최종적으로는 리허설도 갖게 마련이기 때문이다.[20)]

이처럼 의녀들은 의술을 익히고, 시행하는 것은 물론 이런 제반 관가(官家)의 일들도 수행하였다.

의녀 옥소선의 일 역시 위의 규정에 따르겠으나, 현재 기록에서는 옥소선의 의술 활동은 발견되지 않는다. 심지어 내의원 일지에 해당하는 『약방일기』에도 의녀들의 일은 기록되어 있지 않다. 『약방일기』에는 문후에 참여하는 대신(臺臣)이나 의관(醫官)활동만을 기록되기 때문이다. 그에 비해 옥소선의 여타 궁중 의전활동 기록은 남아 있다. 그녀는 1873년 진연의식에서 대원군의 '주탁차비(酒卓差備)' 일을 맡는 한편, 여러 명이 참여하는 정재춤 '포구락(抛毬樂)'과 '무고(舞鼓)'에서 무용수로 활동했다.

의녀 곧 약방기생으로서의 서울살이는 이상과 같은 다단한 바쁜 일상의 업무들로 이루어졌다.

---

19) 그 외 가례시나 임금의 이궁에 의녀들이 동원되는 것들이 모두 여기에 해당한다. 이들은 활동은 가례도감의궤나 관찬 회화작품 안에 잘 나타나 있다.

20) 의식을 위한 리허설을 '習儀'라고 한다. 진연의식의 경우, 두 달 이상의 연습과 다섯 번 이상 습의를 갖는 것이 거의 상례화되어 있다. 이러한 사실은 각종 진연, 진찬, 진작의궤에 잘 나타나 있다.

3. 대령기생(待令妓生)과 명희(名姬)로서의 섹슈얼리티

옥소선 기록 대부분은 서울 의녀 시절에 집중되어 있다. 서울에서 옥소선은 의녀 신분으로 운현궁(雲峴宮)에서 근무하는 동시에 기업(妓業)활동으로 생계를 꾸려갔다. 기생 옥소선의 섹슈얼리티를 기록으로 만날 수 있는 것은 이 시기이다.

1) 대령기생 그리고 대원군

옥소선은 내의원 의녀 신분으로, 실제 역은 운현궁에서 치루었다. 이처럼 운현궁에 차출되어 근무하던 기생을 '운현궁 대령기생'이라 한다.[21)]

대령기생 옥소선의 서울 생활은 다음과 같이 기록되고 있다.

> 해주 옥소선은 지난번 進宴 때(1868년 : 필자)에 올라왔었는데, 才藝가 출중하고 色態가 비범하여 당세의 名姬로 인정받았다. 석파대로(대원군 : 필자)께서 그를 더욱 총애하여 이름을 '옥수수'라 하였는데, 옥수수는 속칭 '강냉이'를 말한다. 다른 사람들도 모두 그를 옥수수라 불렀다.
>
> 나는 화산 손오여, 벽강 김군중과 더불어 날마다 밤낮으로 옥소선과 함께 하였다. 그러는 사이 정의가 두터워져서 서로 떨어질 수 없었으나, 역을 마치게 되어 내려갔다.
>
> 그 후 계유년(1873년 : 필자) 봄에 석파대로께서 內醫女의 자리에 入役을 명하여 불러들여 三行首에 이르렀다. 그 해 가을 役에서 벗어나 내려갔으나, 그 후로도 서신은 끊이지 않았다.
>
> 또한 수차 운현궁에 올라왔었다.[22)]

---

21) 내의원은 창덕궁 안에 설치되어 있다. 그러나 의녀가 반드시 임금의 거주지인 궁궐의 근무만 하는 것은 아니다. 의녀는 諸 宮家의 의술을 담당한다. 앞의 『내의원식례』 「의녀문안」과 그 설명 참조.

1868년 서울에 올라왔을 때, 옥소선의 근무처는 운현궁이었다. 이후 1873년 행수자리에 오르게 된 계기도 대원군의 명이었다. 이 운현궁 대령기생에 대해 역사기록은 매우 부정적으로 언급되어 있다. 그 대표주자인 박제경은 『조선정감』에서 이렇게 말한다.

> 3반의 예식을 고쳐 정하고 『대전회통』을 정리하며, 『춘관통고』 천여 권을 교정하고 본조의 故事를 편찬하였다. 다시 의복제도를 고쳐서 (…중략…)
>
> **예전 例에 官妓는** 판여를 타고 깁 창옷으로 전신을 감싸면서 낯만 내어놓았다. 창녀는 감히 판여를 타지 못해서 관기와 구별하였는데 풍속이 점점 문란하여져서 관기와 창녀를 거의 식별할 수가 없게 되었다. 관기와 창녀가 모두 난교를 타며 안경을 쓰고 실로 수놓은 신을 신었는데, 이 때에 이르러 다 금단하여, 예전대로 판여를 타고 검은 신을 신도록 하였다. 기생을 머리얹는 것은 본래 客의 뜻에 따라 풍족하기도 박하기도 했는데, 대원군이 백스무 냥으로 정하였다. 무릇 妓夫로 되는 자는 두어 종이 있다. 각전의 별감, 포도청군관, 정원사령, 금부나장에서 각 궁가와 왕실의 외척 집 청지기 및 무사를 제한 외에는 모두 기로로 되지 못하였다. 대원군이 금부와 정원 하례는 다만 창부로 되는 것을 허가할 뿐 관기의 주인으로 되는 것은 허락하지 않았다.
>
> **관기 중에서 아름다운 자를 뽑아서 번을 돌려가며 운현궁에서 와서 모시도록 하고 대령기생이라 불렀다.** 무릇 마을의 화류계 사정을 대원군이 일일이 관리하니, 사람들이 모두 두려워하고 꺼려해서 감히 기생을 청하지 못하고 기생도 또한 불편하게 여겼다. 부호한 선비가 교외에 놀이하면서 혹 창녀를 데리고 가면, 대원군이 알고 士子의 명예를 더럽혔다 하여 잡아다가 옥에 가두어버리니, **조신들이 모두 그 일을 좋아함을 비웃었다.**[23)]

박제경은 대원군이 관기(官妓)와 창기(娼妓)를 구분하고, 기부(妓夫)를

22) 『금옥총부』 113번 附記. 본고에서 인용하는 『금옥총부』는 주1의 자료를 활용한다. 여기에 수록된 180수 작품과 부기에는 일련번호가 없지만, 편의상 작품번호를 붙여 출처를 밝힌다. 최근 번역본(김신중 역주, 『역주 금옥총부』, 박이정, 2003)이 나왔다. 이하 본고는 필자 번역을 사용할 것이다.

23) 박제경, 이익성 역, 『조선정감』, 한길사, 1992, 80~82면 참조.

지정하는 등 기생제도를 고쳤다고 밝힌다. 그 중 대령기생 제도를 통해 아름다운 기생들로 하여금 운현궁 번을 서게 하면서도, 선비들의 야외 기생 풍류는 엄금하는 이중적 면을 지적한다. 그는 대원군의 기생 독식(獨食)을 비판하고, 이를 뒷받침하기 위해 조신(朝臣)들의 비웃음까지 언급한다.

그러나 대원군이 기생제도를 고친 의도를 이해하기 위해서는 위 대목만이 아닌 그 전후 진술의 맥락을 살펴보아야 한다. 우선 기생제도의 변화는 바로 앞의 3반의 예식을 고친 것, 그리고 법전과 제도에 관한 책을 교정 출간했던 사실들과 흐름을 같이 한다. 뿐만아니라 3반예식 앞부분에는 더 긴 대원군의 제도개혁에 관한 여러 조항들이 들어있다. 따라서 기생제도는 이러한 일련의 '내정개혁'의 한 부분이었다. 따라서 이를 두고 대원군의 독특한 기생취미로 이해하는 것은 박제경의 문맥에 휘말리는 것이다. 그의 진술이 지나치게 사적인 비판과 감정으로 치우치고 있는 것은 개화파의 일원인 박제경이 대원군과 정치노선을 달리하기 때문이다.

따라서 대원군의 기생제도 개혁은 새로이 이해되어야 한다. 이와 관련하여 박제경이 언급하지 않은 기계(妓界)의 세 가지 변화를 주목해 보기로 한다. 그것은 '대령제도(待令制度)' '경기(京妓)의 변화' '대원군이 요구한 기생덕목' 들이다.

먼저 대령제도는 기생에게만 한한 것은 아니라는 사실이다. 또다른 대령인(待令人)들이 있었다. 곧 '대령악사(待令樂士)'와 '대령가인(待令歌人)' 들이 그들이다.

대령기생 : 옥소선, 경패
대령가인 : 하준권, 하순일
대령악사 : 정치환

운현궁 대령기생, 대령가인, 대령악사가 이들만이 전부는 아니다. 대령인(待令人)들에 대한 전면적 기록은 현재 발견되지 않는다. 곳곳에 흩어진 기록과 구전을 종합하여 밝혀진 것이다.[24] 중요한 것은 이들이 모두 음악 예인들이라는 사실이다.[25] 그렇다면 이들 대령(待令) 예능인들은 누구인가. 바로 어휘 '대령'이 말해주듯, 이들은 운현궁에 상설적으로 갖추어져 있던 연주자 그룹이었다. 당시 대권을 쥐고 있던 대원군이 궁궐 못지 않은 업무를 이곳에서 처리하게 됨에 따라 예악 수요가 증가하고, 그 결과 이들 대령예인들이 필요했던 것이다. '대령기생'은 바로 이러한 대령(待令)제도에 근거한 것이지, 개인적 기생취미가 만든 궁가(宮家)의 이색적 제도가 아니었던 것이다.

두번째로 고종조에 있었던 경기 성격의 변화이다. 경기의 변화는 대원군 집권 시절과 겹쳐지는 고종 즉위 전반부 20여 년간 있었던 대규모 진연의식을 통해 발견된다. 『속대전』에는 국가 진연의식 거행에는 약 52명의 기생을 각 지방에서 선발해 사용하고, 의식이 끝난 후에는 향리 관아로 돌려보내도록 되어 있다. 조선 후기까지 이 규정은 잘 시행되었다. 그런데 유일하게 고종조 전반부 20여년 기간만은 이 규정이 지켜지지 않았다. 즉 향기(鄕妓)를 불러 올리는 일없이 경기만으로 의식을 거행했던 것이다.[26] 이는 서울 각 관아에 3년간 입역(入役) 중인 경기가 이런 대규모 의식을 거행할 만한 '가무(歌舞)' 역량을 갖추지 않고는 불가능한 일이다. 당시 서울 관아에는 이미 전국 각지의 재능 있는 기생들로 채워졌던 것이다. 그만큼 서울의 민간 기악(妓樂) 수요의 확대가 경기 성격

24) 신경숙, 「안민영 예인집단의 좌상객 연구」, 앞의 책, 239~242면 참조.

25) 당시 운현궁에는 '대령 음악인'들보다 훨씬 윗길로 치는 '중인계급의 일급 歌客, 名琴, 名簫 등의 음악가'들이 수시로 풍류회를 열고 있었다. 歌客들 중에는 당대 최고의 칭송을 들었던 박효관과 안민영이 참여하고 있었다. 이처럼 당대 이름을 드날리던 음악가들이 운현궁 풍류회를 자주 열었음에도 이들과는 다른 '대령 음악인'을 따로 두었다. 이는 이들 두 종류 음악인들의 역할이 서로 달랐음을 의미한다.

26) 신경숙, 「안민영과 기녀」, 앞의 책, 73~80면

을 바꾸어놓았던 것이다.[27] 이 시기에 안민영이 전국 지방관아를 돌아다니며, 도착한 관아마다 기생들의 재예를 탐문하고 서울로 추천한 것은 바로 이같은 고종조 경기 수요의 특성과 맞물린 일이었다.

한편 경기만의 진연의식 거행은 대원군의 개혁정치와 관련되는 듯 하다. 왜냐하면, 첫째, 대원군 집권과 동시에 경기(京妓)로 치루어지는 진연의식이 시작되었고, 대원군이 물러난 고종 집권 후기에는 다시 향기들이 불려 올려진다는 점. 둘째, 외방기생(外方妓生)들을 사용하는 것은 막대한 경비를 소모시킨다는 점. 경비로 말하자면, 준비기간이 3개월 가량 소용되는 의식(儀式)을 위해 각지에서 선상(選上)되어 온 외방(外方) 기생(妓生)들의 3개월간 숙식 제공, 그리고 농번기를 피해 한겨울에 열기는 행사기간동안의 난방비. 이는 엄청난 소요경비 지불을 감수해야 하는 것이다.[28] 따라서 경기(京妓)를 그대로 국가 제반 의식에 사용한다는 것은 그 자체로 커다란 국가 예산 절감 효과를 가져온다.

이렇게 선발된 경기(京妓) 중에서 운현궁 근무로 차출된 것이 '운현궁 대령기생'이었으니, 이들이 '재예와 색태'를 갖추게 되는 것은 너무도 당연한 일이다. 이처럼 운현궁 대령기생들은 대원군의 사사 목적이 아닌, 운현궁에서 필요로 하는 각종 크고 작은 의전(儀典) 때문이다. 이들 기생들은 다른 대령예인들과 함께 제반 의식들을 수행했던 것이다. 당시 의전들은 대부분 음악을 필요로 했으니, 이것이 결과적으로 대원군이 특별히 더 풍류를 즐겼다거나 기생들을 좋아했다고 평가토록 만들었던 것이다.

세번째로 대원군이 요구한 기생덕목이다. 이는 구체적으로 언급된 바 없으나, 『금옥총부』에 나타난 기생들에 대한 평가를 통해 알 수 있다. 가장 대표적인 두 인물 '봉심'과 '옥소선'을 통해 그 내용을 알아보기로 한다.

---

27) 위의 글, 80면 참조.

28) 이들의 식사 숙박 난방비 등에 대한 제 경비는 진연의궤에 자세하게 나와 있다. 규장각과 장서각 소장의 고종 5년, 10년, 14년, 24년의 『진작의궤』, 『진찬의궤』 참조.

○봉심의 경우
비오동 불처하고 비죽실 불식이라
남산월 깁흔 밤에 울냐허는 봉심이라
두어라 비천인불탁속은 너를 본가 허노라

순창의 봉심이는 사람됨이 깨끗하고 자못 부인의 자태가 있었으며, 아울러 가무에도 익숙하였다. 석파대로께서 사랑하시어 '新婦'라고 불렀다.[29)]

○옥소선의 경우
푸른 빛이 쪽에서 낫으되 푸르기 쪽에서 더 푸르고
얼음이 물로 되었으되 차기 물에서 더 차다더니
네 어찌 일반 청루인으로 빼어남이 이 같으뇨

해주 옥소선이 나와 정의가 있다고는 하지만, 사람을 논하는 붓끝에 이르러 일호라도 사사로운 정이 있겠는가. 내 소견으로는 과연 이러한 포폄이 딱 맞는다.[30)]

봉심의 경우, 대원군이 특별히 총애한 까닭은 가무에 능한 그녀가 '부인 같은 태'를 지녔기 때문이다. 옥소선의 경우, 대원군의 직접적 평가가 아닌 안민영 진술로 짐작할 수 있다.[31)] 그녀는 청루인답지 않은 인물이기에 높이 평가된다. 여기서 '청루인을 넘어서는' 옥소선의 자질과 '사람됨이 깨끗하고 부인태를 지닌' 봉심의 자질은 상통하고 있다.

이들은 공통적으로 기생이지만 기생의 자질이 아닌, 중세가 규율하고 있는 부녀자의 자질로 인해 칭송받고 있다. 대령기생을 뽑는 대원군의 손길은 출중한 색태와 재능에 국한된 것이 아니었음을 이들 기생들은 말해준다. 대원군은 '예기(藝妓)'이면서 동시에 '중세사회가 지향했던 부녀

29) 『금옥총부』 44번 작품과 부기.
30) 『금옥총부』 163번 작품과 부기.
31) 대원군의 옥소선에 대한 특별한 총애는 앞의 주22의 인용글 참조, 진연의식에서 옥소선이 대원군의 시위를 맡은 사실, 행수기생 역 종료 후에도 계속 되는 운현궁 출입 등으로 알 수 있다.

자 법도'를 함께 지닌 기생을 높이 평가했고, 이런 자질을 갖춘 기생들로 하여 운현궁의 번(番)을 서게 했던 것으로 보인다. 어쩌면 대원군은 기생에게서 바라서는 안 되는 덕목을 희망하고 요구했는지도 모른다.

이제 옥소선의 섹슈얼리티를 그녀 자신의 경험으로 온전히 다가서기 위해서는, 초점을 당시 개혁정책으로 변화된 새로운 기생제도에 놓인 그녀에게 맞추어야 한다. 이 안에서 전개되는 기생의 '역(役)', 곧 그녀의 일상 자체를 다시 조명하기로 한다.

먼저 대령기생으로서의 옥소선은 그 누구보다도 자주 운현궁에 불려 간다. 역을 마치고 향리 해주관아로 돌아간 이후에도 계속되는 대원군의 부름 때문이다. 더욱이 행수기생까지 지낸 그녀가 이제는 적지않은 나이에 접어들었을 것임에도 이런 부름은 계속되었다. 이러한 사실은 대원군이 단순히 기생 옥소선을 총애했기 때문만은 아닌 다른 필요가 있을 가능성을 말해준다. 이것을 알아보기 위해 옥소선의 행수기(行首妓) 시절과 그 이후 활동을 추적해 보기로 한다.

행수기(行首妓)가 된 1873년 진연의식에서 옥소선은 대원군의 '주탁차비(酒卓差備)'라는 의전과 '포구락, 무고' 두 종류의 춤 공연에 참여했다고 앞에서 밝혔다. 그런데 당시 이 정도의 활약상은 다른 기생들에 비하면 현격히 저조한 편에 속한다. 왜냐하면 진연의식에서 대부분의 기생은 한두 가지 의전 수행과 더불어 적어도 넷에서 열 종목 이상의 춤 공연에 겹치기 출연을 하고 있었기 때문이다.[32] 오히려 옥소선은 명망에 비해 훨씬 적게 출연한 특이한 사례이다. 이는 행수로서 출연 자체보다는 기생 통솔과 같은 더 큰 임무를 동시에 수행했기 때문이었을 것이다. 그렇다면 행수기(行首妓) 역임으로부터 4년이 지난 후, 진연의식에 때맞추어 상경하게 되는 것은 '의전수행 요원'이 아니라 일찍이 그녀가 행수기 때에 갖추었던 '의식진행 관리 경력'의 필요 때문이라 추측된다.

32) 신경숙, 「안민영과 기녀」, 앞의 책 참조.

옥소선은 '운현궁'과 '궁중의식'들에서 그녀의 관리능력을 자주 필요로 했을 만큼 나이 들어서도 탁월한 역량을 잃지 않은 일급 기생이었던 것이다.

그럼에도 오늘날 대령기생은 지나치게 섹슈얼리티와만 결합되어 실상이 부풀려져 있는 감이 있다. 대령기생들은 주군 대원군을 위한 자로 이해되어, 사랑과 섹슈얼리티 안에 갇힌 자로 발견되는 것이다. 이에는 물론 『조선정감』의 일조가 있었다. 그러나 이미 밝힌 바와 같이 박제경은 내정개혁의 한 부분으로써 기생제도를 언급했다. 게다가 『조선정감』은 아예 처음부터 대원군을 비판하려는 의도에서 집필되었다. 그런 점에서 오독(誤讀)의 책임은 오히려 오늘 우리에게 있다. 『조선정감』의 '기생에 관한 부분'에 이르러서는 섹슈얼리티만 클로즈업시켜 다른 것을 보지 않으려는 우리의 '기생 이해 방식'이 다단한 정치제도의 변화를 놓치고 말았기 때문이다.

이제 대령기생은 다른 대령예인들과 함께 떠올려야 하며, 동시에 대령예인을 필요로 하는 정치 운영 구조 속에서 이해되어야 한다. 궁궐에 버금가는 권력이 행해지고 있는 운현궁에서 벌어지는 여러 국가적인 일들이 역이라는 이름의 노동으로 행해지는 그 한가운데에 이들 대령인들의 일상적 삶이 놓여 있기 때문이다. 만약 대령기생들의 섹슈얼리티가 어떤 의미를 띤다면 바로 이 일상적 노동[役]의 진행 속에서 뿐이다.

이와 함께 옥소선의 성(性)은 그녀 개인만의 것으로 경험되기는 어려웠다. 왜냐하면 기생에게 있어 주군과의 성적 관계는 누구에게나 가능성 속에 놓이게 마련이기 때문이다. 이 또한 주군의 성적 요청이 있을 때, 누구나 수행해야할 수청이란 역인 것이다. 특별한 총애야 있었겠지만, 그것은 언제든 옮겨질 수 있는 것이고, 또 누군가와 동시적으로 일어날 수 있기 때문이다. 옥소선 역시 자신 못지않은 재예와 색태를 지니고,[33] 주군의 사랑을 입거나 또는 그 가능성에 놓여 있는 동료들과 수청의 역을 함께 지고 있었다. 『금옥총부』가 대원군의 옥소선에 대한 각별한 사랑을 언급하면서도 이를 다른 기생들과는 다르게 별난 것으로 기록하지 않은 것도 이 때문이다. 게다가 대원군의 기생 안목은 바로 지극히 절조있는 전형적인 중세 부녀자 덕목이 아니던가. 이 속에서 주군과의 섹슈얼리티는 역을 뛰어넘는 옥소선 개인의 온전한 경험과 희망으로 자라기는 어려웠을 것이다.

운현궁 대령기생으로서의 옥소선의 섹슈얼리티는 이처럼 거대한 정치 구조와 직접적으로 연결되어 있었고, 동시에 동료기생들과의 관계망 속에서의 경험이었다. 옥소선의 시선으로 돌아오는 것은, 바로 그녀의 현재를 촘촘히 엮어내는 이 구체적이고도 다단한 일상의 결들 사이에서 그녀의 성적 경험을 만나는 작업이다.

2) 명희(名姬) 그리고 안민영

여기서 '명희(名姬)'라 함은 '명기(名妓)'와 흡사하나, 이들 용어 간 의미 차이를 두고 사용코자 한다. 일반 기녀들에서 '명기(名妓)'를 구분 짓는 것은 이미 오래된 일이다. 그러나 대개는 '이름난' '훌륭한' '뛰어난' '기지 있는' 등의 범상함을 넘어서는 자질들을 두루 묶어내는 개념으로 일반화되어 사용되어 왔다. 이러한 명기(名妓) 개념도 사실상 기생을 단일하게 규정짓게 만드는 오래된 기생 이해방식 중 하나이다. 예컨대 명기 안에는 가기(歌妓)·시기(詩妓) 등 재예(才藝)로 평가되는 축이 있는 가 하면, 달리 부르는 개념어는 없지만 넘치는 위트와 해학, 남다른 포용력, 연인과 지아비에 대한 절개 등을 지닌 축에 이르기까지 그 범주는 상당히 다양하고 성격의 편차 또한 크기 때문이다.

이런 점에서 최근에 발표된 박영민의 글은 매우 주목된다.[34] 그는 한

33) 당시 京妓의 성격이 바뀌었음을 상기할 필요가 있다.

34) 박영민, 「강담운, 명기의 내적 성찰과 섹슈얼리티」, 『우리어문연구』 20집, 우리어문

기생이 '명기'라는 이름을 얻는 과정과 이후 '명기'라는 이름으로 살아가는 것의 실상을 밝히고 있다. 구체적으로 19세기 김해 기생 '담운'의 삶을 추적하면서, '노래와 춤, 글씨 등의 재주뿐만 아니라 차산(此山)[35]에 대한 한결같은 기다림 때문에 명기라는 이름을 부여' 받게 되는 과정을 밝히고 있다. 나아가 이후 그녀가 얻은 '명기라는 개념에 부합하게 자기 삶을 구조화'해가는 과정도 명징하게 드러냈다. 이 글은 '명기'라는 칭호가 19세기 당대에 어떤 의미로 사용되었으며, '명기'로 명명됨이 한 개인 기생에게 어떤 삶을 구성토록 만들어갔는가를 그 '명기로의 호명됨'을 통해 아주 잘 보여주고 있다. 그런데 그의 글에는 재예가 뛰어난 기생들이야 많았겠지만 담운의 경우는 '정인(情人)에 대한 절개'에 보다 큰 무게가 실려있다. 하나의 연구사례이긴 하지만, 19세기 전반에 '명기'라는 호명이 '절개'라는 덕목과 관련되어 붙여졌음이 분명히 확인된다.

그에 비해 안민영은 '명기'라는 용어를 거의 사용치 않는다. 그와 교유했던 기생들은 사실상 '절개'와는 상관이 없는 인물들이었다. 그대신 그들은 노래와 춤에서 당대 일급으로 알려진 기생들이다. 이들에게 안민영은 언제나 '명희'라는 말을 사용한다. '명희(名姬)'라는 말은 안민영에게 있어 '재예와 색태를 고루 갖춘 일급 기생'들을 일컫는 어휘였던 것이다. 이러한 언어사용이 안민영 개인의 단순한 어휘관습일 수도 있다. 그러나 분명한 것은 뛰어난 여러 기생 층위 중에서 주로 '최고의 가무 재예'를 구비한 기생들에게만 이 용어가 사용되었다는 사실이다.[36]

학회, 2003.6.

35) 차산은 배전의 호. 배전(1843~1892)은 고종조 김해에서 서울로 올라왔는데, 박제경을 위시한 개화당 인물들뿐 아니라 대원군과도 교류가 있었다. 박제경의 『조선정감』에 評을 쓰기도 했다. 담운은 배전의 기생첩이다. 박영민, 위의 글 참조.

36) 한편 전국을 돌아다니며 수많은 기생들을 만날 때, 때로 다른 사람의 추천으로 외모 또는 색태만이 뛰어난 기생들을 만나는 경우도 종종 있었다. 이럴 경우에 '名姬'라는 칭호로 그들을 지칭한 예는 없다.

마치 그 '절개'를 보고 담운에게 '명기'라고 불러주었듯이. 이런 사실들 때문에 본고에서는 가무 재능에 뛰어난 기생 부류를 '명희'라는 호칭으로 범주화하고자 한다.

'명희'라고 일컬어지는 기생들은 '뛰어난 재예'로 자신의 정체성을 구성하는 이들이다. 이들에게 중요한 것은 자신의 비범한 재예를 드러내고 이 명성에 걸맞는 무대에 서는 것이다. 이처럼 기생이 특정 재예로 자신의 정체성을 형성하게 된 배후에는 오래된 기생의 생계문제가 놓여 있었다. 18세기 순창 관아 의녀들의 목소리를 전해주는 「순창가」는 기생 생계의 어려움을 다음과 같이 말하고 있다.

> 기생이라 하는 것은 가련한 인생이라
> 전답노비가 어디 있사오며
> 쌀 한줌 돈 한품을 뉘라서 줄런가
> 먹삽고 입삽기를 제 버러 하옵는데

기생은 관노비로서 관아일을 하지만 실제 먹고 입는 기초적인 생계수단은 자신이 직접 벌어 해결해야 했던 것이다. 이는 기생들에게 내리는 봉족(奉足)이 턱없이 부족한 데서 기인하다. 이같은 현상은 이미 선초(鮮初)부터 있어 왔다. 뿐만아니라 기생들은 관아 역 수행에 필요한 의복과 노리개조차도 자신이 직접 갖추어야 했다. 결국 기생들이 재예를 닦아 기업(妓業)을 겸업하는 것은 이들의 생계수단이면서 동시에 관아 제도상 필요(곧 예악)를 채우는 일이었다. 관노비이면서도 가무를 수단으로 공공연한 기업활동이 가능했던 것은, 이렇게 해서 관아의 적극적 공조체계 속에서 이루어졌다.[37] '기생의 가무활동이라는 기업'은 바로 국가의 허술한 봉족제도를 개선시키지 않으면서도 기생제도를 유지시키기 위해 파생된 자생적인 또다른 제도인 셈이다.

---

37) 신경숙, 「안민영 예인집단의 좌상객 연구」, 앞의 책, 233~236면 참조.

한편 '명희'에 도달한 기생들은 일차적인 생존의 문제에서 벗어나 있다. 그러나 명희에 이르는 과정 동안 '자신의 평생을 어떻게 의미 지으며 살 것인가'의 문제 앞에서 이들은 이미 '가무에 능한 예기로서의 삶'을 구조화해 왔다. 그래서 이들 명희들에겐 좀더 큰 무대가 필요하다. 그런데 당시 이들의 재예를 바르게 평가하고 보상해 줄 공연무대는 '국가차원보다 여항'에 더 많이 형성되어 있었다.

> 대원군이 만류하면서 "그런 것이 아닐세, 방금 국가에 進宴하는 儀式이 있어 妓樂을 선발하는 중이라 선발에 들 만한 자가 온갖 계책으로 모면하려 하여 청촉이 몰려드는데, 송근수는 성품이 나약하여 그들의 청촉을 능히 물리치지 못할 것이나 공같이 강직하면 이런 염려는 단연코 없겠기로 宋과 서로 바꿔서 혜민서 제조로 삼은 것일세" 하였다. 김유연이 발끈하면서 "공의 말씀 같으면 소인을 기생 두령으로 삼는 것입니까? 宰相이 비록 비루하나 이런 무리의 일에 어찌 간여하겠습니까" 하니 대원군이 몹씨 부끄러워하였다.[38]

이 글은 당시 내의원 제조로 있던 김유연(金有淵)이 이재면(대원군의 장자)의 인사청탁을 거절한 것 때문에 혜민서 제조로 좌천된 사정을 대원군에게 항의하는 내용이다. 여기서 알 수 있는 것은 당시 경기들이 국가 진연이라는 큰 행사에 선발되는 것을 모면하려 계책을 꾸미고, 청촉도 서슴치 않았다는 사실이다. 국가의식은 큰 무대이기는 해도, 이는 역의 수행일 뿐이고 연습기간이 두어 달 이상 되는 엄청난 시간적 경제적 손실을 가져오기 때문이다. 즉 기생들에게는 역이란 반드시 치루어야 할 것이니, 할 수만 있다면 이를 모면하고 여항무대에 서는 편이 경제적으로나 평판으로나 훨씬 나았던 것이다.[39] 이에 '명희'라는 소리를 듣는 기생일수록 이런 기피현상은 높을 수밖에 없다. 옥소선이 그 명성에도 불구하고, 또 진연의식 때마다 불려옴에도 불구하고 무대에 서지

38) 박제경, 앞의 책, 83면 참조.
39) 신경숙, 「안민영과 기녀」, 앞의 책, 80~85면 참조.

않거나 최소한의 공연종목에만 출연했던 것도 명희였던 그녀에게는 너무도 당연한 바램이자 결과였던 것이다.

이제 명희들에게는 명색뿐인 국가의식보다 실제적인 명성과 보상을 가져다 줄 여항무대가 필요했다. 그리고 그 무대는 안민영이라는 여악 매니저를 절대적으로 필요로 했던 것이다. 더욱이 이때는 대원군의 기생제도 개혁으로 기생 동반 풍류회가 자칫 '풍기단속'이라는 이름으로 처벌을 감수해야 할지도 모를 위험부담을 안던 시대였다. 이러한 상황에서 대원군과의 친밀함을 발판으로 기계(妓界)를 장악하고 풍류판을 주도할 수 있었던 안민영은 이들 기생들에게는 '명희'로서의 존립을 좌우할 만한 존재였던 것이다. 명희 옥소선과 여악 매니저 안민영 사이의 섹슈얼리티는 바로 이 권력적 관계에서 발생하고 있었다.

이제 이러한 구조적 관계가 명희인 옥소선 쪽에서는 어떻게 경험되는가로 관심 축을 옮겨보기로 한다. 그 이유는 이 모든 관계를 명희의 시선으로 경험하기 위해서이다. 동시에 이들 사이에는 이상과 같은 권력관계만으로는 이해하기 어려운 독특한 이성애적 밀착이 놓여 있기 때문이다. 그것은 바로 이들의 그 깊은 관계성을 절절히 희망하는 것은 옥소선이 아니라 오히려 안민영이라는 사실에 있다.

대략 옥소선의 상경 시부터 이들의 관계는 친밀함으로 맺어졌던 것으로 보인다. 그런데 1876년 경부터는 더욱 특별한 관계로 발전한다. 이 때를 기해 『금옥총부』 곳곳에는 옥소선을 향한 애끓는 연모의 노래가 더욱 집중적으로 창작되고 있음이 발견된다. 안민영 작품 중에는 그 어떤 기생들보다 옥소선에게 바쳐진 것이 압도적으로 많은데, 대부분 이 시기 창작된 것들이다. 옥소선은 안민영에게 특별한 존재였음에 틀림없었던 것 같다. 이를 구체적으로 확인해 보자.

①
희기는 눈 갓트니 서시에 후신인가

곱기 꼿 갓트니 태진에 넋이런가
지금에 설부화용은 너를 본가 하노라

해주 옥소선을 찬미함[40)]

②
풍절력 설비비한데 처처행색 한유유이라
만강루가 하마 떠려졈즉 하다마는
가슴에 독한 불꽃이 솟는 물을 금하더라

병자년(1876) 십일월 옥소선이 운현궁에서 내려가니, 가고 머무는 회포를 가히 말로 할 수 있으리오.[41)]

③
차다 저 달이여 설후풍 오경종을
서령에 걸려 있어 어느 곳을 빛치이노
저 만일 나와 같이 잠 없으면 애 끊칠 듯하여라.

정축년(1877) 동짓달 보름에 연호 박사준과 함께 혜교에서 만났다. 파루 후에 종로로 나와 걷는데, 이 밤 눈 온 뒤의 찬바람이 뼈에 스며들고, 새벽달은 서쪽 고갯마루에 걸려 있는데, 갑자기 옥소선이 생각나 한 수를 지었다.[42)]

첫 인용 작품은 옥소선의 아름다움에 대한 것이다. 이 정도는 오히려 단순한 찬미에 불과하다. 두번째 인용 작품은 옥소선이 떠난 후의 그리움을 가슴의 독한 불꽃으로 표현한다. 그리움의 극한 상황인 것이다. 세 번째 작품은 동짓달 하얗게 밤을 지새우고 맞는 스산한 새벽 종로거리에서조차 옥소선을 떠올리고 사무침에 몸서리친다. 계속되는 시들은 온

40) 『금옥총부』 53번.
41) 위의 책 25번 작품과 부기.
42) 위의 책 129번.

통 이같은 그리움의 절박함에서 쏟아낸 절절한 언어들로 이루어져 있다.

이 대부분의 시들이 행수기를 마친 후인 1876년 이후 집중되어 있다. 안민영은 아예 옥소선을 그리는 계면조 슬픈 가락의 8편 연작시를 짓기도 한다. 그녀는 안민영에게 연작(連作) 연시(戀詩)를 받은 유일한 기생이다. 옥소선은 안민영에게 행수기 이후가 오히려 더 매력적인 인물로 경험되어졌던 것 같다. 옥소선은 자신을 명희로 떠받쳐주는 든든한 후원자 안민영으로부터 이런 엄청난 애정시들을 받고 있었던 것이다.

그런데 여기서 놓치지 말아야 할 것은 안민영의 또다른 중요한 애정 경험들이 이 시기에 있었다는 사실이다. 하나는 '밀양 월중선'에 대한 각별한 사랑이고, 다른 하나는 '강릉 홍연'에 대한 지극한 사랑이다. 먼저 월중선의 경우를 보자.

①
청신에 몸을 일어 북두에 비는 말이
제 속 내 간장을 한 열흘만 바꿨으면
그제야 제 날 속이던 안을 알뜨리 받게 하리라

병자년(1876) 겨울 밀양 월중선이 내려가니, 자연 그리워하는 마음이 없을 수 없었다.[43)]

②
그려 살지 말고 차라리 시어져서
염왕께 발괄하여 임을 마저 데려다가
死後에나 혼백이 쌍을 지어 그리던 한을 풀니라

밀양 월중선은 지난날 한양에서 이름을 날렸던 이다. 갑술년(1874) 봄에 다

---

43) 위의 책 111번.

시 상경하였다가, 병자년(1876) 겨울에 내려가니, 이때 서로 헤어지는 심정이 몹씨 괴로웠다.[44)]

이 두 작품은 모두 1876년 월중선을 향한 그리움에서 빚어진 작품들이다. 그의 그리움은 채 밝지도 않은 새벽 사무침에서 깨어나도록 만든다. 그것은 거의 절망감에 가까운 그리움이다. 마침내 '그리워하며 사느니 차리리 죽어 혼백이라도 함께' 지낼 수 있기를 고백하기에 이른다. 이 사랑 고백은 앞의 옥소선에게 받쳐진 사무침에 몸을 떨던 그리움과 너무도 닮아있다.

다음 홍연의 경우를 보자.

엇그제 이별하고 말없이 앉았으니
알뜨리 못 견딜 일이 한두 가지 아니로다.
입으로 잊자 하면서 간장 슬어 하노라

강릉 홍연과 서로 이별한 후에.[45)]

홍연은 1877년 진연 공연 직후 향리 강릉관아로 내려갔다. 이별한지 엇그제일 뿐인데, 벌써 추억을 떠올리며 '간장이 썩는 경험'을 한다. 홍연은 안민영에게서 유일하게 평생을 함께 살자는 약속 받은 기생이다.[46)] 안민명은 다른 시(詩)에서 홍연의 초상화를 벽에 걸어놓고 그리움을 달래다가 그리움의 고통으로 끝내 태워버리는 경험을 노래한다.[47)]

월중선과 홍연을 향해 쏟아부어진 이런 애정은 바로 옥소선과 급격히 가까워지던 때에 동시적으로 일어났다. 이들 명희들도 대부(代父) 격인 안민영으로부터 엄청난 찬사와 애정을 받고 있었던 것이다.

44) 위의 책 147번.
45) 위의 책 146번.
46) 위의 책 139번.
47) 위의 책 128번.

옥소선, 월중선, 홍연은 모두 이 시기 서울 관아에 입역하고 있었고, 함께 진연의식을 치루어내고, 여항 무대에 서기도 했던 인물들이다. 결국 서로 잘 알고 지냈을 이들을 향한 안민영의 극진한 연모의 정은 모두에게 알려진 것임에 틀림없다.

뿐만아니라 이들만큼은 아니지만, 같은 시기에 안민영은 또다른 기생들에게도 계속적으로 찬시를 올리고 있다.

> ①
> 남포월 깊은 밤에 돛대 치는 저 사공아
> 뭇노라 너 탄 배야 계도 금범 난주로다.
> 우리는 채련가는 길이니 물어 무삼하리오
>
> 진양 난주를 노래함[48]
>
> ②
> 桃花與桃花하고 桃花與桃花하니
> 桃花勝桃花며 桃花勝桃花냐
> 두어라 人中桃花와 花中桃花가 새워 무삼하리요
>
> 海州妓 桃花를 노래함[49]

'난주'를 노래한 첫 작품은 우의적 표현 속에 남녀가 함께 밤을 보내는 장면을 담고 있다. 두번째 작품은 해주 관아의 옥소선 후배기생 '도화'의 아름다움을 노래하고 있다. 기생들을 향한 이런 종류의 노래는 넘쳐난다. 옥소선은 이런 류의 노래가 기생들에게 바쳐지고, 이들 사이에 일어나는 성적 관계들을 알고 있었다.

이상과 같이 명희들에게 발생했던 매니저 안민영과의 섹슈얼리티는

---

48) 위의 책 30번.
49) 위의 책 84번.

특별한 것이 아니었다. 여기에는 정도의 차가 있을 뿐이었던 것이다. 결국 여악 매니저와 기생들 사이에 전개된 섹슈얼리티는 권력적 관계에서 비롯되었지만, 이는 이들 기생 하나를 배타적으로 소유하는 개념으로 형성되지는 않았다. 이 권력은 여악 매니저의 섹슈얼리티가 공공연하게 두루 알려지고 전달되는 것에 어떤 장애도 용납치 않는 형태로의 지배성을 띠고 있었던 것이다. 따라서 '명희의 섹슈얼리티'는 동료 명희들과 함께 일하며, 명희로서의 존립을 가능케 하는 후원자가 만드는 무대에 서서, 명희라는 평판에 걸맞는 정체성을 형성해나가는 한가운데에 존재하고 있었다.

'명희'일수록 여악 매니저의 강렬한 섹슈얼리티의 욕망 가운데 놓이지만, 동시에 '명희'일수록 이 섹슈얼리티를 자신만의 경험으로 소유하는 일 없이 자신의 주변에서 발생하는 또다른 섹슈얼리티의 문제를 관조하면서 자신의 예술적 역량을 훌륭하게 지켜낼 수 있는 인물이었던 것이다. 이것이 바로 명희 옥소선이 경험하는 섹슈얼리티였던 것이다.

4. 동료에게 배우는 기생 섹슈얼리티

기생의 수청 자체가 역이듯, 기생들이 형성하게 되는 섹슈얼리티는 동료들의 경험들에 의해 직접적인 영향을 입게 된다. 옥소선 삶에는 기생 섹슈얼리티에 대한 이해를 갖게 만든 중요한 두 경험이 놓여 있다. 다른 지방에서 온 후배기생 '홍연' 그리고 고향 선배기생 '삼증'의 경우이다. 이를 통해 옥소선 자신의 섹슈얼리티가 사실화되어 가는 또다른 경로를 보기로 한다.

먼저 '강릉의 홍연'은 안민영으로부터 기생 역이 끝난 후 여생을 함께 하자는 백년가약 약속을 받은 기생이다. 이를 언약시(言約詩)로 확약받았다. 그토록 옥소선을 못잊어 괴로워했지만, 정작 안민영이 평생을 함께할 사람으로 마음에 둔 것은 홍연이었던 것이다. '옥소선과 안민영'이 1876년을 기점으로 급속히 더 특별한 관계로 발전했음을 두고 볼 때, '홍연과 안민영'의 관계는 옥소선 자신에게는 불가해한 일이었을 것이다. 그러나 동료로 함께 일하면서 서로를 잘 알고 있던 이들에게 그 까닭은 이미 널리 알려졌을 것이라 여겨진다. 그것은 다음과 같은 '홍연의 출신(出身)'과 관계된 것으로 보인다.

> 강릉 홍연은 여주 양가집 딸이다 임인년(1842)에 남의 꾀임에 넘어가 서울에 올라왔는데, 색태가 무리 중에서 뛰어나 妓籍에 잘못 올랐다. 이는 남에게 속은 것이지, 실로 그녀의 본뜻은 아니었다.
>
> 출역한 뒤 나와 가까워졌으며, 반드시 탈역하여 죽을 때까지 함께 하자는 뜻으로 굳은 약속을 하여 잠시도 떨어질 수 없었다. 그러나 조물의 시샘이 많아 마침내 뜻과 같이 되지 못했다. 그러나 피차간 골수에 맺힌 정을 어느 날에 잠시라도 잊었겠는가. 그 모습을 그려서는 벽에 걸어두고 보다가 얼마 안 되어 불에 태워버렸다.[50)]

첫째 홍연은 본디 양가집 딸이었다. 천출(賤出)이자 관가(官家)의 공물(公物)로 여겨지던 기생에게는 결코 뛰어넘을 수 없는 신분적 열등감을 갖게 하는 양인(良人)출신이었던 것이다. 둘째 그녀는 기적(妓籍)에 잘못 오를 만큼 빼어난 색태의 소유자이기까지 했다. 셋째 그녀는 여주 사람이었는데 안민영이 또한 여주 사람이었다. 넷째 행수기까지 지낸 옥소선에 비하면 한결 젊은 기생이었다. 일등 미색과 재예를 소유한 뭇 명희들 사이에서 유일하게 홍연에게만 백년가약을 약속한데는 이러한 조건들이 작용했던 것이다. 특히 안민영과 한 고향출신이면서 양가집 여자였다는

50) 위의 책 128번.

사실은 옥소선으로써는 불가능한 삶의 유리한 고지였을 것이다.

이런 홍연조차도 안민영과의 백년약속은 지켜지지 않았다. 연유를 밝히지 않아 알 수 없지만, 기생인 홍연으로서는 면천의 길이 없었을 터이니 문제해결은 안민영에게 있었다. 그러나 안민영은 강릉 관아로 떠나보내면서 가슴만 아파했을 뿐이다. 마치 기생들에게 뭇 사내들이 엄청난 약속들을 하지만 언제나 지켜지지 않았듯이 '홍연과 안민영' 사이에도 그 일은 어김없이 일어났던 것이다. 이처럼 홍연은 옥소선에게는 결코 불가능해 보이는 더 나은 삶의 조건들을 갖추고 있었지만, 기생 신분인 이상 자신의 꿈을 이루지는 못했던 것이다. 그리고 그 상대가 안민영이었기에 옥소선은 이를 더 생생한 경험으로 자기화했을 것으로 보인다.

'삼증'은 앞서 말한 해주감영 앞에서 주막을 경영하던 퇴기이다. 삼증은 한창 때 도백(道伯)인 감사의 아이를 갖기도 했던 애기(愛妓)였지만, 결국 그는 서울로 부름을 받는 행운을 갖지 못했다. 그런 점에서 명선 선배의 삶은 더욱 해주 감영 안에서도 전설적인 성공 사례였을 법하다. 그 삼증이 과거의 영화가 허명이 된 채, 바로 그 딸을 데리고 주막을 열고 있었다. 삼증은 퇴기의 삶을 관아 앞에서 온몸으로 보여주고 있었던 것이다. 기생이 누린 섹슈얼리티의 결과는 종모법에 의해 생의 크나큰 어두움만을 남겨 주었던 것이다.

안민영은 삼증의 딸을 처음 만났을 때, 그녀가 아픈 몸을 겨우 가누면서 시름 가득한 채 누군가에게 보낼 편지를 쓰고 있었다고 전한다. 손님을 보자 붓을 던지고 힘없이 쓰러지는 그녀는 정황으로 보아 그렇게 쓰지 않으면 안될 사연을 벌써부터 갖고 있었던 것이다. 안민영은 삼증 딸의 심정을 다음과 같이 읽어내고 있다.

> 아서라 이를 써 무엇하리 도로 누워 조는 듯[51]

짐작컨대 이미 돌아선 정인(情人)을 향해 쓰는 편지인 듯 싶다. 그런 딸을 둔 삼증이었으니, 옥소선이 이들 기생 모녀를 통해 본 것은 개선되지 않은 채 되물림되는 천역 기생의 삶이었던 것이다.

그런데 옥소선에게는 삶에서 가장 어렵고 힘든 시기를 삼증과 함께 보낸 경험이 있다.

> 병자년 겨울에 다시 일이 있어서 그 삼증과 함께 올라왔다. 그런데 용모가 점점 더 상하고, 목소리는 실낱같아서 중병 든 사람 같았다. 언뜻 보고 놀랐다. 그러나 오랫동안 적조했던 나의 반갑고 사랑하는 마음은 오히려 예전 아름답게 단장한 예쁜 모습으로 요염한 노래를 부르던 때보다 더 했을 따름이다.[52]

이때는 운현궁 행수기로 있다가 내려간지 얼마 되지 않은 시기이다. 그럼에도 이 시기 서울행은 예전의 영화와는 너무도 거리가 컸다. 초라한 퇴기 삼증과 함께한 여행이었으며, 나이 들고 병들어가는 망가진 육체의 초췌함이 전부였던 때이다. 이때 옥소선은 자신감도 상당히 상실하고 있었다. 같은 글에 붙여진 시에는 그녀 모습을 아래와 같이 전한다.

> 수심 겨운 님의 얼굴 뉘라 前만 못하던고
> 흩어진 운환이며 華氣 걷힌 살빛이라
> 늦기며 실갓치 하는 말씀 애 끊는 듯 하여라.

머리는 흐트러져 있고, 붉었던 피부는 빛을 잃고 있었다. 얼굴엔 수심이 가득하고, 말은 실처럼 가늘었으며 흐느끼기까지 했다. 당시 무슨 일이 그녀에게 있었는지는 알 수 없다. 다만 명희인 그녀 삶에서 결단코 맞이할 것 같지 않던 어두운 시절에, 그녀는 바로 퇴기인 선배와 함께 서울 동행을 하였다. 명희로 한 시대를 누볐던 옥소선도 초라하기

51) 위의 책 113번.
52) 위의 책.

그지없는 삼증과 자신을 함께 위치지을 수밖에 없는 동류의식을 이 시기 경험하고 있었던 것이다. 이렇게 해서 옥소선은 명희로부터 망가진 육체의 초라함만 남은 기생의 경험을 두루 거치고 있었다.

명희로 자신을 위치지으며 살아가는 옥소선에게 '홍연과 삼증'은 기생의 섹슈얼리티가 가진 문제를 아주 가까이에서 그리고 자신과 직접적으로 얽힌 관계들 속에서 전형적으로 보여주었던 것이다. 병든 육체는 이 모든 것을 자기화(自己化)는 결정적 전환을 가져왔을 것이다.

5. 옥소선의 선택, 다시 무대로

이상 본고는 크게 두 가지 방향에서 일급 예기의 삶과 섹슈얼리티에 접근했다. 하나는 기생의 섹슈얼리티를 그들 삶의 구체인 일상적 흐름 속에 위치짓기 위해 가능한 한 미시적으로 접근하려는 노력이다. 다른 하나는 기생 섹슈얼리티를 상대 남성의 경험이 아닌 기생 자신의 경험으로 읽으려는 노력이다. 이처럼 지극히 사적이고 일상적 경험 안에서 섹슈얼리티에 접근하려는 노력에도 불구하고, 오히려 여기서 만난 결과는 한 기생을 사회와 정치 제도의 중심, 그리고 인간 관계망 속에서 발견토록 했다. 역사적 텍스트와 오늘의 시각들은 끊임없이 공모하며 기생들을 섹슈얼리티 하나로만 이해하려 했지만, 오히려 이들의 일상과 그 안에서의 섹슈얼리티 경험은 이렇게 정치와 인간관계 안에 그 경험의 좌표를 형성하며 살아갔음을 보여준다.

이제 일상적 삶의 한 부분이었던 옥소선의 섹슈얼리티 경험이 그녀 삶을 어떤 방향으로 이끌어갔는를 보기 위해, 그녀의 마지막 기록들을 좀더 따라가보기로 한다.

1876년을 기점으로 옥소선은 실로 다양한 경험들과 마주했음을 보았다. 그런데 이후, 정확히 1877년이 지나면서 그토록 열정적으로 관심을 보이고 그리움을 호소하던 안민영의 기록들에서 옥소선은 사라진다. 병든 몸일 때조차 예전보다 더 사랑한다고 고백했을 정도였다는 점에서 이런 사라짐은 의외이다. 아직 퇴기의 나이에 이르지 않은 그녀는 해주감영에 있었을 뿐 더이상 서울에서의 행적은 발견되지 않는다. 나이들고, 육체적 아픔을 경험하기도 했던 그녀는 이제 기생의 한창 때를 벗어나고 있었던 것이다.

그런데 이런 옥소선이 다시 안민영의 기록에 등장하는 것은 4년 후인 1880년이다. 당시 안민영은 그의 일생 최고의 대규모 풍류회를 열었다. 여기에는 당대 최고의 '여항 음악가' 다수와 '오군영 세악수 그룹'이 함께했다. 또 전라도 지방에서 올라온 '판소리 광대'도 3명이나 참석하였다. 이 음악회는 말 그대로 다양하면서도 초호화판이었다. 그런데 여기에 옥소선이 등장한다. 옥소선의 참여를 그는 이렇게 묘사한다.

> 마침 이즈음 해주 옥소선이 올라왔는데, 이 사람은 단지 재예와 색태가 一道에서 으뜸이었던 것만은 아니다. 노래와 거문고를 동시에 잘 해, 비록 옛날에 이름을 날린 자가 다시 살아돌아온다 할지라도 先頭를 양보하지 않을 것이니, 참으로 나라 안에서 제일 가는 名姬이다.
>
> 전주 농월은 열여섯의 어여쁜 얼굴에 歌舞가 출중하여 가히 일대 名姬라 이를 수 있다.[53)]

기생으로는 옥소선과 농월 둘이 참석했다. 4년 만에 서울에 온 옥소선을 두고 그는 예전과 조금도 뒤지지 않는 명희로 소개하고 있다. 오히려 다른 기록들보다 여기서 옥소선의 재능을 좀더 자세히 소개한다.

---

53) 위의 책 178번.

그리고 국중(國中) 제일(第一)이라는 칭찬까지 쏟아낸다.

이 시기 옥소선은 꽤 많은 나이에 이르렀을 것이다. 행수기도 하지 않을 나이이다. 더욱이 육체적 아픔을 호되게 경험하고 난 후이고, 그토록 찬양을 아끼지 않던 안민영과의 관계도 소원함을 거친 뒤이다. 고향 관아만 지켰던 옥소선이 다시 이 시기 서울의 최고 무대에 우뚝 섰던 것이다. 그것도 한창 나이인 16세 전주기 농월과 함께 하는 무대였다. 이 풍류회가 있은 후에도 다시 초월·농월과 함께 안민영이 초청한 또 다른 무대에서 계속 노래했다.[54] 지방에서 새로 올라온 초월·농월에게 이제 옥소선은 경륜 많은 선배이고, 소문으로 익히 들어왔던 지난날을 풍미했던 명희였던 것이다.

이 기록들로부터 옥소선이 얼마를 더 살았는지는 모른다. 대체로 생의 마지막에 가까웠을 이 시기, 그녀의 섹슈얼리티 경험들은 발견되지 않는다. 어쩌면 그녀 삶에서 이제 섹슈얼리티의 경험은 아주 적어졌거나 별로 언급될 만한 경험들이 없었을지도 모른다. 만약 우리가 옥소선의 섹슈얼리티 한 가지에만 지속적인 관심을 갖는다면, 마지막이라 여기지는 이 무대는 별 의미를 갖지 않을 것이다. 그러나 섹슈얼리티를 통해 한 인간의 삶을 이해하고자 하는 것이라면, 이 무대는 매우 중요한 사실을 말해준다.

옥소선이 이 무대에서 보여준 것은 살아남는 것으로는 충분치 않다는 것이다. 그녀는 젊은 날 온갖 관아일을 해내고, 한창 때에는 이러저러한 사랑의 성공과 실패를 경험하고, 동시에 명희로서의 자기 삶을 구성해내기도 하지만, 한편으론 심신의 망가짐과 절망을 경험하기도 했다. 그러면서 기생의 끝에 도달하는 듯 싶기도 했다. 그러나 그녀는 그렇게 살아남는 것에 만족하지 않았던 것이다. 그녀는 해주 관아에서 서서히 노년기에 들어서는 경험 속에서도 아직 더 많은 것을 원했던 것이

54) 위의 책 22번.

다. 그렇지 않고는 결코 그녀가 다시 서울무대에 서게 되는 일은 가능하지 않을 것이다.

그녀가 경험한 섹슈얼리티는 그간 수많은 연구 결과들처럼 '기생들의 타자화된 섹슈얼리티' 경험과 다를 바 없다. 그러나 중요한 것은 이 같은 경험들과 병행하여 그녀가 지속적으로 추구해온 '명희로서의 정체성'이 이 시기까지 이어졌다는 사실이다. 우리는 그녀의 섹슈얼리티에 관심을 가졌지만, 옥소선이 보여주는 것은 그녀가 자신의 섹슈얼리티 경험의 한계 속에서도 얼마나 성실히 자신의 현실과 마주하며 그녀의 삶을 이끌어갔는가이다. 그녀의 섹슈얼리티 경험은 삶의 굽이마다 '명희로서의 자신'을 끊임없이 재구성하며 성실히 이어갔음을 이 말년의 무대는 말해준다.

카페, 근대 유흥 공간과 문학

서지영

1. 머리말

1920~1930년대 경성은 남촌(일본인 거류지)과 북촌(조선인 중심지)의 이분적 구도 속에서 백화점 · 음식점 · 영화관 · 음악회장 · 다방(끽다점) · 카페와 같은 근대적 소비 공간들로 가득 차게 된다. 이 가운데 새로운 도시 문화의 지표로 등장한 카페는 일본을 통해 유입된 서구문화의 식민지적 발현을 표상할 뿐 아니라 상업적 구도 속에서 에로티시즘이 새로운 방식으로 유통되는 근대적 유흥공간으로 자리하게 된다.[1] 카페는

1) 지금까지 식민지 시대 경성 '카페'에 대한 사회사적 연구로 장규식, 「일제하 종로의 문화공간」, 『종로－시간, 장소, 사람』(권오만 외), 서울학연구소, 2003; 목수현, 「남촌 문화－식민지 문화의 흔적」, 『서울 남촌－시간, 장소, 사람』(김기호 외), 서울학연구소, 2003; 김연희, 「일제하 경성지역 카페의 도시문화적 성격」, 서울시립대 석사논문, 2002 등이 있다. 문학에서 카페여급을 다룬 최초의 논의로 안미영의 「1930년대 소설에 나타

1910~1920년대의 대표적 유흥 공간으로서 기생이 자리하는 '요리집'을 대체하게 되는데, 1930년대에 전성기를 맞은 카페는 서구적 기호물(커피와 양주 · 서양음식 · 째즈 · 사교춤)과 이를 매개하는 '여급'(웨이트레스 · 카페걸)을 중심으로 새로운 유흥 풍속을 형성하게 된다. 이러한 카페는 일본을 거쳐 유입된 근대 문화의 식민지적 특수성과 더불어, 근대 유흥산업이 양산한 에로티시즘과 여성이 관계 맺는 역사적 방식을 문제 제기한다. 당시 카페 고객들 가운데에는 학생, 신문기자, 문인 등의 지식인 남성들이 한 무리를 이루었는데, 이들은 카페가 제공하는 갖가지 서구 취향의 소비욕구를 향유할 뿐 아니라 여급들과의 유희적 만남을 즐기게 된다. 이러한 지식인 남성 문인들의 카페 체험과 여급의 존재성은 당대 사회의 욕망의 형식에 긴밀히 연계할 뿐 아니라 이를 소재로 한 다양한 문학적 재현물들을 양산하게 된다. 본고는 식민지 유흥공간으로서의 카페가 가지는 문화사적 성격과 더불어, 지식인 문사를 포함한 남성 고객과 카페여급 사이의 만남의 형식을 추적함으로써 카페 공간 속에 발현된 향락의 작동 원리를 고찰하고자 한다. 또한 당대 문인들의 문학 작품에 등장하는 카페와 여급의 재현양상을 살펴봄으로써 근대 문학의 지형도 속에서 카페공간과 여급의 의미망을 탐색하고자 한다.

난 여급고찰－李箱의 여성관을 중심으로」, 『여성문학연구』 3호, 한국여성문학학회, 2000이 있으며, 그 밖의 논의로 서지영, 「식민지 시대 카페여급연구－여급잡지 『女聲』을 중심으로」, 『한국여성학』 19권 3호, 한국여성학회, 2003; 「식민지 근대 유흥풍속과 여성 섹슈얼리티－기생과 카페여급을 중심으로」, 『사회와역사』 65집, 한국사회사학회, 2004; 「여성의 몸과 근대적 욕망의 지형도」, 『여성의 몸』(한국여성연구소 편), 창작과 비평사, 2005가 있다.

2. 1930년대 도시문화와 카페

1) 에로티시즘의 식민성

전근대 시대 풍류공간의 전통을 잇는 요리집과 기생을 대체하여 등장한 카페는 식민지 근대를 구성하는 기호물 중의 하나이다. 1910~1920년대 '요리집'은 전통가무 공연과 더불어 기생이 지닌 독특한 '조선적' 아우라를 바탕으로 당대 유흥 문화의 중심역할을 하였지만, 1930년대 카페는 요리집에 비해 그 분위기나 절차 · 화대(팁) 등에 있어서 훨씬 대중적이고 근대적인 방식으로 도시 일상 속에 침투하게 된다.[2)] 카페는 원천적으로 르네상스 이후 18세기까지 절정을 이루었던 서유럽 귀족들의 문화공간인 살롱을 이어서 중산층과 시민층의 사교, 유흥 및 정치적 여론 공간으로 대중화되었던 공간이다.[3)] 그런데 이러한 카페는 일본으로 유입되면서 젊은 남자(보이)가 아닌 여급이 시중을 들고 고객과의 성애적 상호 작용을 요구하는 일본적 코드로 재창조되어 식민지 조선으로 유입된다.[4)]

가장 燦爛한 '네온사인'을 장치하고 가장 화려한 장식을 한 곳은 '카페와 빠'

---

2) "엇잿든 시간비주고 불너모시는 거북한 기생아씨보다 일원한장만 내노흐면 몃시간식 손목도 잡히고, 빰도 대여주고, 신식창가, 사교댄스까지 흥을 도두와 주인 미인이 칠팔명 십여명식 들끌는 카페가 세월을 맛나지못할 리가 업다(이서구, 「실사일년간 대경성암흑가종군기-카페, 마작, 연극, 밤에 피는 꽃」, 『별건곤』, 1932.1, 34면)."

3) 크리스토프 르페뷔르, 강주헌 역, 『카페의 역사』, 효형출판, 2002; 루이스 A. 코저, 이광주 역, 『살롱, 카페, 아카데미-지식인과 지식사회』, 지평문화사, 1993; 大林宗嗣, 「女給生活の 新研究(1932)」, 『近代婦人問題名著選集-社會問題編』 第三卷, 東京 : 日本圖書センター, 2002, 165면 참조.

4) Miriam, Silverberg, 「日本の女給は ブルースを歌た」, 『ジエンダーの 日本史下-主体と表現 任事と生活』(庄山則子 譯, 脇田晴子, Miriam, Silverberg 編), 東京 : 東京大學出版會, 1995, 595~599면 참조.

이다. 침침하게 조명한 꿈나라와 가튼 기분을 일으키는 실내에서 식그러운 '째쓰' 곡조가 흘너나온다. 문전에는 미려한 일 본옷이나 양복을 입고 분을 희박과 가치 바른 묘령의 미녀가 눈짓으로 드러오라는 인사를 한다. 실내에는 대개 좌우 便壁에 대여서 '빽스'(마치 기차의 좌석과 가치 두사람이 안즐 수 잇는 키놉흔 좌석을 두개 대치하고 그 중간에 조고만 탁자를 노흔 설비)를 배치하고, 중간중간에는 응접실 설비와 가튼 형식으로 '테블'과 안락의자를 배치하야 노앗다. 구석편 정면은 '빠'로 되야잇스며 그 안에 는 오색의 영롱한 이름도 모를 양주병이 櫛比하게 벌녀잇고, 힌 저고리에 거믄바지를 입은 남자뽀 이가 잔득 버티고 서잇다. 손의 주문여하에 따라 여급이 손에게 대한 써비스의 厚薄이 결정된다.[5)]

동경의 한 카페를 묘사하고 있는 위 글은 실제로 1930년대 식민지 조선의 카페와 거의 유사하다.[6)] 당시 카페의 내부 장식은 서구식과 일본식의 혼합적 분위기이며, 위스키와 일본술(아사히, 삿포르 맥주), 째즈와 블루스, 유행가, 신민요 등의 다국적 음악으로 채워졌다. 카페이름은 남촌의 경우 일본식(은좌(銀座), 적옥(赤玉) 등)을 따르지만, 북촌의 경우 낙원·목단·엔젤·평화 등 영어와 한국어가 혼합된 형태이다. 카페여급 또한 식민지 근대의 문화적 혼성물이라 할 수 있는데, 여급들은 일본식 이름(예명)으로 불리며, 복장은 양장에 에이프런을 두르고 일본말로 접대하는 등 태생적으로 일본의 카페 문화에 기원을 둔 존재들이다. 이들 조선인 여급들은 또한 일본 여급과 유사하게 고객에 대해 '에로서비스'를 하도록 요구받았다.[7)] 인텔리 문사들의 고상한 서구취미 및 예술적 취향

---

5) 東京居士, 「도회의 밤—동경의 밤」, 『신동아』, 1932.8, 77면 참조.

6) 1930년대 경성 카페의 분포현황은 목수현(2003), 장규식(2002), 김연희(2002)의 논문 참조.

7) "카페가 손님을 이끄는 것은, 소위 "카페의 기분" 때문이다. 그 기분은 현란한 실내 장식, 어두운 조명, 소란스런 음악의 맛을 의미하는 것은 아니다. 그러한 것들에도 카페 기분을 만들어내는 요소는 조금 있다. 그러나 카페의 기분에 필요한 것은 유혹적 여급의 교성과 에로틱한 교태, 자극적인 복장…… 그러한 것들이 발산하는 매력이 풍부한 공기가 바로 그것이다(村島歸之, 「歡樂の王宮, カフエー」(昭和 四年), 『近代庶

을 형성했던 다방과는 달리,[8] 여급의 에로틱한 자극을 노골적으로 요구했던 카페의 퇴폐성은 주수입인 팁을 얻기 위해 고객의 요구를 최대한 충족시켜야 하는 여급들의 노동조건에서 일차적으로 기인한다.

이러한 1930년대 식민지 조선에서의 카페의 대중화와 에로티시즘의 상업적 확산은 일본 '내지(內地)'의 향락 산업 및 성 풍속이 식민지 조선으로 이동한 전형적인 예라 할 수 있다. 일본에서 메이지 말년과 다이쇼 시대에 급속히 확산된 카페는 당시 에로, 그로, 넌센스'라는 구호를 유행시킨 다이쇼 데모크라시의 퇴폐적 문화의 한 현상으로 설명된다.[9] 다이쇼 말기(1920년대 초반)와 쇼와 초기(1920년대 중후반) 일본 사회의 유행으로 떠오른 '에로, 그로, 넌센스'라는 용어는 1차대전 이후의 호황이 다이쇼 말기와 쇼와 초기에 이르러 불황으로 이어지고, 이념적으로 사회주의 사상이 우익과 충돌하는 상황에서, 좌에도 우에도 속하지 않고 철두철미한 소비적 퇴폐화로 치달았던 일종의 거품과 같은 사회현상을 지칭한다.[10] 이러한 일본사회의 역사적 산물로서의 '에로·그로·넌센스'는 거의 동일한 시기에 한국으로 유입되어 당대 사회를 특징짓는 유행어로 확산되며, 이는 1920~1930년대 한국 카페를 중심으로 양산된 에로티시즘의 식민성을 반영하는 용어로 자리하게 된다. 그런데 1930년대 당시 대표적 사회주의 계열 잡지인 『비판』에 실린 한 기사는 이러한 '에로·그로·넌센스' 현상에 대한 비판적 성찰을 담고 있다.

民生活誌 10－享樂·性』(南博 編), 東京 : 三一書房, 1988, 320면).

8) "다방이 창백한 인텔리층의 공간이라면, 카페와 바는 술과 성과 음식이 존재하는 공간이다(목수현, 앞의 글, 259면)." 당시 커피와 홍차 등의 음료를 제공하며 예술적 분위기를 형성했던 '끽다점'(다방)과 술, 여급의 에로서비스와 갖가지 유희적 행위가 이루어졌던 퇴폐적 분위기의 카페는 당시 인텔리 남성 문인들의 자의식 형성에 각기 다른 경험을 제공한 상이한 기능의 두 공간으로 파악된다. 식민지 당대 모던한 감각과 고상한 이국취미를 문인들에게 제공하고 사교와 토론의 장 역할을 했던 '다방'의 의미를 포착한 논의로 손유경, 「1930년대 다방과 '문사'의 자의식」, 『한국문학과 풍속』 1(한국현대문학회 편), 국학자료원, 2003, 93~119면 참조.

9) 藤目ゆき, 『性の歴史學』, 東京 : 不二出版, 1998, 287~288면 참조.

10) 大宅壯一, 「エロ·グロ·ナンセンス 時代」, 『文藝春秋』, 1954.7, 61~64면 참조.

1930년은 모보, 모가를 압서 에로, 그로로써 저물고 말엇다고 한다. 사실 1930년은 에로, 그로 가 무대(舞台)일면에 도량난무하든 해 엿다. (…중략…) 원래 이 에로 그로라는 것이 경향은 결코 우 연이나 또는 착각에서도 생기는 것이 안이다. 혹은 말하되, 외국에서 수입된 것이라고도 하며 호기적 쩌나리즘이나 흥행사 카페－경영자의 창작물이라고도 하는 등 별말을 다한다. (…중략…) 유 산계급의 소비력이 확대되고 다양해지면, 제일 먼저 주목되는 것은 인간성질에 가장 깁히 뿌리 박혀잇는 성욕과 식욕을 충만식힐 방법의 변화 그것이다…… 1930년의 무대에서 광약한 에로 그로 의 경향은 자본주의적 생산양식이 발달되고 자본축적이 풍부하여지고 유산계급의 소비력이 확대되고 다양화하엿기 때문에 큰 필연적 부산물이고 별다른 것이 안이다"[11)]

이렇게 '에로, 그로, 넌센스'를 자본주의 유산계급의 타락 현상으로 보는 계급주의적 시각은 '모더니즘' '모던보이' '모던걸'과 함께 카페문화를 자본주의 비판의 근거로 삼는 많은 담론들을 양산하였다.[12)]

모더니즘의 구성원은 모보모거요, 그것의 양식은 짜스, 땐스, 스피－드, 스포－츠이요 그것의 표현 은 에로, 그로, 넌센스, 잇트이다. 모보모거의 근거지는 유한계급의 지역이다. 그들의 출산자는 현대자본벌이다. 모보모거의 생활환경은 기계문명이다. 모보모거의 지도원리는 나리낀(成金) 근성, 속악적 취미, 제일주의로써 도장한 바 아메리카니즘이다.[13)]

당시 모더니즘을 '모던보이'와 '모던걸'의 일본적 명명인 '모보' '모가', 째즈와 댄스로 대표되는 카페, '에로, 그로, 넌센스' 등으로 설명하는 위 글은 모더니즘을 자본주의와 미국의 기계문명에 근원을 둔 유산계급의 문화 양식으로 설명하고 있다. 위 글에서 "스트리트[街路]"는 "애로, 그로체(體)의 유보장(遊步場)이요 그것의 발산체(發散體)"이며, 카페

11) 錦農生, 「에로・그로의 사적 고찰」, 『비판』, 1931.5.1, 127~130면 참조.
12) 유광렬 외, 「모던걸－모던보이－대논평」, 『별건곤』, 1927.12, 112~120면 참조.
13) 오석천, 「모더니즘 戱論」, 『신민』, 1931.6, 29면 참조.

는 째즈와 땐스를 위해 모보(모던보이)와 모가(모던걸)이 찾는 주된 공간이 된다. 이렇게 카페로 대표되는 다이쇼 시대 퇴폐문화의 식민지적 발현은 이념의 층위에서 사회주의 계열 지식인들의 비판의 표적이 되었다. 하지만, 일상의 층위에서 그것은 당대 지식인 남성들의 새로운 체험의 영역을 열어놓게 된다.

2) 데카당스적 향락과 연애의 실험

1930년대 카페의 고객들은 실업가・회사원・은행원・점원・학생・선생・기자・모뽀・부랑자・지식인 문사 등으로 이루어졌다. 실제로 일상의 층위에서 당대의 카페는 여급을 포함하여 갖가지 근대적 기호물들로 가득 찬 '환락의 전당'이자, 청춘의 위안지'였다.[14] 다양한 계층의 남성들에게 열려 있었던 카페는 특히 지식인 남성들의 경우 식민지적 현실과 이념적 고민으로 인한 번민을 일시적으로나마 해소하는 공간으로 기능하였다.[15] 하지만 당대 카페는 무엇보다도 돈(팁)을 매개로 이루어지는 여급과 남성 고객 간의 유희적 만남이 문제시된다. 카페의 꽃이라 할 수 있는 여급은 술시중과 더불어, 에로티시즘을 파는 여성이었다.[16] 이렇게 '에로서비스'를 행하는 카페여급은 당시 신문이나 잡지, 소설 담론 속에서 정조를 파는 성노동자에 지나지 않는 것으로 규정되었다.[17] 또한, 당

14) 박로아, 「카페의 정조」, 『별건곤』, 1929.10, 42~45면; 김을한, 「京城夜話」, 『별건곤』, 1930.7, 87면 참조.

15) 趙龍兒, 「콩트 「카페 B」에서」[신춘문예 꽁트 선외가작], 『조선일보』, 1932.1.12.

16) "에로 써비스하는 정도가 강하면 강할수록, 껼들의 수입은 만아저야할 것이라 스스로 에로의 강력적 발전을 요구하게 된다. 에로를 공연하게 얏고 넓게 발산함으로 商賣하는 직업이라 짧은 시간에 가장만흔 손을 對하게 하야 그 허하는 범위 내에서는 가장 强烈한 에로의 刺戟을 주려는 것이니(S.S 生, 「환락의 대전당―카페」, 『신동아』, 1932.6, 61~62면)."

17) S. S 生, 앞의 글, 63면 참조.

대 여급은 외형적으로 서구적 치장을 하고 일정 정도의 지식과 사교술을 바탕으로 하여 당대 사회의 욕망의 기호물인 '모던걸'의 이미지를 상품화하였던 존재이기도 하였는데,[18] 사회주의 지식인 남성들에 의해 이들은 '물질주의와 아메리카니즘에 중독되어 허영과 사치를 일삼는 유녀로서의 모던껄', 성적으로 문란한 '불량소녀' '탕자(蕩子)' '못된 걸로서의 모던껄'로 재현되었다.[19] 당시 여급에 대해 "가정형편에 잇글려 마음에 없는 직업에서 시드러버리는 무산계급의 여성들"로서 '직업전선'에 나선 근로여성으로서의 입지를 일부 인정하기도 하지만, 대부분의 여급은 "자기들 스스로가 환락과 어두운 허영에서 빠저 생활의식도 없이 덮어놓고 향락경으로 타락해온 여성들"로 재현되는 것이 지배적이었다고 할 수 있다.[20] 하지만, 사창(私娼)이나 타락한 유산계급에 기생하는 부정적 이미지의 '모던걸' 형상만으로 설명될 수 없는 당대 여급들의 특수한 존재양식이 문제시된다. 비록 대부분의 여급들이 카페의 문을 두드릴 수밖에 없는 열악한 경제 구조 속에 있었지만, 당시 여급은 평균 보통학교 이상의 교육을 받은 계층이었으며, 여학교 출신의 인텔리 여성이나 여배우를 포함한 당시 일급 여급들은 외적 지명도와 고수입을 바탕으로 대중스타의 대우를 받기도 한다. 또한 당대 여급은 스스로를 직업여성으로 인식하는 단계에서 나아가 보다 조직적인 형태의 조합 활동을 통해 자신들의 사회적 입지를 확보하고자 하였던 것으로 보인다.[21] 한편 당시 여

18) 모던걸이 "대개 단이는 곳은 「카페」, 「劇場」, 「酒店」의 花柳 욱어진 그 속에서 그들의 정체를 발견한다하며 또 어느때는 내게도 발견된다(박영희, 「有産者 사회의 所謂 「近代女」 「近代男」의 特徵」, 『별건곤』, 1927.12, 115면)."

19) 박영희, 앞의 글, 116면; 최학송, 「데카단의 상징」, 『별건곤』, 1927.12, 119~120면 참조.

20) 木具生, "카페-의 縱橫과 學生群의 出沒", 『동방평론』, 1932.5, 49~51면 참조.

21) 당시 여급은 일정한 월급 없이 한 고객으로부터 평균 1~2원(주로 1원)정도의 팁을 받았는데, 한달 수입은 보통 50~60원이며 일급인 경우 70~80원에서 백원 정도에 이른다(참고로 1930년대 당시 기자와 교사 평균 월급이 60~70원 정도이다). 또한 1934년 4월 1일자로 발간된 여급잡지 『女聲』(女聲社)은 사회적 자각과 아울러 노동조합적 활동에까지 이른 여급들의 직업여성으로서의 입지를 보여준다. 교육수준이나 경제력 등의 여급의 구성조건, 노동 및 소비주체이자 유희주체로서의 여급의 특수한 존재양식

급들은 당대 사회가 욕망하였던 자유연애를 상품화하는 존재로서 세련된 서구 취향과 지적 소양, 화술을 바탕으로 관능적 기술과 에로티시즘의 언어를 양산하였으며, 그 과정에서 스스로가 적극적인 유희 주체로 전이하기도 한다. 직업적 노동과 자발적 유희의 모호한 경계 속에서 여급은 남성들의 에로틱한 향락을 제공하면서 동시에 스스로 그것을 향유하는 체험의 주체로 자리하게 된다.[22]

이러한 카페와 여급을 찾는 당시의 고객 가운데에는 지식인 문인 남성들이 포함되는데, 그들의 카페 체험은 작가로서의 근대적 자의식 형성에 관여하면서 문학적 글쓰기의 영역으로 깊이 침투하게 된다.[23] 카페가 활성화되기 이전, 일본을 배경으로 씌어진 염상섭의 『만세전』(고려공사, 1924)을 보면, 일본 유학 중인 청년 이인화가 자주 만나는 여급 영자는 여학생 출신으로 이인화와의 진지한 연애를 꿈꾸지만, 그에게 여급의 존재는 정신적 압박을 일시적으로 벗어나기 위한 희롱과 유희의 대상이다. 그리고 그에게 있어 카페 안에서 교류되는 연애감정은 피식민지 지식인으로서 성숙된 개인, 근대적 자아로 나아가기 위해 청산해야 할 감정의 찌꺼기이며 카페와 같은 향락공간은 부차적인 의미를 가질 뿐이다. 하지만, 카페가 새로운 유흥공간으로 확산되었던 1930년대에 풍속이 본격적으로 문학적 양식을 통해 미학화되는 과정에서 카페는 도시산책자의 감수성을 자극하는 도회적 문물 중의 하나가 된다.[24]

에 대해서는 서지영, 앞의 글(2003) 참조.

22) 일본 카페 여급의 에로티시즘에 대한 논의는 Miriam, Silverberg, "The Cafe Waitress Serving Modern Japan", *Mirror of Modernity : Invented Traditions of Modern Japan*, Stephen Vlastos ed., Berkely and Los Angels : University of California. 1998.

23) 김춘식은 『폐허』와 『백조』 동인을 퇴폐 혹은 방탕, 유희의 집단적 실천을 통해서 자신들의 생활과 행위패턴을 특화시켜나간 최초의 예술가 그룹으로 보고 근대적 예술가로서의 자의식을 형성하는 과정에서 퇴폐, 관능, 향락, 타락의 체험을 제공하는 당대 요리집과 기생의 존재가 크나큰 역할을 했음을 밝히고 있다(김춘식, 「근대적 문인 집단의 형성과 청춘의 감각」, 『어문연구』 40집, 어문연구학회, 2003, 297~320면).

24) 조영복, 『한국모더니즘 문학의 근대성과 일상성』, 다운샘, 1997, 64~70면 참조.

박태원의 초기 작품인 「적멸(寂滅)」(『동아일보』, 1930.2.5~3.1)에서, 카페는 "술과 계집과 째즈와 우슴이 잇는 곳"으로 묘사된다. 주인공이 문득 들어가는 카페는 하루 종일 골방에서 습작으로 시름하던 작가가 지향 없는 밤 산책을 하는 길에 들르는 유흥 공간이면서, 나아가 갖가지 인간 군상들을 만나고 거기서 만난 한 인물을 통해 인생을 탐문하고 자신의 실존적 존재방식을 성찰하는 계기를 얻게 되는 공간으로 자리한다.[25] 그의 「소설가 구보씨의 일일」(『조선중앙일보』, 1934.8.1~9.19)에서도 카페는 경성 거리를 배회하며 식민지 현실의 암울함, 근대 문명의 익명성과 비인간성에 맞서던 도시의 남성 산책자가 들르는 주요 코스 중의 하나이다. '낙원정 카페'에서 들러 '노는계집'인 여급들과 마주앉아 가벼운 희롱을 하면서 풍속의 관찰자로서의 시선을 유지하는 구보는 카페 앞에 '여급모집'이라는 문구를 보고 주저하는 젊은 여성과 마주치면서 가족 제도 안팎의 수많은 여성들을 카페로 유인하였던 당대 사회의 한 풍경과 만나기도 한다. 그런데 남성문인에 의해 포착되는 카페와 여급은 이러한 풍속의 표면적 이미지를 넘어서 당대 사회가 발현시킨 근대적 욕망의 심층을 문제 제기한다. 1910~1920년대 초 요리집을 '순례'하였던 『백조』 동인들이 "그 호화(豪華)한 요정의 분위기는 현금 음울(陰鬱) 잡다한 다방속미(茶房俗味)에는 비할 수도 없이 호대(豪大)한 무엇이 있는 것이다"라고 하며 "밤마다 홍등의 거리를 헤매인 생활의 암흑면과 가면을 쓴 도덕의 밑바닥에 인간악의 잔인한 자태를 찾아내어 폭로시키려는 진리의 사도"임을 자부했듯이,[26] 1930년대 카페 공간 역시 문인들의 문학적 글쓰기를 통해 공적 공간에서 추구되었던 개인의 향락의 형식과 더불어, 가족 제도 외부에서 구성되는 연애와 섹슈얼리티가 제기하는 다양한 층위의 문제들을 가시화시킨다.

25) 박태원, 「寂滅」, 『한국근대단편소설대계』(이주형 외편), 태학사, 1988, 11~15면 참조.
26) 박영희, 「초창기의 문단측면사」, 『한국문단사』, 삼문사, 1982, 124면, 135면 참조.

3. 문학 속의 카페 공간

1) '여급문학'의 탄생

『조선일보』 1939년 8월 8일자 기사에는 당대 카페와 연애 풍속 그리고 문학의 상관관계를 반영하는 글("여급문학(女給文學), 참마록(斬馬錄))-여급(女給)을 주인공(主人公)으로 한 단편소설(短篇小說)이 압도적(壓倒的)[공명(孔明)]")이 실려 있어 주목된다.

> 연애는 어쩐지 삼각형을 그리려는 경향이 잇다. 저 '피타고라쓰'도 미처 생각지못한 '性의 物理'다. 그런데 현대의 모든 연애의 邊의 하나는 '카페-'나 '빠-'에 버치고 잇다는 설도 잇 다. 그 증거로는 文章 특집, "三十二人集"의 단편의 대다수가 여급을 취급햇다. 여급은 '유 행'을 지도하고 '婦人(?)'을 지도하고 '파-마넨트'를 지도하고 '스타일빽'의 독자를 양성하고 드디 어는 오늘의 단편소설에 압도적 여주인공으로서 군림햇다. (…중략…) 작가가 가장 쉽사리 접촉하고잇 는 여성이 첫째로 그 부인이고 다음은 아마 여급일게라고까지 삼단논법을 전개시키는 것은 '아리 스토텔레쓰'의 악용이겟스나, 일세의 작가의 대부분이 붓을 들어 여급을 주제로 한 소설을 쓴다고 하는 것은 자칫하면은 오늘의 연애는 그들에게 독점되엇다는 인상을 주기쉽고 아무리 사실은 그러타치드라도 '오늘의 여성'의 전형이 그들이라는 인상을 점점 더 조장할 염려가 잇다.

위 기사는 당시 『문장』사에서 발행한 『창작 삼십이인집(創作 三十二人集)』(1939)[27]을 '여급문학(女給文學)'이라는 표제를 붙여 소개함으로써 당대 소설에 여급이 얼마나 빈번하게 연애의 주인공으로 등장하였는지를 제기하고 있다. 연애를 독점한 여급이 자칫 당대 여성의 대표적인 여성

27) 이 작품집은 『문장』 7집의 임시증간 형태로 1939년에 발간된 것으로 보인다.

상으로 고정되어질 것을 염려하는 위 글에서는 1920~1930년대 공식 담론들 속에서 비판적이고 부정적 지표를 가졌던 여급과 카페 공간이 문인들의 체험을 관통하면서 문학의 안팎에 어느 정도까지 침투하였는지를 보여준다. 실제로 위 작품집을 살펴보면, 많은 작품들이 여학교출신의 모던걸이나 여급, 기생을 주인공으로 하여 자유연애의 문제나 사랑의 삼각관계를 다루고 있다.[28] 위의 『창작 삼십이인집』뿐 아니라, 1930년대 발표된 박태원·이효석·김유정·이상(李箱)·안회남 등의 많은 단편 소설들이 여급을 주된 인물로 설정하면서 여급이라는 존재를 초점화하고 아울러 여급과 지식인 남성(문인)의 로맨스가 지니는 다양한 지층을 드러낸다.

이러한 소설 속의 카페 여급들은 일차적으로 자유연애의 적극적인 주체로서 사랑의 의미를 탐색하는 주인공으로 재현되고 있음을 지적할 수 있다.[29] 박태원의 단편 「길은 어둡고」(『개벽』, 1935.3)에서 하나꼬라는 예명을 가진 스무살 여급 향이는 무능력한 인텔리 유부남과 동거하면서 헤어질 수도 없고 첩도 될 수 없는 처지에서 불안한 사랑을 이어가는 인물이다. 여기서 현실적으로, 제도적으로 인정받지 못한 여급의 연애는 근대적 사랑이 결혼과 이어지지 못하는 제도의 틈새를 암시한다. 이러한 결혼 제도의 주변부에서 경제력을 상실한 지식인 남성과 자신의 몸을 팔아 애인이나 남편을 부양하는 여급 간의 전도된 관계를 다루는 일련의 작품들이 양산된다.[30] 『창작 삼십이인집』에 실린 작품 중 하

28) 이 작품집에서 카페여급이 등장하는 작품으로 송영 「女僧」, 계용묵 「夫婦」, 현민 유진오 「나비」, 정인택 「動搖」 등이 있으며, 기생이 등장하는 작품으로 김소엽 「破綻」, 이기영 「野生花」 등이 있다.

29) 실제로 당시 여급들은 카페에서 수많은 남성 고객들과 만나면서 자연스럽게 자유연애의 기회를 가지고 결혼을 꿈꾸었다. 1934년 당시 「낙원카페」 여급 정정화는 "언제나 마음은 진실한 남성을 만나 '쓰윗홈'을 꾸미려하는 데 잇지요"라고 하여 근대 일부일처 결혼제도 속으로 편입되고 싶은 욕망을 드러내고 있다(김동환, 이서구 사회, 「인테리 기생, 여우, 여급 좌담회」, 『삼천리』, 1936.4, 166면).

30) 李箱소설을 중심으로 형상화되었던 식민지 당대 여급과 지식인 남성간의 기묘한 동

나인, 정인택의 「동요(動搖)」에서는 무능한 남편과 카페걸 사이의 기묘한 사랑을 다루고 있다. 카페에서 많은 남자들을 만나면서도 남편을 진실하게 사랑하는 순자에 비해, 남편은 그녀를 사랑하지만 자신의 경제적 무능력과 아내를 카페에 내보내야 하는 현실을 견디지 못해 순자와 헤어질 것을 선언한다. 결국 사랑하면서도 헤어져야하는 이들의 관계는 물적, 도덕적 토대와 젠더위계가 충돌함으로써 야기되는 근대결혼제도 내부의 균열을 예시한다. 이러한 카페걸과 룸펜 인텔리 남성사이의 관계양식은 경제적으로 성적으로 여성을 지배해왔던 가부장적 권력을 상실한 남성의 자의식과 그로 인한 사랑의 균열을 보다 극적으로 드러내는 많은 소설들을 양산한다. 박태원의 「비량(悲凉)」(『중앙』, 1936.1) 역시 카페여급 영자와 룸펜 인텔리 남성간의 전도된 관계를 바탕으로 하는데, 여기서는 정조를 파는 애인에게 의존해야 하는 지식인 남성의 굴욕적인 심리가 보다 강력하게 드러난다. 이상(李箱)의 작품들도 이렇게 자신의 섹슈얼리티를 팔아서 경제력을 확보하는 여성과 물적 기반과 도덕적 통제력을 상실한 채 그러한 여성에 기생하는 남성 사이의 전도된 위계와 남성의 훼손된 자의식을 지속적으로 드러낸다.[31)]

한편, 당시 여급과 유부남과의 연애는 카페를 배경으로 하여 결혼 제도 밖에서 이루어지는 불륜의 형식을 가시화시키기도 한다. 안회남은 이러한 불륜을 소재로 한 작품들을 많이 남기고 있는데, 대표적인 작품으로 「애인」(『여성』, 1939.7~1940.3)을 들 수 있다. 이 작품에서 광식이 카페에서 처음 만나게 되는 여급 안나는 당대 카페에서 만날 수 있는 여급의 전형이라 할 수 있다.

거 관계는 안미영의 논의에서 먼저 문제 제기되고 분석된 바 있다. 안미영, 앞의 글, 309~310면 참조.

31) 李箱, 「지주회시」, 『중앙』, 1936.6에서의 여급은 경제권, 성적 자율성, 지적 능력까지 소유한 자유분방한 유형이며, 이 작품에는 이러한 여성들에게 결박되어 있는 지식인 남성의 내면적 심리, 공포와 혐오가 잘 드러난다(서지영(2003), 앞의 글 참조).

안나의 말은 롱담인가 진담인가 갈피를 잡기 어려운 일이었다. 말뿐 아니라 안나같은 여자에게 있어서는 그 행동거지까지가 정말인 듯하면서 거짓이었고, 거짓인 듯 하면서 정말이 있는 것은 광식은 아렀다. 그렇기 때문에 그들이 사랑이란 말 한마듸 안쓰면서 넉넉히 사랑을 속삭이고 있는 것도 안나의 이러한 기교에 연유함이며 또한 광식이는 안나의 그런 점에 어느정도로 도로혀 영향을 받았다고 보는 것이 옳은 것이다.[32)]

관능적 매력과 지적인 소양, 연애의 기교까지 겸비함으로써 당대 지식인 남성들의 기호를 자극했던 안나 여급은 또한 남편이 있는 유부녀이기도 하다. 따라서 안나는 처음에는 유부녀인 자신의 처지를 의식하여 유부남 광식의 관계를 주저한다. 하지만, 안나는 점차 광식을 좋아하게 되면서 오히려 현실적인 상황을 계산을 하지 않고 적극적으로 관계를 주도하기에 이른다. 그러나 광식의 경우, 안나와의 관계를 "사랑은 숭고하고 아름답고 깨끗하고 위대하다는 관념"[33)] 속에 낭만화시키면서도, 실질적으로 그는 끊임없이 안나와 아내 사이를 오가고, 과거 아내와의 사랑과 현재 안나와의 사랑을 비교하며 저울질한다. 또한, 안해와 안나를 다른 기질의 두 여성, 즉 아내를 전형적인 '정실부인' 유형으로 그리고 안나를 첩의 위치도 상관치 않는 '애인' 유형으로 이분화하면서 두 유형의 여성을 동시적으로 욕망하는 가부장제 내의 남성 인물의 전형성을 드러낸다. 광식은 번민하는 아내를 다음과 같이 위로한다.

당신같은 여자는 남의 정분이라는 조건에서 결혼할 수는 있어도 첩이라는 일홈밑에서 연애할 수 는 없는 사람이지만, 안나는 자기뜻에만 맞은면 둘다 할 수 있는 여자란 말요(215면).

하지만 현실적으로 '안해'가 자신의 연애 사실을 알고 괴로워하는 것을

32) 안회남, 「애인」 제4회, 『여성』, 1939.10, 197면 참조.
33) 위의 글, 같은 면 참조.

의식하면서 광식은 점차 안나가 적극적으로 관계를 진척시키는 것에 두려움을 느끼고 물러서는 모습을 보인다.[34] 이렇게 가족 속 아내와 가족 밖의 애인 사이를 오가며 이중적 욕망을 추구하는 남성 인물은 안회남의 다음 작품에서 보다 문제적으로 드러난다. 그의 「탁류를 헤치고」(『인문평론』, 1940. 4~5)에서는 당대의 불륜 속에 남녀의 욕망의 공식이 보다 뚜렷하게 가시화된다. 남편과 아이를 두고 부모까지 봉양해야 하는 가장(家長)인 여급 '순'은 고달픈 삶 속에서 유부남 '광'과 연애관계에 빠지면서 연애를 통해 '참인생'의 의미를 느끼게 되는 인물이다. 순은 끊임없이 '진정한 애정' '인격적 결합'에 바탕을 둔 '사랑'의 의미를 추구한다. 하지만 유부남인 광은 "안해는 안해대로 깨끗하게 독점하여 두고, 순은 순대로 여급의 애인을 작만하고 싶은 허영"을 노골적으로 드러낸다. 결국, 그의 변심을 알아차린 후에 "참 사나희들은 여자마음과 달르구나. 알 수 없다!"라는 씁쓸한 깨달음 속에 순은 도시를 떠난다.[35] 이렇게 안회남의 소설에서 유부남과 연애하거나 동거하는 여급은 규범을 이탈하면서까지 적극적으로 사랑의 의미를 탐색하고 관계의 지속성을 열망하지만, 결국 결혼 제도 속으로 이입되지 못한다. 그들은 바로 일부일처제의 결핍을 보충하는 유희적 성애 또는 낭만적 연애의 대상으로서 소비되는 여급의 이미지를 형상화하고 있다. 카페 여급과 지식인 남성 사이의 연애를 소재로 많은 작품을 남겼던 안회남은 다음과 같이 기술한다.

> 지고지순한 연애의 감정은 지고지순한 결혼의 감정과 지고지순한 문학의 감정을 생산한다. 나는 소설쓰는 여자도 싫고 여자가 쓴 소설도 싫고 소설 속에 나오는 여자도 싫고 하지만, 「베아트리체」를 「단테」가 숭상한 것처럼 한 여자

34) 안회남, 「애인」 7회, 『여성』, 1940.1, 215~216면 참조. 안회남의 「애인」은 제7회(『여성』, 1940.1)를 끝으로 연재가 중단된 것으로 보인다.

35) "그는 사실 안해도 아니요, 순도 아니요, 오직 두 아이놈들을 위하여 그 앞에 꾸부려 말이되어 가지고 그놈들을 등위에 태고서 함께 낄낄대며 마루바닥에서 둥구는 그 세계만이 만족하고 좋았다(안회남, 「탁류를 헤치고」, 『인문평론』, 1940.5, 193면)."

를 애인으로 섬기는 것만은 좋아한다.[36]

여성을 보편주체로 인정하거나 문학 생산의 주체로 인정하지도 않으며 다만 연애의 상대로서 '애인'만을 인정하며, 문학 작품 속에서 에로스의 향유 대상으로서 여성 이미지를 형상화하려는 안회남의 태도는 카페 안의 여급을 바라보는 당대 남성들의 전형적 시선의 하나로 자리한다.

2) 제도의 균열과 위반의 상상력

안회남의 소설에 등장하는 여급들은 연애에 적극적인 주체이지만, 결혼 제도 밖에서 로맨스와 성애적 욕망을 추구하고자 하는 남성들에 의해 향유되면서 결국 로맨스로부터 소외되는 타자의 위치를 잘 보여준다. 그런데 그의 또 다른 작품은 여급이 결혼 제도 안으로 유입되면서, 여성에 부과된 전통적 규범으로부터 이탈한 여급의 불온한 이미지로 인해 결혼 제도 자체에 균열을 가해지는 경우를 형상화하고 한다. 이상(李箱)의 작품에서 남녀간의 물질적, 성적 권력의 전도에 대응하는 남성 지식인의 이율배반적 시선이나 유진오의 작품에서 현모양처 이미지를 이탈하는 여급에 대한 냉소적 시선 등은 모두 관습을 이탈하는 여급을 통해 결혼 제도 내부의 틈새를 제기하고 있는데, 이러한 남성의 불안한 시선은 안회남의 「번민하는 잔룩씨」(『인문평론』, 1939.10)에서 아내로 인해 신경쇠약에 걸리는 남성 주인공의 히스테리한 시선으로 전이된다. 위 작품에서 다방을 경영하는 남자주인공의 아내 임순은 전직 여급 출신으로 결혼 후에도 끊임없이 남편의 의심을 받는 존재이다. "원체 홀게빠진 여자(168면)" "분방한 계집(168면)"이라는 고정관념과 아울러

36) 안회남, 「여성과 문학」, 『문장』 1권 9호, 1939.10, 152면 참조.

그녀에 대한 갖가지 괴이한 소문들로부터 늘 자유롭지 못한 남편은 언제부턴가 다방을 찾는 남성고객 김영식과 아내 사이를 의심하면서 극심한 의처증에 빠져들게 된다. “아내에 대한 열 가지 백가지 의심(170면)”으로 상상의 나래를 펴는 주인공은 “남이 상상할 수 없는 커다란 비밀과 번민과 우울(170면)”에 빠지게 되고 급기야는 여성 자체에 대한 전면적 부정으로 이어진다. 그는 자신을 낳은 어머니가 평양 기생 출신이었음을 상기하고 어머니를 의심하여 자신의 부계 혈통을 의심하고 나아가 아내의 부정을 의심하여 자신의 아들까지 의혹의 눈초리로 보는 데까지 나아간다.[37] 결국 김영식이 아내 임순의 전 남편이었으며, 자신이 김영식으로부터 아내를 빼앗은 가해자였음이 밝혀지는 반전을 보여주는 위 작품은 여급이 가지는 일탈적인 존재성이 가족 제도 속에 편입될 때 어떠한 방식으로 기존의 가부장적 질서를 위협하면서 가족 속의 남성의 위치를 교란시키고 있는지를 보여준다.

또한, 당대 여급을 다룬 소설들 가운데에는 결혼제도에 편입되지 못한 주변부적 사랑의 주인공이나 사랑이나 결혼 속에서 젠더 시스템의 균열을 야기 시키는 여급의 이미지를 넘어서, 세상에 대한 보다 위반적인 시선을 제기하는 여급이 발견되기도 한다. 1934년 발행된 여급잡지 『여성(女聲)』에서 “연애란 그네들의 일시적(一時的) 유희물(遊戲物)일것입니다. 어느 순간에는 정열적(情熱的)이지요 생명(生命)까지 밧처도 조켓다고 합니다. 그러나 그 순간(瞬間)이 지나면, 어느때 그런일이 잇섯든가 합니다…… 男子는 모두가? 요술사(妖術師). 감언이설(甘言利說)은 妖術師의 도구(道具)이지요”[38]라고 고백하는 ‘白馬’카페 여급 경자(京子)의

37) “영식이와 임순이가 사귄지는 얼마안된다 치드라도 방종한 게집의 짓을 누가 알랴. 내 어린 자식이 과연 내 어린 자식이야 아니냐하는 것 뿐만이 아니다. 나는 우리 아버님의 정말 아들이냐 하는 것까지도 믿을 수 없다. 임순이가 낳아놓은 아이가 나의 아들이 아니라면 그런 것 같이 나도 나의 아버지의아들이 아니요, 그러면 내가 임순이 아이의 정말 아버지가 아닌 것처럼 나의 아버지도 정말 나의 아버지가 아닐 것이다(안회남, 「탁류를 헤치고」, 『인문평론』, 1940.5, 174면).”

대남성관은 카페공간에서 이루어지는 연애의 유희적 본질을 일면적으로 시사한다. 이효석의 많은 단편들에 등장하는 여급은 이러한 낭만적 연애의 허구를 직시하고 있는 현실적 인물이다. 「장미(薔微) 병들다」(1938)에서 주남죽이라는 여성인물은 한때 사회주의 운동에 가담했던 막스걸이었지만 결국 카페여급으로 전락한 인물이다. 우연히 다시 남죽과 만나게 된 사회주의 지식인 현보는 과거 남죽의 빛나던 모습을 기억하며 그녀와의 로맨스를 새롭게 꿈꾼다. 하지만, 현보는 '7년 동안의 비밀'을 노출하지 않았던 수수께끼적인 인물, 남죽과 사랑의 줄다리기를 하지만 서사의 결말에 이르러 그녀는 결국 현보의 기대와 환상을 여지없이 배반하게 된다. 현실적으로 남죽을 부양할 수 없는 무능력한 현보와 만남을 유지하면서 한편으로 남죽은 카페에서 부랑자와의 희롱을 즐기며 그로부터 돈을 뜯어내고 결국 잠적해버린다.[39] 이 작품에서 남죽은 남성 주인공의 낭만적인 로맨스에 대한 환상을 여지없이 깨뜨릴 뿐 아니라, 가족제도 외부에서 경제력을 확보해야 했던 여급의 생존 조건과 성과 사랑에 관련된 규범을 위반하는 여성 이미지를 제기한다. 이효석의 단편 「성찬(聖餐)」(『여성』, 1937.4)에 등장하는 여급 보배 역시 이러한 카페 안의 연애가 가지는 허위적 본질을 간파하고 근대적 사랑 및 결혼의 개념을 전복시키는 인물이다. 같은 건물에서 일하는 바걸 민자와 남성고객 준보의 연애 및 민자의 결혼에 대한 욕망을 냉소적으로 바라본 보배는 결국 준보를 유혹함으로써 그들의 관계를 파탄에 이르게 한다. 특히, 보배는 남성과의 연애를 그때마다 일시적으로 풍성하게 즐기는 '식탁위의 진미'로 비유하면서 일부일처제와 낭만적 사랑의 판타지에 저항하는 현실적 시선을 드러낸다.[40]

안회남의 단편, 「에레나 나상(裸像)」(『청색지』, 1938.6)에서 여급 에레나

---

38) 일기자, 「여급의 남성관-「백마」의 京子를 차자서」, 『女聲』, 1934.4, 38면 참조.
39) 이효석, 「薔薇 병들다」, 『이효석전집』 2, 창미사, 1983, 193면 참조.
40) 이효석, 「성찬(聖餐)」, 『여성』 2권4호, 1937.4, 61면 참조.

또한 "작구 여급으로써의 경력을 닦어 점점 능글차며 불순해지는" 인물로서 여성에게 주어진 관습적 규범과 남성의 통제력으로부터 벗어나는 인물이다. 그녀는 카페 안팎으로 갖가지 부정한 품행에 관련된 소문 속에 존재하며, 자신에게 미혹되어있는 남성에게 끊임없이 자신을 변명하고 소문을 무마시키면서 거짓 환상을 불어넣는 책략의 소유자이다. 이렇게 남성들의 시선에서 볼 때 위협적이면서도 관능적 마력과 연애의 기술로 상대 남성을 굴복시키는 여급 이미지는 『창작 삼십이인집』에 실린 유진오의 「나비」에서 극대화되고 있다. 이 작품에서 여학교 출신인 유부녀 여급 프로라는 경제적 곤란으로 남편의 허락 하에 카페에 나가게 되는데, 전문학교 출신의 무능력한 남편은 카페걸 '프로라'의 바깥생활과 그녀의 부정을 알면서도 묵인하는 무기력한 인물이다. 이에 반해, 프로라는 카페 안에서 그녀를 찾는 단골 고객 7명(화가, 회사원, 부랑자, 부호, 월급쟁이, 인텔리, 광산업자 모던뽀이)과 다양한 형태의 유희적 애정 관계를 체험한다. 프로라가 겪는 인간애욕의 다양한 체험은 유부녀로서 관습적 규범을 이탈하는 지점에 놓인 타락한 여성의 이미지와 교차해 있다.[41] 또한 프로라를 희화화시키는 재현의 이면에는 경제적 자율권을 확보하고 도덕적 규범으로부터 자유로운 여급에 대한 남성들의 불안과 경계의 시선이 강력하게 작동하고 있다. 하지만 물적 토대의 변화 속에서 전통적인 젠더 위계와 사랑과 섹슈얼리티에 관련된 근대적 규범들을 위반하는 위협적 여급 이미지들은 부르주아 남성 욕망을 중심으로 재구조화되었던 근대 연애결혼제도 내부의 틈새를 내보일 뿐 아니라, 스스로의 몸을 통해 쾌락을 발견하는 여성 섹슈얼리티의 경계적(전이적) 지점 또한 제기하고 있어 주목된다.

41) 현민, 「나비」, 『創作 三十二人集』, 문장사, 1939, 210면 참조. 이효석의 「성찬(聖餐)」과 현민 유진오의 「나비」에 대한 자세한 분석은 서지영(2005), 앞의 글 참조.

4. 맺음말

1930년대 한국 사회에서 카페는 새로운 서구 근대 문화가 전통의 기호를 압도하며 침투하는 전초지이면서 일본식의 굴절을 겪은 식민지적 모더니티가 쾌락의 형식으로 발현되는 역사적 공간이다. 한편으로 당대 카페는 자본의 개입 하에 여성이 남성의 다양한 유희적 욕구를 충족시켜주며 여성은 철저하게 쾌락의 대상으로 타자화시키는 '젠더화된' 공간이기도 하다. 하지만, 당대 카페 안에서 양장 또는 일본옷을 입고 푸른 조명등 아래, 전기축음기에서 울려 나오는 요란한 재즈음악을 듣는 '재즈기생' 또는 '모던기생'이었던 카페여급은, 공적 향락의 매개자로서의 기생의 전통을 근대적으로 변형하는 낯선 시간성과 국적불명의 공간에서 신여성과 사창(私娼) 사이를 가로지르는 기묘한 존재성을 드러낸다. 1930년대 카페와 여급을 다룬 남성작가들은 문학적 형식을 통해 당대 여급의 존재양식을 초점화하고 카페 공간에서 발현되는 다양한 연애의 유형을 형상화하였다. 특히 당시 여급과 지식인 남성(작가)의 로맨스를 소재로 한 남성작가들의 작품들은 남녀관계 내부의 권력의 전도가 가져오는 사랑의 균열을 문제삼거나, 근대 일부일처제의 규범을 이탈하는 불륜을 소재로 하면서 제도의 주변부에 존재하는 여급의 타자성을 묵인하는 낭만적 연애의 허구성을 드러낸다. 또한 이들이 재현한 여급 가운데에는 연애 관계를 작동시키는 젠더 시스템의 권력구조를 인식하고 이를 위반하는 여급이 포함된다.

이러한 여급과 지식인 남성 간의 연애를 다루는 재현의 시선 속에는 여급을 에로스의 대상으로만 전유하는 당대 남성들의 욕망이 투영되어 있으며, 가부장적 질서를 교란시키는 '불안하고 위험한' 여급 이미지에 대한 두려움과 경계의 시선이 발견된다. 그러나 문학적 재현물을 통해 재구성되는 카페여급은 그들을 활용하려 했던 식민지 성 산업의 욕망이나 가부장적 시선이 깊숙이 뿌리내리고 있는 근대 지식인 남성작가의 재현적 틀에 온전히 포섭되지 않는 여성의 욕망과 시선을 제기한다. 당대 카페 공간에서 양산된 남성지식인과 여급의 연애는 자유연애와 근대 일부일처 결혼제도가 충돌하는 틈새의 지점을 가시화하고 남성지배의 규칙에서 이탈하는 젠더, 섹슈얼리티의 일시적인 재구조화를 가져온다. 특히, 식민지 당대 카페 안의 여급은 공적 공간으로 나온 여성의 또 다른 존재양식을 징후적으로 드러낸다. 또한 그들 속에서 발견되는 위반적인 여성 섹슈얼리티는 문학적 표상의 그물을 넘어서 근대 초기, 남성 중심의 부르주아 이데올로기의 이중적 통제 속에 편입되지 않았던 여성 내부의 욕망을 문제 제기한다.

1960년대 여성소설과 '낭만적 사랑'의 의미

강신재와 한무숙 소설을 중심으로

송인화

1. 낭만적 사랑과 여성

1960년대 여성작가의 소설은 몇 가지 공유된 특징을 가지고 있다. 인식의 수동성을 중심으로 한 내면성의 강화와 그와 연관된 공간적 시간의식, 감각성이 강화된 문체, 대상에 대한 관조적 인식 태도 등이 그것이다. 이와 더불어 이 시기 여성소설의 가장 두드러진 특징 중 하나는 바로 '낭만적 사랑'이다. 1960년대 여성작가의 소설에는 거의 예외 없이 사랑 이야기가 작품의 중심에 놓여 있다. 여성 인물들은 남편이나 애인과의 관계를 중심으로 그들과의 사랑을 통해 자신들의 삶의 고통과 비극성을 드러낸다. 이들에게 사랑은 단지 인생의 부차적인 사건이 아니다. 그것은 정치적 사유나 역사적인 거대 담론에 미치지 못하는 하위 이야기가 아니다. 오히려 '사랑 이야기'는 그러한 거대 담론을 그로부터 다시 재구성하게 만드는 '중심 이야기'로서 바로 그들 여성의 삶을 심부로부터 드러낼 수 있게 하는 삶 그 자체이다. 그러한 점에서 여성의 자아인식과 주체의 형성을 탐색하게 될 때 사랑 이야기는 그것의 핵심을 들여다볼 수 있게 하는 주요 통로가 된다.[1)]

하지만 이처럼 여성의 자아가 사랑의 이야기를 통해 구성된다는 사실은 여성인식이라는 점에서 볼 때 그리 달갑지만은 않은 사실로 간주된다. 여성들이 남성들과의 개인적인 사랑에 삶을 투기한다는 사실은 오히려 자본주의적인 근대성에 내재된 가부장적인 이데올로기를 내면화하고 있음을 보여주는 사례가 될 수 있기 때문이다. 알려진 바와 같이 낭만적 사랑은 자본주의적 생활양식과 밀접한 관계를 맺고 있다. 공적 영역/사적 영역, 정신/육체, 이성/감성, 사회/개인의 대립항으로 구성된 근대화 담론 중 낭만적 사랑은 후자의 열등한 영역에 배속됨으로써, 그리고 그것이 궁극적으로 여성이라는 영역으로 귀속됨으로써 젠더적인 차별을 생산하는 데 기여하고 있다. 나아가 낭만적 사랑은 개인주의와 자유주의라고 하는 부르주아적 이념에 뿌리를 내림으로써 자본주의적 근대의 중요한 한 표상이 되기도 한다. 낭만적 사랑을 통해 여성의 공간은 사적인 영역으로서의 가족이나 가정에 한정되고 그 역할도 아이를 기르는 어머니로서 또 남편의 공적인 활동에 도움이 되는 정서적 위안자로 규정됨으로써 가부장적인 질서를 재생산하는 것이다. 소위 '바깥세상'을 잃어버린 여성들은 남성에 대한 사랑을 갈구하고 그들과의 정서적인 교류에 절대적인 가치를 두게 된다. 따라서 1960년대 여성 소설이 낭만적 사랑의 특성을 공통적으로 보여준다는 사실은 가부장적인 자본주의 체제와 공모하고 있다는 혐의로부터 자유롭지 못한 것이 사실이다. 이 시기 여성 소설이 동시대 남성작가들은 물론 다른 시기 여성작가들에 비해 상대적으로 적극적인 조명을 받지 못하고 있

1) 재크린 살스비, 박찬길 역, 『낭만적 사랑과 사회』, 민음사, 1985.

는 것은 무엇보다 낭만적 사랑과 그것이 연결되어 있는 가부장적인 지배담론과의 불건강한 결탁을 지목받고 있기 때문이라고 할 수 있다.[2)]

하지만 이 시기 여성 소설에서 여성들이 재현하는 사랑의 방식은 당시 지배담론이 요구하는 인식과 윤리를 수동적으로 수용하여 구성되지만은 않는다. 여성들은 남성과의 사랑을 추구하는 과정에서 자기욕망을 응시하며 성적으로 종속된 자기의 사회적 위치를 모순으로 자각하게 된다. 사랑의 이야기는 욕망의 충족을 통해서가 아니라 사랑이라는 기표의 좌절을 통해 여성에게 체험되는 것이다. 끊임없이 유예되는 욕망을 통해 여성은 비로소 자기를 인식하고 주체적인 여성으로서의 모습을 정립하게 된다. 낭만적 사랑을 통해 여성은 가부장적 질서와 자본주의적 제도의 모순을 응시하며 그것의 완고한 위계적 경계를 분열시키는 것이다. 이러한 균열의 지점을 통해 다양한 윤리적 명목 하에 억압되었던 여성의 성적인 욕망과 육체가 새로운 의미로 복원되며 남근적인 오이디푸스적인 규율이 해체되는 징후를 보여준다. 본 고는 이처럼 낭만적 사랑이 1960년대 여성 소설에서 구조화되는 방식에 주목하고자 한다. 자본주의적 근대의 윤리성과 제도 속에서 배태된 낭만적 사랑이 어떻게 가부장적인 지배담론을 승인하면서 동시에 어떻게 그것에 균열의 지점을 만들어 가고 있는지를 추적하고자 하는 것이다. 이 글에서 대상으로 하는 작가는 한무숙과 강신재이다. 두 작가는 1960년대 여성작가 중 작품의 양이나 질에 있어서 일정한 수준을 확보하고 있을 뿐만 아니라 낭만적 사랑 이야기를 개성적인 방식으로 가장 뚜렷하게 보여주는 작가이다.[3)]

2) 이 시기 여성소설을 대상으로 한 본격적인 연구는 박정애를 통해 처음으로 시도되었다. 박정애는 문화 현상으로서의 '여류작가'와 '여류문학'을 키워드로 1950~1960년대 여성 소설가들의 작품을 접근하고 있다. 그에 의하면 이 시기 여성작가들의 글쓰기는 '여자가 자신의 타자이기를 바라는 남자의 욕망을 여자가 의식하는 것에서 발생하는 여성성의 소외된, 혹은 왜곡된 발현형태'로서의 '가면'으로 작용한다고 지적하고 그것이 문학적 진정성에 육박하지 못한, 그래서 1980년대는 물론 1920~1930년대 카프의 여성담론 수준에도 미치지 못한다고 부정적으로 해명하고 있다(박정애, 「여류의 기원과 정체성」, 인하대 박사논문, 2003).

2. 오이디푸스적 권위의 해체와 낭만적 사랑의 '환상'

강신재 소설은 '비누냄새'라고 하는 감각적인 비유를 통해 알려져 왔다. 그녀의 소설은 서구적인 취향의 감각성을 짙게 표현하고 있다고 지적되었고, 그러한 감각성이나 서구적인 취향은 곧 현실인식의 부재, 사회성의 결여 등으로 이어지면서 부정적인 판단의 단서가 되었다.[4] 물론 강신재의 소설에 서구적인 취향의 감각적 이미지와 분위기가 강하게 나타나고 있는 것은 사실이다. 하지만 그녀의 소설에서 서구적 감상성에 함몰된 소녀 취향의 여인들이 남성과의 동화적 사랑만을 꿈꾸고 있는 것은 아니다. 남성과의 사랑이 서사의 중심을 이루고는 있지만 여성들이 하는 사랑의 형태가 가부장적 질서에 순응하는 방식으로 이루어지지는 않는다. 자본주의적 근대를 지탱하는 남성-가장을 중심으로 하는 가족 관계를 벗어나 오히려 그것의 허상을 적나라하게 드러냄으로써 낭만적 사랑의 담론이 생산되는 이데올로기적인 지점을 공격하고 있다. 여기에서 아버지와 남편의 남성적 권위는 전혀 인정되지 않으며 '가족' 혹은 '가정'이라는 호명으로 미화된 부르주아적 가족이데올로기

---

3) 1960년대 여성작가 중 한말숙 · 손소희 · 임옥인 · 정연희 등도 개성적인 방식으로 낭만적인 사랑의 문제를 주제화하고 있다. 따라서 낭만적 사랑이 구조화되는 방식을 각 작가마다 규명하게 될 때 산업자본주의 시대에 대응하는 1960년대 여성의 인식의 지형도를 그릴 수 있을 것이다. 한무숙이나 강신재는 이들 작가 중에서도 낭만적 사랑의 이야기를 핵심적인 창작의 모티브로 삼고 있으며 작품의 완결성이나 문제의식 면에서 가장 성숙된 기량을 보여준다고 판단되어 우선 연구대상 작가로 선정하였다.

4) 강신재의 소설이 본격적인 작가론이나 작품론의 차원에서 주밀하게 연구된 경우는 많지 않다. 대부분 소설사나 작품집의 해설을 통해 논의가 이루어졌는데 그러한 연구들의 대부분이 강신재 소설의 감각성이나 서정성에 주목하여 이를 여성적 성향과 연결시키면서 그것을 현실인식 혹은 역사의식의 결여와 상관된 특성으로 논의하였다. 대표적인 경우로 다음을 참조할 수 있다. 김현, 「감정의 점묘화가」, 『한국단편문학대계』, 삼성출판사, 1969; 고은, 「실내작가론-강신재론」, 『월간문학』, 1969.11; 천이두, 「비누냄새의 이미지-젊은 느티나무」, 『현대한국문학전집』, 신구문화사, 1967; 최혜실, 「생활과 대립구조로서의 미」, 『젊은 느티나무』, 동아출판사, 1995.

는 부정적으로 해부된다. 그럼으로써 낭만적 사랑은 현실적인 토대를 잃어버린 '환각' 혹은 '허상'으로서만 남게 된다.

강신재의 작가적 이미지를 각인시키는 데 가장 결정적인 역할을 한 「젊은 느티나무」[5]는 이복남매의 금지된 사랑을 그리고 있는 작품이다. 작품에 설정되어 있는 인물이나 상황으로 보면 이들 가정은 '스위트홈'의 이상적인 조건을 두루 갖추고 있다. 열여덟 살의 미모의 여고생 딸과 스물두 살의 준수한 대학생 아들, 교양과 품위를 갖춘 어머니와 대학교수이며 자상한 아버지. 경제적인 유여함과 학식, 외양까지 고루 갖춘, 한마디로 1960년대 부상한 중산층의 욕망인 '스위트홈'의 이미지를 그대로 재현하고 있다. 그런데 문제는 바로 이들 남매가, 어머니와 아버지가 서로 다른 '인공적으로 맺어진' 관계, 즉 이복남매라는 데 있다. 그리고 그들이 서로 '사랑한다'는 데 있다. 그것은 결정적으로 가족의 행복과 낭만적인 이상을 송두리째 허물 수 있는 가공할 파괴력을 지닌 것임이 분명하다.

> 오누이 ……
> 동생 ……
> 이런 말은 내 맘속에서 혐오와 공포를 자아낸다.
> 싫다.
> 확실히 내가 느껴온 기쁨과 즐거움은 이런 범주 내에서 허용될 수 있는 것이 아니었다.[6]

현규를 사랑한다는 일 가운데에 죄의식은 없다. 그런 것은 있을 수 없었다. 그러나 엄마와 무슈 리를 그런 의미에서 배반하는 것은 곧 네 사람 전부의 파

5) 강신재는 1949년 『문예』에 「얼굴」과 「정순이」를 발표하면서 등단하였다. 1950년대 두 편의 단편집을 출간하는 등 활발한 작품 활동을 하였고 1960년대 이후는 장편소설을 발표하면서 장편만 30편이 넘게 출간한, 많은 수의 작품을 오랜 기간에 걸쳐 발표한 다작의 작가이다. 하지만 지금까지 강신재에 대한 논의는 압도적으로 「젊은 느티나무」에 집중되어 왔고 그것도 감각적인 문체에 논의가 국한됨으로써 이복남매의 사랑 이야기가 던지는 부르주아 가족제도와 가부장적 질서에 대한 도전의 의미를 간과하고 있다.
6) 강신재, 「젊은 느티나무」, 『젊은 느티나무』, 대문출판사, 1970, 17면 참조.

멸을 의미하는 것이었다. 파멸이라는 말의 캄캄하고 무서운 음향 앞에 나는 떨었다.[7)]

이복오빠인 현규를 사랑하는 숙희의 자의식이 선명하게 드러나는 부분이다. 혈육은 아니지만 법률적으로 친족관계를 맺고 있는 현규를 사랑함으로써 느낄법한 죄의식은 없다. 숙희가 염려하고 있는 것은 그러한 제도화된 가족의 도덕률이라기보다는 자기들의 사랑이 엄마와 계부인 무슈 리를 배반하는 것이 될 것이라는 인간적인 차원의 배려일 뿐이다. 오히려 그러한 오누이라는 가족적 울타리는 이들의 '아름다운' 사랑의 감정을 억압하고 방해하는 부당한 '족쇄'로 제시될 뿐이다. 여기에서 낭만적 사랑을 가능케 하는 자본주의적 근대의 가족제도와 윤리는 근본적으로 도전을 받게 되며 그것의 권위는 심각하게 흔들리게 된다.

알려진 바와 같이 낭만적 사랑은 자본주의적 근대의 생활양식과 감정양태를 근간으로 형성된다. 사적인 영역으로서 가족의 정서적 위무를 담당하는 가정은 자본주의적 윤리가 통과하는 근대적인 제도의 중요한 지점이 되고 금욕적인 규율로 제어된다. 아버지의 위상은 전근대적인 강권적인 모습으로 유지되지는 않지만 여전히 가장으로서의 권위와 위계적 질서는 지속된다. 특히 친족 간의 사랑은 전시대보다 더욱 엄격하게 금기시되는데[8)] 그럼으로써 가부장적인 질서는 강고하게 재생산되는 것이다. 이러한 낭만적 사랑의 사회적인 문맥에서 볼 때 숙희와 현규의 이복남매 간의 사랑은 가부장적인 근대의 가족적 규율을 위반하는 '금기의 사랑'인 것이다.[9)] 때문에 그것은 사랑 이야기이지만 오히려 낭만

7) 위의 책, 24면 참조.

8) 앤소니 기든스는 낭만적 사랑이 부르주아 근대의 진행과정과 윤리성 속에서 형성되며 그것이 사회적으로 확산되면서 혼인관계가 친족관계로부터 분리되고 결혼 자체가 특별한 의미를 갖게 되는 경향이 나타나기 시작했다고 지적하고 있다(앤소니 기든스, 배은미·황정미 역, 『현대사회의 성, 사랑, 에로티시즘』, 새물결, 1996).

9) 이외에도 강신재의 소설 중 「표선생 수난기」는 아들의 친구와의 사랑을, 「제단」은 남편의 친구와의 사랑을 각각 그리고 있다. 이들 작품에서도 작가는 금기의 사랑에 대

적인 사랑의 담론을 해체하고 그것을 통해 구성되는 가부장적인 질서를 위협하는 '위험한' 이야기가 된다.

더욱 문제적인 것은 아버지의 아들을 사랑하는 이러한 금기의 사랑이 「젊은 느티나무」에서는 '아름답게' 제시된다는 점에 있다. 작품에서 숙희와 현규의 사랑은 매우 '아름답게' 느껴지는데 그것은 이들의 사랑이 숙희의 시각에서 제시되고 있기 때문이다. 숙희가 초점화자로 등장하며 그녀의 내면의 심리적 정황이 이야기를 제시하는 주요한 통로가 되고 있다. 뚜렷한 서사적 갈등이나 외적인 행동을 묘사하기보다는 바로 숙희의 인식과 심리가 묘사의 주요한 대상이 되는 것인데 숙희의 심리적인 상황과 인식이 지속적으로 노출됨으로써 남매간의 사랑이라는 충격적인 사건은 그녀의 시각에서 설득력 있게 제시되는 것이다. 윤리적인 판단 이전에 안타까움과 아련한 아름다움으로 채색되는 것으로, 강신재 소설 중에서도 유독 서정적 색채가 짙게 드러나는 아름다운 소설로 지적되는 것은 이러한 초점화자의 선택과 직접적으로 연관이 된다.[10] 그리고 그러한 아름다움 속에서 남성 중심적인 가족제도의 윤리성은 더욱 의미를 잃게 된다.

중산층 가정의 윤리와 가부장적인 권위를 인정하지 않는다는 것은

한 도덕적인 비판을 하고 있지는 않다.

10) 김미현도 강신재 소설의 서정성에 주목한 바 있다. 김미현은 남성작가들의 서정성과의 비교하면서 강신재 소설의 서정성이 여성성과 관계하는 방식을 세밀하게 탐색하고 있는데 강신재 소설의 서정성에 내재된 비극성과 현실성을 해명하고 있다는 점에서 의미가 있다. 그런데 정서적인 통합과 이미지적 표현으로 구체화되는 이러한 서정적인 문체를 여성성의 특징으로만 해명하는 것은 문체에 담긴 저항적 인식을 제대로 읽어내지 못한다는 점에서 아쉬움이 있다. 강신재 소설의 서정성 혹은 감각과 감수성의 문제는 단순히 글쓰기의 기술적 문제라기보다는 대상을 개념적으로 파악하는 동일시적 사유, 즉 대상화된 인식으로서의 자본주의적 근대의 사유에 대한 미학적인 저항의 의미를 갖는다는 점에서 보다 깊은 분석과 해명이 요구된다. 자본주의적 근대의 남성 중심적 사유가 갖는 위선성과 폭력성에 대항하는 인식을 이미지와 감각을 동원한 은밀한 전략으로 표현함으로써 강신재만의 성과를 거두고 있다고 할 수 있다(김미현, 「서정성, 감각성, 여성성」, 『페미니즘과 소설비평』 현대편, 한길사, 1988).

가족에 대한 숙희의 인식에서도 잘 드러난다. 작품의 전체적인 의미를 통어하는 숙희의 지각 속에서 아버지와 오빠는 그 자체로 회의의 대상이 되고 있다.

> '오빠'
> 그는 나에게는 그런 명칭을 가진 사람이었다.
> '오빠'
> 그것은 나에게 있어 무리와 부조리의 상징 같은 어휘이다.
> 그 무리와 부조리에 얽힌 존재가 나다.[11]

> '아버지'에 관하여 나는 아무것도 모른다. '돌아가셨다'는 설명을 언젠가 들은 적이 있었으나 어쩐지 정말 같지 않다는 인상으로 남아 있었다. 사변 후에,
> "너의 아버지는 돌아가셨다."
> 하고 할머니가 일러주셨는데, 이때의 말투에는 특별한 것이 깃들여 있어서 그 후로는 그것이 진실이거니 여기고 있다. (…중략…) 어쨌든 나는 내 부친에 관해서 아무런 지식도 관심도 감정도 갖고 있지 않다. '윤'이라는 내 성이 그로부터 물려받은 유일의 것이지만 흔한 성이라고 느낄 뿐이다.[12]

아버지나 오빠는 가부장적인 가족에서 단순히 친족적인 관계를 나타내는 호명이 아니다. 그것은 상징적인 권위를 갖는 것으로 법과 제도 그리고 규율을 관장하며 지배적인 사회의 제도와 담론 속으로 자아를 편입시키는 데 결정적인 통로가 된다.[13] 그런데 이러한 두 사람의 호명에 각별한 '기호'를 부가함으로써 그것이 일상적으로 소통되었던 '자연스러운' 의미에 균열을 만들고 있다. 일상적인 의미에 틈새가 형성되고

---

11) 강신재, 앞의 책, 15면 참조.
12) 강신재, 앞의 책, 25면 참조.
13) 아버지가 갖는 상징적 권위와 의미에 대해서는 프로이드가 제공한 오이디푸스 콤플렉스와 라깡의 상징계에 대한 이해를 참조할 수 있다. 특히 라깡의 상징계의 경우 사회화된 담론질서 속으로 편입되는 데 있어 아버지의 세계가 갖는 의미에 대한 중요한 통찰을 제공하고 있다(아니카 르메르, 이미선 역, 『자크 라캉』, 문예출판사, 1994).

그러한 틈새를 통해 당연하게 여겨졌던 아버지의 권위는 회의의 대상이 되는 것이다.

실제 생활에서 아버지를 대하는 숙희의 태도는 그러한 상황을 더욱 배가시킨다. 숙희는 외할머니를 통해 생부가 전쟁에서 사망하였다는 사실을 전해 들었지만 그것에 대해 별다른 감응을 보이지 않는다. 그녀의 아버지의 죽음은 '돌아가셨다는'말의 각별한 강조처럼 한국전쟁이라는 역사적 파란 속에서 예사롭지 않게 처리된 죽음이었다. 그것을 숙희도 감지하고 있다. 하지만 그러한 사실은 그녀에게 아무 의미가 없다. 아버지의 의미는 그저 '윤이라는 흔한 성을 전수한' 사람일 뿐 '지식도 관심도 없는 사람'인 것이다. 아버지와 그에 동반된 역사의 무게는 그녀에게는 없다.[14] 계부인 '무슈 리'에 대해서도 마찬가지이다. 자상하고 따뜻한 그에게 숙희가 할아버지와는 다른 보호감정을 느끼고 있는 것은 사실이다. 하지만 그것은 어디까지나 표피적인 감정일 뿐 "무슈리를 아버지라고 부르기 어렵기보다는 몇 갑절이나 힘든 일"이라는 숙희의 고백에서 무슈 리를 '아버지'라고 호명하기를 거부하는 의식이 드러난다. 그래서 그녀는 그를 아버지라 부르지 않고 '무슈 리'라는 이름을 스스로 지어부르고 있는 것이다. 그는 그저 "엄마에게 예절 바르고 친절하고…… 내가 건강하고 행복스런 얼굴만 하고 있으면 어느 때고 지극히 만족해"하는 인물이면서도 "어느 불란서 영화에서 본 한 불쌍한 아버지의 모습과 닮아" 있어 상황에 따라서는 "엉망으로 불행해질 것같이 보이는" 안쓰러운 사람일 뿐이다. 숙희에 의해서 재구성되고 있는 아버지의 형상에서 한 가정의 가장이라는 '아버지'의 권위는 어느 곳에서도 발견할 수 없다. 아버지를 '아버지'로 호명하지 않고 스스로 지어부른,

14) 김복순은 강신재의 소설에서 전쟁을 포함한 역사적 사실이 그 자체로 중요한 의미를 갖지 않으며 거대담론에 대한 비중보다는 '개인'에 대한 인식과 경험이 서사의 중심에 있음을 지적하고 있다(김복순, 「1950년대 여성소설의 전쟁인식과 '기억의 정치학'—강신재의 초기 단편을 중심으로」, 『여성문학연구』 제10호, 한국여성문학학회, 2003.12).

그것도 비극적 운명의 애잔함을 동반한 '무슈 리'라는 이름으로 호명함으로써 숙희는 '아버지의 법'을 통과하는 상징계로의 진입을 거부하고 오이디푸스적인 금기, 즉 친족과의 사랑이라는 경계를 넘어서는 것이다.[15] 제도와 문화에 길들여지지 않는 이러한 욕망에서 지배담론에 구성되지 않는 여성적 욕망의 얼개를 볼 수 있다. 가부장적인 제도와 윤리가 허용하는 안에서 순응적인 사랑을 꿈꾸는 낭만적 사랑은 길들여지지 않은 이러한 금지된 사랑의 위험성에 노출되면서 그 경계가 위협받게 되는 것이다. 이 작품에서 여성의 형상이 전적으로 사랑에 조종되고 있다는 것, 사랑의 갈등에 현실성이 부족하다는 점, 또 서구적인 이미지가 강하게 나타나고 있다는 점 등을 통해 낭만적 사랑 이야기가 갖는 부정적 측면이 일정하게 나타나는 것이 사실이다. 하지만 「젊은 느티나무」는 금기의 사랑을 통해 가부장적 제도와 윤리를 공격하고 있으며, 낭만적 사랑 이데올로기를 배태한 가부장적 근대의 지배담론에 일방적으로 포획되지 않은, 그 경계를 위협하는 탈주를 보여주고 있다.

오이디푸스적인 가족의 윤리를 전복하고 낭만적 사랑의 경계를 해체하는 것은 「이브 변신」에서 보다 강도 높게 나타난다. 아가다라고 하는 가정부의 시선을 통해 주인집의 기이한 사랑의 행태를 제시하고 있는 이 작품은 부르주아적 가정의 위선적인 사랑과 속물성을 집요하게 추적하고 있다. 작품이 낭만적 사랑에 대한 기대를 의도적으로 거부하고 있다는 것은 초점화자의 선택에서 일차적으로 드러난다. 초점화자의 기능을 맡고 있는 아가다는 개성이 강한 가정부이다. 그녀는 가정부이면서도 주인집을 능가하는 당당함을 보여줄 뿐만 아니라 '뻔뻔스럽다'고 느낄 정도로 자기 욕망에 지극히 충실한 인물이다. 아가다는 주인인 최애자씨가

15) 라깡에 의하면 인간은 오이디푸스를 통해 상징계로의 진입이 이루어지는데 어린아이가 자신을 아버지와 동일시하게 되고 남근을 갖게 됨으로써 오이디푸스적인 금지 즉 근친상간적인 사랑의 금지라는 법을 비로소 내면화하여 문화적인 단계로 진입하게 된다고 한다. 아니카 르메르, 앞의 책, 130~150면 참조.

시키는 일은 나중에 미루어 하면서도 오히려 큰소리를 쳐 주인의 기를 눌러놓을 뿐만 아니라 주인할머니보다 좋은 방을 쓰고 음식을 먹으며 주인집을 자기가 선택해 시혜를 베푸는 양 살아간다. 일반적인 주인/고용인의 관계와 윤리를 전복하는 개성적인 인물인 것이다. 그러한 그녀의 개성이 가장 분명하게 드러나는 것은 남자와 아이들에 대한 태도에서이다. 그녀는 남자를 싫어한다. "사내가 어디가 좋다고 사죽을 못 쓰는지……"라고 말하는 그녀가 최애자씨 집을 선택한 이유도 "남자의 그림자라곤 없다"는 점이 마음에 들어서이다. 사실 네모지고 억세며 목통이 크고 안짱다리에 오묵한 눈을 가진 그녀의 외양은 처음부터 낭만적인 사랑을 불러일으키는 여성인물의 조건과는 상관없는, 오히려 그러한 일반적인 기대를 배반하는 인물이다. 남성에 대한 낭만적인 환상이나 사랑에 대한 열정적인 기대 혹은 그것에 수동적으로 자기 삶을 투기하는 그러한 열망이 그녀에게는 처음부터 나타나지 않는 것이다. 그러한 점에서 독립적으로 자기의 삶을 살아가는 주체적인 인물에 가깝다고 할 수 있는데 아이들에 대한 태도는 그것을 보다 단적으로 보여준다. 그녀의 두 명의 딸은 무허가촌의 땅굴 속에서 굶으며 먹으며 중학과 국민학교에 다니고 있지만 그녀는 아이들에 대한 가책을 느끼지 않는다. 오히려 남편 죽은 뒤 재가하지 않았고 또 자기가 번 돈으로 사치하는 일 없이 아이들에게 먹거리를 대주고 있다는 사실을 내세우며 좋은 음식과 잠자리를 요구하는 자신의 생각을 당당하게 내세운다. 아이들과 함께 기숙하지 않는다는 죄책감이나 모성을 저버렸다는 자학감이 없이 "질척거리는 가마니때기의 잠자리를 참을 수 없어 돌아가지 않는다"는 욕구를 숨김없이 드러내는 것이다. 아이들에 대한 어머니로서의 책임은 감당하지만 개인의 욕구를 져버릴 수 없다는 것으로, 모성으로 인한 억압성을 그녀에게는 전혀 찾아볼 수 없다. 이러한 아가다라는 인물은 가부장적인 시각에서는 모성을 저버린 이기적이고 뻔뻔한 인물로 비판받을 수 있다. 하지만 작가는 그러한 일상적인 판단을 전복하고 오히려 아가다를 작품의 가치와 인식을 대변하는 초점화자로 내세운다. 그리고 그녀를 통해 부르주아 가족에 나타난 낭만적 사랑의 허위성을 통렬하게 고발하는 것이다. 초점화자는 단순히 기능적으로 이야기를 전달하는 인물이라기보다는 작품의 인식론적 창이자 가치를 조종하는 역할을 한다. 따라서 믿을 수 없는 초점화자인 경우 초점화자를 통어하는 또 다른 인식의 지평이 설정되어 초점화자의 인식을 윤리적으로 판단하고 풍자한다. 그런데 「이브의 변신」에서는 초점화자 위에 그러한 윤리적 주재자가 따로 설정되어 있지 않다. 작가의 시선은 아가다의 그것에 밀착되어 있으며 그녀의 인식과 판단을 평가하거나 윤리적으로 통어하지 않는 것이다. 가부장적 사회에서 요구하는 여성성의 조건을 전복하고 낭만적인 사랑의 기대를 스스로 거부하는 이러한 여성인물을 통해 작가는 거꾸로 중산층 가족관계의 속물성과 사랑의 위선적 행태를, 나아가 낭만적 사랑의 실체와 현실성을 도전적으로 되묻고 있는 것이다.

아가다가 가정부로 있는 주인집은 겉으로는 볼 때는 이상적인 가정의 모습을 하고 있다. 경제적으로 풍요로우며 고등교육을 받았고 산업화 시대에 걸맞는 직업을 가진, 남편과 아내로 구성된 3대가 함께 살아가는 가정이다. 하지만 이들이 맺고 있는 부부관계는 이상적이지도 정상적이지도 않다. 이들 부부에게 사랑이란 존재하지 않는다. 동경유학까지 마쳤고 60을 바라보는 나이에도 여전히 고운 미모를 간직하고 있는 최애자씨는 계속된 남편의 외도로 각종의 사회단체 활동에 가담하며 "하루도 빼지 않고 밖으로 나돌아야 하는 사람"이 되었다. 그녀는 또한 남편에 대한 불신과 원망으로 딸의 사랑을 저지하여 그녀를 정신병자로 만들어 놓았다. 아들 내외역시 비정상적인 부부관계를 맺고 있다. "어린애와 美食과 안일로 만족하고 있는" 며느리는 30대 초반의 나이임에도 남편의 외도에 무감각하다. 경제적 여유가 제공하는 안분 속에서 나태하고 방종한 삶을 살아갈 뿐이다. 경제적인 여유는 남편의 외도와 아내의 방종을 조장하는 조건이 되고, 있어야 할 것이라고 기대되는 부부 사이의 애정은 기미조차 찾을 수 없는 것이다. 이러한 해체된 가족의 형상에서 부부 사이에 기대되는 낭만적인 사랑은 실체 없는 환상일 뿐이다. 자본주의 근대의 외양을 완벽하게 갖춘 가족과 부부이지만 실상 그 안에 불신과 탐욕, 그리고 허위만이 있을 뿐 근대가 약속하는 낭만적 사랑과 스위트홈은 존재하지 않음을 확인시키는 것이다. 여기에서 낭만적 사랑의 이데올로기는 허위적인 것으로 판명되고 그것을 기반으로 여성의 사회적 위치를 가정 안에 제한하며 주부로서의 역할만을 강요하는 근대 가부장적 제도의 논리는 비판된다.

작품에서 낭만적 사랑의 현실적 부재는 비극적인 사랑을 통해 역설적으로 확인된다. 정신병자인 딸 난아는 정신병이라는 병리적인 현상을 통해 낭만적 사랑의 부재를 웅변적으로 증명하고 있는 인물이다. 주인집의 딸인 난아는 이루어지지 못한 사랑의 상처로 인해 정신적인 일탈을 보여준다. 상아 같은 피부와 빼어난 미모, 여학교를 수석으로 졸업한 재원인 난아는 사랑하는 남자와의 결혼이 어머니인 최애자씨의 방해로 이루어지지 못하게 되자 정신에 이상을 일으켜 어린아이와 같은 지적인 수준으로 성적인 유희에 몰두하고 있다. 남편의 외도에 질력이 난 어머니가 딸의 사랑을 방해함으로써 비극적인 사랑의 이야기로 끝난 것이다. 특이한 것은 이러한 난아를 가족들이 각별히 대접을 한다는 것이다. 뿐만 아니라 난아는 가족들 중 가장 빛을 발하는 인물로 제시되고 있다.

> 난아는 별안간 두 무릎을 세워 오그려 붙이더니 두 손으로 얼굴을 가리고 재빠른 말씨로 중얼대기 시작했다. 그 왼손 무명지에 낀 루비라든가 하는 구슬이 폭이나 새빨갛다. 내 약혼반지 내놓으라고 야단야단해서 애자 씨가 비싸게 주고 사주었다는데, 그 물건은 애자 씨의, 말라서 나뭇가지 같은 손에 끼고 있는 반지들과는 달리, 언제나 아주 깨끗하고 빛을 발하는 것이었다.[16]

---

16) 강신재, 「이브의 변신」, 『젊은 느티나무』, 대문출판사, 1970, 139~140면 참조.

한시도 눈을 뗄 수 없는 애물단지와 같은 존재임에도 불구하고 난아가 가족들을 압도하는 위상을 갖는 것은 그녀만이 순수한 사랑의 가치를 온몸으로 보여주고 있기 때문이다. 하지만 그것은 현실적으로는 패배한, 불가능한 것으로 병리성 속에서만 드러날 수밖에 없다. 그녀가 보여주는 민망한 사랑의 음행(淫行)은 낭만적 사랑의 현실적 부재를 단적으로 보여주는 것이면서 동시에 낭만적 사랑 자체를 공격한다. 부르주아 가정에 당연한 가치로 요구되는 부부간의 사랑이나 애정이라는 것이 기실 환상에 불과하다는 것, 그것의 진정성은 결국 병리적으로밖에 드러날 수 없다는 것이다. 그럼으로써 낭만적 사랑의 환상을 만들어내는 자본주의적 '스위트홈'의 이데올로기적 지점에 균열을 만들고 있다. 최애자씨 가족이 난아를 밖으로 내보이기를 꺼리면서도 보물처럼 보살피는 것은 그러한 균열을 내부적으로 무마하고 환상을 보존하려는 행위라 할 수 있다. 뻔뻔스럽다고 할 만큼 자기중심적이고 자기 욕구를 당당하게 표현하는 아가다가 이들보다 인식론적으로 우위에 놓여 시선의 기능을 할 수 있는 것은 그녀가 자본주의적 체계 안에 포획되지 않은, 낭만적 사랑의 환상을 처음부터 갖지 않은 인물이기 때문이다.

낭만적 사랑의 현실성을 부정하는 것은 「황량한 날의 동화」에서 보다 밀도 있게 제시된다. 약사인 아내와 아편 중독자인 남편 사이의 부부관계를 그리는 이 작품에서 사랑이라는 환상은 냉담하게 부정된다. 작품에서 사랑이란 "섹스가 일으키는 트러블이고, 일종의 하찮은 시정(詩情)"일 뿐이다. 실의에 빠져 감정적인 학대를 감수하고 있었던 남편 한수에게 열정을 느껴 결혼했던 것은 감정적인 경도에 의한 착각에 의한 행동이었을 뿐 아내인 명순은 마약을 손에 넣기 위해 거짓말과 도둑질을 일삼는 남편에게 분명하게 '사랑하지 않는다'고 말한다. 다만 남편과의 부부관계는 육체가 느끼는 정욕의 물리적인 확인을 통해서만 의미가 있을 뿐이다. 명순이 남편과 함께 지내는 것은 낭만적 사랑의 환상에 대한 기대를 철저하게 버렸기 때문이다. '그저 살아가는 것일 뿐이다.' 그녀가 사랑과 관련하여 남편에게 유일하게 기대하는 것은 역설적으로 남편이 유서를 쓰고 자살하는 것일 뿐, 그래서 현실로 드러난 남편의 죽음은 '동화'가 된다. 이처럼 섬뜩하리만큼 냉혹하게 낭만적 사랑의 환상을 무너뜨림으로써 가부장적인 질서는 물론 공/사 영역의 분리와 그에 따른 성역할의 구분도 전복된다. 아내인 명순은 독립적이고 주체적인 인물로 서게 되고 가부장적인 가장은 경제적 능력도 책임감도 상실한 무력한 인물일 뿐이다. 이처럼 작가는 낭만적 사랑이 현실에서는 내용도 실체도 없는 부재하는 환상일 뿐임을 거듭 보여주고 있다.

「녹지대와 분홍의 애드벌룬」에서는 낭만적 사랑을 기반으로 하는 '스위트홈'의 환상을 직접적으로 공격하면서 가장의 권위와 부부사이의 성역할 구분을 무너뜨린다. 교회당처럼 푸른 언덕 위에 세워진 집은 분홍색의 애드벌룬과 어우러져 '평화로움' 그 자체를 연출하지만 실상 내부에서 벌어지는 가족 관계는 배반과 비정한 현실 원칙이 지배하는 '사지(死地)'일 뿐이다. 미션 스쿨의 제복을 입고 여학교에 다니는 외동딸은 남학생을 교대로 집으로 끌어들이며 남성편력을 되풀이하고, 사업가로 나선 아내는 끝없이 사업을 확장하며 남편의 무능력을 힐난하는 것이다. 종말에는 남편의 자살로 이어지는 이러한 비극적인 가족과 부부관계를 통해 낭만적 사랑은 거듭 부정된다. 1960년대 중산층 가정이 꿈꾸는 스위트홈의 상징적인 표상인 '언덕 위의 푸른 집'에서도 낭만적 사랑은 현실적으로 부재한다는 것으로, 강신재는 낭만적인 사랑의 환상이 제공하는 어떠한 허위적 희망의 가능성도 철저히 봉쇄하고 있는 것이다. 낭만적 사랑 이데올로기가 가족과 가정을 구성하고 부부관계를 규율하는 문화와 제도로 구조화되는 1960년대에 강신재가 보여주는 이러한 시도는 매우 파격적인 것으로, 한국 자본주의 근대의 허위성을 예리하게 공격하면서 낭만적 사랑을 통해 구성되는 여성의 타자화를 공격하는 의미 있는 작업이라 할 수 있다.

3. 성애(性愛)의 승인과 체관의 시선

한무숙 소설은 인간의 상처를 규지하고 봉합하려는 가열한 의지를 특징적으로 보여준다. 여기에서 특히 주목받는 것이 바로 '성'이고 그중에서도 끊임없이 상처받았던 여성의 성이 관심의 중심에 놓여있다. 한무숙 소설에는 한 남성에게 향하는 여인의 순수한 연모의 사랑이 빈번히 제시된다. 여성은 일생을 한 남성에 대한 사랑으로 채우며 소진해가는 모습을 보여준다. 이러한 점에서 강신재와 달리 전통적인 윤리와 가족적인 질서는 상대적으로 견고하게 지켜지고 있다. 하지만 전통적으로 금기시되는 여성의 성욕에 대한 확고한 승인을 통해 그러한 가부장적인 질서에 도전하고 있다. 오랫동안 금기시되고 존재 자체가 부정되어 왔던 여성의 성욕과 육체를 적극적으로 끌어내어 윤리적인 판단 이전에 본원적인 인간의 욕망으로 인정함으로써 여성인식에 대한 새로운 지평을 제공하는 것이다.

「축제와 운명의 장소」는 젊은 시절 한 남자와의 짧은 사랑으로 인하여 비극적인 삶을 살아가는 초로의 여인을 그리고 있다. 이 작품은 '사랑 이야기'가 어떻게 여성에게 삶을 구성하며, 또한 여성의 자기인식이 형성되는가를 여실하게 보여주고 있다는 점에서 주목이 된다. 문제는 그러한 사랑 이야기가 여성이 주체가 된 이야기가 아니라는 사실에 있다. 즉, 여성의 사랑 이야기가 여성 자신의 욕망을 정직하게 투시한 주체적인 삶의 이야기가 아니라 남성 중심적인 시각에 의해, 즉 타자의 시각에 의해 '구성된' 낭만적 사랑 이야기이며, 그로 인해 여성의 삶이 비극적으로 왜곡되고 있는 것이다.

주인공인 전옥희 여사는 무료 환자 병원에서 폐암 말기 환자로 죽을 날을 기다리는 초로의 여인이다. 여학교까지 졸업하고 한 때 직장도 가지고 있었던 지식인이었던 그녀를 이처럼 처절한 정상에 이르게 한 것은 다름 아닌 젊은 시절 한 남자와 가졌던 짧은 사랑의 경험이다. 스무 살의 나이에 스스로 문학소녀라고 생각하고 있었던 전옥희 여사에게 '어둡고 외로워 보이는 청년 작가'는 우울한 분위기의 아우라 속에서 낭만적인 사랑을 불러일으켰고 그녀는 그와의 사랑을 간절히 원한다. 그녀와 현민이 내면과 정신에 육박한 진정한 사랑에 이른 것은 아니었다. 초려와 결의에 어둡게 불타고 있는 태도, 상스럽지 않은 침착한 태도와 몸가짐, 항상 활시위와 같이 긴장되어 있는 분위기, 그리고 옥희에게 관심 없이 대하는 냉담함이 오히려 "스무살의 첫사랑에 취한 소녀에게는 부드럽게만 와 닿아 그에게 몸을 던져 행복을 안 것" 같은 착각에 빠졌던 것이다. 즉 옥희와의 사연은 순국지사인 현민에게는 '경력의 일부'에 지나지 않았으나, 옥희에게는 '운명'이 되고 말았던 것이다. 사실 현민이 지하독립운동 주모자였다는 것도 또 그로 인해 순국하였다는 것도 해방 후에 '처음' 알았을 정도로 그녀에 대한 현민의 사랑은 피상적인 육체적 접촉의 차원이었다. 하지만 옥희에게는 그와의 사랑이 '생존을 지탱하는' 결정적인 삶의 내용이었던 것이다. 유명인사와의 사랑의 이야기는 바로 그녀의 삶을 조종하는 '역사'가 되고 그 역사에 예속되어 그녀의 삶은 '거꾸로' 살아지는 것이다. 첫사랑의 남성이 너무 기막힌 사람이었기에 누구에게도 환멸 밖에 느낄 것이 없다고 '확신'하는 전옥희 여사는 바로 그러한 비극적 사랑 이야기의 주인공처럼 보여지도록 이후 생을 살아가는 것이다. 그녀의 내면은 타자의 시각이 어떻게 여성의 삶 속에 내면화되고 구성되는가를 단적으로 보여주는데 유명인사의 첫사랑의 대상으로 '보여지기'를 바라는 타자의 시각과 욕망에 조응하여 수동적으로 행동과 의식을 구성하는 것이다. 자신의 시각이 아닌 타자의 시각으로 자기를 바라보는 것이고, 그 시각의 욕망으로 자신을 다시 구성하는 것으로 주체와 타자의 시각이 서로 자리를 바꾸는 '도착적인' 상황이 발생하고 있다. 그녀가 이후 유명인들과만 상대하고 자신도 역시 '무엇인가 되어야 한다'는 조급한 욕망에 매달리는 것은 그리하여 주변으로부터 우스꽝스러운 인물로 멸시를 받게 되는 것은, 또 결국 무료 환자로 전락하여 신약의 실험 대상이자 부검인물로까지 생을 처참하게 마감하게 되는 것은 모두 실체도 내용도 없이 환상 속에 스쳐갔던 '첫사랑의 기억'과 그것을 통해 도착적으로 구성된 그녀의 예속된 욕망 때문이다. 서술자는 '사랑'이라는 이름에 바쳐진 전옥희 여사의 일생을 '비극'이라고 말함으로써 자기의 욕망 대신 타인의 욕망을 자기의 것이라고 착각하는 이러한 욕망의 도착이 낭만적 사랑의 환상에서 비롯된 여성적 현실의 비극적 상황임을 분명히 보여준다. 전여사의 욕망을 예속화시킨 외부의 시각은 여성을 남성에게 의존적 관계로 배치한 지배담론의 인식을 내면화한 것으로 한무숙은 사랑 이야기가 바로 성차별적 지배담론의 욕망을 여성에게 내면화시키는 결정적 통로가 됨을 전여사의 삶을 통해 비판적으로 보여주고 있다. 남성의 시각에서 여성의 외모와 성격이 결정되고, 그 시각에 자신의 욕망을 예속화시켜 끊임없이 실체 없는 환상을 재생산하며, 자기 삶을 투기하는 여성욕망의 타자화 과정이 낭만적 사랑의 환상에서 기인한 것임을 말하는 것이다.

물론 이 작품이 낭만적 사랑의 사회구조적 모순을 정면으로 돌파하고 있다고 보기는 어렵다. 한무숙은 '결별의 눈'[17]이라는 숙명론적 체관의 시선으로 문제에 접근함으로써 욕망의 타자화를 만들어낸 가부장적인 근대의 구조와 틀을 균열시키지는 못한다. 자신과 똑같이 사랑의 열정에 휩쓸려 들어가는 송간호사를 보고 "열정에도 연인에도, 자신에도 져서는 안 된다는, 진정한 내면의 목소리"를 발하던 전여사는 그러나 그러한 자신의 의지 또한 송간호사를 통해 자신의 삶을 다시 살아보

17) 한무숙 소설에서 '결별의 눈'이 갖는 의미는 중요하다. 이 개성적인 시선은 대상을 직관적으로 통찰하여 삶을 깊은 곳까지 통찰하게도 하지만 동시에 모순과 억압에 대한 인식을 실천적인 동력으로 전화시키지 못하게 하는 숙명론적인 체념으로 채워진, 그러한 점에서 보수성이 강한 시선이다.

겠다는, 또 다른 도착이라고 규정함으로써 문제의 긴장이 약화되고 갈등 자체의 의미를 잃어버리게 되는 것이다. 이로써 여성들의 욕망의 예속화는 성차별적 지배담론에서 비롯된 구조적 모순이라기보다 보편적인 인간의 한계로 수렴된다. 타자화된 여성의 현실은 누구나에게 있는 보편적인 인간의 약점으로, 즉 피할 수 없는 본원적인 문제로 회수되고 마는 것이다. 여성 억압의 문제의 핵심을 직시하고 갈등을 규지하지만 그것에 정면으로 도전하기보다 초역사적인 태도로 회귀함으로써 모순의 틀을 균열시키는 데까지는 이르지 못한다.

낭만적 사랑의 허위성과 비극성은 「명옥이」에서도 확인된다. 「명옥이」는 유명인사와의 로맨스를 자랑처럼 흘리고 다니며 삶을 이어가는 명옥이라는 여인의 기만적인 삶을 연민의 시선에서 제시하고 있는 작품이다. 명옥이는 옥희와 마찬가지로 남성 중심적 시각에서 자신의 욕망을 왜곡시키며 기만적인 착각에 빠져 살아가는 인물이다. 명옥이가 바라는 '베아트리체'는 남성 중심적인 욕망에 의해 구성된 낭만적인 사랑의 환상적 대상물이다. 그것은 육체가 거세된 정신적인 사랑, 지고한 순결과 아름다움이라는 이데올로기적 환상이 결합된, 순응적 여성상을 희구하는 남성적 욕망이 투사된 이미지이다. 명옥이는 이러한 여성상에 자기의 삶을 예속시켜 마치 자신이 실제로 그것인 양 행동으로써 옥희와 마찬가지로 희화적이며 비극적인 삶을 살아간다. 그녀를 찾았던 유명인사에게 명옥은 단순히 육체적인 욕구를 채우는 희락의 도구였지만 명옥이는 그것을 '순수하고 낭만적인 사랑'이라는 환상적 사랑 이야기라고 지어냄으로써 자신을 '베아트리체'라는 여성상과 동일시하는 것이다. 낭만적 사랑 이야기 내부에 있는 남성 중심적인 메카니즘이 잘 드러나고 있거니와, 여성 자신의 욕망이라고 착각하고 있는 내용이 기실 가부장적인 논리에 의해 식민화된 것임을 보여준다. 따라서 명옥이가 보여주는 기이한 행동들은 자기욕망의 진정성을 확보하지 못하고 타자화된 욕망에 예속된 인물의 기만적인 행위라고 할 수 있다. 자기 삶의 참조점을 '밖의 시선'에서 찾는 자아가 끊임없이 그 시선의 욕망을 채우기 위해 벌이는 '거짓' 행위인 것이다. 여기에서 작가가 낭만적 사랑의 내부에 자리한 구조적인 모순까지를 깊이 있게 통찰하고 있다고 말하기는 어렵다. 「축제와 운명의 장소」에서와 마찬가지로 작가는 명옥이의 도착적인 행위를 '인간의 약점'이라는 본원적인 문제로 접근함으로써 문제의 심부에 자리한 젠더적 모순과 갈등을 구조적으로 드러내지 못하는 아쉬움을 보여준다. 하지만 명옥이의 욕망이 자기 것이 아닌 타인의 것이라는 것, 즉 도착이라는 것, 그리고 그것의 중심에 낭만적 사랑이라는 환상이 자리하고 있으며 그녀의 삶의 비참성의 근원이 바로 그 낭만적 사랑과 연결되어 있다는 인식은 분명히 보여주고 있다. 그러한 점에서 볼 때 낭만적 사랑을 이야기하고 있다는 사실만으로 현실 도피적이라거나 낭만적 사랑의 환상에 빠져있다고 판단하기는 어렵다. 낭만적 사랑이 여성의 삶을 예속적으로 구성하는 핵심적 계기임은 인식하고 있지만 모순에 대한 정면적인 도전은 못하는 것이다. 이러한 원인에 대해서는 별도의 심화된 논의가 필요하겠지만 낭만적 사랑의 기획이 1960년대 일상의 삶에 빠르게 구조화되는 상황과 관련된다고 할 수 있다. 1960년대 중반을 넘어서면서 낭만적 사랑의 이념은 한국 사회, 특히 중산층의 욕망을 구성하는 핵심적 기제가 되고, 가족과 가정의 제도와 윤리로 내면화된다. 한무숙은 낭만적 사랑의 차별적 구조를 통찰했지만 고착화된 제도의 해체나 변혁이 불가능하다고 판단함으로써 정면 도전보다는 과거의 세계에서 갈등을 봉합할 수 있는 사유의 단서를 찾아낸 것이라고 할 수 있다.[18)]

「감정이 있는 심연」은 성에 대한 죄악감을 강요하는 종교적인 억압 속에서 정신적인 파경을 맞은 전아라는 여인의 비극상을 그리고 있다. 전통적인 명문가로서 경제적으로나 사회적으로 부러울 것이 없는 전아

---

18) 이는 강신재의 대응방식과 비교해 볼 때 차이가 있기는 하지만 강신재 역시 1960년대 중반 이후 초기까지 보여주었던 파격적 도전과 해체를 시도하지 않는다는 점에서 1960년대 중반 이후 낭만적 사랑의 억압성에 대한 여성작가들의 대응의 태도를 면밀하게 분석해볼 필요가 있다.

의 집에 드리운 비극의 원인은 실질적 가장인 큰고모의 위압적 태도에 있다. 전아의 아버지가 사고로 돌아가신 후 '노소 네 과부만 남게 된' 전아의 집에서 큰 고모는 경제적인 권한뿐만 아니라 윤리적으로도 가정을 관장하는 실권자이다. 문제는 큰고모가 '광신적인 기독교인'이라는 데 있다. 젊은 나이에 홀로 된 여인들인 전아네 가족들은 큰고모의 폭력에 가까운 기독교 윤리에 강압되어 있다. 그리고 그것은 무엇보다 성적인 문제에 있어 비정하리만큼 강하게 행사된다. 그녀의 여동생이자 전아의 작은고모의 비밀을 '악을 관용하다는 것은 신에의 배덕이라는 명분 아래' 발겨내고 '죄의 끝을 보여야 된다며' 어린 전아를 공판정에 데려가 수갑을 찬 고모의 모습을 목격하게 한 데서 큰고모의 폭력성은 절정에 달한다. 여기에서 성 그 자체를 죄악시하는 큰고모의 가학적인 금욕주의가 비판되고 여성의 성에 대한 새로운 인식이 촉구된다. 여성의 성을 죄를 생산하는 부정한 것으로 감금하고 억압했던 기독교의 성차별적 윤리에 대한 항의를 표현하는 것이다. 사랑하는 남자인 '나'와의 관계 이후 죄의식 때문에 피해망상증에 걸려 정신병원에 수용되어 있는 전아의 정황은 여성 육체에 가해진 폭력적 억압의 실체를 병리적 현상으로 재현한 것으로 가부장적 근대의 억압을 압축적으로 보여준다. 나아가 작가는 금욕적 기독교 윤리와 자본주의적 근대의 정신적 친연성을 상징적으로 제시함으로써 문제에 대한 심화된 인식을 보여준다. 그것은 '죄'라는 명목으로 여성의 성을 가혹하게 묶어두는 큰고모가 대단한 사업적인 수완을 지닌 자본가의 전형적인 모습으로 드러나는 데서 구체화된다. 식사 시간에까지 죄를 읊조리며 고통에 찬 기도를 드리는 큰고모는 그러나 앞을 내다보기라도 한 것처럼 전쟁 후 시골의 토지를 팔아 서울로 올라와 재단을 설립하여 '남자 같은 활동성과 결단성'으로 사업을 키워가는 것이다. 자본주의적 근대의 윤리와 기독교가 서로 통하고 있음을 보여주거니와 여성의 성에 가하는 폭력성 역시 윤리적 국면에서 양자가 동질적임을 말하고 있다. 결국 한무숙은 전통적인 것이든 종교적인 것이든 윤리라는 명목으로 여성의 육체와 성을 억압하는 사회적 기제에 대해 분명한 항의를 나타내는 것이다.[19)]

「유수암」은 여성의 성을 종교나 윤리로부터 독립시켜 그것을 자율적 욕망의 대상으로 접근하려는 작가의 의지가 가장 확연하게 드러나는 작품이다. 중년 기생의 사랑과 삶을 그리고 있는 이 작품은 가정 있는 남자를 그리워하는 기생의 모습이 애절하게 전경화되고 있다. 성적인 욕구가 윤리 이전의 본원적 욕망으로 옹호되고 있는 것이다. 여기에서 종교와 성은 대립적 관계가 아닌 인간의 본원적 욕망이라는 점에서 동질적인 것으로 접근된다.

> 불경의 말씀대로 끈끈하게 비린 육취(肉臭)를 풍기며 얽혀드는 색(色)이란 결국 공허한 것이나. 공(空)이란 또 비어 있기 때문에 만상을 어리는 것이고, 따라서 색도 역시 수시로 거기 깃들 수 있다는 것이리라. 말하자면 영원과 수유(須臾)와의 교환, 그리고 영원한 정신의 존엄과 수유를 불태우는 관능(官能)이 교차하는 것이라고나 할까? 그러므로 종교란 어느 것이고 간에 그 비의(秘義)에 있어 얼마만큼의 음밀(陰密)함을 지니는 것이고, 홍등가의 간드러진 가락 소리에 어쩌다가 처절한, 오히려 종교적인 것이 스미기도 하는 것이 아닐까?[20)]

인간의 구원을 탐구하는 불교의 구도와 색도가의 욕망이 은밀한 차원에서 소통하고 있음을 말하고 있다. 작품 전체는 성에 대한 이러한 인식을 확장하고 구체화시키는 것이라고 할 수 있는데, 홍등가 여인들의 성적 욕망을 종교적인 차원에서 접근하고 있는 것이다. 진경이 자신의 전재산인 유수암을 처분하지 않고 끝내 파산에 이르는 것은 그곳이

---

19) 전통적인 인습이 여성의 성에 가하는 억압성은 「월운」에서 잘 드러난다. 어린 나이에 민며느리로 들어가 남편의 얼굴도 제대로 보지 못한 상태에서 청상이 되었던 여인의 정신적인 억압성을 그리고 있는 이 작품에서 작가는 '정조지키기'로 표상되는 유교적인 인습의 굴레에 대한 비판적인 인식을 보여준다. 「송곳」, 「이사종의 아내」도 여성의 성적 욕망에 가한 유교적 전통의 부당한 억압을 이야기하고 있다.

20) 한무숙, 「유수암」, 『한무숙문학전집』 4, 을유문화사, 1992, 202~203면 참조.

정인(情人)인 정진수와의 추억이 묻어있는 장소이기 때문이다. 그녀가 더 이상 자신을 찾지 않는 정진수를 끝내 기다리며 삶을 소진해가고 있는 것도 그와 가졌던 사랑의 관계 때문이다. 기생으로서의 상대했던 사람이기보다는 진정으로 사랑했던 한 남자로서 정진수는 진경에게 남겨져 있는 것이고 그로 인해 비극적인 결과를 맞이하면서까지 그에 대한 그리움과 사랑을 놓지 못하는 것이다. 더 이상 아무에게도 '여자'일 수 없는, 기생으로서는 초로에 접어든 나이이지만 여전히 그녀의 내부에서 흐르는 성적인 욕망은 삶을 추동하는 결정적인 요인이 되고 있다. 이러한 진경의 모습은 여성의 성적 욕망에 대한 거짓 없는 인정과 이해에 닿아있다는 점에서 사랑이라는 환상에 빠져 파탄에 이르렀던 「축제와 운명의 장소」의 전옥희나 「명옥이」의 명옥이와는 다른 차원을 확보하고 있다고 할 수 있다. 사회적인 규율이나 종교적인 판단에 의해 불결하고 죄악시되었던 여성의 성을 그러한 판단 이전의 인간의 삶을 구성하는 생명적인 요소로 인식함으로써 부당하게 억압되었던 여성의 성에 대한 새로운 해석을 제공하는 것이다. 물론 여기에서도 성을 생물학적인 본성의 문제로 접근함으로써 성을 억압하는 사회적인 문맥들이 제대로 드러나지 않는 것은 사실이다. 하지만 금기시되거나 재생산의 도구로만 여겨졌던 여성의 성을 욕망이라는 차원에서 승인함으로써 가부장적인 억압에 대한 정당한 항의를 표현하고 있다.

특히 성적 욕망과 모성이 갈등하는 지점에서 이 작품이 보여주고 있는 처리방식은 매우 의미가 있다. 진경은 어린시절 원하지 않는 남자와 강제로 맺은 관계로 인해 아들을 낳았고 언니에게 맡겨 길렀다. 양육비만 전달할 뿐 거의 찾아보지 않은 아들이었는데 군에 입대한다며 찾아온 아들을 보면서도 그녀는 아들에 대한 죄스러움이나 애절한 애정을 보여주지 않는다. '생각보다 덜 부끄러운 것이 스스로도 의심스러운' 진경은 청년으로 자란 아들의 용모를 보며 '못생긴 얼굴이구나!'라고 스스로도 소름끼치는 비판적인 시선으로 아들을 바라보는 것이다. 아직도

'연모와 욕정에 얽혀 있는 어미'라는 자괴감으로 감정의 동요를 일으키기도 하지만 자신의 욕망을 부정하거나 심각한 죄의식을 느끼지는 않는다. 아들에 대한 미안함은 느끼는 채로 자신의 내부의 진정성을 포기하지 않는 것이다. 여기에서 모성 이데올로기에 억압되지 않은 주체적인 여성의 모습을 발견할 수 있다. 어머니로서의 희생과 헌신이라는 강요된 요구에 앞서 주체로서의 자기 욕망을 정직하게 승인하는 것이다. 진경이 기생이지만 모든 사람을 압도하는 위엄을 가진 인물로 나타나는 것도 이러한 자기 욕망의 정직한 현시 때문이라고 할 수 있다. 가정이라는 제도의 울타리를 벗어난 '불륜'의 사랑이지만 홍등가의 여인에게 있는 육체적인 갈망과 성적인 욕망까지를 긍정적인 시선으로 제시하는 데서 오랫동안 금기의 영역으로 억압되어 왔던 여성의 성을 정당하게 인식시키려는 작가가 의지가 가열하게 드러난다.

위와 같이 한무숙의 소설에서 사랑은 여성의 삶을 환상적인 도착에 끌어들이는 비극적인 계기가 되기도 하지만 동시에 자기 욕망을 직시하는 적극적인 계기가 되기도 한다. 이러한 사랑 이야기를 통해 작가는 낭만적 사랑의 환상이 갖는 부정성을 드러내기도 하고, 여성의 육체와 성에 대한 새로운 인식을 촉구하기도 한다. 인생론적인 시각에서 사회구조적인 갈등이 정당하게 천착되지 못하는 한계가 있기는 하지만 여성에게 사랑이 결국 비극적 삶의 원천이 된다고 지속적으로 보여줌으로써 사랑 이데올로기가 여성의 차별을 생산하고 가부장적 가치관을 내면화시키는 핵심적 계기가 됨을 거듭 인식시키고 있다.

4. 맺음말

1960년대 여성소설에 대한 논의의 중심에는 언제나 '낭만적 사랑'이 놓여있다. 그것은 현실 도피적 환상이거나 가부장적 제도를 재생산하는 기제로 지목되면서 이 시기 여성소설의 특징과 한계를 드러내는 대표적 어사라 할 수 있다. 하지만 실제로 낭만적 사랑의 의미가 작품을 통해 정치하게 분석된 경우는 거의 없었고 막연하게 부정적인 판단의 단서로만 논의되는 정도였다. 이 글은 1960년대 여성소설을 해명하는데 중요한 논점이 되는 낭만적 사랑의 구조와 의미를 강신재와 한무숙의 작품을 통해 규명하고자 했다.

강신재의 작품은 가부장적 제도와 윤리를 벗어난 '금기의 사랑'을 제시하거나 낭만적 사랑의 환상 자체를 위악적으로 부정하고 있다. 아버지의 아들을 사랑하는 이복남매 간의 사랑, 아들의 친구나 남편의 친구를 사랑하는 사랑의 방식을 통해 오이디푸스적인 가장의 위계적인 지위와 도덕적 권위를 전복하고 있다. 또한 '스위트홈'의 표상으로 나타나는 중산층의 가족주의 이데올로기도 가족 내부 인물들의 탈선과 성적인 방종을 통해 부정적으로 해체하고 있다. 낭만적 사랑 자체를 현실성 없는 환상이라며 인정하지 않는 것으로 자본주의적 근대의 가족과 가정을 규율하는 사랑 이데올로기를 거듭 공격되고 있다. 강신재 작품에서 여성들은 가족의 억압적인 규율에 종속되어 있지 않으며 자신의 자존감과 욕망을 주체적으로 지키고 있다. 뿐만 아니라 여성의 젠더화된 성역할도 해체됨으로써 남성-가장의 관습적 규준을 거부하고 있다. 작품에서 사랑 이야기는 여성을 남성에게 종속시키기보다 비극적 갈등이나 파격적 행태를 통해 주체적 자아로 정립하는 데 기여한다. 여성은 남성과의 사랑을 통해 자본주의적 근대의 윤리에 규율되지 않은 여성 자신의 욕망과 체험을 실현한다.

한무숙의 작품은 여성이 남성과의 사랑 혹은 사랑 이야기를 통해 타자로 전락하는 과정을 제시함으로써 사랑 이데올로기의 억압성을 비판한다. 그녀의 작품에서 여성들은 남성의 시각으로 구성된 욕망을 자기의 욕망으로 착각하며 그것에 자기의 삶과 행위를 예속시킴으로써 희화적이고 도착적인 삶을 연출하고 있다. 사랑 이야기는 여성 삶의 진성성과 욕망을 왜곡시키는 핵심적 기제로 작용하면서 가부장적 이데올로기를 내면화시키는 핵심적 계기로 제시된다. 여성은 남성들이 만든 사랑 이야기를 통해 자신의 삶과 사랑을 구성함으로써 자아의 욕망을 소외시키는 비극적 현실에 노출되는 것이다. 여기에서 이러한 여성 억압적 모순을 인간의 본원적인 문제로 봉합함으로써 그것의 구조와 논리를 균열시키는 데까지 나가지 못하는 한계를 보여주지만 낭만적 사랑이 가부장적 논리로 여성을 구성하는 핵심적 계기가 됨을 예리하게 통찰하고 있다. 특히 성욕과 관련하여 한무숙은 전통적 인습이나 종교적 윤리로 구속되었던 여성의 성과 육체를 제도나 윤리로부터 간섭받아서는 안 되는 자율적 욕망의 대상으로 다시 읽어냄으로써 여성의 욕망과 육체에 대한 적극적 이해를 보여준다. 다스려야 할 공포의 대상으로 혹은 재생산의 도구로만 여겨졌던 여성의 육체와 성을 인간 욕망의 본원적 문제로 접근함으로써 성에 대한 젠더적 차별을 비판하고 있다.

낭만적 사랑은 가부장적인 근대와 그것의 이념적 토대인 부르주아적 개인주의를 기반으로 하고 있다. 그러한 점에서 그것은 여성 주체적인 욕망과 삶을 방해하는 억압적 계기들을 포함하고 있다. 하지만 강신재와 한무숙의 소설에 나타나는 사랑 이야기는 가부장적 이데올로기를 내면화한 여성 억압적 인식을 일방적으로 (재)생산하고 있지만은 않다. 여성을 남성 중심적 욕망으로 재구성하는 데 동의하거나 사랑에 함몰된 의존적인 여성을 미화시키고 있지는 않다. 여성의 삶이 남성과의 사랑에 많은 부분 할애되고 있는 것은 사실이지만 그것이 귀결되는 비극적인 상황을 통해 여성 현실의 억압적 모순을 비판적으로 인식시키고 있으며 여성의 육체와 성에 대한 정당한 이해를 보여주고 있기도 하다. 따라서 낭만적 사랑이 발견된다는 사실만으로 가부장적 이념에 포획되었다거나 중산층의 이데올로기를 내면화하고 있다고 판단하기는 어렵다. 두 작가를 포함해서 1960년대 여성작가 소설의 공과는 낭만적 사랑이 작품에서 어떻게 구조화되고 있는지를 정밀하게 해명함으로써 온당하게 내려질 수 있을 것이다.

이브의 몸, 부재의 변증법

한국 여성소설에 나타난 여성의 몸

김미현

여성과 종이는 무엇이든 잘 참아내는 두 개의 하얀 물건이다.

—발자크

차이의 기호가 될 때 여성은 끔찍해진다.

—로지 브레이도티

1. 공간으로서의 몸, 기호로서의 여성

이제 확실히 문명/자연, 이성/감성, 빛/어둠, 마음/몸 등의 이분법은 그 경계가 흔들리고 있다. 이런 이분법적인 사고 자체가 전자 우위의 가치관에서 후자를 전자의 부인이나 부정, 박탈에 불과한 것으로 간주했음이 드러났기 때문이다.[1] 그래서 억압되었던 후자의 귀환이 일어나 둘

사이의 위계 질서에 저항하는 것이다. 특히 마음/몸의 관계는 이성/정열, 분별력/감수성, 자아/타자, 깊이/표면, 실재/현상, 초월/내재, 시간성/공간성, 심리학/생리학, 형식/질료 사이의 대립과 위계를 포함하면서 더욱 근본적인 문제를 제기하고 있다.[2] 이런 맥락에서 기호로서의 몸은 결코 백지 상태가 아니다. 오히려 구체적인 사회성이나 역사성, 문화적 차이가 드러나는 공간이 바로 몸이라고 할 수 있다. 몸 그 자체가 아니라 '살아본 몸'이 지니는 의미에 따라 그 공간의 모양이나 가치가 달라지기 때문이다. 그래서 이 세상에는 순수하게 자연적인 몸이란 없다.[3] 때문에 인간의 삶과 관련된 모든 기호를 연구하는 기호학의 핵심이 해석과 소통에 있다면, 몸이 처한 이러한 컨텍스트를 무시할 수 없게 된다.[4]

그런데 여성문학적인 관점에서 주목할 때 여성의 몸은 '여성'이라는 것과 '몸'이라는 것 때문에 이중으로 소외되고 억압받는다.[5] 이원론적 입장에서 마음과 몸을 대비시킬 경우에는 주로 남성을 '마음'으로, 여성을 '몸'으로 설정한다.[6] 혹은 일원론적 입장에서 몸을 마음의 기반으로 삼는 경우에도 몸은 일반적으로 남성의 몸만을 의미한다. 오이디푸스 콤플렉스의 개념에서도 확인되듯이 페니스를 가진 남성의 몸은 여성의 몸을 페니스가 없는 몸, 그래서 결핍된 몸이나 결함 있는 몸으로 간주한다. 이런 이유로 여성문학은 지금처럼 몸이 전성시대일 때에도 몸의 부재를 말하게 된다. 남성 중심적 시작이 여성의 몸을 무화시키고 있기 때문이다. 그리고는 사라진 여성의 빈자리마다 남성의 욕망과 권력을

1) 미셸 푸코, 이규현 역, 『성의 역사 1-앎의 의지』, 나남, 1990.
2) 정화열, 박현모 역, 『몸의 정치』, 민음사, 1999, 9~10면 참조.
3) 이거룡 외, 『몸 또는 욕망의 사다리』, 한길사, 1999, 23면 참조.
4) 미와 마사시, 서동은 역, 『몸의 철학』, 해와달, 1993, 11, 44면 참조.
5) 이숙인, 「유가의 몸 담론과 여성」, 『여성의 몸에 관한 철학적 성찰』(한국여성철학회 편), 철학과현실사, 2000, 130면 참조.
6) Elain Hoffman Baruch, "The Female Body and the Male Mind", *Woman, Love, Power*, New York U.P., 1991.

이식시키면서 여성의 몸속에서도 남성들의 몸을 투영시키려 한다. 이럴 때 여성의 몸은 남성의 몸이 더 중요하다는 알리바이로서만 존재하기에 여성의 몸은 있어도 없는 것이다. 부재가 존재의 증명이 된다. 그렇다면 어떻게 여성의 몸은 있어도 없는 것이 되고, 없어도 있는 것이 되는가.

2. 더러운 몸, 월경(越境)의 기호

흔히 여성들 자신도 자신의 몸을 더럽다고 느끼기 쉽다. 남성과는 '다른' 자신의 몸을 비정상적이라고 생각하기 때문이다. 여성들은 사춘기 때 자신들의 몸에서 일어난 2차 성징으로서의 월경(月經)을 감추어야 하거나 부끄러운 것으로 인식하면서 혼란을 느낀다. 물론 모든 체액(體液) 자체가 인간의 마음대로 통제되는 것이 아니기에 의지나 의식의 우월성을 공격하는 것으로 격하되기도 한다. 그래서 체액은 품위 없고 시적이지 않으며 일상적이거나 세속적인 것을 의미하기 쉽다.[7)] 그런데 그 중에서도 특히 남성들의 정액에 비해 여성의 월경혈은 특히 금기시되거나 격하된다. 정액과 비슷한 '하얀 체액'인 모유와 비교해도 더 심하게 거부되고 은폐되어야 할 것이 바로 '빨간 체액'인 월경혈이라고 할 수 있다.

하지만 여성의 몸을 더럽다고 생각하는 것은 여성의 몸이 제자리에 있지 않을 때나 그로 인해 질서를 교란시키고 전복시킬 때 초래되는 현상이다. 즉 남성 중심적인 체계에 위험을 초래할 때 그것을 더럽다고

7) 엘리자베스 그로츠, 임옥희 역, 『뫼비우스 띠로서 몸』, 여이연, 2001, 26면 참조.

간주한다.[8] 가부장적 인식에 의하면 월경기에 있는 여성과 섹스를 하면 성병을 얻는다거나, 이 시기에 임신한 아이는 불구자가 되거나 악령이 들린다는 속설도 있다.[9] 그리고 여성의 월경혈은 임신 실패의 증거물이지만 남성의 정액은 수정(受精) 가능성의 증거물이기에 더 생산적이라고 간주된다. 그래서 월경은 '아이를 갖지 못한 것에 대해 자궁이 우는 것'이라는 비유까지 등장한다. 이런 오해와 편견 때문에 여성은 스스로도 자신의 몸을 더럽다고 인식하기 쉽다.[10]

공선옥의 소설 「몸을 위하여」[11]에서 여주인공 난주는 다른 아이들보다 빨리 '여성의 몸'이 된다. 열세 살에 월경을 시작했기 때문이다. 그래서 남들보다 더 많은 피를 흘려야 하기 때문에 자신의 몸이 더 많이 더럽혀질 것이라고 생각한다. "부끄러운 것 그것이 멘스였다"는 난주의 말에 드러나듯이 여성에게 월경은 더러움이나 부끄러움을 유발하는 원죄처럼 인식된다. 월경이란 진정한 여성이 되어가는 자랑스러운 징표가 아니라 남성과 '다른' 몸이 되어가는 차별의 기호에 더 가깝기 때문이다. 월경과 더불어 시작되는 여성 호르몬의 발달로 인해 굴곡 있게 된 몸은 성적인 욕망의 대상이 될 뿐이고, 임신이 가능해진 몸은 재생산을 위한 기계가 될 뿐이다.

이런 '더러운 몸'을 지녔기에 난주의 인생은 수난의 연속이다. 여학교 때에 세 명의 남성으로부터 윤간을 당한 후부터 그녀는 같이 잔 남자와 언제나 헤어진다. 그때마다 난주는 "첫 멘스의 참담함"을 떠올린다. 그리고 같이 자버렸기 때문에 사랑하는 남자와도 헤어질 수밖에 없다고 생각한다. 더러운 몸을 지녔기 때문에 더럽게 살 수밖에 없고, 그토록 더러운 몸을 더욱 더럽혔기 때문에 더욱더 비극적인 여성의 삶을

8) 위의 책, 25, 371면 참조.
9) 강선미, 「여성의 몸, 월경에 대한 젊성학적 은유」, 『여성의 몸, 여성의 나이』, 또하나의문화, 2001, 215면 참조.
10) 케티 콘보이 외, 조애리 외역, 『여성의 몸 어떻게 읽을 것인가』, 한울, 2001, 45면 참조.
11) 공선옥, 『내 생의 알리바이』, 창작과비평사, 1996.

살아야 한다는 것이다.

하지만 난주는 거듭되는 경험 속에서 차차 그런 '더러움'을 오히려 삶의 용기가 연결시킨다. "하늘에서 쏟아지는 비가 거침없듯이 멘스 피도 지 마음껏 쏟아지게 내버려두는 것"에서 기쁨을 느끼려는 것이다. 그래서 그녀는 자신을 부끄럽게 만들거나 움츠러들게 했던 몸을 다시 인식하려고 한다. 소설의 결말에서 난주가 애인과의 이별로 인한 허전함 때문에 시도했던 낯선 남자와의 성교를 거부하는 것도 자신의 몸을 그대로 인정하려고 하기 때문이다. 거절당한 낯선 남자가 욕을 하고 떠난 후 혼자 남은 난주는 다리를 한껏 벌린다. 그리고 자신의 자궁 속으로 비와 바람과 산비둘기 울음 소리를 스며들게 한다. 이때 그녀의 몸으로 들어온 비와 바람과 산비둘기 울음 소리가 그녀의 새로운 피가 되어 그녀의 몸을 깨끗하게 해준다. 자신의 정당한 가치를 되찾음으로써 더럽게 생각했던 몸이 더럽지 않게 되는 순간이다. 여기서 작가는 여성의 몸도 남성의 몸처럼 똑같이 존중받아야 할 몸임을 강조하고 있다.

이 소설을 통해 볼 때 확실히 여성은 월경으로 인해 고통받기도 하고 위로받기도 한다. 여성에게 있어 월경이 시작된다는 것은 자신의 섹슈얼리티의 발달을 의미하는 것이 아니라 오직 앞으로 여성으로 된다는 것, 때문에 성적인 쾌락이나 성숙이 아니라 상처나 손상으로 연결된다. 자신의 몸밖으로 나온 분비물이자 배설물이지만, 아직도 자신의 몸의 연장으로 생각되는 것, 그래서 부끄러움을 유발시키게 되는 것이 바로 월경혈이라는 것이다. 그런데 그런 현실적이고도 심리적인 억압으로부터 도망칠 수도 없다. 여성에게 있어서 월경이란 진정한 어머니가 되기 위해서는 마땅히 감내해야 할 '주홍글씨'로 간주되기 때문이다.

이런 맥락에서 폐경기에 들어선 늙은 노파의 몸은 여성으로서 폐기처분되었다는 의미이기에 흔히 그로테스크하게 묘사된다.[12] 이 소설 속

12) 에두라르트 폭스, 이기웅 · 박종만 역, 『풍속의 역사 II－르네상스』, 까치, 1986, 26면 참조.

에서도 정신 이상인 난주의 할머니는 머리를 풀어헤치고 이상한 신음 소리를 내면서 방에 갇혀 있다. 그 방에 큰아버지는 여름인데도 군불을 땐다. 언제나 아랫도리가 습했던 할머니는 그래서인지 큰어머니가 입혀준 치마를 벗어던진다. 어렸던 난주는 그런 할머니를 큰아버지가 불에 데워 죽이려는 것이라고 생각한다. 너무 늦게까지 그리고 아무 쓸모 없이 분비되는 여성의 체액은 생식력과 생명력을 상실했다는 증거이기에 남성들에게는 더 혐오스럽게 간주되었기 때문이다.

그러나 월경이란 용어 자체가 여성의 몸을 '달'에 은유하여 만들어진 것이므로 시간의 흐름에 따라 변하는 여성의 몸과도 연결된다. 여성들의 몸은 차면 기울고, 기울면 다시 차오를 수 있다. 그리고 그런 움직임은 마치 달의 모양이 변하는 것처럼 자생과 자립, 재생을 의미하게 된다. 소설의 결말에서 난주가 마치 제의를 치르듯이 자신의 몸을 인정하는 것으로 표현되었듯이 주술적이고 마법적인 것이기까지 하다. 때문에 월경하는 여성만이 변화할 수 있고 변형될 수 있다. 어떤 몸에서 다른 몸으로 될 수 있기 때문이다. 그렇다면 여성의 몸에서 나온 월경혈 속에는 영적이고 치유적인 힘이 들어 있다고 볼 수 있다. 이런 힘으로 월경하는 여성들은 자신들의 한계나 고통을 월경(越境)할 수 있게 된다.[13] 그리고 이것이 오이디푸스적인 깨끗하고 고상한 몸에 대한 저항과 거부를 의미한다는 점에서 크리스테바가 '어브젝션(abjection)'[14] 이론에서

13) 강선미, 앞의 책, 231면 참조.

14) '어브젝션'은 흔히 '비천함'으로 번역하는 것에서 알 수 있듯이 눈물·침·똥·오줌·토사물·질분비물 등을 칭하는 것이다. 크리스테바에 의하면 어브젝션은 모성적인 것, 코라, 기호계와 함께 상징계적 주체, 초월적 주체에 의해 억압당한다. 그래서 더욱더 여성적인 것과 쉽게 연결되면서 금지된 욕망이 일어나는 원형적 모성의 비객관성이나 매력과 증오가 일어나는 장소가 된다. 과거에는 주체의 일부였지만 주체의 통일된 경계를 세우기 위해 거부될 수밖에 없는 것, 주체 안에 존재하는 친숙한 것이지만 어느 순간 주체의 정체성에 위협을 가하는 이방적인 것, 자아 분열, 쪼개짐, 갈라짐을 통해 자아와 타자 사이의 공간적 경계를 희미하게 흐려놓는 것이 바로 어브젝션이다. Julia Kristeva, *Power of Horror : An Essay on Abjection*, trans. Leon Roudiez, New York : Columbia U.P., 1982; 고갑희, 「시적 언어의 혁명과 사랑의 정신 분석－줄리아 크리스테

강조하는 '폭력적이고 어두운 저항', 즉 더러운 것의 자유로움과 전복성과도 연결될 수 있다.

3. 훼손된 몸, 해체(海體)의 기호

여성의 몸이 월경을 할 수 있고 임신과 출산을 할 수 있는 이유는 성기와 자궁이 있기 때문이다. 그리고 여성이 성기와 자궁을 가질 수 있었던 것은 그녀들의 피부가 갈라졌기 때문이다. 즉 인어공주 이야기에 나타나듯이 하나의 다리만 지녔던 여성이 자신의 목소리를 잃어버리고 그 대신 얻은 것이 바로 두 개의 다리이다. 하나였던 다리가 두 개가 되기 위해서는 피부가 갈라져야 한다. 이처럼 '갈라진 피부(fissured flesh)' 사이에 생긴 성기와 자궁으로 인해 인어공주는 비로소 성교 가능한 여성이 된다. 이런 '허스토리(Herstory)' 때문인지 여성들은 자주 자신의 몸이 훼손되어 있는 듯한 느낌을 가진다. 남성에 의해 침범당하고 점령당한 공동(空洞)처럼 자신의 몸의 하부를 느끼는 것이다.[15]

인간의 몸은 피부로 둘러싸여 있기 때문에 서로 껴안아도 합쳐질 수 없는 분리의 벽이 존재한다. 따라서 인간의 피부는 부드럽지만 견고한 벽이다. 그런데 이처럼 폐쇄적이고 고립된 피부가 성교를 통해서 열려지는 피부로 변한다. 이때 여성들은 남성들에 의해 접촉을 더 많이 당하면서도 남성들을 만질 수 있는 자유는 훨씬 제한된다. 특히 성교를 통한 피부의 상실

바」, 『페미니즘-어제와 오늘』(한국영미문학페미니즘학회), 민음사, 2000, 202~214면 참조.

15) 안드레아 도킨, 홍영의 역, 『여자는 무엇으로 사는가』, 문학관, 2000, 126~152면 참조.

은 여성들의 몸이 모든 사람의 공유물인 것처럼 생각하도록 만드는 데에도 유용한 수단이 된다. 몸의 안과 밖을 구분시키면서 몸 밖의 침투로부터 몸 안을 보호해주는 것이 바로 피부이다. 그러나 강요된 접촉은 피부를 피부 같지 않게 만들어버린다. 원하지 않는 성교는 여성들의 피부를 상실하게 하기 때문이다. 그래서 안과 밖의 경계를 상실하게 하는 피부는 여성의 억압을 나타내는 젠더 공간이 된다.[16]

권지예의 소설 「뱀장어 스튜」[17]는 여성의 피부가 겪는 이런 훼손을 그린 소설이다. 소설 제목은 피카소가 자신의 마지막 연인이었던 자클린을 위해 그린 그림의 제목에서 따온 것이다. 작가는 뱀장어 스튜와 동위태지만 좀더 일상적이고 생활화된 '삼계탕'을 끌어와 여성의 몸에 대한 기호로 삼는다. 즉 뱀장어 스튜의 한국적 버전이 바로 삼계탕이라고 할 수 있다. 이 두 가지 모두 자신의 몸이 그 형체 혹은 본질을 잃어버려야 만들어질 수 있는 음식이다. 그리고 고체가 아닌 액체를 지향하는 음식이기도 하다. 뱀장어와 닭이 '해체(解體)'되어서 국물이 중심이 되는 '해체(海體)'가 완성되는 것이다. 또한 이때의 형태 파괴는 곧 흡수나 합일을 통한 화해와 재생을 의미한다는 측면에서도 '바다'와 같은 여성의 몸과 연결될 수 있다.

이 소설 속 아내의 몸에는 두 개의 흉터가 있다. 아랫배에 있는 철사줄 모양의 것과 오른손목에 있는 자벌레 모양의 것이 그것이다. 아랫배의 흉터는 제왕절개로 출산을 한 수술 자국이고, 손목의 흉터는 자신이 낳은 아이를 낳자마자 외국으로 입양시켜 떠나보냈기 때문에 일으킨 자살미수의 흔적이다. 지금의 남편은 에고이스트였던 옛 애인과는 다르게 아내의 이런 상처를 정성스럽게 핥아준다. 그럼에도 불구하고 남편과 파리에 살고 있는 아내는 몇 년에 한 번씩 서울에 나올 때마다 옛 애인을 만나 격렬한 섹스를 나눈다. 3년 만에 다시 서울로 오면서 아내는 이번에

16) 위의 책, 220~225면 참조.
17) 권지예, 「뱀장어 스튜」, 『2002 이상문학상 수상 작품집』, 문학사상사, 2002.

는 남남처럼 살았던 남편과 드디어 헤어지려고 한다. 그러나 여전히 자신을 구속하지 않는 옛 애인이 자신의 자유도 구속받기 싫어함을 확인하고는 다시 파리의 남편에게 돌아온다. 이렇게 다시 돌아온 아내를 위해 남편은 삼계탕을 끓여주려 한다.

그런데 이런 상황 자체가 성적인 것과 연관된다. 두 다리를 한껏 가슴에 추켜올린 채 누워 있는 닭의 모습은 곧 여성의 몸이나 성기의 은유이고, 그속에 채워 넣어질 대추나 인삼 뿌리는 남성 성기의 은유이다. 하지만 아내의 성기는 남편의 성기를 받아들여도 채워지지 않는 허전함과 결핍감을 느낀다. 이런 아내의 몸은 "어린 날 해변에서 파놓은 두꺼비집"이나 "언젠가 허물어질 위태로운 검은 구멍"으로 비유된다. 그래서 속의 구멍을 넓히느라 남성들은 손을 넣어 모래를 파내면서 속을 비우려 하지만, 그 찰나 여성의 몸은 무너져내린다는 것이다. 시공간적으로 너무 많이 그리고 오래 비어 있었기 때문이다. 그리고 남성의 몸을 많이 받아들이기 위해서는 자신을 좀더 오랫동안 비워야 하기 때문이다.

이럴 때 남성의 '정자(精子)'는 '정자(亭子)'에 해당된다고 볼 수 있다. 문이 따로 없어서 항상 열려 있고, 그러기에 열쇠나 자물쇠가 필요 없는 공간이 바로 정자이다. 그래서 누구나 들어갈 수 있고, 누구나 쉽게 나갈 수 있는 곳이다. 그러나 아내가 원했던 것은 '튼튼한 감옥' 즉 '꽉 차 있는 하부'이다. 갇히고 싶은데 벽이 없다. 그러므로 문도 없다. 그러니 여성의 몸은 언제나 텅 비어 있는 듯하다.

하지만 이처럼 '훼손된 몸'으로라도 남편에게 다시 돌아왔듯이, 그리고 남편으로부터 삼계탕을 대접받듯이 아내는 인생이란 자신의 몸을 버리거나 잃어버리는 행위임을 인정하게 된다. "살아서 펄떡이는 것들을 모두 스튜 냄비에 안치고 서서히 고아내는 일, 살의나 열정보다는 평화로움에 길들여지는 일"이 바로 인생이라는 것이다. 세지 않은 불로 조용하고 은근하게 뱀장어(닭)의 몸부림이나 격정을 해체시켜야만 새로운 삶을 살 수 있게 된다는 메시지가 담겨 있는 음식 기호가 바로 스튜나 삼계탕이다. 해체(deconstruction)가 파괴(destruction)를 통해 새로운 것을 구성(construction)하기 위한 행위임을 알 수 있는 음식들인 것이다.[18]

이때의 여성의 몸은 그런 해체(海體)를 지향하는 해체(解體)의 공간이다. 마치 '환상사지(幻想四肢, phantom limb)'를 앓고 있는 환자처럼 여성의 몸은 환부가 없어도 통증을 느낀다.[19] 이런 환상지통(幻想肢痛)은 여성의 몸이 훼손된 것임을 알려주는 가시적 기호이자 심인성 질병의 징후에 다름 아니다. 그리고 완전한 몸에 대한 향수나 애도의 현장이라는 점에서 여성의 몸에 대한 자의식을 일깨워주는 기호라고도 할 수 있다. 무엇보다도 이런 여성의 몸은 피부와 자궁의 상실이나 침범에서 오는 상처를 '환상 페니스'의 일종으로 보는 프로이트식 해석을 거부하는 것이기도 하다. 여성은 페니스를 원해서가 아니라 페니스를 원하지 않기 때문에 고통당하는 것이기 때문이다. 자궁을 뜻하는 희랍어 히스테라(hystera)에 어원을 두는 히스테리(hysteria)를 없애기 위해서는 자궁 적출술을 시도해야 한다는 믿음도 바로 여성의 몸에 대한 오해와 억압을 나타낸다.[20] 여성은 몸이 아프기 때문에 마음이 아픈 것이 아니라 마음이 아프기 때문에 몸이 아픈 것이다. 그러니 아무리 자궁을 떼어내도 여성들의 히스테리는 사라지지 않을 것이다.

18) 정화열, 앞의 책, 266면 참조.
19) 엘리자베스 그로츠, 앞의 책, 8~20면 참조.
20) 케티 콘보이 외, 앞의 책, 111면 참조.

4. 덧붙여진 몸, 이중의 기호

흔히 여성의 성기는 두 겹이면서 항상 붙어 있기 때문에 '하나가 아닌 성'을 나타낸다. 그리고 여기서 더 발전하여 여성의 성기는 그 구조와 의미에 있어서 어떤 논리나 일관성을 지니지 않는 모순과 합일, 복수성 그 자체를 의미하게 된다.[21] 이러한 여성의 성기를 닮은 여성의 입술 또한 하나도 아니고 둘도 아닌, '하나 속의 둘'의 상징성을 지니게 된다.[22] 그리고 입술(입)은 얼굴 부분에서는 이마·눈·코에 대응하여 하부 공간을 나타내는 기호에 해당하면서 성기와 동일한 의미를 지닌다. 그리고 관상학적 기호 체계에서도 성기와 마찬가지로 정신성과 반대되는 관능성을 나타낸다.

이처럼 '하나가 아닌 둘' '하나 속의 둘' '하나이면서 둘'인 입술은 여성에 대한 남성들의 이분법적 분리가 지니는 억압성을 시각적으로 제시하는 데에 효과적이다. 맨입술과 비교해 볼 때 특히 연지를 바른 여성들의 입술이 지니는 특성은 여성의 복합적이고도 다중적인 특성을 잘 나타내기 때문이다. 즉 연지 바른 입술은 여성의 고유성을 상징하면서 그들이 지니는 가변성의 진폭을 나타내기에 적절한 젠더 공간이 된다.

이런 연지 바른 여성의 입술은 이성(異性)인 남성들의 맨입술과 비교될 때와 동성(同性)인 여성들의 맨입술과 비교될 때 그 의미가 다르다. 즉 연지 바른 입술은 여성과 남성 사이의 관계를 나타내주는 기표일 뿐만 아니라 여성들끼리의 관계에 대한 기표이기도 하다는 것이다. 입술의 층위에서 생각할 때 남성들은 연지를 바르지 않은 맨입술의 '여성'들에 해당하면서 연지 바른 입술의 여성과 대립되고, 연지 바른 입술을

---

21) 뤼스 이리가라이, 이은민 역, 『하나이지 않은 성』, 동문선, 2000, 29~44면 참조.
22) 박정오, 「새로운 상징 질서를 찾아서－뤼스 이리가라이」, 『페미니즘－어제와 오늘』(한국영미문학페미니즘학회), 2000, 민음사, 189~190면 참조.

지닌 여성은 여성들 내에서도 연지를 바르지 않은 맨입술의 여성들과 대립된다.

남성 중심적 시각으로 정립된 이분법에 따르면, 여성은 다음의 두 가지 역할 중 하나만을 할 수 있을 뿐이다. 하나는 '어머니'에 해당하는 정숙한 여성, 가정 주부, 애를 많이 낳는 여성, 좋은 살림꾼으로서의 역할이다. 다른 하나는 '창녀', 즉 소비의 대상으로서의 역할이다. '어머니'는 감싸주고 이해해주며 순종적인 여성으로서 더없이 아름답지만 굴종과 무기력의 상징인 개념이다. 반면 '창녀'는 매력적이고 자유로우며 유혹하는 여성으로서 한 번도 아름답다고 취급된 적이 없지만 남성들이 원하는 여성의 개념이다. 그리고 어머니의 경우는 예수의 어머니인 동정녀 '마리아'로, 창녀의 경우는 모든 죄악의 근원인 '이브'로 대표된다.[23)]

그런데 본래 여성의 두 입술이 하나였던 것처럼 여성들은 마리아적인 특성과 이브적인 특성을 모두 가지고 있을 수 있다. 그런데도 남성 중심적인 가치 평가에 의해 마리아와 이브는 '하나 속의 둘'이 되지 못하고 서로 분리되어 대립적으로 존재하게 된다. EVA(에바=이브)와 AVE(아베 마리아)는 문자의 철자법이 서로 전도된 것이다. 즉 AVE로 시작되는 천사의 이미지와 EVA의 죄 깊은 이름은 서로 반대의 의미를 갖는다.[24)] 때문에 이런 두 여성성 사이의 분리와 갈등을 '입술'의 이중성을 통해 고찰해볼 수 있다.

은희경의 소설 「먼지 속의 나비」[25)]는 흔히 '걸레'로 지칭되는 여성에 관한 소설이다. 남성을 적극적으로 유혹하면서 성적인 방종을 일삼는 여성의 기호가 '걸레'이다. 창녀적인 이미지를 지니고 이브적인 속성을 대변하면서 연지 바른 입술로 가시화되는 여성이라고 할 수 있다. 이

---

23) 이재선, 「여성의 양면성과 요부형 인간」, 『한국 문학 주제론』, 서강대 출판부, 1989, 374~375면 참조.

24) 노르마 부르너 · 메리 D. 개러드, 호승희 역, 『미술과 페미니즘-굴절된 여성의 이미지』, 동문선, 1994, 147면 참조.

25) 은희경, 『타인에게 말걸기』, 문학동네, 1996.

소설 속의 여주인공 선희는 실력을 인정받고 있는 자유기고가이다. 하지만 그런 그녀의 실력도 섹스 잠언집을 내려고 할 정도로 성적인 경험이 풍부하다는 무성한 "뒷소문" 때문에 빛을 잃는다. 그런데 이런 소문에도 불구하고 보수적 남성인 '나'는 선희의 매력에 이끌려 '감히' 그녀와 사귀지만 심한 갈등을 겪는다.

남성들이 이런 여성들에게 느끼는 감정은 우선 공포심이라고 할 수 있다. "암사마귀"처럼 자신을 잡아먹을 것 같은 두려움을 느끼면서도 거부할 수 없기 때문에 더욱 위험한 것이다. 그래서 남성들은 이런 여성을 더욱 심하게 공격하고 비난한다. 이때 여성의 몸은 '이빨 달린 질'로 기호화된다. 질에 이빨이 첨가됨으로써 동물적이고 야수적인 공격성을 지니게 된다는 것이다. 그래서 남성들에게는 거세 콤플렉스를 일으키게 하는 메두사 같은 여성보다 더 두려운 대상은 없다.[26] 메두사처럼 머리가 많이 달린 괴물은 곧 똑똑한 여성이다. 그런 여성을 똑바로 바라보아서는 안 된다. 거기에 승복할 수도 있기 때문이다. 그러니 간접적인 도구(거울 같은 방패)로 처치해야 한다. 이때의 메두사는 너무 똑똑하기 때문에 없애야 할 괴물로 취급받는 여성의 기호이다.

그런데 문제는 선희의 외모나 성 관념이 이런 평판과는 차이가 난다는 데에 있다. 선희의 외모는 귀염성 있는 흔한 얼굴이고 젖가슴도 작다. 오히려 수수한 편이기에 유혹적이거나 성적이지 않다. 이런 평범한 외모에서 그나마 특징을 찾자면 선이 섬세하고 '비너스 석상'처럼 단아한 입술을 지니고 있다는 것이다. 이처럼 이 소설에서 선희는 외모적으로 청순하고 중성적이기까지 하다. 그런데도 남성들은 그런 여성의 몸을 자신이 원하는 대로 오독하고 오해한다. 즉 성적인 매력과는 아무런 상관 없는 그녀의 입술에도 일부러 빨간 연지를 발라주는 것이 그녀 주변의 남성들이다. 남성들에게는 자신들에 의해 '연지 발린 입술'이 여성

26) 리타 펠스키, 김영찬 · 심진경 역, 『근대성과 페미니즘』, 거름, 1998, 219면 참조.

들 스스로 '연지 바른 입술'과 다름없는 것이기 때문이다. 이런 행위에는 마리아 속의 이브, 이브 속의 마리아를 원하는 남성들의 이중성이 그대로 투영되어 있다.[27)]

실제로 선희가 원하는 것은 성적인 '방종'이 아니라 '자유'이다. 그녀는 "섹스를 하는 것이 아니라 섹스를 안 하는 것으로부터 자유롭기 위해" 섹스를 한다. 섹스에서 느끼는 강박과 억압을 극복하고 싶기 때문이다. 그래서 진실하다면 누구나 섹스로부터 자유롭다고 생각한다. 그리고 그녀가 원하는 것은 오히려 "어색하고 조심스럽고, 그래서 감동을 줄 수 있는 섹스"이다. '나'와의 섹스에서 그녀는 의외로 수줍어한다. 하지만 '나'가 여성의 몸을 소유한 뒤의 정복욕을 보이려고 하자 강하게 반발한다. '나'가 이런 선희에게서 더러운 세상의 관습을 의미하는 '먼지'를 거슬러 올라가려고 애쓰는 '나비'의 모습을 발견하는 것도 그녀가 지닌 이런 저항과 부정 정신을 보았기 때문이다. "자유로워지고 싶은 것이 삶에 저항하는 것처럼 보인다면 내 잘못이 아니다. 틀을 만든 세상이 잘못이다"라는 선희의 말이 그녀가 처한 여성적 현실을 환기시킨다.

결국 은희경의 소설은 의무·희생·책임을 강요당하는 마리아적인 여성과 권리·자유·사랑을 추구하는 이브적인 여성 사이의 갈등을 본격적으로 문제 삼는다. 그리고 그러한 갈등을 '연지 발린 입술'이나 '이빨 달린 질'이라는 여성의 젠더 공간을 통해서 형상화한다. 즉 이처럼 연지나 이빨이 첨가된 여성의 몸은 마리아적 여성과 이브적 여성이라는 이분법적인 여성관이 여성에게 얼마나 억압적인가를 알려주고 있다. 마리아적인 여성은 천사·성녀·아내의 축으로 연결되면서 순종·의

27) "누군지 몰라도 개 데려가면 밤마다 선서 외친 다음 자리를 깔아야 할 거야. 하긴 그런 애들이 대개 밤에는 또 완전히 달라지는 법이지만 말야" "원래 똑똑한 여자들은 내숭도 잘 떨지만 밝히기도 되게 밝힌다더라"는 이 소설 속 남성들의 말이 여성에 대한 이런 이중적 잣대를 그대로 보여준다.

무 · 희생 · 순수성 등의 의미를 형성한다. 반면 이브적인 여성은 마녀 · 악녀 · 애인의 축으로 연결되면서 반항 · 권리 · 독립 · 관능성 등의 의미를 형성한다. 이러한 여성의 이분법적 구분에 의한 여성의 분리가 사실은 교묘한 여성 억압의 기제임이 합일성 · 모순성 · 이중성을 담보했던 입술이나 여성 성기가 분리성 · 일관성 · 단일성을 의미하는 입술로 변화되어 서로 대립하게 되었다는 사실을 통해 가시화된다. 여성은 마리아이기도 하고 이브이기도 한 존재이지 마리아 아니면 이브여야 하는 존재는 아니라는 것이다.[28]

5. 바뀌는 몸, 배신(倍身)의 기호

흔히 에코페미니즘(eco-feminism)[29]에서는 '남성=문명=자본=소비' '여성=자연= 명=생산'의 의미로 성차를 파악한다. 그리고 남성 중심의 문명이 이룩한 서구의 물질 문명이나 자본주의의 문제를 해결하는 데에 자연에 가까운 여성이 대안으로 제시될 수 있다고 본다. 여성과 자연은 동일한 '몸의 달력'을 갖고 있다는 점에서 본질적으로 유사하다는 것이다. 동 · 서양을 막론하고 하늘은 남성에, 땅은 여성에 비유된다. 그래서 땅의 생산성이 여성의 생산성과 연결되는데, 이런 여성과 땅이 메마르고 고갈되었기 때문에 인간과 자연과의 분리가 일어났음을 강조한다.[30] 그

28) 김미현, 『한국 여성소설과 페미니즘』, 신구문화사, 1996, 123~124면 참조.

29) 에코페미니즘이란 용어는 프랑수아 드 본의 『여성 해방인가 아니면 죽음인가』(1994)에서 처음으로 등장하였다. 그녀는 자연 파괴와 여성 억압적 남성 중심 사회를 연결지어 우리의 삶에 직접적 위협을 가하는 두 가지는 인구 과잉과 지구 자원의 파괴이고, 이는 남성 중심적 체제 때문이라고 지적하였다. 문순홍, 「에코페미니즘이란 무엇인가」, 『여성과 사회』 제6호, 창작과비평사, 1995, 17면 참조.

리스 신화에 나오는 대지의 여신 가이아(Gaia)에 비유되는 지구는 곧 여성이고, 병든 가이아는 바로 병든 여성의 현실과 동일하게 취급된다. 이런 맥락에서 자연을 인간의 지배로부터 해방시키는 일은 여성을 남성의 지배로부터 해방시키는 일과 불가분의 관계로 파악한다.[31] 지금까지 지속된 '문명-진보-발전' 중심의 남성적 사고 때문에 기술이 발전하고 물질은 풍부해졌을지 모르지만 자연에 더 가까운 여성의 희생과 훼손을 강화시켰다는 것이다.[32]

이처럼 에코페미니스트들이 상호 연관적 · 탈중심적 · 반위계적 · 비폭력적 문화를 통해 가부장제를 무장 해제하려고 하듯이 여성작가들도 그동안 억압받는 위치에 있었던 여성의 허여적이고 관용적인 여성성을 강조한다. 자아와 타자를 구분하고 독립성과 독자성, 분열과 분리를 강조했던 문화로부터 벗어나기 위해서는 여성의 여성다운 시각이 중요하게 부각될 수 있다는 것이다. 남성들을 닮아 이성적이고 폭력적인 발전 논리에 빠질 것이 아니라 그동안 폄하되었던 상호 의존적이고 비폭력적인 여성들의 공존 윤리를 재건설하자는 것이 에코페미니스트들의 생각이다.[33] 때문에 자연을 닮으려는 여성들은 초월(transcendence)이 아닌 내재(immanence)의 원리를 중시하거나 모성성, 기호계나 전 오이디푸스적인 단계에 대한 재평가를 통해 가부장제의 법과 문화에 도전하려고 한다. 이런 맥락에서 그동안 억압되었던 사랑 · 베풂 · 부드러움 · 따뜻함 · 동정심 · 애정 · 연민 등의 감정이 다시 귀환하게 된다.[34]

---

30) 고갑희, 「에코페미니즘-페미니즘의 생태학과 생태학적 페미니즘」, 『외국문학』, 열음사, 1995년 여름, 97면 참조

31) 정화열, 「생태 철학과 보살핌의 윤리」, 『녹색평론』, 녹색평론사, 1996.7~8, 16면; 가이아(佳珥我), 「새로운 문명의 이름 에코페미니즘」, 『이프if』, 1997년 가을, 258면 참조.

32) 김욱동, 『문학생태학을 위하여』, 민음사, 1998, 347~413면 참조.

33) 마리아 미스 · 반다나 시바, 손덕수 · 이난아 역, 『에코페미니즘』, 창작과비평사, 2000, 150~168면 참조.

34) 캐롤 길리건, 허란주 역, 『심리 이론과 여성의 발달』, 철학과현실사, 1994; 낸시 초도로우, 「여성의 성장과 모녀 관계」, 『여성사회철학』(이화여대 한국여성연구소 편역), 이

이에 어울리는 몸을 갖기 위해 여성들은 변신을 꿈꾼다. 일반적으로 인간은 자신이 아닌 다른 존재가 되고 싶다는 원망(願望)을 몽고반점처럼 지니고 있다. 하지만 특히 '지금 이곳'의 현실이 부정적이고 억압적일 때 이런 원망이 강화되면서 변화·변형·탈출의 욕망은 커지게 된다. 자신이 아닌 다른 존재로 전환되는 변신을 통해서 폐색(閉塞)된 현실을 극복할 수 있다고 믿기 때문이다.[35] 이런 이유로 남성보다는 여성에게 존재론적 변신의 욕망이 더욱 간절하다고 할 수 있다. 여성들의 현실에는 실존적인 결핍감이나 사회적인 상황의 억압 이외에 가부장적 이데올로기라는 요소가 더 가세하고 있기 때문이다. 그래서 여성들은 변신을 통해 현재의 몸을 버리고 다른 몸을 취함으로써 존재론적인 전환을 이루려는 꿈을 꾸게 된다. 자신이 지니고 있는 몸은 '덫'이기에 거기서 벗어나는 길은 지금의 몸을 버리고 새로운 형태의 몸을 '닻'으로 삼는 것밖에는 해결책이 없다는 것이다. 원하지 않는 몸이 아닌 다른 몸을 가지고 싶다는 꿈을 이룰 수 있는 방법이 바로 변신이다. 이런 변신 과정을 통해 여성들은 자신을 억압하는 식민지로부터 벗어나 자신만의 새로운 영토를 찾으려는 행위를 시작한다. 일상성이나 무력감을 극복하면서 지금과는 다르게 살고 싶다는 여성들의 욕망이 변신을 낳는 것이다.[36]

한강의 소설 「내 여자의 열매」[37]에서 아내의 몸이 나무가 되는 것도 이런 변신에 대한 욕망 때문이다. 그리고 아내가 몸을 바꿀 수밖에 없었던 것은 도시 속에서의 삶을 견딜 수 없었기 때문이다. 도시에서는 살 수 없는 민감한 몸을 소유한 것이 바로 여성이다. 그래서 소설 속의 아내는 온몸에 피멍이 생긴다. 이 피멍은 연푸른 색에서 짙은 녹색으로

화여대 출판부, 1987 등을 참고할 것.

35) 이재선, 「변신의 논리」, 『우리 문학은 어디서 왔는가』, 소설문학사, 1986, 65면 참조.

36) 김미현, 「존재론적 변신과 초월의 수사학」, 『여성문학을 넘어서』, 민음사, 2002, 174~175면 참조.

37) 한강, 『내 여자의 열매』, 창작과비평사, 1997.

변하면서 아내의 몸을 나무처럼 만든다. 이와 걸맞게 아내는 자꾸 옷을 벗고 알몸으로 햇볕을 쪼이고 싶어하거나 물만 많이 먹으려 한다. 그러다가 급기야 출장에서 돌아온 남편 앞에 아내는 베란다에서 나무로 변한 모습으로 나타난다. "그녀의 몸은 진초록색이었다. 푸르스름하던 얼굴은 상록 활엽수의 잎처럼 반들반들했다. 시래기 같던 머리카락에는 싱그러운 들풀 줄기의 윤기가 흘렀다." 이렇게 변한 아내의 몸에 물을 주면서 남편은 아내가 저만큼 아름다웠던 적은 없었다고 생각한다.

이런 아내의 변신 혹은 변성(變性)은 원래 자신의 몸을 버리고 싶은 배신(背身) 욕망에 기인한 것이다. 결혼 전에 자신의 '나쁜 피'를 갈아 치우기 위해 지구 반대편까지 여행을 떠나려 했던 아내, 하지만 결혼 후에 인구 70만이 모여 사는 도시 속의 닭장 같은 아파트에 살면서 질식할 것만 같았던 아내, 문명의 속도로 달리는 자동차나 오토바이 소리에 깜짝깜짝 놀랐던 아내였지만 세상을 바꾸지 못했기 때문에 자신의 몸이라도 바꾼 것이다. 아내의 몸이 치유되는 길은 그녀 자신이 나무가 되어 "바람과 햇빛과 물"만으로 살 수 있는 몸이 되는 것이다. 그리고 나무처럼 자라서 벗어날 수 없었던 집으로부터 벗어나는 것이다.

"나는 평생을 정착하지 않고 살고 싶어요"라는 아내의 소망은 바로 탈주나 유목을 추구하는 탈근대인의 초상이라고 할 수 있다. 아내의 몸은 비록 겨울이 되면 잎을 떨구고 다갈색으로 그 색깔이 변하지만 그 자리에서 한 움큼의 연두색 열매를 토해낸다. 이 열매로 인해 아내의 몸은 봄이 오면 다시 피어나고 자랄 것이다. '두 발 달린 동물'에서 '뿌리 달린 식물'로 변한 여성의 몸만이 지닐 수 있는 재생력이나 생명력 때문이다.

이처럼 여성의 몸이 변성과 생성을 통해 부정적인 현실로부터의 탈주가 가능할 때 그 의미나 가치도 반전될 수 있다. 이 소설에 나타나듯이 식물이 된 여성의 몸은 한곳에 있으면서도 움직이고 있다. 자라나고 죽고 다시 태어난다. 다른 것이 되고 또 다른 것이 됨으로써 자신이 된다. 이러기 위해서는 여성의 몸은 존재(being)가 아닌 생성(becoming)의 차원에서 관찰해야 한다.[38] 들뢰즈와 가타리 식으로 말해서 유목민적인 자유는 리좀(rhizome)적인 몸을 지녔을 때만이 가능하기 때문이다. 리좀처럼 어디든지 뿌리를 내리고 뻗어나가는 것이 참된 자유라는 것, 그래야 어디든 집으로 삼으면서도 거기에 갇히지 않는다는 것이 바로 아내의 변신(變身)과 배신(背身)이 알려주는 의미이다. 이처럼 한곳에 고정된 몸이 아니라 언제나 움직이고 이동 중인 몸은 여성의 자아를 확장시켜준다. 그래서 마치 몸이 늘어나는 것처럼 생각된다. 바꾼 몸을 통해 배신(倍身)이 일어난 것이라고 할 수 있다.[39]

6. 괴물의 기호학, 부(不) / 재(在)의 공간

지금까지 살펴보았듯이 여성의 몸은 대개 더럽고(공선옥) 훼손되고(권지예) 덧붙여지고(은희경) 바뀌는(한강) 것으로 인식된다. 그래서 정상이 아닌 비정상이기에 기형적인 괴물로 취급된다.[40] 오염·박탈·첨가·전위가 일어난 몸은 상궤를 벗어난 것이며 변칙적인 것이기 때문이다. 심지어 아리스토텔레스는 생식 과정에서 모든 일이 표준에 따라 진행된다면 남자 아이가 생기고, 무엇인가가 잘못되었거나 일어나지 않았을 때에만 여자 아이가 생긴다고 보았다. 이렇게 비정상적이고 열등한 존재로 취급된다면 여성은 괴물로 존재할 수밖에 없다.[41]

---

38) 박미선, 「로지 브라이도티의 존재론적 차이의 정치학과 유목적 페미니즘」, 『여/성이론』 제5호, 여성문화이론연구소, 2001년 겨울, 181면 참조.
39) 이진경, 『노마디즘』, 휴머니스트, 2002, 108~120면 참조.
40) 피터 브룩스, 이봉지·한애경 역, 『육체와 예술』, 문학과지성사, 2000, 404~409면 참조.

그런데 여성을 이런 괴물로 만드는 것은 바로 남성의 시선이다. 기형적인 여성은 여성의 몸이 남성의 시선에 의해 늘 보이는 대상으로만 존재했기에 만들어진 결과물이다. 남성은 너무 많이 혹은 너무 적게 여성을 본다. 남성은 여성만 빼놓고 모든 것을 다 본다. 그래서 여성을 여성으로 보지 못한다. 이럴 때 여성은 존재하면서 동시에 부재하며, 보이면서 동시에 보이지 않는다.[42]

하지만 여성의 몸은 다성(多性)적이다. 이리가라이가 비유하듯이 여성의 성기는 늘 마주 붙어 있는 두 개의 입술로 이루어져 있기 때문이다. 그래서 여성은 이미 서로를 애무하고 있는 둘, 하나(들)로 분리될 수 없는 둘이기에 일원론적이거나 이분법적인 시각에서는 파악될 수 없는 것이다. 다양하지만 분리될 수 없고, 복수적이지만 자율적인 것이다.[43] 이런 맥락에서 여성의 몸은 '뫼비우스의 띠처럼 안과 밖, 내부와 외부의 경계가 해체됨으로써 영토화 · 양극화 · 이분화를 거부하는 공간이 된다.[44] 그리고 동전의 양면처럼 정적이고 평면적인 도형이 아니라 동적이고 입체적인 도형이 된다. 움직이고, 변하고, 이어져야 뫼비우스의 띠처럼 복합성과 유동성을 지닌 몸이 되기 때문이다.

물론 여성의 몸에 대한 이런 인식이 고유한 여성 정체성을 인정하는 것 같으면서도 그 개방성과 가변성, 유동성으로 인해 여성의 몸을 모호하고 불안정한 관념적 기호에 머무르게 할 위험성도 있다. 그리고 기존의 이분법을 거부했음에도 불구하고 여성의 몸에 저항과 해방이라는 긍정적 이데올로기를 부여함으로써 또다시 남성의 몸을 소외시키는 측면도 있다. 월경(越境)하고, 해체(海體)가 되고, 이중(二重)적이 되고, 배신(倍身)이 되는 몸은 그토록 여성들이 거부하고 싶어했던 가부장적인 여

41) 케티 콘보이 외, 앞의 책, 82~84면 참조.
42) 김주현, 「여자들의 몸과 눈」, 『여성의 몸에 관한 철학적 성찰』(한국여성철학회 편), 철학과현실사, 2000, 208~210면 참조.
43) 조셉 브리스토우, 이연정 · 공선희 역, 『섹슈얼리티』, 한나래, 2000, 157~158면 참조.
44) 엘리자베스 그로츠, 앞의 책, 14면 참조.

성의 몸으로 다시 퇴행하는 것일 수 있기 때문이다.

하지만 이런 위험성에도 불구하고 여성의 몸이 지닌 모순성과 전환성, 이동성, 창조성은 여성의 주체성을 위협하는 것이 아니라 확장시켜주는 것임은 틀림이 없다. 여성의 몸에서만 가능한 성적인 즐거움이나 생산력을 거부하겠다는 것이 아니라 그것을 만병통치약으로 격상시키거나 동물적인 본능으로 격하시키는 양극단의 평가를 모두 거부하는 것이다. 여성의 몸은 남성과 다르지만 그래도 이 세상에 존재하는 그 어떤 것보다도 남성의 몸과 서로 비슷하다는 것을 인정하려는 것이 바로 여성의 몸이 추구하는 진정한 의미이기 때문이다.[45] 그래서 더 이상 있어도 없는 것, 없어도 있는 것이 아니라 있어야만 할 것, 그러나 다르게 있는 것, 있을 것이 있는 것으로 간주되기를 바라는 것이 바로 여성의 몸이라고 할 수 있다. 아무것이나 될 수 있기에 여성의 몸은 보이지 않는 것일 수도 있다. 혹은 모든 것으로 채울 수 있기에 여성의 몸은 비어 있는 것일 수 있다. 때문에 여성의 몸은 부재하거나 존재하는 것이 아니라 부재하면서 동시에 존재하는, 저주이자 축복의 기호에 다름아니다.

45) 토머스 라커, 이현정 역, 『섹스의 역사』, 황금가지, 2000, 13면 참조.

필자 소개 및 논문 출처

김복순 연세대 국문과 및 동 대학원 졸업. 문학박사. 현재 명지대학교 기초교육대학 교수. 저서로 『페미니즘 미학과 보편성의 문제』, 『1910년대 한국문학과 근대성』, 논문으로 「전후 여성교양의 재배치와 젠더정치」, 「'범주 우선성'의 문제와 최정희의 식민지 시기 소설」, 「페미니즘 시학과 리얼리티의 문제 등이 있다.
출처_『여성문학연구』 15호, 한국여성문학학회, 2006.6.

이경하 서울대 국문과 및 동 대학원 졸업. 현재 서울대학교 인문학연구원 HK문명연구사업단 HK연구원. 논문으로 「여성문학사 서술의 문제점과 해결방향」, 「17세기 사족여성의 한문생활, 그 보편과 특수」, 「『제국신문』 여성독자투고에 나타난 근대계몽담론」 등이 있다.
출처_『여성문학연구』 11호, 한국여성문학학회, 2004.

최기숙 연세대 국문과 및 동 대학원 졸업. 문학박사. 현재 연세대학교 학부대학 교수. 저서로 『문밖을 나서니 갈 곳이 없구나 – 거지에서 기생까지, 조선시대 마이너리티의 초상』, 『남원고사 – 19세기 베스트셀러, 서울의 춘향전』(공저), 『17세기 장편소설 연구』, 논문으로 「여성 원귀의 환상적 서사화 방식을 통해 본 하위주체의 타자화 과정과 문화적 위치」, 「1900년대 신문매체와 소설에 나타난 '서구'와 '유학', '여성'의 관련성」 등이 있다.
출처_『한국고전여성문학연구』 12집, 한국고전여성문학회, 2006.

이혜순 서울대 국문과 및 동 대학원 졸업. 미국 일리노이 대학 비교문학과 석사 및 중국국립대만사범대학 중국문학박사. 현재 이화여대 국문과 명예교수. 저서로 『조선통신사의 문학』, 『한국고전여성작가의 시세계』, 『조선조 후기 여성지성사』 등이 있다.
출처_『어문연구』 127호, 한국어문교육연구회, 2005.

김양선 서강대 영문과 및 동 대학원 국문과 졸업. 문학박사. 현재 한림대 기초교육대학 교수. 저서로 『1930년대 소설과 근대성의 지형학』, 『허스토리의 문학』, 논문으로 「여성작가를 둘러싼 공적 담론의 두 양식 – 좌담회와 공개장을 중심으로」, 「근대 여성문학의 형성원리 연구 – 정전의 형성과 여성성의 제도화 과정을 중심으로」, 「일제 말기 여성작가들의 친일담론 연구」 등이 있다.
출처_『민족문학사연구』 33호, 민족문학사학회, 2007.

소영현 연세대 국문과 및 동 대학원 졸업. 문학박사. 현재 성공회대 동아시아연구소 연구교수. 저서로 『문학청년의 탄생』, 『부랑청년 전성시대』, 논문으로 「근대 인쇄 매체와 수양론·교양론·입신출세주의」, 「1920년대 초반 예술 / 윤리의 자기구성」, 「근대소설과 낭만주의」 등이 있다.
출처_『여성문학연구』 16호, 한국여성문학학회, 2006.12.

이승희 성균관대 국문과 및 동 대학원 졸업. 문학박사. 현재 성균관대 대동문화연구원 연구교수. 저서로 『한국사실주의 희곡, 그 욕망의 식민성』, 논문으로 「식민지시대 연극의 검열과 통속의 정치」, 「극예술연구회의 성립」 등이 있다.
출처_『여성문학연구』 12호, 한국여성문학학회, 2004.12.

이혜령 성균관대 국문과 및 동 대학원 졸업. 문학박사. 현재 고려대 민족문화연구원 연구교수. 저서로 『한국 근대소설과 섹슈얼리티의 서사학』, 『한국소설과 골상학적 타자들』, 논문으로 「언어=네이션, 그 제유법의 긴박과 성찰 사이」, 「'해방기' 식민 기억의 한 양상과 젠더」가 있다.
출처_『상허학보』 제8집, 상허학회, 2002.

박혜숙 서울대 국문과 및 동 대학원 졸업. 문학박사. 현재 인하대 인문학부 교수. 저서로 『형성기의 한국 악부시 연구』, 편역서로 『다산의 마음』, 논문으로 「고려속요의 여성화자」, 「여성 영웅소설과 평등, 차이, 정체성의 문제」 등이 있다.
출처_『여성문학연구』 8호, 한국여성문학학회, 2002.12. (원 제목 : 「여성 자기서사체의 인식」)

박무영 이화여대 국문과 및 동 대학원 졸업. 문학박사. 현재 연세대 국문과 교수. 저서로 『정약용의 시와 사유방식』, 『뜬세상의 아름다움』, 논문으로 「『한국문학통사』를 통해 본 문학사 서술의 성과와 과제 – 『한국문학통사』와 '한국여성문학사'」, 「19세기 향촌사족의 여성형상 – 김삼의당(1)이 있다.
출처_『여성문학연구』 2호, 한국여성문학학회, 1999.

김승희 서강대 영문과 및 동 대학원 국문과 졸업. 문학박사. 시인. 현재 서강대 국문과 교수. 저서로 『현대시 텍스트 읽기 – 구조주의에서 탈식민주의까지』, 『여성, 여성성, 여성문학 – 남자들은 모른다』, 논문으로 「현대 여성시에 나타난 제국주의의 남근 읽기」 등이 있다.
출처_『여성문학연구』 2호, 한국여성문학학회, 1999.

심진경 서강대 영문과 및 동 대학원 국문과 졸업. 문학박사. 현재 서강대 강사. 저서로 『한국문학과 섹슈얼리티』, 평론집 『여성, 문학을 가로지르다』, 논문으로 「식민 / 탈식민의 상상력과 연애소설의 성정치-내선결혼의 문제를 중심으로」, 「최정희 문학의 여성성 – 여성작가로 산다는 것」이 있다.
출처_『상허학보』 제13집, 상허학회, 2004.8

이상경 서울대 국문과 및 동 대학원 국문과 졸업. 문학박사. 현재 카이스트 인문사회과학부 교수. 저서로 『한국근대민족문학사』, 『한국근대여성문학사론』, 『인간으로 살고 싶다 – 영원한 신여성 나혜석』, 논문으로 「1930년대 후반 여성문학사의 재구성-강경애의 「어둠」을 중심으로」 등이 있다.
출처_『여성문학연구』 12호, 한국여성문학학회, 2004.

신경숙 한성대 국문과 및 고려대 국문과 대학원 졸업. 문학박사. 현재 한성대 한국어문학부 교수. 저서로 『19세기 가집의 전개』, 논문으로 「규방가사, 그 탄식 시편을 읽는 방법」, 「근대 초기 가곡 교습 – 초기 조선정악전습소를 중심으로」 등이 있다.
출처_『사회와 역사』 65집, 한국사회사학회, 2004.

서지영 서강대 영문과 및 동 대학원 국문과 졸업. 문학박사. 한국학중앙연구원 석박사 통합과정(한국학 전공) 수료. 현재 고려대 민족문화연구원 연구교수. 논문으로 「식민지 근대 유흥 풍속과 여성 섹슈얼리티 – 기생 · 카페여급을 중심으로」, 「식민지 조선의 모던걸 – 1920~30년대 경성 거리의 여성 산책자」, 「계약과 실험, 충돌과 모순 : 1920~30년대 연애의 장」이 있다.
출처_『여성문학연구』 14호, 한국여성문학학회, 2005.

송인화 연세대 국문과 및 동 대학원 졸업. 문학박사. 현재 한세대 교양학부 교수. 저서로 『근대소설과 여성주체』, 『이태준 문학의 근대성』, 논문으로 「강신재 소설의 여성성과 윤리성의 문제」, 「1960년대 연애서사와 여성 주체 – 정연희 『석녀』를 중심으로」가 있다.
출처_『여성문학연구』 11호, 한국여성문학학회, 2004.6

김미현 이화여대 국문과 및 동 대학원 졸업. 문학박사. 현재 이화여대 국문과 교수. 저서로 『한국 여성소설과 페미니즘』, 『여성문학을 넘어서』, 『판도라 상자 속의 문학』, 논문으로 「황석영 소설의 젠더(무)의식」, 「가족이데올로기의 종언」, 「여성소설에 나타난 환상성 연구」 등이 있다.
출처_『기호학연구』 제12호, 한국기호학회, 2002.12.